Washington, DC

ワシントンDC

ボルチモア　アナポリス　フィラデルフィア

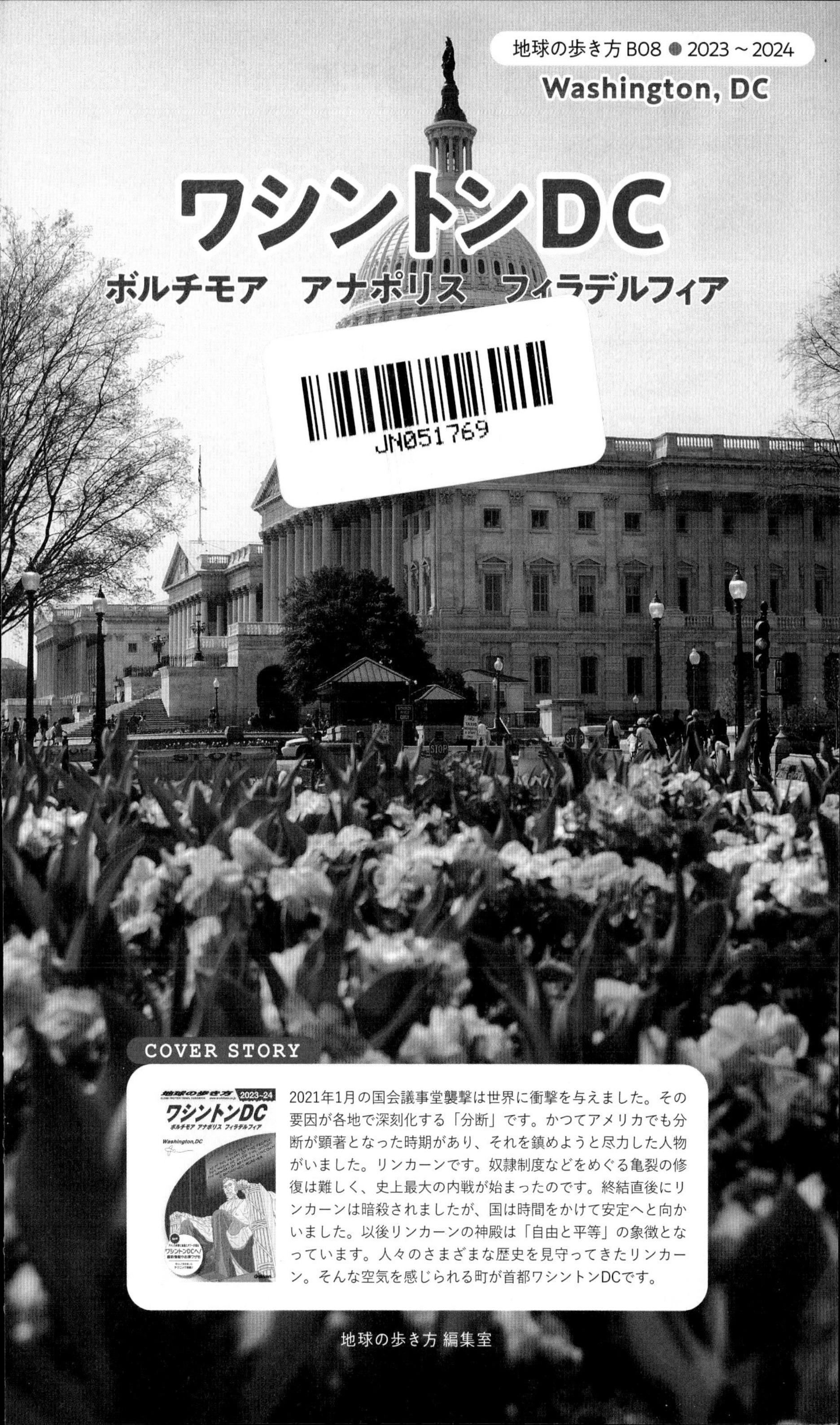

COVER STORY

2021年1月の国会議事堂襲撃は世界に衝撃を与えました。その要因が各地で深刻化する「分断」です。かつてアメリカでも分断が顕著となった時期があり、それを鎮めようと尽力した人物がいました。リンカーンです。奴隷制度などをめぐる亀裂の修復は難しく、史上最大の内戦が始まったのです。終結直後にリンカーンは暗殺されましたが、国は時間をかけて安定へと向かいました。以後リンカーンの神殿は「自由と平等」の象徴となっています。人々のさまざまな歴史を見守ってきたリンカーン。そんな空気を感じられる町が首都ワシントンDCです。

地球の歩き方 編集室

WASHINGTON, DC  CONTENTS

出発前に必ずお読みください！
治安情報、旅の安全対策…37、401

cville

367 旅の準備と技術

コラム

ニッポン in DC

歴代大統領よもやま話

■新型コロナウイルス感染症について

2020年3月より新型コロナウイルス（COVID-19）が感染拡大し、2023年4月現在も収束していません。
渡航計画前に必ず外務省のウェブサイトにて感染症危険情報をご確認ください。
掲載物件の多くは非常時対応となっており、状況は日々刻々と変わっています。
各店舗や施設の公式ウェブサイト、SNS、Google Mapなどでご自身にて最新情報をご確認ください。
◎外務省 海外安全ホームページ・アメリカ合衆国危険情報
URL www.anzen.mofa.go.jp/info/pcinfectionspothazardinfo_221.html#ad-image-0

歩き方の使い方

本書で用いられる記号・略号

紹介している地区の場所を太字で指しています

この地区のエリア名と地図位置を表しています

地区の治安について解説。歩く際に役立ててください

地区にはどんな交通機関が走っているのかを紹介

ホテル、レストランについては別ページに紹介

本書では見どころとミュージアムを分けて掲載しています。博物館・美術館のページもご参照ください

見どころの地図位置を指しています

- **住** 住所
- **☎** 電話番号
- **Free** アメリカ国内は料金着信者払いの無料電話で、(1-800)、(1-888)、(1-877)、(1-866)、(1-855)、(1-844)、(1-833) で始まる番号。日本からは有料
- **FAX** ファクス番号
- **URL** ウェブサイトアドレス (http://、https:// は省略)
  ※日本ではアクセスできないウェブサイトもある
- **開 営** 開館時間、営業時間
- **休** 休業日、休館日
- **料** 料金（ワシントン DC は入場無料の多い町です）、室料
- **行き方** 行き方

Ave.	Avenue
Blvd.	Boulevard
Dr.	Drive
Hwy.	Highway
Rd.	Road
St.	Street
E.	East
N.	North
S.	South
W.	West
NE	Northeast
NW	Northwest
SE	Southeast
SW	Southwest

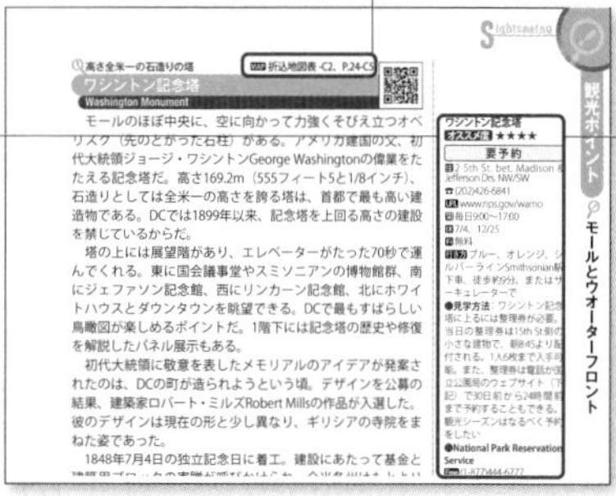

オススメ度 ★★★
ワシントンDCは見どころの多い町だけに、そのオススメ度を編集室の基準を基に1～5段階に分け、星で表しました。5つ星が最重要

要予約
新型コロナの影響で、入場制限をするアトラクションやミュージアムが増えました。事前予約が必要なところです

レストラン

ショップ

ホテル

ナイトスポット

レストランのアイコン

- DC エリア名物の"クラブケーキ"を出す店
- ビジネスにも使いやすい店
- ひとりでも入りやすい店
- 予算の目安を表示 $ = $20

ホテルのアイコン

車椅子用設備　全館禁煙　コーヒーメーカー　室内金庫　電子レンジ　ミニバー／冷蔵庫　バスタブ　日本語OKスタッフ　ルームサービス　フィットネス／プール　洗濯機　同日仕上がりのクリーニング　レストラン　駐車場

地　図

00	インターステートハイウエイ
00	US ハイウエイ
00	州道　State Hwy.
i	観光案内所
H	ホテル
R	レストラン
C	カフェ
S	ショップ／ショッピングモール
N	ナイトスポット
〒	郵便局
M	メトロレイル駅

クレジットカード

A アメリカン・エキスプレス
D ダイナースクラブ
J JCB
M マスターカード
V ビザ

DC豆知識
ワシントンDCのトリビア（雑学）的な知識を紹介しています

お役立ち情報
ワシントンDCの知っておくとちょっと役立つ情報を紹介しています

読者投稿
読者の皆さんからいただいた投稿記事を紹介しています

CINEMA おすすめ映画はこれっ!
ゆかりの映画を紹介しています。一度鑑賞すれば、より親しみがわきます

インターネット

無料Wi-Fi ホテルやそのスポットでWi-Fiが利用できて、料金が無料

有料Wi-Fi ホテルでWi-Fiが利用できるが、有料。その金額

※Wi-Fiが有料のホテルでもパブリックエリアと呼ばれるロビーやレストランは無料であることが多い

ホテルの部屋

Ⓢシングルルーム（1ベッド1人使用）
Ⓓダブルルーム（1ベッド2人使用）
Ⓣツインルーム（2ベッド2人使用）

無料朝食 無料の朝食を提供するホテル

■本書の特徴

ワシントンDCは見どころの多い町です。どれを見たらいいのかわからない方のために見どころのオススメ度を★で表しています。

また、DCでの日本関係のエピソードをコラムでまとめましたので、読みものとしてお楽しみください。

現在スミソニアンのミュージアムや政府機関などへの入場の際、セキュリティチェックが行われています。そのため、必ずパスポートなどの写真付きの身分証明書を常に所持し、指示されたら荷物の検査を速やかに受けましょう。

■掲載情報のご利用にあたって

編集部では、できるだけ最新で正確な情報を掲載するように努めていますが、現地の規則や手続きなどがしばしば変更されたり、またその解釈に見解の相違が生じることもあります。このような理由に基づく場合、または弊社に重大な過失がない場合は、本書を利用して生じた損失や不都合などについて、弊社は責任を負いかねますのでご了承ください。また、本書をお使いいただく際は、掲載されている情報やアドバイスがご自身の状況や立場に適しているか、すべてご自身の責任でご判断のうえご利用ください。

■現地取材および調査時期

本書は2022年11月の取材データと2022年12月～2023年3月の現地調査をもとに編集されています。しかしながら時間の経過とともにデータの変更が生じることがあります。特にホテルやレストラン、アトラクションの入場料などの料金は、旅行時点では変更されていることも多くあります。したがって、本書のデータはひとつの目安としてお考えいただき、現地ではできるだけ新しい情報を入手してご旅行ください。

■発行後の情報の更新と訂正について

本書に掲載している情報で、発行後に変更されたものや、訂正箇所が明らかになったものについては『地球の歩き方』ホームページの「更新・訂正情報」で、可能な限り最新のデータに更新しています（ホテル、レストラン料金の変更などは除く）。

URL www.arukikata.co.jp/travel-support/

■投稿記事について

投稿記事は、多少主観的になっても原文にできるだけ忠実に掲載してありますが、データに関しては編集部で追跡調査を行っています。投稿記事のあとに（埼玉県　湊 鉄人　'22）とあるのは、寄稿者と旅行年、シーズンを表しています。その後の追加調査で新しいデータに変更している場合は、寄稿者データのあとにカクカッコで調査年を入れ、['23] としています。なお、ご投稿をお送りいただく場合はP.385をご覧ください。

アメリカ合衆国の基本情報

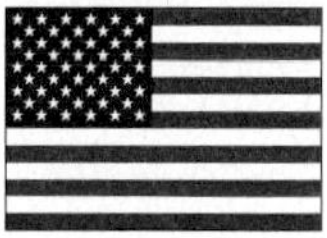

▶旅の英会話→P.403

国　旗
Stars and Stripes　13本のストライプは1776年建国当時の州の数、50の星は現在の州の数を表す。

正式国名
アメリカ合衆国United States of America
アメリカという名前は、イタリアの探検家でアメリカ大陸を確認したアメリゴ・ベスプッチのファーストネームから取ったもの。

国　歌
星条旗 The Star-Spangled Banner

面　積
約915万1000km²。日本の約25倍（日本は約37万8000km²）

人　口
約3億3439万人

首　都
ワシントン・コロンビア特別行政区
Washington, District of Columbia
全米50のどの州にも属さない連邦政府直轄の行政地区。人口は約67.2万人。

元　首
ジョー・バイデン大統領
Joseph Robinette Biden, Jr.

政　体
大統領制　連邦制（50州）

人種構成
白人（ヒスパニック系白人含む）75.8%、アフリカ系13.6%、アジア系6.1%、ネイティブアメリカン1.3%など。

宗　教
おもにキリスト教。宗派はバプテスト、カトリックが主流だが、都市によって分布に偏りがある。少数だがユダヤ教、イスラム教など。

言　語
主として英語だが、法律上の定めはない。スペイン語も広域にわたって使われている。

通貨と為替レート

▶外貨の両替→P.372

通貨単位はドル（$）とセント（¢）。$1≒132.68円（2023年3月20日現在）。紙幣は1、5、10、20、50、100ドル。なお、50、100ドル札は、小さな店では扱わないこともあるので注意。硬貨は1、5、10、25、50、100セント（=$1）の6種類だが、50セント、1ドル硬貨はあまり流通していない。

$1

$5

$10

$20

$50

$100

25¢

10¢

5¢

1¢

電話のかけ方

▶電話→P.398

日本からアメリカへ電話をかける場合　例：ワシントンDC（202）123-4567へかける

事業者識別番号
0033（NTTコミュニケーションズ）
0061（ソフトバンク）
携帯電話の場合は不要

＋

国際電話識別番号
010

＋

アメリカの国番号
1

＋

市外局番（エリアコード）
202
DCの市外局番

＋

相手先の電話番号
123-4567

※携帯電話の場合は「010」のかわりに「0」を長押しして「+」を表示させると、国番号からかけられる
※NTTドコモ（携帯電話）は事前にWORLD CALLの登録が必要

祝祭日（連邦政府の祝日）

州によって祝日となる日（※印）に注意。なお、店舗などで「年中無休」をうたっているところでも、元日、11月第4木曜（サンクスギビングデイ）、クリスマスの3日間はほとんど休み。また、メモリアルデイからレイバーデイにかけての夏休み期間中は、営業時間などのスケジュールを変更するところが多い。

1月	1/1		元日　New Year's Day
	第３月曜		マーチン・ルーサー・キング牧師の日 Martin Luther King Day
2月	第３月曜		ワシントン誕生日 Washington's Birthday
4月	第３月曜	※	愛国者の日 Patriots' Day
5月	最終月曜		メモリアルデイ（戦没者追悼の日）Memorial Day
6月	6/19		ジューンティーンス（奴隷解放記念日）Juneteenth
7月	7/4		独立記念日 Independence Day
9月	第１月曜		レイバーデイ（労働者の日）Labor Day
10月	第２月曜	※	コロンブス記念日 Columbus Day
11月	11/11		ベテランズデイ（退役軍人の日）Veterans Day
	第４木曜		サンクスギビングデイ Thanksgiving Day
12月	12/25		クリスマス Christmas Day

祝日が日曜と重なった場合、翌月曜日が振替休日となる

▶イベントカレンダー
→P.370

ビジネスアワー

以下は一般的な営業時間の目安。業種、立地条件などによって異なる。スーパーやドラッグストアは22:00くらいの閉店。都市部のオフィス街ならドラッグストアの20:00頃の閉店も珍しくない。

銀　行　月～金9:00～16:00

デパートやショップ

月～金10:00～20:00、土～19:00、日11:00～18:00

レストラン

朝からオープンしているのはコーヒーショップなど。朝食7:00～10:00、昼食11:30～14:00、ディナー17:30～22:00。バーは深夜まで営業。

電圧とプラグ

電圧とプラグ

電圧は120ボルト。3つ穴プラグ。100ボルト、ふたつ穴プラグの日本製品も使えるが、電圧数がわずかではあるが違うので注意が必要。特にドライヤーや各種充電器などを長時間使用すると過熱する場合もあるので、時間を区切って使うなどの配慮が必要。

ビデオ方式

ビデオ・DVD・ブルーレイ映像方式

ビデオは日米ともNTSC方式、ブルーレイのリージョンコードは日本、アメリカともに「A」なので両国のソフトは互いに再生可能。ただし、DVDリージョンコードは、アメリカ「1」に対し日本「2」のため、「ALL CODE」の表示のあるソフト以外は互いに再生できない。

アメリカから日本へ電話をかける場合　例：東京（03）1234-5678

国際電話識別番号		日本の国番号		市外局番（最初の0は取る）		相手先の電話番号
011 ※1	＋	81	＋	3 ※2	＋	1234-5678

※1 公衆電話から日本にかける場合は上記のとおり。ホテルの部屋からは、外線につながる番号を「011」の前に付ける。
※2 携帯電話などへかける場合も、「090」「080」「070」などの最初の0を除く。

▶アメリカ国内通話
→P.398
▶公衆電話のかけ方
→P.398

チップ

▶チップとマナー
→P.396

レストラン、タクシー、ホテルの宿泊（ベルマンやドアマン、ベッドメイキング）など、サービスを受けたときにチップを渡すのが慣習となっている。額は、特別なことを頼んだ場合や満足度によっても異なるが、ワシントンDCでは以下の相場を参考に。

レストラン
料理の合計金額の最低20%。サービス料が含まれている場合は、小銭程度をテーブルやトレイに残して席を立つ。

タクシー
運賃の15〜20%。

ホテル宿泊
ベルマンは荷物の大きさや個数によって$2〜5。荷物が多いときはやや多めに。
ベッドメイキングは枕元などに$3〜5。

飲料水

水道の水をそのまま飲むこともできるが、ミネラルウオーターを購入するのが一般的。ホテルの売店、スーパーやドラッグストアなどで販売している。

日本からのフライト

▶航空券の手配
→P.376

ノンストップ便の場合、羽田からワシントンDCダレス国際空港まで約12時間40分、帰路は偏西風の関係で約14時間50分。ノンストップ便は全日空、ユナイテッド航空の運航。経由便は羽田からニューアーク経由約16時間15分、デトロイト経由約15時間など（乗り継ぎ時間を含む）。

気　候

アメリカ東部の気候は、1日のうちに何度も天候が変化するのが特徴。DCの緯度は日本の仙台に近い。仙台あたりの気候を基本に考えるといいが、春と秋が多少短く、夏と冬がそのぶん長い。1日の気温差も大きく、また夏、冬を問わず室内と外の気温差が激しいので、重ね着などで調節ができるようにしたい。

ワシントン DC と東京の気温と降水量

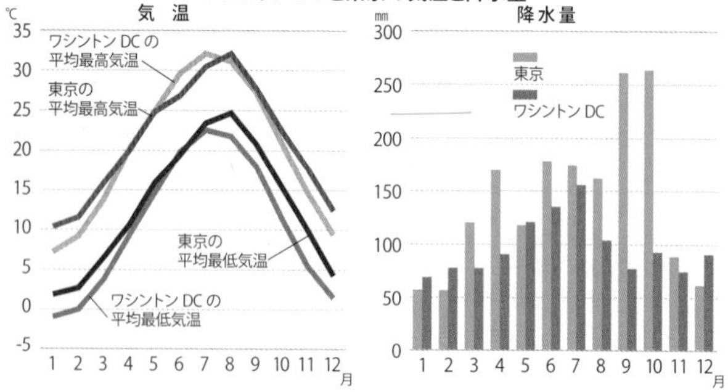

時差とサマータイム

アメリカ本土内には4つの時間帯がある。太平洋標準時Pacific Standard Time（ロスアンゼルスなど）は日本時間マイナス17時間、山岳部標準時Mountain Standard Time（デンバーなど）はマイナス16時間、中部標準時Central Standard Time（シカゴなど）はマイナス15時間、東部標準時Eastern Standard Time（DCなど）はマイナス14時間。夏はデイライト・セービング・タイム（夏時間）を採用し、時計の針を1時間進める州がほとんど。その場合、日本との時差は1時間短くなる。DCは夏時間を採用しているが、アリゾナ州、ハワイ州では採用されない。

夏時間を取り入れる期間は、3月第2日曜（深夜2:00）から、11月第1日曜（深夜2時）まで。移動日にあたる場合、タイムスケジュールに十分注意する必要がある。

郵　便

郵便料金

日本への航空便は封書、はがきともに$1.45。規定の封筒や箱に入れるだけの荷物を定額で郵送できるタイプもある。

町によって営業時間は多少異なる。一般的な局は平日の9：00～17：00くらい。

▶郵便と国際宅配便
→P.397

入出国

ビ ザ

90日以内の観光、商用が目的の日本国民は基本的にビザは不要。ただし、頻繁にアメリカ入出国を繰り返していたり、アメリカでの滞在が長い人は入国を拒否されることもある。なお、ビザ免除者となるにはESTAによる電子渡航認証の取得が義務づけられている。

パスポート

パスポートの有効残存期間は、入国日から90日以上あることが望ましい。

▶ ESTA（エスタ）について　→P.375
出入国の手続き
→P.388

税　金

物を購入するときにかかるセールスタックスSales Taxは、DCは6%（酒類10.25%）、バージニア州は5.3～7%、メリーランド州は6%。なお全米どの州も生鮮食料品は0%または低率。ホテルの宿泊にかかるホテルタックスHotel Taxは、DC14.95%、バージニア州13～15%、メリーランド州13～18%。

DCでは外食したときにかかる飲食タックスがあり、これが10%。ほかの2州はセールスタックスとほぼ同じ。

安全とトラブル

日本人の遭いやすい犯罪は、置き引き、ひったくりなど。犯行は複数人で及ぶことが多く、ひとりが気を引いているすきに、グループのひとりが財布を抜いたり、かばんを奪ったりする。日本語で親しげに話しかけ、言葉巧みにお金をだまし取るケースも多い。日本から1歩でも出たら、「ここは日本ではない」という意識を常にもつことが大切。

警察・救急車・消防署

911

▶トラブル対処法
→P.402

年齢制限

州によって異なるが、DCでは飲酒可能な年齢はほぼ21歳から。場所によっては、お酒を買うときにも身分証明書の提示を求められる。ライブハウスなどお酒のサーブがあるところも身分証明書が必要。

アメリカでは若年層の交通事故がとても多く、大手レンタカー会社では一部の例外を除き25歳以上にしか貸し出さない。21歳以上25歳未満の場合は割増料金が必要なことが多い。

度量衡

距離や長さ、面積、容量、速度、重さ、温度など、ほとんどの単位が日本の度量衡とは異なる。

▶洋服・靴のサイズ
→P.263

This is a
Non-Smoking Room
If smoking occurs during your stay a $250 Cleaning Fee will be billed to your account.

時差表

日本時間	0	1	2	3	4	5	6	7	8	9	10	11	12	13	14	15	16	17	18	19	20	21	22	23
東部標準時（EST）	10	11	12	13	14	15	16	17	18	19	20	21	22	23	0	1	2	3	4	5	6	7	8	9
中部標準時（CST）	9	10	11	12	13	14	15	16	17	18	19	20	21	22	23	0	1	2	3	4	5	6	7	8
山岳部標準時（MST）	8	9	10	11	12	13	14	15	16	17	18	19	20	21	22	23	0	1	2	3	4	5	6	7
太平洋標準時（PSC）	7	8	9	10	11	12	13	14	15	16	17	18	19	20	21	22	23	0	1	2	3	4	5	6

※3月第2日曜（深夜2:00）から11月第1日曜（深夜2:00）まではデイライト・セービング・タイム（夏時間）を実施している。夏時間は時計の針を1時間進める政策。

なお、ピンクの部分は日本時間の前日を示している。

ワシントンってこんなに無料（タダ）なの？
今だからDC観光

ナショナルギャラリーにはタダで観られるフェルメールが3点

2022年春から始まった円安。旅行者にとって頭の痛い問題だ。それに拍車をかけるアメリカの物価高。

アンディ・ウォーホルなど現代美術の巨匠もずらり

でもご安心を。ワシントンはスミソニアン協会の博物館群をはじめ無料で入場できる所が、ダントツに多い。しかも、世界のお宝というべきものがめじろ押し、美術館には誰もが知る名画があふれている。そう、円安の今、おとくに、楽しく旅行ができる町がワシントンDCなのだ。

タダで見られる 航空機＆宇宙船

スペースシャトル“ディスカバリー”Ⓤ
宇宙と地球を39往復した有人宇宙船。近くで見るとミッションの過酷さが実感できる

戦闘機“ホーネット”Ⓤ
映画『トップガン・マーヴェリック』で大活躍の攻撃機。ブルーインパルスの塗装

アポロ11号“コロンビア”Ⓐ
人類初の月面着陸の快挙を成し遂げた司令船。意外なほど小さい

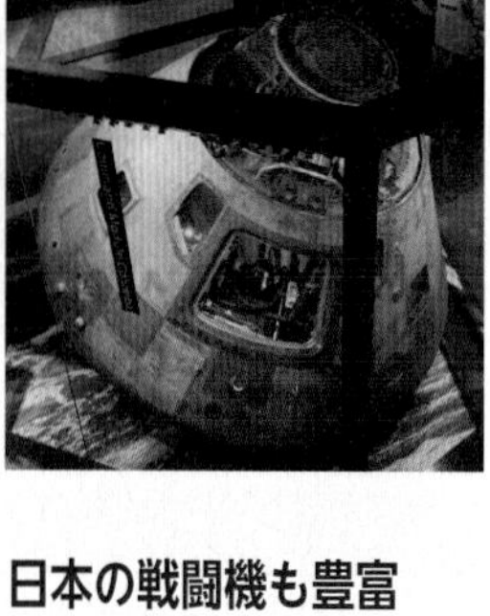

ライト兄弟の“1903フライヤー”Ⓐ
人類初の動力飛行に成功したライト兄弟のフライヤー。もちろん本物

日本の戦闘機も豊富 ウドバー・ハジー・センターⓊ
晴嵐、月光、紫電改、震電、橘花など日本の戦闘機が充実するほか、コンコルド、B-29など燃料を入れれば動く機体が約4000！

 ここにあります！ Ⓐ国立航空宇宙博物館 →P.136 Ⓤウドバー・ハジー・センター →P.145

MUST SEE

タダで観られる 世界の名画

フェルメール

ナショナルギャラリーではフェルメールを3点収蔵。細部にわたる研究でもう1点が贋作と判明した

『赤い帽子の少女』
フェルメールのなかでも板に描かれた珍しい作品。唇や目の白い点がフェルメールらしい

『はかりを持つ女』
優しく差し込む光の陰影と柔和な女性の表情が見事な傑作

モネ

日本人に人気の高いモネの作品も多数収蔵

『日傘をさす女性』
モネ夫人と息子を描いたもので、振り向くモネ夫人の空気感が伝わる

『ルーアン大聖堂』
同作を2点展示。同じ題材ながら移りゆく時の流れが如実に表現されている

ゴッホ

日本に憧れていたゴッホ。晩年のいらだちを隠せない作品など多数

『ラ・ムスメ』
ムスメは日本語の「娘」。モデルは12歳のアルルの少女といわれる

『自画像』
経済的に厳しかったゴッホは自画像をよく描いた。亡くなる前年のもの

レオナルド・ダ・ビンチ

意外にも多くの絵画を残さなかったダ・ビンチ。西半球で唯一の作品

『ジネブラ・デ・ベンチの肖像』
モデルの気持ちをよく捉えている。絵画の裏にも注目を

ラファエロ

ルネッサンス期も充実。ボッティチェリ、ティツィアーノの作品も鑑賞できる

『アルバの聖母子』
当時流行した「トンドTondo」と呼ばれる円形の絵。キリストが十字架を手にしている

ここにあります！ ナショナルギャラリー →P.165

これもタダ アメリカのお宝

ホープダイヤモンド

世界最大のブルーダイヤモンド。常に人だかりができている

国立自然史博物館→P.182

ナポレオンが妻に贈ったネックレス

ブラジル産ダイヤモンドの合計は260カラット！

国立自然史博物館→P.182

歴代大統領の肖像画

オバマ元大統領。初代ワシントンから45代トランプまで見応えあり

国立肖像画美術館→P.200

T型フォード

車を大衆化した革命的な1913年のフォード

国立アメリカ歴史博物館→P.177

ファーストレディのドレス

ジャクリーン・ケネディ夫人のドレス。歴代ファーストレディのドレスが一堂に。必見！

国立アメリカ歴史博物館→P.177

バイソンのフリーズドライ

アラスカで氷漬けのまま発見された約2万8000年前のバイソン

国立自然史博物館→P.182

日本はタダじゃないっ！けど

パンダ3頭

ワシントンでもパンダは「超」のつく人気もの。2020年生まれのシャオ・シー・ジー（小奇跡）

国立動物園→P.104

MUST SEE

もちろん、これもタダ 大統領のモニュメントなど

ワシントン記念塔
早朝に並んで整理券をゲットしよう。
ウェブサイトからの予約は有料→P.67

記念塔からホワイトハウスの眺望
記念塔からはDCいち、すばらしい眺望が楽しめる。
北はホワイトハウスとダウンタウンが見える

リンカーン記念館
リンカーンの神殿はモールの西端にあり、24時間オープン
→P.70

国会議事堂
ウェブサイトから申し込めば、誰でも議事堂内を見学できる　→P.94

ジェファソン記念館
春は日本から贈られた桜が開花して、見応えあり　→P.74

ワシントンから足を延ばしてボルチモアへ

世界最大級のマチス
ボルチモア美術館は世界最大といわれるマチスのコレクションを収蔵
→P.318

世界で最も美しい図書館
ピーボディ音楽学校の図書館は後期ルネッサンス調。息をのむほど美しい　→P.316

Delicious
おいしく

Good Value
おとくに

Easy
カンタンに

最強コスパ ランチ&ディナー

チップと税金は
料理合計の3割と
考えてくださいね

3つのコスパ◎スポット

●フードコート&フードホール
●スーパーマーケットのイートイン
●フードデリバリー

レストランに入ると、
普通に食べても約1万円かかる昨今。
そんなDCでチップもいらず、
$20以下でおいしく食べられるところをご紹介！

駅に近い開放的な
フードコート

ランファンプラザ フードコート
L'Enfant Plaza Food Court

約20店舗

国際スパイ博物館のすぐ横にあるフードコート。
周囲は官庁街なので、平日のランチは
役所勤めの人でにぎわう。

グルメトゥー Gourmet Too

サラダバーやホットバーの量り売りに加え、サンドイッチやパニーニ、さらに寿司なども。

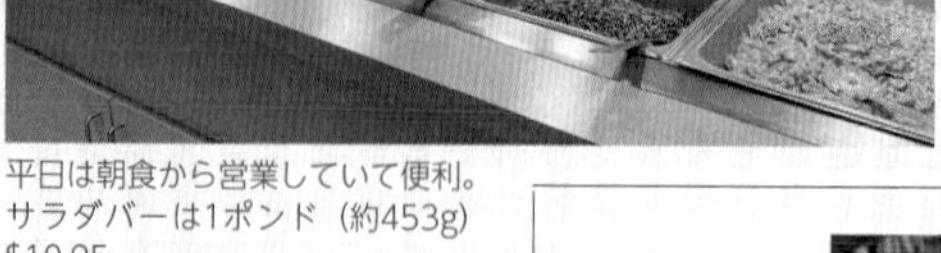

平日は朝食から営業していて便利。
サラダバーは1ポンド（約453g）
$10.95

ヌードルがあるのもうれしい

ビビンバプヌードル
Bibimbap Noodle

ビビンバの店。ベースとなるご飯を選択し、その上にナムルや野菜をトッピング、最後にソースを選ぶ。

Soy Sauceを選ぶとちょっとした炊き込みご飯の味に。野菜ビビンバ$11.28

ブラウンバッグ
Brown Bag

できるかぎり地産地消にこだわり、新鮮で自然な食品の提供が理念。スープとサラダのコンボがちょうどいい量。

デュポンサークルやダウンタウンに支店あり

チキンサラダの
サンドイッチと
スープのセット
$11.55

DATA

MAP 折込地図表-D3 無料Wi-Fi
URL www.lenfantplaza.com/restaurants-shops/
営 月〜金8:30〜19:00、土日10:00〜。店によって異なる
行き方 ブルー、オレンジ、シルバー、イエロー、グリーンラインL'Enfant Plaza駅下車、徒歩2分

ウエスタンマーケット フードホール 13店舗
Western Market Food Hall

ジョージ・ワシントン大学のキャンパス内にあり、学生が多い。
24時間営業のドラッグストアCVSもある。

フードコートよりハイクオリティな店が集うウエスタンマーケット

ニム・アリ Nim Ali

華やかな飾りを施しているグアテマラ料理。意外な組み合わせがクセになるかも。

DCでも数少ないグアテマラ料理のファストフード

一番人気のオリジナル料理はホットドッグ。牛と豚のソーセージを載せ、ケチャップ、マスタード、アボカドソースをたっぷり。$14.30

野菜がたっぷりで、緑茶も販売

バンドゥーラボウル
Bandoola Bowl

ミャンマー、ベトナム、タイ料理のコラボ。サラダ、麺、ブラウンライスを選び肉や豆腐、野菜を加え、東南アジアのスパイシーなソースで。

豆腐の温かいヌードル$14.30。辛さ加減を頼むこともできる

ザ・ワーフにも支店がある

メイソンズ・フェイマス・ロブスターロール
Mason's Famous Lobster Rolls

日本にも上陸したロブスターロール。量はそれほど多くないので小腹がすいたときにGood。

バターを塗ったパンにメイン州のロブスターを惜しげもなく挟んだ逸品。$20.90

DATA
MAP P.24-B2　URL westernmarketdc.com
営 月～木7:00～21:00、金～22:00、土10:00～22:00、日10:00～19:00
行き方 ブルー、オレンジ、シルバーラインFoggy Bottom駅下車。徒歩7分

ホワイトハウスにもモールにも近い中心街にある

ロナルド・レーガン・ビル フードコート 17店舗
Ronald Reagan Bldg. Food Court

官庁ビルの地下1階。席数が多く、きれいで一見の価値あり。
入場時にセキュリティチェックがある。

ブリトーも日本人の口に合う

カリフォルニアトルティーヤ
California Tortilla

タコスやブリトーのほかにシェフおすすめの丼ものもある。米と黒豆の上にチキン、野菜などがたっぷり載ってヘルシー。

アボカドがビッグなカリフォルニア・サンセット・ボウルは一番人気。$10.77

スタッフはフレンドリーで、料理の出るのが早い

R&Bステーキ&グリル
R&B Steak & Grill

お肉をガッツリ食べたい人にうってつけ。チリソースやハバネロソース好きにはたまらない。

ソースたっぷりの骨なしチキンウイング。$10.95

パニーニも好評

カフェマネCafe Manet

フードコートの入口中央にある。サラダの選択や量も柔軟に対応してくれる。

パスタサラダとスープで$11.61

DATA
MAP P.25-D4　URL rrbitc.com/dining/
営 月～金7:00～19:00、土11:00～17:00。店によって異なる　休 日、おもな祝日
行き方 ブルー、オレンジ、シルバーラインFederal Triangle駅下車。徒歩2分

スーパーマーケットのイートイン

DC2強のイートイン・スーパー

※サラダやホットバーは20:00頃クローズするので注意

ハリス・ティーター Harris Teeter →P.266

中心部には少ないが、新興エリアに急増中。イートインコーナーのホットフードが充実。

スーパーとしての買い物も楽しい

席数は少なめだが、ロコの利用が多い

寿司のパックは種類も多く、ちょっと安め

フルーツ、サラダ、温かい総菜もすべて1ポンド$8.99（約453g）

温野菜も豊富

ホール・フーズ・マーケット Whole Foods Market →P.266

日本人に人気のスーパーはイートイン・コーナーにも力を入れている。 席数が多い店もあり、使いやすい。

ネイビーヤード店。利用者が多いのはフォギーボトム店

種類がかなり多いので取り過ぎないように

フルーツも目移りしてしまう。1ポンド（約453g）$11.99

日本人ならピザひと切れで足りるかも。 ピザ$4.49、グリーンジュース$3.99

屋外席だけでなく、カウンター席もあり、ひとりでも入りやすい

フード デリバリー

フードデリバリーを使ってみよう！

Uber Eatsを アメリカでオーダー

日本でもフードデリバリーを利用したことのある人なら簡単。日本でアプリをダウンロードしておきたい（日本語表示）。うれしいことにアメリカのUberはよく割引を行っている。ただし以下に注意。

●**受け渡し場所**
安全のため必ずホテルのフロントに届けてもらうようにする

●**混雑時はチップがカギ**
混雑時、チップを弾まないとなかなか注文の品が届かない

気に入った店を選ぶ。Uberの割引をおおいに利用しよう

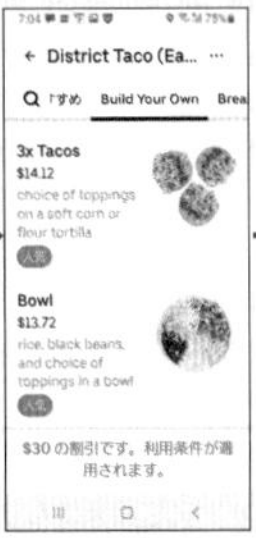

料理を選ぶ。アメリカはドレッシングなど細かいことを尋ねられる

配達時間はスタンダードでいいか、追加料金がかかるが早くしてほしいかを選ぶ

ホテルの住所を入力する。届け場所は「玄関先に置く」にすればフロントに届く

配達人が表示される。ここでチップを弾めば早く届けてくれる

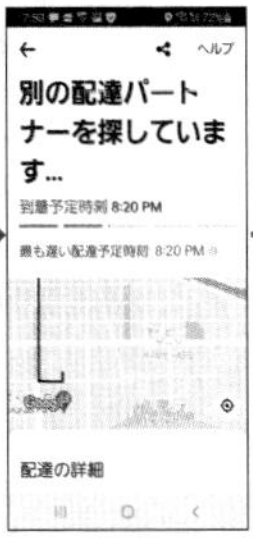

チップが安いと別の配達人を探し始める

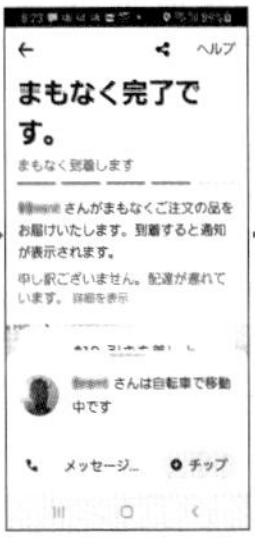

もうすぐ届くと表示

届くと写真が送られてくるから、フロントに取りに行こう

無事届いて「いただきます」

食事だけでなくこれもコスパ◎

おとくにDC旅行するヒント

朝食付きのホテルがおすすめ

レストランでの朝食は最低でも3000円はかかる。朝食付きはありがたい。なお、近年「○○Fee」と称した追加料金を徴収するところが増えたので注意。

上／ハイアットプレイスは朝食付き　下／フルーツもたっぷり。1日の活力は朝食から

スーパーで買い込んで冷蔵庫に

スーパーならクロワッサンが$1ほど。ほとんどのホテルにコーヒーメーカーがあるので一緒に食べれば立派な朝食に。

ジュースやヨーグルトは量が多いので2回に分けて食べれば$4もからない

メトロレイル　週末は$2

週末はどこまで行っても片道$2。

週末にウドバー・ハジー・センターやアレキサンドリアへ行ってみては

スミソニアン協会はタックス0%

通常6%かかるものがスミソニアンのショップはなんと0%。

国立航空宇宙博物館のショップ。まとめ買いしちゃおう

お役立ち情報　**リーズナブルなホテルはDCを出た町に**　ワシントンDCの宿泊費は高い。が、DCを出ればかなりリーズナブルになる。クリスタルシティ（→P.255）はメトロレイルの駅もあり、中心部まで15分ほど。

博物館やホテルのフロントの人はマスクをしている。メトロレイルの乗客も10〜20%が着用

おさえておきたい DCの最新情報 & 最新スポット

スマートフォンは必携!!

What's New & What has changed in last 4 years?

パンデミック後のアメリカはどう変わったの？　コロナを経て、ワシントンでもさまざまな変化があり、新しいものが次々と誕生している。旅立つ前に知っておきたい最新情報&スポットはこれです!!

チケットの事前予約が必要なところも

感染症の影響から、入場制限を行っているところが多い。ウェブサイトで確認し、場所によっては予約を入れること。本書では予約の必要なところに 要予約 と記載しているので参考に。

予約を入れるとメールアドレスにリンクが送られ、チケットをスマートフォンに表示することができる。現地ではWi-Fiなど通信環境の有無のチェックを

バーコードを印刷して持参することもできるが、プロスポーツ関係はNGなチームが増えている

議会図書館入口の「時間指定のチケットが必要」の表示。当日券が残っていれば、右下のQRコードからその場で予約することもできる。こちらもWi-Fiなどの通信環境が必要

進む無人化

チェックイン時は中央の端末にクレジットカードを読み込ませる。チェックアウト時は右のマークのあるところに客室のカードキーを置けば、画面に明細が表示される。間違っていたら係員を呼ぶ

★ホテルで

チェックインとチェックアウトは機械で行うところが増えた。予約の際に使ったクレジットカードが必要。

ヨーテル・ワシントンDCのレセプション。セルフ機がずらっと並ぶ

★レストランで

QRコードを読み込ませて、スマートフォンにメニューを表示させる店が増えている。日本の飲食店のタブレット端末に近いものだ。注文は係員が取りに来るところが多い。

メニューはスマートフォンに表示されるが、正直見にくい。紙のメニューが見たければ「Do you have a paper menu?」と言えば持ってきてくれる

ダレス国際空港から市内へ直行！
シルバーライン開通

日本からのノンストップ便が発着するダレス国際空港と中心部を1本で結ぶメトロレイル・シルバーラインが2022年11月に開通した。市内まで1時間弱かかるが、利便性が一気に高まり、旅行者にとってもお得な選択肢に。

駐車場を挟んだ向かいにあるWashington Dulles International Airport駅。ターミナルへは地下通路を歩いて約5分。雨にぬれずに行ける

改札、エレベーター、エスカレーターすべてが最新。DCの駅では珍しくトイレもある

車両は従来型と川崎重工の新しいものが空港と中心部を結ぶ

半分新装オープン

国立航空宇宙博物館→P.136

大修復中の国立航空宇宙博物館本館。8つのギャラリーが2022年10月に新しくお目見えした。ライト兄弟のフライヤーやリンドバーグのスピリット・オブ・セントルイス号も展示。

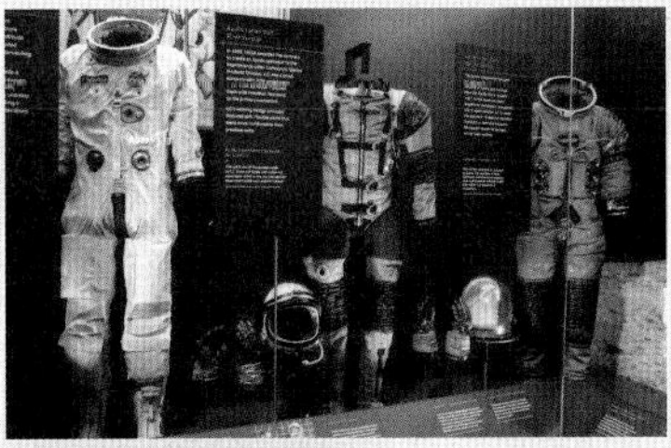

上／月面着陸をした宇宙船や宇宙服が充実。日本人が月に行くのも現実味を帯びてくる
左／日本のリュウグウについても少し解説がある

言葉はその地域の文化と歴史の象徴

プラネットワード→P.216

言葉に特化した博物館。独自の言い回し、それに付随する文化などを、わかりやすく解説。カラオケ（？）コーナーも人気。

左／図書室で本を開くと、不思議な現象が……
右／ダウンタウンに開館。こちらも元学校

エキサイティングな美術鑑賞

ルーベル美術館DC→P.212

マイアミ発祥の美術館の別館。バラエティに富んだ現代美術の作品に出合える。ドキッとしたり、苦笑したり、一歩突っ込んだ鑑賞が楽しめる。

自由な発想から生まれる芸術は訪れる人を別世界に誘う

元小学校の建物を生かし、インスタレーションも多い

©Chi Lam

2つのモニュメント

ブラック・ライブズ・マター・プラザ→P.85

2020年に起こったブラック・ライブズ・マター運動。ホワイトハウス近くの発生した場所が記念スポットとなった。

よく見ないとわかりにくいが、16th St.の道路に黄色いペンキで大きな文字が書かれている

アイゼンハワー記念公園→P.76

軍人出身の異色の大統領のメモリアル。34代大統領は日本の原爆投下に異を唱えた人物でもある。

貧しい家庭から陸軍士官学校に入学し、第2次世界大戦下では連合国軍最高司令官を務めた

ワシントンで使えるアプリはこれっ！

スマートフォンが必需品となった今、アプリを使いこなして、かしこく、スムーズに旅をしよう。ワシントンDCで便利に使えて、無料でダウンロードできるアプリをご紹介。

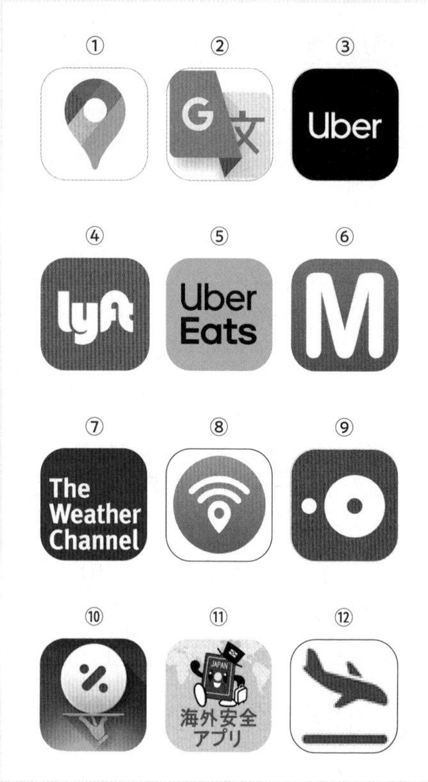

①Google Map

現在地の確認だけでなく、目的地へのルート検索にも便利。マップから博物館や店などの口コミや時間も知ることができる。

②Google翻訳

美術館や博物館の展示解説文にかざせば、瞬時に日本語に翻訳。また、日本語で話しかけると現地語の音声で返してくれるスグレモノ。

③Uber

配車サービス。Wi-Fiなどの通信環境があれば、どこでも呼ぶことができ、言葉の問題もなく、料金も明確。ただしDCではタクシーのほうが安いことが多い。

④Lyft

Uberと同じ配車サービス。料金はリフトのほうが安いといわれるから、比較してみるのもいい。

⑤Uber Eats

日本でもおなじみの料理のデリバリーサービス。ホテルから出たくないときに利用すると便利。→P.19

⑥DC Metro and Bus

DCの公共交通機関案内。リアルタイムでメトロレイルやバスの運行がわかり、あと何分でバスなどが来るかを教えてくれる。

⑦The Weather Channel

アメリカで最も信頼されている天気予報。今いるエリアを中心とした天気を解説。

⑧WiFi Map®

無料のWi-Fiスポットを教えてくれる。

⑨OpenTable

レストラン検索だけでなく、予約もできる。口コミは実際に行った人が書いているので、定評がある。

⑩チップ計算機

チップのパーセントをカスタマイズしておけば簡単。現在DCのレストランでは最低でも料理合計金額の20%。

⑪外務省　海外安全アプリ

GPS機能を使って、旅行先の地域の安全に関わる情報を逐次配信する。

⑫Visit Japan Web

日本帰国時に必須のアプリ。帰国前に入力しておけば、QRコードを提示か読み込ませるだけで、検疫、入国審査、税関申告がとてもスムーズに行える。ワクチン接種証明書が必要。

ワシントンDCと近郊マップ

Washington, DC and Outskirts Map

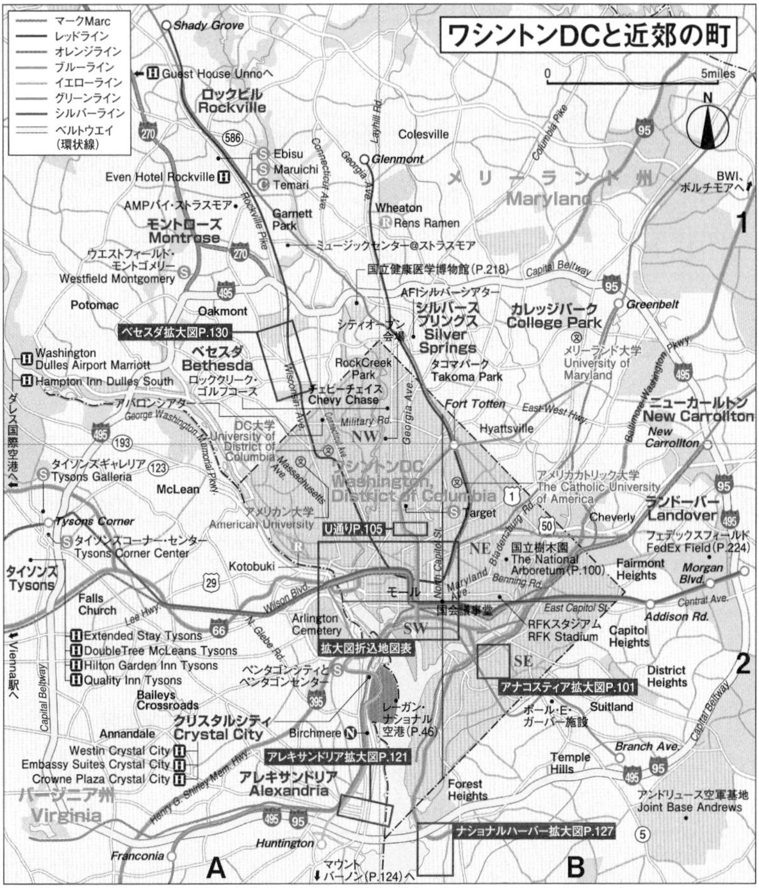

デスティネーションDC（ワシントンDC観光協会）代表

エリオットさんのおすすめDC

Mr. Elliott L. Ferguson, Destination DC's President and CEO

日本は重要なマーケットのひとつです

ワシントンDCには年間約2460万人もの訪問客があり、海外からの旅行者は200万人を超えます。

DCは、スミソニアンに代表されるように、あらゆる種類のミュージアムがあり、またアメリカの首都であることから、数多くの見どころがあります。日本から贈られた桜もそのひとつで、100年以上にわたって市民に愛されています。また、日本をはじめ世界各国との交流があるDCは世界の文化が集まっているのも特徴で、さらに世界中のグルメが楽しめるのもこの町ならではといえます。ぜひDCで世界の料理を楽しんでください。

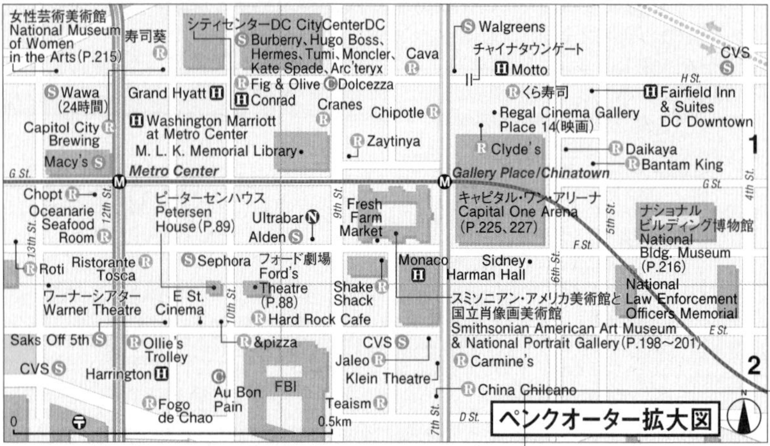
ペンクオーター拡大図
女性芸術美術館
National Museum of Women in the Arts (P.215)
寿司葵
シティセンターDC CityCenterDC
Burberry、Hugo Boss、Hermes、Tumi、Moncler、Kate Spade、Arc'teryx
Cava
Walgreens
チャイナタウンゲート
Motto
CVS
H St.
Wawa (24時間)
Grand Hyatt
Fig & Olive
Dolcezza
Conrad
くら寿司
Fairfield Inn & Suites DC Downtown
Capitol City Brewing
Washington Marriott at Metro Center
Cranes
Chipotle
Regal Cinema Gallery Place 14 (映画)
Macy's
M. L. K. Memorial Library
Zaytinya
Clyde's
Daikaya
Bantam King
1
G St.
Metro Center
Gallery Place/Chinatown
Chopt
12th St.
ピーターセンハウス Petersen House (P.89)
9th St.
Fresh Farm Market
キャピタル・ワン・アリーナ Capital One Arena (P.225、227)
5th St.
4th St.
Oceanarie Seafood Room
Ultrabar
Alden
ナショナルビルディング博物館 National Bldg. Museum (P.216)
13th St.
F St.
Roti
Ristorante Tosca
Sephora
フォード劇場 Ford's Theatre (P.88)
Monaco
Sidney Harman Hall
6th St.
ワーナーシアター Warner Theatre
E St. Cinema
10th St.
Shake Shack
スミソニアン・アメリカ美術館と国立肖像画美術館 Smithsonian American Art Museum & National Portrait Gallery (P.198～201)
National Law Enforcement Officers Memorial
Hard Rock Cafe
E St.
Saks Off 5th
Ollie's Trolley
&pizza
CVS
Jaleo
Carmine's
CVS
Harrington
FBI
Klein Theatre
2
Au Bon Pain
China Chilcano
Fogo de Chao
Teaism
7th St.
D St.
0
0.5km
N

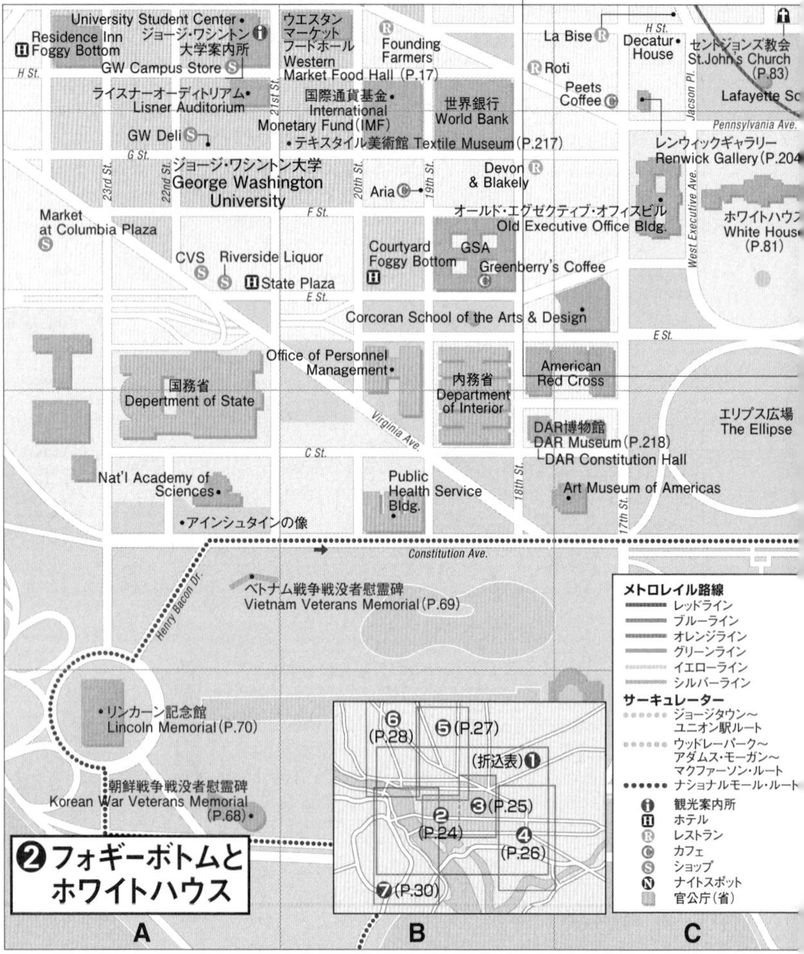
University Student Center
ジョージ・ワシントン大学案内所
ウエスタンマーケットフードホール Western Market Food Hall (P.17)
Founding Farmers
La Bise
H St.
Decatur House
セントジョンズ教会 St.John's Church (P.83)
Residence Inn Foggy Bottom
GW Campus Store
H St.
Roti
Peets Coffee
Lafayette Sq
ライスナーオーディトリアム Lisner Auditorium
21st St.
国際通貨基金 International Monetary Fund (IMF)
世界銀行 World Bank
Jackson Pl.
Pennsylvania Ave.
GW Deli
テキスタイル美術館 Textile Museum (P.217)
レンウィックギャラリー Renwick Gallery (P.204)
G St.
23rd St.
22nd St.
ジョージ・ワシントン大学 George Washington University
20th St.
19th St.
Aria
Devon & Blakely
West Executive Ave.
F St.
オールド・エグゼクティブ・オフィスビル Old Executive Office Bldg.
ホワイトハウス White House (P.81)
Market at Columbia Plaza
Courtyard Foggy Bottom
GSA
CVS
Riverside Liquor
State Plaza
Greenberry's Coffee
E St.
Corcoran School of the Arts & Design
E St.
Office of Personnel Management
国務省 Department of State
内務省 Department of Interior
American Red Cross
Virginia Ave.
エリプス広場 The Ellipse
C St.
DAR博物館 DAR Museum (P.218)
DAR Constitution Hall
Nat'l Academy of Sciences
Public Health Service Bldg.
18th St.
Art Museum of Americas
17th St.
アインシュタインの像
Constitution Ave.
Henry Bacon Dr.
ベトナム戦争戦没者慰霊碑 Vietnam Veterans Memorial (P.69)
メトロレイル路線
レッドライン
ブルーライン
オレンジライン
グリーンライン
イエローライン
シルバーライン
サーキュレーター
ジョージタウン～ユニオン駅ルート
ウッドレーパーク～アダムス・モーガン～マクファーソン・ルート
ナショナルモール・ルート
観光案内所
ホテル
レストラン
カフェ
ショップ
ナイトスポット
官公庁(省)
リンカーン記念館 Lincoln Memorial (P.70)
❻ (P.28)
❺ (P.27)
(折込表) ❶
❸ (P.25)
❷ (P.24)
❹ (P.26)
❼ (P.30)
朝鮮戦争戦没者慰霊碑 Korean War Veterans Memorial (P.68)
❷フォギーボトムとホワイトハウス
A
B
C

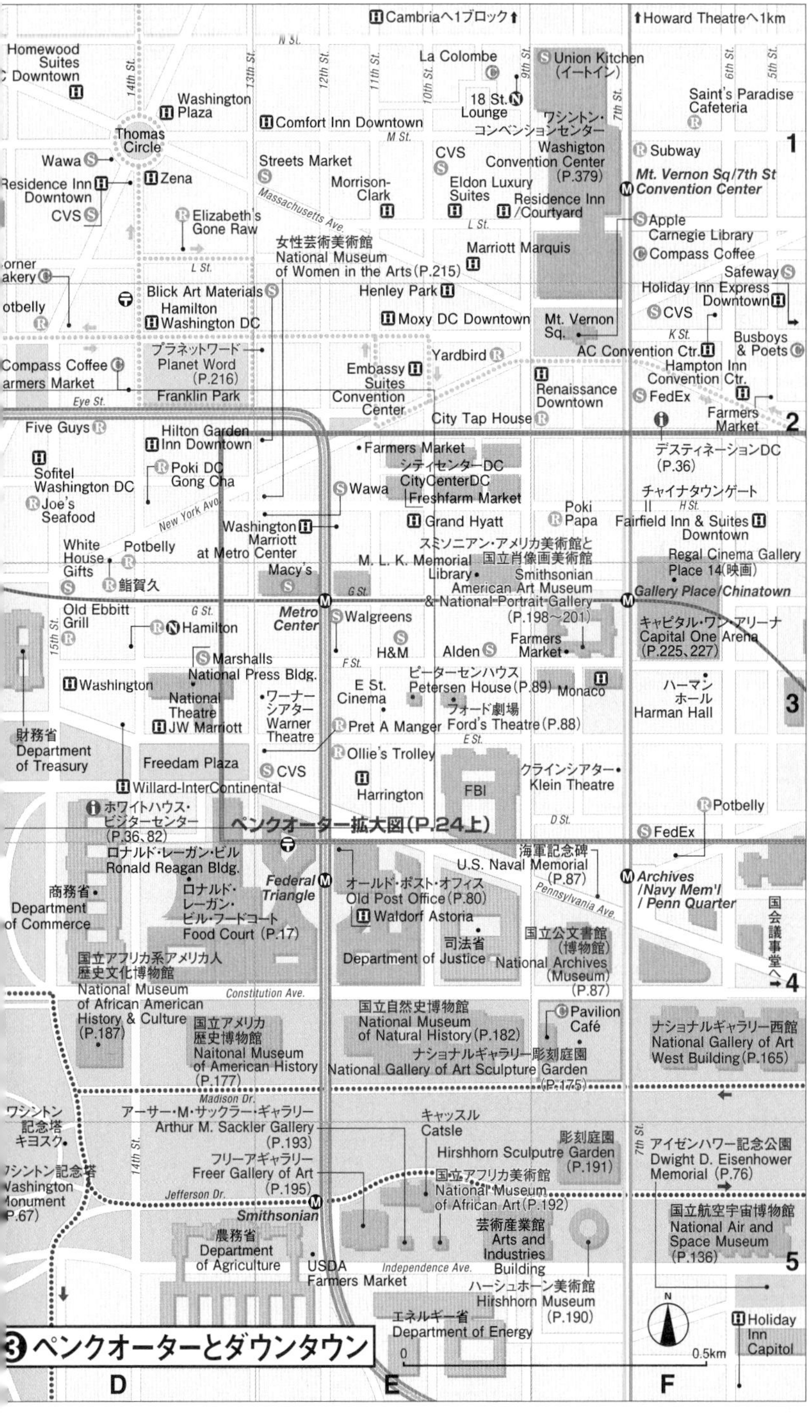

③ ペンクオーターとダウンタウン
Cambriaへ1ブロック
Howard Theatreへ1km
N St.
Homewood Suites Downtown
14th St.
13th St.
12th St.
11th St.
10th St.
9th St.
7th St.
6th St.
5th St.
La Colombe
Union Kitchen (イートイン)
18 St. Lounge
Washington Plaza
Thomas Circle
Comfort Inn Downtown
M St.
ワシントン・コンベンションセンター Washigton Convention Center (P.379)
Saint's Paradise Cafeteria
Wawa
Residence Inn Downtown
CVS
Zena
Streets Market
CVS
Morrison-Clark
Eldon Luxury Suites
Residence Inn /Courtyard
Subway
Mt. Vernon Sq/7th St Convention Center
Massachusetts Ave.
Elizabeth's Gone Raw
L St.
Marriott Marquis
Apple Carnegie Library
Compass Coffee
女性芸術美術館 National Museum of Women in the Arts (P.215)
Corner Bakery
Potbelly
Blick Art Materials
Hamilton Washington DC
Henley Park
Moxy DC Downtown
Mt. Vernon Sq.
Safeway
Holiday Inn Express Downtown
CVS
K St.
Busboys & Poets
AC Convention Ctr.
プラネットワード Planet Word (P.216)
Compass Coffee
Farmers Market
Franklin Park
Embassy Suites Convention Center
Yardbird
Renaissance Downtown
Hampton Inn Convention Ctr.
FedEx
Farmers Market
Eye St.
Five Guys
Hilton Garden Inn Downtown
City Tap House
デスティネーションDC (P.36)
Sofitel Washington DC
Joe's Seafood
Poki DC Gong Cha
Farmers Market
シティセンターDC CityCenterDC
Freshfarm Market
Wawa
New York Ave.
チャイナタウンゲート
H St.
Poki Papa
Washington Marriott at Metro Center
Grand Hyatt
Fairfield Inn & Suites Downtown
White House Gifts
Potbelly
鮨賀久
Macy's
M. L. K. Memorial Library
スミソニアン・アメリカ美術館と国立肖像画美術館 Smithsonian American Art Museum & National Portrait Gallery (P.198～201)
Regal Cinema Gallery Place 14(映画)
G St.
Gallery Place/Chinatown
Old Ebbitt Grill
15th St.
Hamilton
Metro Center
Walgreens
H&M
Alden
Farmers Market
キャピタル・ワン・アリーナ Capital One Arena (P.225、227)
Marshalls
National Press Bldg.
F St.
Washington
National Theatre
JW Marriott
E St. Cinema
ワーナーシアター Warner Theatre
ピーターセンハウス Petersen House (P.89)
フォード劇場 Ford's Theatre (P.88)
Monaco
ハーマンホール Harman Hall
財務省 Department of Treasury
Pret A Manger
E St.
Freedam Plaza
CVS
Ollie's Trolley
Harrington
FBI
クラインシアター Klein Theatre
Willard-InterContinental
ホワイトハウス・ビジターセンター (P.36、82)
ペンクオーター拡大図(P.24上)
D St.
Potbelly
FedEx
ロナルド・レーガン・ビル Ronald Reagan Bldg.
海軍記念碑 U.S. Naval Memorial (P.87)
商務省 Department of Commerce
ロナルド・レーガン・ビル・フードコート Food Court (P.17)
Federal Triangle
オールド・ポスト・オフィス Old Post Office (P.80)
Waldorf Astoria
Pennsylvania Ave.
Archives /Navy Mem'l /Penn Quarter
国会議事堂へ
司法省 Department of Justice
国立公文書館(博物館) National Archives (Museum) (P.87)
国立アフリカ系アメリカ人歴史文化博物館 National Museum of African American History & Culture (P.187)
Constitution Ave.
国立アメリカ歴史博物館 Naitonal Museum of American History (P.177)
国立自然史博物館 National Museum of Natural History (P.182)
Pavilion Café
ナショナルギャラリー彫刻庭園 National Gallery of Art Sculpture Garden (P.175)
ナショナルギャラリー西館 National Gallery of Art West Building (P.165)
Madison Dr.
ワシントン記念塔キヨスク
アーサー・M・サックラー・ギャラリー Arthur M. Sackler Gallery (P.193)
キャッスル Catsle
彫刻庭園 Hirshhorn Sculputre Garden (P.191)
アイゼンハワー記念公園 Dwight D. Eisenhower Memorial (P.76)
ワシントン記念塔 Washington Monument (P.67)
フリーアギャラリー Freer Gallery of Art (P.195)
国立アフリカ美術館 National Museum of African Art (P.192)
Jefferson Dr.
Smithsonian
国立航空宇宙博物館 National Air and Space Museum (P.136)
農務省 Department of Agriculture
USDA Farmers Market
芸術産業館 Arts and Industries Building
Independence Ave.
ハーシュホーン美術館 Hirshhorn Museum (P.190)
エネルギー省 Department of Energy
Holiday Inn Capitol
0
0.5km
N
1
2
3
4
5
D
E
F

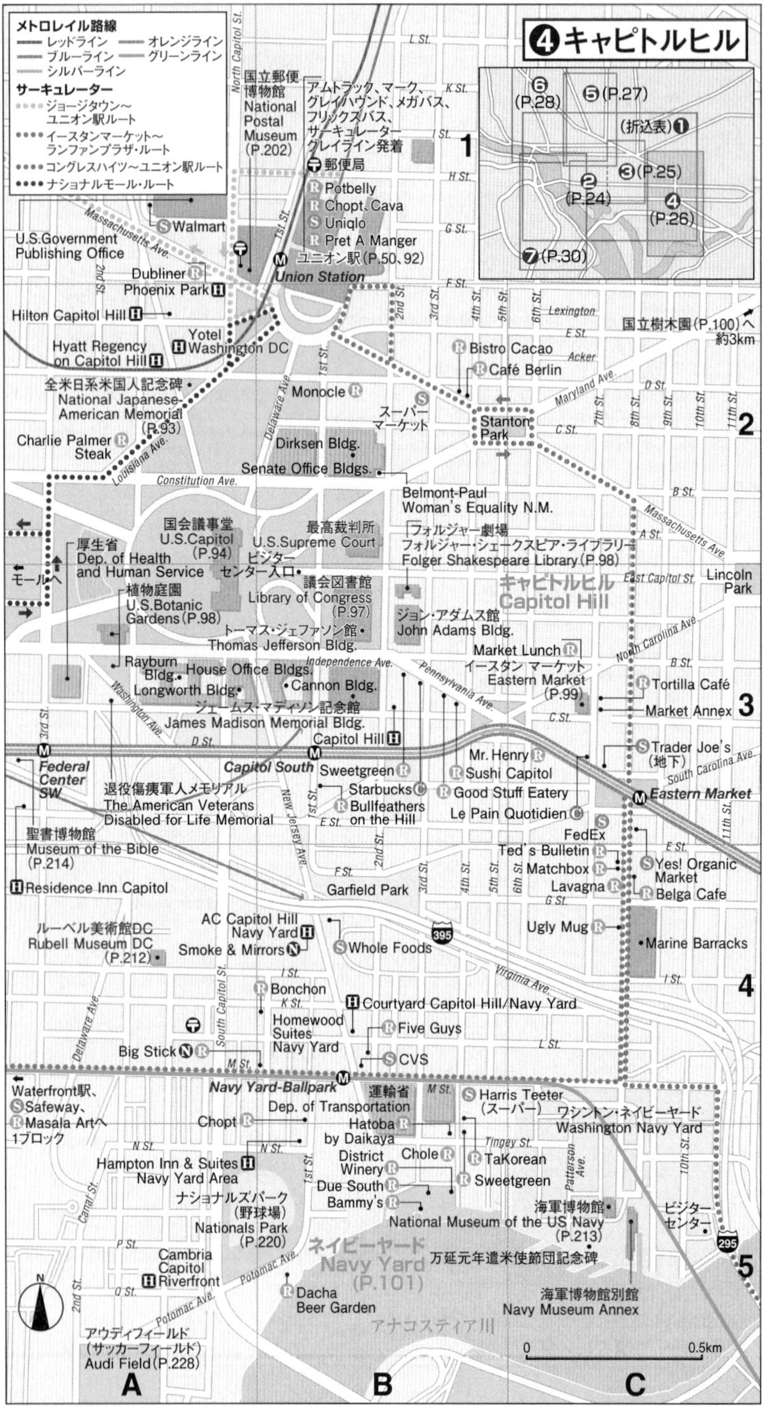

❹キャピトルヒル
メトロレイル路線
レッドライン
オレンジライン
ブルーライン
グリーンライン
シルバーライン
サーキュレーター
ジョージタウン〜ユニオン駅ルート
イースタンマーケット〜ランファンプラザ・ルート
コングレスハイツ〜ユニオン駅ルート
ナショナルモール・ルート
❻(P.28)
❺(P.27)
(折込表)❶
❸(P.25)
❷(P.24)
❹(P.26)
❼(P.30)
国立郵便博物館
National Postal Museum (P.202)
アムトラック、マーク、グレイハウンド、メガバス、フリックスバス、サーキュレーター、グレイライン発着
郵便局
Potbelly
Chopt、Cava
Uniqlo
Pret A Manger
ユニオン駅(P.50、92)
Union Station
Walmart
U.S.Government Publishing Office
Dubliner
Phoenix Park
Hilton Capitol Hill
Yotel Washington DC
Hyatt Regency on Capitol Hill
全米日系米国人記念碑
National Japanese-American Memorial (P.93)
Charlie Palmer Steak
Monocle
Bistro Cacao
Café Berlin
スーパーマーケット
Stanton Park
国立樹木園(P.100)へ約3km
Dirksen Bldg.
Senate Office Bldgs.
Belmont-Paul Woman's Equality N.M.
国会議事堂
U.S.Capitol (P.94)
最高裁判所
U.S.Supreme Court
ビジターセンター入口
フォルジャー劇場
フォルジャー・シェークスピア・ライブラリー
Folger Shakespeare Library (P.98)
厚生省
Dep. of Health and Human Service
モールへ
植物庭園
U.S.Botanic Gardens (P.98)
議会図書館
Library of Congress (P.97)
ジョン・アダムス館
John Adams Bldg.
キャピトルヒル
Capitol Hill
Lincoln Park
トーマス・ジェファソン館
Thomas Jefferson Bldg.
Market Lunch
イースタン マーケット
Eastern Market (P.99)
Rayburn Bldg.
House Office Bldgs.
Longworth Bldg.
Cannon Bldg.
ジェームス・マディソン記念館
James Madison Memorial Bldg.
Tortilla Café
Market Annex
Capitol Hill
Federal Center SW
Capitol South
Sweetgreen
Mr. Henry
Sushi Capitol
Trader Joe's (地下)
Eastern Market
退役傷痍軍人メモリアル
The American Veterans Disabled for Life Memorial
Starbucks
Bullfeathers on the Hill
Good Stuff Eatery
Le Pain Quotidien
聖書博物館
Museum of the Bible (P.214)
FedEx
Ted's Bulletin
Matchbox
Lavagna
Yes! Organic Market
Belga Cafe
Residence Inn Capitol
Garfield Park
ルーベル美術館DC
Rubell Museum DC (P.212)
AC Capitol Hill Navy Yard
Smoke & Mirrors
Whole Foods
Ugly Mug
Marine Barracks
Bonchon
Courtyard Capitol Hill/Navy Yard
Homewood Suites Navy Yard
Five Guys
Big Stick
CVS
Waterfront駅、Safeway、Masala Artへ 1ブロック
Navy Yard-Ballpark
運輸省
Dep. of Transportation
Harris Teeter (スーパー)
ワシントン・ネイビーヤード
Washington Navy Yard
Chopt
Hatoba by Daikaya
Chole
TaKorean
District Winery
Sweetgreen
Due South
Bammy's
Hampton Inn & Suites Navy Yard Area
ナショナルズパーク(野球場)
Nationals Park (P.220)
海軍博物館
National Museum of the US Navy (P.213)
ビジターセンター
ネイビーヤード
Navy Yard (P.101)
万延元年遣米使節団記念碑
Cambria Capitol Riverfront
Dacha Beer Garden
海軍博物館別館
Navy Museum Annex
アナコスティア川
アウディフィールド(サッカーフィールド)
Audi Field (P.228)
0 0.5km
A B C
1 2 3 4 5

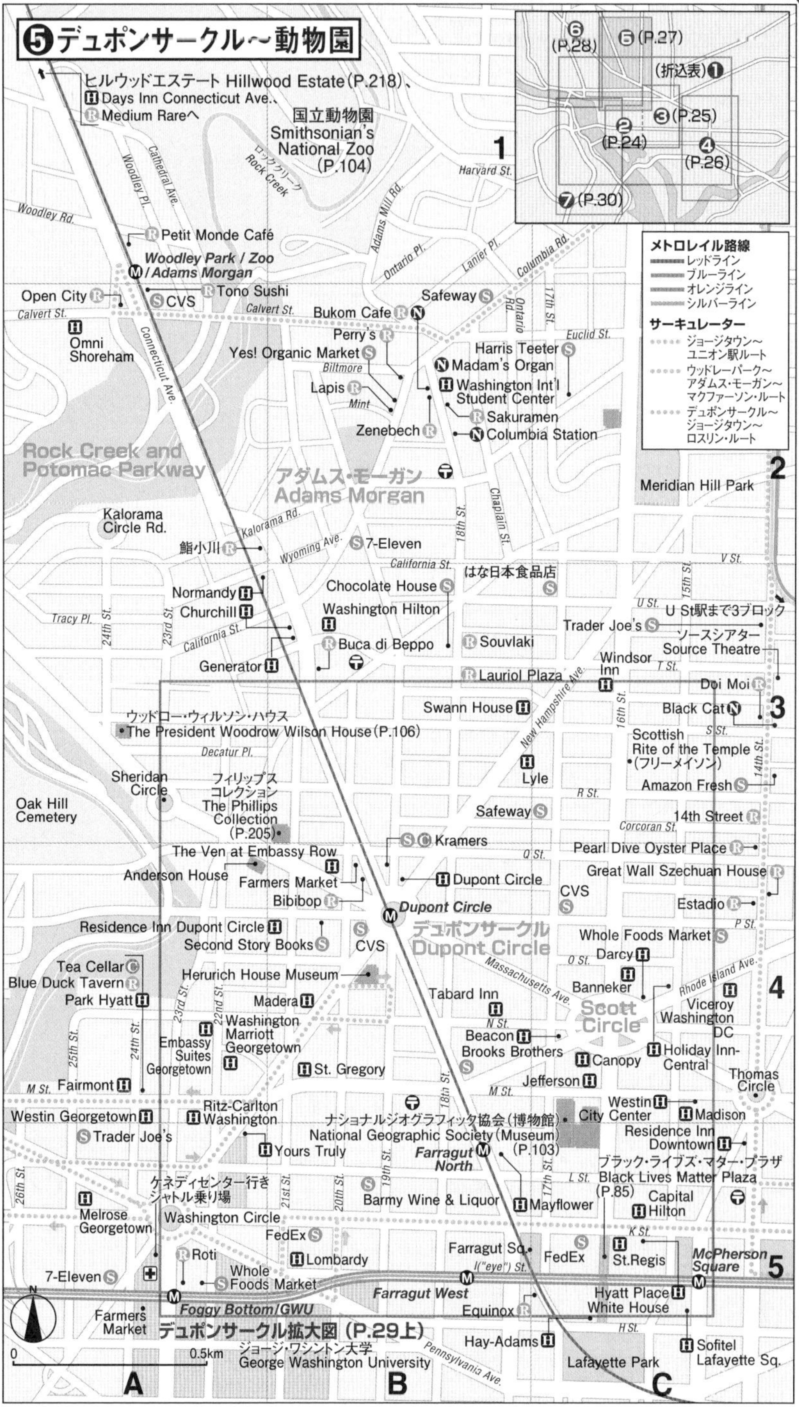

❺デュポンサークル〜動物園
ヒルウッドエステート Hillwood Estate(P.218)、
Days Inn Connecticut Ave.、
Medium Rareへ
国立動物園
Smithsonian's
National Zoo
(P.104)
ロッククリーク
Rock Creek
Harvard St.
Woodley Rd.
Woodley Pl.
Cathedral Ave.
Adams Mill Rd.
Petit Monde Café
Woodley Park / Zoo
/ Adams Morgan
Ontario Pl.
Lanier Pl.
Columbia Rd.
Open City
CVS
Tono Sushi
Safeway
Calvert St.
Calvert St.
Bukom Cafe
Ontario Rd.
17th St.
Omni
Shoreham
Connecticut Ave.
Perry's
Euclid St.
Yes! Organic Market
Harris Teeter
Biltmore
Madam's Organ
Lapis
Washington Int'l
Student Center
Mint
Sakuramen
Zenebech
Columbia Station
Rock Creek and
Potomac Parkway
アダムス・モーガン
Adams Morgan
Chaplain St.
Meridian Hill Park
Kalorama
Circle Rd.
Kalorama Rd.
18th St.
鮨小川
Wyoming Ave.
7-Eleven
California St.
V St.
はな日本食品店
Chocolate House
Normandy
U St.
15th St.
Churchill
Washington Hilton
U St駅まで3ブロック
Tracy Pl.
24th St.
23rd St.
California St.
Trader Joe's
ソースシアター
Source Theatre
Souvlaki
Buca di Beppo
Windsor
Inn
Generator
T St.
Lauriol Plaza
New Hampshire Ave.
Doi Moi
16th St.
Swann House
Black Cat
ウッドロー・ウィルソン・ハウス
The President Woodrow Wilson House(P.106)
S St.
Scottish
Rite of the Temple
(フリーメイソン)
Decatur Pl.
14th St.
Lyle
Sheridan
Circle
フィリップス
コレクション
The Phillips
Collection
(P.205)
Amazon Fresh
R St.
Oak Hill
Cemetery
Safeway
14th Street
Corcoran St.
Kramers
The Ven at Embassy Row
Q St.
Pearl Dive Oyster Place
Anderson House
Farmers Market
Dupont Circle
Great Wall Szechuan House
CVS
Bibibop
Dupont Circle
Estadio
P St.
Residence Inn Dupont Circle
デュポンサークル
Dupont Circle
Whole Foods Market
Second Story Books
CVS
O St.
Darcy
Tea Cellar
Blue Duck Tavern
Herurich House Museum
Massachusetts Ave.
Rhode Island Ave.
Banneker
Park Hyatt
Madera
Tabard Inn
Scott
Circle
Viceroy
Washington
DC
23rd St.
22nd St.
Washington
Marriott
Georgetown
N St.
Embassy
Suites
Georgetown
Beacon
Holiday Inn-
Central
25th St.
24th St.
Brooks Brothers
Canopy
St. Gregory
Thomas
Circle
M St.
Fairmont
Jefferson
M St.
18th St.
Westin Georgetown
Ritz-Carlton
Washington
Westin
City Center
Madison
Trader Joe's
ナショナルジオグラフィック協会(博物館)
National Geographic Society(Museum)
(P.103)
Residence Inn
Downtown
Yours Truly
Farragut
North
ブラック・ライブズ・マター・プラザ
Black Lives Matter Plaza
(P.85)
26th St.
21st St.
20th St.
19th St.
17th St.
L St.
ケネディセンター行き
シャトル乗り場
Barmy Wine & Liquor
Mayflower
Capital
Hilton
Melrose
Georgetown
Washington Circle
K St.
FedEx
Farragut Sq.
FedEx
McPherson
Square
Roti
Lombardy
I("eye") St.
St.Regis
7-Eleven
Whole
Foods Market
Hyatt Place
Farragut West
White House
Foggy Bottom/GWU
Equinox
Farmers
Market
デュポンサークル拡大図(P.29上)
H St.
Hay-Adams
Sofitel
Lafayette Sq.
0
0.5km
ジョージ・ワシントン大学
George Washington University
Pennsylvania Ave.
Lafayette Park
A
B
C
1
2
3
4
5
N
❻(P.28)
❻(P.27)
(折込表)❶
❸(P.25)
❷(P.24)
❹(P.26)
❼(P.30)
メトロレイル路線
レッドライン
ブルーライン
オレンジライン
シルバーライン
サーキュレーター
ジョージタウン〜ユニオン駅ルート
ウッドレーパーク〜アダムス・モーガン〜マクファーソン・ルート
デュポンサークル〜ジョージタウン〜ロスリン・ルート

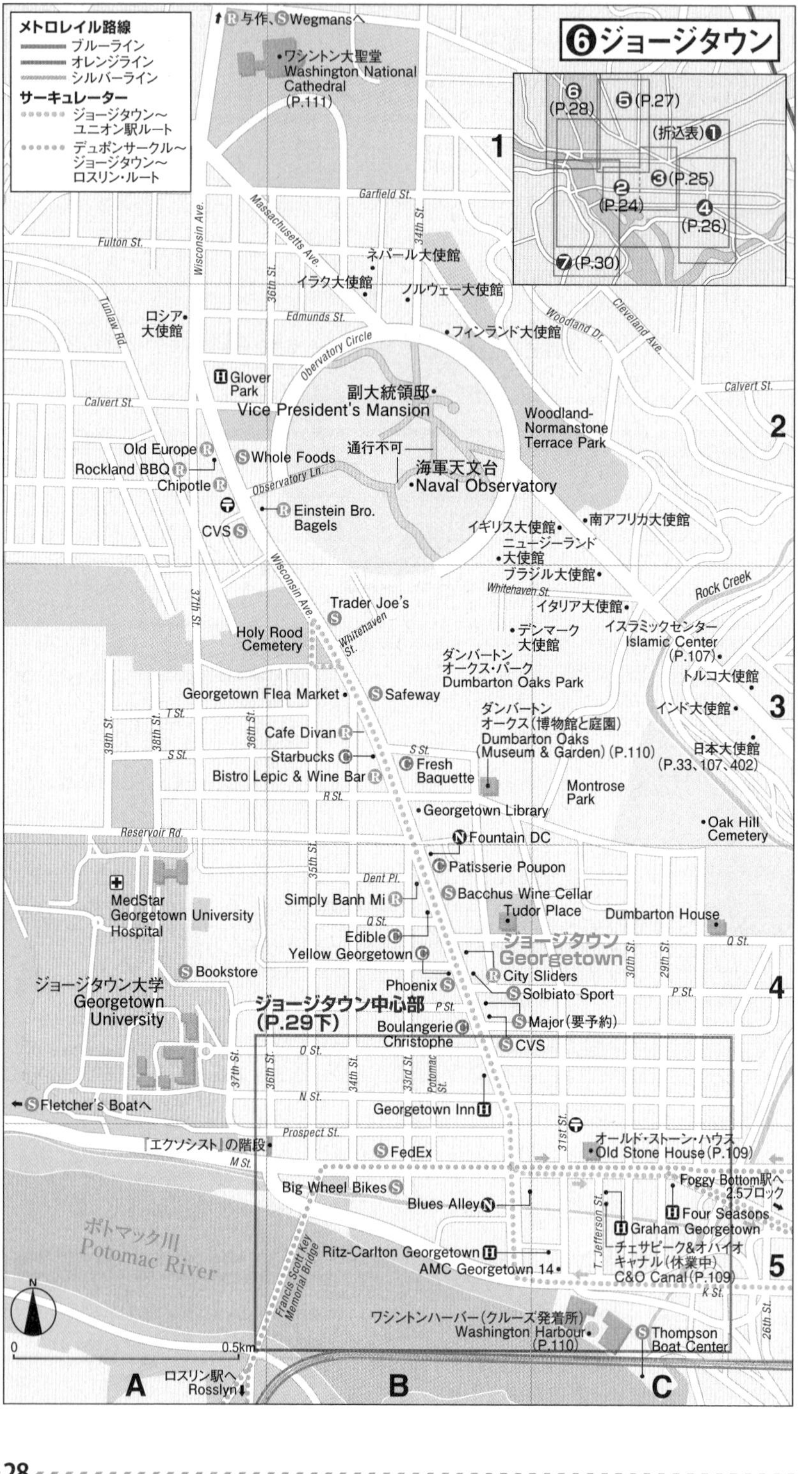

❻ジョージタウン
メトロレイル路線
ブルーライン
オレンジライン
シルバーライン
サーキュレーター
ジョージタウン～ユニオン駅ルート
デュポンサークル～ジョージタウン～ロスリン・ルート
与作、Wegmansへ
ワシントン大聖堂 Washington National Cathedral (P.111)
❻(P.28)
❺(P.27)
(折込表)❶
❷(P.24)
❸(P.25)
❹(P.26)
❼(P.30)
ネパール大使館
イラク大使館
ノルウェー大使館
ロシア大使館
フィンランド大使館
Glover Park
副大統領邸 Vice President's Mansion
通行不可
海軍天文台 Naval Observatory
Woodland-Normanstone Terrace Park
Old Europe
Rockland BBQ
Chipotle
Whole Foods
Einstein Bro. Bagels
CVS
イギリス大使館
南アフリカ大使館
ニュージーランド大使館
ブラジル大使館
イタリア大使館
Rock Creek
Trader Joe's
Holy Rood Cemetery
デンマーク大使館
イスラミックセンター Islamic Center (P.107)
ダンバートン・オークス・パーク Dumbarton Oaks Park
トルコ大使館
Georgetown Flea Market
Safeway
インド大使館
ダンバートン・オークス(博物館と庭園) Dumbarton Oaks (Museum & Garden) (P.110)
日本大使館 (P.33、107、402)
Cafe Divan
Starbucks
Fresh Baquette
Bistro Lepic & Wine Bar
Montrose Park
Georgetown Library
Oak Hill Cemetery
Fountain DC
Patisserie Poupon
MedStar Georgetown University Hospital
Simply Banh Mi
Bacchus Wine Cellar
Tudor Place
Dumbarton House
Edible
ジョージタウン Georgetown
Yellow Georgetown
Bookstore
City Sliders
ジョージタウン大学 Georgetown University
Phoenix
Solbiato Sport
ジョージタウン中心部 (P.29下)
Major(要予約)
Boulangerie Christophe
CVS
Fletcher's Boatへ
Georgetown Inn
オールド・ストーン・ハウス Old Stone House (P.109)
『エクソシスト』の階段
FedEx
Big Wheel Bikes
Foggy Bottom駅へ2.5ブロック
Blues Alley
Four Seasons
Graham Georgetown
ポトマック川 Potomac River
Ritz-Carlton Georgetown
チェサピーク&オハイオキャナル(休業中) C&O Canal (P.109)
AMC Georgetown 14
ワシントンハーバー(クルーズ発着所) Washington Harbour (P.110)
Thompson Boat Center
Francis Scott Key Memorial Bridge
ロスリン駅へ Rosslyn
Garfield St.
Fulton St.
Massachusetts Ave.
Wisconsin Ave.
36th St.
34th St.
Tunlaw Rd.
Edmunds St.
Observatory Circle
Woodland Dr.
Cleveland Ave.
Calvert St.
Observatory Ln.
Whitehaven St.
37th St.
T St.
S St.
R St.
39th St.
38th St.
35th St.
Reservoir Rd.
Dent Pl.
Q St.
P St.
O St.
N St.
33rd St.
Potomac St.
30th St.
29th St.
31st St.
Prospect St.
M St.
T. Jefferson St.
K St.
26th St.
0 0.5km
N
A B C
1 2 3 4 5

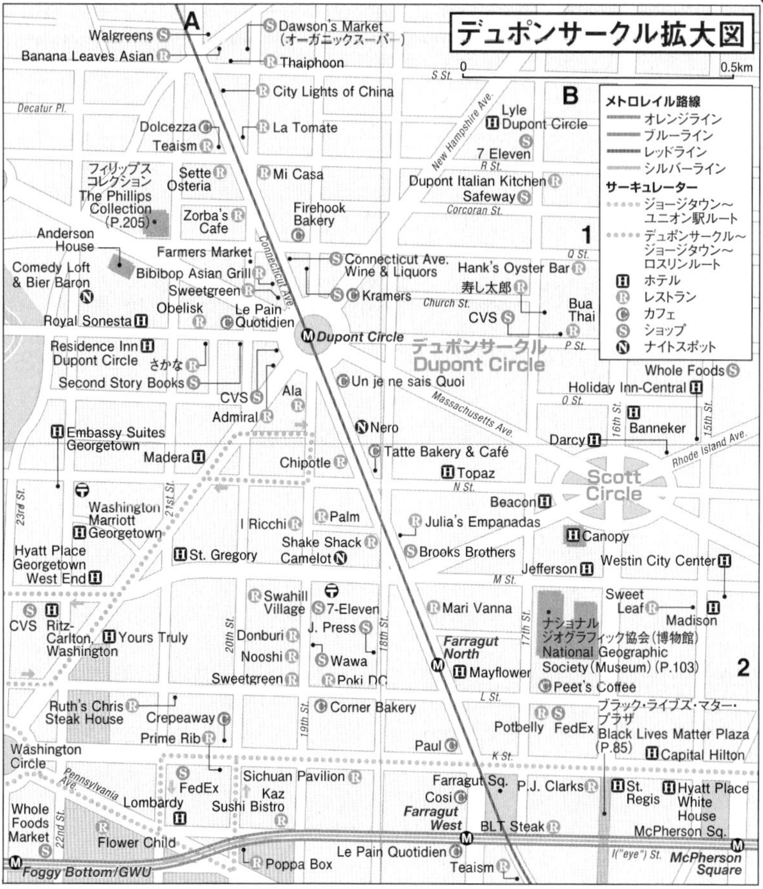
デュポンサークル拡大図
0 0.5km
メトロレイル路線
オレンジライン
ブルーライン
レッドライン
シルバーライン
サーキュレーター
ジョージタウン～ユニオン駅ルート
デュポンサークル～ジョージタウン～ロスリンルート
ホテル
レストラン
カフェ
ショップ
ナイトスポット
A
B
1
2
Walgreens
Banana Leaves Asian
Dawson's Market (オーガニックスーパー)
Thaiphoon
City Lights of China
Decatur Pl.
S St.
Dolcezza
Teaism
La Tomate
Lyle
Dupont Circle
7 Eleven
R St.
New Hampshire Ave.
フィリップス コレクション The Phillips Collection (P.205)
Sette Osteria
Mi Casa
Dupont Italian Kitchen
Safeway
Corcoran St.
Zorba's Cafe
Firehook Bakery
Anderson House
Farmers Market
Connecticut Ave.
Connecticut Ave. Wine & Liquors
Q St.
Hank's Oyster Bar
Comedy Loft & Bier Baron
Bibibop Asian Grill
Sweetgreen
Kramers
寿し太郎
Church St.
Obelisk
Le Pain Quotidien
Bua Thai
CVS
Royal Sonesta
Dupont Circle
デュポンサークル Dupont Circle
P St.
Residence Inn Dupont Circle
さかな
Second Story Books
CVS
Ala
Un je ne sais Quoi
Whole Foods
Holiday Inn-Central
O St.
Admiral
Massachusetts Ave.
16th St.
15th St.
Nero
Banneker
Embassy Suites Georgetown
Tatte Bakery & Café
Darcy
Rhode Island Ave.
Madera
Chipotle
Topaz
Scott Circle
N St.
23rd St.
21st St.
Washington Marriott Georgetown
Palm
I Ricchi
Beacon
Julia's Empanadas
Canopy
Hyatt Place Georgetown West End
St. Gregory
Shake Shack
Camelot
Brooks Brothers
Jefferson
Westin City Center
M St.
Swahili Village
7-Eleven
Sweet Leaf
CVS
Ritz-Carlton, Washington
Yours Truly
Mari Vanna
Madison
J. Press
17th St.
ナショナル ジオグラフィック協会(博物館) National Geographic Society (Museum) (P.103)
Donburi
20th St.
18th St.
Farragut North
Nooshi
Wawa
Sweetgreen
Poki DC
Mayflower
Peet's Coffee
L St.
Ruth's Chris Steak House
Crepeaway
19th St.
Corner Bakery
ブラック・ライブズ・マター・プラザ Black Lives Matter Plaza (P.85)
Potbelly
FedEx
Prime Rib
Paul
K St.
Capital Hilton
Washington Circle
Pennsylvania Ave.
FedEx
Sichuan Pavilion
Farragut Sq.
P.J. Clarks
St. Regis
Hyatt Place White House
Lombardy
Kaz Sushi Bistro
Cosi
Farragut West
Whole Foods Market
22nd St.
BLT Steak
McPherson Sq.
Flower Child
Le Pain Quotidien
I("eye") St.
McPherson Square
Foggy Bottom/GWU
Poppa Box
Teaism

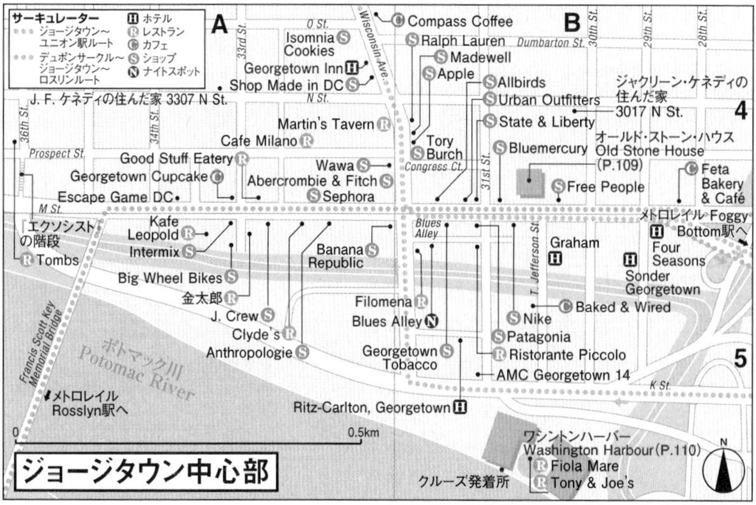
サーキュレーター
ジョージタウン～ユニオン駅ルート
デュポンサークル～ジョージタウン～ロスリンルート
ホテル
レストラン
カフェ
ショップ
ナイトスポット
A
B
4
5
O St.
33rd St.
Wisconsin Ave.
Compass Coffee
Isomnia Cookies
Ralph Lauren
Dumbarton St.
30th St.
29th St.
28th St.
Madewell
Georgetown Inn
Apple
Shop Made in DC
Allbirds
ジャクリーン・ケネディの住んだ家 3017 N St.
J. F. ケネディの住んだ家 3307 N St.
N St.
Urban Outfitters
36th St.
34th St.
State & Liberty
Martin's Tavern
Cafe Milano
Tory Burch
Prospect St.
オールド・ストーン・ハウス Old Stone House (P.109)
Good Stuff Eatery
Wawa
Bluemercury
Georgetown Cupcake
Abercrombie & Fitch
Congress Ct.
31st St.
Feta Bakery & Café
Sephora
Free People
Escape Game DC
M St.
メトロレイル Foggy Bottom駅へ
「エクソシスト」の階段
Kafe Leopold
Blues Alley
Intermix
Banana Republic
Graham
Four Seasons
Tombs
T. Jefferson St.
Sonder Georgetown
Big Wheel Bikes
金太郎
Filomena
Baked & Wired
J. Crew
Blues Alley
Nike
Clyde's
Patagonia
Anthropologie
Georgetown Tobacco
Ristorante Piccolo
Francis Scott Key Memorial Bridge
ポトマック川 Potomac River
AMC Georgetown 14
K St.
メトロレイル Rosslyn駅へ
Ritz-Carlton, Georgetown
0 0.5km
ワシントンハーバー Washington Harbour (P.110)
N
Fiola Mare
Tony & Joe's
クルーズ発着所
ジョージタウン中心部

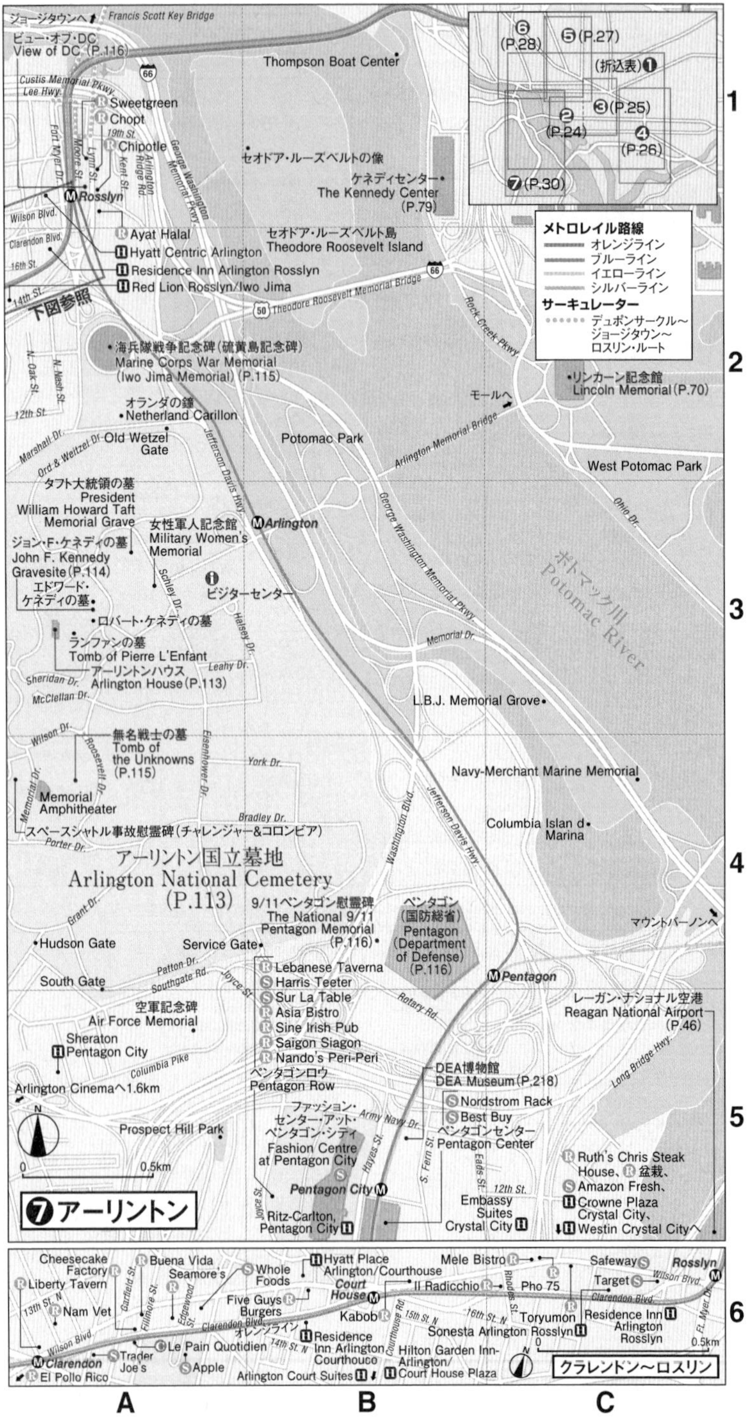

ジョージタウンへ Francis Scott Key Bridge
ビュー・オブ・DC View of DC (P.116)
Thompson Boat Center
(折込表)❶
❺(P.27)
❻(P.28)
❷(P.24)
❸(P.25)
❹(P.26)
❼(P.30)
Sweetgreen
Chopt
Chipotle
Rosslyn
セオドア・ルーズベルトの像
ケネディセンター The Kennedy Center (P.79)
メトロレイル路線
オレンジライン
ブルーライン
イエローライン
シルバーライン
サーキュレーター
デュポンサークル～ジョージタウン～ロスリン・ルート
Ayat Halal
Hyatt Centric Arlington
Residence Inn Arlington Rosslyn
Red Lion Rosslyn/Iwo Jima
セオドア・ルーズベルト島 Theodore Roosevelt Island
下図参照
海兵隊戦争記念碑(硫黄島記念碑) Marine Corps War Memorial (Iwo Jima Memorial) (P.115)
リンカーン記念館 Lincoln Memorial (P.70)
モールへ
オランダの鐘 Netherland Carillon
Old Wetzel Gate
Potomac Park
West Potomac Park
タフト大統領の墓 President William Howard Taft Memorial Grave
女性軍人記念館 Military Women's Memorial
Arlington
ジョン・F・ケネディの墓 John F. Kennedy Gravesite (P.114)
エドワード・ケネディの墓
ビジターセンター
ロバート・ケネディの墓
ランファンの墓 Tomb of Pierre L'Enfant
アーリントンハウス Arlington House (P.113)
ポトマック川 Potomac River
L.B.J. Memorial Grove
無名戦士の墓 Tomb of the Unknowns (P.115)
Memorial Amphitheater
Navy-Merchant Marine Memorial
Columbia Islan d Marina
スペースシャトル事故慰霊碑(チャレンジャー&コロンビア)
アーリントン国立墓地 Arlington National Cemetery (P.113)
9/11ペンタゴン慰霊碑 The National 9/11 Pentagon Memorial (P.116)
ペンタゴン(国防総省) Pentagon (Department of Defense) (P.116)
マウントバーノンへ
Hudson Gate
Service Gate
South Gate
Pentagon
Lebanese Taverna
Harris Teeter
Sur La Table
Asia Bistro
Sine Irish Pub
Saigon Siagon
Nando's Peri-Peri
レーガン・ナショナル空港 Reagan National Airport (P.46)
空軍記念碑 Air Force Memorial
Sheraton Pentagon City
Arlington Cinemaへ1.6km
ペンタゴンロウ Pentagon Row
DEA博物館 DEA Museum (P.218)
Nordstrom Rack
Best Buy
ファッション・センター・アット・ペンタゴン・シティ Fashion Centre at Pentagon City
ペンタゴンセンター Pentagon Center
Prospect Hill Park
Ruth's Chris Steak House、盆栽、Amazon Fresh、Crowne Plaza Crystal City、Westin Crystal Cityへ
Pentagon City
Ritz-Carlton, Pentagon City
Embassy Suites Crystal City
0 0.5km
❼アーリントン
Cheesecake Factory
Buena Vida
Liberty Tavern
Seamore's
Whole Foods
Hyatt Place Arlington/Courthouse
Mele Bistro
Safeway
Rosslyn
Target
Nam Vet
Five Guys Burgers
Court House
Il Radicchio
Pho 75
Kabob
Toryumon
Residence Inn Arlington Rosslyn
Sonesta Arlington Rosslyn
オレンジライン
Residence Inn Arlington Courthouco
Hilton Garden Inn-Arlington/Court House Plaza
Le Pain Quotidien
Clarendon
Trader Joe's
Apple
El Pollo Rico
Arlington Court Suites
クラレンドン～ロスリン
1 2 3 4 5 6
A B C

Getting Around Washington, DC

ワシントンDCの歩き方

モールの中心に建つワシントン記念塔から見たリンカーン記念館。ワシントンが公園都市であることを実感できる

テレビのニュースでホワイトハウスやアメリカの国会議事堂はよく目にしても、アメリカの首都ワシントンがどこにあるか、どんな町かを知っている人はそう多くはないはず。全米でも特異なこの町は、単なる政治の中枢にとどまらない、無尽蔵のお宝にあふれた町でもある。ここ数年の人口増は著しく、地下鉄では東京のラッシュアワーのような混雑ぶりが見られるほど。パンデミック前の2019年には訪問者数が2460万を超えた。アメリカの文化や歴史など、国宝級の遺産をこの目で見ようと、訪れる人は後を絶たない。

ワシントンDCのオリエンテーション

全米唯一の特別行政区

ワシントンDCは、全米50州のどこにも属さない、唯一の特別行政区。連邦政府の直轄として独立した町だ。経済や文化の中心をニューヨークに任せ、純粋に連邦政府の立法・行政・司法の最高機関だけをもっている。ワシントンには連邦政府と観光業以外に町を支える産業がほとんどなく、アメリカ政治の中心として町が機能する。江戸時代の「天領」に近いが、場所が1ヵ所に限られるのが特徴。

ジョー・バイデン大統領一家が暮らすホワイトハウス。アメリカ政治のもうひとつの拠点

名前の由来は

正式名称は"Washington, District of Columbia"。日本語にすると**「ワシントン・コロンビア特別行政区」**といい、建国の父である初代大統領ジョージ・ワシントンGeorge Washingtonと、アメリカ大陸の発見者といわれるクリストファー・コロンブスChristopher Columbusの、ふたりのアメリカ建国の"礎（いしずえ）"になった人物の名前が含まれている。アメリカ北西部にあるワシントン州との混同を避けるため、"Washington"というより"Washington, DC"、または単に"DC"と呼ぶことが多い。アメリカでは州名を2文字の略称にするが、ワシントンDCの「DC」が州名に相当する。

DC豆知識 **パスポートを常に持参すること** 政府関係の建物が多いDC。入場の際に、身分証の確認が頻繁に行われる。必ずパスポートを持つように。セキュリティチェックも多いため、荷物は極力小さくすること。

自由と平等を追求する姿

自由と平等の国アメリカ。2020年に起こったブラック・ライブズ・マター運動のように人種問題はいまだに根深いアメリカの社会問題だ。DCは全米の規範として、人種を超えて"平等"を追求し続けている。そのチャンスを求めて、マイノリティ(少数民族)がこの町にやってくる。なかでもアフリカ系はDC全人口の約46%(全米平均約13.6%)を占める。アメリカの基本理念を追求する町なのである。

計画に基づいて設計された公園都市

DCは、フランス人技師ピエール・シャルル・ランファンにより設計された公園都市だ。碁盤の目のように道が走り、町にはいくつもの小さな公園がある。そのなかで最大のものが、**モールNational Mall**だ。スミソニアンの博物館や歴代大統領のメモリアルが点在する、観光の中心である。高い建築物がほとんどないこともあって、とても開放的。

ワシントンDCは国会議事堂(連邦議会議事堂)を中心に番地が振られている

気候

緯度は日本の仙台に近い。仙台あたりの気候を基本に考えるといいが、天候の変化同様、寒暖の差も激しい。昨日ぽかぽか陽気だったのに、今日は急に底冷えがするといったこともしばしば。天気も1日のうちにコロコロと変わる。

夏は"高温多湿"。ただし、外は蒸し暑くても、建物の内部は冷房が効き過ぎて寒いくらい。

春は桜、秋は紅葉が美しい。春と初秋は最も過ごしやすい季節で、観光にも最適。

冬は降雪もあり、年に1度は交通がマヒするくらいの量となる。気候と服装について→P.370

1年をとおしてさまざまなイベントが開催されるが、最大級のものがさくらまつり

ワシントンDCの見どころ

DCは「政治の町」というおかたいイメージがあるが、実際に旅行者として訪れてみると、政治というより世界最大の博物館群をもつスミソニアン協会をはじめとする、博物館・美術館の宝庫であることが実感できる。そのスミソニアンはすべて入場無料！ お財布にとってもうれしい町なのである。政府機関の一部も一般公開され、もちろん、それらも入場無料だ。

宇宙と地球を往復した本物のスペースシャトルも公開されている

ワシントンDC はどこにある？

DCはアメリカ東部、ニューヨークの南西約370km(230マイル)、下流は大西洋へと注ぎ込むポトマック川Potomac Riverの中流付近に位置する(⇨折込地図裏-D2)。飛行機ではニューヨークから1時間20分、シカゴから2時間弱、ロスアンゼルスから5時間強。鉄道ではニューヨークから超特急アセラ号で約2時間55分。長距離バスでは約4時間30分の距離だ。

ワシントンDCのデータ Data of Washington, DC

人口 約67万2000人、*DC首都圏全体では約638万人。全米の都市圏では6番目の大きさ

面積 約158km²

標高 最高125m、最低0m、平均49m

Tax セールスタックス6%。ホテルタックス14.95%。飲食タックス(外食)は10%。環境税としてレジ袋や紙袋には1枚5¢課税

電話のエリアコード(市外局番) 202

人種 白人45.9%、アフリカ系45.8%、アメリカ先住民0.2%、アジア系4.5%など。マイノリティではエチオピア人、エルサルバドルからの難民、イラン人、韓国人も多い。邦人は周辺を含め約2万人

ワシントンDC出身の有名人 ジョン・エドガー・フーバー(初代FBI長官)、デューク・エリントン(音楽家)、マービン・ゲイ(音楽家)、ケビン・デュラント(バスケットボール選手)、サミュエル・L・ジャクソン(俳優)

日本大使館 Embassy of Japan
住2520 Massachusetts Ave. NW, Washington, DC 20008 MAP P.28-C3 ☎(202)238-6700
FAX(202)328-2187 URL www.us.emb-japan.go.jp
開月～金9:00～12:30、14:00～17:30

DC豆知識 ワシントンDCのWi-Fi事情 メトロレイル駅、スミソニアンの博物館、美術館、ホテルなどはWi-Fiが通っているが、町なかはそれほど通っていない。モバイルルーターなどを持つと安心。

DC内のエリア分け

観光ポイントを中心にワシントンDCを10の地区に分けてみた。DCは歩いてみると予想以上に広い。地図上2、3ブロック先にある建物でも意外に距離がある。歩く覚悟が必要だ。そして、メトロレイルやサーキュレーターなどの交通機関を最大限に利用することが、DCをうまく歩くコツ。

ワシントンにもパンダがいるが、見学はなんとタダ

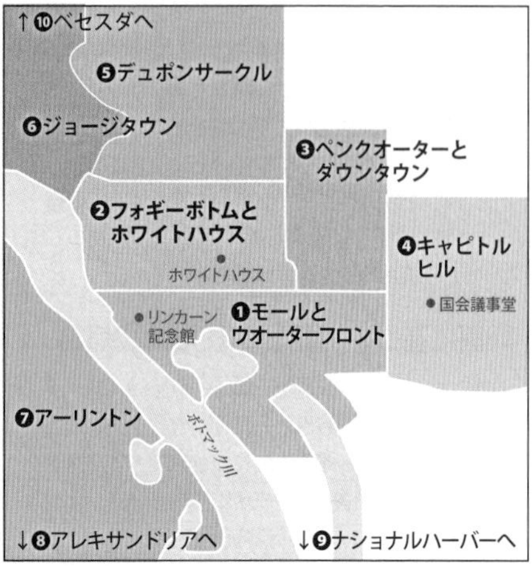

❶ モールとウオーターフロント National Mall & Waterfront

P.66～ MAP 折込地図表-B～E2,3

モールはDC観光の中心。東は国会議事堂から、西はリンカーン記念館まで4km弱にわたる広大な緑地帯だ。ほぼ中央にワシントン記念塔が立ち、西側にモニュメント、東側にはスミソニアン協会のミュージアムが建つ。南のウオーターフロントは、今、DCで最も注目を浴びているエリア。

観光の中心がモール。西のリンカーン記念館から見る東側の景色

❷ フォギーボトムとホワイトハウス Foggy Bottom & White House

P.78～ MAP 折込地図表-B～D1,2

モールの北西、一見住宅街のようだが、ジョージ・ワシントン大学や連邦政府の行政機関が点在するエリア。東側にはホワイトハウスがある。現在ホワイトハウス内部の見学はできないので、外からだけでも見ておこう。

オールド・ポスト・オフィスはトランプ前大統領一家が所有するホテルだった

❸ ペンクオーターとダウンタウン Penn Quarter & Downtown

P.86～ MAP 折込地図表-D,E1,2

かつての繁華街だったが、一時期閑散とした雰囲気があった。コンベンションセンターの拡張とともに現在DCで夜も楽しいエリアとなった。南は“ペンクオーター”と呼ばれ、レストランも多く若者でにぎわう。チャイナタウンやアリーナもある。

チャイナタウンにNBAウィザーズのホームアリーナがある

❹ キャピトルヒル Capitol Hill

P.91～ MAP 折込地図表-E,F1～3

モールの東側、国会議事堂を中心とした地区。DCの幹線道であるペンシルバニア通りを中心に店やレストランがあり、ヤングエグゼクティブが住むエリアとなっている。ユニオン駅北のNoMaとネイビーヤードは新しいコミュニティができあがりつつある注目のエリア。

イースタンマーケットは古くから続くマーケット

DC豆知識 **DCをより知るための書籍** 本書コラムの執筆者、海野 優さん著『ポトマックの桜物語』学文社 ポトマック河畔への桜寄贈と植樹は、表舞台で活躍した人たちと舞台裏で努力した人たちの輪と和による歴史的ドラマであった。

⑤ デュポンサークル Dupont Circle

P.102～ MAP 折込地図表-B,C1,2

DCのゲイの人たちが集まるエリアで、治安もよく、夜までにぎやか。デュポンサークルの南東が、DCのオフィス街。有名な大使館通り（Massachusetts Ave.）はこのエリアの北西を走っている。アダムス・モーガンAdams MorganやU通りU St.はDCのナイトライフのエリア。

若者が集い、おしゃれな雰囲気のデュポンサークル

⑥ ジョージタウン Georgetown

P.108～ MAP 折込地図表-A,B1,2

DCが誕生する前からたばこの交易港として栄えた所で、ヨーロッパの町のようなシックな雰囲気が特徴。ジョージタウン大学のある学生街でもあり、人気のアメリカンブランド店などが多い。メトロレイルは走っておらず、移動はサーキュレーターが便利。

ヨーロッパのような町並みが美しいジョージタウン

⑦ アーリントン Arlington

P.112～ MAP 折込地図表-A,B2,3

ポトマック川を越えたDCの南西で、バージニア州にある。国立墓地や硫黄島記念碑などが見どころ。DCの宿泊費、それにともなう税金は安いとはいえないので、バージニア州側に宿を取るのもいい。メトロレイルですぐの距離。

アーリントン国立墓地の無名戦士の墓を衛兵が守っている

⑧ アレキサンドリア Alexandria

P.118～ MAP 折込地図裏-B2

日本でいう鎌倉や金沢といった、古都の町。建国初期の面影が残り、かわいらしいショップやレストランが連なる。DCの中心部からメトロレイルで25分程度。初代大統領ワシントンの邸宅と墓は南下した所にある。

町歩きが楽しいアレキサンドリア。メトロレイルかウオータータクシーで

⑨ ナショナルハーバー National Harbor

P.126～ MAP 折込地図裏-B2

DC南東のメリーランド州にある新興コミュニティ。コンドミニアム、ホテル、ショップ、レストランなど、すべてが新しくきれい。MGMの総合リゾート型カジノも誕生し、子供からシニアまで幅広い年齢層でにぎわう。

カジノのイメージを覆すMGMリゾート

⑩ ベセスダ Bethesda

P.129～ MAP 折込地図表-B2

DC北西のメリーランド州にあるロコが集う町。観光ポイントはないが、DCエリアいちのグルメタウンとして知られ、日本からの研究者も多く勤務する国立衛生研究所がある。周辺には高級住宅街が広がる。

ベセスダは国立衛生研究所のある町

DC豆知識 **大統領トリビア** 第25代大統領ウィリアム・マッキンリーの暗殺により、当時副大統領だったセオドア・ルーズベルトが大統領へ昇格。ケネディより若い42歳の史上最年少で就任した。

住所の読み方

ワシントンDCでは、住所の番地と通り名から簡単に所在地を確認することができる。

町は国会議事堂を中心として、４つの区域に分けられる。南北を走る通りはNorthとSouthの両Capitol Street。東を走るのはEast Capitol Street。西は通りの代わりにモールNational Mallが位置する。この４つの通りによって区画された地域を**NW**（北西Northwest）、**NE**（北東Northeast）、**SW**（南西Southwest）、**SE**（南東Southeast）と呼び、住所には必ずその４つの区域を示すアルファベットが番地のあとに付く。

道も国会議事堂を中心に、南北を走るものには数字、東西を走るものにはアルファベット、斜めに走るAvenueには州の名前がつけられている。アルファベット、数字の通りとも100番が１ブロックとなるので、番地の前１or２ケタの数字が通りの順番となる。例えば"1225 G St. NW"は、北西地区G St.沿いの12番と13番通りの間の北側。"1100 Massachusetts Ave. NW"だと、北西地区のマサチューセッツ通りと11th St.の角。"1020 4th St. SE"は、南東地区の４番通り沿いでアルファベットの10番目の文字であるK St.とL St.の間の東側に位置することになる。

市内にはメトロレイルの駅があちこちにあり、わかりやすい

町を南北に走る通りは、**道の東側が奇数、西側が偶数**の番地、東西に走る通りは、**道の北側が奇数、南側が偶数**の番地がついている。なお、J、X、Y、Z St.はDCにはない。

観光案内所

DCで連邦政府以外の最大の産業は、観光業。にもかかわらず、町の観光案内所は中心を少し離れたオフィスビルの中にあるだけ。しかし、歴史地区などを管轄する内務省のビジターセンター（ホワイトハウス・ビジターセンター）はある。ただしこちらは、ホテルやレストランの情報は提供していない。空港やユニオン駅のトラベラーズエイドを利用しよう。ボランティアの係員がとても親切。

ホワイトハウス・ビジターセンター
White House Visitor Center

MAP P.25-D3　住 1450 Pennsylvania Ave. bet. 14th & 15th Sts. NW　☎(202)208-1631　URL www.nps.gov/whho
開 毎日7:30～16:00　休 11月第4木曜、12/25、1/1

ホワイトハウス・ビジターセンターは内務省管轄のホワイトハウス、モール内のモニュメントの案内がおもなサービス。館内では、"White House: Reflections From Within"と題する存命の歴代大統領がホワイトハウスのできごとを語る14分間のフィルムの上映や、ホワイトハウスにまつわる展示品が陳列されている。センター内にはホワイトハウスのギフトショップもあり、いいみやげ物が見つかる。

ホワイトハウス・ビジターセンターではホワイトハウス紹介の展示がある

デスティネーションDC
Destination DC

MAP P.25-F2　住 901 7th St. bet. I(Eye) St. & Massachusetts Ave. NW, 4th Floor　☎(202)789-7000　FAX (202)533-0103
URL washington.org　開 月～金9:00～17:00　休 土日、祝日

コンベンションセンターに近いオフィスビルの中にある。ちょっと入りにくいかもしれないが「Mapが欲しい」などと言って入るといい。質問にていねいに答えてくれる。

ワシントンDCの観光局が「Destination DC」。観光について親切に答えてくれる

そのほかの観光資料が入手できる所

トラベラーズエイド
ユニオン駅⇨P.50　ダレス国際空港 ⇨P.43
レーガン・ナショナル空港⇨P.46

これらの駅や空港には、親身になって旅行者を助けてくれるトラベラーズエイドがある。わからないことを相談するのもいいし、頼めば地図などももらえる。

DC豆知識　**大統領就任式のパレード道**　DCの名物通りがペンシルバニア通り。国会議事堂とホワイトハウスを結ぶ通りで、大統領就任式のとき、新大統領がパレードすることで知られている。

治　安

再開発で町の治安が格段に向上

DCもほかのアメリカの大都市同様、犯罪発生率が高い。しかし、これまで治安のよくなかった北東と南東エリアは、再開発とともに治安がよくなり、新しいコミュニティができあがってきた。凶悪犯罪は観光エリアとは離れた地区で多発しており、観光客が殺人事件に巻き込まれたケースは長いこと1件もない。観光客が遭いやすい犯罪は、スリ、置き引き、強盗といったもの。万一、強盗に遭ってもお金をさっと渡せば犯人はすぐに引き揚げるはず。盗難に遭ったら、警察やクレジットカード会社へすぐに届けを出す。そして、DCでは次のことに注意して歩いてほしい。

✔コロナの影響

DCに限らないが、コロナの影響で多くの人がテレワーク、つまり在宅勤務をするようになった。これまで多くの人が行き来をしていた平日のオフィス街や鉄道の玄関口であるユニオン駅がさびしくなっている。人の少ない時間帯は注意が必要だ。

✔夜間の外出はタクシーやウーバーで

日中多くの人でごった返すダウンタウンも、ビジネスアワーが終われば人通りがなくなる。夜の移動はタクシーを利用すること。夜も比較的安全なのは北西地区4番通りより西側、ペンクオーター、デュポンサークル周辺、ジョージタウンなど。ただし、裏通りはどこでも要注意。

✔アナコスティア川以南

南東地区、アナコスティア川を越えたあたりは、まだちょっと殺伐とした雰囲気。ただ､このあたりも地価が上がっているので、今後の改善が見込まれる。

✔ユニオン駅東側

ユニオン駅北側のNoMa地区で注意したいのは、ユニオンマーケット以北と以東。観光ポイントもなく、まだ再開発されていない。ユニオン駅東側の17th St. より東、南東も暗くなってからは行かないように。

政治の町のせいかパトカーは多い

これらに注意して町を歩こう

アメリカ全体に関して言えることだが、夜間や暗い人通りの少ない道でのひとり歩きは避ける、細い路地には入らない、人前でお金を見せない、毎日持ち歩くバッグには取られてもいいものだけを入れる、夜の移動はタクシーやウーバーを使うなど、これらのことは徹底して守ること。日本の常識はアメリカでは通用しないということもしっかり頭にたたき込んでおいてほしい。また、現在アメリカではヘイトクライム（憎悪犯罪）も増加傾向にある。防ぐのは難しいが、ヘイトクライムがらみのデモは避けるようにしたい。

犯罪のケース

犯行はたいていグループで及ぶ。例えば、ひとりが写真撮影を頼んでいる間に、もうひとりが置いたかばんを奪っていく。親しげに他人から話しかけられたときは、特に注意が必要。これらの人は身なりもよく、とても犯罪者には見えないのも特徴。また、ホテルのフロント、空港や駅で荷物を置くときも注意したい。犯人は一瞬のすきに奪っていく。

DC豆知識

市の誕生 1790年の首都立地法により首都として創設。特別行政区となったのは1801年。正式な市の誕生は1791年。

合衆国史上3番目の首都 DCが首都として決定するまでは、ニューヨーク、次いでフィラデルフィアに首都機能がおかれていた。

特別行政区 全米50の州に属さない連邦政府直属の特別行政区であるため、1974年まで連邦議会の支配を受け、市長は大統領に指名されていた。1974年に市長と市議会による自治権が議会より移転。議会の下院議員はいるが、上院議員はいない。市長は、2015年よりミューリエル・バウザーMuriel Bowser。DC生まれの、DC育ち。

新聞 ワシントンポスト紙（全米屈指の有力地方新聞）

産業 連邦政府の行政機関と観光業（年間2460万人の訪問者）。次の企業の本社がDC近郊にある。マリオット（ホテル）、アムトラック（旅客鉄道）、ヒルトン（ホテル）、ガネットカンパニー（USA Todayを発刊）など。

市のモットー すべてに公平をJustitia Omnibus

市の花 アメリカン・ビューティ・ローズAmerican Beauty Rose（アメリカ産のバラの一種で、深紅色の大きな花）

DC豆知識 **大統領トリビア**　トランプは大統領就任時に70歳と最高齢だったことで知られるが、これを上回ったのが現大統領のジョー・バイデン78歳。トランプの次がロナルド・レーガン69歳となる。

Model Course in Washington, DC

ワシントンDCの観光モデルコース

モデルコース 1　初めてのワシントンDC 1日コース

ワシントンDCが初めてという人のための定番コース。国会議事堂とワシントン記念塔の見学は日本をたつ前に予約をすること。意外に歩くので覚悟を。

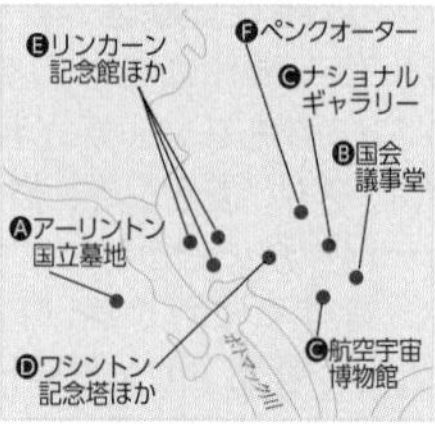

8:00 アーリントン国立墓地 Ⓐ (P.113)

開門と同時にセキュリティチェックを受け、ケネディの墓→アーリントンハウス前からDCの眺望→無名戦士の墓を回り、メトロレイルでCapitol South駅へ。

アーリントン国立墓地から始めると効率的。必見はケネディ夫妻の墓

10:30 国会議事堂 Ⓑ (P.94)

要予約。ツアー後、博物館を見学、ギフトショップを物色したら、ランチは国会のカフェで。国会では西側から見渡すモールの景色が美しい。

国会議事堂見学には予約が必要

13:00 国立航空宇宙博物館Ⓒ (P.136) または ナショナルギャラリーⒸ (P.165)

定番は航空宇宙博物館だが、美術好きならナショナルギャラリー、興味に合わせて自然史博物館やアメリカ歴史博物館を訪れるのもいい。航空宇宙博物館では、南側に新しくできたアイゼンハワー記念公園をお見逃しなく。

月まで行ったアポロ11号の司令船も展示

モール最新のアイゼンハワーの記念公園

15:30 ワシントン記念塔Ⓓ (P.67) と 第2次世界大戦記念碑Ⓓ (P.68)

記念塔に昇ってDCの鳥瞰図を楽しんだあと、第2次世界大戦記念碑を見学。太平洋側には日本の地名も刻まれている。

ワシントン記念塔も予約をしていこう

17:00 リンカーン記念館Ⓔ (P.70)、朝鮮戦争戦没者慰霊碑Ⓔ (P.68)、ベトナム戦争戦没者慰霊碑Ⓔ (P.69)

戦争の慰霊碑の見学は静かに。人気の高いリンカーン記念館では壁に刻まれたゲティスバーグの演説をお見逃しなく。

リンカーンに拝謁しワシントンに来たことを実感

19:00 ペンクオーターで夕食 Ⓕ (P.86)

疲れたらFoggy Bottom駅のジョージ・ワシントン大学あたりで夕食もいい。余力があればメトロレイルに乗ってペンクオーターのレストラン街へ。ペンクオーターにはフォード劇場もある。

メトロレイル　徒歩

ワシントンDCは初めてで、どこから見ていいのか、どこへ行ったらいいのかわからない。観光ポイントも多いし、博物館はどのくらい時間がかかるのか……。そんな人はこのモデルコースを参考にしてほしい。もし、時間がないのなら観光ツアーに参加するのもひとつの手段だ。日本語ツアーを行っている日系の旅行会社もある（→P.63）。なお、政府関係の観光ポイントはセキュリティチェックを行っている。パスポートなどの写真付きのID（身分証明書）を持ち、荷物は最小限に。

モデルコース 2 DCで古今東西のアート鑑賞 1日コース

ワシントンは美術館の多い町で、時代や地域を問わず実に幅広い美術を鑑賞することができる。世界的な名作はもちろん、日本美術の充実した美術館もある。開館は午前10時なので、その前の時間にモールのモニュメント見学もいい。

西半球で唯一のレオナルド・ダ・ビンチの作品も見られる

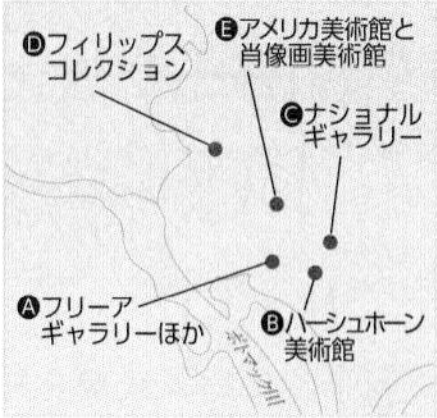

10:00 フリーアギャラリーⒶ（P.195）

日本の国宝級の作品も収蔵する東洋美術専門の美術館。地下でつながるサックラー・ギャラリー、アフリカ美術館も続いて鑑賞。

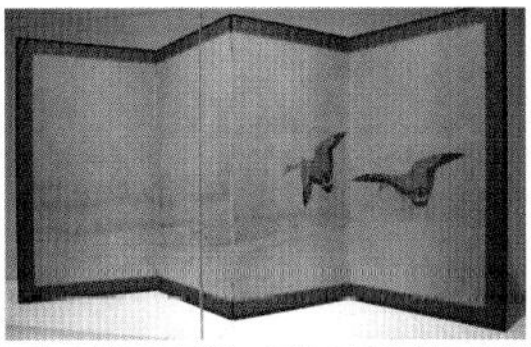

円山応挙の屏風絵。日本の国宝級の美術品はフリーアギャラリーで

12:00 ハーシュホーン美術館Ⓑ（P.190）

スミソニアン初の現代美術館。ドーナッツ型の建物も見どころのひとつ。カラダ全体で感じてみたい作品も。

あなたの想像を超える美術品に出合えるハーシュホーン美術館

13:00 ナショナルギャラリーⒸ（P.165）

席数も多いカフェテリアでランチを。ダ・ビンチの『ジネブラ・デ・ベンチの肖像』とフェルメールは必見。現代美術好きなら東館にも足を延ばしたい。

フェルメールを3点収蔵するナショナルギャラリー。他館に貸し出すことも

16:00 フィリップスコレクションⒹ（P.205）

Dupont Circle駅下車。アメリカ初の個人の現代美術館。世界的に知られるルノワールの『舟遊びの昼食』を収蔵し、クレー、ロスコなどの作品数も多い。こぢんまりとして見やすい。

きっと誰もが見たことのあるルノワールの作品はフィリップスコレクションに

17:30 アメリカ美術館と肖像画美術館Ⓔ（P.198～）

Gallery Place駅下車。ふたつの美術館は19:00まで開館している。ホッパーの作品、アメリカ歴代大統領の肖像画のコーナーが人気。鑑賞後、南へ歩けばレストラン街のペンクオーターだ。

歴代大統領に会える肖像画美術館

メトロレイル　サーキュレーター

モデルコース 3　自転車で回る1日コース

観光客にも使いやすいと好評のキャピタル・バイクシェア（→P.60）。借り出してから45分以内にステーションにいったん返せば24時間使っても、わずか$8だ。モニュメントによっては意外に距離があるので、自転車が威力を発揮する。

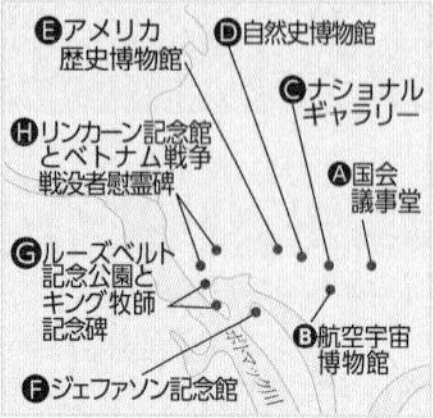

広いモールは自転車で回ると効率的

8:30 国会議事堂 Ⓐ (P.94)
モール周辺で最も早くオープンするのが国会議事堂。ウェブサイトからツアーの申し込みをして、朝一番に見学しよう。
▶3rd St. & Penn. Ave. SEで借り出し

10:30 国立航空宇宙博物館 Ⓑ (P.136)
▶4th & C Sts. SWに返却
全米で1、2を争う人気の博物館。大修復工事中で、時刻指定のチケットが必要。昼食は地下1階のMars Caféで。

国立航空宇宙博物館の「惑星探査」のホールにリュウグウも紹介されている

13:00 ナショナルギャラリー Ⓒ (P.165)
レオナルド・ダ・ビンチの『ジネブラ・デ・ベンチの肖像』をお見逃しなく。東館のモール側にステーションがある。
▶4th St. & Madison Dr.で借り出し

15:00 国立自然史博物館 Ⓓ (P.182)
▶10th St. & Constitution Ave.に返却
宝石と化石のコーナー、人間の起源、海のホールは見応えあり。

ため息が出るような美しく大きな宝石を展示

16:30 国立アメリカ歴史博物館 Ⓔ (P.177)
アメリカのお宝が並ぶ「エンターテインメントの国」と「ファーストレディのドレス」のコーナーだけでも見学したい。向かいのキャッスル近くにステーションがある。
▶Jefferson Dr. & 12th St.で借り出し

18:00 ジェファソン記念館 Ⓕ (P.74)
▶ジェファソン記念館裏に返却
エリプス広場からホワイトハウスの南側を遠目に見学。ワシントン記念塔を右側に15th St.を南下し、ジェファソン記念館へ。タイダルベイスン側に立つとワシントン記念塔とホワイトハウスが一望できる。
▶同じジェファソン記念館裏で借り出し

モール南のジェファソン記念館は遠いので自転車が威力を発揮する

18:45 フランクリン・D・ルーズベルト記念公園 Ⓖ (P.73)、**キング牧師記念碑 Ⓖ** (P.72)
▶Ohio & W. Basin Drs.に返却
タイダルベイスン沿いにふたつのメモリアルを歩きながら見学。

19:30 リンカーン記念館 Ⓗ (P.70)、**ベトナム戦争戦没者慰霊碑 Ⓗ** (P.69) など
一番人気のメモリアルがリンカーンだ。リンカーンに拝謁し、内壁のゲティスバーグの演説を見たあと、ベトナム戦争戦没者慰霊碑では静かに慰霊をしよう。帰りはホテルの近くまで自転車で帰るのもいいし、Foggy Bottom駅近くのステーション（22nd & Eye Sts.）に返却してメトロレイルなどで帰るのもいい。

ベトナム戦争がいかに大きな傷痕を残したかを感じるはず

自転車　徒歩

モデルコース 4 フィラデルフィア1日エクスカーションコース

幻のバーンズコレクションが見学できると、人気急上昇中。建国の歴史的な見どころも集まっている。アムトラックのアセラ特急Acela Expressを使えば日帰りも可能だ。なお、独立記念館とバーンズ財団美術館を見学するには事前の予約が必要。

7:55 ユニオン駅発 (P.50)
ユニオン駅7：55発のアセラ特急でフィラデルフィアへ。チケット売り場で並びたくないのなら、自動券売機かウェブサイトで切符を購入しておこう。

DCからフィラデルフィアへはアセラで1時間40分の距離

9:32 フィラデルフィア・サーティスストリート駅着 (P.342)
駅からミュージアム地区へはバスを乗り継がなければならない。歩くのが苦でないのなら、歩いていくことをすすめる。約30分。

10:00 ロッキーの像→フィラデルフィア美術館 (P.347)
フィラデルフィア美術館横の映画『ロッキー』の像と記念撮影をしたあと、ロッキーステップを上がり、そのまま美術館へ。美術鑑賞のあと、ランチは美術館で。印象派とデュシャンは必見。

フィラデルフィア美術館の横にロッキーの像がある

11:30 ロダン美術館 (P.348)
バーンズ財団美術館の隣にあり、規模が小さいので、おのずと鑑賞時間も短くなる。

12:30 バーンズ財団美術館 (P.348)
見学には予約が必要。世界屈指の印象派の傑作を揃えた美術館は、大富豪バーンズの個人邸宅をそのまま再現している。

バーンズ邸を正確に再現して展示している

15:00 インディペンデンス国立歴史公園で独立記念館以外を見学 (P.344)
美術館から、観光シーズンであればフラッシュのバス、それ以外の季節は市バス#48で6th & Market Sts.のインディペンデンス国立歴史公園へ。独立記念館は3～12月の間は予約が必要。入場までビジターセンターでフィルムなどの展示を楽しむ。

16:00 独立記念館見学 (P.346)
ツアーで見学。予約ができなかったら、外観を見てから、公園内のフランクリンコートを見学。

フィラデルフィアのマストが独立記念館

17:00 リバティベル・センター (P.346)
アメリカの自由の象徴である「リバティベル」の本物を見学。ガラス越しの見学もいい。

アメリカ人の誇りであるリバティベル

19:10 フィラデルフィア・サーティスストリート駅発 (P.342)
5th St.駅からMarket-Frankford線の地下鉄に乗り30th St.駅へ。18:46発の普通列車か19:10発のアセラ特急でDCへ帰る。夕食はCampos（→P.350）の名物チーズステーキを買って、車内で食べるといい。

フィラデルフィア名物のチーズステーキを味わいたい

20:57 ユニオン駅着 (P.50)

🚃 アムトラックなどの鉄道　🚌 バスまたはフラッシュ

ワシントンDCへのアクセス

Access to Washington, DC

新しく開通したシルバーラインWashington Dulles International Airport駅から見るダレス国際空港。ダウンタウンまでのアクセスが向上した

ワシントンDCへは、飛行機のほかに、アメリカ国内からは鉄道や長距離バスでアクセスするのも一般的。空港は3つ（ダレス国際空港、レーガン・ナショナル空港、ボルチモア・ワシントン国際空港）あり、鉄道駅も全米有数規模を誇っている。

飛行機で着いたら

空港へは早めに
　現在、アメリカの各空港ではセキュリティチェックが慎重に行われるようになり、搭乗まで時間がかかる。DCの各空港では国内線は２時間前、国際線は３時間前までに空港へ到着するよう呼びかけている。

日本からDCへの飛行機
フライトスケジュールについては→P.376

日本から

日本の羽田空港からDCのダレス国際空港に、全日空（NH）とユナイテッド航空（UA）のノンストップ便が毎日運航している。経由便はシカゴ、デトロイトなどで乗り継ぐことが多い。

アメリカ国内から

空路でDCへ行く場合、３つの空港のうちどの空港に到着するかを確認しておこう。DC市内へ最も近い空港はレーガン・ナショナル空港だ。ダレス国際空港はユナイテッド航空のハブで、2022年に待望のメトロレイル・シルバーラインが開通。中心部へ１本で行けるようになった。

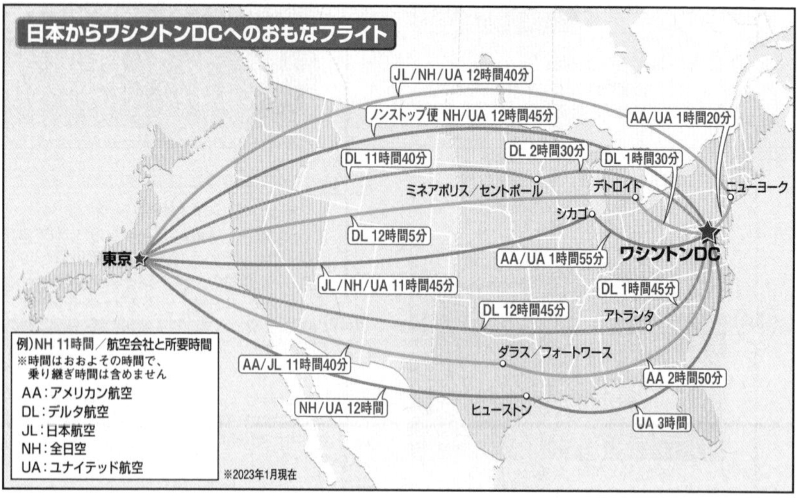

DC豆知識 **レーガン・ナショナルとダレスは羽田と成田のような関係** レーガン・ナショナル空港とダレス国際空港は、日本の空港でたとえれば、羽田空港と成田空港のような関係。レーガン・ナショナル空港は国内↗

ダレス国際空港 空港の略称：IAD

Dulles International Airport

DCの西約43kmのバージニア州にあり、年間利用客数約2400万人、世界150都市以上（2019年現在）を結ぶ旅客機が離発着する全米有数の大空港だ。通称"ダレス"。発音は「ダラス」に近い。

国際線の到着口。日本からノンストップ便で着いた場合、ここで迎えの人が待っている

1962年11月、**サーリネンEero Saarinen**設計による、ジェット機時代に対応するために造られたアメリカ初の飛行場で、流線型のエレガントなデザインが印象的。現在、羽田空港からは全日空（NH）とユナイテッド航空（UA）のノンストップ便が発着している。空港は、チケットカウンターやバゲージクレームなどがあるメインターミナルMain TerminalとA～Dの4つのゲートGates（建物はふたつ）に分かれている。4つのゲートとメインターミナルは離れているため、**モービルラウンジMobile Lounge（シャトル）**という一見変わったバスか、地下を走る**エアロトレインAero Train**で移動する。

市内でも人気のファストフード店やショップ、レストランなどが85軒以上、免税店、両替所、インフォメーションなどが入っている。

ダレス国際空港
MAP 折込地図裏-B2
☎(703)572-2700
URL www.flydulles.com
無料Wi-Fi
●**両替**：メインターミナル出発階の東西両側、国際線出口、ゲートC12、C7、A32などにある
★**International Currency Exchange**
開 8:15～12:15と14:00～21:30（フライトに合わせて変更することも）

上／ターミナル間を結ぶモービルラウンジ　下／ノンストップ便で着いた場合、DCで降りる人と、乗り継いでほかの都市へ行く人は入国審査場が異なるので注意

↘ 線がほとんどで、中心部までメトロレイルで約15分。ダレスは国際線が多く、DC中心部までメトロレイルで約1時間かかる。日本からDCへ乗り継ぎ便でアクセスする場合は、到着空港をレーガン・ナショナル空港にすれば、中心部まで早く行ける。

※入国についてはP.389も参照

アメリカ入国の手順

到着前に税関申告書の記入を忘れずに

ダレス国際空港到着

（乗り継ぎがある人とない人では入国審査の場所が異なる。地上係員の注意をよく聞き、違った方向へ行かないように）

ダレス空港が最終目的地の人	ダレスから乗り継いでほかの目的地へ行く人
↓ モービルラウンジで移動	↓ モービルラウンジで移動することも
メインターミナルで入国審査	**ゲートC1階で入国審査**

コロナ前、ESTA申請して2度目以降のアメリカ入国はKioskの装置で入国審査を各自行ったが、現在はすべての人が対人での入国審査となる。外国人用Non-Citizensの列に並び、自分の番が来たら審査官に機内で記入した税関申告書とパスポートを渡す。このとき尋ねられるのは入国目的、どこへ行くのか、職業など。両手指紋のスキャン、顔写真の撮影があり、終えたらバゲージクレームへ

↓

日本で預けた荷物のピックアップ

↓

税　関　税関申告書を提出

出　口	**乗り継ぎ**
メインターミナル国際線到着の出口（下図中ほどの右）に出る。迎えの人はここで待っている	受託手荷物を乗り継ぎ荷物カウンターで預け、機内持ち込みの手荷物は再びX線検査を。終了後乗り継ぎ便のゲートへ。ゲートによってはモービルラウンジで移動

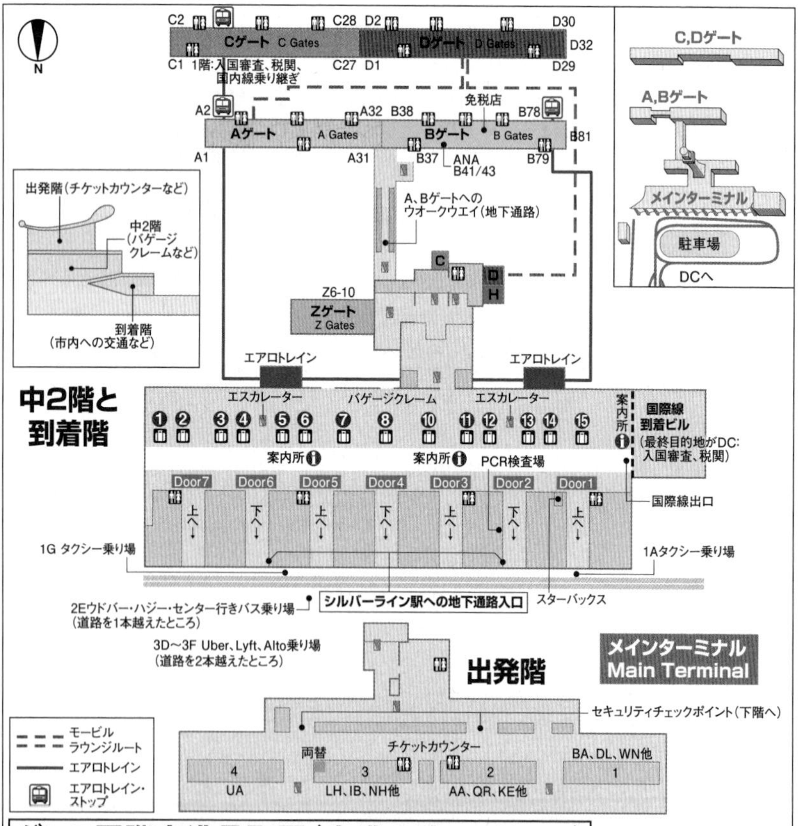

ダレス国際空港見取図（空港の略コードIAD）

※ Wi-Fi無料

お役立ち情報　**全日空便の発着ゲート**　その日の運航にもよるが、全日空のノンストップ便の発着はゲートB41、B43を使うことが多い。到着便はモービルラウンジ、出発便はエアロトレインでメインターミナルとの間を行き来する。

ダレス国際空港から市内へ

安く行きたい、ひとりで移動、メトロレイル駅からホテルが近い　所要 約1時間

メトロレイル・シルバーライン

　ダレス国際空港とDC中心部を1本で結ぶ、待望のシルバーラインが2022年11月に開通した。駅は駐車場を挟んだ向かいにあり、空港からは1階Door 2またはDoor 6の地下にWashington Dulles International Airport駅への通路がある。歩いて5分ほどかかるが、ぬれずに駅まで行ける。チケットを買ったらLargo行きに乗ろう。駅は最新の設備が整い、DCのメトロレイル駅としては珍しいトイレもある。駅のホームは地上にあるので空港の眺めもよい。

メトロレイル・シルバーライン
Metrorail Silver Line
●運行：月〜金5:10〜22:53(金 〜23:53)、 土 日7:10〜23:53(日 〜22:53)の 約15分間隔。祝日は週末に準ずる
料 片道$2〜6

メトロレイルMetrorail →P.51

❶市内を走るメトロレイルがダレス空港までつながった　❷国内線のバゲージクレームにもメトロの乗り場が表示されてわかりやすい　❸空港からメト・ロレ・イル駅までの地下通路。ジェ　ムズ・ウェッブ望遠鏡からの画像を展示
❹メトロレイルのダレス国際空港駅の改札　❺エスカレーターはもちろん、エレベーターやトイレも整っている

早く行きたい、楽に行きたい、2〜3人いる　所要 45〜60分

タクシー

　メインターミナル1階を出たカーブサイド1A〜1Bと1G〜1Hにタクシー乗り場があり、ワシントンフライヤーのタクシーが待機している。空港へ行くときは、ホテルのベルボーイに呼んでもらう。ただし、ふっかけるドライバーもいるから注意。もし法外な値段だったら、ホテルにクレームを入れるか、P.46の左欄外に沿い通告を。

ワシントンフライヤー・タクシー
Washington Flyer Taxi
☎ (703)572-8294
●運行：24時間
料 $65〜85＋チップ
カード A D M V

左／ダレス空港のタクシーは黒。安心して乗ることができる　右／タクシーはこの看板の下で待機している

Uber、Lyft　などの配車サービスについて

　タクシーを凌駕し、もはやアメリカのインフラのひとつとなったウーバーUber、リフトLyftなどの配車サービス。スマートフォンにアプリをダウンロードして、個人情報やクレジットカード情報を入力すれば簡単に誰でも利用できる便利さから、日本人愛用者も多い。ダレス国際空港ではカーブサイド3A〜3D、3E〜3Hが乗り場だ。空港から手配するとどの乗り場か指定されるから、混雑時でない限り迷うことはないだろう。ただし、ワシントンDCで配車サービスを使うとき、ぜひ覚えておいてほしいことがある。混雑する時間帯はタクシーのほうが安いことも多い。配車サービスに乗る際はまずいくらかを確認し、タクシーと比較してみることをすすめる。配車サービスのDC中心部までの料金はUber $55〜、Lyft $45〜。

ウーバーやリフトなどの配車サービスはカーブサイド3が乗り場

DC豆知識　**ジョン・フォスター・ダレス**　空港の名となったダレスは34代大統領アイゼンハワー政権下の国務長官。「日米安全保障条約」を成立、「ダレスの恫喝」で知られる、日本人には複雑な思いのする人物だ。

レーガン・ナショナル空港 空港の略称：DCA
Reagan National Airport

中心部に最も近いのがレーガン・ナショナル空港。メトロレイルで15～20分ほど

レーガン・ナショナル空港
MAP 折込地図裏-B2
☎(703)417-8000
URL www.flyreagan.com
無料Wi-Fi

タクシーでボラれたときは
住 Airport Manager, Ronald Reagan Washington National Airport, Washington, DC 20001
☎(703)417-0981
URL www.flyreagan.com/dca/taxi-serviceのfeedback formから

タクシー代をオーバーチャージされた場合は、レシートのコピーを送付して訴えるといい。タクシー会社名、ドライバーの名前とライセンス番号、あなたの昼間につながる電話番号も忘れずに。

年間約2390万人（2019年）が利用するDC市内からわずか7kmの所にある空港だ。波打つような姿のターミナルは3層構造で、1階がバゲージクレームと市内への交通機関（メトロレイルは2階）、2階がコンコース（飛行機へのゲート）、3階がチケットカウンターとなっている。

空港はふたつのターミナルのA～Eの5つのゲートから構成されるが、これらは横にひとつにつながっている（ター

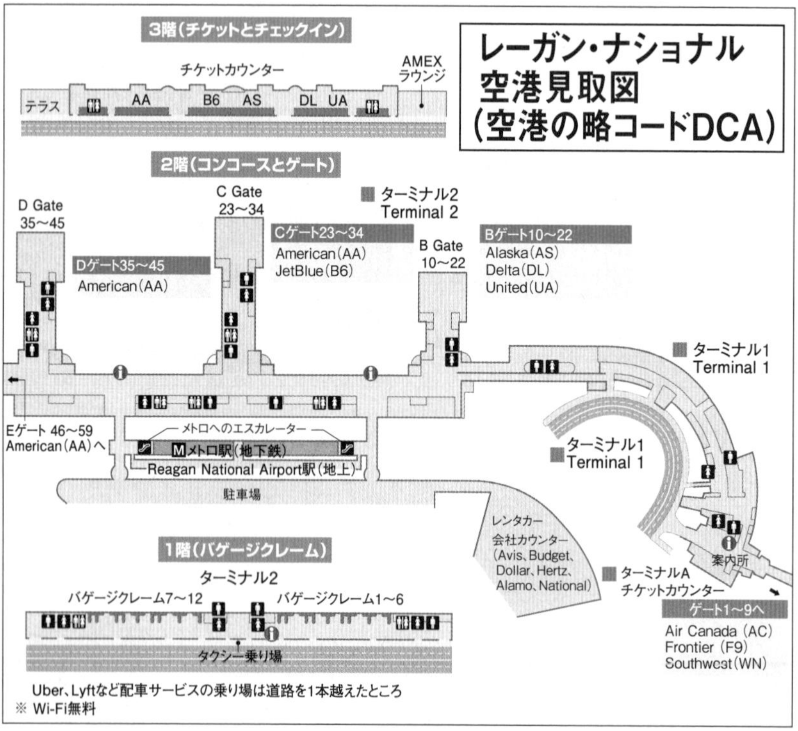

お役立ち情報 日本語送迎　P.63の須磨トラベルが日本語でのダレス空港送迎を行っている。なお、全日空便で到着後、そのままウドバー・ハジー・センターを見学するツアーが人気。センターは大きな荷物を預かる場所がないので注意。

ミナルAは1階建て）。メトロレイル駅（地上）に直結し、駅へはターミナル2からは30mほどの通路を歩くだけ。ターミナル1は少し離れているので、荷物が大きいときは空港内を循環するバスに乗ってメトロレイル駅へ向かおう。

ワシントンDCの玄関口らしく、スミソニアンのショップや政治家グッズの店、ブルックスブラザーズ、ベンズ・チリ・ボウルなど70以上が入店し、ターミナルの随所にアートが施されている。チャペルもある。

市内へは、タクシーや配車サービスでも行けるが、編集室のおすすめはメトロレイル。ナショナル空港は市内へとても近く、エレベーターなどの設備も整い、しかも安い。メトロレイル駅からホテルまで近い人は、ぜひ考えてみよう。

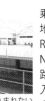

セキュリティチェックの入口。空港のウェブサイトで待ち時間を知ることができる

チェックインカウンターは基本3階

ナショナル空港の配車サービス乗り場

1階カーブサイドのDoor 3とDoor 8を出た所に列を作らずに人が集まっている。そこがウーバー乗り場。どの車が自分を迎えに来たか、しっかりナンバーと車種を確認するように。なお、乗り場は変わる可能性もある。

レーガン・ナショナル空港から市内へ

安く行きたい、メトロレイル駅からホテルが近い

所要 15～20分

メトロレイル・ブルー、イエローライン

安くて、交通渋滞にも巻き込まれないメトロレイルは使いやすい。エレベーターもあり重い荷物も心配ない

空港ターミナル2のBとCの搭乗ゲート（2階）の反対側が、地上にあるメトロレイル駅、Ronald Reagan Washington National Airport駅だ。2階の通路を渡れば、メトロレイル駅の入口に出る。ブルーとイエローの2路線が運行されているから、路線図と泊まるホテルの位置を確認して乗ろう。早朝、深夜は運行本数が減るので、乗り換えがある場合は予想以上に時間がかかる。ターミナル1からはバゲージクレームを出たひとつめの中州（カーブサイド）からAirport Shuttle（無料）に乗ればメトロレイル駅に連れて行ってくれる。

上／右が空港のターミナル、左がメトロレイルRegan National Airport駅　下／空港ターミナルにはメトロレイル駅への案内も出ている

メトロレイル・ブルー、イエローライン
Metrorail Blue, Yellow Line
●運行：月～金5:18～23:46（金～翌0:46）、土日7:18～翌0:46（日～23:56）
料 片道$2～6

メトロレイルMetrorail →P.51

タクシー →P.58
☎ (703)572-8294
料 $17～33+$3（空港使用料）＋チップ

早く行きたい、楽に行きたい、2～3人いる

所要 10～20分

タクシー

ターミナルの1階を出たカーブサイドのDoor 5、6の近くにタクシー乗り場がある。空港へ行くときは、ホテルのベルボーイに呼んでもらう。ただし、ふっかけるドライバーもいるから注意。もし法外な値段だったら、ホテルにクレームを入れるか、P.46の左欄外に沿い通告を。

左／タクシー乗り場はドア5、6を出た所にもある。いちばん便利　右／配車サービスの乗り場もタクシーに近い所にある　右下／配車サービスが普及したおかげでタクシーの乗り場がわかりづらいかも

DC豆知識 **イエローラインがおすすめ**　レーガン・ナショナル空港駅（地上駅）にはブルーとイエローの2路線が走っているが、市内へはイエローがおすすめ。ジェファソン記念館の近くの地上を走る。

ボルチモア・ワシントン国際空港 空港の略称：BWI

Baltimore/Washington International Thurgood Marshall Airport

ボルチモア・ワシントン国際空港
MAP 折込地図裏- C2
☎(410)859-7111
Free (1-800)435-9294
URL www.bwiairport.com
無料Wi-Fi

ワシントンDCだけでなく、ボルチモアにも近い国際空港。サウスウエスト航空のハブだ

DCの北東約52km、メリーランド州最大の都市ボルチモアの南西約16kmに位置する空港。ワシントンとボルチモアの中間にある。年間約2700万人の乗降客（2019年）があり、ボルチモアのダウンタウンからはライトレールが直接乗り入れるなど、アクセスは簡単。DCへは鉄道、タクシー、配車サービスなどでアクセスできる。

左／BWIはDCからいちばん離れている。どの交通機関でアクセスするか前々日までに考え、場合によっては前日に予約しよう　右／BWI空港のチケットカウンター。混雑時はごった返す

ボルチモア・ワシントン国際空港見取図（空港の略コードBWI）

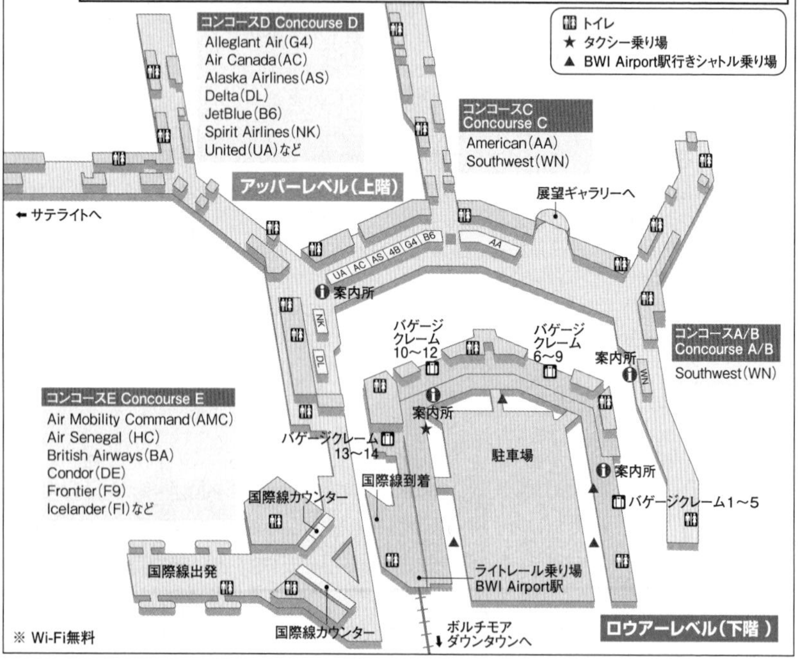

お役立ち情報 **配車サービスのおもな料金** Uber DC中心部まで$60～、ボルチモア中心部まで$25～、Lyft DC中心部まで$55～、ボルチモア中心部まで$23～。配車時にどこから乗るかが表示される。

BWIからワシントンDCへ

安く行きたい、鉄道好き　所要50〜90分

鉄道（アムトラック&マーク）

節約したいならBWI駅まで行きアムトラックの鈍行かマークで行こう

BWIから約3km、シャトルで約20分の所にアムトラック&マークの鉄道BWI Airport駅があり、ここからDCのユニオン駅（→P.50）や、ボルチモアのペンシルバニア駅（→P.303）、デラウェアやアレキサンドリアへ行くこともできる。空港から駅までは無料のシャトルバスが10〜30分間隔で運行されている。アムトラックは1日21〜24本、マークは1日6〜27本（週末は減便）の運行。シャトルバスの乗り場は到着階のバゲージクレームを出たカーブサイドに4ヵ所ある。BWI空港駅は駅の目の前の立体駐車場の中央1階から発着する。飛行機のマークがあるのですぐにわかる。なお、アムトラックのアセラ特急とマークのコミューターでは運賃が著しく異なるので、よく考えてチケットを購入したい。帰りは逆のルートを。

上／BWI空港駅と空港を結ぶ無料のシャトルバス。駅前の駐車場に停車する　右／BWI鉄道駅までのシャトルはこの看板の横に止まる　下／アムトラックとマークの鉄道駅であるBWI空港駅

アムトラックAmtrak
Free (1-800)872-7245
URL www.amtrak.com
料 DCのユニオン駅まで片道$8〜80（曜日、時間帯、特急などで変わる）

マークMARC
Free (1-866)743-3682
URL www.mta.maryland.gov
料 DCのユニオン駅まで$8

早く行きたい、楽に行きたい、2〜3人いる　所要40〜50分

タクシー

ターミナルの1階のDoor 13を出たカーブサイドにタクシー乗り場があり、ここから乗ること。空港へ行くときは、ホテルのベルボーイに呼んでもらう。ただし、ふっかけるドライバーもいる。もし法外な値段だったら、ホテルにクレームを入れるといい。

BWIの契約タクシーは白い車体が目印

BWI Airport Taxil
☎ (410)859-1100
URL www.bwiairporttaxi.com
料 約$90＋チップ
カード A M V

BWIからボルチモアへ

安く行きたい　所要30分

ライトレール

BWIのコンコースEに隣接するライトレールBWI駅からボルチモアのダウンタウンまでライトレールの列車が走っている。とても便利だが、夜遅くなってからは、あまりおすすめできない。月〜土5:10〜23:10、日10:40〜19:40の30分間隔の運行。ダウンタウンまで約30分、Convention Center駅で降りればインナーハーバーも近い。

ボルチモアの中心部へ行くライトレール

ライトレール Light Rail →P.305
料 $2

早く行きたい、楽に行きたい、2〜3人いる　所要15〜30分

タクシー

ターミナルの1階Door 13を出たカーブサイドにタクシー乗り場があり、ここから乗ること。空港へ行くときは、ホテルのベルボーイに呼んでもらう。ただし、ふっかけるドライバーもいる。もし法外な値段だったら、ホテルにクレームを入れるといい。

BWI空港から直接目的地に行くならこのタクシー

BWI Airport Taxi
☎ (410)859-1100
URL www.bwiairporttaxi.com
料 約$35＋チップ
カード A M V

DC豆知識　**BWI展望ギャラリー**　コンコースのBとCの間、上階にある展望ギャラリーでは空港の景色が楽しめるだけでなく、NASAから寄贈された観測用ロケットやジョンズ・ホプキンズ大学の宇宙船のモデルなどが展示されている。

鉄道／長距離バスで着いたら

ユニオン駅 Union Station

右／コロナ禍の影響でさびしくなったユニオン駅
左／ユニオン駅の待合室。ニューヨークへの列車は混雑する

ユニオン駅
MAP P.26-B1,2
住 50 Massachusetts Ave. NE
開 ターミナルは24時間
行き方 レッドラインUnion Station駅の真上

アムトラック Amtrak
Free (1-800)872-7245
URL www.amtrak.com
開 月～金4:30～22:00、土日5:00～で、駅と待合室は24時間営業
NY～DC間のアムトラック片道運賃（特急か鈍行か、平日か週末か、時間帯によって変わる）：$82～509

アムトラックのチケットカウンター

荷物の一時預かり所
　ユニオン駅にコインロッカーはないが、荷物の一時預かり所が1階ファストフードSbarroの裏、Gate Aのマーク乗り場の近くにある。
営 毎日6:30～21:45
料 24時間以内に乗車予定のアムトラックとマークのチケット保持者は1個につき$10、それ以外の人は1個につき$20。パスポートなどのIDとクレジットカードが必要

ユニオン駅に乗り入れる長距離バス会社
●グレイハウンド
URL www.greyhound.com
●ピーターパンバス
URL peterpanbus.com
●メガバス
URL us.megabus.com
●フリックスバス
URL global.flixbus.com
NY～DCのバス運賃：片道$33～96

ユニオン駅の3階にバスと観光バスが集中している

　ユニオン駅はDC陸上交通の一大拠点だ。地下はメトロレイル（地下鉄）、1階はアムトラック、マーク、VREの各鉄道、3階はグレイハウンドやピーターパン、フリックスなどの長距離バスに加え、市内を走るサーキュレーターなどのバス、そして観光バスのグレイラインも乗り入れている。現在ユニオン駅は大規模な拡張工事が進行中だが、コロナの影響を受け利用客が激減、地下のフードコートも空き家が目立つようになった。アメリカの首都として活気づいていた大ターミナルが、テレワークの発達でさびしい場所になりつつある。

　減便などで少々閑散としたユニオン駅ではあるが、利便性の高さに変わりはない。ニューヨークやフィラデルフィアまでちょっと足を延ばしてみたいならアムトラックがおすすめ。また、アメリカ北東部のボストン～ワシントンDC間はアメリカでも珍しく、電化されて鉄道が発達している区間。この2都市間を約6時間40分で結ぶアセラ特急Acela（アメリカ版新幹線）はアムトラックのドル箱路線だ。平日なら1日20本以上が運行され、とても利用しやすい。なかでもニューヨーク～DC間はセキュリティの厳しい飛行機より、両都市の中心をダイレクトに結ぶアムトラックを選ぶ人が圧倒的に多い。DCからのアムトラック路線はNYへだけでなく、西はシカゴへ、南はフロリダ、アトランタ、ニューオリンズへと延びている。寝台車やファーストクラス利用客用にクラブアセラClub Acelaのラウンジもオープンしている（月～金4:45～20:00、土日6:00～）。

　バスの機能は3階に集中している。長距離バスでチケットカウンターがあるのは、グレイハウンド、ピーターパンバス、メガバスなどで、フリックスバスもそうだがメガバスもチケットはウェブサイトでの購入が一般的だ。トイレなどは共有しているものの、待合場所が異なるので注意しよう。

　長距離バスの奥にはサーキュレーターのジョージタウン～ユニオン駅ルートの乗り場があり、さらに駅を出たH St.にはDCの市電が走っている。西方面は観光ポイントもないので、観光客が利用することはない。

近年よく見かけるようになったフリックスバス

DC豆知識 **大統領専用室**　鉄道の黄金期に、ユニオン駅には大統領専用のプレジデントスイートの部屋があった。それは、駅構内で大統領が暗殺される事件があったため。現在はレストラン。

ワシントンDCの公共交通機関

Public Transportation

世界中から多くの人が訪れるDCは、メトロレイル（地下鉄）、サーキュレーターバス、メトロバス（路線バス）、タクシーなどの交通機関がよく発達しており、中心部は車いらず。現在DCでは、メトロレイルや周辺のバスの運賃も払えるICカード「スマートリップSmarTrip」が普及している。なお、DCは1ブロックが意外に大きいので、歩く覚悟も必要だ。また、アプリで呼べるUberなどの配車サービスは、DCに関してはタクシーより高くつくことが多いので要注意。

ワシントンDCの交通といえばメトロレイル。中心部は地下、郊外は地上を走る

メトロレイル（地下鉄） Metrorail

ダレス国際空港へも直接乗り入れるようになったワシントンDCのメトロレイル（地下鉄）は、清潔、静か、快適で、しかも安全、正確、迅速に乗客を目的地へ運ぶ、優れた交通機関だ。路線は、レッド、ブルー、オレンジ、イエロー、グリーン、シルバーの６つ。車両やホームはまったく同じ色使いなので、乗るときは行き先の表示に注意すること。運賃は曜日と時間帯により異なり、ピーク時には高くなる。紙の切符はなく、ICカードのスマートリップSmarTripの利用となる。メトロレイルの路線図は駅員のいるブースの横に置かれている。

DCの地下鉄駅はまるで核シェルターとよくいわれる

メトロレイルの運行時間
月～木5:00～24:00、金～翌1:00、土7:00～翌1:00、日7:00～24:00。8～15分間隔の運行

運賃とふたつの時間帯
運賃は、改札に入場時の時間が適用される。
●ピーク時運賃：月～金の始発～9:30と15:00～19:00。$2.25～6
●ピーク時外運賃：上記以外の時間帯。$2～3.85
●週末の片道、平日21:30以降の片道：$2均一

～ワシントンDCのSuica & Icocaカード～
スマートリップカード SmarTrip Card

日本でおなじみの交通機関のICカード、SuicaやIcoca。同じシステムのワシントンDCのICカードがスマートリップSmarTripだ。メトロレイルMetrorail、メトロバスMetrobusのほかにもサーキュレーターバスやフェアファックス・コネクター・バスなど首都圏の交通機関にも使えるうえ、割引も適用される。

最初にカード作成料として$10（カード代$2＋チャージぶん$8）がかかるが、そのあとは現金とクレジットカードでチャージできる。1日パスなどのパス類はこれに読み込ませることもできる。カードは駅の自動券売機で買えるほか、オンラインで購入し、スマートフォンに読み込ませることもできる。

スマートリップカードは基本型のカード（写真上と右下）のほかにスマートウォッチにも入れられる

ワシントン首都圏交通局
Washington Metropolitan Area Transit Authority (WMATA)
DCのメトロレイルMetrorailとバスMetrobusを運営。
URL www.wmata.com ☎ (202)637-7000（月～金7:00～20:00、土日8:00～）

読者投稿 **SmarTripには余分にチャージを** 3日間パス以外にも、余分にチャージしたおかげでサーキュレーターや航空宇宙博物館別館へのバスもこれ1枚で払うことができ、便利だった。（千葉県　さっちゃん　'23）

メトロレイルの乗り方

① “M” の四角いポールがメトロレイルの入口

ポールにはラインの色、駅名が表示されている。横には駅に通じるエスカレーターがあり、それを下りれば自動券売機、改札口は目の前。エスカレーターは急がない人は右側に立ち、左側は急ぐ人のためにスペースを空ける。東京と逆、大阪と同じ。

左／メトロレイルの入口はこのポールが目印。駅名がはっきり表示されている
右／駅の入口。ここからエスカレーターで地下へ

② 自動券売機

駅の改札前にある自動券売機。DC では紙の切符は廃止され、現在 IC カードのスマートリップカードのみの使用となる。券売機では現金、クレジットカード、デビットカードが使えるが、現金を受け付けない機械もあるので注意。

カードの買い方、チャージの仕方については→ P.54 ～ 55

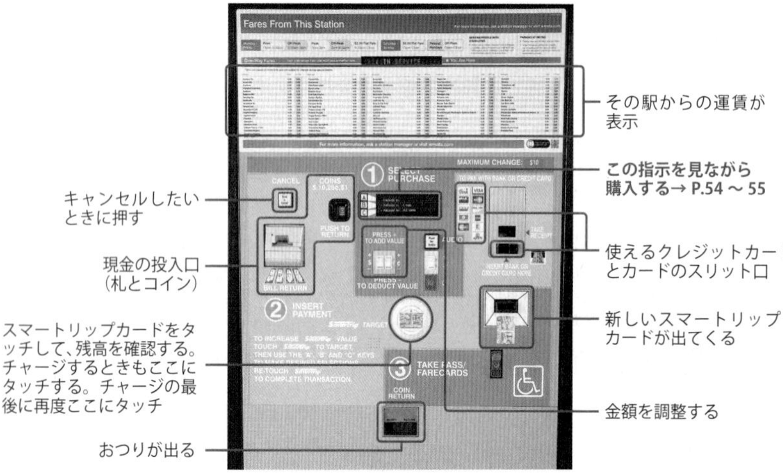

③ 改 札

緑の矢印のライトがついた改札機は使えるという意味。スマートリップカードをマークのある所にタッチすれば遮断バーが開いて入場できる。

左／一般的な改札機。緑の矢印の表示のある機械が使えるという意味
右／スマートリップカードの表示がある所にタッチすると奥のライトが緑に変わり遮断バーが開く

お役立ち情報 **メトロレイル駅入口閉鎖に注意** メトロレイル駅のいくつかに、最終電車より早く閉まる出入口がある。Arlington Cemetery駅：10/1～3/31は19:00、4/1～9/30は22:00。

④ 行き先のホームを確認

ホームに向かう途中に必ずラインの色分けとその進行方向の終点までの駅名が表示された案内板がある。その案内板に従って行けば乗りたい電車のホームに出る。見落としやすいので注意が必要。加えて、終点の駅名を覚えておくのがスムーズに乗るコツ。

左／ホームへ行く前に路線名と行き先をこれで確認しよう　上／同じホームにラインの異なる列車が発着する。表示は左からライン名の略称、車両の数、行き先、到着までの時間。よく確認すること

⑤ 乗 車

電車が到着する前に、ホーム端のランプが点滅する。「電車が来ます」という意味だから、少し下がって待つ。先頭車両の中央上に、小さくどのラインか、各車両の外側には路線の色と行き先の終点が電光掲示板に出ているから、再度確認して乗る。

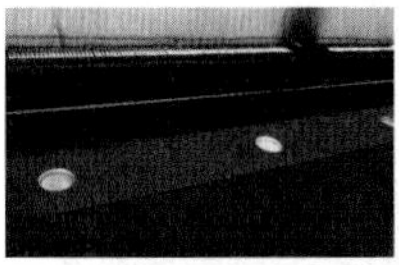

左上／このランプが点滅したら、間もなく列車到着の合図　左下／車両上の電光掲示板に路線の色と終点が表示されている。こちらでも確認できる　右／降りる人が先。出終わったら乗ろう

⑥ 車 内

ワシントン DC の地下鉄は安全なことで有名。飲食、たばこは厳禁。ラッシュアワー時は意外なほど混み合うので、なるべく奥へ入ろう。日本のように入口に立つ「コマイヌ」は避けること。ひったくりに遭う可能性が高い。

川崎重工の新しい車両には次の駅の表示もある

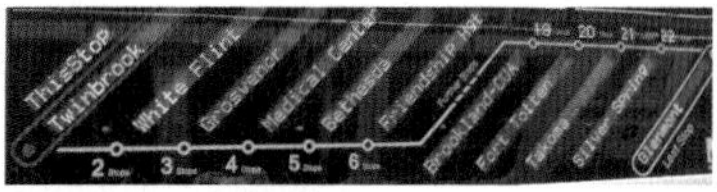

車内の様子。駅や車内はかなり安全。ただし、ひったくりには注意を

⑦ 下 車

次の駅を告げるアナウンスと新車両には表示がある。ホームに降りたら、案内板で出口を確認し、改札へ。緑のランプのついた改札機のスマートリップのマークのある所をタッチ。日本の IC カードと同じ仕組み。カードの金額が運賃に満たないときは "Exitfare" の精算機で精算を。

左上／駅構内の看板には出口や乗り換えラインが表示されている
左下／駅名の表示看板。これを確認して下車しよう
右／運賃の精算機。精算はP.55のチャージと同じ方法で

DC豆知識 **川崎重工の車両**　2015年春より、日本の川崎重工の現地工場で製造したステンレス鋼製の車両がDCのメトロレイルとして走っている。車内の電光の案内板や路線図やCMが流れる液晶画面など、見やすくて好評。

スマートリップカードの買い方

P.52 ②自動券売機の説明

①

A: Purchase Pass各種パス
B: Purchase Single Card普通のフェアカード
C: Purchase Multiple Cardsマルチフェアカード
1日パスや7日パスを買うのならA、普通のスマートリップカードを買うならBを押す

普通のカードを買うとき

②

カード代$2がかかるという表示。ここでは普通のカードを買うのでB: Purchase Valueを押す

③

上の段はカードには$8ぶんの運賃がつくという意味。次の段は$8以外の金額にしたいなら、下のボタンで調整することができる。$8でよければC: Press When Doneを押す

④

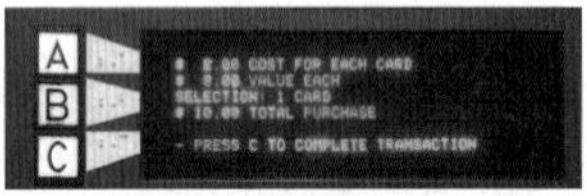

カード代$2、運賃$8を合計した$10かかることを表示。よければC: Press C to Complete Transactionを押す

1日パスを買うとき

②

パスを買うためAを押すと、A:メトロレイル&バスの1日パス 1 Day Bus Rail Pass、B:7日パス 7 Day Passesと表示。ここではAの1日パスを押す

③

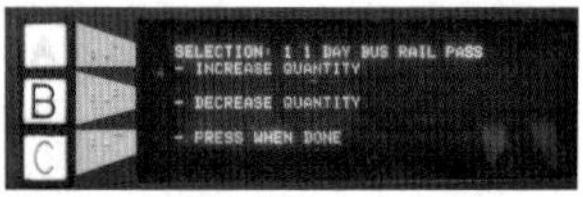

1日パスを複数欲しいならA: Increase Quantity、1枚でよければC: Press When Doneを押す

④

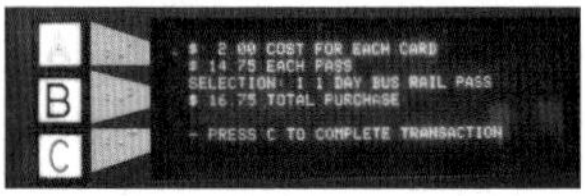

カード代$2、1日間のパス代を合計した金額をを表示。よければC: Press C to Complete Transactionを押す

⑤

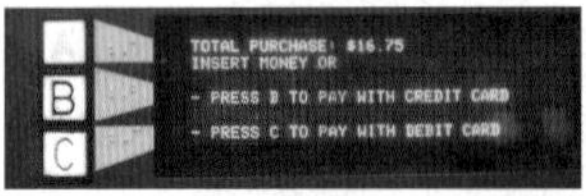

上の段に購入金額が表示され、B: Press B to Pay with Credit Card クレジットカード払い、C: Press C to Pay with Debit Cardデビットカード払いと表示。現金の場合は直接投入口にお札とコインを入れる

⑥

クレジットカードでの支払いなら、カードをスリット口に入れてすぐに抜き取りなさいという意味。券売機によってレシートが必要か否かをきく。最後に右下からスマートリップカードが出てくる

観光に便利なメトロレイルのパス

One Day Unlimited	$13	1日メトロレイルに乗り放題。日付を超えても終電まで使える。
3-Day Unlimited	$28	3日間メトロレイルに乗り放題。日付を超えても終電まで使える。
7-Day Short Trip	$38	7日間メトロレイルに乗り放題。ただし、ピーク時（→P.51）に使うときは$3.85以下の距離という制限があるが、もし$3.85を超えた場合は精算すればOK。
7-Day Unlimited	$58	7日間メトロレイルに乗り放題。制限はなし。

お役立ち情報 7-Day Short Trip Passについて　ピーク時のみ$3.85以下だが、遠くに行かない限りこの範囲で収まる。ただし、サーキュレーターによく乗るときはもとが取れないこともあるので、よく考えたうえで購入したい。

スマートリップカードのチャージの仕方

① カードマークの所に自分のカードをタッチする

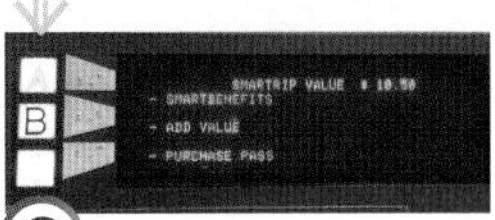

② スマートリップカードの残高が上に表示される。チャージしたいならB: Add Value、パスを新たに追加したいならC: Purchase Pass（Aは旅行者には関係ない）。チャージしたいのでBを押す

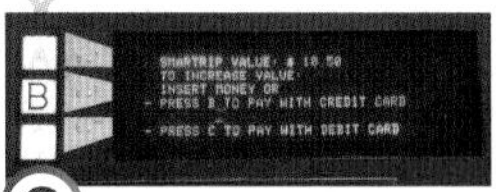

③ 上の段は残高。B: Press B to Pay with Credit Card クレジットカード払い、C: Press C to Pay with Debit Cardデビットカード払いと表示。現金の場合は投入口にお札とコインを入れる。クレジットカードでの支払いはBを押す

④ 購入金額$10と残高との合計が表示されるが、自分の希望の額にするなら、右写真のボタンを押して調整する。調整し終わればC: Press When Doneを押す

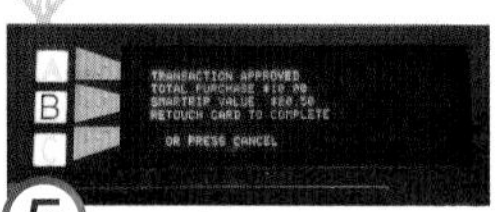

⑤ もう一度スマートリップのマークの所をタッチしないとチャージされないので注意を。やめるならCancelボタンを押す

これを押して金額を増減する

注意：日本語でいう「チャージ」はアメリカの自動券売機では「Add Value」となる

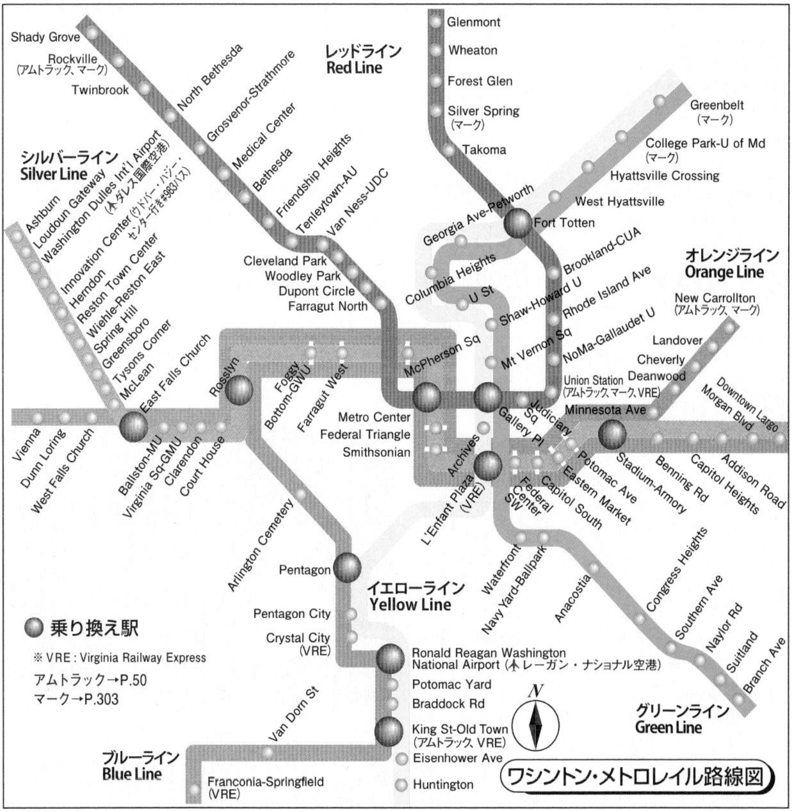

お役立ち情報 **子供とシニア料金** 大人同伴の4歳以下の子供はふたりまで無料。5歳以上は普通運賃。65歳以上は割引を受けられる。メトロストアでIDを見せて別のスマートリップカードを購入。

サーキュレーターとメトロバス（路線バス） *Circulator & Metrobus*

DCでは、メトロバス（路線バス）のほかにサーキュレーターという循環バスが好評で観光客にも使いやすい。運賃も1回$1と手頃、現在6路線が走っている。

サーキュレーター
☎(202)671-2020
URL www.dccirculator.com
料 $1（スマートリップ使用可）。スマートリップカード（→P.51）を使っていれば、地下鉄からの乗り継ぎは50¢、メトロバス/サーキュレーターからの乗り継ぎは2時間以内なら無料 無料Wi-Fi

ユニオン駅の3階で待機中のサーキュレーター

サーキュレーター Circulator ※路線図→折込地図表参照

サーキュレーターは「メトロレイルより安くてわかりやすい」と評判の高い循環バスで、メトロレイルでは行けないジョージタウン、モールのモニュメント、アダムス・モーガンなどへ走っており、とても便利。現在 6 路線が運行中。いちばん使いやすく、町を把握するのに便利なのは、中心部を横断するジョージタウン～ユニオン駅ルート。なお、交通渋滞がひどく、30 分遅れもザラ。時間には余裕を見ておくこと。すべてのルートが 10 分間隔で運行されている。

DCの多くの見どころを走っているサーキュレーターバス

サーキュレーターのルート（折込地図表参照）と運行時間

ルート	運行
ジョージタウン～ユニオン駅（黄）	月～木6:00～24:00、金～翌3:00、土7:00～翌3:00、日7:00～24:00。ユニオン駅のバス停は駅構内3階のいちばん奥
デュポンサークル～ジョージタウン～ロスリン（青）	月～木6:00～24:00、金～翌3:00、土7:00～翌3:00、日7:00～24:00
ナショナルモール（赤）	4/1～9/30の月～金7:00～20:00、土日9:00～。10/1～3/30の月～金7:00～19:00、土日9:00～
ウッドレーパーク～アダムス・モーガン～マクファーソン（緑）	月～木6:00～24:00、金～翌3:30、土7:00～翌3:30、日7:00～24:00
イースタンマーケット～ランファンプラザ（紺）	月～金6:00～21:00、土日7:00～（ナショナルズとDCユナイテッドの試合日はそれぞれの球場まで延長）
コングレスハイツ～ユニオン駅（橙）	月～金6:00～21:00、土日7:00～

サーキュレーター ＆ メトロバスの乗り方

① バス停を探す

ワシントン DC は中心部の交通渋滞がひどく、バスは時間どおりに来ない。
バス停は、サーキュレーターは赤とグレーに黄色いストライプ “DC Circulator”、メトロバスは赤、青、白く塗られた “metrobus” の看板標識。そのバス停に停車するバスのルート番号も出ている。バス停は 300 ～ 400m ごとにあるが、車は日本と違って右側通行ということをお忘れなく。
●治安：昼間は問題ないエリアでも、暗くなってからは危険度が増す。バスも夜は大通り以外は利用しないこと。移動したいときはタクシーで。

左上／バス停の看板。上がメトロバス（路線バス）で何番の路線が停まるかを表示。真ん中がサーキュレーター
左下／バス停の中には次のバスが到着するまでの時間が表示されるものもある　右／風よけのあるバス停。この中にバスの待ち時間の表示があることも

読者投稿 **カップの飲み物は持ち込み不可**　メトロレイルやバス内に飲み物を持ち込む場合は、水筒かペットボトルに入れておかないとだめ。スタバの持ち帰りカップを持ち、バスに乗り込もうとした際に注意された。（千葉県　匿名）['23]

② 乗車

バスが近づいたら正面上部に表示されている路線番号と行き先の確認を。路線番号が合っていても行き先が逆なんてこともあり得る。近づいてきたバスに大きく手を振って乗ることをアピールしよう。見過ごしてしまう運転手がけっこういる。

料金は運転席横の料金箱へ。サーキュレーターなら $1、メトロバスは Express を除き $2。紙幣とコインの投入口は分かれている。バスはおつりが出ないのでぴったりの金額を用意すること。スマートリップなら絵柄の所をタッチすればいい。

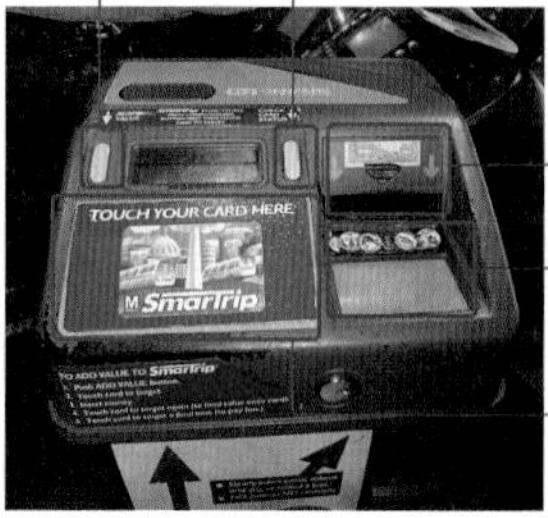

バスの運行、管理に務めるバスドライバー。頼もしい存在だ

③ 車内

入口付近の両側の座席はシルバーシート。飲食は禁止。降りる場所がわからない場合は、勇気を出して周りの人に地図を見せて聞くのがいい。ほとんどのアメリカ人は親切だから、教えてくれる。または、ドライバーに "Please let me know when I arrive there ! " と頼んでおこう。そして頼んだときはなるべくドライバーの近くに座るようにしたい。ドライバーも人間だから忘れることもある。目につく位置にいれば安心というわけ。

上／サーキュレーターの車内。昔の車両は向かい合って座るものもある　左／メトロバスの車内。前のほうが優先席

④ 下車

下車するバス停が近づいたら、窓わく上に張ってあるひもを引くか、窓わく横の黒いゴムのテープを押す。サーキュレーターは赤いボタンを押す。降りるのは前のドアからでも後ろのドアからでもよい。半自動ドアなのでバーを軽く押すが、古いバスは自分で押して開ける。あとに人が続いていたら降りたあとも手でドアを押さえておいてあげるのがマナー。

左上／新しい車両には次のバス停名も表示される　左下／サーキュレーターにはボタンもある。押して下車の合図を　右上／下車するときはこのひもを引っ張って合図する
右下／バスの出口。出るときは黄色のバーを軽く押すとあとは自動で開く

メトロバス（路線バス） Metrobus

メトロバス（路線バス）
●**運行時間**：ルートによって異なる。ほとんどの路線が週7日の運行
料 $2（スマートリップカード使用可）、"Express"$4.25。おつりは出ないので、現金の場合、正確な金額を用意する
※メトロバス（路線バス）の電話番号、ウェブサイトはメトロレイルと同じ（→P.51）

メトロバス（路線バス）は、グレーと赤、白、青のストライプなどで "metrobus" と表示されている。路線は 300 以上あるが、まずはジョージタウンやワシントン大聖堂などへ行く # 31、33、ナショナルハーバーへ行く #NH1 など一部の路線だけを覚えておけばいい。

メトロバスは一部の路線を覚えておけばOK

フェアファックス・コネクター・バス Fairfax Connector Bus

フェアファックス・コネクター・バス
URL www.fairfaxcounty.gov/connector/schedules
●**運行時間**：ルートによって異なる
料 $2（スマートリップカード使用可）

DC に隣接するバージニア州フェアファックス郡を網羅する路線バス。旅行者が使うのが、シルバーライン Innovation Center 駅からウドバー・ハジー・センター（一部ダレス空港経由）やマウントバーノンに行く路線。スマートリップカードにチャージしておけば、この路線バスにも使える。

ダレス空港/Innovation Center駅とウドバー・ハジー・センターを結ぶバス

タクシー *Taxi*

比較的安心といわれるタクシー会社
●**Diamond Cab**
☎(202)387-6200
●**Yellow Cab**
☎(202)544-1212
URL dcyellowcab.com
●**Red Top Cab（アーリントン）**
☎(703)522-3333
URL www.redtopcab.com

チップの渡し方
料金が$5、チップを入れて$6だが、$10札しか持ち合わせていないとき、"Make it $6"と告げておつりをもらおう。

ウーバー（→ P.59）の普及で多くの都市ではタクシーの台数が減少している。DC も 1 万から 6300 に台数を減らしたが、駅やホテルなどの主要な場所、流しのタクシーも多く、まだまだがんばっている。DC ではラッシュアワーはウーバーがタクシーより高いこともザラだからタクシーの料金を知り、比較してから利用したい。タクシーの料金はメーター制で、クレジットカードで払うこともできる。料金を払う際は 15 ～ 20% のチップを加えるように。

●**タクシーの運賃**
最初の 1/8 マイルは $3.50、
1/8 マイル走るごとに 27¢ の加算。
追加料金のいろいろ
- 人数加算：ひとり追加 $1（6 歳以上）
- シェアライド：$1.20 ／マイル
- 電話でタクシーを呼んだとき：$2
- 待ち時間：1 時間 $35

DCではウーバーよりタクシーのほうが安いこともよくある

読者投稿 **ウーバーも時間帯によって高い** 4年前のDCでウーバーを何回か利用したが、運賃が高くなっていたのには閉口した。今回メトロの駅ふたつぶんくらいの距離を利用しようとウーバーの料金を見たら ↗

タクシーの乗り方

① タクシーのひろい方

流しのタクシーは多いのでひろいやすい。やり方は日本と同じで、タクシーが見えたら片手を挙げる。車体上のランプがついていれば空車の合図。つかまえにくいときは、近くの大きなホテルへ行き、ベルボーイにタクシーが欲しい旨を伝えよう

左／ユニオン駅のタクシー乗り場。駅からはこれがいちばん便利
右／ユニオン駅にはタクシー待ちの列ができる

② 乗 車

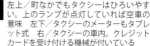

乗車して走り始めたら、メーターのスイッチを入れたかの確認を。最初にレシートが欲しいことを告げるとビジネス客だと思われ、ぼられることが少ない。行き先は主要な観光名所、ホテルならその名前を告げれば連れていってくれる。それ以外は通りと番地名を教えること。タクシーのドアは手動、開閉は自分で行う。タクシーは禁煙。

左上／町なかでもタクシーはひろいやすい。上のランプが点灯していれば空車の意味　左下／タクシーのメーターもタブレット式　右／タクシーの車内。クレジットカードを受け付ける機械が付いている

③ 支払いと降車

着いたら、ドライバーがメーターを止めたかを確認。後部座席の前のモニターに運賃が表示される。クレジットカードで支払う場合は、運賃の横にチップの金額が20%、25%、30%と自動的に出ているので、気に入ったものを選ぶか、自分の考える金額を入力する。合計金額が表示されたら、クレジットカードを機械に通し、レシートをもらって降車する。サインは不要だ。現金ならチップを含めた金額を払う。荷物を出してもらうのを忘れずに。

左／運賃が表示（左上）される。チップは右下の%の金額を選ぶこともできるし、自分で打ち込むこともできる
右／合計金額を確認したら、この機械にクレジットカードを読み取らせる

配車サービスの使い方　Uber、Lyftなど

言葉の心配もほとんどなく、安くて、どこでも簡単に呼べるウーバーUberやリフトLyftなどの配車サービス。アメリカのインフラの一部となったが、DCでは混雑する時間帯、雨や雪など天候の悪いときなど、タクシーより高くなり、しかも待たされる。なお、現金での支払いはできず、ネット環境がないところでは呼べない。

①アプリをダウンロードし、個人情報やクレジットカード情報を入力。SNSで受信の認証があるため、日本でダウンロードは済ませたい
②アプリを開いて行き先を入力。料金と相乗りか、到着まで時間が余計にかかるか、一人で乗りたいかなどで料金が変わるから、希望のものを選択
③しばらくすると車種とプレート番号、ドライバーが表示される
④車が来たらプレート番号とドライバー名を確認して乗車。ドライバーもあなたの名前を確認する
⑤下車すると、評価とチップの表示が出る。チップは任意だが、支払うのがベター

↘$30、待ち時間40分の表示。あまりにも高いと思い、向かいのホテルからタクシーに乗ったらなんと$9だった。ラッシュアワーだったせいかもしれないが、タクシーの料金を知ることの必要性を痛感した。　（愛知県　Shibata　'22秋）

公園都市ワシントンDCだからこそ利用価値大
キャピタル・バイクシェア
Capital Bikeshare

バイクステーション。ここで借り出し、返却する

広大なモールを自転車でスイスイ、マイペースで回る……公園都市DCだからこそおすすめするシェアバイク（自転車）。クレジットカードがあれば誰でも借りることができ、45分以内に600ヵ所以上にあるバイクステーションに戻せば、24時間何度乗ってもわずか＄8。ステーションの数は現在も増加中で、DCの多くの観光ポイント近くにステーションがある。モール内の公共交通機関はサーキュレーターくらいしかないことから、自転車があると大変便利。●自転車で回る1日モデルコース→P.40

キャピタル・バイクシェアのステーションマップ。いろいろな所にあるので使いやすい

★**Capital Bikeshare**
Free (1-877)430-2453
URL capitalbikeshare.com

シェアバイクのルール

- ▶18歳以上であること
- ▶クレジットカードが必要
- ▶一度借りたら45分以内にステーションへ戻さなければならない。戻さないと追加料金がかかる
- ▶ヘルメット着用は義務づけられていないが、あったほうがベター
- ▶歩道を走っても問題はないが、必ずゆっくり走ること
- ▶日本とは逆の右側通行。歩道でなく車道を走る際、日本でよく見られる逆走は厳禁
- ▶荷物籠は小さいので、リュックが便利
- ▶バイクステーションは600ヵ所以上あるが、探すとなかなか見つからない。ウェブサイトで地図を入手するかアプリをダウンロードしよう

自転車の借り方

①バイクステーションに立つキオスクの"Rent a bike"にタッチして、クレジットカードを機械に読み込ませる

②電話番号、次いで郵便番号（Zip Code）を入力する。電話番号は国番号から入力。郵便番号は日本の郵便番号の初め5ケタを入力

③45分以上続けて借りるとさらに料金がかかる（上部に記載）ことを了承するかを尋ねているのでYesにタッチ

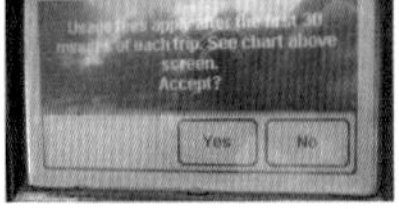

④24時間借りるのか、1回だけ借りるのか、1ヵ月借りるのかをタッチ

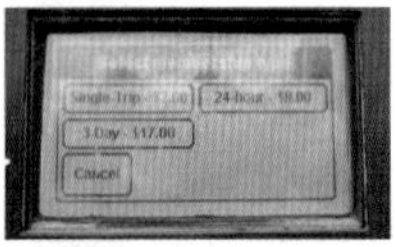

⑤借りる台数を選ぶ

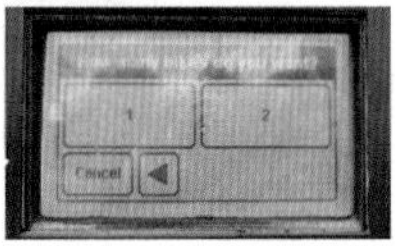

⑥選んだ内容の確認画面。よければOK

⑦機械の下から、借りる際の暗証番号が書かれた用紙が出てくる

⑧用紙の5ケタの番号を、借りたい自転車の左横に付いている装置に入力するとロックが解除（青のランプがつく）されるから、サドルを持ち上げて自転車を引き出す。返却時は置き場に前輪がロックされるまで入れること

※2度目以降に借りるときはキオスクの機械に再度クレジットカードを読み込ませて、新しい番号を入手する。あとは自転車左横の装置に新しい番号を読み込ませて借りる

読者投稿 DCに5日間滞在してスミソニアンなどの博物館巡りをしましたが、便利だったのがCapital Bikeshare。クレジットカードがあればどのステーションでも借りることができ、返却は駐輪感覚でステーションにLockすればOK。カード認証でZip Codeが必要で、僕は日本の自宅の郵便番号を頭から5ケタ入力しました。自転車専用レーンもあり、危なくはなかったですが、日本と車線が逆のため注意が必要です。（長崎県　松下浩之）［'23］

DCで気軽に電動キックボードにトライ!

エレクトリックスクーター（電動キックボード）

Electric Schooter

モールにはないが、町のあちこちで見かける電動キックボード。免許は不要だ

慢性的な交通渋滞に悩む首都ワシントンで、その解決策の一環として導入が進んでいるのが電動キックボード。自転車と異なりドック（バイクステーション）が不要なので見つけたら気軽に利用でき、エリア内で、条件を満たせば乗り捨てが可能となっている。観光客にとっても非常に利便性の高い移動手段で、今では市内だけでなく近郊へもそのサービス範囲を拡大中。2023年には2万台が稼働予定だ。

現在許可を受けている業者はBird、Lime、Spin、Skip (Helbiz)、Lyftの5社。いずれも専用アプリをダウンロードしアカウントを作成、電動キックボードに貼付されているQRコードをスキャンすれば利用可能だ。解錠施錠はもちろん、支払いもすべてアプリ上で完結する。料金は各社で微妙な違いがあるものの、基本的に解除に$1かかり、30～40¢/分、おおよそ30分の利用で$12程度が目安となる。

電動キックボードのルール

- 16歳以上であること
- ヘルメット着用義務はなし、ただし18歳未満は着用義務あり
- ひとり乗り
- 制限時速は20マイル以下
- 歩行者優先さえ守れば歩道の通行は可。ただし自転車レーンがあれば極力そちらを利用する
- 手荷物やヘッドセット、イヤホン不可
- サービスエリア内の自転車ラックやポールに駐輪する、路上でも道の端であれば駐輪可
- 国立公園内では駐輪禁止

電動キックボードの借り方、返し方

① 電動キックボードに貼付されているQRコードを読み込み、アプリをダウンロードする

② 位置情報を許可する

③ アカウントを作成しクレジットカードを登録する。ある程度の保証金をアカウントに入れる(必要ない会社もある)、不足分は登録したカードに請求される

④ アプリから解錠する

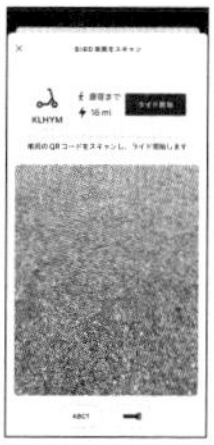

⑤ 手前がアクセルで奥のハンドルがブレーキ

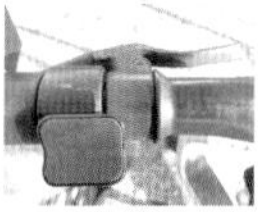

⑥ 歩道も走行可能だが、自転車レーンがあれば極力そちらを利用する

⑦ 通行不可の場所では警告音が鳴り電源が落ちる。その地域を出ると自動的に電動での運転が可能となる

⑧ 乗ったあとは自転車ラックや標識ポール、路上(歩行者のじゃまにならないよう)に駐輪する。Birdの場合はその状態の写真を撮って送信する

⑨ レシートが表示される

⑩ 施錠できたか不安な場合は鍵マークなどを確認してみよう

観光ツアー（オプショナルツアー）

Tours

短時間に効率よく、多くの観光ポイントを回りたいのなら、観光ツアーに参加するのがいい。その日のうちなら乗り降り自由なバスが人気。なお、ツアーは基本的に英語。現地日系旅行会社による日本語ツアーも催行されている。

乗り降り自由のバスツアー

乗り降り自由の右記のツアーはユニオン駅のほか、いくつかの観光ポイントにブースを出しているので、そこで申し込むこともできる。

乗り降り自由の"Hope on, Hop off"バスは、各社ルートはほぼ同じ。ユニオン駅から乗るのがおすすめ。

ビッグバス・ツアー　Big Bus Tours

２階部分がオープンデッキになった２階建てバスによるツアー。視界が高いので眺めもよく、人気も高い。その日のうちなら乗り放題で、日本語の録音ガイドもある。

DCが初めてならおすすめしたい2階建てバス

ビッグバス・ツアー
URL bigbustours.com
●**運行**：毎日9:30～16:30（最終出発）の30分間隔
料 1日券$48.60～、3～12歳$39.60～、2日券$57.60～、3～12歳$48.60～

オールド・タウン・トロリー　Old Town Trolley

オレンジに緑の車体のトロリーバスが、モールを中心とした名所をガイドの解説付きで回る。その日のうちなら乗り降り自由。停留所は15ヵ所で、アレキサンドリアとアーリントンを回るルートもある。

中2階建てのオールド・タウン・トロリー

オールド・タウン・トロリー
Free (1-844)356-2603
URL www.trolleytours.com/washington-dc
●**運行**：木～月9:00～16:00の30分間隔。季節によって変更あり
料 1日券$39～、4～12歳$32～ムーンライトツアーは$42～、4～12歳$32～

日本語観光ツアー　Japanese Tours

やはりアメリカでは英語によるツアーが多い。英語の苦手な人には日本語のほうが理解しやすいのは自然の理で、次の日系ツアー催行会社なら申し込みも日本語でOK。なお、最少催行人数が決められているものもあるので、申し込むときに注意をしたい。

日本語でのツアーは日本人にはありがたい。地元のガイドならではのとっておきの話が聞けるかも

お役立ち情報　日本人経営のリムジン会社　中村リムジン　☎(202)880-9797、(202)365-8155
URL nakalimo.com　車が必要なときなど、相談してみるといい。カード A D J M V

JTS ツアーズ JTS Tours

設立51周年のDCライセンスをもつ老舗日系旅行会社で、下記のツアー以外にも多種多様なツアーを用意している。詳しくはウェブサイトで。必ず事前に予約を入れること

JTSツアーズ
住 1101 Connecticut Ave. NW, Suite 450, Washington, DC 20036 ☎(202)210-9172（月～金10:00～17:00）
URL www.jtstoursdc.net

ツアー名	料金	所要時間	内容など
ワシントンDC1日市内観光	料金は問い合わせのこと	10:30/10:45発 6時間	ジェファソン記念館、リンカーン記念館、硫黄島記念碑、ホワイトハウス、国会で下車し、最後はスミソニアン博物館で解散
ユニオン駅発・ダレス空港発 ウドバー・ハジー・センター観光		9:30発 4～5時間	郊外にある航空宇宙博物館の別館へ送迎し、館内では30分の案内、残りは自由時間
ジャズナイトツアー		18:30発 3.5時間	ジョージタウンにある全米有数のジャズクラブ「ブルースアレイ」でのジャズ鑑賞。れんが造りの隠れ家的な古きよき時代を感じさせる店内で、食事が終わる頃にライブ開始
アレキサンドリア・オールドタウン ディナー＆ナイトツアー		18:00発 4時間	古都アレキサンドリアで、イタリアンのディナーを
マウントバーノン観光		9:00発 4時間	マウントバーノンのワシントンの邸宅と農場を見学する
アナポリス海軍兵学校観光		10:00発 4.5時間	アナポリスの海軍兵学校を見学。パスポート、または写真付きのIDを持参のこと（→P.336）。土日曜は休み

須磨トラベル Suma Travel L.L.C.

市内・郊外、他都市観光から車やバスのチャーター、ガイドや通訳の派遣、航空ショーやフィギュアスケート留学の手配、さらに現地発企画旅行まで手がけるネット専業の旅行会社。SNSでDCの最新情報を発信している。詳しくはウェブサイト参照。

須磨トラベル
☎(202)251-4387
URL www.sumatraveldc.net
Twitter User Name : @sumatraveldc
最少催行人数：２名だがひとりでも相談を。要予約。
カード A D J M V

ツアー名	料金	所要時間	内容など
１日市内観光	$140、子供$130	9:00発 6時間	新聞やニュース、ドラマや映画でおなじみのDCを効率的にかつ有意義に巡る1日市内観光。初めて訪れる人だけでなく、知見を増やしたい人にも最適。不動の一番人気
半日+ウドバーハジーセンター	$220、子供$200	9:00発 8時間	引退した機体や歴史的な名機（世界でここでしか見られない日本の戦闘機を含む）を展示しているウドバー・ハジー・センター。市内半日観光と組み合わせたこのコースは、須磨トラベルのオリジナル
全日空直行便到着限定・ウドバー・ハジー・センター	$200（子供も同料金）	4時間	スペースシャトル・ディスカバリーやB-29エノラゲイ、紫電改などすでに人気の高い展示に加え、日本の幻の戦闘機、震電や橘花の展示もスタート。見学した後、宿泊先（市内）へ送ってくれる
アナポリス海軍兵学校（クラブケーキサンドイッチ付き）	$220（子供も同料金）	9:30発 6時間	世界に展開するアメリカ海軍、その幹部候補生を育てる海軍兵学校を見学し、そのハードパワーの源泉を学ぶ。ランチは地元の有名店でクラブケーキサンドイッチをいただく
シェナンドー国立公園とルーレイ鍾乳洞	$300（子供も同料金）	9:00発 8時間	東海岸最大といわれるルーレイ鍾乳洞を見学し、シェナンドー国立公園を貫くスカイラインドライブを走る。都会の喧騒を忘れ、自然や景色を楽しみたい人におすすめ。春の新緑時や秋の紅葉時にはさらに美しい
クラブケーキディナー＆ナイトツアー	$200（子供も同料金）	18:00発 3.5時間	ブルークラブ（ワタリガニ）の身をほぐし成形、味つけしたクラブケーキはDCの名物料理。硫黄島記念碑から首都の夜景も一望する
セダン、ミニバン＆バンチャーター	セダン$100/時、ミニバン$120/時、バン$150/時	最低4時間から	視察や学会、展示会を主にしたチャーターで、人数に応じセダン、ミニバンおよびバンを選ぶことができる。同社の日本人ドライバーが担当し、グループや家族のプライベート観光にも対応
現地発企画旅行	ツアーによる		4泊5日 アメリカ空軍博物館、5泊6日 オシアナ航空ショー、6泊7日 東海岸三都市周遊 など、現地発の企画旅行
ガイド、通訳派遣	ガイド$60/時、通訳$120/時	最低4時間から	カンファレンスやコンベンション、学会のヘルプとしてのガイドや通訳を紹介・派遣。交通費別

そのほかのツアー

キャピタルセグウエイ
☎(202)682-1980
URL www.capitalsegway.com
料 $70（約2時間）。ウェブサイトから予約を
●**出発場所**：818 Connecticut Ave. bet. H & I Sts. NW
●**運行**：毎日1～7回の出発。冬季は休み

読者投稿
セグウエイツアーに参加した！
最初は乗れるか不安でしたが、すぐ乗れるようになりました。楽しくて楽しくて、1ヵ月の旅行中ずっと「欲しい」と言っていたほどです。
（愛知県　綾子）［'22］

セグウエイツアー Capital Segway

ワシントンDCは意外に広いので、1日中歩くのはけっこうつらい。そんなときにセグウエイは威力を発揮する。乗り方についての講義もしっかりしてくれて安心。ホワイトハウス、国会議事堂、モールのモニュメントやスミソニアンなどを回る。セグウエイは、自分でバランスを取りながら乗る2輪車のような乗り物で、加速もできる。15歳以下、45kg以下と113kg以上はツアーに参加できない。

日本ではできない体験と好評。コツをつかめば乗りやすい

グレイライン
☎ (202)779-9894
URL graylinedc.com
●**出発場所**：ユニオン駅（MAP P.26-B1,2）3階の駐車場前のグレイラインのオフィスから。帰りはホテルの近くで降ろしてくれる（確約ではない）
●**予約**：ウェブサイトから申し込む

グレイライン／観光バス Gray Line Tours

モールや市内の1日観光なら、前記のトロリーツアーで済むが、ゲティスバーグやマウントバーノンなど足の便の悪い郊外の見どころに行きたいときには観光バスを利用したい。時間が限られている人にもおすすめだ。
※2023年3月現在休業中。ツアーは4月以降に催行予定

アメリカのはとバスがグレイライン

Column
旅の情報はこんなところからも

インターネット、雑誌の旅特集、テレビ番組などから得た情報を盛り込んで自分の旅を作っていく行程は大きな旅の楽しみのひとつ。ワシントンDCを中心としたエリア別の情報はP.368を参考に。それら以外にも、旅の計画に役立つ図書館やウェブサイトがある。

■公益財団法人日本交通公社「旅の図書館」
住 〒107-0062
東京都港区南青山2-7-29日本交通公社ビル
☎ (03) 5770-8380　営 月～金10:30～17:00
休 土・日曜、毎月第4水曜、年末年始、その他
URL www.jtb.or.jp/library　※蔵書検索可能
観光の研究や実務に役立つ専門図書館。約6万冊の蔵書があり、国内外の観光地について深く知りたい人におすすめ。地図やパンフレットなどの配布は行っておらず、旅行の相談や問い合わせも受け付けていないが、資料の閲覧やコピー（有料）は可能。

■海外旅行の最旬情報はこのウェブサイトで！
URL www.arukikata.co.jp
「地球の歩き方」ガイドブックの更新情報や、海外在住特派員の現地最新ネタ、ホテル予約など旅の準備に役立つコンテンツ満載。

■アメリカのオフィシャル・トラベルサイト Visit USA
URL www.gousa.jp
全米の情報を網羅。地域別、州別、町別の紹介や情報、モデルコースの提案、アメリカでどんな体験ができるか、今、旬な町、行き先に迷ったときのアイデア、地元の人が自分の町をPRする動画など、多様な方法でアメリカ旅行の情報や提案を見せてくれる。特にフロントページでは、テーマ、Must Seeをクリックすると全米地図におすすめの町と写真が出てくるなど、意外な発見に出合えるかも。

■プロスポーツのチケット
オフィシャルサイトからチケットを購入できなかった場合、次の業者をチェックしたい。MLBのリセールチケット、NBAネッツ、キャバリアーズ、ペリカンズの公式チケット、そのほかにもイベントのチケットも扱う。
●**SeatGeek社**
URL seatgeek.com/mlb-tickets
アプリが充実し、オフラインでもチケットを表示でき、iPhoneであればwalletに入れられる。アプリは日本でもインストール可能。

モールの西にあるリンカーン記念館。
ダントツ人気のスポット

Sightseeing

観光ポイント

Sightseeing

モールとウオーターフロント

MAP 折込地図表-B～E2,3

National Mall & Waterfront

AREA ▶ モールとウオーターフロント

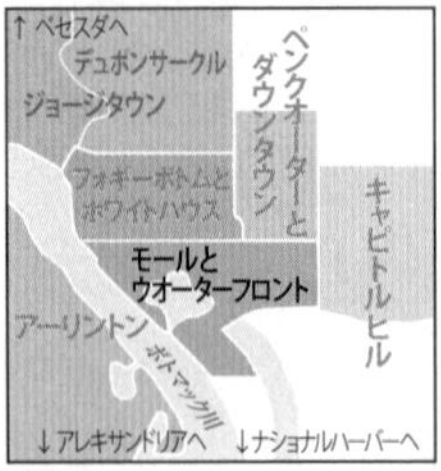

治安 モールで犯罪が起こったことはほとんどないが、置き引きには注意。

アクセス
▶メトロレイル　ブルー、オレンジ、シルバーライン Smithsonian駅、Federal Triangle駅、Federal Center駅、ブルー、オレンジ、イエロー、グリーン、シルバーライン L'Enfant Plaza駅など
▶サーキュレーター　ナショナルモール・ルート

ホテル P.245
レストラン P.281

パークレンジャーのサービス時間
メモリアルにパークレンジャーがいるのは通常9:30～22:00くらいの間だが、冬季は17:00で終了する所が多い。モールとメモリアル全体のウェブサイト URL www.nps.gov/nama

ココも見逃すな!

モールのミュージアム

アーサー・M・サックラー・ギャラリー ……… P.193
アフリカ系アメリカ人歴史文化博物館（国立）… P.187
アフリカ美術館（国立）……… P.192
アメリカ・インディアン博物館（国立）…… P.188
アメリカ歴史博物館（国立）……… P.177
航空宇宙博物館（国立）……… P.136
自然史博物館（国立）… P.182
ナショナルギャラリー … P.165
ハーシュホーン美術館 … P.190
フリーアギャラリー … P.195
ホロコースト記念博物館 ……… P.208
国際スパイ博物館 … P.210
聖書博物館 ……… P.214

観光の中心がモール。リンカーン記念館からモールを見渡した景色

モールは、首都ワシントンDCを象徴するエリアだ。東は国会議事堂、西はポトマック川、北は"憲法Constitution"と南は"独立Independence"のふたつのアベニューAvenueに囲まれた緑豊かな公園地帯には、スミソニアン協会のミュージアムをはじめ、大統領や偉人のモニュメント、戦争の慰霊碑など、重要なポイントが集中している。DCの心臓部であり、いつも多くの観光客でにぎわっている所でもある。東西の距離は4km近くに達する、本当に広いエリアで、2020年にはアイゼンハワー大統領の記念公園が加わった。

モールは日中だけでなく、夜もぜひ訪れてほしい。国会議事堂、ホワイトハウス、リンカーン記念館のモニュメント類がライトアップされ、夜景はまさに息をのむほど。

モールは、東側にスミソニアンのミュージアム群、西側にモニュメント類が点在する。まず、スミソニアンやナショナルギャラリーのなかで、見学したい博物館・美術館をふたつくらい選ぶといい。博物館が開館する前後の、朝早い時間と夕方からをモール西側のモニュメント見学に当てよう。おすすめは、朝いちばんでワシントン記念塔に上り、第2次世界大戦記念碑やジェファソン記念館へ行く。博物館を見学したら西に向かって、キング牧師記念碑などを見たあと、最後にリンカーン記念館を訪れるコース。

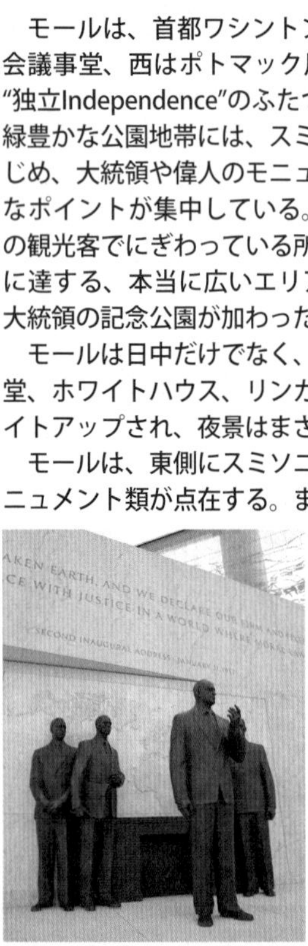

元軍人のアイゼンハワー大統領の記念公園が誕生した

お役立ち情報　モール内のツアー　国立公園局が主催するさまざまなウオーキングツアーが行われている。無料。詳しくは URL www.nps.gov/nama→Plan Your Visit→Things To DoのCalendarから日付を入れ検索

高さ全米一の石造りの塔　MAP 折込地図表 -C2、P.24-C5

ワシントン記念塔
Washington Monument

モールのほぼ中央に、空に向かって力強くそびえ立つオベリスク（先のとがった石柱）がある。アメリカ建国の父、初代大統領ジョージ・ワシントンGeorge Washingtonの偉業をたたえる記念塔だ。高さ169.2m（555フィート5と1/8インチ）、石造りとしては全米一の高さを誇る塔は、首都で最も高い建造物である。DCでは1899年以来、記念塔を上回る高さの建設を禁じているからだ。

塔の上には展望階があり、エレベーターがたった70秒で運んでくれる。東に国会議事堂やスミソニアンの博物館群、南にジェファソン記念館、西にリンカーン記念館、北にホワイトハウスとダウンタウンを眺望できる。DCで最もすばらしい鳥瞰図が楽しめるポイントだ。1階下には記念塔の歴史や修復を解説したパネル展示もある。

初代大統領に敬意を表したメモリアルのアイデアが発案されたのは、DCの町が造られようという頃。デザインを公募の結果、建築家ロバート・ミルズRobert Millsの作品が入選した。彼のデザインは現在の形と少し異なり、ギリシアの寺院をまねた姿であった。

1848年7月4日の独立記念日に着工。建設にあたって基金と建築用ブロックの寄贈が呼びかけられ、全米各州はもとより世界各地から石が寄せられた。総数は193。最後に贈られた石は1988年の沖縄のもので、これらの一部は下りのエレベーターから見ることができる。

南北戦争が始まると工事は中断。25年後に再開されるが、同じメリーランド州の鉱脈から採掘した石にもかかわらず、中断前とは石の色が異なってしまった。記念塔をよく見ると、下3分の1の石の色が違うのがわかるだろう。着工から36年後の1884年12月に最後の石が組まれ、1888年から一般公開されている。

ワシントン記念塔からの眺望もぜひ見ておきたい。前もって整理券を入手しよう

修復の様子が紹介されている。写真を見るだけでも足がすくむ

ワシントン記念塔
オススメ度 ★★★★
要予約
住 2 5th St. bet. Madison & Jefferson Drs. NW/SW
☎ (202)426-6841
URL www.nps.gov/wamo
開 毎日9:00～17:00
休 7/4、12/25
料 無料
行き方 ブルー、オレンジ、シルバーラインSmithsonian駅下車、徒歩約9分。またはサーキュレーターで
●**見学方法**：ワシントン記念塔に上るには整理券が必要。当日の整理券は15th St.側の小さな建物で、朝8:45より配付される。1人6枚まで入手可能。また、整理券は電話か国立公園局のウェブサイト（下記）で30日前から24時間前まで予約することもできる。観光シーズンはなるべく予約をしたい
●**National Park Reservation Service**
Free (1-877)444-6777
URL www.recreation.gov
1枚につき$1の手数料がかかる。整理券は印刷するか、スマートフォンで見られるようにしておこう
●**荷物**：記念塔入場時X線検査がある。大きなバッグ、ペットボトルなどの飲料水は持ち込めないので注意

蒸気稼働のエレベーター
オープン当時は蒸気で稼働するエレベーターで頂上まで10分もかかった。また、エレベーター自体が安全な乗り物ではなかったため、子供と女性の乗機許可が下りず、男性だけが乗ることを許可されたというおもしろいエピソードも残っている。

ワシントンについてさらに知りたいのなら
初代大統領ワシントンが農園主として生活し、その墓があるマウントバーノンへ行くことをおすすめする。
→P.124

DC豆知識　ワシントン記念塔の建築工事が始まったのは、日本では黒船来航で騒いでいた頃。ペリー提督が日本の伊豆下田の石を持ち帰り、その石がこの記念塔の中に埋め込まれている。

平和の尊さを教えてくれる　MAP 折込地図表 -C2

第２次世界大戦記念碑
World War II Memorial

中央西側のフリーダムウォールには4048の金色の星が埋め込まれている。この数字は犠牲者を100人単位で表したもの

　世界中を巻き込み、史上空前の大戦争であった第２次世界大戦。アメリカは、真珠湾攻撃をきっかけに大戦に参戦した。太平洋と大西洋のふたつの地域を戦場として、この戦争に約1600万人が従事、40万5399人の兵士が犠牲となった。公園のような記念碑には"アメリカ人の魂、犠牲、名誉"が込められている。

　戦死者の魂を浄めるかのような噴水を中心に、南側が**太平洋戦Pacific**、北側が**大西洋戦Atlantic**に分かれ、真ん中の碑の下にある小さな池の周りには激戦地であった地名が刻まれている。太平洋戦側には、真珠湾、ミッドウェー、グアム、ガダルカナル、レイテ、硫黄島、沖縄の文字が。また、四方の低い壁や角にはこの大戦に関する大統領らの言葉が刻まれており、南の壁にはマッカーサー元帥の「今日、銃は静けさを取り戻した。大いなる悲劇は終わったのだ……（中略）世界中が平和の静寂に包まれている」と第２次世界大戦の終結を語る言葉もある。

　その前方には"Here We Mark the Price of Freedom（ここには自由の代価が示されている）"と刻まれている。

第２次世界大戦記念碑
オススメ度 ★★
住 17th St. bet. Constitution & Independence Aves. SW
☎ (202)426-6841
URL www.nps.gov/nwwm
開 24時間、レンジャーのサービスは9:30〜22:00で、12/25は休み
行き方 ブルー、オレンジ、シルバーラインSmithsonian駅下車、徒歩約14分。またはサーキュレーターで

兵士の像が戦場の過酷さを伝える　MAP 折込地図表 -C3、P.24-A5

朝鮮戦争戦没者慰霊碑
Korean War Veterans Memorial

　リフレクティングプールを挟んでベトナム戦争戦没者慰霊碑の反対側に、朝鮮戦争戦没者慰霊碑がある。朝鮮戦争は1950年6月25日、北朝鮮の軍隊が突然、韓国側に侵攻して始まった戦争で、北朝鮮側には中国軍、韓国側にはアメリカ軍（国連軍）が参戦し、北朝鮮・韓国の2国間だけでなく緊迫した東西関係を象徴するような戦争となった。

　1953年に停戦するまで双方に350万人を超える犠牲者が出たが、これらの人を悼むために慰霊碑が建立された。完成は1995年７月。碑は3つの部分から構成されている。ヘルメットをかぶりポンチョを着て荒れ果てた戦地を進む19体の兵士の像と、約2400人のエッチングの顔が浮かび上がる50mの石碑、そして韓国を守るために命をささげた3万6574人のアメリカ人兵士とKATUSA（在韓米軍韓国補強部隊）7114人の隊員名が刻まれる追悼の壁と池Wall and Pool of Remembranceから。ベトナム戦争の慰霊碑同様、静かに見学しよう。

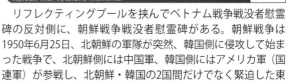

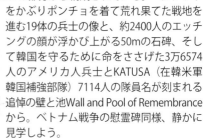

朝鮮戦争戦没者慰霊碑
オススメ度 ★★
住 10 Daniel French Dr. & Independence Ave. SW
☎ (202)426-6841
URL www.nps.gov/kowa
開 24時間。レンジャーのサービスは9:30〜22:00で、12/25は休み
行き方 ブルー、オレンジ、シルバーラインFoggy Bottom駅下車。南へ徒歩約20分。またはサーキュレーターで

慰霊碑には犠牲者の名前が刻まれた碑も加わった

お役立ち情報　**レンジャートークを聞いてみよう**　モール内の各モニュメントでは10:00〜17:00の間1〜2時間おきくらいにレンジャートークが行われている。モニュメント建設や人物について解説する。

戦争が残した傷跡はあまりにも深い MAP 折込地図表 -B,C2、P.24-A4

ベトナム戦争戦没者慰霊碑
Vietnam Veterans Memorial

ベトナムがフランス領から独立するため戦争を重ね、新しい国家が共産主義化することを恐れたアメリカは、軍事介入によりこれを阻止しようとした。1965年の北ベトナム爆撃から1975年にアメリカ軍が撤退するまで、約10年間にわたるベトナム戦争は"強いアメリカ"の威信を傷つけ、アメリカ中に深い傷跡を残した。犠牲となり戦死または行方不明となった5万8000名以上を慰霊、慰労するために建立された碑がこのベトナム戦争戦没者慰霊碑だ。中国系アメリカ人のマヤ・リンが設計した長さ150mの黒の御影石の壁には、犠牲となった人々の名前が年代順に刻まれ、死を悼んで花や生前故人が好んだものが常に供えられている。

感慨深く慰霊碑を見つめる多くのアメリカ人の姿を見ていると、彼らの心に残した傷の深さを痛感する。

ベトナム戦争戦没者慰霊碑
オススメ度 ★★★★
住 5 Henry Bacon Dr. & Constitution Ave. NW
☎ (202)426-6841
URL www.nps.gov/vive
開 24時間。レンジャーのサービスは9:30～22:00で、12/25は休み
行き方 ブルー、オレンジ、シルバーラインFoggy Bottom駅下車、南へ徒歩約16分。またはサーキュレーターで
●注意：戦争で亡くなった人の慰霊碑。静かに見学を

家族や友人が故人の名前を鉛筆で浮かび上がらせている

Column

ベトナム戦争を振り返る

あれから40年余の月日が過ぎて、「ベトナム戦争」はすでに歴史の１ページとなった。では、ベトナム戦争を知り、戦争にかかわり合いをもった世代の人々は、その記憶を「遠い昔の苦い思い出」として心のアルバムにしまい込んでしまったのだろうか。身近に住むアメリカ人とベトナム系アメリカ人に、彼らの胸の内を尋ねてみた。

ベトナムベテラン（退役軍人）の苦い思い出

各人の体験と意見は異なるものの、「ベトナム戦争」に対する共通の感慨はおおむね次のとおりだ。アメリカは、「南ベトナムの自由を守る」という理念とともに、共産主義の拡大を阻止する目的でベトナムに介入していった。多くの若者も政府の外交政策に従い、南ベトナムと自由主義を守ろうと正義感を燃えたぎらせた。だから、自ら志願してベトナムに行った者も少なくなかった。

アメリカの若者は、異国の地で汗と血を流し、泥まみれになって戦い、そして数多くの者が命を落としていった。だが、アメリカ政府と議会は、勝利なきベトナムからの撤退を断行した。戦場で命を懸けた者たちは、政府は「モラルコンパス」を喪失しただけでなく、「嘘をついた」とさえ感じた。南ベトナムとの約束も果たせず、戦闘目的も達成できなかった兵士たちは、虚無感だけを引きずって帰還した。

故国に戻った若者たちを待ち受けていたのは「驚き」であった。それは「ベトナム戦争」によって引き起こされたアメリカの深い亀裂と市民の不信感。何人もの帰還兵は白い目で見られ、侮蔑まで受けた。通りすがりの婦人から、「あなたたちはベビーキラーだ」と名指しされた者もいる。それだけではない。「あなたはいったい何人の罪もない人を殺してきたのさ？」という言葉さえ投げかけられた。大学内キャンパスを戦友と歩いているとき、何人かの学生から、突然、唾を吐きかけられた者もいる。第2次世界大戦のベテランたちからは、「なんでお前たちはベトナム戦争なぞに勝てなかったんだ？」と揶揄されたこともあった。そんな有言・無言の侮辱とプレッシャーは帰還兵に拭いえない心の傷を与えた。

それでも、帰還兵たちの多くは強い精神力で人生をやり直している。彼らは、軍隊と同様に大きなミッションを与えてくれる仕事や自分の能力以上の職業に挑戦してがんばってきたという。

元ベトナム難民の意見

サイゴン陥落の前後にアメリカへ逃れてきた南ベトナム人は数百万人を数えた。彼らも「ベトナム戦争」については複雑な感慨をもっている。共産勢力の侵略阻止というアメリカの大義には感謝しても、アメリカ軍の放漫な戦略や、軍事力と破壊兵器への依存度には大きな疑問を呈する。そして、「ベトナム戦争」は、誰にとっても無益で不幸なことであったという。

とはいえ、誰もがアメリカ政府の支援に感謝する。アメリカのおかげで、第二の人生を立ち上げることができたからだ。経済的自立は子供たちに明るい未来をもたらした。とりわけ、憲法が保障する「個人の自由」を得たことは、何物にも代えがたい至宝だと信じている。　（ワシントンDC　海野 優）

DC豆知識 ベトナム戦争慰霊碑のデザインは、1421点のなかからイエール大学建築科のリンのものが満場一致で選ばれた。西向かいにフレデリック・ハート作の3人の兵士の像が立つ。表情は何かを訴えているよう。

リンカーン記念館
オススメ度 ★★★★★
住 2 Lincoln Memorial Circle, foot of 23rd St. NW
☎ (202)426-6841
URL www.nps.gov/linc
開 24時間。レンジャーのサービスは9:30～22:00（11～2月は～20:00）で、12/25は休み
行き方 ブルー、オレンジ、シルバーラインFoggy Bottom駅下車、23rd St.を真っすぐ南へ徒歩約15分。またはサーキュレーターで

リンカーンはアイドル!?

リンカーンは、当時アイドルに近い存在で、ファンの少女の進言であごひげをたくわえるようになったというのは有名な話だ。

CINEMA おすすめ映画はこれっ!

リンカーン　Lincoln
2012年公開
監督：スティーブン・スピルバーグ
主役：ダニエル・デイ・ルイス、サリー・フィールド

第16代大統領リンカーンが、奴隷を永遠に解放するために合衆国憲法修正第13条を議会で可決するまでの苦悩と、暗殺までの晩年を描いた。

リンカーンの神殿は"自由と平等"の象徴　MAP 折込地図表 -B2、P.24-A5

リンカーン記念館
Lincoln Memorial

歴代大統領のなかで、今でも国民的英雄として圧倒的な支持を得ているのは、第16代大統領エイブラハム・リンカーンAbraham Lincolnだ。南北戦争終結から間もない1865年4月14日フォード劇場にて凶弾に倒れたリンカーンの偉業をたたえて建立されたのが、リンカーン記念館である。古代ギリシアの神殿を思わせる白亜の記念館の中には、椅子にどっしりと腰かけ、少々気難しい顔でモールとワシントン記念塔、国会議事堂を一直線に凝視しているリンカーンの姿がある。リンカーンの座像はジョージア州産の28個の白色の大理石から造られ、椅子に腰かけた像の高さはつま先から5.8m。重さは175トンにも達する。座像の後ろには「エイブラハム・リンカーンの名声は、彼に合衆国を救われた国民の心と同様、この神殿に永遠に秘められる」という献辞が刻まれている。

モールを一直線に見つめるリンカーン。記念館は自由の象徴として集会などがよく行われる

歴代大統領よもやま話

南北戦争とゲティスバーグの演説

建国後のアメリカは、南部では農業、北部では工業を基幹産業として発展するが、南部の農業は奴隷制度の上に成り立つものだった。18世紀末のヨーロッパでは人権尊重の考えが広まり、すでに奴隷制度は廃止に向かっていた。アメリカでも北部を中心にこの考えが広まるものの、奴隷の労働力に頼る南部ではその存続が求められていた。

1820年、北緯36度30分以北は奴隷制を禁じる「ミズーリ協定」が発効。協定は30年以上順守されるが、1854年奴隷制を各州で採択する権利をもつ、いわゆる「カンザス・ネブラスカ法」が可決されると、国は混乱を呈する。反奴隷制を唱え、この法案に反対する共和党から大統領に当選したのがリンカーンだ。奴隷制を支持する南部7州は独自に同盟を作り、連邦政府から脱退。リンカーンは連邦政府に留まるよう説得を続けるが、南部諸州はこれを無視し、1861年サウスカロライナ州チャールストンのサムター要塞での南部軍の発砲をきっかけに、4年間にわたって血で血を洗う戦いが始まった。これが南北戦争である。当初、リンカーンは、戦争は長引かないと考えていた。しかし、南部は優れたリーダー（リー将軍、ジャクソン将軍）のもと、各地で善戦した。

1863年に入ると南軍の攻勢にも陰りが見え始め、同年7月1日ペンシルバニア州ゲティスバーグ（→P.324）で雌雄を決する激闘が繰り広げられた。3日後北軍の勝利に終わり、戦争は終結の道を歩み始める。そのゲティスバーグの戦いから4ヵ月後の11月19日に戦没者のための追悼式が開かれた。その際、リンカーンが説いたのが、有名なゲティスバーグの演説である。"……that this nation, under God, shall have a new birth of freedom and that government of the people, by the people, for the people shall not perish from the earth."「……神の下に、この国に新しい自由の誕生を享受させせよう。人民の人民による人民のための政治がこの地上から消えないようにしようではないか」。この演説はリンカーン記念館の南側の壁に刻まれている。

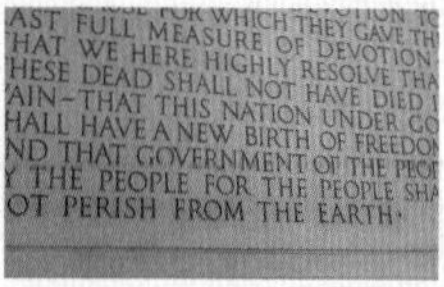

日本人にも有名な演説がここに

お役立ち情報　**もっとリンカーンを知りたいなら**　リンカーンの生地はケンタッキー州のホッジェンビル。生まれた丸太小屋が神殿風の建物で覆われているのには驚かされる。詳しくは、『地球の歩き方B12 ↗

ゲティスバーグの名演説

モールの西にあるリンカーン記念館を支える36本の円柱は死亡当時の州の数を表したもの

リンカーンの座像を囲む北と南のふたつの内壁に文字が刻まれている。南の壁には有名なゲティスバーグの演説、北の壁には再選した際の大統領就任演説からの引用が刻まれている。"that government of the people, by the people, for the people"の文字を見ると、リンカーンの偉大さが伝わってくる。建物を支えるドリス様式の円柱の数は36本。この36という数字は、リンカーン死亡当時（1865年）、合衆国に加盟していた州の数を表している。

その36州を先頭に、その後1922年にかけて合衆国に加盟していった48の州の名前が天井に近い壁に順次刻まれ、1959年、最後に加わったアラスカ州とハワイ州の名は階段前のテラス部に埋め込まれている。

メモリアルは、1914年に工事が始まり、完成したのは8年後の1922年５月30日のメモリアルデイ、大統領が第29代ハーディングのときであった。

以来、この記念館の前では、20万人もの大衆を前にしたマーチン・ルーサー・キング牧師のアメリカ史に残る『I have a dream』の名演説や人種差別撤廃を訴える集会、コンサートが開かれ、現在も"自由と平等"のシンボルとなっている。

CINEMA おすすめ映画はこれっ！

フォレスト・ガンプ 一期一会
Forrest Gump
1994年公開
監督：ロバート・ゼメキス
主演：トム・ハンクス、
サリー・フィールド

純粋な青年が生きていくなかで、プレスリー、ジョン・F・ケネディなど著名人と出会っていく。幼なじみと抱き合うのが、リンカーン記念館前のリフレクティングプール。

歴代大統領よもやま話

リンカーンとケネディを結ぶミステリー

エイブラハム・リンカーンとジョン・F・ケネディ。偉大な大統領としてたたえられ、今でも人気の高いふたりは、ともに凶弾に倒れた悲劇の人でもある。このふたりの大統領の運命をめぐって、非常に興味深い比較調査がなされた。その結果、両者における共通性というか偶然性が広範囲にわたって認められた。そのおもだったものを挙げただけでも以下のとおりである。

●リンカーンが大統領に選ばれたのは1860年で、その100年後の1960年にケネディが選ばれている。

●リンカーン、ケネディ、ともに黒人のための基本的人権、市民権に大きな関心を抱いていた。

●リンカーンもケネディも暗殺によって命を落としているが、致命傷となったのは、頭部に受けた銃弾であった。

●大統領暗殺事件は、ともに夫人の面前で起きており、しかも金曜日のできごとであった。

●リンカーンの暗殺者ブースも、ケネディの暗殺者（とされている）オズワルドも、南部の出身である。

●ブースは1839年生まれ。オズワルドは1939年生まれ。ここでも100年違いという数字がダブっている。

ふたりの大統領の偶然性はこれだけにとどまらない。奇妙なまでに続くのである。

●リンカーンの秘書はケネディという名前で、ケネディの秘書はリンカーンという名前であった。両秘書とも、大統領が観劇に行くこと、ダラスに遊説に出かけることを思いとどまるよう進言したといわれる。

●リンカーンのときの副大統領は、アンドリュー・ジョンソンといい、ケネディのときは、リンドン・ジョンソンであった。そして両者とも大統領に昇格している。

●両副大統領は、ともに南部出身の民主党員で、さらに上院議員出身であった。

●アンドリュー・ジョンソンは1808年の生まれで、リンドン・ジョンソンは1908年生まれであった。

よく"偶然の一致"ということをいわれるが、両大統領の場合、あまりにも多くの偶然が重なり過ぎている。そのため、一部の人の間で、ケネディはリンカーンの再来、つまり、リンカーンの霊がケネディとなって生まれ変わった、という説も流れたほどだ。

リンカーンとケネディにまつわるミステリーはさておいて、歴史のくり返し、あるいは人の世の不可思議さには驚くばかりである。

（ワシントンDC　海野 優）

↘アメリカ南部』参照。悪妻で知られるメアリーは同州レキシントンの出身で、こちらもアメリカ南部編に掲載されている。夫妻の墓があるのはイリノイ州スプリングフィールド。こちらは『地球の歩き方B11　シカゴ』を参照。

キング牧師記念碑
オススメ度 ★★★★
住 1850 W. Basin Dr. & Independence Ave. SW
☎ (202)426-6841
URL www.nps.gov/mlkm
開 24時間、レンジャーのサービスは9:30〜22:00で、12/25は休み
行き方 ブルー、オレンジ、シルバーラインSmithsonian駅下車、西へ徒歩約20分。またはサーキュレーターで

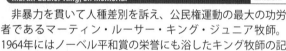

公民権運動最大の指導者をたたえる

MAP 折込地図表 -C3

キング牧師記念碑
Martin Luther King, Jr. Memorial

非暴力を貫いて人種差別を訴え、公民権運動の最大の功労者であるマーティン・ルーサー・キング・ジュニア牧師。1964年にはノーベル平和賞の栄誉にも浴したキング牧師の記念碑が、リンカーンとジェファソンのふたつの記念館の間にある。「ワシントン大行進」のクライマックスで、キング牧師の名スピーチ『I have a dream』から48年目に完成した。

キング牧師記念碑を訪れる社会見学の高校生たち。左の石は絶望の山

高さ10mの白い花崗岩でできた像の後方には切り通しのような山（**絶望の山Mountain of Despair**）が現れ、その向こうに牧師が彫られた**希望の岩Stone of Hope**がある。これは、牧師の演説の一説「信念をもてば、絶望の山から希望の岩を切り出すことができるWith this faith, we will be able to hew out of the mountain of despair a stone of hope」を表現したといわれている。制作者は中国人彫刻家の雷宜鋅Lei Yixin。**両脇の岩Inscription Wall**には1968年4月に暗殺された牧師の名演説や心にしみる言葉の数々が刻まれている。

Column

I have a dream !

私には夢がある。いつの日か、ジョージアの赤土の丘の上で、かつての奴隷の子孫たちと、かつての奴隷主の子孫たちが、兄弟として同じテーブルに向かって腰を下ろすときが来るという夢を。

私には夢がある。いつの日か、不正と抑圧に蒸せ返っているミシシッピ州でさえも、自由と正義のオアシスに変わるときが来るという夢を。

私には夢がある。いつの日か、私の4人の小さな子供たちが、肌の色によってではなく人となりそのものによって評価される国に住むときが来るという夢を。

私には夢がある。いつの日か、残忍な人種差別主義者や、連邦政府の措置に反対する言葉ばかりをはく州知事のいる、あのアラバマ州で、小さな黒人の男の子や女の子が、小さな白人の男の子や女の子と、兄弟姉妹として手を取り合うことができるときが来るという夢を。

私には夢がある！

この感動的な、力強いスピーチは、1963年8月28日、リンカーン記念館前のモールを埋めた20万人を超える聴衆を前に行われた。マーチン・ルーサー・キング・ジュニア（以下"キング牧師"）の数多いスピーチのなかでも最も有名なものだ。

この年は、リンカーンが奴隷解放宣言を行ってちょうど100年目にあたる。公民権運動は絶頂期を迎えつつあったが、それに反対するKKK（クー・クラックス・クラン）など白人優越主義者たちの動きもピークに達しつつあった。5月にはアラバマ州バーミンガムで、キング牧師に率いられたデモ隊とウォレス知事を後ろだてとする警察隊が衝突。警察は警察犬を、消防隊は高圧ホースによる放水を用いて弾圧、大勢の子供を含む数千人を逮捕した。世界が見守るなかでのこのできごとに対し、時のケネディ大統領は連邦政府軍を介入させて事態の収拾を図り、さらに6月19日には公民権法案を議会に提出したのだ。

このような背景のなか行われたのが、ワシントン記念塔からリンカーン記念館への大行進であり、何人かの演説の後、キング牧師のスピーチがあったわけだ。

しかし、キング牧師がこの日力強く語った夢は、現在もなお、完全に現実のものとなったわけではない。依然夢のままであるとの不満も根強い。キング牧師はこのスピーチを次のように締めくくり、聴衆を熱狂させた。しかし、アメリカのマイノリティが本当にこの言葉に熱狂できる日は、現在でもまだ先のことのようだ。

ついに自由だ！　ついに自由だ！
全能の神に感謝します。私たちはついに自由になったのだ！

DC豆知識 **アインシュタインの像** Constitution Ave. & 21st St. (MAP P.24-A4)の科学アカデミーの前に、物理学者アインシュタインの像が鎮座している。ノートを片手に愛嬌満点の姿。

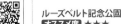

夫だけでなくファーストレディも人気　MAP 折込地図表 -C3

フランクリン・D・ルーズベルト記念公園
Franklin D. Roosevelt Memorial

アメリカを大恐慌から救い、第2次世界大戦中指揮を執り、大戦終結直前の1945年に亡くなるまで、激動の時代を生きた第32代大統領がフランクリン・デラノウ・ルーズベルト（以下"FDR"）だ。FDRは、国が大恐慌の苦しみにあえぐ1933年に大統領の職に就き、就任後わずか90日で有名な経済復興政策"**ニューディール政策**"を発表。以来、史上最長の13年間大統領を務めた。公園は、FDRの13年間が"ルーム"と呼ばれる**4つの自由 "Four Freedoms"**をテーマにしたエリアに表現されている。ルームのいたるところに"水"が見られるが、水の勢いがFDRの生涯の隆盛を語っている。

"第1回就任式"をテーマとした第1ルームは大恐慌の最中、FDRの大統領就任とニューディール政策、その敢行はアメリカに復興の希望をもたらした。第2ルームのテーマは大恐慌の"飢えと希望"。パンを買うのに列を作る5人のブロンズ像（ジョージ・シーガル作）と、FDRのラジオ演説に耳を傾け希望をつなぐ市民の像などが配置されている。第3ルームには"戦争の破壊と混乱"が表現されており、"I have seen war"で始まり"I hate war"で終わるFDRの言葉の引用の壁文に加え、FDRと愛犬ファラFalaの銅像が置かれている。フィナーレの第4ルームのテーマは"平和への礎"。終戦の安堵が象徴されたこのルームには、偉大なファーストレディとして名高い**エレノア・ルーズベルトEleanor Roosevelt**の像がある。歴代大統領のモニュメントに夫人の像が置かれたのは、これが初めて。そのせいか、彼女と記念撮影をする女性は驚くほど多い。

ルーズベルト記念公園
オススメ度 ★★★
住 400 W. Basin Dr. SW
☎ (202)426-6841
URL www.nps.gov/fdrm
開 24時間
行き方 ブルー、オレンジ、シルバーラインSmithsonian駅下車、西へ徒歩約23分。またはサーキュレーターで

ニューディール政策
フランクリン・D・ルーズベルトが敢行した大恐慌打開のための経済政策。公共事業を中心とした全国産業復興法や農業調整法、グラス・スティーガル法の制定がその施策で、大企業や銀行の援助を取りつけながら、雇用の増大をもたらした。

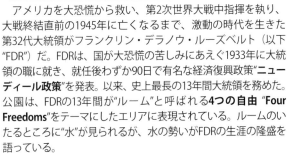

愛犬と一緒の像はF・D・ルーズベルトだけ

歴代大統領よもやま話

人気 No.1 のファーストレディ

最も人気の高いファーストレディがFDR夫人のエレノアである。

エレノアはニューヨークの上流階級の家庭に生まれ、叔父は第26代大統領のセオドア・ルーズベルト。幼いときに両親を亡くし、小さい頃は臆病で不器用な少女だったという。親戚のフランクリンと21歳で結婚。夫がニューヨーク州の上院議員に当選すると、彼女自身も赤十字などの政治的な活動に参画するようになった。ホワイトハウス入り後はファーストレディとして初めて記者会見を行ったり、全米視察、海外にも飛び、公民権運動にも積極的に貢献した。夫の死後も国連代表を務め「世界人権宣言」採択にも尽力した。また、第2次世界大戦中、日系人が不当な扱いを受けたときにもエレノアは、アリゾナの日系人強制収容所を訪れ、日系人を力強く励ましている。このように周囲の非難に屈せず「自分の正しいと思うことを行った」という彼女の芯の強さと行動力は、時代を超えて女性の共感を呼んでいる。

自分の意志を貫くエレノアは、抜群の人気を誇る

お役立ち情報 **モールの一部が無料Wi-Fiエリアに**　モール東側のスミソニアンの博物館を中心とした3rd～14th Sts.あたり、またSmithsonian駅南西の農務省Department of AgricultureもWi-Fiスポット。

人気の大統領の信念がやどる

MAP 折込地図表 -C3

ジェファソン記念館
Thomas Jefferson Memorial

ジェファソン記念館
オススメ度 ★★★★
住 16 E. Basin Dr. SW
☎ (202)426-6841
URL www.nps.gov/thje
開 24時間、レンジャーのサービスは9:30〜22:00で、12/25は休み
行き方 ブルー、オレンジ、シルバーラインSmithsonian駅下車、南西へ徒歩約18分。モールの南、ポトマック川の東、またはサーキュレーターで

モールの南、タイダルベイスンのほとりにローマのパンテオンを思わせる白亜の殿堂がある。このドームの中央に直立する人物の像は、第3代大統領トーマス・ジェファソンThomas Jeffersonだ。ジェファソンは独立宣言の起草者としても知られる、アメリカ建国の父のひとり。「人は生まれながらにして平等であり、神より生命・自由・幸福の追求という侵しがたい権利を与えられている」という、1776年７月４日の独立宣言に盛り込まれたジェファソンの『生命・自由の尊重、幸福の追求』の思想は、独立を志す万人の共感を呼び、イギリス、フランスやスペインの植民地で生活する人の大きな原動力となった。

モールの南端、タイダルベイスン沿いに立つトーマス・ジェファソンの像

1789年ワシントンが初代大統領に選出されると、ジェファソンは初代国務長官に任命される。第２代大統領ジョン・アダムスの時代には副大統領を歴任、1801年自らが大統領となり、1809年まで２期の任期を務めた。大統領就任中の最大の業績は、フランス領ルイジアナを買収し、国土を２倍に拡大したこと。

ブロンズ像のジェファソンの身長は5.8m。記念館の内装はジョージア州産の白い大理石で、黒っぽい像とのコントラストが見事だ。ピンクと灰色の床はテネシー州産の大理石、天井はインディアナ州産の石灰岩でできており、高さは20mにも達する。記念館の外観の壁とドーム型の天井はバーモント州の大理石で、テラス部からの高さは29mになる。完成は1943年４月。

ジョージ・メイソン記念碑
記念館の南東にジョージ・メイソン記念碑George Mason Memorialがある。メイソンは、合衆国憲法にうたわれている"人権宣言Bill of the Rights"の基となったバージニア州憲法を起草し、人権宣言の父と呼ばれた人物だ。メイソンの像がある場所はジェファソン記念館駐車場前のEast Basin Dr.を渡って、２分ほど西（Inlet Bridge方面）へ歩いた左側。

この人物がジョージ・メイソン

４つのパネル

四方の壁には『独立宣言』からのフレーズ、思想や宗教的自由を訴えた言葉、教育の機会均等についての彼の考え、そして政治に対するジェファソンのビジョンが刻まれている。ジェファソンの残した言葉が現在のアメリカ政治に脈々と受け継がれていることを認識するに違いない。そして、この記念館がいかにアメリカ人に人気が高いかを実感できるだろう。

春は日本から贈られた桜がジェファソン記念館の周囲にも咲く

DC豆知識 **大統領トリビア** ジェファソンは生涯で、2万通もの書簡を書いたと伝えられている。ジェファソンは200隻の奴隷船を所有していた。大統領就任前に妻を亡くしていたことからファーストレディは娘のマーサが務めた。

日本から贈られた桜はワシントンDCの風物詩　MAP 折込地図表-C3

タイダルベイスンとポトマック公園
Tidal Basin and Potomac Park

華やかな桜の開花は万人を引き付ける。毎年150万の人出があるという
©Masaaki Watase

桜並木の美しさで知られるタイダルベイスンはモールのすぐ南側にある静かな池だ。上野の不忍池の4倍ほどの大きさで、晴れた日にはボートを漕ぐカップルやジョギングをする人などが絶えない市民の憩いの場。池の周囲にぐるりと植えられているこの桜は、1912年に日本の東京市から贈られた3000本の子孫たちで、南岸に建つジェファソン記念館の白亜のドームとも不思議とマッチして、今やすっかりDCの花になっている。タイダルベイスンの周囲がポトマック公園で、桜の木約3800本が公園を覆う。リンカーン記念館とタイダルベイスンの間にあるのが**西ポトマック公園West Potomac Park**。ジェファソン記念館の奥に広がっているのは**東ポトマック公園East Potomac Park**。ゴルフコースなどがある。

さくらまつりは３月下旬から

3月下旬から4週間、桜の花が咲く頃に盛大な**さくらまつりNational Cherry Blossom Festival**が催され、町を挙げてのお花見ウイークに毎年約150万の人々が集う。やはり一度はこの季節に訪れてみたい。

タイダルベイスンとポトマック公園
オススメ度 ★★
URL www.nps.gov/articles/dctidalbasin.htm
行き方 ブルー、オレンジ、シルバーラインSmithsonian駅下車、南西へ徒歩約13分。またはサーキュレーターで

パドルボートに乗ってみよう
住 1501 Maine Ave. SW
URL boatingindc.com/tidal-basin/
　タイダルベイスンのボートハウスは池の北東側にある。貸しボートは3月中旬〜10月の毎日10:00〜17:00。詳しくはP.230参照。

さくらまつりの詳細について
URL nationalcherryblossomfestival.org

米ドル紙幣の印刷工程を見学　MAP 折込地図表-D3

印刷局（造幣局）　※閉鎖中
Bureau of Engraving and Printing

DCの造幣局は米ドル紙幣のほか、切手、財務省発行の証券、軍部の書類、ホワイトハウスの招待状などの印刷も行っている。紙幣の印刷工程をガラス越しに見学できるツアーはたいへん人気が高いが、現在ツアーは行われていない。

ツアーで見学できたのは$1の印刷工程。最初に裏面、次にワシントンの肖像のある表面が印刷されるが版に少しずつ改造が加えられているので、偽造が非常に難しい。1時間に7300枚のシートが印刷され、1枚のシートに20トンの高圧力をかけて凹凸を出す。24〜48時間で乾燥、シリアルナンバーが入って流通していく。

米国紙幣の図柄

$	表面の人物	裏面の建物など
1	ジョージ・ワシントン（初代大統領）	合衆国国印とそれを監視する目
2	トーマス・ジェファソン（第3代大統領）	独立宣言の署名
5	エイブラハム・リンカーン（第16代大統領）	リンカーン記念館
10	アレキサンダー・ハミルトン（初代財務長官）	財務省
20	アンドリュー・ジャクソン（第7代大統領）	ホワイトハウス
50	ユリシーズ・グラント（第18代大統領）	国会議事堂
100	フランクリン（建国時の政治家、科学者、発明家など）	独立記念館（フィラデルフィア）

印刷局
●2023年3月現在、閉鎖中
住 14th & C Sts. SW
☎ (202)874-2330
Free (1-866)874-2330
URL www.bep.gov/visitor-centers
料 無料
行き方 ブルー、オレンジ、シルバーラインSmithsonian駅下車、南西へ徒歩約7分。またはサーキュレーターで

$1札の印刷工程をツアーで見学できる

お役立ち情報　DCのスミソニアン協会や国会議事堂などでの買い物は無税だが、ルーズベルト記念公園をはじめとするメモリアル類のショップでは、セールスタックスの6%がかかる。要注意。

今、DCで注目度No.1のエリア　MAP 折込地図表-D3

ザ・ワーフ（ウオーターフロント）
The Wharf (Waterfront)

劇場や人気のレストラン、ホテルなどが集まり、ワシントニアンが足しげく訪れる

数年前まではフィッシュマーケットとボートの係留所があるだけのウオーターフロントが、DCで最も注目されているコミュニティに生まれ変わった。水辺に面し、中心部に近いことから、若いワシントニアンで夜は特ににぎわう。川沿いに味自慢のレストランやセンスのいいショップ、劇場やクラブ、コンドミニアム、ホテルが軒を連ね、遊歩道やピア兼公園などもある。モールからは歩ける距離で、夜は川沿いの建物が水面に反射してなかなかロマンティックだ。ここからウオータータクシー（→P.128）で、カジノで人気のナショナルハーバーや古都アレキサンドリアへも簡単にアクセスできる。

ザ・ワーフでは全米最古で、現在も続く**フィッシュマーケット Municipal Fish Market**にもぜひ寄ってほしい。新鮮なブルークラブやエビ、貝類を量り売りしているだけでなく、ゆでてもくれる。隣接するブースではアツアツのカニを立ち食いできるのだ。オールドネイビーなどのシーズニングをつけて食べれば、DCらしい体験ができること間違いなし。

ザ・ワーフ（ウオーターフロント）
オススメ度 ★★★
住 Washington Channel bet. Maine Ave. & M St. SW
URL www.wharfdc.com
行き方 グリーンライン Waterfront駅下車、徒歩10〜15分。L'Enfant Plaza駅やモール（7th St. & Independence Ave. SW）とザ・ワーフを循環する無料のバスが運行されている。月〜木6:30〜20:30、金〜22:30、土9:30〜22:30、日9:30〜20:30の10分間隔

フィッシュマーケット
住 1100 Maine Ave. SW
URL www.wharfdc.com/fish-market/
開 毎日8:00〜20:00
休 12/25

アメリカ陸軍の最高司令官から大統領に　MAP 折込地図表-E3、P.25-F5

アイゼンハワー記念公園
Dwight D. Eisenhower Memorial

「アイク」の愛称で知られる、34代大統領ドゥワイト・D・アイゼンハワーDwight D. Eisenhower。第2次世界大戦中にヨーロッパ戦の連合国遠征軍最高司令官として、ナチスの侵略攻防戦であるノルマンディー上陸作戦を成功させた軍人でもある。1890年のテキサス生まれ。ウエストポイントの陸軍士官学校へ授業料が無料であることから入学し、退役後はコロンビア大学の学長に就任。1952年政治家でないことをウリにして大統領選に勝利した。アイゼンハワーは大戦中、核兵器は抑止の脅威とはならないと考え、敗戦が確定的だった日本への原爆投下を避けるべきだと諫言している。

公園には青年期とDデイ上陸作戦前夜に空挺部隊の隊員を鼓舞する様子、政府高官と談義中の3つのアイゼンハワーと関係者たちの像があり、南側にはノルマンディーの海岸線を描いたステンレス製のタペストリーが広がる。記念公園のデザインはフランク・ゲーリーが担当。

アイゼンハワー記念公園
オススメ度 ★★★
住 540 Independence Ave. bet. 4th & 6th Sts. SW
URL www.nps.gov/ddem
開 24時間。レンジャーとボランティアのサービスは9:30〜17:00
行き方 ブルー、オレンジ、シルバー、イエロー、グリーンラインL'Enfant Plaza駅下車、徒歩4分。またはサーキュレーターで

日本への原爆投下に異議を唱えたアイゼンハワーの記念公園が完成した

DC豆知識 **新100ドル札**　新100ドル札が2011年より流通している。人物は旧札と同じベンジャミン・フランクリンで、透かしもフランクリン、リバティベルが特殊インクで印刷され、ホログラフィーの帯が入る。

ニッポン! in DC

さくら女王とミキモトパール

ワシントンDCのさくらまつり

ポトマック河畔の4月は桜一色に染まる。目を市内に転じると、市民をあげての「さくらまつり」である。

「さくらまつり」のイベントは華やかだ。ペリー来航による日米和親条約締結100周年を記念して、1954年に安井誠一郎東京都知事から寄贈された石灯籠での点火式、準州を含めた全米州の代表60名による「さくら女王」の選出、アメリカの「さくら女王」と日本の「花水木プリンセス」が参加するパレード、そして「ストリートフェスティバル」。毎年、花見客の数は150万人にのぼるという。

1912年に日本から寄贈された桜は、いまやワシントンDCの風物詩であり、「さくらまつり」は世界の祭りのひとつに数えられている。

ミキモトによる真珠の王冠

市民の花として親しまれているポトマックの桜。だが、1941年から始まる太平洋戦争は桜にとっても辛い4年間だった。「ジャパニーズチェリー」は「オリエンタルチェリー」に改名され、市民を楽しませる「さくらまつり」は中止された。

平和が回復して2年後の1947年、「さくらまつり」が再開する。翌48年には「さくら女王」の復活。そして1957年、「さくら女王」にドラマが生じる。女王は乳白色に輝く真珠の王冠を戴いたのだ。この王冠は、「さくらまつり」に花を添え、日米の友情を強化させようというミキモト初代社長・御木本義隆からの贈り物であった。

御木本真珠とは、1893年に御木本幸吉が世界で初めてアコヤ貝の養殖から作り出したもので、幸吉のさらなる研究と努力によって1905年に完成させた養殖の真円真珠をいう。

1899年、幸吉は銀座に御木本真珠店を開業すると、世界に向けて御木本真珠の宣伝と販売を行った。1949年、孫の御木本義隆が真珠販売業を引き継ぐ。義隆は御木本真珠店を「ミキモト」に商号変更し、初代社長としていっそうの発展に努力する。

1954年9月、幸吉は96歳で世を去った。常々「世界中の女性を真珠で飾りたい」という祖父の意志を引き継いだ義隆は、真珠のもつ奥ゆかしい美しさを世界中に知ってもらおうと、内務省管轄の全米さくらまつり委員会会長エドワード・ケリーに王冠提供を照会する。1957年1月、全米さくらまつり委員会は、内務省長官の承認を得ると「真珠の王冠」寄贈を承諾した。

御木本義隆は、自社の宝石職人と二人三脚で、「日本の桜」に恥じない王冠作りを決意する。義隆自らが選んだ1585個の真珠で、桜の花弁を表現する王冠の作製に取りかかった。50日後、900g以上もある14カラットの金フレームに、真珠で桜花に見立てたデザインの王冠が完成。王冠を飾る桜花の上部に1.1cmの真珠が輝き、王冠の正面には1.8cmの真珠が装飾された。3月末、日本の外務省を通じて全米さくらまつり委員会に届けられた王冠は、その当時の価格で百万ドルの価値があるといわれた。

4月2日、ポトマック河畔の石灯籠に火がともされ、「さくらまつり」が開始された。この年の祭りは、ポトマックの桜を維持・管理する国立公園局にとって30周年記念でもあった。そして4月4日、ショーラムホテルで全米州協議会主催のグランドボールが開催される。この日の「さくら女王」の選出はビッグイベントだ。会場のフォーチュンウイール（抽選盤ルーレット）が回り出す。白羽の矢はアラスカ代表ジーン・マリー・リー嬢に立った。ミキモトの王冠を戴く「初代さくら女王」の誕生であった。

王冠は「さくら女王」をより華やかにし、女王に威厳を与えるものとなった。だが、王冠はかなりの重さがある。女王が長い間ずっと戴冠しているのは容易でなく、記念写真の撮影時にのみ使用されることとなった。女王にはミキモトから小ぶりな真珠の王冠とネックレスが与えられる。公式行事の場で着用される王冠とネックレスは、女王の生涯の記念品となる。

親善大使としてのさくら女王

「さくら女王」は、桜親善大使としての任務を負う。アメリカ国内では桜による日米友好と桜の使命の広報活動を行い、日本への親善訪問を行う。日本では首相をはじめ、各界の代表を表敬訪問する。1912年の桜寄贈に大きく貢献した尾崎行雄の出身地である三重県伊勢市を訪れ、また真珠王・御木本幸吉が開設した鳥羽市の御木本真珠島を訪問するのも恒例となっている。

2018年の「さくら女王」は、戦後の再開からちょうど70年目の女王にあたる。記念すべき「さくら女王」はバージニア州のマーガレット・オメアラ嬢。5月末から日本を親善訪問した女王は、例年どおり東京、横浜、伊勢・鳥羽を歴訪。このとき女王による初めての静岡市表敬訪問が行われた。静岡の興津が1912年の桜木を育成した地に由来してのことだった。

（ワシントンDC　海野 優）

さくらまつりは日本抜きでは語れない　©Destination DC

DC豆知識　**3000本の生き残り**　1912年に贈られた桜は、ほとんど世代交代をしてしまったが、オリジナルがわずかに残る。17th St.の南のあたりに見ることができる。

Sightseeing

フォギーボトムとホワイトハウス

Foggy Bottom & White House

MAP 折込地図表 -B～D1,2、P.24～25

AREA ▶ フォギーボトムとホワイトハウス

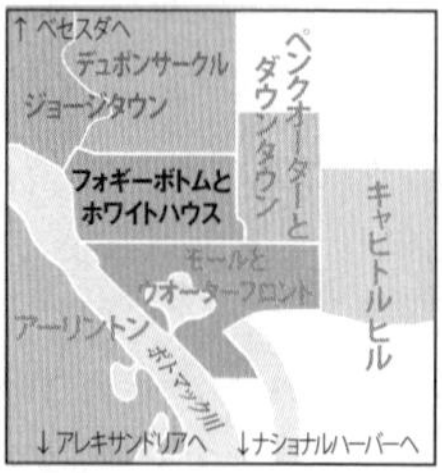

治安 学生街であり、官庁街、そして住宅地であるため、治安はいい。ただし、暗くなってからは、人通りの少ない所は歩かないように。

アクセス
メトロレイル▶ブルー、オレンジ、シルバーラインFoggy Bottom駅、Farragut West駅、レッドラインFarragut North駅など
サーキュレーター▶ジョージタウン～ユニオン駅ルート

ホテル P.245～247
レストラン P.281～283

ココも見逃すな!

フォギーボトムとホワイトハウスのミュージアム

フォギーボトムはジョージ・ワシントン大学のあるエリア。学生街であり、人気のスーパーマーケットやファストフードがある

DCの南西、国務省や内務省、ジョージ・ワシントン大学（GWU）のあるあたりは低地で、ポトマック川の河畔にあることから昔はよく霧が出たという。直訳すると「霧の底Foggy Bottom」という地名は、それに由来している。ところで、この“Foggy Bottom”にはもうひとつの意味がある。“国務省Department of State”の別称でもあるのだ。国務省からホワイトハウスの東側までは、政府の官公庁が点在している所でもある。

このエリアのおもしろさは、連邦政府のお役所、大学、その寮、住宅地が混在していること。ワシントンDCの多面性を見せる地域のひとつといえる。

最大の見どころは、大統領の邸宅であるホワイトハウスだ。しかし、2001年9月のテロ以降、アメリカの国会議員の紹介なしでは見学をすることができない。しかし、2020年にホワイトハウスからわずか1ブロック北に新スポットが誕生した。世界中を巻き込んだ「ブラック・ライブズ・マター」運動の現場が、記念プラザとなったのだ。

ホワイトハウス西側のフォギーボトムはジョージ・ワシントン大学の学生街。一般的なアメリカの学生街と異なり、住宅地の中にキャンパスが点在する。学生向けのカフェや書店などのほか、日本でも人気のトレーダージョーズや健康志向のスーパーマーケット、ホール・フーズ、コスパの高いダイニングスポットもこのエリアにある。

世界に波及したブラック・ライブズ・マター運動。忘れないために記念プラザとなった

DC豆知識 ケネディセンターのグランドフォイアの寄贈品　天井からつり下がっている美しいデザインの16のシャンデリアはスウェーデン製、ひと固まりの重さは、なんと1トンもある。鏡はベルギーから。

ワシントンDCの芸術の殿堂 MAP 折込地図表 -B2、P.30-B1

ケネディセンター
The Kennedy Center

国を代表する芸術の殿堂。コンサート、芝居のためのシアターが6つ入っている

オペラハウス、コンサートホールなど6つの劇場、ギフトショップ、カフェとレストランを含む、首都にふさわしい巨大な総合芸術センター。ここではオペラ、バレエ、ミュージカル、演劇、コンサート、クラシック音楽、リサイタルなどあらゆるエンターテインメントが毎年約2000以上行われ、約200万もの人が訪れる。

首都に総合芸術センターの計画案が出たのは1958年。1962年にケネディ大統領夫妻が基金調達のためのキャンペーンを開始するが、翌年11月に暗殺。これを引き継いだジョンソン大統領の署名により名称は「ケネディセンター」に決定した。センターは無料のツアーで見学できるが、できれば芸術鑑賞するのが一番の満喫方法だ。

センター案内

オペラハウス　Opera House

1階中央。センター内で2番目に大きく客席数2364。**ワシントンオペラWashington Opera**の本拠地でもあり、ブロードウエイのミュージカルなども上演される。センターの調度品類は世界各国からの寄贈品が多いが、シャンデリアはオーストラリアから、緞帳は日本からのもの。ここは毎年12月の**ケネディセンター名誉賞**の表彰式会場でもある。

コンサートホール　Concert Hall

1階南側。客席数2465と、センターで最大。**ナショナル交響楽団National Symphony Orchestra**のホームホールで、クラシックを中心にジャズやポップスなど幅広い音楽が演奏される。音響効果がすばらしい。

アイゼンハワー劇場　Eisenhower Theater

1階北側。客席数1164。効率的な造りの劇場で、コメディやドラマ、小規模なオペラなどが演じられる。

テラス劇場　Terrace Theater

テラスレベル北側。客席数513の劇場。アメリカの200年祭を記念して、1979年日本からまるごと寄贈されたもので、ソロ楽器のリサイタル、モダンダンス、演劇、朗読など年間180近くの催しものが開催される。

ケネディセンター
オススメ度 ★★★
住 2700 F St. & New Hampshire Ave. NW
☎ (202)416-8000
Free (1-800)444-1324（インフォメーションとチケット）
URL www.kennedy-center.org
開 毎日10:00〜終演
●**ボックスオフィス**：月〜土10:00〜21:00、日祝12:00〜
料 無料。ただし、エンターテインメントの鑑賞は、当然のことながらチケットが必要（一部無料）
行き方 ブルー、オレンジ、シルバーラインFoggy Bottom/GWU駅下車、駅（MAP P.27-A5）よりケネディセンター行きのシャトルが運行されている。赤ワイン色の車体で無料。月〜土9:45〜24:00、日11:45〜、祝日16:00〜終演、15分間隔の運行
●**ツアー**：月〜金10:00〜16:30、土日〜12:30の間、人が集まり次第（変更の場合あり）。出発はLevel Aのツアーデスクから。無料

Foggy Bottom駅からケネディセンター行きの無料シャトルが運行されている

ケネディセンター名誉賞2022年受賞者
俳優のジョージ・クルーニー、歌手のグラディス・ナイト、ロックバンドのU2など。

リバーテラス沿いのグランドフォイア。真紅の絨毯で、ケネディの胸像があり、両側にミレニアムステージがある

お役立ち情報 **無料で楽しむケネディセンター**　センター内のグランドフォイアの両側にあるミレニアムステージMillennium Stageでは、1年365日無料のコンサートなどが行われる。要予約。

オールド・ポスト・オフィス
オススメ度 ★★★
住 1100 Pennsylvania Ave. & 12th St. NW
URL www.nps.gov/nama/planyourvisit/opot.htm
開 毎 日9:00〜16:00 休 11月第4木曜、12/25、毎月1回メンテナンス日あり 料 無料
行き方 ブルー、オレンジ、シルバーラインFederal Triangle駅下車、タワーの入口は南側。荷物検査がある

時計塔内部は高級ホテル

MAP P.25-E4

オールド・ポスト・オフィス
Old Post Office

メトロレイルの駅名でもある**"フェデラル・トライアングルFederal Triangle"**と呼ばれる一画は、DCでも特に官庁の集中するエリア。その一画にそびえる、時計塔のあるロマネスク様式の城郭風の建物がオールド・ポスト・オフィスだ。郵政省のビルとして1899年に完成したが、周囲のクラシックなビルとの調和がとれなかったことからわずか15年で「オールド」の形容詞が付いてしまった。1956年には544kgの時計が2階分を突き抜けたことから、閉鎖を余儀なくされ、さらに取り壊しの危機に遭う。1983年に商業施設として、また一時期はトランプ元大統領がオーナーのホテルにもなった。きらびやかなロビーは一見の価値がある。

建物は国の史跡で、95mのタワーにある展望台はDCの鳥瞰図が楽しめる貴重な場所。モールのモニュメントをはじめ、アレキサンドリアやナショナル空港、大聖堂まで見渡せる。1階には歴代タワーや町の写真パネルも展示されて見逃せない。また、国会の閉会時などに演奏される**国会の鐘Congress Bell**の練習が毎週木曜の夜行われる。荘厳な音色を堪能したい。

DCでワシントン記念塔と並んで鳥瞰図が楽しめる所

Column

大統領を辞任に追い込んだ大スキャンダル"ウオーターゲート事件"

ケネディセンターのすぐ北に、ホテルやコンドミニアム、ショップ、コンビニ、オフィスやアパートが入ったウオーターゲートコンプレックスWatergate Complex（MAP 折込地図表-B2）という大きな建物がある。アメリカ史上最大の大統領スキャンダル"ウオーターゲート事件"は、この建物にある民主党全国委員会本部を舞台に起こった。この本部で共和党関係者が盗聴を試みて発見されたことが発端となり、ニクソン政権下のスキャンダルが次々に暴かれていったのである。

盗聴をきっかけに発覚した悪事は、選挙資金の不正、副大統領アグニューの収賄、脱税など。ホワイトハウスはこれらのもみ消し工作を図るが、上院特別委員会が公聴会を開き、とうとう大統領糾弾問題にまで発展した。ニクソン大統領は事件に関与していることを否定するため証拠物件を提出するが、かえってこれが逆効果となり、1974年8月ついに辞任に追い込まれた。

事件の舞台となったウオーターゲートコンプレックス

この大スキャンダルは、アメリカという超大国を統率する大統領の権威を失墜させ、アメリカ社会に与えた影響はあまりにも大きい。この謎の多い事件に目をつけ、とことん追及したのが、ワシントンポスト紙の若き記者、ウッドワードとバーンスタインのふたり（→下記脚注）。そのウッドワードは2018年トランプ政権の真実を暴いた『FEAR恐怖の男』を上梓し、再び世間の耳目を集めた。

CINEMA おすすめ映画はこれっ! 大統領の陰謀 All the President's Man 現役大統領の大スキャンダル"ウオーターゲート事件"をワシントンポスト紙のふたりの記者が徹底調査。報道の自由を貫く姿勢は見応えがある。

アメリカ史を彩ってきた、アメリカの元首の館

MAP P.24-C3

ホワイトハウス
White House

ホワイトハウスの北側の正面。ホワイトハウスについての展示解説はビジターセンターで

アメリカ合衆国大統領の官邸。正式には"President's House"または"President's Palace"という。初代大統領ジョージ・ワシントンを除く歴代大統領が住み続け、ここで公務を執り、数々の歴史的な決断がなされてきた。まさにアメリカ政治の牙城であり、この館のあるじのひと言が世界を動かすといっても過言ではない。200年を超える歴史のなかで、現役大統領の結婚式が1回、親族などの結婚式が19回、そして世界中から訪れるVIPの数知れないレセプションが行われてきた。これは、ホワイトハウスが単なる官邸にとどまらない、アメリカという国の檜舞台であることを物語っている。2001年9月以降、アメリカの国会議員に申請して許可された者しか見学できない。

ホワイトハウスの歴史

東に小高い丘があるだけのただの平地に、ジョージ・ワシントンの手によって礎石が置かれたのは1792年のこと。1800年11月1日に官邸の初代当主である第2代大統領ジョン・アダムスが入居した。未完成のホワイトハウスからアダムスは妻に次のような手紙を書き残している。「天よ、今後この家に住むすべての者に最高の恩恵を授け給え。正直で思慮ある者のみをこの屋根の下で統治させ給え」。この文章はステート・ダイニング・ルームの暖炉の上に刻まれている。

第3代ジェファソンは東と西にテラスを造り、毎朝ホワイトハウスを一般に公開した。これは大衆に理解される政府をつくろうとした民主主義の実践のひとつであり、ジェファソンの気さくな一面でもあった。彼は、お辞儀の代わりに握手をする習慣を始めた人でもある。独立戦争終盤の1814年、第4代マディソンのときに、官邸はイギリス軍の焼き討ちに遭い、炎上。3年後、第5代モンローのとき建物の壁を白くしたことからホワイトハウスと呼ばれるようになったといわれているが、実際は少々違うようだ。建設当初から白砂岩で造られた建物はホワイトハウスと呼ばれており、再建後にその呼称が一般市民にまで認知されたというのが真相らしい。

ビジターセンターのバイデン大統領を紹介したパネル

南北戦争中、ホワイトハウスは北軍の司令部となり、イーストルームは北軍の

ホワイトハウス
2023年4月現在、アメリカの国会議員を介した申し込みにより見学ができる。
住 1600 Pennsylvania Ave. NW
☎ (202)456-7041（テープによる案内）、(202)208-1631（国立公園局ビジターセンター）
URL www.whitehouse.gov、www.nps.gov/whho
開 火～土8:00～12:30（許可された人のみ）
料 無料
行き方 ブルー、オレンジ、シルバーラインFarragut West駅、またはレッドラインFarragut North駅下車、3～4ブロック南東。Pennsylvania Ave.沿いの15th & 17th Sts.の間

CINEMA おすすめ映画はこれっ!
デーヴ
Dave
1993年公開
監督：アイバン・ライトマン
主演：ケビン・クライン
　　　シガニー・ウィーバー
大統領のそっくりさんが、大統領の急病をきっかけに影武者を務める。慣れない任務におどおどしていたデーヴが、徐々に大統領らしくなっていく。側近はうまくだましたものの、大統領夫人は……。ほのぼのとさせるコメディ作品。

大統領官邸のデザインは公募だった
大統領官邸建設にあたって官邸のデザインを公募、その結果、南カリフォルニアで建築を学んでいたアイルランド人建築家ホバンJames Hobanの作品が選ばれた。ホバンの設計は、彼の故郷アイルランドの首都ダブリンにあるLeinster Hallに似た白く壮麗な建物だった。

DC豆知識 大統領の出生地で最も多いのがワシントンDCのすぐ南にあるバージニア州。2004年の選挙戦でもめたオハイオ州も多い。西部出身の大統領は意外に少なく、フーバー、ニクソンなど。

焼き討ち前から白い家
　ホワイトハウスは竣工当時、バージニア産の白い砂岩からできていた。100の部屋を有する大統領の邸宅（パレスPalace）として建てられ、オフィスとしては使われていなかった。

ホワイトハウスで結婚式を挙げた大統領：第22代クリーブランド

ホワイトハウスに遺体が安置された大統領：第9代ハリソン、第12代テイラー、第16代リンカーン、第25代マッキンリー、第29代ハーディング、第32代F・D・ルーズベルト、第35代ケネディ

CINEMA おすすめ映画はこれっ!

ハウス・オブ・カード
野望の階段
House of Cards
ネットフリックス放送ドラマ　2013～2018年
　主人公はサウスカロライナ州の下院議員。応援していた大統領が当選の暁には国務長官の椅子が約束されていたが、それが反故にされてしまい、その瞬間から復讐が始まる。大統領への階段を手段を選ばず、巧妙に上る。アメリカ政界の裏側を見ているようなリアルさで、評判も非常に高かったが、主演男優のスキャンダルや監督の交代などによりシーズン6で終了した。ちなみに「ハウス」とは下院という意味もある。

宿営所としても使われた。1863年、第16代リンカーンはここで『奴隷解放宣言』に署名。その2年後にはリンカーンの葬儀がしめやかに行われた。第26代セオドア・ルーズベルトの時代、スタッフの事務所としてウエストウイングを増築し、公式に“ホワイトハウス”と呼ばれるようになった。
　1933年、第32代F・D・ルーズベルトが、ポリオ（小児マヒ）の治療のために屋内温水プールを増設。この場所は後に、TVでよく目にする定例記者会見室に改装された。

ホワイトハウス案内

モールに面したホワイトハウスの南側。コロナ禍こちらで記者会見が行われることも

　ホワイトハウスは、レジデンスと呼ばれる本館（部屋数132）と、渡り廊下を挟んで大統領執務室や閣議室、記者会見室があるウエストウイング（モールから見て左側）、大統領夫人執務室などがあるイーストウイング（モールから見て右側、地下に核シェルターがある）に分かれる。大統領家族のプライベートルームはレジデンスの2階だ。南北には広い庭園があり、特にレジデンス南側のサウスローンと呼ばれる芝生は、歴史的な調印式やイベントの舞台となってきた。

イーストルーム　East Room（1階東端）

　ホワイトハウスで最も広く、内装は金と白で彩られている。最初の入居者であったアダムス夫人はここに洗濯物を干し、セオドア・ルーズベルトの子供たちはローラースケートを楽しんだ。リンカーンやケネディの葬儀が行われたり、現在でも大統領の重要な記者会見、セレモニーなどの行事があるのもここ。

Column

ホワイトハウスのお宝はビジターセンターへ

　現在、日本人がホワイトハウスの内部を見学するのは難しい。少しでもホワイトハウスを感じ取ってみたいなら、ホワイトハウス・ビジターセンターWhite House Visitor Center(→P.36)を訪れたい。ホワイトハウスの記念品や美術品など約90点と写真やビデオなどが公開されている。ウィルソン大統領が1917年ドイツに宣戦布告をする署名をしたといわれるアッシャーデスクUsher's Desk、1993年まで100年近くホワイトハウスの旗用ポールを飾ってきた金メッキのワシ、1976年のフォード大統領のときに使われたディナーの食器、ホワイトハウスの模型などが展示されている。ファーストレディや現大統領、ホワイトハウスで開催されるイベントのパネル写真など、見ていると政治の場としてだけでなく、公共性をもちながらプライベートな場であることがわかる。奥のシアターではホワイトハウスの歴史も紹介されている。また、ギフトショップもあり、大統領グッズが豊富なほか、コレクターズアイテムでもあるクリスマスオーナメントも1年をとおして販売されている。

ビジターセンターには歴史的なものが陳列されている。昭和天皇が訪問された際に腰掛けた椅子

DC豆知識　**家からオフィスへ**　1829年、第7代大統領に就任したジャクソンは、それまでプライベート用だったホワイトハウスのイーストルームを公務用に充てた。

ブルールーム　Blue Room（1 階中央）

モール側に張り出した楕円形の部屋。丸い部屋は、大統領と周りを囲んだ出席者との距離が皆平等になるため、民主主義の象徴とされた。ホワイトハウスで最も美しいといわれ、1886年には第22代クリーブランドの結婚式が行われた。ブルーの色をこの部屋に初めて使ったのは第8代ビューレンの頃で、ケネディ夫人らが本格的なブルールームとなるよう手を加えた。毎年12月にはクリスマスツリーが飾られる。

ホワイトハウスのディナーで出された食器。食器は数が減ることがけっこうあるという

ステート・ダイニング・ルーム　State Dining Room（1 階西端）

国賓を迎えての公式昼食会や晩餐会が行われ、一度に130人の会食が可能。クリーム色の壁に金色の装飾がアクセント。

外交応接室 Diplomatic Reception Room（地下 1 階中央）

ブルールーム真下の楕円形の応接室。各国大使の信任式はここで行われ、絨毯には全米50州の紋章が織り込まれている。

大統領執務室　The Oval Office（1 階ウエストウイング）

1909年に造られたもので、楕円形をしていることからオーバルオフィスと呼ばれる。新たに就任した大統領と夫人によって模様替えされるが、ほとんどの大統領が選ぶのがかの有名なレゾリュートデスク。イギリスの北極探検の際に氷で身動きが取れなくなり、翌年アメリカの捕鯨船に救出された戦艦レゾリュートの船体から造られたもので、1880年にビクトリア女王から贈られた。デスク足元の紋章入りパネルは、F・D・ルーズベルトが車椅子を隠すために注文したものだが、パネルが完成したとき、彼はすでにこの世にいなかった。

歴代大統領のたけくらべ

多くのアメリカ人が知っていることだが、最も身長が高いのは、第16代リンカーン（193.0cm）。彼の身長の高さはマルファン症候群が原因といわれている。2番目は第36代L・ジョンソンの192cm。これに続くのが前大統領のトランプ190.5cmだが、一説には188cmともいわれている。以下第3代ジェファソン（189.2cm）、逆に最も低いのは第4代ジェームス・マディソンの163cm。大統領の身長は平均すると180cmくらいだそうだ。

歴代大統領あれこれ

●第6代ジョン・クインシー・アダムスは第2代ジョン・アダムスの息子。
●第43代ジョージ・W・ブッシュは第41代ジョージ・H・W・ブッシュの息子。
●第23代ベンジャミン・ハリソンは第9代ウィリアム・ヘンリー・ハリソンの孫。
●第15代ジェームス・ブキャナンは、生涯独身で通した唯一の大統領。
●330ポンド（約150kg）以上あったのは、第27代タフト。

大統領も礼拝する

MAP P.24-C2

セントジョンズ教会
St. John's Church

"大統領の教会Church of the Presidents"の別名をもつ、ホワイトハウスからいちばん近い教会。第4代大統領マディソン以来、すべての大統領がこの教会へ礼拝に訪れている。礼拝堂の信徒席中央の座席No.54は、大統領一家のための特別シートだ。完成は1816年。デザインはギリシア復古調で、少し平たいドーム型の屋根とランタン（手さげランプ）状のキューポラが特徴だ。こぢんまりとした内部は木造で、歴史が伝わる。

この教会の目の前でBLM運動が起こり、市民に催涙ガスが吹きかけられた

セントジョンズ教会
オススメ度 ★
住 16th and H Sts. NW
☎ (202)347-8766
URL stjohns-dc.org
開 月～木9:00～15:00、日7:30～12:30　休 金土
料 無料
行き方 ブルー、オレンジ、シルバーラインMcPherson Square駅下車、南西へ1ブロック。ホワイトハウスの北2ブロック。Lafayette Sq.の北

DC豆知識 **在任中に暗殺された大統領**　16代リンカーン、20代ガーフィールド、25代マッキンリー、35代J・F・ケネディの4人。犯人が謎とされているのは、ケネディだけ。

アメリカ合衆国歴代大統領一覧表

（2023.3 現在）

	大統領名	政党	在職期	出生州
1	ジョージ・ワシントン George Washington	連邦党	1789～1797	バージニア
2	ジョン・アダムス John Adams	〃	1797～1801	マサチューセッツ
3	トーマス・ジェファソン Thomas Jefferson	民主共和党	1801～1809	バージニア
4	ジェームス・マディソン James Madison	〃	1809～1817	〃
5	ジェームス・モンロー James Monroe	〃	1817～1825	〃
6	ジョン・クインシー・アダムス John Quincy Adams	〃	1825～1829	マサチューセッツ
7	アンドリュー・ジャクソン Andrew Jackson	民主党	1829～1837	カロライナ
8	マーティン・バン・ビューレン Martin Van Buren	〃	1837～1841	ニューヨーク
9	ウィリアム・ヘンリー・ハリソン William Henry Harrison	ホイッグ党	1841の1ヵ月	バージニア
10	ジョン・タイラー John Tyler	〃	1841～1845	〃
11	ジェームス・ノックス・ポーク James Knox Polk	民主党	1845～1849	ノースカロライナ
12	ザカリー・テイラー Zachary Taylor	ホイッグ党	1849～1850	バージニア
13	ミラード・フィルモア Millard Fillmore	〃	1850～1853	ニューヨーク
14	フランクリン・ピアス Franklin Pierce	民主党	1853～1857	ニューハンプシャー
15	ジェームス・ブキャナン James Buchanan	〃	1857～1861	ペンシルバニア
16	エイブラハム・リンカーン Abraham Lincoln	共和党	1861～1865	ケンタッキー
17	アンドリュー・ジョンソン Andrew Johnson	民主党	1865～1869	ノースカロライナ
18	ユリシーズ・シンプソン・グラント Ulysses Simpson Grant	共和党	1869～1877	オハイオ
19	ラザフォード・バーチャ・ヘイズ Rutherford Birchard Hayes	〃	1877～1881	〃
20	ジェームス・エイブラム・ガーフィールド James Abram Garfield	〃	1881の6ヵ月	〃
21	チェスター・アラン・アーサー Chester Alan Arthur	〃	1881～1885	バーモント
22	グローバー・クリーブランド Grover Cleveland	民主党	1885～1889	ニュージャージー
23	ベンジャミン・ハリソン Benjamin Harrison	共和党	1889～1893	オハイオ
24	グローバー・クリーブランド Grover Cleveland	民主党	1893～1897	ニュージャージー
25	ウィリアム・マッキンリー William McKinley	共和党	1897～1901	オハイオ
26	セオドア・ルーズベルト Theodore Roosevelt	〃	1901～1909	ニューヨーク
27	ウィリアム・ハワード・タフト William Howard Taft	〃	1909～1913	オハイオ
28	トーマス・ウッドロー・ウィルソン Thomas Woodrow Wilson	民主党	1913～1921	バージニア
29	ウォーレン・ガマリエル・ハーディング Warren Gamaliel Harding	共和党	1921～1923	オハイオ
30	カルビン・クーリッジ Calvin Coolidge	〃	1923～1929	バーモント
31	ハーバート・クラーク・フーバー Herbert Clark Hoover	〃	1929～1933	アイオワ
32	フランクリン・デラノウ・ルーズベルト Franklin Delano Roosevelt	民主党	1933～1945	ニューヨーク
33	ハリー・S・トルーマン Harry S. Truman	〃	1945～1953	ミズーリ
34	ドゥワイト・デビッド・アイゼンハワー Dwight David Eisenhower	共和党	1953～1961	テキサス
35	ジョン・フィッツジェラルド・ケネディ John Fitzgerald Kennedy	民主党	1961～1963	マサチューセッツ
36	リンドン・ベインズ・ジョンソン Lyndon Baines Johnson	〃	1963～1969	テキサス
37	リチャード・ミルハウス・ニクソン Richard Milhous Nixon	共和党	1969～1974	カリフォルニア
38	ジェラルド・ルドルフ・フォード Gerald Rudolph Ford	〃	1974～1977	ネブラスカ
39	ジェームス・アール・カーター James Earl Carter	民主党	1977～1981	ジョージア
40	ロナルド・ウィルソン・レーガン Ronald Wilson Reagan	共和党	1981～1989	イリノイ
41	ジョージ・H・W・ブッシュ George Herbert Walker Bush	〃	1989～1993	マサチューセッツ
42	ビル・ジェファソン・クリントン Bill Jefferson Clinton	民主党	1993～2001	アーカンソー
43	ジョージ・W・ブッシュ George Walker Bush	共和党	2001～2009	コネチカット
44	バラク・フセイン・オバマ Barack Hussein Obama	民主党	2009～2017	ハワイ
45	ドナルド・ジョン・トランプ Donald John Trump	共和党	2017～2021	ニューヨーク
46	ジョセフ・ロビネット・バイデン・ジュニア Joseph Robinette Biden, Jr.	民主党	2021～	ペンシルバニア

DC豆知識 4年に1回の大統領就任式に際し、就任式で国会議事堂へ向かう前、大統領はセントジョンズ教会で礼拝する。これは第32代F・D・ルーズベルト以来の伝統。

BLM運動を忘れない

MAP P.27-C5

ブラック・ライブズ・マター・プラザ
Black Lives Matter Plaza

2020年5月、中西部ミネソタ州でアフリカ系アメリカ人のジョージ・フロイドさんの死をきっかけに世界中に波及した人種差別に対する抗議運動が、Black Lives Matter（黒人の命を軽視するな）だ。フロイドさんは白人とアジア系の警官たちに押さえつけられ息ができないと訴えたにもかかわらず、命を落とした。それまでもアフリカ系の人々の人権を無視した多数の事件があり、全米はもちろん、海外でもデモが起こるなど世界的なうねりとなった。

DCでも大規模な抗議活動がラフィエット広場とセントジョンズ教会の一帯で起こり、平和的なデモをした人々は連邦軍の催涙ガスで鎮圧させられた。DC市長のバウザーは、現場であるホワイトハウスから北に延びる16th St.、ラフィエット広場からK St.までの2ブロックをブラック・ライブズ・マター・プラザと名称変更した。通りをよく見ると大きな黄色い文字で「BLACK LIVES MATTER」と書かれている。文字の高さは15m、つい最近の歴史の現場なのだ。

ブラック・ライブズ・マター・プラザ
オススメ度 ★★
住 16th St. bet. Lafeyette Sq. & K St. NW
行き方 ブルー、オレンジ、シルバーラインMcPherson Sq.駅下車、徒歩3分

よく見ると「BLACK LIVES MATTER」の文字が黄色で大きく描かれている

ニッポンin DC

幕末、初めてワシントンを訪れたサムライたち

明治維新8年前の万延元年（1860）、徳川幕府は日米修好通商条約批准書交換のため初めての外交使節、万延元年遣米使節団を派遣した。2月13日（洋暦）、新見正興、村垣範正、小栗忠順の3人の幕臣を使節とする総勢77名の使節一行が米国軍艦ポーハタン号にて品川沖を出航、途中ハワイに寄港し太平洋を横断、3月29日サンフランシスコに到着した。当時運河がなかったパナマ地峡を蒸気機関車で越え、大西洋を米軍艦ロアノーク号で北上。5月14日、ワシントン海軍工廠Navy Yard（→P.213）に到着し、数千人の群衆、軍隊の大歓迎を受けた。

5月17日、狩衣に烏帽子という正装に身を包んだ使節は、ホワイトハウスでブキャナン大統領に謁見、徳川家茂から託された国書を奉呈し、22日にはカス国務長官と条約批准書交換の大任を果たす。ウィラードホテルに滞在中、多くの貴重な体験をすることになる。副使の村垣航海日記によると「大広間は絨毯が敷かれ、ガス燈のシャンデリアがあり、ダンスや宴会場に用いられる。蒸気機関で動く洗濯機、脱水機もあり、沢山の洗濯を下女一人で取り扱い、数百の鶏の丸焼きを機械運転で焼いている調理室もある。浴室も蒸気仕掛けで水とお湯がでる」と記されている。

ホワイトハウスでの大統領晩餐会では、シャンパンでの乾杯に始まり、15皿におよぶ豪勢な料理のもてなしも受けた。フィンガーボウルが出された際には、その水を飲んでしまった者もいたようである。その場に飾られた将軍家茂からの馬具や翠簾屏風は、現在も美しい姿のままスミソニアン協会に所蔵されている。

使節や随員たちはスミソニアンも訪れた。数万種もある展示物や動物のはく製に驚き、ミイラも見学。「ガラスを覆った中に男女も見わけがたい人間の死体のひものが3つ。天地間の万物を究理するのであるから、かくのごときことをするとはいえ、鳥獣虫魚と等しく人体をならべておくのは、言語に絶することである(村垣日記)」と怖れたり、あきれたりする様子がうかがえる。天文台では種々の測量機、電信機、船時計などを見学。天体望遠鏡で木星や土星を見て「土星は月に輪をかけたようだ」とたいへん驚き、このようなところに有志の者を留学させれば有益になると日記に記している。海軍工廠では、蒸気機関で動くハンマーなどがある総合工場の機能をもつ施設を見学。帰国後、小栗忠順は総合工場としての横須賀造船所の建設に着手することにもなった。

随員たちも、議会、病院、孤児院、学校等を訪問し、民主制に目覚めた者、教育の重要性に気づく者もあり、そのひとり佐野鼎は名門開成学園を創立した。フィラデルフィア、ニューヨークでも一行は大歓迎され、各地で女性に大人気だったトミーと呼ばれた少年通辞の立石斧次郎にちなんで『トミーポルカ』という歌まで作られたほどである。

一行は多くの書物などの有用なものを手に入れ、ニューヨークから大西洋へ、喜望峰を回り、インドネシア、香港を経由して、約9ヵ月間の世界一周の旅を終えた。米国での貴重な見聞と経験が日本の近代化に大きな影響を与えたことは間違いない。

（副使村垣範正玄孫 宮原万里子）

DC豆知識 **大統領トリビア** 初代大統領のワシントンは、自らの大統領就任式のために借金をしたといわれている。ニューヨークに転居する費用だったとのこと。

Sightseeing

ペンクオーターとダウンタウン

Penn Quarter & Downtown

MAP 折込地図表-D,E1,2、P.25

AREA ▶ ペンクオーターとダウンタウン

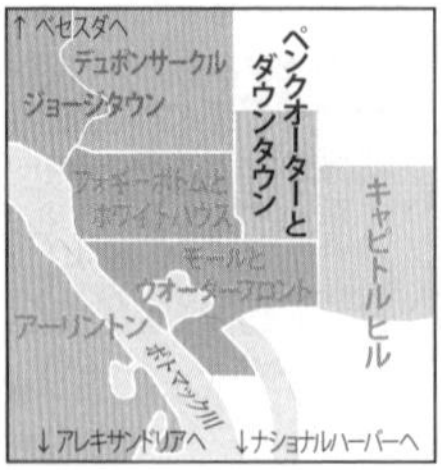

治安 コンベンションセンターの北東はあまり治安がよくない。夜の外出はチャイナタウン大きく外れないようにしておこう。

アクセス
メトロレイル▶ブルー、オレンジ、シルバーラインFederal Triangle駅、Metro Center駅、グリーン、イエローラインArchives/Navy Memorial/Penn Quarter駅
サーキュレーター▶ジョージタウン～ユニオン駅ルート

ホテル P.247～250
レストラン P.283～287

11月半ばからクリスマスまで開催されるダウンタウン・ホリデイ・マーケット。場所は国立肖像画美術館前のF St.

ホワイトハウスの北東は、かつて"オールドタウンOld Town"と呼ばれ、レストランや居酒屋が建ち並ぶ繁華街であった。しかし、時の流れとともに治安が悪化、十数年前までは夜は注意が必要と喚起されるエリアでもあった。その後再開発が進みホワイトハウスや官庁街、スミソニアンにも近い立地のよさから、次々にレストランやオフィスビル、コンドミニアムが建ち並ぶエリアへと変貌した。現在一帯は"ペンクオーターPenn Quarter"と呼ばれ、DC有数の商業地区として活気を取り戻している。特に肖像画美術館から北へ2ブロック行ったシティセンターCity Centerはハイエンドブランドが集まるおしゃれなショッピングゾーンとして、今DCで最もにぎわっている所だ。

東側を北西から南東に斜めに貫く大通りが、有名なペンシルバニア通りPennsylvania Avenue。ホワイトハウスと国会議事堂を一直線に結ぶ、DCを象徴する幹線道路だ。大統領が就任式でパレードする通りでもある。

ペンクオーターの見どころは、リンカーンが暗殺されたフォード劇場と公文書館、スミソニアンのふたつの美術館などで、このあたりはどちらかというと観光よりスポーツ観戦をしたり、映画を観たり、レストランやバーに行く場所となっている。夜になってワシントニアンでごった返す様子を見るのも楽しい。

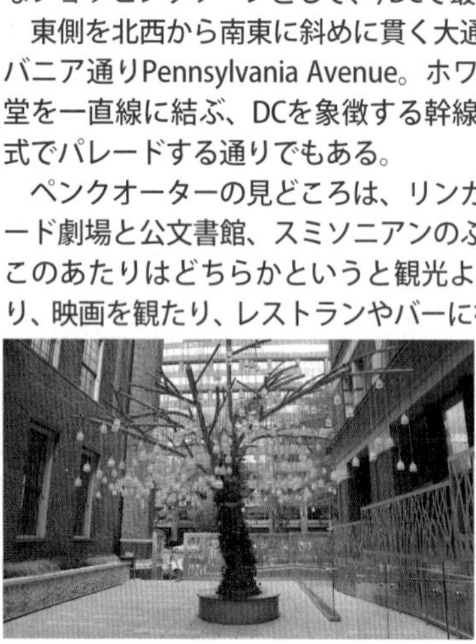

新しい博物館「プラネットワード」の入口にある人工の柳。ある仕掛けが……

ココも見逃すな!

ペンクオーターとダウンタウンのミュージアム

肖像画美術館(国立)…P.200
女性芸術美術館……P.215
スミソニアン・アメリカ美術館……P.198
ナショナルビルディング博物館……P.216
プラネットワード…P.216

CINEMA おすすめ映画はこれっ! ナショナル・トレジャー National Treasure 2004年公開 監督:ジョン・タートルトーブ 主演:ニコラス・ケイジ 秘宝発見のカギが隠されている独立宣言書を盗みに国立公文書館に入るが……。

独立宣言書が保管されている

MAP P.25-F4

国立公文書館（博物館）
National Archives (Museum)

ナショナルギャラリーの彫刻庭園の北側に、独立宣言、合衆国憲法、人権宣言の原本など、まさに国宝級の古文書を保存、展示している国立公文書館がある。ギリシア神殿を思わせる壮麗な建物で、ここには世界中から多くの人がリサーチに訪れる。

国立公文書館の数ある収蔵品のなかでも最も貴重な文書である**独立宣言Declaration of Independence**、**合衆国憲法The United States Constitution**、**人権宣言（権利章典）Bill of Rights**の3つは『**自由の憲章Charters of Freedom**』と呼ばれ、ロタンダ（円形広間）でアルゴンガスを注入したチタンとアルミニウムに金メッキを施したケースに収められて公開されている。もちろん、すべて正真正銘オリジナル。200年以上も前の文書だから色があせてはいるが、保存状態は悪くない。黄色く見えるのは、羊皮紙に書かれた文書を有害な光線から守る特殊フィルターのためだ。この『自由の憲章』は夜間や緊急時には展示場所の真下（地下6m）にある頑丈なシェルターに下ろされ、厳重に保管される。

国立公文書館は全米に40以上の出張所と関連機関をもち、132億点以上の文書、1000万点の地図や設計図、4400万点の写真、56万本の映画（ロールフィルム）、そして1320テラバイトを超える各種文書の電子データが収蔵されている。自由の女神の贈呈書、奴隷の売買契約書、戦艦ミズーリでの日本の降伏文書などはその一部。ここに収蔵されている文書や写真は、アメリカ史の栄光も暗部もありのままに伝えてくれる。

なお、公文書館をリサーチで訪れる人は、利用の仕方をP.382で紹介しているのでこちらを参考に。DCの本館からメリーランド大学にある別館まで無料のシャトルも運行されている。

国立公文書館（博物館）
オススメ度 ★★★
要予約
住 701 Constitution Ave. bet. 7th & 9th Sts. NW
URL museum.archives.gov
開 毎日10:00～17:30
休 11月第4木曜、12/25
料 無料。混雑期の3～8月は予約をすすめる。予約はウェブサイトから。手数料$1.00
行き方 イエロー、グリーンラインArchives/Navy Memorial駅下車、目の前。Constitution Ave.と9th St.の角
●注意: 入場の際、X線検査、ID提示が求められる

観光シーズンはとても混雑する公文書館。できれば予約をしよう

海軍の象徴、ローンセーラーが立つ

MAP P.25-F4

海軍記念碑
United States Navy Memorial

建国以来アメリカを支えてきた海軍。彼らの功績をたたえる記念碑と展示室が公文書館の北にある。**メモリアルプラザMemorial Plaza**と呼ばれる広場に、アメリカを中心とした33mの花崗岩の世界地図が地面に広がる。広場の南側にはふたつのプールがあり、水は世界の7つの海から運ばれてきた海水だ。プールに沿って並ぶのは26枚のレリーフで、ペリー提督による日本開国や第2次世界大戦など海軍の歴史的な事象が刻まれている。

奥の展示室では、海軍の歴史、ミッション、9.11後の活動について紹介されている。

海軍記念碑
オススメ度 ★
住 701 Pennsylvania Ave. bet. 7th & 9th Sts. NW
☎ (202)737-2300
URL www.navymemorial.org
開 ビジターセンター：毎日9:30～17:00
休 おもな祝日
行き方 イエロー、グリーンラインArchives/ Navy Memorial-Penn Quarter駅下車、すぐ横

海軍の歴史的なできごとがレリーフになっている。水は世界の海から運ばれたもの

DC豆知識 **大統領トリビア** ジョージ・ワシントンは、わずか183字の大統領就任演説を読み上げるのに90秒もかかった。なぜなら、彼は入れ歯だったから。

フォード劇場
オススメ度 ★★★
要予約
住 511 10th St. bet. E & F Sts. NW
☎ (202)347-4833（劇場）、(202)426-6924（パークサービスと博物館）
URL fords.org（フォード劇場のパフォーマンス）、www.nps.gov/foth（国立公園局）
開 水～日10:00～17:00
休 月火、おもな祝日
料 無料だが、時間指定の入場券Time Ticketが必要。入場券でフォード劇場、博物館、ピーターセンハウスを見学できる（2～3時間かかる）。予約はフォード劇場のウェブサイトからで、1枚につき$3.50の手数料が必要。予約は3ヵ月ほど前からできる
URL fords.org/calendar/
行き方 オレンジ、ブルー、シルバー、レッドラインMetro Center駅下車、10th St.を1ブロック南

リンカーンが暗殺された劇場

MAP P.25-E3

フォード劇場とピーターセンハウス
Ford's Theatre & Petersen House

かつての繁華街にあったフォード劇場。リンカーン暗殺時のまま復元されていて、見るだけでも価値がある

南北戦争が終結して間もない1865年4月14日の夜10:00過ぎ、観劇中の第16代大統領エイブラハム・リンカーンが狙撃された場所がフォード劇場。狙撃後、運び込まれて手当てを受けたが、そのかいもなく翌朝息を引き取ったのが劇場の向かいにあるピーターセンハウスである。

19世紀を代表する美しい劇場は、約100年間閉鎖されていたが、その後改装され、ミュージカルや芝居を上演する現役の劇場としてよみがえった。リンカーンの座っていたバルコニーは当時のまま残されていて、後ろから席を見ることができる。

この米国史上最大の事変のひとつをより深く知ってもらうためにフォード劇場と国立公園局がタッグを組み、地下には臨場感あふれる博物館を造った。大統領就任から、暗殺、リンカーンの死以降現在にいたるまでを事件の現場を交えながら、時系列を追って解説。まるで150年以上前にタイムスリップしたような感覚だ。なお、フォード劇場、ピーターセンハウス、博物館の見学には時刻指定の入場券が必要。

暗殺犯ブースが所持していた銃

フォード劇場　Ford Theatre

見学はフォード劇場博物館→フォード劇場→ピーターセンハウスの順で、少なくとも2時間はかかる。ピーターセンハウスに入場する際もチケットのチェックがあるのでなくさないように。フォード劇場は照明、音響、空気清浄、静かなエレベーターなど21世紀の最新の技術が導入されながらも、見た目はリンカーンが暗殺された当時のまま。リンカーンが座っていた大統領席Presidential Seatsは、今も威厳を放っている。静かに近づいてみれば、小さな劇場で暗殺がそう難しくなかったことが実感できるだろう。

リンカーンが被弾し、寝かされていたときに使った枕。血痕が残っている

フォード劇場博物館　Ford Theatre Museum

地下の博物館は、リンカーンの大統領就任から暗殺までを解説。ホワイトハウスでの生活や執務、奴隷解放、そして暗殺までをパネルや展示品で説明し

CINEMA おすすめ映画はこれっ! 隣人は静かに笑う Arlington Road　1999年公開　監督：マーク・ペリントン　主演：ジェフ・ブリッジス、ティム・ロビンス　閑静な住宅街に引っ越してきた隣人。子供をきっかけにしだい↗

ている。ブース側も詳しく紹介されているのがおもしろい。南部連合の強硬な支持者であったブースは、役者である立場をおおいに利用し、観劇中の暗殺を企てた。ブースの日記や持っていたナイフ、暗殺後けがをして治療を受けたときに脱いだブーツなどが陳列されている。必見はリンカーンを射った小銃。ほかにも暗殺の日、リンカーンの行動とブースの行動が時系列で対比されているのがとても興味深い。

フォード劇場にはリンカーン夫妻が座ったボックス席がそのまま残されている。近くで見てみよう

ピーターセンハウス　Petersen House

次は通りの向かいにあるピーターセンハウスへ。ここは背後から後頭部を銃撃され、瀕死の状態となったリンカーンが運ばれた所だ。翌朝7:22にリンカーンは死亡したが、その部屋が復元されている。小さなベッドの周りや隣の部屋で医師や家族、近親者が案じていたことが手に取るようにわかる。

次はエレベーターに乗って展示スペースへ。リンカーンの死後が綴られている。死はすぐに電報で全米に伝えられた。棺は34の星のある星条旗にくるまれ、ホワイトハウスのイーストルーム、その後国会議事堂のロタンダへと移された。故郷のイリノイ州スプリングフィールドに埋葬されるが、DCからの道中には約700万の国民が最後の別れを告げに来た。

リンカーンは死後も多大な影響力をもち、リンカーン記念館でのキング牧師の『I have a dream』の名演説や、オバマ元大統領の敬愛ぶりも紹介されている。圧巻は、リンカーンについて書かれた本の塔。高さ約10m、本の数は約6800にも及ぶ。いかに多くの人に愛されてきたかが実感できるだろう。

リンカーンについて書かれた本が重ねられたタワー。リンカーンについて書かれた本は3階分に達する

Column　8人もの大統領に仕えた男 ～ジョン・エドガー・フーバー～

1924年から72年までの48年の長期にわたって、FBIの長官を務めてきた人物が、ジョン・エドガー・フーバーJohn Edgar Hooverだ。政府の一組織だったFBIを"泣く子も黙るFBI"と言わしめるなど、強大かつ威厳のある組織に作り上げた最大の功労者で、彼自身も"アメリカの秩序の象徴"と長いこと賞賛されていた。

フーバーの名前のついたFBI本部がフォード劇場の近くにあるが、FBIの見学はアメリカの国会議員をとおして許可された人のみできる。薄い茶色の比較的近代的な建物で、重厚感がすごい（MAP P.25-E3）。

このフーバー、珍しいことにこのDC生まれ。1895年の元日に生まれたフーバーは、地元の高校を卒業すると、ジョージ・ワシントン大学法学部の夜間に通いながら、議会図書館で働いた。1917年司法省に入省すると、1921年に捜査局に異動、1924年、29歳の若さで長官に任命された。捜査局は1935年に連邦捜査局となり、当時社会問題化していたギャング撲滅に手腕を発揮、国民の絶大なる信頼を得て、フーバーの名前も全国区となった。

ところで、2大政党が支配するアメリカで、48年もの長期間、8人もの大統領に仕えたというのは、実に奇妙なことである。フーバーの死後解明されてきたことだが、フーバーは"盗聴"を得意とし、大統領、政治家、著名人の弱みを握っていたのだ。それをもとに「脅し」ていたという。例えば、ジョン・F・ケネディは海軍の女性との関係が盗聴され、その女性にはナチスのスパイの容疑がかけられていた。ニクソンも香港旅行で親しくなった中国人女性とのことで、就任早々釘を刺されたという。

皮肉なことに、フーバーの執拗なまでのやり方が暴かれると、自身の秘密も暴露されていった。フーバーは同性愛者だったという。映画化（→P.90脚注）もされたが、いまだに謎の多い人物である。

↘に打ち解けていくが、あるじの行動がどうしても腑に落ちない。隣人の正体を突きとめていくと……。ラストはFBIが舞台となり、FBIが不可避の事態に。そして、市井の人であった主人公が……。他人ごとではないストーリーだ。

歴代大統領よもやま話

リンカーン大統領最期の日

4年間にわたる南北戦争が終わって5日目の1865年4月14日。キリスト教徒にとって厳粛な「グッドフライデイ」のこの日は、戦勝の祝賀と教会の行事で朝からにぎわいを見せていた。

お祭り気分に沸くワシントンで、リンカーンはいつものように多忙な日を迎えていた。陸軍長官や閣僚たちを交えて戦後処理と国内再建政策の協議に追われていたからだ。それでも、夫人の願いに応えて、夜の芝居見物に出かけることとなった。前日、バージニア州から帰還したグラント将軍夫妻を招待することにした。

大統領はグローバー劇場の『アラジン』に興味をもっていたが、夫人の希望でフォード劇場の『Our American Cousin』を見物することになった。

フォード劇場に大統領夫妻とグラント夫妻が赴くというニュースが市内を駆け巡ると、大統領と将軍の姿をひと目見ようと、市民や兵士が当日券を買い求めた。時のヒーローを迎える劇場では入場券の完売に喜びかえっていた。

突然の大統領の観劇にほくそえむ男がいた。役者のジョン・W・ブースだ。悲劇役者だった父をもつ彼は、同じく舞台で活躍する兄たちのあとを追う人気役者であった。ブースは中西部や南部への地方公演の際に、南軍とそのシンパを結ぶ情報連絡や軍需資金の受け渡しをする陰の部分も引きずっていたようだ。さらにもうひとつの秘密があった。捕らわれの南軍将校たちと身柄交換の目的でリンカーンを人質にする拉致計画だった。結局、成功しないままに戦争が終わると、リンカーンに対する敵意は憎しみに変わっていた。

午後、大統領拉致計画のメンバーが集まった。ブースを筆頭に、馬車職人のアゼロッド、薬局店の従業員ハロルド、南からの流れ兵士パウエルの4人。首領格のブースは大統領を、アゼロッドは副大統領のジョンソンを、パウエルとハロルドは国務長官のシュワードを暗殺する計画が練られた。暗殺の実行は夜の22:15と決められた。戦場のヒーローにくつろぎを、市民に喜びを与えんとするリンカーンの親切な申し出を断りきれないグラントも、ニュージャージーに帰郷したいと主張するジュリア夫人には逆らえなかった。ふたりは18:00の汽車でワシントンを出発した。

『Our American Cousin』は予定どおり20:00に開演した。出発間際まで仕事に忙殺される大統領が馬車でホワイトハウスを出発したのは20:05だった。グラント夫妻に代わって、メアリー夫人が懇意にするハリス嬢とそのフィアンセ、ラスボーン陸軍少佐が大統領夫妻のお供をすることになった。4人がフォード劇場の玄関に到着したのは20:25だった。

一行がボックス席に着くと、女優のキーニが芝居を中断し、アドリブで大統領に歓迎の言葉を述べた。観客は総立ちとなって歓呼の声を上げた。大統領はボックス席の窓際に立って手を上げ2度ほど会釈をした。

21:00。劇場の裏口に馬車で乗りつけたブースは、楽屋裏に回り、逃走経路のチェックを行った。確認を済ませた彼は劇場隣のサロン・タルタヴルに入りウイスキーをあおった。隅のテーブルでは大統領のボディガードたちがビールを傾けていた。ブースの顔に一瞬、笑みがわいた。

22:00、平静を装うブースが劇場に戻った。舞台では第3幕が上演されている。2階への階段を上り、大統領のボックス席に歩みを進めた。もうすぐ、イギリス貴族を装うトレンチャードが宿の女主人に正体を見破られて、ひとり、舞台で捨て台詞をはく。そのとき観客は大爆笑となるはずだ。ボディガードはサロンから戻っていない。ボックス席のドアも鍵がかかっていない。高鳴る胸の鼓動を抑えて、ブースはその瞬間を待った。

ボックス席の中には、左側から大統領、メアリー夫人、ハリス嬢、ラスボーン少佐が座っている。ブースは静かにドアを開け、息を殺してボックス席に忍び込んだ。大統領が少し身を乗り出すようにして舞台を見下ろしている。ブースは右手に単発銃デリンジャーを、左手に長刃ナイフを握り締めて、1歩、2歩と大統領の背後に近づいた。

22:15。悪口を残して舞台を去る女主人の背に、ホークスがかます。「上流社会のマナーを知らないだって！金持ちたらしの女狐が何を言うか！」

笑いの渦が沸き上がり、同時に乾いた破裂音が一発。リンカーンの頭が前のめりになった。突然の発砲音に驚く舞台のホークス。場内に入り混じる笑いとどよめき。ボックス席では少佐が銃音に対して反射的行動を起こし、ナイフを振りかざすブースに少佐が組みかかった。少佐の左肩から上腕が切り裂かれ、薄暗い室内に血が舞い上がった。ブースはボックス席の窓辺に手をかけると、身を翻して舞台上に飛び降りた。窓辺に飾られた星条旗に右ブーツの拍車を引っかけ、バランスを崩した姿勢で左足から舞台に降り立った。突然のできごとに、舞台も客席も楽団も、何が起きたのかわからなかった。顔を歪めたブースが立ち上がり、声を張り上げた。「シック、センパー、ティラニス（独裁者の運命はかくの如し）！」。そして左足を引きずるようにして舞台から消え去った。

騒然となった場内で若きリール軍医がボックス席に駆けつけた。重傷のラスボーン少佐に生命の危険がないことを確認すると、椅子にぐったりとしている大統領に駆け寄った。発砲音に気づかなかった軍医は、大統領もナイフで突き刺されたのだろうと考えた。薄暗いボックス席の中で刺し傷と流血箇所を探すが、見つけたのは左頭側部の小さな窪みだった。大統領は瀕死の状態であった。

リールに遅れて陸軍外科医タフトとキング医師もボックス席に駆けつけた。3人の医師は大統領を静かで暖かな部屋に移したかった。だが、ホワイトハウスまで馬車で運ぶことは無理である。途中で息を引き取ってしまうからだ。どこか近くの場所に移さねばならない。

23:00。大統領狙撃の報を知った市民がフォード劇場に詰め掛けた。大統領の安静先を探さねばならない兵士が、人ごみをかき分けてウロウロしていると、劇場の向かいの家から声がかかった。「こっちに連れてきてください！」。仕立て業と貸し間を営むピーターセンの部屋を借りている若者が手招きをしていた。

ピーターセンの家に移された大統領はいちばん奥の部屋に運び込まれた。軍の外科医長官であるバーンズ医師が加わり、4人の医師による懸命な手当てが続けられた。駆けつけた息子のロバートは、父に寄り添ったり、母をなぐさめたりした。真ん中の部屋ではスタントン陸軍長官が事件捜査本部を設置して、犯人の捜査を指揮し始めた。

奇しくも、リンカーンが横たわる部屋にはブースもたびたび投宿していて、数週間前も同じベッドを使用した。何も知らない大統領は、意識を取り戻すことなく、15日朝7:22に息を引き取った。合衆国の再統合にともない、困難な戦後処理を始めた矢先のことだった。享年56歳であった。

ブースたちのその後の運命である。ブースと国務長官を襲撃したハロルドは12日間の逃走の末、バージニア州の農場で追跡団に包囲された。ハロルドは自ら投降し、ブースは最後まで役者として振る舞い、首に銃弾を受けて倒れた。事件から3日後、パウエルは下宿屋に戻ったところを逮捕される。アゼロッドは副大統領の暗殺を断念するが、身を隠したメリーランド州のジャーマンタウンで6日後に逮捕となる。そして7月7日の暑い日、彼らに宿泊や集会の場を提供したという嫌疑のメアリー・サラットを含めて、5人は処刑台の露と消えた。（ワシントンDC　海野 優）

CINEMA おすすめ映画はこれっ!　J・エドガー J. Edgar　2012年公開　監督：クリント・イーストウッド、主演：レオナルド・ディカプリオ。FBI長官を務めたフーバーの裏の顔が綴られている。エドガーはミドルネーム。

Sightseeing

キャピトルヒル

Capitol Hill

MAP 折込地図表-E,F1～3、P.26

AREA ▶ キャピトルヒル

ザ・ワーフと並んでロコに人気のネイビーヤード。川に面して公園や遊歩道があり、開放的

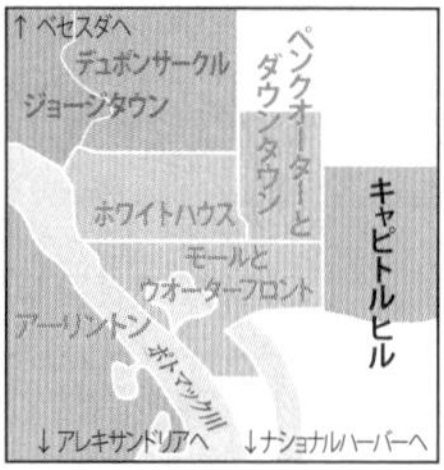

モールの東、国会議事堂のある小高い丘はキャピトルヒルと呼ばれている。ピエール・ランファンの首都設計はこの丘の上にある国会議事堂を中心に計画された。

1800年に初めてワシントンDCで議会が召集されたとき、ここは、10軒にも満たない民家と洗濯屋、雑貨屋、レストランや農場があるだけの、殺風景な土地だった。しかし、そこに政治の殿堂がおかれると、20世紀初頭より発展を見せ、後に中流階級の人々が住むエリアとなった。

キャピトルヒルで最もにぎやかな通りはペンシルバニア通りPennsylvania Avenue。通りにはパブやレストランが並び、官公庁に勤める若い世代も住む。南東の8番通り8th Streetはワシントニアンの熱い注目を浴びている"バラックス"と呼ばれる所で、レストランやパブが連なり、深夜まで活気づいている。加えて、この数年ほどで目覚ましい変貌を遂げているのが「ノーマNoMa」と呼ばれる北マサチューセッツ通り。ユニオン駅の北のあたりだ。オフィスビルやコンドミニアムが急増し、それにともなってスーパーマーケットやホテルも現れ新しいコミュニティを形成している。東側にはロコに人気のユニオンマーケットもある。

観光ポイントは国会議事堂の周辺に集まっており、レストランなどへ行くときはサーキュレーターが便利。ますます発展しそうなエリアだけに、これからも目が離せない。

市民の生活が垣間見られるイースタ一マーケット。生鮮食料品ならここ

治安 現在、キャピトルヒル周辺は再開発が進み、治安も日を追うごとに向上し、以前に比べ凶悪犯罪が減少してはいる。注意したいのは、人通りの少ないところ。ノーマではギャローデッド大学の東、アナコスティアも気をつけたい。暗くなってからは大通り以外歩かないようにしよう。

アクセス

▶メトロレイル　ブルー、オレンジラインCapitol South駅、またはEastern Market駅、レッドラインUnion駅

▶サーキュレーター　イースタンマーケット～ランファンプラザ・ルート、コングレスハイツ～ユニオン駅ルート

ホテル P.250～252
レストラン P.287～289

ココも見逃すな!

キャピトルヒルのミュージアム

アナコスティアコミュニティ博物館 P.218
海軍博物館 ………P.213
郵便博物館（国立） P.202
ルーベル美術館DC…P.212

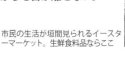

お役立ち情報 **市電の運行 Streetcar**　ユニオン駅の北を走るH St.を、駅から東へ向かって市電が走っている。それにともない商業施設やアパート、コンドミニアムが急増。東に行くにつれ人通りが少なくなる。

テレワークの普及で変わる巨大ターミナル

MAP P.26-B1,2

ユニオン駅
Union Station

神殿のようなユニオン駅の姿を残したまま、大修復工事が進行中

国会議事堂の北に位置するユニオン駅（→P.50）は壮麗で巨大な建造物だ。鉄道だけでなく、中長距離バス、観光バスも乗り入れる、交通の一大拠点となっている。現在、ユニオン駅始まって以来最大級の拡張工事が進行中だ。2040年の完成予定だが、コロナ禍の影響で暗雲が立ち込めている。テレワークの普及で駅の利用者が減少し、地下のフードコートも4割近くが閉店を余儀なくされた。今後の行方を見守るしかない。

建築に見るユニオン駅

1988年に完成した現在のユニオン駅は、4代目。初代は1908年、建築家ダニエル・H・バーナムが、ギリシアとローマの建造物からヒントを得てデザインしたといわれている。正面玄関を形成する3つの大アーチはコンスタンティヌスの凱旋門から、構内はローマのディオクレティアヌス帝の大浴場からイメージを膨らませたとか。正面玄関大アーチ上に立ち並ぶ像は、ルイス・S・ゴーデンスによる"鉄道の進歩"というテーマ像で、プロメテウス（火）、タレース（電気）、テミス（自由）、アポロ（創造）、そしてアルキメデス（機械）である。外壁は花崗岩、内部の天井は円筒形、高さは30mある。

ユニオン駅の変遷

アメリカ鉄道史の黄金時代を飾る1920年代から50年代初頭にかけて、ユニオン駅はDCの表玄関として重要な役割を果たしてきた。ところが、50年代の自動車と航空機の普及が鉄道産業そのものを斜陽化させると、ユニオン駅もかつてのにぎわいを失ってしまう。

鉄道駅として機能低下と建物の老朽化という二重苦を背負って久しいユニオン駅に、大改造工事の手がつけられたのは、1980年のこと。8年間にわたる大工事が完了すると、ユニオン駅は、近代的駅ビルとして生まれ変わった。4代目の駅は、外観と構内ロビー上壁部を装飾する原形デザインだけを残し、そのほかはミニモールと室内公園を調和させた、斬新なもの。コロナが流行する前は大勢の利用客でにぎわった。

ユニオン駅は、人種のるつぼを垣間見られる場所でもある。白人、黒人、ヒスパニック系、アジア系の老若男女が行き交う。アメリカ文化を象徴する近代建築の機能美と、ヨーロッパ文化を内包する伝統様式が、見事に融和したこの空間。ユニオン駅は、多くの日本人が抱く"駅"のイメージを覆すばかりでなく、アメリカ文化がもつ多様性の一断面をも見せてくれる、最適な場所といえよう。

ユニオン駅
オススメ度 ★★★★
住 50 Massachusetts Ave. bet. 1st & 2nd Sts. NE
☎ (202)289-1908（モール）
開 毎日5:00〜24:00。列車の乗降客は24時間利用可（駅のチケットカウンターは月〜金4:30〜22:00、土日5:00〜、自動券売機は24時間稼働）
行き方 レッドラインUnion Station下車、すぐ上
待合室 無料Wi-Fi
●アムトラック
Free (1-800)872-7245
URL www.amtrak.com

内部も壮麗なユニオン駅

全米でも有数の施設がある
ユニオン駅にはトラベラーズエイド、レンタカーのカウンター（アラモ、エイビス、ハーツ）、郵便局、荷物の一時預り所などの施設も整っている。

●ショップ、レストランの営業時間：月〜土10:00〜19:00、日12:00〜18:00（レストランは延長。店によって営業時間は異なる）
休 11月第4木曜、12/25、1/1
URL www.unionstationdc.com

読者投稿 **ユニオン駅のドラッグストア** 地下にあるウォルグリーンズは、軽食、飲み物、スナック、日用品などが揃い、営業時間も長く（毎日6〜22時、土日8時〜）とても便利。（福岡県　ジョン　'22）

日系人強制収容の歴史を伝える

MAP P.26-A2

全米日系米国人記念碑
National Japanese-American Memorial

戦時中の過ちを政府として認め、忘れないためにも誕生した日系人の記念碑

第２次世界大戦中、アメリカ人でありながら敵性外国人と見なされて強制収容された日系アメリカ人の苦難と、差別に対する自由を訴えた記念碑と小さな庭園が、国会議事堂とユニオン駅の近くにひっそりとある。日系3世のアーティスト、ニーナ・アカム作の有刺鉄線が絡まった2羽の鶴のブロンズ像を中心に、周囲の壁には全米10ヵ所の強制収容所（英語では“キャンプ”）名と収容人数、アメリカに忠誠を誓うためヨーロッパ戦線の最前線で戦死した日系人約800人の名前が花崗岩の碑に刻まれている。最大の強制収容所はカリフォルニア州Tule Lakeで1万8789名、最小はコロラド州Amacheで7318名。収容された日系人は12万人にも達する。

日系人強制収容は1942年2月19日、F・D・ルーズベルトの政権下で行われたもので、終戦から43年後の1988年8月レーガン政権の時代になって、国としての過ちを認め、日系人に対して謝罪と賠償がなされた。このときの言葉が池を囲むように刻まれている。“Here We Admit A Wrong Here We Affirm our Commitment As A Nation to Equal Justice Under the Law”（われわれは過ちを認める。国として法のもとでは平等であることを断言する）と。

全米日系米国人記念碑
オススメ度 ★★★
住 New Jersey & Louisiana Aves. & D St. NW
URL www.njamemorial.org
開 24時間
行き方 レッドラインUnion駅下車、駅からLouisiana Ave.を南西へ徒歩約8分

夜も訪れてみて
夜はLEDでほのかにライトアップされ、光が中央の池に反射されて庭園全体が別の顔を見せて幻想的。

有刺鉄線が絡んだ鶴の姿が日系人に重なる

周囲の壁には強制収容所の名前と人数が刻まれている

ニッポン in DC

果敢に戦った日系アメリカ人

約12万人の日系アメリカ人が正当な理由もなく強制収容所に収容されたにもかかわらず、約3万3000人の日系アメリカ人が米軍に入隊を志願して、勇敢に戦った。日系アメリカ人で編成された第442連隊はヨーロッパ戦線で目覚ましい戦いぶりを示し、21個の議会名誉勲章を含む約1万8000の勲章と賞を授与された。この勲章の数は同規模の部隊としては米軍史上最多であり、今日にいたるまでこの記録は破られていない。その一部はナチスのダッハウ強制収容所を解放したことで知られる。同時に、記念碑は二度とこのような悲劇が起こらないように人々に警告を発する使命をも託されている。
（アメリカ在住　匿名希望）

編集室より―第442部隊の死闘ともいえる戦場の状況が、部隊で実際に戦ったハワイ州の故上院議員イノウエ氏らによって語られている。ドキュメンタリー映画化もされた。

CINEMA おすすめ映画はこれっ！ **442日系部隊 アメリカ史上最強の陸軍**　監督：すずきじゅんいち

DC豆知識　日系米国人記念碑には元運輸長官ノーマン・ミネタの言葉が刻まれている。ミネタはカリフォルニア州出身で子供の頃日系人キャンプに収容された。サンノゼ国際空港には彼の名前がつけられている。

国会議事堂
オススメ度 ★★★★
要予約
住 East Capitol & 1st Sts.
☎ (202)226-8000（ビジターセンター）
URL www.visitthecapitol.gov（ビジターセンター）、www.aoc.gov（建築）
開 ビジターセンターは月〜土8:30〜16:30、ツアーは月〜土8:50〜15:20。観光シーズンは延長
休 日、11月第4木曜、12/25、1/1、大統領就任式の日
料 無料。基本的に前もってツアーの予約を入れないと、建物の中には入れない。当日空きがあれば、ビジターセンター前でQRコードを読み取り手続きをすれば入場することができる。
ツアーの予約は URL tours.visitthecapitol.govから。名前やメールアドレス、パスワードなどを入力してアカウントを作る必要があり、アカウントにログインすればキャンセルも可能。予約希望日（×は不可）をクリックし「Terms and Condition」のボックスにチェックを入れて予約。「View Confirmation」クリックすると予約票が表示されるので、これを持っていけばいい
行き方 ブルー、オレンジ、シルバーラインCapitol South駅下車、1st St.を2ブロック北。ビジターセンターの入口はモールとは逆の東側

読者投稿
昔の裁判所の秘密
議事堂内にある昔の最高裁判所に時計があるが、当時の判事が忙しかったために針を進めていた。それを今も進めたままにしていると、ガイドさんが説明してくれた。
（埼玉県　金澤絵美）

CINEMA おすすめ映画はこれっ！
スミス都へ行く
Mr. Smith Goes to Washington
1939年公開
監督：フランク・キャプラ
主役：ジェームス・スチュアート
田舎のボーイスカウトのリーダー、スミスが地元選出の上院議員の死をきっかけにトントン拍子で議員となり、DCを訪れる。そこで彼が見たものは、腐敗した政治。それにひとり毅然と立ち向かうスミス。アメリカの良心といわれる傑作。どこぞの国の国会議員にもぜひ観てほしい作品だ。

白いドームは“自由”の国の象徴

MAP P.26-A2,3

国会議事堂（連邦議会議事堂）
United States Capitol

2021年1月、トランプ支持者によって襲撃された現場。今はそんなことが起こったとは信じがたい

モールの東端に位置する白亜のドームを頂く建物がアメリカの国会だ。正確にいうと連邦政府の議会のための議事堂となる。

ピエール・ランファンの首都建設計画では、ワシントンDCはこの国会議事堂を中心に造られた。Northeast、Northwest、Southeast、Southwestの4地区は国会議事堂を基点に分けられ、DCのストリートとアベニューはすべてここから始まっている。では、国会議事堂の番地は？実は、国会議事堂自身の住所に番地はない。あえていうなら0番地。アメリカ政治の中央であるDCの、そのまた中心という、まさに国会議事堂にふさわしい場所なのである。

アメリカの国会は、モールから向かって左側（北）の**上院Senate**と右側（南）の**下院House**から構成され、上院議員は各州から2名、下院議員は各州の人口に応じた人数が選出される。上院、下院とも議会は、議長の位置から左側を民主党Democratic、右側を共和党Republicanが陣取る。現在各州の代表として政務を執る上下院議員は535名。

地下の**ビジターセンター**には、国会の歴史や使われた物、名演説や時の話題となった議会などを紹介する博物館もある。内部を見学する時間のない人は、建物西側（モール側）にある階段から町を眺望しよう。一見の価値ありだ。

国会議事堂と議会図書館を結ぶ通路が地下にある

国会議事堂の歴史

アメリカのTV中継のニュースで、特派員がレポートの締めくくりに“……from Capitol Hill”と言う言葉をよく耳にするだろう。キャピトルの丘、つまり国会議事堂のことだ。初代大統領ワシントンがピエール・ランファンの首都設計に従い、小高い丘の上に礎石を置いたのが1793年9月18日。デザインは公募され、建築を生業としない医師のウィリアム・ソーントンWilliam Thorntonの作品が採用された。

読者投稿 **予約なしで当日行ったが**　空きがあるのでQRコードを読み取って入ることができると係員に教えてもらったが、Wi-Fiがうまくつながらず、入れなかった。（北海道　ヒラリ　'22）

1814年8月24日のイギリス軍の首都襲撃の折、ホワイトハウス同様議事堂も焼き討ちに遭うが、幸いにも夜の集中豪雨で一部は焼失を免れた。しかし、5年後に再建されるまではホテルやれんがのホールなどを使うことを余儀なくされた。1826年には木造ドームも完成。1850〜60年代にかけて下院と上院 South & North Wings が増築され、ほぼ現在の姿となった。

南北戦争が始まると、議事堂は北軍の兵舎や救急病院として使われるが、やがて木造ドーム倒壊のおそれがあることが判明。北軍は貴重な鉄と労働力を戦争に回したかったのだが、当時の大統領リンカーンはドームの修復工事を断行した。こうして南北戦争の真っ最中である1863年に重さ4077トンの巨大な鋳鉄製ドームが完成し、頂上には身長5.5m、星と白頭鷲で飾られたかぶとをかぶったブロンズ製の**“自由の女神像Statue of Freedom”**が起立した。

日本人にもなじみの深いヘレン・ケラーの像

国会見学はウェブからの予約をすすめるが、混雑期でなければ入口で申し込んで見学することもできる

彫像はここにも

50州から選ばれた像は彫像ホールだけでなくビジターセンターのロビーなどにも鎮座する。アラバマ州のヘレン・ケラー、ハワイ州のカメハメハ1世の像も見られる。

Column

連邦議会（国会）議事堂襲撃事件とトランプ前大統領が残したもの

バイデン新大統領の就任式を2週間後に控えた2021年1月6日、アメリカの連邦議会（国会）議事堂がプラウドボーイズなどの極右団体やトランプ大統領の支持者を中心とする人々によって襲撃された。即時、世界に報道され、アメリカ分断の深刻さを見せつける衝撃的な事件だった。

6日は選挙人の投票結果の認定を経て、議会で正式に新大統領を決定する日であり、その最中に暴動は起こった。前年の大統領選挙の結果に納得しないトランプ支持者や過激派の集団が、この日ホワイトハウス前に集結、そこへ選挙は盗まれたと主張を続けるトランプ大統領が、演説の最後に上院の議長でもあるペンス副大統領に結果を覆すよう、彼らに国会へ行こうと呼びかけたのだ。支持者たちは国会へ押し寄せ、勢いのままバリケードを破って国会へ侵入した。その様子は世界に報道され、民主主義をリードするアメリカの信じがたい現実を見せつけられた。催涙ガスやペッパー弾を用いて、約4時間後に事態は鎮圧した。

西海岸と東部に偏った日本のマスメディアが報道することは少ないが、トランプ人気は想像以上に強い。地域的なものもあるが、都市部にも隠れトランプは多い。2016年の選挙でトランプが当選した理由のひとつが、自国の戦争でないにもかかわらず、若い兵士が次々と命を落とし、傷害を負って帰還する現実。多くの国民が疲弊していたはずだ。また、グローバル化による経済政策は、賃金の安い外国に仕事が流れ、地方都市によっては打撃を受けた。そこへ自国の発展を最優先に掲げ、非職業政治家であるトランプという異色の登場は、それまで顧みられなかった国民らの心に大きく響いた。大統領が代わった今もトランプ人気はいまだに根強い。それを頭に入れてアメリカを歩けば、日本では感じにくいアメリカの違った一面が見えてくるだろう。

修復中の議事堂。強化ガラスに張り替えている

お役立ち情報 **国会議事堂から議会図書館へのトンネル**　国会議事堂ギフトショップのある階の南側に議会図書館への通路があり、直接ジェファソン館に行ける。セキュリティチェックの必要もない。

国会議事堂持ち込み禁止物
- 45×35×21cm以上のかばん
- エアゾールやスプレー類
- 缶、瓶、ペットボトルに入った液体(水も不可)
- 飲食物(国会内に食事の施設あり)
- ぬい針やレターオープナー
- 刃物、武器　など

ドームの内側。見事なフレスコ画に注目

フレスコ画って何?
ブルミーディはイタリアから移住した画家で、フレスコ画をアメリカに紹介した。フレスコ画の特徴は、しっくいが乾くまでに素早く描く画法。

CINEMA おすすめ映画はこれっ!
サバイバー:宿命の大統領 Designated Survivor
ABC、ネットフリックス放送ドラマ　2016~2019年
監督:マーク・ゴードンほか
主演:キーファー・サザーランド
大統領の一般教書演説中に国会議事堂が大爆破され、大統領をはじめ政治家たちがほぼ全員死亡した。当日朝左遷を言い渡された住宅都市開発長官が「指定生存者Designated Survivor」として大統領の任務に就く。次々に発生する難問にいかに新大統領は挑むのか。ちなみに、通常の大統領の継承順位は副大統領、下院議長の順で、ドラマの中の主人公は継承順位11位になっている。

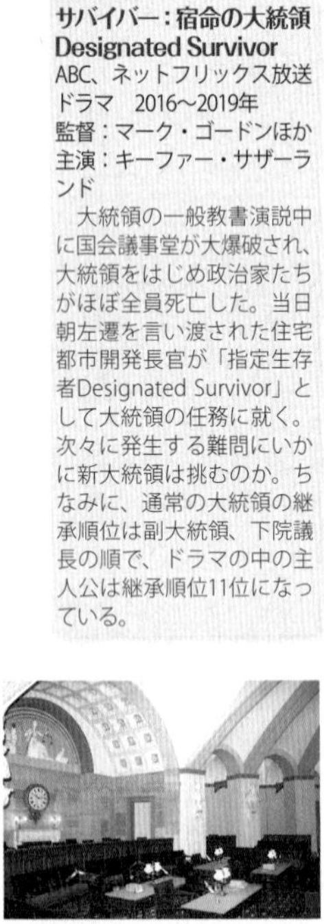
昔の最高裁判所なども見学できる。かなり小さい

国会議事堂案内

ロタンダ　Rotunda(円形大広間)

国会議員や軍人の葬儀などの儀式にも使われる広間で、ケネディやリンカーンの遺体も一時ここに安置された。内径は29m、ドームの内壁の高さは55mにも達する。天井を見上げるとブルミーディConstantino Brumidiが描いた『ワシントンの礼讃Apotheosis of Washington』が目に飛び込んでくる。アメリカ国民のジョージ・ワシントンに対する崇拝を表したフレスコ画の傑作だ。ロタンダ上部の帯状の小壁にかけられた4点の絵画もブルミーディ作で、アメリカ史上のできごとが描かれている。また、東の正面入口側にあるブロンズ製の扉には、コロンブスの「新大陸発見」などが彫られている。

彫像ホール　Statuary Hall

1857年まで下院議会室として使われていた部屋。1864年からは50州がそれぞれに選んだ、州で傑出した人物2名の彫像が陳列されている。バージニア州からは南北戦争の名将リー将軍Robert E. Lee、ジョージア州からはキング牧師Martin Luther King, Jr.、ユタ州からはモルモン教の創始者ブリガム・ヤングBrigham Yangの像などだ。

ところで、この部屋にはおもしろい仕掛けが施されている。第6代大統領アダムスが発見したといわれる音響効果で、床に向かって小声で話すと、反対側でその声が聞き取れてしまうのだ。アダムスが居眠りをしていても、議員たちはうっかり悪口も言えなかったというわけ。

床の小さなブロンズのプレートは、1848年2月21日、アダムス大統領がメキシコ戦争終結後、この戦争がいかに理不尽なものかを訴えていた最中に亡くなった場所を示している。

博物館　Exhibition Hall(撮影禁止)

議事堂ドーム頂点に起立する「自由の像」のモデル像が立つ奥が展示ホールで、議事堂の歴史を紹介している。ホールには国会の行事や日常、国会前で行われたデモやパレードなどがパネルや調度品などを通して年代順に紹介されている。目を引くのは5つのキャピトルヒルのジオラマ。1815年は議事堂の周囲には何もなく、ドームも小さい。1851年にはほぼ現在の姿となり、1877年には上院と下院の建物が増築、1945年以降はリフレクションプールのある現在の姿となっている。見逃せないのが1815年頃の合衆国憲法の前文である“We the People”の鮮明なコピー。触ることのできる国会ドームのレプリカは子供たちに人気だ。

CINEMA おすすめ映画はこれっ! ホワイトハウス・ダウン White House Down　監督:ローランド・エメリッヒ 主演:チャニング・テイタム、ジェイミー・フォックス　ホワイトハウスがテロリストたちに襲われ危機的状況に。

世界一の蔵書数を有する図書館 MAP P.26-B3

議会図書館
Library of Congress

アメリカだけでなく世界の遺産も収蔵する議会図書館

国会の東隣にあり、世界最大を誇る調査研究を目的とした国立の図書館。書籍、写本、楽譜、楽器、版画、写真、フィルムなど多岐にわたる膨大なコレクションと、その建物自体の美しさで、図書館というイメージを超えた博物館のような存在。写真付きのIDを持った18歳以上なら誰でも利用可。

大寺院が図書館？

議会図書館は3つの建物から成り立っている。最も古くて美しいのが**トーマス・ジェファソン館Thomas Jefferson Bldg.**。1897年に完成したイタリア・ルネッサンス様式のドームのある殿堂だ。モザイクが美しく、万能の知恵の女神ミネルヴァがモチーフになっている。ジェファソン館の東に1939年に造られた**ジョン・アダムス館John Adams Bldg.**があり、またIndependence Ave.を挟んだ向かいには1980年にできた**ジェームス・マディソン記念館James Madison Memorial Bldg.**がある。ふたつの館は年々増え続ける図書館のコレクションを収納するために新たに造られたもので、現在観光客が見学できるのはジェファソン館のみ。

1億7300万点を超える世界一のコレクション

展示コーナーでの必見は、図書館最大の功労者**ジェファソンの図書室の復元**。「本なしでは生きられない」と語ったジェファソンらしく、彼のコレクションを修復した約2000点の本と、1851年の国会議事堂の火災で失われたものと一致する約3000点の書籍が陳列されている。また、ジェファソン館の**円形閲覧室と同館1階のバイブルギャラリーに展示されている15世紀中期のマインツの大聖書、グーテンベルクの聖書**もしっかり見学しておこう。

議会図書館の収蔵品は総数1億7300万点以上。書籍と印刷物が4090万点、地図560万点、原稿7570万点、マイクロフィルム1750万点、190万点の動画などがその内訳。毎日1万5000点の割合で収蔵品は増加し続けている。歴代大統領や有名作家、芸術家、科学者の手記を含む写本、アメリカ国内の民話や民謡、キング牧師の『I have a dream』のスピーチテープ、映画、レコード、マイクロフィルム、新聞、版画やグラフィックアート、写真、地図、楽譜などその内容はバラエティに富んでいる。

議会図書館
オススメ度 ★★★
要予約
住 ジェファソン館：101 Independence Ave. at 1st St. SE
☎(202)707-8000（ビジター用）、(202)707-5000（一般）
URL www.loc.gov
開 ジェファソン館：火〜土10:00〜17:00
休 日月、11月第4木曜、12/25、1/1
料 無料だが、時間指定の入館券Timed-Entry Passが必要。予約はウェブサイトから。
URL loc.usedirect.com/LOC/
予約表には残り何人入場できるかが表示されている。予約の際は名前、人数、eメールアドレス、大人か子供も一緒か、「Visitors acknowledge the above terms and conditions」にチェックを入れ、表示の英数字を入力してクリック。次のView Confirmationをクリックすれば入館券をダウンロードでき、メールにも送られてくる
行き方 ブルー、オレンジ、シルバーラインCapitol South駅下車、2ブロック北。国会議事堂の東、最高裁判所の南
無料Wi-Fi

閲覧室とは思えないほど壮麗

議会図書館のライブ
Live at the Library：議会図書館のグレートホールでは毎週木曜17:00〜20:00にさまざまな生演奏やパフォーマンス、トークが行われ、飲み物やスナック片手に楽しめる。飲み物とスナックは有料。

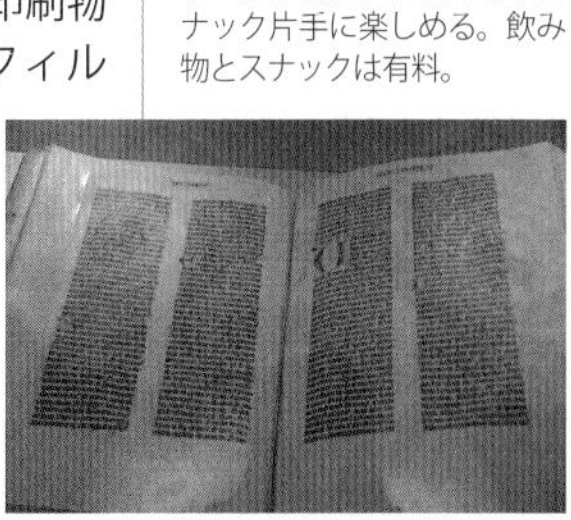
見逃せないのがグーテンベルクの聖書

DC豆知識 **円形閲覧室** 芸術品のような円形閲覧室を囲む16のブロンズ像は宗教、商業、歴史、芸術、哲学、法律、科学の分野から選ばれた偉人。ミケランジェロやベートーベン、コロンブスやニュートンが見られる。

ワシントンDCでシェークスピアを再発見

MAP P.26-B3

フォルジャー・シェークスピア・ライブラリー
Folger Shakespeare Library

シェークスピア・ライブラリー。劇場もある

イギリスの劇作家シェークスピアに関する文献のコレクション世界一といわれているライブラリー。戯曲や詩のほかにも、16～17世紀のイギリスや西ヨーロッパの社会史や政治史、法律、経済、科学、地理に関する文献も含まれ、書籍約26万冊、原稿約6万点、芝居のプログラム約25万点、版画や素描、写真など約9万点を収蔵する。

天井が高く教会のような**展示室Exhibition Gallery**には、シェークスピアの遺産ともいうべき数々の初版本、草稿、古い脚本などが陳列されている。自慢の収蔵品はシェークスピアの戯曲の書籍。1623年の初版82冊（ふたつ折り本）は、ひとつの組織が収蔵するものとしては世界最多を誇る。展示室の奥には、回り舞台のある、客席数250というこぢんまりした**フォルジャー劇場Folger Theatre**があり、シェークスピアだけでなく、一般の芝居、コンサートなどが定期的に行われる。

フォルジャー・シェークスピア・ライブラリー
●2023年3月現在改装のため閉館。2023年秋開館予定。
オススメ度 ★
住 201 E. Capitol St. SE
☎ (202)544-4600（月～金8:45～16:45）
URL www.folger.edu
開 改装前の時間：月～土10:00～17:00（金～20:00）、日12:00～
休 11月第4木曜、12/25
料 無料（劇場で観劇するとき以外）
行き方 ブルー、オレンジ、シルバーラインCapitol South駅下車、1st St.を北に2ブロック、Independence Ave.を東に1ブロック

4月23日
シェークスピア・ライブラリーでは、1年をとおしてさまざまなセミナー、シンポジウム、無料のレクチャーも開かれる。シェークスピアの誕生日である4月23日（生年は1564年）には、ライブラリーがオープンハウスとなり、剣のデモンストレーションなどが行われる。

国会前の癒やしスポット

MAP P.26-A3

植物庭園
United States Botanic Garden

植物庭園は季節によって飾り付けが変わる。こちらにも注目

政治の表舞台のすぐ近くにある心安らぐ植物園は、1820年の誕生。アールデコ風の温室には熱帯、亜熱帯、砂漠地帯、ハワイ、地中海、北米などさまざまな地域の花や植物があふれ、その数計4万4000株にも及ぶ。なかでもバラエティ豊かな世界のランや薬草、絶滅危惧種、希少種、ジュラ紀から姿を変えない植物など珍しい種類もある。

西側の庭園は、実は屋外実験場。DCを中心とした植物や、バラ園、受粉用のガーデンなどもあり、暖かい季節には色鮮やかな花が咲き誇る。Independence Ave.を挟んだ南側のバーソロディ噴水園Bartholodi Fountain Parkは噴水を中心に香り豊かな植物に囲まれて、ひと休みには最適な場所だ。

Washington Ave.の向かいに花崗岩とガラスでできた**アメリカ傷痍軍人記念碑The American Veterans Disabled for Life Memorial**が静かに鎮座する。戦場に赴いて障害を負った戦士たちの勇気、忠誠心、名誉などをたたえている。

植物庭園
オススメ度 ★★★
住 100 Maryland Ave. SW
Independence Ave. を挟んだBartholdi Fountain Parkは同園の屋外庭園
☎ (202)225-8333
URL www.usbg.gov
開 毎日10:00～17:00、屋外庭園は日の出～日没（政府の行事により閉園）
料 無料
行き方 ブルー、オレンジ、シルバーラインFederal Center SW駅下車、3rd St.を2ブロック北へ行った右側

道路の南側には戦争で傷ついた軍人のメモリアル公園がある

DC豆知識 **大統領は裁判長** アメリカの大統領には弁護士の出身者が多いが、最高裁の裁判長も務めたことがあるという変わりダネは第27代大統領タフトW. H. Taftただひとり。

政治の町の市場見物はいかが？ MAP P.26-C3

イースタンマーケット
Eastern Market

1873年から続く古い市場で、野菜、果物、肉、魚介類などの生鮮食料品、生花、自家製の総菜やパン、飲み物に加え、暖かい季節は屋外で美術品やアクセサリーなども売っている。簡素なダイナーのカウンター席にはワシントニアンがひっきりなしに座り朝食や昼食をここで済ませる人も多い。いたって庶民的な雰囲気だが、このマーケットには、若いエリートたちや、議員たちも買い物に来るそうだ。毎週土・日曜日は7th St.の向かいの広場でフリーマーケットも開かれる。アート、家具、アンティーク、アクセサリー、香水、衣類などが並び、おもしろいものが発見できる。お店の人と値引き交渉してみては？

見るだけでも興味深いイースタンマーケット

イースタンマーケット
オススメ度 ★★★
住 225 7th St. bet. N. Carolina Ave. & C St. SE
☎ (202)698-5253
URL easternmarket-dc.org
開 火〜土8:00〜18:00、日〜17:00
休 月
●フリーマーケット：土日9:00〜16:00
行き方 ブルー、オレンジ、シルバーラインEastern Market駅下車、北東へ2ブロック

週末はフリーマーケットも開催

Column

ワシントンDC周辺の大学

DC周辺には大学が多い。DCではアメリカン大学、ジョージ・ワシントン大学、ジョージタウン大学が首都三大大学と呼ばれる。

●アメリカカトリック大学
The Catholic University of America
全米では少ないローマン・カトリックの総合大学。学生数約3000。
住 620 Michigan Ave. NE, Washington, DC 20064 URL www.catholic.edu 行き方 レッドラインBrookland-CUA駅下車 MAP P.23-B2

●アメリカン大学 American University
キリスト教メソジスト派の総合大学。1893年と歴史も古く、アジア系留学生の姿も見られる。学生数約8400。
住 4400 Massachusetts Ave. NW, Washington, DC 20016 URL www.american.edu 行き方 レッドラインTenleytown-AU駅下車 MAP P.23-A2

●ギャロデット大学 Gallaudet University
聴覚障害者のための大学。学生数約1000。
住 800 Florida Ave. NE, Washington, DC 20002 URL gallaudet.edu 行き方 レッドラインNoMa-Gallaudet U駅下車 MAP 折込地図表-F1

●ジョージ・ワシントン大学
The George Washington University
中心部に最も近い、マンモス校。学生数1.2万。
住 1918 F St. NW, Washington, DC 20052 URL www.gwu.edu 行き方 ブルー、オレンジ、シルバーラインFoggy Bottom駅下車 MAP P.24-A,B2,3

●ジョージタウン大学 Georgetown University
1789年創設のアメリカでも有数の名門私立大学。学生数7500。
住 37th & O Sts. NW, Washington, DC 20057 URL www.georgetown.edu 行き方 サーキュレーター・ジョージタウン〜ユニオン駅ルート MAP P.28-A4

●メリーランド大学
University of Maryland
DCに隣接するメリーランド州の州立総合大学。学生数3万を数えるマンモス校。
住 College Park, MD 20742
URL www.umd.edu
行き方 グリーンラインCollege Park-U of MD駅下車 MAP P.23-B1

アメリカ・カトリック大学の大聖堂の中。ぜひ見学を

DC豆知識 ワシントンDCでは、ほとんど民主党支持者とは地元の人の弁。2016年の大統領選では民主党が選挙人を獲得し、2015年に就任したDCの市長ミューリエル・バウザーも民主党だ。

ノーマ地区
オススメ度 ★
行き方 レッドラインNoMa-Gallaudet U駅下車、駅の南西と駅周辺

ユニオンマーケット
住 1309 5th St. NE
URL unionmarketdc.com
営 月～土8:00～21:00、日～20:00（店舗により異なる）

国立樹木園
オススメ度 ★★★
住 3501 New York Ave. NE
☎ (202)245-4523
URL usna.usda.gov
開 毎日8:00～17:00。盆栽園と北京博物館は毎日10:00～16:00
休 12/25。盆栽園と北京博物館は11～2月の祝日は休み
料 無料
行き方 ブルー、オレンジ、シルバーラインStadium Armory駅前の19th St.より#B2 "Bladensburg Rd."行きに乗り、"Arboretum"の看板が見えたら下車。R St.まで歩くと先に入口が見える。バスでも行けるが、治安の面からいってタクシーの利用をすすめる

トラムツアー Tram Tours
広い園内だけに歩きに自信のない人は、トラムツアーに乗ろう。35分で、歴史や園内のポイントなどの解説付きで回ってくれる。
●運行：4月中旬～10月中旬の土日祝12:00、13:00、14:00、15:00　料 $4、4～16歳$2、シニア$3、4歳未満無料

若者が急増中の注目エリア　MAP 折込地図表 -F1,2

ノーマ地区
NoMa (North of Massachusetts Avenue)

発展中のノーマのユニオンマーケット。ロコでにぎわう

レッドライン・ユニオン駅からひとつ北の駅がNoMa-Gallaudet U。1850年代はアイルランド人街であったところが、2012年より再開発が進み、アパートやコンドミニアム、レストランや人気スーパーマーケットが出現して、新しいコミュニティを作っている。No.1の注目スポットが**ユニオンマーケットUnion Market**。全米で流行中のフードホールや、パン屋、醸造所兼レストラン、創作握り寿司、刃物研ぎ、雑貨店、黒人少女のための博物館など40以上が入店し、暖かい季節は広場にテーブル席が登場するなど、ロコの名所になっている。ホテルも増えていて中心部より少しリーズナブル。ここに宿を取るのもいい。

日本の鯉たちが帰ってきた!　MAP P.23-B2、P.26-C2 地図外

国立樹木園
The National Arboretum

ユニオン駅から北東へわずか4.5km、451エーカー（約1.8km²）の国立樹木園はさまざまな花と木々にあふれる、まさに都会のオアシス。樹木の研究、教育のために1927年に設立された農務省直轄の機関だ。

園内には舗装道路（約15km）も整備され、車で回ることも可能。夏の週末にはトラムも運行されるが、できればハイキング気分でゆっくりと散策したい。木々や花々は、季節ごとに違った表情を見せてくれる。ツツジやハナミズキが咲き乱れる春がいちばんの見頃。どちらの花も種類が多く樹木園自慢のコレクションになっている。ほかにも全米最大のハーブガーデン、イチョウの黄葉が見事な日本・中国・韓国などの東アジアのコレクション、全米50州とDCに生育する樹木が見られる森、バラ園、シダ園など10以上のガーデンがある。

神殿風のコラムがなぜかある国立樹木園。盆栽もお見逃しなく　Courtesy of Washington.org

なかでも見逃せないのが、1976年にオープンした盆栽園。おそらく何百年もの年月を経たであろう見事な盆栽のなかに、日本の政治家や皇室から贈られた盆栽も陳列されている。福田赳夫、小渕恵三、秩父宮家、高松宮家の盆栽もあり、名前を見て歩くだけでも興味深い。

DC豆知識　**国立樹木園の鯉**　9年の長い間、引っ越しで見られなくなっていた樹木園の鯉が、2020年秋ようやく帰ってきた。場所は以前と同じビジターセンター前の池。カラフルな姿が訪問者を楽しませている。

アナコスティア川北の新興コミュニティ　MAP P.26-B-C,4-5

ネイビーヤード(キャピトル・リバーフロント)
Navy Yard(Capitol Riverfront)

アナコスティア川のネイビーヤード（海軍工廠）の西側からナショナルズパークのあたりまでが、新しいコミュニティを実感できる所

第2次世界大戦中に武器を製造する海軍工廠Navy Yardがあるエリアで、15年ほど前は治安の悪い地域だった。MLBナショナルズの専用球場の誕生とともに開発が進み、DCの少しリッチな市民が住むコミュニティに変身した。見どころはないものの、アナコスティア川沿いに公園やレストラン、ワイナリー、コンドミニアムやアパート、人気スーパーなどが増えて、ぶらぶら歩くだけでも楽しい。特に川沿いの公園は眺めもいい。夏には無料コンサートが開催され、冬はスケートリンクも現れる。

ネイビーヤード
オススメ度 ★
URL www.capitolriverfront.org
行き方 グリーンラインNavy Yard-Ballpark駅下車、駅の南東方面。またはサーキュレーターのイースタンマーケット～ランファンプラザ・ルート

アフリカ系アメリカ人の尊敬を集める　MAP 下図

フレデリック・ダグラス国立歴史地区
Frederick Douglass National Historic Site

フレデリック・ダグラス邸。このあたりの再開発も著しい。ここからの眺めもよい

フレデリック・ダグラスは、リンカーンに「今まで会ったなかで最も賞賛すべき人物」と言わせた、奴隷廃止運動の指導者。黒人奴隷の母と白人の父の間に生まれ、自身も奴隷の経歴をもつなど、40年以上にわたって黒人の人権運動に身をささげた。そんなダグラスが1877～95年まで住んだ家がDCを一望できる閑静な丘の上にあり、**“シーダーヒルCedar Hill”**と呼ばれている。当時このあたりは白人だけが住んでいたエリアで、黒人で初めてここに家を購入したのがダグラスだった。家はツアーで見学する。ツアーはビジターセンターで上映されるダグラスの生涯と家について解説する17分間のフィルムから始まる。

フレデリック・ダグラス国立歴史地区
●2023年3月現在、修復のため休館中。2023年初夏開館予定
オススメ度 ★
要予約
住 1411 W St. SE
☎ (202)426-5961
URL www.nps.gov/frdo
開 毎日9:00～16:30
休 おもな祝日
料 無料だが、邸宅を見学するにはツアーに参加する必要があり、ツアーはできる限り予約すること（当日でも可能な日もある）。予約はウェブサイトから。$1の手数料がかかる
行き方 サーキュレーターのコングレスハイツ～ユニオン駅ルートでMartin Luther King Jr. Ave.とW St.で下車、徒歩6分
●注意：駅から歩けない距離ではないが、途中一部治安のよくない所もあり、サーキュレーターかタクシーを使うこと

DC豆知識　ベルモント・ポール女性の平等 Bellmont-Paul Women's Equality　女性人権運動の中核のひとつの本部が国の史跡となった。DCでも屈指の古い建物。2023年中に再開館予定。

Sightseeing

デュポンサークルと動物園

Dupont Circle & National Zoo

MAP 折込地図表-B,C1,2、P.27

AREA ▶ デュポンサークルと動物園

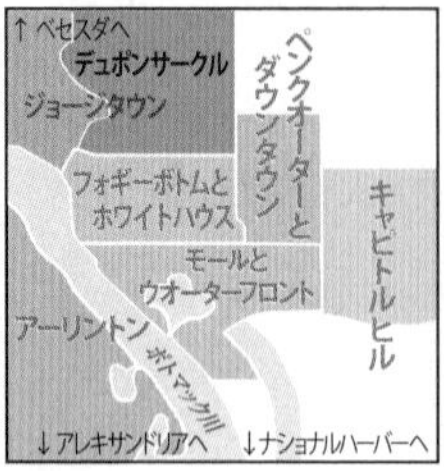

治安 デュポンサークル南東のビジネス街は、ビジネスアワーを過ぎると、ぐっと人通りが減る。Connecticut Ave.とK St.のあたりは明るいのでほとんど問題ないが、なるべく夜は明るい道を歩くか、タクシーを利用するようにしたい。

アクセス
▶メトロレイル　レッドラインDupont Circle駅
▶サーキュレーター　デュポンサークル〜ジョージタウン〜ロスリン・ルート、ウッドレーパーク〜アダムス・モーガン〜マクファーソンスクエア・ルート

ホテル P.251〜254
レストラン P.290〜294

デュポンサークル周辺は町歩きが楽しい所。夜までにぎわうDCのグルメスポットだ

観光エリアのモールとはまったく違った活気にあふれているのがデュポンサークル一帯だ。K通りはワシントンDCで唯一ともいえるビジネス街。平日の日中は、ところ狭しと人や車が行き交い、空気といい、スピードといい都会の喧騒そのものだ。そのやや北のデュポンサークル駅を中心とした所は夜までにぎやかなDCの繁華街。ゲイの人をはじめとして若者が多く住み、人気のレストラン、ショップが集中している。東を縦断する14番通り14th St.は、若者に人気のレストランが次々にオープンする注目度の高い通り。また、北西に延びるマサチューセッツ通りMassachusetts Avenueは別名"大使館通りEmbassy Row"と呼ばれる、DCの名物通りで、緑で覆われた通りに世界各国の大使館が整然と並んでいる。さらに北には、パンダで有名な動物園がロッククリーク公園の一画を占めている。

デュポンサークルの観光ポイントは、全米屈指の美術品を有するフィリップスコレクションと動物園くらいで、意外に少ない。一般的な過ごし方としては、夕方早めにフィリップスコレクションを見学してから、このあたりをぶらつくのがいい。レストラン選びにも事欠かないし、マンウオッチングを楽しめるカフェもある。特に週末の夜は人通りも多く、けっこう楽しめる。

コネチカット通り沿いにはワシントニアンでにぎわう店が連なる

明るく雰囲気のいいカフェが多いのも特徴

ココも見逃すな!

デュポンサークルのミュージアム

フィリップスコレクション……P.205

DC豆知識 **デュポンサークルは夕方以降**　デュポンサークルは、DCの20〜40代くらいの人たちでにぎわう所。ゲイの多く集まるエリアでもあり、おいしいレストランや個性的なショップが集中している。↗

日本でもおなじみの総合科学雑誌の本部はDC MAP P.27-C4,5

ナショナルジオグラフィック協会（博物館）
National Geographic Society (Museum)

雑誌を定期購読している人もいるはず。ナショジオの本部

ナショナルジオグラフィック協会（米国地理学協会）は1888年に設立された伝統ある**世界最大の非営利学術研究団体組織**。17th St.の本部ビルの1階には**博物館National Geographic Museum**があり、DCの見どころのひとつとなっている。

博物館では、協会の活動と研究成果を展示物や写真、ジオラマ、ビデオなど、視覚に訴える方法で紹介している。それらは、季節ごとの特別展なので、いつ行っても違った展示が楽しめる。近年取り上げられたテーマは、ツタンカーメン王の向こうに、エベレストへの登頂、同誌の名編集者が選んだ野生動物の写真など。本部1階にある展示スペース（無料）では歴代の科学者や探検家たちが発見したかつての秘境、事件、事故の映像や使用した機材なども陳列されている。

ナショナルジオグラフィックとは

協会の機関誌のナショナルジオグラフィックは1888年に創刊された月刊総合科学雑誌。現在、日本語をはじめとして世界190ヵ国、毎月950万部が販売されている。笑い話に「ここDCは特別行政区なので、地域産業はないと思われているが、ひとつだけある。それはナショナルジオグラフィックだ」と言われるほど、DCでその存在は大きい。

創刊当初はタブロイド判印刷の、単なる学会誌にすぎなかった。しかし、1903年、協会の有力メンバーであり電話の発明者でもあるグラハム・ベルの懇請により、ギルバート・グロブナー博士が編集長に就任。彼の手腕で飛躍的な発展を遂げた。地理学のみならず文化人類学、考古学、海洋学、植物学、動物学、宇宙科学などまでに対象領域を広め、写真、イラストを多用し、時代を先取りする企画をタイムリーに発表した。そして、世界中から多くの読者を獲得するようになった。また、記事の信頼度は極めて高く、取材方法も同じテーマを2、3の取材チームに別角度から取材させ、同じ結論が出た場合にのみ記事にしたというほど徹底していた。写真やイラストは創作度、正確性、芸術度、独自性を重視して採用し、今もなお、多くの読者を魅了し続けている。この135年間に学会誌から総合科学雑誌へ、さらに国民＆国際雑誌へと発展してきた。付録として発行された地図類はランド・マクナリー社から地図として出版され、その実用性とともに学術度、正確さ、美麗さでも高い評価を得ている。

ナショナルジオグラフィック協会（博物館）
●2023年3月現在、修復のため休館中
オススメ度 ★★
要予約
住 1145 17th & M Sts. NW
☎ (202)857-7700
URL nationalgeographic.org/society/visit-our-museum/
開 毎日10:00～17:00
休 11月第4木曜、12/25
料 $20、学生・シニア$16、5～12歳$12。時間指定の入館券が必要。空きがあれば当日入場することもできる
行き方 レッドラインFarragut North駅下車、東へ1ブロック、またはブルー、オレンジ、シルバーラインFarragut West駅下車、17th St.を北へ3ブロック。M St.と17th St.の角

ナショナルジオグラフィック協会はギフトショップも充実

ケーブルテレビチャンネルでもおなじみ
日本でも普及したケーブルテレビ。そのケーブルテレビ局のなかに、ナショナルジオグラフィックの専門チャンネルがある。雑誌同様に多角的なテーマをじっくり掘り下げる番組作りで、1度観るとはまってしまう人も多い。
URL natgeotv.jp/tv

ナショナルジオグラフィックはスポンサーでもある
1909年のロバート・ピアリーによる北極探検、1926～29年のバード提督による南極探検飛行、1953年のアメリカ隊によるエベレスト登頂、1952年からジャック・イブ・クストーによる深海調査、1978年の植村直己の犬ぞりによる北極点到達などを援助し、その活動を記事として報告した。これまでに1万件以上の活動を支援している。

↘明るい通りを外れなければ、治安もよく、南東のビジネス街以外は夜中の12:00くらいまでは歩いていても不安はない。観光ポイントはないものの、中心部からも近いので、夜はこのあたりで夕食やぶらぶらするのがおすすめ。

国立動物園
オススメ度 ★★★
要予約
住 3001 Connecticut Ave. NW
☎ (202)633-2614
URL nationalzoo.si.edu
開 3/15〜9/14の毎日8:00〜18:00、9/15〜3/14の毎日8:00〜16:00
休 12/25
料 無料だが、日にち指定の入園券Timed-Entry Passが必要(アカウントが必要)。予約はウェブサイトからで、フロントページのVisitをスクロールすればEntry Passes(Tickets)が出る。駐車場代込みは$30。4週間前から予約可能。なお、動物園はWi-Fiが通っていない。チケットをスマートフォンに入れている場合は注意
行き方 レッドラインWoodley Park-Zoo駅下車、地下鉄出口から、北方向へConnecticut Ave.の緩やかな坂道を上る。Cleveland Park駅で降りて逆方向に歩けば上り坂を避けられる。両駅からともに徒歩約10分。
　また、ロッククリーク公園から動物園までサイクリングロードが続いている。ロッククリーク公園で自転車を借り、広大な公園のサイクリングを兼ねて、動物園まで来るという方法もある。ただし、動物園内への乗り入れは禁止されている。なおキャピタルバイクシェアのステーションが動物園の向かいにある

軽食　Snack
　園内にはカフェテリアやホットドッグ・スタンドなどがあり、軽食が取れる。ただし、動物に食べ物を与えない、ごみを散らかさないといった基本的マナーを守ること。

ワシントンDCのパンダはタダで見られる　MAP P.27-A,B1

国立動物園
Smithsonian's National Zoo

DCでのんびりしたいなら動物園がおすすめ。トラもライオンもいる!

　国立動物園は1889年に創立され、翌年にスミソニアングループの一員となって以来、約130年の歴史をもつ。哺乳類から昆虫まで約360種、約1800の動物が飼育され、研究・教育・保護活動の面でも世界のリーダー的存在である。近年は特に希少動物の保護に全力を挙げており、同園飼育動物の約4分の1は絶滅危惧種である。2023年には、西半球の長距離を飛ぶ鳥たちやカラフルな鳥たちを中心に公開するバードハウスBird Houseと、北中南米アメリカ大陸の渡り鳥、水鳥、ヒヨドリに関する生態系の展示、約100種類の鳥も公開される予定だ。

動物園の歩き方

　163エーカー(約66万m^2)の広大な敷地を効率よく見て回るためには、掲示されている園内マップを確認したい。園の南北を縦断するOlmsted Walkを下りながら18の展示エリアを見ていこう。コネチカット通りのゲートから南側のゲートまで片道2km近くあるので少なくとも半日はここで費やしたい。

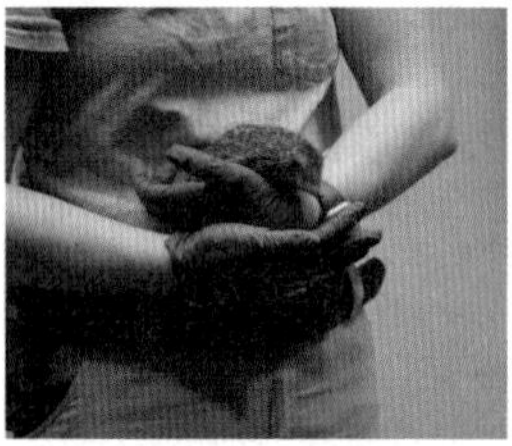
子供向けに動物を近くで見せたり、触らせてくれるプログラムもある

　必見はパンダ。オスの**ティエンティエンTian Tian(添々)**とメスの**メイシャンMei Xiang(美香)**、そしてこの2頭の間に2020年8月に誕生した**シャウチジ(小奇跡)**の3頭がいる。パンダはアメリカでも人気が高く、夏の観光シーズンには長い列ができるほど。初めてDCにパンダがやってきたのは1972年。毛沢東主席からニクソン大統領へ、米中友好の証として贈られたメスのリンリンとオスのシンシンで、2代目がティエンティエンとメイシャンだ。これまでワシントン生まれのパンダ、タイシャンが2010年に、バオバオが2017年に、ベイベイが2019年に中国へと渡った。

アメリカでもパンダは大人気。DCではパンダが4頭生まれている

　ほかには、ゴリラのいるGreat Ape House、オランウータンなど霊長類の思考について実験を試みているシンクタンクThink Tank、爬虫類を集めたReptile Discovery Centerなどが人気のコーナー。爬虫類センターには広島から贈られた日本の天然記念物である**オオサンショウウオJapanese Giant Salamander**がおり、海外初の繁殖が試み

DC豆知識　国立動物園は、2022年3〜7月(週5日の開園)は約94万もの人が訪れた。FONZの会員数は約1万8000世帯。

られている。また、動物園では**アメリカンバイソンAmerican Bison**にも注目してほしい。今ではイエローストーン国立公園などでよく見かけるバイソンだが、かつて数百万いたものが乱獲によりわずか数百まで数を激減させた時期があった。スミソニアン協会の職員であるホーナデーは絶滅が危惧される動物を増やそうと、15種類の動物をモールのキャッスル裏で飼育するようになった。これがきっかけとなってスミソニアン協会の動物園が誕生したのだ。15種のうちのひとつがアメリカンバイソンであった。

動物園誕生のきっかけとなったアメリカンバイソン

デモンストレーションを見てみよう

動物園ではパンダの餌やりや小型の哺乳類を近くで見たり、飼育員による解説などのデモンストレーションが毎日20回近く行われている。ウェブサイトで確認してから出かけたい。

ナイトスポットやレストランは毎晩にぎやか　MAP P.23-B2、下図

U通り
U Street

U通りはLGBTウエルカムの店も多い

DCの多くの若者たちで毎晩にぎわっているのが、イエロー、グリーンラインU St駅を下りた一画だ。ライブハウスやファンキーなレストラン、ゲイショップやクラブ、劇場が集まるコミュニティとなっている。人気のスーパー、トレーダーズジョーズもあり、DCで訪れてみたいスポットだ。もともとジャズ界の大物デューク・エリントンが住んでいた所で、アフリカ系住民のコミュニティでもあった。Vermont Ave.の東には**アフリカ系アメリカ人南北戦争記念碑と博物館African-American Civil War Memorial and Museum**などがあり、アフリカ系の歴史を知るうえで興味深い。なお、U通りを外れた所は、まだ治安があまりよくないので、明るい所だけを歩くように。

メトロレイル駅を出た所に南北戦争の黒人兵士の記念碑がある

U通り

オススメ度 ★★

住 U St. bet. 9th & 13th Sts.

行き方 イエロー、グリーンラインU St駅下車

アフリカ系アメリカ人南北戦争博物館

Vermont Ave. & U St.の近くにある小さな博物館。中では、奴隷をつないだ足かせ、過酷な労働を強いられてきた頃の写真などが展示されている。南北戦争時は、北軍に従事すれば、自由の身になれたことから黒人だけで編成された軍隊など、アフリカ系の人々に関する知られざる歴史を伝えてくれる博物館だ。

MAP P.105-B

住 1925 Vermont Ave. NW

☎ (202)667-2667

URL www.afroamcivilwar.org

開 月～土11:00～16:00（開館しているか事前に確認を）

料 無料

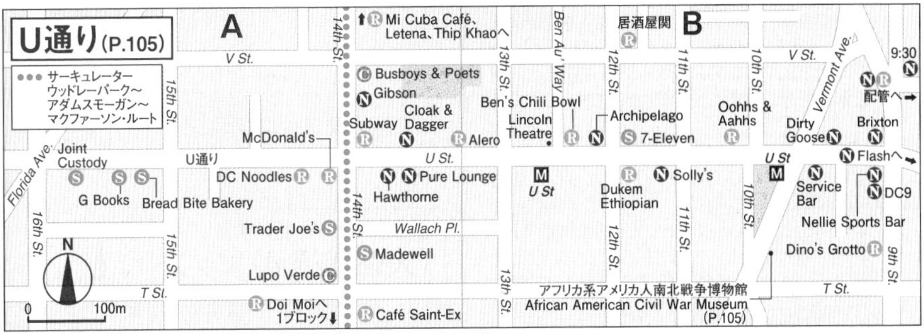

Column

エンバシーロウ散策

各国の国旗が並ぶ大使館通り。毎年5月にオープンハウスとなる

“Embassy Row”は日本語にすると“大使館通り”の意味。ダウンタウンの北西を貫くマサチューセッツ通りMassachusetts Avenue沿いに、約60の国々の大使館が並んでいることから、こう呼ばれるようになった。瀟洒な邸宅が続くこの通りは、首都ワシントンDCの名物通りでもある。

歴　史

シェリダンサークルを中心としたエリアにDCの富豪たちが住み始めたのが20世紀の初め。1929年の世界恐慌で彼らは家を手放さざるを得なくなったが、その後、イギリスと日本の政府が中心部に近いこの地に目をつけ、共同で新しい大使館を建設した。これが先駆けとなって、フランスやドイツが広さを求めて大使館を移し、続くようにさまざまな国の大使館が既成のタウンハウスに引っ越してきた。そして、いつしかマサチューセッツ通り沿いには各国大使館が建ち並ぶようになった。

エンバシーロウ案内

通りは、南東のスコットサークルから始まり、最も大使館が集中するシェリダンサークルを経由して、海軍天文台のあるサークルまで2マイル（約3.2km）に達する。この通り沿いに点在するいくつかの美しい建築や彫像を紹介しよう。

まず、Q St.と21st St.の角に建つ**アンダーソンハウスAnderson House**（MAP右図　住2118 Mass. Ave.　☎(202)785-2040　URL www.societyofthecincinnati.org/plan-your-visit/　開火～土10:00～16:00、日12:00～　休月、祝日　料無料）は、20世紀前半に外交官として手腕を振るったラルツ・アンダーソンLarz Andersonが住んでいた家で、完成は1905年と比較的新しい。入口のアーチやギリシア風の円柱が印象的で、現在、シンシナティ協会の本部Society of the Cincinnatiがおかれている。内部は博物館として公開されている。1階は大ホールと独立戦争に関する資料を、2階にはアンダーソンが大使時代に集めた日本の屏風や瀬戸物、漆器、ベルギーのタペストリーなどが展示されている。

アンダーソンハウスから2ブロック、シェリダンサークルの中央に立つ像は、南北戦争の際、南軍のリー将軍をシェナンドー峡谷で降伏に追い込んだフィリップ・シェリダン提督だ。

S St.を少し東に入った所にある邸宅が**ウッドロー・ウィルソン・ハウスThe President Woodrow Wilson House**（MAP P.27-A3　住2340 S St.　☎(202)387-4062　URL www.woodrowwilsonhouse.org　開ツアーによる見学のみ。要予約。ツアーは邸宅、建築、コレクションなどさまざまなものがあり、時間も料金もそれぞれ。ウェブサイトで確認を）。第28代大統領トーマス・ウッドロー・ウィルソンThomas Woodrow Wilsonと彼の2番目の妻エディスEdithが、大統領退任後も住んだ邸宅。第1次世界大戦後ウィルソンは「14か条の平和

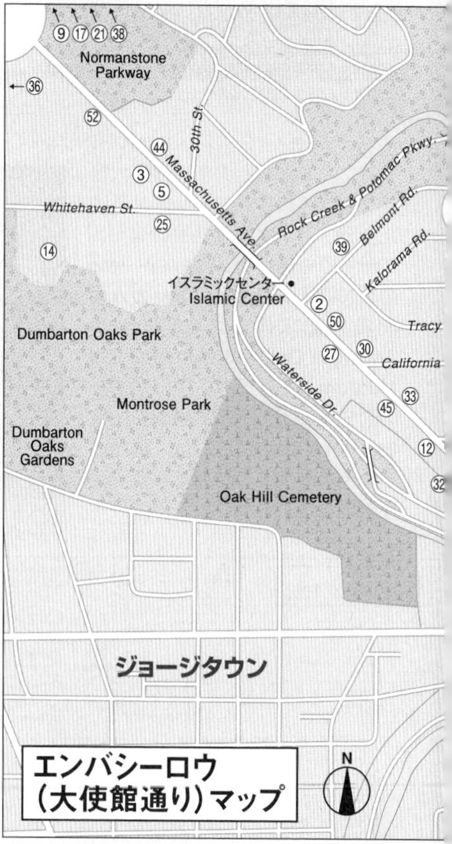

DC豆知識　デュポンサークルのファーマーズマーケット　デュポンサークルの北西Connecticut Ave.と20th St.の間広場で、毎週日曜の朝8:30～13:30くらいまで、ファーマーズマーケットが開かれている。↗

原則」を公表し、平和を目指す国際連盟の設立のきっかけとなった。ウィルソンは1913～21年の2期にわたって大統領職を務め、1921年から死ぬまでの3年間この屋敷に住んだ。

ヨーロッパの邸宅風の大使館が建ち並ぶなかで、異彩を放っているのが**日本大使館㉗**（MAP P.28-C3　住2520 Mass. Ave.　URL www.us.emb-japan.go.jp）。1931年に建てられたジョージア復古調の建物で、菊の御紋が目印。昭和天皇もこの建物のデザインを気に入っていたそうだ。

アメリカ最大のモスクが**イスラミックセンターIslamic Center**（MAP P.28-C3　住2551 Mass. Ave.　☎(202)332-8343　URL theislamiccenter.us　開毎日日の出の30分前～最後の祈祷時間の1時間後　料無料）。第2次世界大戦後、イスラム教圏（エジプト、トルコなど）の大使のためのモスクとして建てられた。一般の人も見学可能だが肌を隠す服装（短パン、ノースリーブは禁止）でないと入れない。写真撮影も厳禁。モスクでは1日5回祈祷の時間が設けられている。

ロッククリーク（小川）を越えた左側に見えてくるふたつのシャープな建築は**イタリア大使館㉕**（MAP P.28-C3　住3000 Whitehaven St.）だ。そのしばらく先にある、イギリスの片田舎を思わせる造りの建物が**イギリス大使館㊾**（MAP P.28-C2　住3100 Mass. Ave.）。18世紀初期に、イギリスで流行したスタイルで、礎石は1957年エリザベス女王によって置かれた。

これら約60の大使館が5月中の土曜日にオープンハウスとなり、一般に開放される（週により地域が異なる）。**パスポートDC Passport DC**と呼ばれるDCらしい行事のひとつで、各大使館では各国料理が振る舞われたり、民族舞踊を披露したり、講演会が催されるなど訪れた人を楽しませてくれる。この時期に訪れるならぜひ寄ってみたい。最寄り駅はレッドラインDupont Circle。
URL www.culturaltourismdc.org/portal/passport-dc1

Sightseeing

ジョージタウン

Georgetown

MAP 折込地図表 -A,B1,2、P.28

AREA ▶ジョージタウン

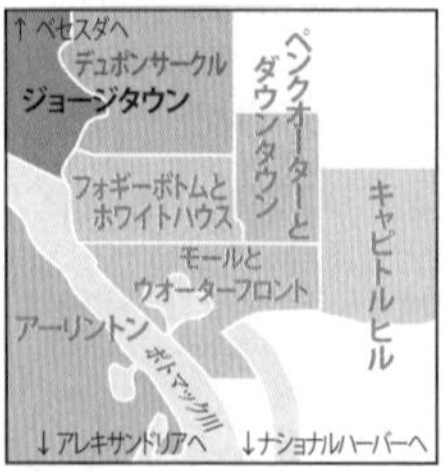

治安 ジョージタウンはDCでも治安のいいエリア。しかし、暗くなってから人通りの少ない所は歩かないように。また、暗くなってからの公園や川辺のジョギングは厳禁だ。

アクセス
▶サーキュレーター　ジョージタウン～ユニオン駅ルート、デュポンサークル～ジョージタウン～ロスリン・ルート
▶メトロバス　#31、33

ホテル P.254～255
レストラン P.294～297

ジョージタウンの情報
URL www.georgetowndc.com

昔の市電の跡が残るO St.

ジョージタウンは大学の町で学生が多い。ブランドショップはコロナの影響で減りつつある

れんが造りのかわいらしい家並みが続くジョージタウンは、一般的なDCのイメージと大きく異なる地域だ。18～19世紀の町並みが残り、それはまるでヨーロッパの小さな町のよう。歴史を感じさせる家々と粋なディスプレイのブティック、フランス風のカフェ、石畳の小道、ストリートカーの跡などノスタルジックな気分に浸れる所だ。ただ、コロナの影響を受け閉店したブランドが多く、以前に比べるとさびしくなった印象は免れない。

ジョージタウンは、建国前たばこ流通の港として栄えた町で、ポトマック河畔にはたばこの運搬船が何隻も往来していた。また、アメリカ最古のカトリック系大学であるジョージタウン大学Georgetown Universityがあり、町はDCの学生街でもある。大学の設立はアメリカ建国からわずか13年後の1789年。神学校らしい趣のあるキャンパスで、特に国際政治学、文化政治学、法学などの評価も高く、現在全米大学ランキングでは22位となっている。クリントン42代大統領やパトリック・ユーイングら著名バスケットボール選手もここの卒業生だ。エリアの中心は、町を横断するM通りM St.とウィスコンシン通りWisconsin Avenue。この道路沿いにアメリカンブランドのショップやカフェ、レストランが軒を連ねる。週末の夜は特ににぎやかで、酒場をはしごする学生が目につく。

メトロレイルが通っていないため、サーキュレーターでのアクセスが便利。ダウンタウンからと、アーリントンのRosslyn駅から走っている。メトロバスの#31、33は目抜き通りのウィスコンシン通りWisconsin Ave.を南北に走る便利な路線。そのまま北上して行けば、グローバーパークGlover Parkのワシントン大聖堂、さらに行けば、メトロレイルのレッドラインFriendship Heights駅が終点で、中心部にも戻りやすい。

お役立ち情報 **ジョージタウンのウオータータクシー**　ザ・ワーフとジョージタウンを結んでウオータータクシーが運航。毎日4～7往復で、$18～。URL www.potomacriverboatco.com

独立前の中産階級の家は全米でも珍しい　MAP P.28-C5

オールド・ストーン・ハウス
Old Stone House

イギリス植民地だった1765年に建てられた中産階級の典型的な家。DCで植民地時代から現存している唯一の家でもある。お金持ちの豪邸などはよく保存されているが、現存する**中産階級の家**は非常に珍しい。

この石造りの家を建てたのはペンシルバニアの家具職人クリストファー・レイマンとカサンドラ・チュウ。レイマンは1階を彼のビジネスの場として設計した。外観は2階建てだが、屋根裏を入れると3階まであり、部屋は全部で6つ。入口の仕事場兼事務所だった部屋には、大きな暖炉と当時の大工道具が、1階のキッチンには鍋などが暖炉に並べてある。2階にはベッドルームがあり、ロープを張ったベッドだけの家具と、唯一当時からのものとして古時計がある。18世紀後半の中産階級は意外なほど質素な生活を営んでいたようだ。

家の裏手の庭は、家畜が飼われ、畑として野菜や果物が育てられていた。現在はレンジャーによって植えられた花が四季折々の美しさを見せている。ひと休みに最適。

オールド・ストーン・ハウス
オススメ度 ★★★
住 3051 M St. NW
☎ (202)895-6070
URL www.nps.gov
開 金～月11:00～19:00
休 11月第4木曜、12/25、1/1
料 無料
行き方 サーキュレーターのジョージタウン～ユニオン駅ルート、またはデュポンサークル～ジョージタウン～ロスリン・ルートで31st St.あたりで下車。M St.沿い、31st St.と30th St.の間

M通り沿いにあるオールド・ストーン・ハウス

運搬船に乗って昔の労働者体験はいかが?　MAP P.28-C5

チェサピーク・アンド・オハイオ・キャナル
Chesapeake and Ohio (C & O) Canal

建国から間もない19世紀初頭、この国は東部から内陸部へと発展を続けていた。道路がそれほど整備されていない時代のこと、人口増加にともなう物資の不足が問題になってきた。解決のため造られたのがチェサピーク・アンド・オハイオ（C & O）・キャナルだ。DCからメリーランド州のCumberlandまで、ポトマック川沿いの全長184.5マイル（約295km）の運河は、鉄道が輸送手段となる19世紀の末まで人々の生活を支える動脈として活躍した。ミュール（ラバ）が引く運搬船は、時速約2.5kmで石炭、鉄、麦、ウイスキーなどを運んだ。西へ向かうにつれ標高が上がるために、運河には途中50ほどの水門が造られており、水位を変えながら進んでいった。

運河は1923年にその役目を終えたが、現在、当時の運河の船旅を体験するツアーが行われている。所要時間は70分。船員とガイド（両方ともパークレンジャー）は皆19世紀の衣装を身にまとい、船旅の様子を再現していく。ラッパの合図が船の出発だ。水門が開かれ、船がぐんぐん上昇すると船旅の始まり。２頭のラバが歩き出し、船はゆっくり動き出す。船上ではガイドがキャナルの歴史と役割、1870年代の生活についての説明をしてくれる。キーブリッジで折り返してジョージタウンに戻ってくる。

チェサピーク・アンド・オハイオ・キャナル
●コロナのため休業中
オススメ度 ★★★
URL www.nps.gov/choh
●スタート地点：キャナル沿いのThomas Jefferson St. と30th St. の間
Georgetown Visitor Center
コロナのため休業中
住 1057 Thomas Jefferson St.
☎ (301)739-4200
URL www.nps.gov/choh
行き方 M St.からThomas Jefferson St.を１/2ブロック南へ

水門を開けながら進んでいく昔の旅が体感できる

DC豆知識　オールド・ストーン・ハウスを出て31st St.を右に曲がるとその右側にルネッサンス復古調の建物が見えてくる。その建物は昔の税関で、今は郵便局として使われている。

クルーズもよし、食事もよし、のんびり眺めるもよし　MAP P.28-C5

ワシントンハーバー
Washington Harbour

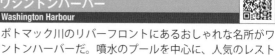

ポトマック川のリバーフロントにあるおしゃれな名所がワシントンハーバーだ。噴水のプールを中心に、人気のレストランやショップ、アパートなどが入ったモダンな建物が囲み、週末ともなると多くのワシントニアンでにぎわう。冬季にはスケートリンクも現れる。ポトマック川の東にはケネディセンターやロスリンのビル群の明かりが見え、夜は特にロマンティック。ここからモール南のザ・ワーフ（→P.76）までウオータータクシーが運航されていて、ポトマック川を航行しながらワシントン記念塔などワシントンの名所を見ることもできる。片道45分。

ワシントンハーバー
オススメ度 ★★
住 3000-3050 K St. NW
URL thewashingtonharbour.com
行き方 M St.（30thと31stの間）からT. Jefferson St.を南へ行った突き当たり

●ザ・ワーフ行きウオータータクシー
URL www.cityexperiences.com/washington-dc/
料 片道$18～、1日4～7本の運航

ワシントンハーバーは夜ライトアップされてロマンティック。冬はスケートリンクもできる

庭園のデザインは一見の価値あり　MAP P.28-B3

ダンバートンオークス（博物館と庭園）
Dumbarton Oaks (Museum & Garden)

ダンバートンオークスは邸宅だけでなく庭園も必見

Wisconsin Ave.を１ブロック東へ入った一画に、都会の喧騒が信じられないほど静かで心安まる庭園と個人の邸宅を改築した博物館がある。ダンバートンオークスは、ビザンチン様式とプレ・コロンビア（コロンブスがアメリカ大陸を「発見」する以前）様式のコレクション、そして美しい庭園をもつことで知られている。1920年に駐米アルゼンチン大使夫妻が造ったもので、1944年には国際連合設立のための準備会議がここで開かれた。

もとは邸宅として使われていた博物館は、ヨーロッパの貴族の邸宅を思わせる典雅な部屋が展示室となり、ビザンチン美術（5～15世紀東ローマ帝国で発展）の鮮やかな金の宝飾品や彫像、タペストリーのほか、アズテック族（現在のニューメキシコ州の一部にも暮らしていたネイティブアメリカン）のヒスイや大理石の工芸品、メソアメリカ（中央アメリカのあたり）の祭儀用の小物、日用品などが展示されている。庭園のデザインは女性ガーデンデザイナーのベアトリクス・ファーランドによるもの。フランス、イギリス、イタリアの要素を取り入れた約10エーカーの敷地は20近い小さな庭園に分かれ、そこには11の池、9の噴水が配されている。なかでも丸石が敷き詰められたモザイクと植物や噴水の調和が見事な**ペブルガーデンPebble Garden**は見逃せない。園内最大のローズガーデンは約900株のバラが咲き乱れて、春は特に美しい。3、4月は桜、ツツジ、フジ、ライラックス、5月はバラ、シャクヤク、夏はユリ、クチナシ、キョウチクトウ、秋は菊の花を愛でることができる。

ダンバートンオークス（博物館と庭園）
オススメ度 ★★★
住 1703 32nd St. NW
☎ (202)339-6400
URL www.doaks.org
開 3/15～10月の火～日14:00～18:00、11月～3/14の火～日14:00～17:00、博物館火～日11:30～17:30
休 月、祝日
料 $7、2歳未満無料（博物館は１年をとおして無料、11月～3/14の庭園は無料）
行き方 Wisconsin Ave.からR St.を1ブロック東。入口はR & 32nd Sts.

王女の土地？
建国前の1702年、ジョージタウンが港町として栄えていた頃、ダンバートンオークスの敷地の一部はイギリスのアン王女が所有していた時期もあった。

ストラビンスキーがここで演奏した
この家の所有者だったブリス夫妻は音楽家との親交も厚く、友人のピアニスト、ジャン・パデレフスキJan Paderewskiを招いて演奏会を開いたりした。作曲家のストラビンスキーIgor Stravinskyは夫妻の30回目の結婚記念日のために曲をささげ演奏している。

DC豆知識　**映画『エクソシスト』の階段**　1973年公開の映画で、社会現象に近いブームを巻き起こした映画はジョージタウンが舞台。ラストシーンで出た長い階段の場所はMAP P.28-B5で、観光名所になっている。

国家を代表する大聖堂

MAP P.28-A,B1

ワシントン大聖堂
Washington National Cathedral

ウィスコンシン通りをバスに乗って北へ上ると、右側にゴシック様式の巨大な建築物が見えてくる。全米ではニューヨークのセントジョン・ザ・ディバイン大聖堂に次ぐ規模を誇るワシントン大聖堂だ。歴代大統領のうち、4人の葬儀がこの聖堂で行われているので、映像などでその様子を見た人もいるだろう。2021年11月に行われたアフリカ系アメリカ人で初の国務長官を務めたコリン・パウエルの葬儀は記憶に新しい。

2018年にはマケイン元上院議員、ブッシュ元大統領の葬儀がここで行われた

首都ワシントンDCに**宗派を超えた大聖堂**の建立を考えていたのは、初代大統領ワシントン。発案から約1世紀後の1893年、国会で案が可決されると大聖堂建設のための財団が設立され、1907年に定礎式が行われた。塔の高さは海抜206mと、DCではいちばん高い建造物だ（建造物だけの高さならワシントン記念塔がNo.1）。

荘厳な建物は14世紀のゴシック様式。鉄骨の支柱がなく、石柱を組み合わせた高い天井のある建造物は、ゴシック建築の典型で、この大聖堂は現存するゴシック建築として最後のものといわれている。大聖堂の果たす社会的役割も大きく、数えきれないほどの礼拝を行う以外にも、T・ルーズベルト以来歴代大統領の就任式の一部もここで行われ、セミナー、コンサートも開かれる。タイミングがよければパイプオルガンの壮麗な演奏を楽しむことができる。

また、三重苦を乗り越え世界中に感銘を与えた**ヘレン・ケラーHelen Keller**と**サリバン先生Anne Sullivan**、第28代大統領ウィルソンもここに眠る。

南に面した回廊には、初代大統領ワシントンの小間、アメリカ北西部を探検したルイスとクラークを記念したフォルジャーの小間、南北戦争の英雄リー将軍とジャクソン将軍を記念したリー・ジャクソンの小間などがあり、ウォーレンの小間ではアポロ11号の乗組員が持ち帰った月の石が窓にはめ込まれている。ウィルソンの小間には、第28代大統領ウィルソンの墓石も見られ、北側の回廊には第16代大統領リンカーンの小間などがステンドグラスの下に並んでいる。地下には、ヘレン・ケラーとサリバン先生の墓碑、ワシントン大聖堂の初代の僧正の墓のあるベツレヘム礼拝堂、インフォメーションやショップもある。また、333段の階段を上ったベルタワーからのDCの眺望は抜群（タワーへは$50）。

ワシントン大聖堂
オススメ度 ★★★
要予約
住 3101 Wisconsin & Massachusetts Aves. NW
☎ (202)537-6200
URL cathedral.org
開 月～金10:00～17:00。ツアーによって異なる
料 $15、65歳以上・5～17歳$10、5歳未満は無料。入場にはウェブサイトからの予約が必要。現在はさまざまなツアーが行われており、時間も料金も異なる。詳しくはウェブサイトで
行き方 ジョージタウンの北、Wisconsin Ave.とMass. Ave.が交差する所。バスの場合、#31、33でCathedral下車

●**ハイライトツアー**：当日大聖堂の受付で確認を。所要約～45分（入場料に込み）

宗派を超えて
2001年9月14日の同時多発テロの追悼ミサのときは、キリスト教だけでなく、ユダヤ教の司祭やイスラム教の聖職者も招かれて、犠牲者のために祈った。

正式名称は
このカテドラル、正式には『聖ペテロと聖パウロの大聖堂The Cathedral Church of St Peter & St Paul』という。
西側に位置する本堂正面の広間の大理石の床には全米50州とDC、合衆国とワシントン大聖堂の紋章が入っている。州旗は本堂にも掲げられている。教会にはダース・ベイダーの像や多くの貧困者を救い、海外で知られる賀川豊彦の像もある。

上／ヘレン・ケラーとサリバン先生の墓は地下にある
下／想像以上に大きい聖堂で、内部も荘厳な雰囲気だ

読者投稿 **大聖堂に飾られているもうひとりの日本人** South Wingに幕末日本を脱国して帰国後同志社英学校（現同志社大学）を創設した新島襄の像がある。英語名はJoseph Hardy Neesima。（群馬県　横山聖治）['23]

Sightseeing

アーリントン

Arlington

MAP 折込地図表 -A,B2,3、P.30

AREA ▶アーリントン／バージニア州

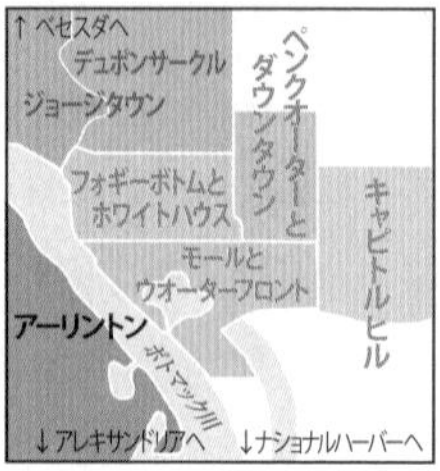

治安 墓地は時間になると閉園となるが、海兵隊戦争記念碑は夜中でも見ようと思えば見ることができる。しかし、特に22:00以降は控えるように。地元っ子が集まるメトロレイルClarendon駅周辺は22:00を過ぎてもかなりにぎやか。とはいえ、ここはアメリカ。暗くなってから人通りのない所には行かないように。

アクセス
▶メトロレイル　ブルー、オレンジ、シルバーライン Rosslyn駅、ブルーライン Arlington駅、オレンジライン Clarendon駅
▶サーキュレーター　デュポンサークル～ジョージタウン～ロスリン・ルート

ホテル P.255～256
レストラン P.297～298

ココも見逃すな!
アーリントンのミュージアム
DEA博物館 ………… P.218

海兵隊戦争記念碑の近くにカリヨンの塔があり、美しい鐘の音が奏でられる

ロスリン駅そばのビュー・オブ・DCからモールを見た景色

　ポトマック川西岸のアーリントン地区は、DCの一部と思われがちだが、実は隣のバージニア州になる。ピエール・ランファンの首都計画ではこのあたりもDCに含まれており、かつてはDCの一部であった。しかし、1845年バージニア州よりポトマック西岸の返還請求があったため、アーリントンはバージニア州に返還されたのである。注意をして見るとポトマック川の西岸には、背の高い建物が建っているのがわかるだろう。DCではワシントン記念塔より高い建築物の建設は許可されないが、ここバージニア州では高さの制限は特にないからだ。

　アーリントンで必見は、エリアのほとんどを占める国立墓地。ここには永遠の炎が燃え続けるJ.F.ケネディの墓と身元不明のまま戦死した兵士を祀る無名戦士の墓などがある。

　国立墓地→海兵隊戦争記念碑を見たあとは、そのままRosslyn駅のほうへ向かってみよう。ビュー・オブ・DCで眺望を楽しむのもいい。クラレンドン通りを西へ向かえば、スーパーマーケットや人気のレストラン、安めのホテルなどがあって、典型的な都会の郊外の光景が見られる。

　アーリントンは見どころも少ないので、そのままブルーラインを南下し、アレキサンドリアへ行くのもいい。買い物好きなら、同じくブルーラインを南下して、Pentagon City駅で下車しよう。駅の真上にあるファッションセンター・アット・ペンタゴンシティのモールは日本人好みのブランドが多く、あっという間に時間がたってしまうだろう。

40万人もの国に仕えた人々が眠るアーリントン国立墓地

読者投稿 **ここにもあったコンパスコーヒー**　ローカルコーヒーの「コンパスコーヒー」。硫黄島の記念碑を見ようとRosslyn駅を出た所にあった。開放的な雰囲気もよかった。　（京都府　まーくん　'22）

アメリカの英雄たちが眠る

MAP P.30-A,B2~4

アーリントン国立墓地
Arlington National Cemetery

アメリカ建国以来、数々の戦争で戦死した兵士やアメリカの国民的英雄など40万人以上が埋葬されている国立の墓地。埋葬者数は全米で最も多く、年間300万の人が訪れる全米一有名な墓地だ。宗派は関係なく葬られる。

スペースシャトル・チャレンジャーの事故の慰霊碑もある

アーリントンで眠る人々

独立戦争、1812年の対英戦争、南北戦争、第1次、第2次世界大戦、朝鮮戦争、ベトナム戦争、湾岸戦争、イラク・アフガニスタン戦争で亡くなった兵士の魂が眠っている。軍人以外では、第27代大統領ウィリアム・H・タフトWilliam H. Taft、第35代大統領ジョン・F・ケネディとロバートとエドワードの兄弟、1986年スペースシャトル・チャレンジャー号爆発事故で亡くなった宇宙飛行士ディック・スコビーDick Scobeeとマイケル・スミスMichael Smith、音楽家グレン・ミラーGlenn Milerらの墓がある。また、DCの首都設計を手がけたピエール・ランファンPierre L'Enfantはアーリントンハウス下の傾斜、町が見渡せる場所に眠っている。

アーリントンでは、毎年約6900人もの人が葬られている。申し込みが多いため、現在は公務中に殉職した人、テロなどの犠牲者、軍歴20年以上の人に限られるという。平日は27~30回の葬儀が行われ、埋葬費用は国の負担。

国立墓地のポイント

アーリントンハウス　Arlington House

墓地を見下ろす小高い丘にギリシア復古調の屋敷が建っている。後に南北戦争で南軍の指揮官として国民的英雄となった**ロバート・E・リー将軍Robert E. Lee**の邸宅だ。アーリントン墓地は彼の邸宅と敷地がもとになっている。

アーリントンハウスを建てたのは、初代大統領ワシントンの孫（大統領夫人の連れ子の息子）であるジョージ・ワシントン・パーク・カスティスGeorge Washington Parke Custis。彼の娘メリー・アンMary Annが1831年 にロバート・E・リーRobert E. Leeと結婚。以後リー夫妻は約30年間この邸宅に住んだ。

リー将軍の家は、主人がいない間に周囲が墓地になっていた

アーリントン国立墓地
オススメ度 ★★★
●セキュリティチェックあり
住 Arlington, VA 22211
Free (1-877)907-8585
URL www.arlingtoncemetery.mil
開 4~9月の毎日8:00~19:00、10~3月の毎日8:00~17:00
料 無料
行き方 モールの南西、ポトマック川を越えたバージニア州側。ブルーラインArlington Cemetery駅下車。駅を上がれば国立墓地のゲートが見えてくる

国立墓地内の循環バス
639エーカー（約2.5km²）の広大な敷地のポイントを結んで走る有料バス。ケネディの墓、無名戦士の墓、アーリントンハウスの3ヵ所を含めた7のポイントにストップする。出発地点はアーリントン墓地のビジターセンターから。日本語解説のアプリあり
料 $19.50、4~12歳$10.75、65歳以上$15
URL www.arlingtontours.com
開 4~9月の毎日8:30~18:00、10~3月の毎日8:30~16:00

広い敷地内をシャトルバスが回っている（有料）

アーリントンハウス
MAP P.30-A3
☎ (703)235-1530
URL www.nps.gov/arho
開 毎日9:30~16:30
休 11月第4木曜、12/25、1/1

女性軍人記念館
Military Women's Memorial
MAP P.30-A3
☎ (703)533-1155
URL www.womensmemorial.org
開 月~土9:00~17:00、日12:00~
休 12/25

メトロレイル駅から国立墓地へ向かう道を突き当たった所にある女性軍人のためのメモリアルだ。約300万以上の女性の活躍ぶりが紹介されている。

お役立ち情報 **アーリントンは朝一番で** アーリントン国立墓地の開園は朝8:00。スミソニアンの博物館（10:00開館）の前に観光できる。シーズンは驚くほど混雑するので、それを避けるためにも早朝の見学がおすすめ。

1861年4月、南北戦争が勃発すると、バージニア州を含めた南部4州が連邦から脱退。南軍につくことを選んだリーは、北部と南部の境にあるこの地が戦場化する危惧を抱き、バージニア州中部のリッチモンドに引っ越した。戦争中、連邦政府はリー家が土地所有税を払わないことを理由にこの地を占領。1864年5月アーリントンで戦死したひとりの男を埋葬したことがきっかけとなって、ここに戦没者を埋葬するようになった。戦後、家はもとに戻っても墓地は荒れて手の施しようもなく、1880年代に土地は政府へ売却された。

ジョン・F・ケネディの墓
MAP P.30-A3

弟ふたりの墓はここに
J.F.ケネディの墓の南には、1968年に暗殺されたロバートRobert F. Kennedy上院議員の墓もある。弟ロバートの墓は芝生に囲まれ、白い木製の十字架が立てられている。2009年に亡くなった上院議員エドワードEdward M. Kennedyの墓はロバートの墓の南のセクション45にある。

ジョンの墓の近くには、兄弟のロバートとエドワードの墓もある

ジョン・F・ケネディの墓　John F. Kennedy Gravesite

ジョン・F・ケネディと夫人のジャクリーンの墓石

アーリントンハウスの下、緩やかなスロープに沿った区域に第35代大統領ジョン・フィッツジェラルド・ケネディJohn Fitzgerald Kennedyの石盤型の墓石がある。1963年11月22日、テキサス州ダラスでのパレード中、多くの市民が見守るなかで狙撃され、46年の短い生涯を閉じた伝説の大統領だ。十字架が刻まれた意外に簡素な墓石は、彼の故郷マサチューセッツ州ケープコッドから採石されたもの。墓石の後方で今もなお燃え続けているのは**永遠の炎Eternal Flame**だ。テラスを囲む大理石の壁には大統領就任演説の言葉が刻まれている。

1994年に亡くなった**ジャクリーン・ケネディ・オナシス**も隣に寄り添うように眠っている。

歴代大統領よもやま話

ジョン・F・ケネディの尊敬する日本人

1961年、第35代大統領ジョン・F・ケネディが日本人記者団からの「日本で尊敬する政治家は？」という問いに「上杉鷹山（うえすぎようざん）」と答えた。記者団のなかからは「上杉鷹山って誰?」というささやきが聞かれたという。

上杉鷹山は、現代の日本人なら誰もが見習うべき先人だ。鷹山は米沢藩（現在の山形県）の９代藩主。九州の高鍋藩から養子に入り、17歳で藩主に就いた。時代は、享保の改革で知られる８代将軍吉宗が亡くなってから十数年、封建社会が行き詰まりを見せていた頃。米沢藩も長年にわたる累積赤字が増大し、会社でいえば倒産寸前の状態だった。藩主となった鷹山は、自ら木綿を身にまとい、一汁一菜を実行し、また、実際にくわを持って畑を耕すなど、当時の藩主には考えられない大倹約を自ら実践して、藩政の建て直しを図った。結果、積年にわたる膨大な借財を返済し、飢饉の多かった時代、米沢藩からは餓死者をひとりも出さなかったといわれている。彼の行動は、武士だけでなく庶民の心を大きく動かしたのである。鷹山は、藩を治めるにあたって『伝国の辞』を残している。

一、国家は先祖より子孫へ伝え候国家にして、
　我私（われわたくし）すべきものにはこれなく候
一、人民は国家に属したる人民にして、
　我私すべきものにはこれなく候
一、国家人民の為に立たる君（くん）にて、
　君の為に立たる国家人民にはこれなく候

ケネディの有名な就任演説を思い出してほしい。"Ask not what your country can do for you—ask what you can do for your country（国家が国民のために何をしてくれるのかではなく、国民が国家に対して何をなしえるか問い給え）"。そう、ケネディ大統領が上杉鷹山の影響を受けたことは間違いない事実である。

お役立ち情報　夏はケネディの墓の周りはたいへんな混雑ぶり。できれば早い時間に訪れることをすすめる。写真も撮りやすいし、あまり暑くならないうちなら、体も楽。日陰もないので、暑い日はつらい。

無名戦士の墓　Tomb of the Unknowns

無名戦士の墓を守るオールドガードの衛兵。緊張感が伝わる

第1次、第2次、朝鮮、ベトナム戦争で亡くなり身元が確認できなかった兵士が埋葬されている白い大理石の墓石。

無名戦士の墓は、特別に訓練された陸軍第3歩兵隊（通称**オールドガードThe Old Guard**）の衛兵によって、1948年から雨の日も風の日も24時間警護されている。衛兵はライフルを片手に墓前を21歩で歩く。1歩を1秒で踏みしめる規則正しい動作で、ちょうど21秒で方向転換を行う。この21という数字は国際的な儀典礼式にならって"敬意"を表しているという。衛兵の交替式が観光ポイントになっている。

無名戦士の墓
MAP P.30-A4

衛兵の交替式
衛兵は時間によって交替し、4/1～9/30は30分おき、10/1～3/31は1時間おきに交替式が行われている。ちなみに墓地が閉園してからは2時間おきとなる。

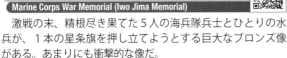

壮絶だった戦闘を物語る　MAP P.30-A2

海兵隊戦争記念碑（硫黄島記念碑）
Marine Corps War Memorial (Iwo Jima Memorial)

激戦の末、精根尽き果てた5人の海兵隊兵士とひとりの水兵が、1本の星条旗を押し立てようとする巨大なブロンズ像がある。あまりにも衝撃的な像だ。

太平洋戦争中、アメリカ軍侵攻の戦地となった硫黄島で日米軍が衝突（1945年2月23日）、約1ヵ月の激戦の末アメリカ軍が勝利を収め、占領の証に兵士たちがアメリカ国旗を立てた。その姿をジョー・ロウゼンタールJoe Rosenthalがカメラに収め、これを発表。この生々しい写真は全米に衝撃を与えた。

ピュリッツァー賞を獲得した写真を彫像家デ・ウェルダンFelix W. de Weldonがそのままブロンズ像に表現した。高さ10m、幅20mのブロンズ像は近くで見るとかなりの迫力。

想像以上に大きな像で、迫力がある

CINEMA おすすめ映画はこれっ！

父親たちの星条旗
Flags of Our Fathers
2006年公開
監督：クリント・イーストウッド
主演：ジェシー・ブラッドフォードなど

第2次世界大戦中、日米対決の激戦地となった硫黄島の摺鉢山で、死闘の末、勝利の証に星条旗が立てられた。この報道写真の公開により、国中を挙げてのヒーローに祭り上げられた兵士たち。戦後の世の中が彼らをどのように扱ったかの悲劇を描く。

海兵隊戦争記念碑（硫黄島記念碑）
オススメ度 ★★★
住 Arlington Blvd. & Meade St.
URL www.nps.gov
開 毎日24時間。暗くなってからは行かないこと　料 無料
行き方 ブルー、オレンジライン Rosslyn駅下車、Fort Myer Dr.を南へ徒歩約13分

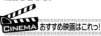

ニッポン in DC

硫黄島（いおうとう）の戦闘

硫黄島は、小笠原諸島最大の島で、東京の南約1250kmに浮かび面積は約23km²。

太平洋戦争開戦初期、優勢だった日本軍も、時間の経過とともに劣勢となり、米軍は日本の本土侵攻に向けての足固めを進めていた。昭和20年2月、この島の南にある摺鉢山（すりばちやま）を中心に、米軍と日本軍の間で、壮絶な激戦が繰り広げられた。硫黄島は、日本の本土爆撃の絶好の中継地として米軍にとって戦略上ぜひとも陥落させたい重要な地点だったのだ。上陸した約6万1000人の米軍の襲撃に対し、迎え撃つ日本軍の兵は約2万1000人。栗林中将率いる日本軍は敵を十分引き寄せてから攻撃する戦略を執り、持久戦にもち込んだ。最後の最後まで日本軍は頑強に戦い続け、米軍は予想以上にてこずった。当初、米軍首脳部は硫黄島を5日間で占領できるとみていたのだ。島は地形が変化するほどの米軍の砲撃を浴び、摺鉢山の山頂は両軍の争奪の地点となった。約1ヵ月後の3月23日、ついに摺鉢山は米軍によって占領された。日米両国の戦死傷者約4万9000人。米軍の被害も激しく、実質的には日本軍以上の損害をこうむった。硫黄島で見られた日本軍の徹底的な抗戦ぶりは、本土上陸の際に及ぼす米軍の被害の大きさを予感させた。

DC豆知識　**オランダの鐘Netherlands Carillon**　第2次世界大戦時の援助に感謝をしたオランダから贈られた。英国のウェストミンスター寺院と同じ音色で、6～9月の土18:00に生演奏を聴くことができる。

ナショナル空港を発着する便では窓際に乗ろう。運がよければ上空から五角形を確認できる

ペンタゴン
●2023年3月現在、ペンタゴンはアメリカ国民のみ見学可能
オススメ度 ★
住The Pentagon, I-395 at Washington Blvd.
行き方ブルー、イエローラインPentagon駅下車

アメリカ軍の中枢はここだ!　MAP P.30-B4

ペンタゴン(国防総省)
Pentagon (Department of Defense)

アメリカ国防総省Department of Defense (DOD) の本部で、建物の形が五角形 (英語で五角形のことをPentagonという) をしていることから"ペンタゴン"の通称をもっている。当初から五角形の建造物を計画していたわけではなく、建設予定地が道路に囲まれて五角形だったため、この姿になった。

ペンタゴンはアメリカ軍の心臓部だ。ペンタゴンの最高責任者は国防長官だが、周知のとおりアメリカ軍の最高司令官は大統領である。国防総省の基本的任務は「合衆国国民とその子孫が『自由』のもとで平和に生活するために貢献すること」にあり、アメリカ軍(陸海空軍、海兵隊) は突然攻撃されても常に応戦できるような態勢を維持している。

ペンタゴンに軍事関連の施設はないが、約2万3000人もの職員が働いている。建物は第2次世界大戦中に建設された世界最大のオフィスビルである。

ペンタゴン慰霊碑
オススメ度 ★
住1 N. Rotary Rd. (ペンタゴン西側)
URL pentagonmemorial.org
開24時間 (トイレは7:00~22:00。セレモニー時は閉鎖)
料無料

9.11のテロの犠牲となった人々を鎮魂する　MAP P.30-B4

9/11 ペンタゴン慰霊碑
The National 9/11 Pentagon Memorial

2001年9月11日のアメリカ同時多発テロで甚大な被害を受けたペンタゴン。ハイジャックされたアメリカン航空77便が9:37ペンタゴンの西側に激突し、合計184人の犠牲者を出した。その犠牲者を悼む碑だ。下には水がたたえられ、ベンチのように地面からつき上がるプレートには184人の名がひとりずつ刻まれている。

ビュー・オブ・DC
オススメ度 ★★
住1201 Wilson Blvd., Arlington (入口は1731 N. Moore St.)
URL theviewofdc.com
開日月8:00~20:00、火木金土~16:00、水~24:00
料無料
行き方ブルー、オレンジ、シルバーラインRosslyn駅下車、すぐ。サーキュレーターのデュポンサークル~ジョージタウン~ロスリン・ルートで

DCの眺望が楽しめる穴場　MAP P.30-A1

ビュー・オブ・DC
View of DC

アーリントン側からDCの眺望が楽しめるスポットが誕生した。メトロレイルRosslyn駅を出たすぐ右側にある高層ビルCEB Buildingの上層階が展望階として、無料で開放されている。入口でID確認と荷物検査を受け、エレベーターで一気に31階へ。フロアの周りはガラス窓になっており、ぐるっと歩きながら360度のパノラマが楽しめる。西にはモールのモニュメントや国会議事堂、北にはワシントン大聖堂、南にはワシントン記念石塔とナショナル空港を発着する航空機が一望できる。人も少ないので、のんびりできるのもうれしい。

DCの鳥瞰図を楽しめる、ビュー・オブ・DC。無料なのでぜひ訪れたい

お役立ち情報　ペンタゴンは写真撮影禁止　ペンタゴンは、ペンタゴン慰霊碑を除き、内部だけではなく、周辺からの撮影も禁止されている。禁止の案内板も立ち、かなり厳しい。

ニッポンin DC

米国軍艦で帰国した駐米大使・斎藤博

1930年前後から日本を取り巻く国際情勢があやしくなり始めていた。中国大陸では日本軍の強行策、満州事変の勃発、そして満州国の建国宣言へと流れ、欧米との間では軍縮問題に対する不満から1922年に日英同盟の破棄、そして1933年には国際連盟脱退という暴挙に踏み出した。アメリカとの袂を分かち、日本が孤立化し始めていたのである。

険悪な日米関係を迎えた時期、長けた英語力と、卓越した知力にすばやい判断力、そして実行力に富んだ斎藤博が駐米特命大使として任命された。外務省の従来の慣例を破って、49歳という若さでの赴任であった。

斎藤博は、1886年12月24日、元長岡藩士斎藤祥三郎の次男として生を受ける。父親は、札幌農学校を卒業後、英語教師をへて、外務省の翻訳官として活躍。英語に親しむ家庭で育った博は、1910年に東京帝国大学を卒業して外務省に入省した。

外交官としての歩みは、外交官補としてワシントンＤＣの日本大使館に赴任したことから始まる。以後、海外での日本大使館勤務、パリ講和会議やワシントン会議への随員参加や、国際連盟総会など数々の国際会議に参加して各国の外交官たちの間でも名前を知られるほどのエリート外交官となっていた。

斎藤大使の勇断

ワシントンでの斎藤は、何としてでもアメリカ政府との外交関係をつないでおくために、F.D.ルーズベルト大統領との意思疎通をはかろうと努める。新たな日米太平洋同盟を構築しようと、物怖じしない積極果敢なアプローチまで取った。そんな斎藤に、ルーズベルト大統領も国務長官のハルも個人的に好意を抱いた。

斎藤のあくなき努力にもかかわらず、日中戦争が始まってまもない1937年12月12日、パネー号事件が起きる。米国アジア艦隊の揚子江警備艦パネー号に対して、3機の日本海軍機が襲撃して沈没させてしまったのだ。しかも、後続の軍用機までが、パネー号から避難するボートを目がけて機銃掃射をしたという。日本では、広田弘毅外相がアメリカ大使館を訪ね、グルー大使に謝罪をする。そしてワシントンの斎藤に訓令を発すると、ハル国務長官に公式な陳謝を命じた。

国務長官とのアポは14日となったが、アメリカ市民への深謝と釈明が即必要と直感した斎藤は、アメリカ時間の12日、すぐに行動を起こす。ニューヨークのラジオ放送局に頼み込んで全米放送時間の3分52秒を買い取ると、ワシントンのラジオ放送局からアメリカ国民に向けて、自らの言葉で、心から陳謝した。いわく、アメリカ政府と正直に話し合い、お金で解決できるのであれば、日本政府はいかなる条件にも応ずるつもりです。そして、「いかなる犠牲を払っても、日本政府は今回のお詫びをしたい」と語りかけ、二度とこのようなことが起こらないようにすると詫びた。外務省からの許可を待つことなく、斎藤の機転と勇断で行った誠実な謝罪により、一触即発の危機が回避されたのである。

すでに日本陸海軍の情報を収集し事件の概要をつかんでいたアメリカ政府であったが、斎藤の処置を評価して、「国内世論の沈静化に努めた」のだった。

斎藤博の帰国

日華事変の歯止めと紛争回避に向けての努力を続ける斎藤は、新たな日米単独協定を結んで両国の友好関係を再構築し、アメリカ政府の介入で日華和平を実現しようと奮闘した。にもかかわらず、日本は中国との戦争に踏み込んでいく。アメリカは日本の膨張主義に対して態度を硬化し、日米関係は悪化していった。

次から次へと押し寄せる難問題で心労がたたり、斎藤は1938年の春に肺を患う。9月に肺葉切除の大手術を受けると、斎藤は大使の任を降りて、療養生活に入る。だが、1939年2月26日の寒い日に不帰の人となった。

28日、斎藤の葬儀が大使館で行われた。このとき、ひとりの日系記者から思わぬ提案が出た。かつて日本で急逝したバンクロフト駐日大使が、日本の軍艦によってアメリカまで送り届けられていることから、斎藤前大使のためにアメリカの軍艦を用意してもらえないものだろうか、というものである。

この話がルーズベルトの耳に届くと、大統領は即座に了承する。斎藤の遺骨を日本に届ける礼送艦に1万トン級巡洋艦「アストリア号」が準備された。艦長は、かつて米国アジア艦隊司令官を務めたリッチモンド・ターナー大佐であった。3月18日、斎藤の遺骨を安置したアストリア号はアナポリス海軍兵学校の桟橋を出発。そして4月17日、斎藤の遺骨は国賓扱いで横浜港に戻ったのである。

険悪な日米関係下にあっても、アメリカから慕われた斎藤博をしのぶ記念碑がある。アナポリス海軍兵学校内バンクロフトホールの北側に建つ２ｍほどの石造り７重の塔がそれである。

（ワシントンDC　海野　優）

アナポリスの海軍兵学校にある斎藤博の記念碑

お役立ち情報　**絶好の写真スポット**　オランダから贈られたカリヨンの塔近くは絶好の写真スポット。リンカーン記念館、ワシントン記念塔、国会議事堂を一直線に見渡すことができる。

Sightseeing

アレキサンドリア

MAP 折込地図裏-B2、P.121

Alexandria

AREA ▶アレキサンドリア／バージニア州

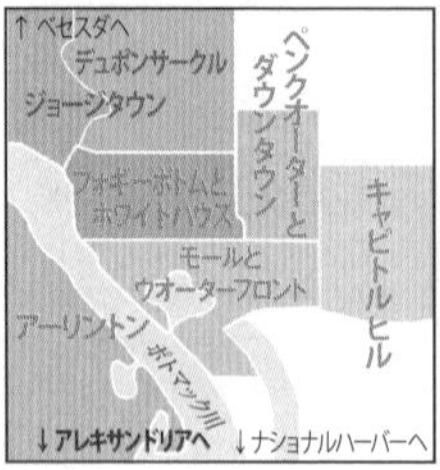

治安 アレキサンドリア観光の中心であるオールドタウンの治安はいい。ただし、ひと気のない道には入らないように。トロリー運行終了後、オールドタウンからKing St.駅に戻るときは、タクシーの利用を。

アクセス

▶メトロレイル　ブルー、イエローラインKing St.駅（DCの中心部から20～25分ほど）。駅からはキング通りトロリー（→P.119）で

▶アムトラックとバージニア鉄道　DCのユニオン駅からアレキサンドリアへアムトラックとバージニア鉄道が走っている。1日9～13本程度の運行。所要約20分、King St.駅下車。駅からはキング通りトロリー（→P.119）で

▶ウオータータクシー　3～10月の間、ジョージタウンのワシントンハーバー（→P.110）やザ・ワーフ（→P.76）からオールドタウンまでウオータータクシーが運航されている。1日4～7本の運航、冬季運休。スケジュールは必ずウェブサイトあるいは現地で確認すること。片道$18～、往復$28～

URL www.potomacriverboatco.com

ホテル P.256
レストラン P.298～299

ココも見逃すな!

アレキサンドリアのミュージアム

発明の殿堂 ………… P.218

アメリカを代表する美しい町がアレキサンドリア。DCとはまったく違った雰囲気

　スタイリッシュなブティックや斬新な作品が並ぶギャラリー、歓談する人の笑顔が見えるレストラン……アレキサンドリアは、アメリカ建国前の1749年、港町としてスコットランドの商人によって造られた町だ。ワシントンをはじめ、これからひとつの国を創ろうという志士たちが集い、熱い政治論議を交わした。石畳にれんが造りの建物が続くアレキサンドリア旧市街は、歴史保存地区に指定され、18～19世紀の建物が1000軒ほど残っている。“オールドタウンOld Town”と呼ばれるエリアで、アメリカの古都を感じさせる美しい町並みだ。カジノも誕生して注目度の高いナショナルハーバー（→P.126）はポトマック川を挟んだ向かいになり、ウオータータクシーでアクセスすることもできる。DCからアレキサンドリアへはメトロレイルでも簡単に行けるのでぜひ足を運んでほしい。

　観光の中心はオールドタウンで、その中心がキング通りKing Street。この通り沿いにショップやレストランが並び、夜遅くまでにぎわっている。歩いていける範囲に見どころがあるものの、意外にその数が多い。ポトマック川のクルーズ船に乗ったり、アンティークショップやギャラリーに寄ったり、町の雰囲気も楽しむなら、できれば1泊は欲しい。すてきな宿が多いのもアレキサンドリアならではで、建国当時の気分も味わえる。できればワシントン大統領の邸宅と農園であるマウントバーノンと合わせて、DCとは違ったアメリカの古都を満喫してほしい。

アレキサンドリアの市庁舎前ではマーケットが開かれる
© C Martin for Visit Alexandria

お役立ち情報　**アレキサンドリアのクルーズ**　ポトマック川に面した町だけに、暖かい季節はクルーズが人気。簡単なのはザ・ワーフやジョージタウンからのウオータータクシー。ワシントンのモニュメントを川から↗

観光案内所

Alexandria Visitor Center（ラムゼイハウス）

ビジターセンターは資料も豊富

King St.とFairfax St.の角にある観光案内所。資料類が豊富なうえ、1階にはトイレもある。

この家は、1724年頃スコットランドの貿易商で、アレキサンドリア最初の郵便局長であり、市の創設者であったウィリアム・ラムゼイによって建てられたもの。当時は家からポトマック川の眺望がすばらしかったという。1749年、現在の場所に移築され、1956年から観光案内所として使われるようになった。

市内の交通機関

キング通りトロリー　King Street Trolley

King St.駅から中心部まで無料のトロリーが運行されている

メトロレイルのブルー&イエローラインKing St.駅とアレキサンドリアのオールドタウンを結ぶキング通りKing St.を無料のトロリーが走っている。オールドタウンではポトマック川の手前Union St.が終点。駅からオールドタウンまで歩くと20分以上かかるので、おおいに利用しよう。

アメリカ旅行誌のSmall Best Cityのトップ5に選ばれた　MAP P.121-A,B

キング通り
King Street

メトロレイルの駅からポトマック川までの約2kmを一直線に走る道がキング通りだ。アレキサンドリアはコンデナストトラベラー誌2022年の"Small Best City"のトップ5となったかわいらしい町で、キング通りにはシックでおしゃれなショップやレストランが建ち並び、歩くだけでも楽しい。Washington St.より東に店が集中し、夜は雰囲気も抜群。アメリカの古都を満喫するにはぴったりの町だ。

アレキサンドリアではキング通りの散策から始めよう

ラムゼイハウス・ビジターセンター
MAP P.121-B
住 221 King St.
☎ (703)838-5005
URL www.visitalexandriava.com
開 5～10月の毎日10:00～18:00（5月の金土～19:00、6～8月の金土～20:00）、11～12月と3月の毎日10:00～17:00
休 11月第4木曜、12/25、1/1、1月と2月
無料Wi-Fi

アレキサンドリア観光に便利なパス
●**Key to the City**
アレキサンドリアの9つの博物館の入場料、合計$60が$20にディスカウントされたとてもお得なパス。観光案内所で販売している。含まれる博物館は次のとおり。アレキサンドリア・アフリカ系歴史博物館、自由の家博物館、カーライルの家、ギャツビーズタバーン、リー・フェンドールの家、文化会館、フレンドシップ消防署博物館、スタブラー・リードビーター薬局、ワシントン記念石塔展望台。またマウントバーノン（40%引き）、ホーンブロワー社のクルーズ（40%引き）

キング通りトロリー
URL www.dashbus.com/trolley
●**運行**：毎日11:00～23:00の15分間隔　料 無料

ナショナルハーバー（→P.126）～アレキサンドリア間のアクセス
●**ウオータータクシー**：3～10月の毎日4～7本運航されている。アレキサンドリアはシティマリーナ、ナショナルハーバーはゲイロードホテルとハーバードックの2ヵ所から発着する。片道$18～、往復$28～
●**メトロバス #NH2**：毎日5:05～23:35まで30分間隔の運行。約20分。アレキサンドリアはKing St.駅、ナショナルハーバーはSt. George Blvd.& Waterfront St.のバス停から発着する。約20分。片道$2

キング通り
オススメ度 ★★★★
住 King St. bet. Alexandria駅～Union St.
開 キング通りトロリーで。好きなところで降りて散策しよう。終点まで乗って、逆向きに歩くのもいい

↘眺めるツアーやディナー&ランチクルーズも催行される（URL www.cityexperiences.com/alexandria/）。珍しいのはアメリカ独立戦争時の帆船Providenceに乗るツアー。18世紀の航海の様子を体験できる（URL tallshipprovidence.org）。

年間50万人が訪れ、作品と制作するアーティストに出会える　MAP P.121-B

魚雷工場美術センター
Torpedo Factory Art Center

第２次世界大戦中、魚雷の製造工場として活躍していた建物は、今は選び抜かれたアーティストや職人のための個別制作室兼ギャラリーになっている。３つのフロアには約70の制作室、７つのギャラリー、美術学校、**考古学博物館Alexandria Archaeology Museum**（3階）が入っている。美術品を展示&販売するギャラリーの役目のほかに、約150人のアーティストたちがそこで作品を制作する様子を見ることができる。手を止めて、訪問客と談笑するアーティストの姿も多く見かけるだろう。アーティストの数だけ、個性に富んだ美術品が並んでいるので、ぶらぶらするだけでも見飽きることがない。

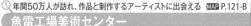

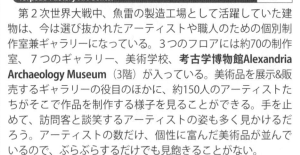

魚雷工場美術センター
オススメ度 ★★★★
住 105 N. Union St. bet. King & Cameron Sts.
URL torpedofactory.org
開 毎日10:00〜18:00（日によって変更あり）
休 おもな祝日、イースター
料 無料
●考古学博物館（3階）
URL www.alexandriava.gov/Archaeology
開 水〜金11:00〜16:00、土〜17:00、日13:00〜17:00
休 月火、イースター、7/4、11月第4木曜、12/25、1/1
料 無料

左／ウオーターフロントにある魚雷工場がアーティストのスタジオに　右／内部はアーティストの制作室兼ギャラリーが70以上ある

18世紀の町一番の邸宅だった　MAP P.121-B

カーライルの家
Carlyle House

イギリスの商人であり、アレキサンドリアの創設者のひとりであるジョン・カーライルが1753年にポトマック河畔に建てた邸宅。カーライルは植民地のなかでも商才と名声ある富豪で、ワシントンとも交友があった。石造りの典型的なジョージアスタイルであったこの家は、当時の有名な建築のパターンブックにも描かれたほど。1755年にイギリスの将軍ブラドックがここに本部をおき、５人の植民地統治者とフランスやネイティブアメリカンとの戦略や資金について議論を戦わせた。

19世紀半ば、家は地方の家具製造業者の手に渡ったあと、ホテルや南北戦争時は病院としても使われたが、しだいに荒れていった。しかし1970年北バージニア地区公園公共事業機関が買収、改築後、かつての姿を取り戻した。

カーライルの家
オススメ度 ★
住 121 N. Fairfax St.
☎ (703)549-2997
URL www.novaparks.com/parks/carlyle-house-historic-park
開 木〜火10:00〜16:00（日12:00〜）
休 水、11月第4木曜、12/24、12/25、1/1
30分ごとのツアーによる見学で、所要時間45分
料 18歳以上$7、6〜17歳$3

いつの時代もスタイリッシュな邸宅

DC豆知識　アレキサンドリアはドッグフレンドリー　歩道のあちこちに犬用の水のボウルが置かれている。犬も乗れるクルーズ船も運航され、ドッグパークもある。　URL www.alexandriava.gov/Dogs

昔の居酒屋はコミュニティの中心

MAP P.121-B

ギャツビーズタバーン
Gadsby's Tavern

初代大統領のワシントンも訪れたギャツビーズタバーン

ギャツビーズタバーンはふたつの棟からなるアメリカ初期の建築。1785年に建てられたジョージアスタイルの居酒屋と1792年に建てられたフェデラルスタイルの宿屋からなる。名前の由来は、1796〜1808年の最盛期に居酒屋兼宿屋を経営していたイギリス人、ジョン・ギャツビーにちなんだもので、ギャツビーは奴隷市場も経営していたという。当時のタバーンはアレキサンドリアの政治、ビジネス、文化の中心だった。２階のホールでは結婚式、舞踏会、演劇会、集会などの催しがしばしば開かれ、ジェファソン、ジョン・アダムスのほかワシントンもよくここを訪れた。

19世紀の終わり頃まで居酒屋兼宿屋として栄えたが、その後は荒廃した。1972年市に寄贈、1976年に博物館としてオープンし、現在は18世紀の雰囲気を伝えるレストランとしてもにぎわっている。最後に建物前の歩道下のアイスハウスもお見逃しなく。

200年ほど前の居酒屋兼宿屋。当時の衣装も展示されている

アレキサンドリアのウオーターフロント。ギャツビーズタバーンから3ブロックの距離
©Visit Alexandria

ギャツビーズタバーン
オススメ度 ★★★
住 134 N. Royal St.
☎ (703)746-4242
URL www.alexandriava.gov/GadsbysTavern
開 木 金11:00〜16:00、土〜17:00、日〜火13:00〜17:00
休 水、11月第4木曜、12/25、1/1
料 $5、5〜12歳$3（ツアー付きは$8）
●**ツアー**：金〜日13:15、14:15、15:15

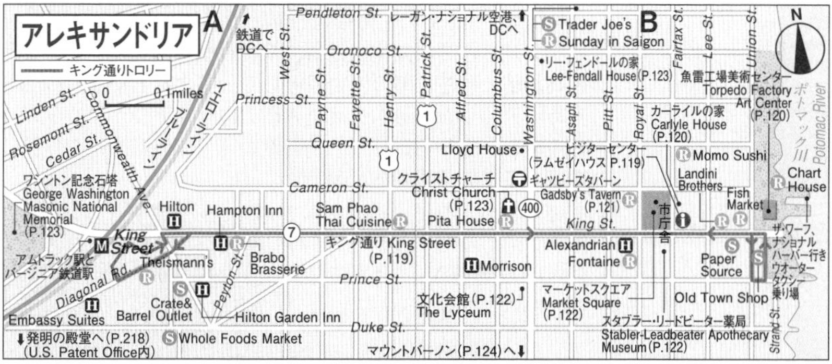

DC豆知識 **大統領も食事をした** 見どころでもあるギャツビーズタバーンはレストランとしても有名。パンは200年前からのレシピを使っているという（→P.298）。

市庁舎とマーケットスクエア
オススメ度 ★★★
住 301 King St.
☎ (703)746-4000

●ファーマーズマーケット
URL www.alexandriava.gov/FarmersMarkets
市場は1753年より続いているが、ワシントンは独立軍の兵士をここで訓練したこともあった。

土曜朝のマーケットに行きたい
MAP P.121-B

市庁舎とマーケットスクエア
City Hall/Market Square

毎週土曜の朝はマーケットが開かれる。これを見に来るだけでも価値がある

市庁舎は1749年、市が造られた際に建造されたが、1871年の火事以降、敷地内に中庭付きのU字形のビクトリア調建築が建てられた。
1962年の増築でU字形ではなくなったが、260年以上も続くこの国で最も古い市場は今も毎土曜7:00〜12:00に開かれている。取れたての野菜や果物、ホームメイドのパンやスイーツ、生花など70以上の露店でにぎわう。

スタブラー・リードビーター薬局
オススメ度 ★
住 105〜107 S. Fairfax St.
☎ (703)746-3852
URL www.alexandriava.gov/Apothecary
開 水〜土11:00〜16:00（土〜17:00）、日月13:00〜17:00
休 火、11月第4木曜、12/25、1/1
料 $5、5〜12歳$3（ツアー付きは$8）

初代大統領夫人はここの顧客だった
MAP P.121-B

スタブラー・リードビーター薬局
Stabler-Leadbeater Apothecary Museum

建国時の薬瓶 © www.erikpatten.com

1792年に建てられた全米で最も古い薬局のひとつ。翌1793年から1829年まで営業していたが、現在は博物館となっている。当時の珍しい医療器具や手吹きのガラス製品、粉薬をひいた臼とすりこぎ、天秤などがあり、その90%がオリジナル。リー将軍などアメリカ史に残る人物も顧客リストに名を連ねており、ワシントン大統領夫人のマーサがひまし油を注文した手紙も残っている。この薬局で売られていたおしろいや化粧品の一部はマウントバーノンで作られたものだ。

文化会館
オススメ度 ★★
住 201 S. Washington St.
☎ (703)746-4994
URL www.alexandriava.gov/Lyceum
開 木金11:00〜16:00、土〜17:00、日13:00〜17:00
休 月〜水、11月第4木曜、12/24、12/25、1/1
料 $3、6〜17歳$1

アレキサンドリアの歴史を学ぼう
MAP P.121-B

文化会館（アレキサンドリア歴史博物館）
The Lyceum : Alexandria History Museum

クエーカー教師ハローウェルの指導のもと、1839年に建てられた市で初めての文化会館。発音は「ライシーアム」が近い。ギリシア復古調の文化会館は、南北戦争中は病院として使用されたが、現在、町の博物館として公開されている。1749年当時はアメリカで最も栄えた港町であったアレキサンドリアの初期の歴史から始まり、南北戦争時代の鉄道や町の地図、交通、産業の発展などが写真パネルで展示されている。チェサピーク湾で使われた灯台のレンズ、1800年頃の船の大砲など珍しいものも並ぶ。

町の歴史をさらっと学べる文化会館

DC豆知識 Friendship Firehouse Museum　1774年設立のアレキサンドリア初の消防団の博物館。建物は1855年の完成。昔の消防用の道具などが展示されている。 住 107 S. Alfred St. 開 毎月1回土曜11:00〜17:00

ワシントン大統領もリー将軍も礼拝した

MAP P.121-B

クライストチャーチ

Christ Church

英国国教会として1773年に完成した植民地時代末期の代表的な建物のひとつ。ワシントン、ロバート・E・リーの教区教会であり、ふたりともこの教会で礼拝を行っていた。現在も監督派教会として礼拝が行われている。かつては"森の中の教会"と呼ばれていたが、1814年に建て直され、公式にクライストチャーチと名づけられた。1970年に初めて国の歴史的建造物に指定された建物のひとつで、ワシントンとロバート・E・リーの信徒席が今も残されている。ワシントン一家の信徒席は59、60番。歴代大統領の数人はワシントンの誕生日である２月22日に近い日曜日に、ワシントンの信徒席で礼拝を行っている。

ワシントン大統領の信徒席もあるクライストチャーチ

クライストチャーチ
オススメ度 ★★
住 118 N. Washington St.
☎ (703)549-1450
URL www.historicchristchurch.org
開 水13:00〜16:00、木 金9:00〜、土12:00〜、日14:00〜16:30
休 月火、おもな祝日
料 寄付

ワシントン大統領も訪れた

MAP P.121-B

リー・フェンドールの家

Lee-Fendall House

1903年まで約120年間リー家が住んでいた家。弁護士であり、銀行頭取であり、会社重役であったフィリップ・フェンドールによって1785年に建てられた。

彼の従兄弟にあたる"軽騎馬兵ハリー"リーとジョージ・ワシントンはこの家をよく訪れたという。リーはワシントンが初代大統領となってこのアレキサンドリアを離れるとき、この家で『告別の辞』を書いた。

リー・フェンドールの家
オススメ度 ★
住 614 Oronoco St.
☎ (703)548-1789
URL www.leefendallhouse.org
開 水〜土10:00〜16:00、日13:00〜（最後のツアーは16:00から）。ツアーによる見学
休 月火、11月第4木曜、12/25、1/1
料 $7、5〜17歳$3

ワシントンをたたえる石の塔

MAP P.121-A

ワシントン記念石塔

George Washington Masonic National Memorial

ジョージ・ワシントンは、実に才能豊かな人物だ。建国の父、初代大統領、軍人、農園主、測量技師……。そのワシントンをたたえて造られたメモリアルがこの石塔だ。高さは約100m、こぢんまりとした建造物が多いアレキサンドリアでは、異彩を放っている。

石塔はワシントン没から133年後の1932年、遺品を保管するために建てられた。入口のホールには、フリーメイソンから贈られたワシントンの起立像が鎮座し、国会議事堂に礎石を置いたワシントンの壁画などが飾られている。奥の小部屋には、肖像画が描かれることを好まなかったワシントンの貴重な肖像画や、ゆかりの物などが展示されている。アセンブリーホールにあるワシントンの一生を描いたジオラマは、彼を知るうえで参考になる。

9階展望台に昇るツアーを週末行っているので参加してみよう。アレキサンドリアの町はもちろん、レーガン・ナショナル空港、ワシントンDCのメモリアルなどが望める。

ワシントン記念石塔
オススメ度 ★★★
要予約
住 101 Callhan Dr.
☎ (703)683-2007
URL gwmemorial.org
開 金〜日9:00〜17:00
休 月〜木、11月第4木曜、12/24、12/25、1/1
料 $20。要予約。予約はウェブサイトから。大人と同伴の12歳以下の子供は無料。タワーはツアーに参加しないと見学できない。要ID。9:30、11:00、13:30、15:30発

駅の西側に立つワシントン記念石塔。ワシントンを知りたい人はマウントバーノンへも

読者投稿 **ワシントンのサインは丸文字** 記念石塔の入口などに「Washington」と彫られたサインがあるが、なんと丸文字。ガイドさんもワシントンは女性のような字を書いたと説明。展望台からの眺めは抜群だった。 （茨城県 Goto）['22]

マウントバーノン
オススメ度★★★★★

要予約

住 3200 Mt. Vernon Memorial Hwy., Mount Vernon
☎ (703)780-2000
URL www.mountvernon.org
開 4～10月の毎日9:00～17:00、11～3月の毎日9:00～16:00。無休
料 $28、6～11歳$15。要予約。予約はウェブサイトから
※Washington Birthday Holiday (2月の第3月曜) は無料。
●注意：邸宅内での写真撮影は禁止
無料Wi-Fi

アクセス▶メトロレイル&フェアファックス・コネクター・バス▶イエローラインHuntington駅から、フェアファックス・コネクター・バスの#101"Fort Hunt"線（$2。SmarTrip可）がマウントバーノンまで行く。マウントバーノンは終点で、約25分。30分間隔の運行（土日曜は1時間間隔）。Huntington駅のバス乗り場はEの北（DC）側にある。
タクシー▶Huntington駅から片道約$35
ボートクルーズ▶DCのウオーターフロントのWater & 6th Sts.のPier 4（MAP 折込地図表-D3）からマウントバーノン行きのボートが出ている。4月中旬～10月までの運航で、詳しくはウェブサイトで。乗船と入場料込みで$59。マウントバーノンのサイトからPlan Your Vistit→Direction→Visit by Boatをクリック
観光ツアー▶P.62～64

マウントバーノンの歩き方

マウントバーノンでは、少なくとも半日は欲しい。邸宅や博物館のほかに、広い敷地では10種類以上のツアーやデモンストレーションが行われている。事前にツアーのチェックを。ツアーの一部は有料。人気は映画『ナショナルトレジャー』のツアー（3～12月。$10）。奴隷の生活を解説するツアーも勉強になる。

ワシントンが乗車したワゴンなども保存されている

初代大統領の邸宅と農園

MAP 折込地図裏 -B2

マウントバーノン
Mount Vernon Estate & Garden

大統領としてだけでなく、農園主としてのワシントンも知ることができる © Mount Vernon

アメリカ合衆国建国の父であり、初代大統領でもあるジョージ・ワシントンGeorge Washingtonが、22歳から67歳で他界するまでのほとんどの時間を過ごした土地がここ、マウントバーノンである。

場所はワシントンDCの南約25kmのバージニア州、ポトマック川を見下ろす緑深い高台にある。邸宅は広大な農園に囲まれ、DCとはまったくかけ離れた世界だ。ここでは、軍人、政治家として一般のイメージとは異なる、南部の地主、農園主としてのワシントンの私生活を知ることができる。

マウントバーノンは18世紀の典型的な農園（プランテーション）でもあり、当時の生活様式を見学できるという点でも意義が大きい。ワシントンという人物を多角的に分析した博物館も敷地内にある。この場所で、妻のマーサとともに永遠の眠りについているワシントンにもお参りしておこう。

プランテーション案内

見学のスタートは、ワシントンの半生を紹介した24分間のフィルムの鑑賞から。チケットに印字された時刻には邸宅へ。

邸宅　Mansion

屋敷の中心部は1735年にジョージ・ワシントンの父オーガスティンが農家として建てたもので、ジョージは異母兄ローレンスから受け継いだ。その後ワシントン自身による大がかりな拡張が行われ、現在14の部屋が公開されている。

邸宅ツアーの最初に案内されるビクトリア調の部屋は、ワシントン夫妻が数多くの名士たちをもてなした大広間。一度に15人の会食が可能で、その頃は2時間以上かけて食事をした。ワシントンが亡くなった際、3日間遺体が安置されたのもここ。反対側の出口からはポトマック川を一望できるベランダに出ることができ、招待客はここにもよく通されたという。ベランダの敷石はイギリスから取り寄せたものだ。

再び屋敷内へ。中央ホールの壁にはフランス革命の発端となったバスティーユ牢獄の鍵がかけられている。これは1790年にフランスのラフィエット将軍がワシントンに自由の象徴として贈ったもの。ホール右側の小さな部屋には、ワシントン夫妻の孫娘ネリー・カスティスが

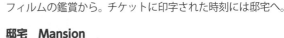

DC豆知識　**バージニア州の名物**　"バージニアハム"は豚肉を塩と香辛料で長時間じっくり熟成させたもので、かなり塩辛い。通常は水などで塩出しをしてから調理する。

使用したイギリス製のハープシコードが置いてある。この隣の部屋はWest Parlorと呼ばれ、フォーマルな客室として使用された。テーブルの上に載る食器は当時からのものだ。ホールの反対側には来客用の寝室があり、階段のそばには家族用ダイニングルームがある。

2階にはラフィエット将軍が滞在した部屋や孫娘ネリー・カスティスの部屋など５つの寝室がある。廊下の突き当たり右側にあるのがワシントン夫妻の寝室で、ワシントンは1799年12月14日、この部屋のベッドで息を引き取った。

階段を下りるとワシントンの書斎に出る。彼は毎朝5:00に起きるとまずこの部屋に下りてきて洗顔をした。彼の使用した洗面器や壁一面を利用した本棚、革製回転椅子、気圧＆温度計などが見られる。

CINEMA おすすめ映画はこれっ!

ナショナル・トレジャー2／リンカーンの暗殺者の日記
National Treasure : Book of Secrets
2007年公開
監督：ジョン・タートルトーブ
出演：ニコラス・ケイジ

マウントバーノンが登場する。映画では邸宅に地下室があり、そこから秘密の道が通っているという設定で、本当に地下室があるのかという質問が、映画公開後にたくさんあった。答えはYes and No。地下室はあるが、地下通路はない。その地下室はときおり一般公開されるそうだ。

庭園とワシントン夫妻の墓　Garden & Tomb

邸宅を出ると台所、倉庫、燻製室、洗濯室、馬小屋、白人の召使いの部屋や奴隷の部屋などが並ぶ。そこから西の農園に向かう途中、静かな木立のなかにジョージ＆マーサ・ワシントンの墓がある。れんが造りの墓所に白い大理石の棺がふたつ並び、右がワシントン、左が妻マーサの石棺だ。ここではアメリカ建国の父とその妻の墓にお参りしていこう。近くには使用人たちの墓もある。

敷地内にワシントン夫妻の墓地がある。ぜひ手を合わせていこう

農園主の一家に生まれたワシントンは、"Pioneer Farmer"として自らも農作業を行い、ワシントンが亡くなる頃には総計8000エーカー（約$32.4km^2$）の土地を所有していた。邸宅の近くには小さな農園が多く残っているから、緑の香りを楽しみながら散策してみよう。敷地内に生育する植物はすべて、18世紀のバージニア州に存在したもので、花壇は実際にワシントンが手入れをしていた。

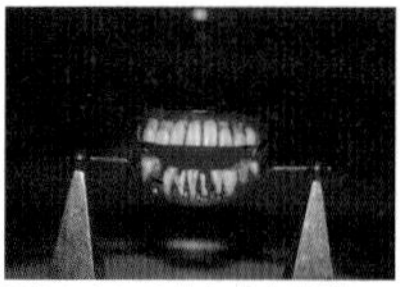
ワシントンの入れ歯も公開

短編映画の上映

博物館やオーディトリアムでは6本ほどの短編映画を上映している。なかでも4Dの「Revolutionary War in 4D」が人気。映画はどれも入場料に含まれている。

博物館と教育センター　Museum and Education Center

博物館では、ワシントンの一生を追って解説しているが、ハイテクを駆使した展示がおもしろい。若い頃の顔を再現したり、ワシントンの入れ歯をどのように作るかの動画、漫画で見るワシントンの人生のハイライトなどもあって、人間像がかなり身近につかめてくる。もともと、ワシントンは測量技師として働き始めたが、脚光を浴びるのはやはり軍人となってから。1754年のフランス・インディアン戦争での初出陣、未亡人でふたりの子もちであったマーサとの結婚、イギリスからの重税に憤り植民地市民が立ち上がった経緯、ワシントンが独立宣言に署名しなかった理由、ウイスキーの醸造所も所有していた大農園主としての顔など、かなり細かい部分まで掘り下げている。ほかにも、マウントバーノンを離れていたときも農園の管理をしっかりしていた帳簿など、興味深いものばかり。見学コースの最後は充実したギフトショップに出る。ワシントンに関する書籍は世界最多。

大統領就任の宣誓。ニューヨークの連邦政府ホールのバルコニーで行われた

DC豆知識　ポトマック川沿いにマウントバーノンまで走るジョージ・ワシントン・パークウエイGeorge Washington Parkwayは、森の中を走っているようなDC No.1の自転車＆ドライブ道。特に紅葉の時期はすばらしい。

Sightseeing

ナショナルハーバー

National Harbor

MAP 折込地図裏 -B2、P.127

AREA ▶ナショナルハーバー／メリーランド州

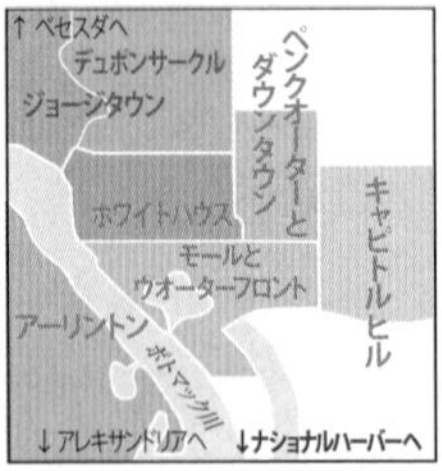

ナショナルハーバーのメイン通りでは歴代大統領がお出迎え

日本人には考えも及ばないアメリカならではのひとつが、新しい町をいとも簡単に造ってしまうこと。ワシントンDCの南東約18km、ちょうどDCからメリーランドに入ったすぐの所にあるコミュニティ「ナショナルハーバー」がそれだ。もともと治安の悪かったエリアに、2008年、核となる大型ホテル、コンドミニアム、ショップ、レストランが出現し、アウトレットも加わってワシントニアンが注目するスポットとなった。2016年には総合リゾート型のカジノも誕生し、多くの人でにぎわっている。ポトマック川を挟んで、バージニア州側のアレキサンドリア（→P.118）も近く、アクセスも容易だ。ぜひ、新興コミュニティを偵察に行ってみよう。

治安 ナショナルハーバー・エリアの治安はいい。しかし、エリアを出るとまだ治安のよくない所があるので、外れないよう注意すること。

アクセス

▶メトロレイル＆メトロバス DCのグリーンラインSouthern Ave.駅から#NH1のバスで約35分。終点。平日は30～40分間隔、土日曜は40分間隔の運行だが、一部治安の悪い場所を通るので、暗くなってからの乗車は避けよう。アレキサンドリアからは、ブルー、イエローラインKing St.駅から#NH2のバスで約20分。終点。毎日30分間隔の運行

▶ウオータータクシー（→P.128） DCウオーターフロントのザ・ワーフとアレキサンドリアからウオータータクシーが運航されている。DCのザ・ワーフはTransit Pier（住950 Wharf St. SW MAP 折込地図表-D3）から1日4～7本、アレキサンドリアのマリーナ（住0 Cameron St. MAP P.121-B）から1日4～7本前後の運航で、どちらも冬季は運休。ザ・ワーフから片道$19～、往復$32～、アレキサンドリアから片道$18～、往復$28～。スケジュールはウェブサイトで URL nationalharbor.com/directory/city-cruises/

▶タクシー 渋滞がなければ20～30分。運賃は$40～50

ホテル P.256

レストラン P.299

ナショナルハーバー散策はここから

MAP P.127

ウオーターフロント

Waterfront at National Harbor

小さなビーチを囲むように、レストランやショップ、ホテルが集まるウオーターフロントはコミュニティの中心。ナショナルハーバーらしさを最も体感できる所でもある。桟橋にある**キャピタルホイールThe Capital Wheel**は、夜はLEDが光の芸術を作り出す観覧車で、直径約50m、天気がよければ国会議事堂やワシントン大聖堂も眺望可能だ。また、ここではビーチにも注目しよう。巨大な人間がも

夜は光のショーが見事なキャピタルホイール

ウオーターフロント
オススメ度 ★★★
URL www.nationalharbor.com/things-to-do/waterfront-district/

お役立ち情報 **ウオーターフロントの回転木馬** ポトマック川沿いのやや北側、Haytt Place National Harborの前に回転木馬The Carousel at National Harborがある。直径約11mの古きよきアメリカを感↗

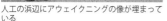

人工の浜辺にアウェイクニングの像が埋まっている

がき苦しんでいるように顔と手足を砂浜から出している。この像は**アウェイクニングAwakening（覚醒する）**といい、もとはDCの東ポトマック公園にあったが、ナショナルハーバーに移動させたもので、現在は記念撮影のスポットとなっている。暖かい季節にはビーチのスクリーンで無料の映画上映も行われる。

巨大アトリウムをもつ名物ホテル MAP P.127

ゲイロード・ナショナル・リゾート&コンベンションセンター
Gaylord National Resort & Convention Center

植物園のあるアトリウムを囲むように客室があるゲイロード

泊まらずとも訪れてほしいのが、大型リゾートのゲイロード・ナショナルだ。もともとゲイロードは太陽光の差す巨大なアトリウムが有名なナッシュビルの名物ホテルで、本家同様、太陽の光が降り注ぐ巨大なアトリウムの庭園がすばらしい。庭園に面して、ステーキハウス、ロビーバー、カフェやギフトショップ、カジュアルなレストランに加え、庭園を見下ろせるラウンジもある。インドアだから天候に左右されずにいつも快適な、アトリウムの散歩がおすすめだ。ホテルは大規模なコンベンションセンターを併設し、さまざまなトレードショーやコンベンションが開催されることでも知られる。夜はアトリウムで18:00～21:00まで1時間おきにレーザーと噴水のショーも楽しめる。

夜はライトアップされた噴水のショーが見もの

キャピタルホイール
住 141 Amerian way
☎ (301)842-8650
URL thecapitalwheel.com
開 月～木16:00～22:00、金～日12:00～（季節によって変更あり） 料 $15+Tax

ナショナルハーバー観光案内
Free (1-877)628-5427
URL www.nationalharbor.com
●交通：サーキュレーター National Harbor Circulator
　ナショナルハーバーのWaterfront St.、ゲイロード、MGMナショナルハーバー、タンガーアウトレットを循環するシャトルバス。アウトレット、MGMは中心部から離れているので利用をすすめる。日～木11:00～24:00、金土～翌2:00の30分間隔の運行。1日乗り放題で$10だが、ゲイロード宿泊者は無料（部屋のカードキーが必要）。

ゲイロード・ナショナル・リゾート&コンベンションセンター
オススメ度 ★★
住 201 Waterfront St.
☎ (301)965-4000
URL gaylordnational.com

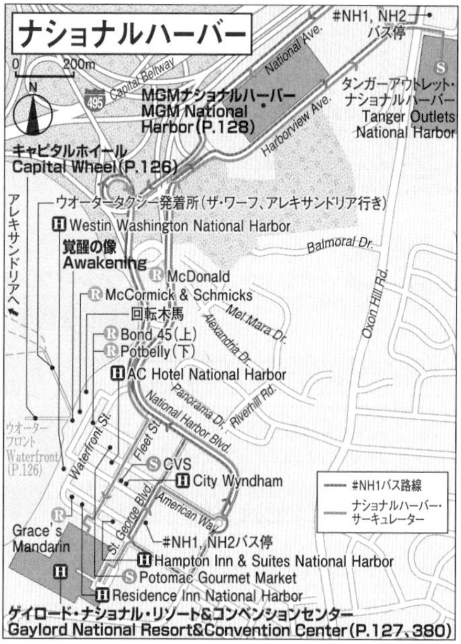

↘じさせる造りで、ワシやパンダ、ライオンの乗り物もある。子供たちが喜ぶさまを見ていると癒やされる。料 $7。大人同伴の子供は無料 営 月～土12:00～20:00、日～17:00。冬季は休み

見どころのひとつになったカジノリゾート

MAP P.127

MGMナショナルハーバー

MGM National Harbor

MGMナショナルハーバー

オススメ度 ★★★★

住 101 MGM National Ave., Oxon Hill, MD 20745

☎ (301)971-5000

Free (1-844)646-6847

URL www.mgmnationalharbor.com

ラスベガスのスイーツがMGMでも販売されている

ナショナルハーバーのあるメリーランド州らしい内装のアトリウム

ガラス張りが印象的なMGMナショナルハーバー。実はエコな建物

　アメリカでは大都市の郊外に総合リゾート型のカジノが次々と誕生しているが、なぜ郊外型のカジノの人気が高いのかはここに来ればわかる。

　開放感あふれるアトリウムには太陽光がたっぷり降り注ぎ、地元メリーランド州をテーマにしたオブジェがロビーを飾る。そして館内にはモダンアートが点在し、通路沿いには人気のレストランやおしゃれなブティックも並ぶ……散策するだけでも楽しい所だ。カジノは外観とは隔離されたエリアとなっているが「賭博」というイメージからはほど遠く、とてもきらびやか。屋上や庭には多様な植物が植えられて、リフレッシュにもいい。週末ともなれば、子供の多さに目を見張るだろう。MGMナショナルハーバーが、DCの見どころのひとつになっているというのにもうなずける。

　中国、タイ、ベトナム、コリア、日本の料理がコラボしたGinger、トップシェフ兄弟のステーキハウスVoltaggio Brothers Steak House、ニューヨークの人気ハンバーガーShake Shake、ラスベガス高級カジノのベラッジオのBellagio Patisserie、ニューヨークと西海岸のトップファッションを扱うShyftなど、これらを目的に訪れる人もいるほど。また、Kポップのアイドルグループ、ボーイズ・トゥー・メン、シカゴなどビッグネームも登場する劇場（3000席）や308の客室もあり、まさに多角的に遊べる総合リゾートだ。

Column　ナショナルハーバー、アレキサンドリア・ザ・ワーフ、ジョージタウンの移動に便利なウオータータクシー

　ナショナルハーバーの誕生とモール南のザ・ワーフの発展にともない、ウオータータクシーが運航されるようになった。DCの中心部からナショナルハーバーやアレキサンドリアに一気に行けて、クルーズも楽しめると好評だ。ナショナルハーバーへは車でない限り移動に時間がかかり、一部夜間は治安のよくないところも通る。特にカジノに行ってみたいという人におすすめ。冬季は休業。スケジュールなど最新情報はウェブサイトで。

URL www.cityexperiences.com/washington-dc/city-cruises/water-taxi/wharf-water-taxi/

ポトマック川をクルーズしながら移動できるウオータータクシー

お役立ち情報　**DC中心部から最も近いアウトレット**　ナショナルハーバーの北東に位置するタンガーアウトレットTanger Outletsは公共の交通機関で中心部から約1時間。日本人に人気のブランドも多く、約80店舗。

Sightseeing

ベセスダ

Bethesda

MAP 折込地図裏-B2、P.130

AREA ▶ベセスダ／メリーランド州

ベセスダの駅前。国立衛生研究所、軍事医療センターが有名だが、レストランも多く質も高い

地下鉄レッドラインで中心部から北西へ約20分、DCとメリーランド州との境を少し越えたあたりが、メリーランド州ベセスダBethesdaと呼ばれるコミュニティ。DCのベッドタウンのひとつであり、高級住宅街だ。在住日本人にとってはモールなどの観光地より知られるエリアで、日本からの研究者が勤務する国立衛生研究所もある。高級住宅街でありながらも、庶民的なレストランが揃う。夕食に訪れてみては？

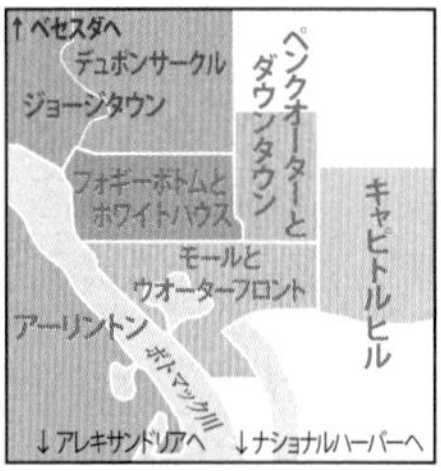

治安 DCエリア屈指の高級住宅街だけあって、治安はいい。ただし、ここはアメリカ。暗くなってから人どおりのない所は歩かないように。

アクセス
▶メトロレイル　レッドラインBethesda駅、Medical Center駅など。N.I.H.はMedical Center駅が、レストランへはBethesda駅が便利

ホテル P.257
レストラン P.300

ニッポンin DC　自由に自分の思ったことを論議できるのがいいところ――内田直也さん

世界中から研究者が集まり、医学研究をする国立衛生研究所（N.I.H.）。日本人も多いN.I.H.に勤務する内田直也さんにベセスダでの生活をうかがった。

――こちらに来て11年くらいですね。最初は留学生として来ましたが、今は職員として「鎌状赤血球貧血症」の研究をしています。造血幹細胞移植、遺伝子治療、遺伝子修復を使っての新しい治療の開発です。開発したものが役立つのかはわかりませんから、クリニカルトライアル（臨床）を重ねる必要があります。治療に関する研究を臨床現場へ橋渡しする間をとりもつトランスレーショナルリサーチはN.I.H.の得意とするところです。

今、13人ほどの研究室のリーダーをしていますが、ここはまさに人種のるつぼです。国はもちろん、さまざまな考えの人が働いていて、まとめるのはひと苦労です。日本のやり方を強制してもうまくいきませんし、アメリカ人もこれには苦労しているようです。違うということを認めることから始めるのがいいのかもしれませんね。

ホームシックにはなりませんでしたが、英語には苦労しました。自分の考えを伝えること、また聞き取りも思いのほか難しくて、紙に書いたり、ジェスチャーをしたり、最初の数年間は意思疎通に苦労しました。心がけたのは、笑顔で「Thank you」と言うこと。アメリカは家族単位で行動することが基本なので、妻と協力して生活していくのはたいへんでしたが、さびしさはありませんでした。最近ではインターネットで日本のニュースも見ることができますし、以前よりも日本に近い感じがします。

自由に自分の思ったこと、考えたことを互いに論議できることは研究にも役立ちますし、こちらのいい点ですね。年齢や上下に関係なく、自由に意見交換ができる。そうはいってもアメリカ人も遠慮するところは、日本人に似ていますね。　（2018年秋取材）

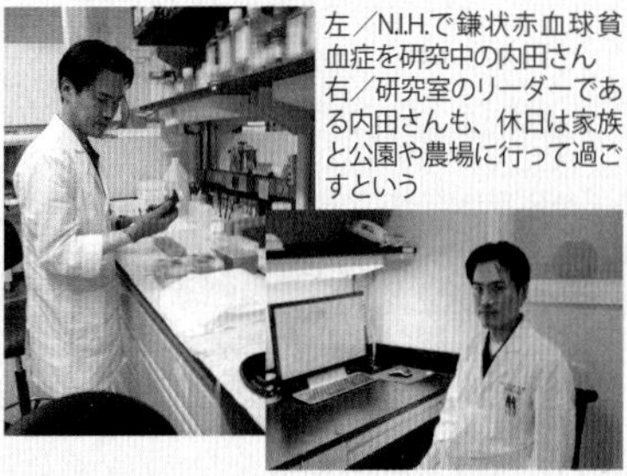

左／N.I.H.で鎌状赤血球貧血症を研究中の内田さん
右／研究室のリーダーである内田さんも、休日は家族と公園や農場に行って過ごすという

お役立ち情報 ベセスダのあるモントゴメリー郡観光局 Visit Montgomery 住1801 Rockville Pike, #320, Rockville, MD 20852 URL visitmontgomery.com メリーランド州はURL www.visitmaryland.org

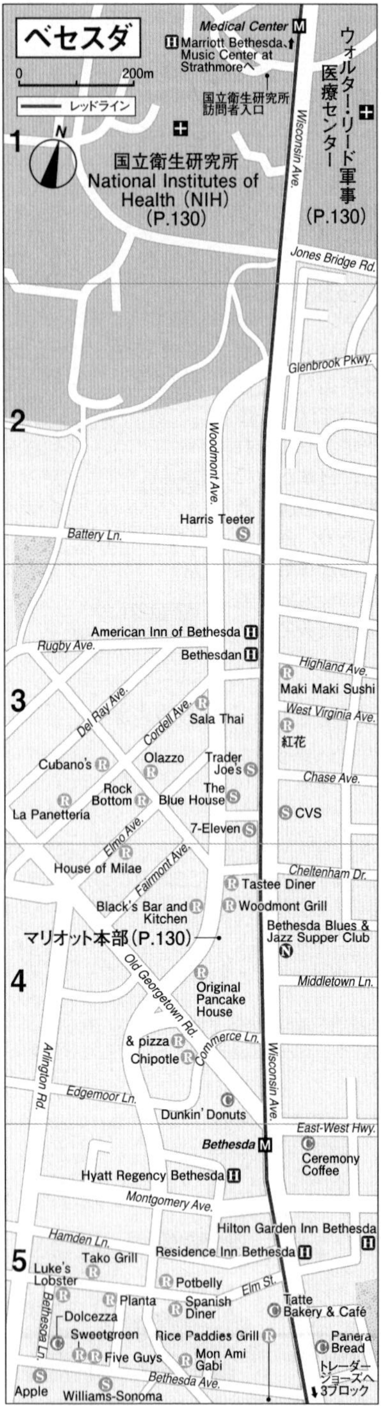

2022年秋、世界最大のホテルチェーンであるマリオット・インターナショナルMarriott Int'lがベセスダに本部をおいたことが話題になったが、もともとベセスダは政府機関がいくつかあることでも知られている。レッドラインMedical Center駅に隣接する、**アメリカ国立衛生研究所National Institutes of Health、通称"エヌ・アイ・エイチN. I. H."**。ここには全部で27の研究機関と医療センターがあり、医療に関する研究やリサーチ、医療研究生の育成、調査機関への支援などが行われている。

そのN.I.H.に日本からも数多くの医師や研究者、医学生がやってきて、日夜、研究やリサーチに励んでいるのだ。その数200人以上といわれる。衛生研究所には世界中から優秀な研究者たちが集まり、国際色豊か。アメリカのフトコロの広さを感じさせてくれるだろう。

ちなみに、N.I.H.の向かいには、**ウォルター・リード軍事医療センターWalter Reed National Military Medical Center（旧国立海軍医療センター）**があり、こちらは大統領がお世話になることでも知られる医療機関で、映画やドラマにも建物がよく登場する。トランプ前大統領がコロナで入院したのはこの病院だ。

ところで、ベセスダはワシントンDC屈指のグルメスポットとしても知られている。レッドラインのBethesda駅の南、Bethesda Laneを中心とするブロックと、駅の北、Wisconsin Ave.とOld Georgetown Rd.に挟まれたエリアにレストランが集中していて、地元の人で夜遅くまでにぎわっている。もし、時間が許せば、このあたりまで繰り出しておいしい料理に舌鼓を打ちたい。

現職大統領が入院するウォルター・リード軍事医療センター

お役立ち情報 アメリカ国立衛生研究所ウェブサイト URL www.nih.gov 行き方 レッドラインMedical Center駅を出た向かいが国立衛生研究所のビジターセンター

ナショナルギャラリー東館の
カルダーの間

Smithsonian Institution & Museums

スミソニアン協会と博物館・美術館

人類と地球のお宝が詰まった スミソニアン大研究

大改装中の国立航空宇宙博物館本館。半分オープンした。写真はアメリカの航空輸送のホール

“スミソニアン”。日本でも耳にしたことのある人は多いだろう。
一般的にスミソニアン協会Smithsonian Institutionに属しているミュージアムとその研究部門を総称する言葉として使われている。日本では「スミソニアン博物館」とよくいわれるが、実はひとつの博物館を指しているのではなく、19の博物館＆美術館、多くの研究部門、そして動物園が含まれている。一つひとつが充実し、なかでも4大博物館はひとつが日本最大といわれる東京の国立科学博物館よりもさらに大きい。そう、スミソニアンはあなたの想像をはるかに超える規模なのだ。少し予習をしてから、いざスミソニアンへ。

スミソニアンは5000人以上のボランティアに支えられている

地方自治体並みの予算

世界最大の博物館&美術館と研究部門を総轄するスミソニアン協会は、モールに11の博物館と美術館、モール以外のワシントンDCに6つの博物館＆美術館とひとつの動物園、そしてニューヨークにあるふたつの博物館と美術館から構成されている。2021年の会計予算は10億ドル、日本円にすると約1320億円というから、その規模は博物館というより地方の市区町村並みだ。予算のうち、62%が国会Congressから支出されるもので、残りは個人や企業・団体からの寄付、通信販売やミュージアムショップ、カフェテリアからの収益などでまかなわれている。

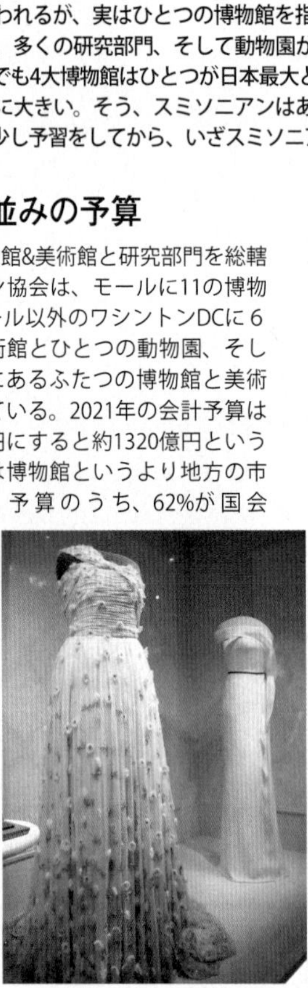
国立アメリカ歴史博物館で人気のファーストレディのドレス。手前はミシェル・オバマ、奥がミレニア・トランプ

人類と地球の国宝級コレクションを無料で公開

スミソニアン協会は「人類の知識の普及と向上を図るAn Establishment for the Increase and Diffusion of Knowledge among Men」ことを目的に、1846年8月10日に創設された。2022年時点で協会の収蔵品数は1億5500万点を超え、実際に展示されているのはそのうちのたった2%にも満たない！　これは驚くべき数字だ。スミソニアンのコレクションは、人類の過去、現在、未来における科学、歴史、技術、芸術、文化のショーケースといえる。それらを無料で見学させてもらえるのは、世界中探してもスミソニアンしかない!!

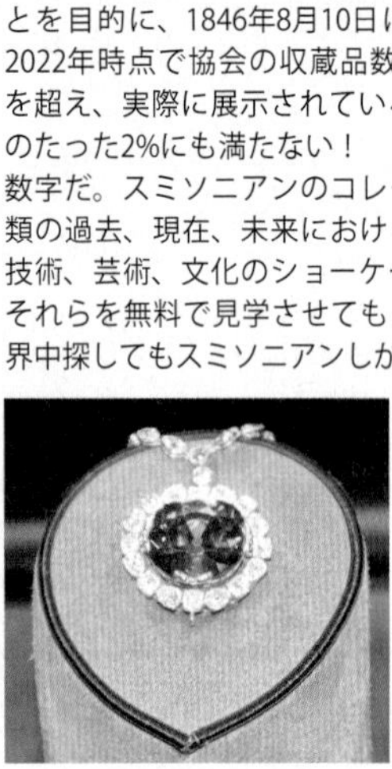
世界最大のブルーダイヤのホープダイヤモンド。いつも大勢の人が見入っている

人気の高いホッパーの作品が展示されているアメリカ美術館

スミソニアン協会には動物園もあり、DCのパンダは無料で見学できる

ある科学者の夢

スミソニアン協会の起こりは、イギリスの科学者**ジェームズ・スミソンJames Smithson**に始まる。スミソンは1765年、ヒュー・パーシー（旧姓スミソン）公爵の庶子として生まれた。優秀な科学者としての地位を得るが、幼い頃の体験からか一生を独身で通した。

子供のないスミソンであったが、科学者として人類の未来を案じた彼は遺言を残した。スミソンの甥が子供のないまま亡くなったときは、スミソン家の財産すべてを「アメリカ合衆国に、スミソニアン協会の名のもと、人類の知識の普及と向上のために譲る」という内容だった。

1829年、スミソンは一度もアメリカを訪れることなくイタリアのジェノバで亡くなり、その甥も子供のないまま1835年に亡くなると、遺言どおりスミソン家の財産52万ドル相当がアメリカに贈られた。国会は国内で最も優れた科学者**ジョセフ・ヘンリーJoseph Henry**を指名し、1846年彼が中心となってスミソニアン協会が設立された。時に第11代大統領ポークの時代だった。スミソンは死後、本人の希望で遺骨がアメリカに送られ、協会が収蔵している。

科学者スミソンが発見した鉱物のスミソナイトは国立自然史博物館に展示

スミソニアンの組織とこれから

スミソニアン協会は、最高裁判所長官、副大統領、各3名の上院下院議員、9名の一般市民の計17人から評議会が構成され、これが協会を管理している。総職員数は約6300人、ボランティアの数は5000人を超える。2019年にスミソニアンを訪れた人は2200万人を超え、自然史博物館だけでも420万人にも達する。

スミソニアンのすごさは、進化し続ける点にある。ウドバー・ハジー・センターでは日本初のジェット戦闘機“橘花”や第2次世界大戦末期の戦闘機“震電”が展示品に加わり、近年はデジタル部門にも注力している。2020年、スミソニアン協会のウェブサイトは1億7800万人の利用者を数え、SNSのフォロワー数は1800万人、YouTubeの視聴回数は3億7500万回を超える。また、モバイルアプリは30以上だ。

さらに2020年12月、国会はふたつの新博物館の設立を決定。**国立アメリカ・ラテン系博物館National Museum of the American Latino**と**スミソニアン・アメリカ女性歴史博物館Smithsonian American Women's History Museum**で、開館日時は未定。さらに見応えのある規模となりそうだ。

折り畳み式で評価の高い日本の攻撃機“晴嵐”

ちょっとおもしろいハナシ

骨が語るジェームズ・スミソン

1829年イタリアのジェノバで亡くなり、英国人墓地に埋葬されていたスミソンの骨は1904年にアメリカへ移送された。スミソニアン協会の人類学者たちの調査から判明したことは……

- 50〜65歳くらいで亡くなった白人男性
- やや小柄で、筋肉質。運動神経は抜群と思われる
- 歯はたばこのパイプのせいか、左側がすり減っていた
- 幼い頃、肩にけがをしたよう
- 右手小指の特徴から、ピアノ、または弦楽器を弾いていた可能性がある

スミソニアンのミュージアム
ひと口紹介＆必見展示

国立肖像画美術館で人気は歴代大統領のコーナー。クリントンの肖像は興味深い

19の博物館と美術館、動物園があるといっても、どれを見ていいのかわからないっ！という人も多いはず。モールに隣接するナショナルギャラリーも含めて、どんな博物館や美術館があるかを紹介しよう。まずは、自分の興味のあるところから見ていくといい。基本は航空宇宙博物館、アメリカ歴史博物館、自然史博物館、ナショナルギャラリーの4つ。4大博物館はそれぞれざっと見るだけでも半日はかかることを覚えておこう。

行く前にサイトをチェック！

スミソニアン協会の情報センターだった**キャッスルCastle**は、2023年2月より5年にわたる大改修工事が始まり、残念ながらスミソニアン全体のパンフレットや地図をもらうことができなくなった。現在ビジターセンターの役割はウェブサイトが行う。開館時間、特別展などのチェックをかねて、出かける前に一度確認したい。

URL www.si.edu

スミソニアン協会全体のウェブサイト。ここから各ミュージアムや動物園を見たいなら"Visit"をクリック。企画展などのイベント情報を知りたいときは"What's On"をクリック。

なお、フランス・ノルマンディー地方の城郭に似たキャッスルは、国の歴史的建造物に指定されており、改修後も外観はそのまま。地下に広くなったカフェやショップ、トイレが位置する予定。

Zoomで答えてくれるバーチャルビジターセンター

URL www.si.edu/visit/virtual-infodesk

Zoomでボランティアが1対1で直接対応してくれる。ただし、英語のみで時間が限られる。もちろん、従来どおり電話での対応も行っている。

スミソニアン協会ではないがナショナルギャラリーもDCではマスト。フェルメールを3点所蔵する　©National Gallery of Art

情報とおもな展示物を紹介していたキャッスル。2028年に新装オープンの予定

スミソニアン協会の基本データ

●**インフォメーション**
☎(202) 633-1000（月～金9:00～17:00、土～16:00以外はテープ案内）

●**スミソニアンのウェブサイト**
URL www.si.edu

●**Wi-Fi**
動物園を除きほとんどがWi-Fi 無料Wi-Fi

●**アプリ**
英語のみ。App Store、Google Playを開いてSmithsonian Appで検索を

●**開館時間**
基本は毎日10:00～17:30だが、博物館などによって異なるので、それぞれのページを参照。12/25は全館休業

●**料金**
すべて無料（感謝の気持ちを込めて募金箱に少しでもお気持ちを!!）

●**入館時の注意**
スミソニアンの各博物館・美術館では、入場の際セキュリティチェックを行っている。荷物は極力小さく、できるだけ身軽な服装で行こう

モールを回るセグウエイツアー

スミソニアンの各博物館やナショナルギャラリー、ホワイトハウスなど、モール内をセグウエイで見学していくツアー。アメリカ歴史博物館を出発し、主要ポイントではストップして解説。博物館には入館しないが、約6.5kmを2時間30分かけて回る。歩くとかなりの距離なので、効率的。

Smithsonian National Mall Tours
出発地点：アメリカ歴史博物館前 Madison Dr. bet. 12th & 14th Sts.　☎(202)384-8516
URL smithsoniansegwaytours.com　料 $64

読者投稿　彫刻庭園のカフェPavilion Café　ミュージアム鑑賞に疲れたときやリフレッシュにぴったりのすてきなカフェ。ナショナルギャラリーと自然史博物館の間にあり、庭園には噴水や彫刻、美しい緑↗

スミソニアンのミュージアム ひと口紹介&必見展示

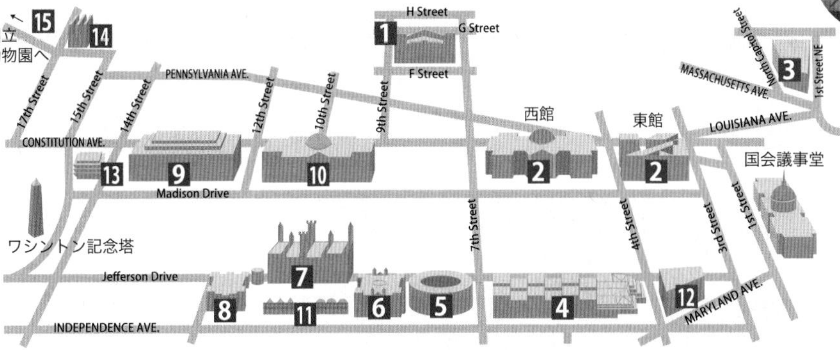

DC内ミュージアム & 動物園、必見の展示品

1 スミソニアン・アメリカ美術館
Smithsonian American Art Museum →P.198
植民地時代から現在までのアメリカ人アーティストの作品

1 国立肖像画美術館
National Portrait Gallery →P.200
必見 "歴代大統領の肖像画"

2 ナショナルギャラリー
National Gallery →P.165
西洋美術の流れを知るには最適。後期印象派が充実
必見 レオナルド・ダ・ビンチの『ジネブラ・デ・ベンチの肖像』
※ナショナルギャラリーはスミソニアン協会には属していない

3 国立郵便博物館
National Postal Museum →P.202
希少切手をはじめ、郵便の仕組み、歴史などを解説
必見 逆さに印刷された24セント切手

4 国立航空宇宙博物館
National Air & Space Museum →P.136
航空機と宇宙の歴史が詰まった博物館
必見 ライト兄弟の1903フライヤー

■ 別館：ウドバー・ハジー・センター
Udvar-Hazy Center →P.145
国立航空宇宙博物館の別館。大型機、日本の戦闘機もある
必見 スペースシャトル

国立航空宇宙博物館本館展示の宇宙空間を飛行したジェミニ7。本物の小ささに驚くはず

5 ハーシュホーン美術館と彫刻庭園
Hirshhorn Museum and Sculpture Garden →P.190
19世紀後半からの現代美術のみを収集

6 芸術産業館
Art and Industries Building →閉鎖中

7 キャッスル
Castle →閉鎖中

8 フリーアギャラリー
Freer Gallery of Art →P.195
アメリカ美術とアジア美術。日本の国宝級の作品も多数
必見 孔雀の間

国立自然史博物館の化石のコーナーはリニューアルして大迫力

9 国立アメリカ歴史博物館
National Museum of American History →P.177
建国から現在までアメリカの歩んできた道を展示品で紹介
必見 ファーストレディのドレス

10 国立自然史博物館
National Museum of Natural History →P.182
地球誕生から現在までの、生きものたちと大自然の歴史
必見 ホープダイヤモンド

11 国立アフリカ美術館
National Museum of African Art →P.192
アフリカ美術専門

11 アーサー・M・サックラー・ギャラリー
Arthur M. Sackler Gallery →P.193
アジア美術専門

12 国立アメリカ・インディアン博物館
National Museum of the American Indian → P.188
失われつつあるネイティブアメリカンの文化や歴史を紹介

13 国立アフリカ系アメリカ人歴史文化博物館
National Museum of African American History and Culture → P.187
アフリカ系の人々が受けてきた差別の歴史、音楽、スポーツを紹介

14 レンウィックギャラリー
Renwick Gallery → P.204
アメリカ美術館の分館。現代美術の展示がメイン

15 国立動物園
Smithsonian's National Zoo → P.104
約360種、1800匹の地球の仲間を飼育。研究や保護活動にも熱心

■ アナコスティアコミュニティ博物館
Anacostia Community Museum → P.218
アフリカ系アメリカ人アーティストによる特別展がメイン

↘があふれています。サラダやサンドイッチ、パスタ、デザートなどの軽食があり、サンプルもあります。カフェの営業時間は、曜日や季節によって変わるため、ウェブで確認してからの利用がおすすめ。　（千葉県　わかたか）['23]

Smithsonian Institution & Museums

科学技術の栄光の殿堂

国立航空宇宙博物館

National Air and Space Museum

AREA ▶ モール

MAP 折込地図表 -E2,3、P.25-F5

2023年3月現在、大改装中で、まだ半分しかオープンしていない

国立航空宇宙博物館
オススメ度 ★★★★★
要予約

住 Independence Ave. bet. 4th & 7th Sts. SW ☎(202)633-2214 URL airandspace.si.edu
開毎日10:00～17:30（夏季は延長） 休12/25 料無料（IMAXとプラネタリウムは有料）
行き方 ブルー、オレンジ、イエロー、グリーンラインL'Enfant Plaza駅下車。サーキュレーターはナショナルモール・ルートJefferson & 7th下車
※スミソニアン協会のなかで、動物園とアフリカ系アメリカ人歴史文化博物館とともに時間指定のチケットが必要な博物館。必ず予約を

1946年、第33代大統領トルーマンが署名した法案により設立された国立航空博物館。開館当時はスミソニアン協会の技術工業館と航空工業館のふたつの建物に、世界の航空史の節目やエポックとなった航空機、エンジン、装備品、航空服、模型、航空技術に関する資料など展示していた。航空技術の発展は著しく、加えて宇宙開発の急速な進歩にともないコレクションが増大、既存の展示スペースでは収容しきれなくなった。多くのコレクションを一括して展示できる新館建設の機運も高まり、アメリカ建国200周年を目標に、1969年モールの現在の場所に新設工事が始まった。1976年の独立記念日より3日早い7月1日に、本館が華々しく開館した。以来、航空ファンの聖地ばかりでなく、世界で最も人気のある博物館のひとつになった。

開館後も航空と宇宙開発の発展に合わせてギャラリーごとの改修や改造を行い、さらに別館としてウドバー・ハージー・センターもオープン。別館の開館日はライト兄弟世界初の動力飛行から100周年の2003年12月であった。そして、本館の開館から約50年たった現在、博物館史上最大の改修工事が行われている。

 お役立ち情報 **荷物検査あり** スミソニアンの博物館は、入館時に荷物チェックがある。意外に面倒なので、荷物は小さくして行きたい。航空宇宙博物館の本館は、X線を通してのチェックとなる。

旧館「空での大戦」のホールの模型。どのように新しくなるか楽しみだ

人気の高かった"マイルストン・オブ・フライト"、第1次世界大戦のコレクションを展示していた"空での大戦"、第2次世界大戦の戦闘機を集めた"第2次世界大戦の航空"、航空史に輝いた先駆的な航空機が並ぶ"飛行のパイオニアたち"は改修中となっている。しかし、リンドバーグの"スピリット・オブ・セントルイス"は本館2階に、チャック・イェーガーが世界初の音速を突破した"ベルX-1"は別館に展示されている。また、ライト兄弟の世界初の動力飛行に関してはより詳しい展示が来訪者を魅了している。　（館内案内文：毛木 幹）

この展示を見逃すな！

国立航空宇宙博物館

ライト兄弟の1903フライヤー … 1階107室

スピリット・オブ・セントルイス…………… 2階

館内案内 ※ホール名英字あとのカッコ内数字は展示ホールの番号

航空宇宙博物館本館は大改修工事が進行中。本書掲載の展示物が展示されないこともあるので、注意が必要

America by Air (102)　アメリカの航空輸送

民間航空発展のシンボル的な機体を展示。常に世界の民間航空をリードしてきたアメリカの自負が感じられるホールでもある。展示機は1926〜36年のわずか10年余りの間に造られたもので、航空機がいかに急速に発展したかを如実に物語っている。

ノースロップ・アルファ
Northrop Alpha

革新的な航空機デザイナー、ジョン・ノースロップ設計のアメリカ初の全金属製の旅客機。乗客6名または乗客3名と207kgの貨物を運ぶことができた。金属の構造材にジュラルミンを張った機体は、近代旅客機の構造の原型をなす画期的な航空機。TWA機として展示されている。

ジュラルミンの機体は空への旅心をかきたててくれる

フォード 5-AT トライモーター
Ford 5-AT Tri-Motor

C

あの自動車王のフォードが飛行機も造っていた。ヘンリー・フォードはスタウトという偏屈なエンジニアのパトロンになって航空機業界に参入したが、フォードはこの男がたいした才能がないのを見抜き、後にマクダネル社を興すことになるジェームズ・マクダネルらを雇い直す。そして完成させたのがこのフォード・トライモーター。ブリキのガチョウと呼ばれた旅客機はDC-3が出現するまで、アメリカン航空、TWA航空の幹線に就航してアメリカの民間航空の基礎を築いた。その後フォードは航空機製造業に興味を失い、撤退。二度とフォードのマークの付いた旅客機がアメリカの空を飛ぶことはなかった。

自動車製造の第一人者であるフォード社が製造した旅客機

ボーイング 247-D
Boeing 247-D

C

シアトルの木材業者から、身を起こして航空産業に参入したボーイング社が1933年、社運をかけて開発した全金属製の双発旅客機。当時アメリカ北西部に路線を多くもつユナイテッド航空の路線に就航した。

航空宇宙博物館 鑑賞ガイド

ダグラス DC-7C の北極空路開設は日本人の海外への夢をかきたてた

「アメリカの航空輸送」にアメリカン航空塗装のダグラスDC-7Cが展示されている。DC-7Cはレシプロエンジン（ピストン運動でプロペラを駆動するエンジン）を装備した、史上初の大陸間無着陸飛行が可能な旅客機であり、1960年代から急速に発展したジェット旅客機時代へのセットアッパー役を担った機体であった。

●難航したエンジンの開発

当時アメリカの3大旅客機メーカーのひとつであるダグラス社は、旅客機のジェット化を1960年代半ばと予測し、橋渡し役となる旅客機の製造を決定した。高性能レシプロエンジンを装備したDC-7シリーズである。DC-6Bのレシプロエンジンの馬力は2500に達しており、これ以上の馬力向上は従来の技術では困難であった。

●ターボコンパウンド（ターボ複合）エンジンの開発

それまで排気されていた燃料エネルギーの約半分の排気を利用して、補助動力に変換するターボコンパウンドの実用化が求められていた。果敢に挑戦したのがライト社だ。エンジンの馬力を3400に向上させることに成功したものの、2種類のエンジンの組み合わせで故障が多発。そこでライト社は当時開発途上にあったジェットエンジンの技術を導入し、問題は徐々に解決され実用化された。

●DC-7Cを熱望していたSAS

新鋭DC-7Cの引き渡しを心待ちにしていたのがスカンジナビア航空（SAS）だ。北欧から北極回りのアメリカ西海岸と日本への空路開設を計画していたのだ。DC-6Bを上回る航続距離はいうまでもなく、北極圏では高性能な航法計器も必要であった。現在はGPSで位置を数センチの誤差内で確認できるが、1956年当時は衛星もなく、このような状況下でも所要時間を約半分に激減できる北極経由の大圏コースの開設は、北欧諸国には非常に魅力的だった。

●北極経由路線に立ちはだかった見えない壁

当時の航空機と航法計器の性能では、北極圏の飛行は冒険でしかなかった。磁気コンパスは、極地圏では地磁気の水平分力が微弱となるため方向性を失う。磁気嵐になれば無線も使えない。星と星座を観測して位置を割り出す六分儀も、悪天候や夏季の白夜の下では使用できず、まして冬季のオーロラの下では星の光は判別が難しかった

これらの壁を打ち破ることのできる航続距離をもつ機体と、北極圏でも性能を失わない高性能航法計器が必要であった。DC-7Cはすでに航続距離の必要条件を満たし、SASとアメリカの航空機器メーカーは高性能航法計器の共同開発を進めた。

SASはアメリカ軍から提供された極地軍用地図とソビエト発行の北極圏地図をもとに、経度線と緯度線を使わないポーラグリッド（極地格子座標）を参考にして精密な北極圏航路地図を作製した。加えてアメリカ航空機器メーカーのベンディクス社と共同開発した自転軸の揺らぎで生じる歳差を自動補正する装置を取り付け、1時間当たりの誤差が1度以下の画期的な精密度をもつポーラパス・ジャイロを装備し、安定した北極経由空路の運航を可能にした。

お役立ち情報 Andrews Air Force BaseのAirshow　毎年5月中旬頃の土・日曜にAirshow（無料）が開催される。実際に使用している戦闘機の展示および実演が見られて大迫力で人気が高い。メトロレイルのグリ↗

低翼、引き込み脚、防氷装置、可変ピッチプロペラなど当時の革新的技術を織り込んだばかりではなく、空体力学的にも画期的な旅客機で、フォード・トライモーターをはるかにしのぐ飛行性能と乗り心地を示した。しかし、居住性や経済性でいまひとつ振るわず、あと追いのDC-3に敗れてしまった。だがボーイング社の技術開発力は飛躍的に向上し、大型旅客機メーカーとしての基礎を築いた機体でもあった。

アメリカン航空の機体がダグラスDC-3、下のグレーがかった機体がボーイング247-D

ダグラス DC-3
Douglas DC-3 C

1935年ダグラス社がDC-1、DC-2の基本デザインをワイドボディ化し、発展させて、アメリカ大陸を横断する寝台旅客機として製造した革新的な旅客航空機。DC-3以前の旅客機は旅客輸送で利益を出すことができず、郵便、貨物の輸送を合わせてかろうじて利潤が出る状態であった。DC-3はそれを打破し、航空輸送業を儲かる産業にした歴史的旅客機であった。2万機近く製造され、その安定した飛行性能、操縦性、整備の簡便性は時の流れを超えて、現在でも北米、オーストラリア、中南米で飛び続けている。

オーロラの中を飛ぶDC-7CのSAS機の模型

●満を持しての東京路線の開設

SASは1957年2月、北極経由でコペンハーゲンと東京の両都市を結ぶ空路を開設した。当日はポーラパス・ジャイロを装備したDC-7C両機が北極圏の上空ですれ違う劇的な演出であった。アラスカ・アンカレッジに立ち寄る給油時間を含めて所要約30時間。東南アジア経由よりも時間で21時間、飛行距離では約4000kmを短縮した。

●80日間世界一周から80時間世界一周へ

翌1958年、日本ではジュール・ヴェルヌの原作を映画化した『80日間世界一周』が大ヒット。この頃英字新聞や婦人雑誌に海外旅行記や旅行情報を寄稿していた日本人女性がいた。プロペラ旅客機による世界一周89時間13分の記録を、彼女はOAG(世界航空便時刻表)を見て試算し、SASの北極経由航路を利用すれば80時間足らずで世界一周できることに気づいた。この人こそ兼高かおるであった。

兼高は婦人雑誌に、早回り世界一周新記録の企画を持ち込んだ。北極ルート開設の広報を進めていたSASの全面的な協力を得て、1958年7月羽田空港から早回り世界一周に出発。東京からマニラ、バンコク、カラチ、ローマ、チューリッヒ、デュセルドルフ、コペンハーゲン、アンカレッジ、東京に73時間で戻り、新記録を樹立した。マスコミに大々的に取り上げられ、一躍時の人となった。

●『兼高かおる世界の旅』の誕生

1959年当時、日本の民間放送局のテレビ事業が本格化し、ラジオ東京テレビ(現在のTBS)は海外情報番組の放送を模索していた。そこで兼高をレポーターに起用、日本路線にジェット旅客機を導入したパン・アメリカン航空の協力のもと、番組の放送を開始した。『世界飛び歩き』のタイトルで世界各地の風景、文化、風俗を紹介。終戦後、ようやく衣食住が安定し、海外に目を向ける余裕も生まれた日本人の海外旅行への夢をかき立てた。

●旅の長寿番組に

『世界飛び歩き』のヒットを受けて、海外への憧れを満たそうとタイトルを『兼高かおる世界の旅』と改称。当初、兼高はディレクター、レポーター、ナレーター、編集をひとりでこなす八面六臂の活躍で、人気番組に成長させた。放送回数1586回、年数にして31年、1990年9月まで続き、個人の名前を付けた番組としてはエド・サリバン・ショーの23年をはるかにしのぐ当時世界最長寿番組となった。

●DC-7C、SAS、兼高かおるは後の海外旅行ブームへの道を開いた

日本は1950年代後半から高度経済成長に入り、日本航空も1958年にDC-7C 4機をハワイ、アメリカ西海岸、東南アジア路線に導入し、1960年にはDC-8ジェット旅客機も導入、航空路線のジェット化を進めた。1964年の東京オリンピックを機に海外旅行が自由化され、1970年代からの海外旅行ブームにつながった。

↘ーンライン南終点のBranch Ave.駅から運行のシャトルバス（無料）で行ける。サンダーバーズやブルーエンジェルズのアクロバットも披露される。日系の旅行社（→P.63）でもオプショナルツアーを催行している。URL www.jble.af.mil

ボーイング747 ジャンボ・ジェットの機首部分
Boeing 747 Jumbo Jet Forward Fuselage C

大量輸送時代の幕を開いた記念碑的旅客機で「ジャンボ」の愛称で親しまれている。初飛行は1969年。当初、超音速旅客機への中継ぎ的な機種と思われていたが、環境問題などの理由で超音速旅客機の開発は頓挫し、結局就航したのはコンコルドだけだった。一方747は発展を続けたが、燃費の問題などから2023年に最後の機体の引き渡しが終わった。展示機はノースウエスト航空の使用機で、操縦席内部が見学できるようになっている。全長70mを超えるため、機首部分のみの展示。

左／機体が大き過ぎるため機首のみ展示されていて、中に入ることができる　右／ジャンボ・ジェットの操縦室。計器の多さに驚かされる

Early Flight (103) 初期の飛行

1913年からの初期の飛行家たちの悪戦苦闘と栄光のホール。航空に興味がある人は必見。アンティークな雰囲気が漂っている。

リリエンタールのハンググライダー
Lilienthal Hang-Glider E

ドイツ人のオットー・リリエンタールが、ライト兄弟以前の1894年滑空飛行に成功したグライダー。16機のうちの1機で、約300mの高さを12～15秒間飛んだ。蝶のような姿で人間のモデル付き。リリエンタールは、ライト兄弟前の飛行の開拓者として知られるが、飛行実験中不幸にも墜落死した。

初期の飛行のホール入口で出迎えてくれるのがリリエンタールのハンググライダー

エッカー・フライング・ボート
Ecker Flying Boat U

1911年オノンダガ湖（ニューヨーク州）から初飛行に成功した初期の水上飛行機。主翼は当時の標準材であった羽布張り、ボート型をした胴体はカラマツとカシで造られた。エンジンは船舶用ロバート6気筒エンジンを航空機用に改造したもので、ラジエーターは自動車用をそのまま使用。ホームビルドに近く、後の水上飛行機の発展に寄与し、貴重なデータを提供したことで高い評価を得ている。

手作り感満載のエッカー・フライング・ボート

1909ライト・ミリタリー・フライヤー
1909 Wright Brothers' Military Flyer R

兵器としての飛行機の潜在能力に注目したアメリカ陸軍は1908年、ライト兄弟に組み立て分解可能な偵察機を発注した。1909年に正式採用され、世界最初の軍用機になった。チェーン駆動式のプロペラを装備、羽根が布の複葉機。

DC豆知識　**ボーイングの旅客機の座席**　基本的には707、727、737と同じで中央通路の両側に3席を配置するのが標準だが、航空会社の要望により9種類のパターンから選べるようになっている。

ライト兄弟も軍用機の注文を受けた

カーチス・モデルD“ヘッドレス・プッシャー”
Curtiss Model D "Headless Pusher" E

1911年からカーチス社の飛行チームで活躍した初期の複葉機。グライダーにエンジンを付けただけの設計ながら、当時としては目を見張る性能を発揮した。操縦席は風防もなくむき出しのまま。プッシャーの意味は、エンジンが操縦席の背後にあり、プロペラの動力で押す（プッシュ）ように飛行することからきている。

エンジン搭載の複葉機。当時は高性能だった

We All Fly (106) 我々は皆飛ぶ

ビジネスやスポーツ競技、人道支援、プライベートなどで使われてきた汎用性の高い機体など。奥深いアイデアが満載。

ゲイツ・リアジェット 23
Gates Lear Jet 23 C

リアジェット社製造の小型ジェットビジネス機。低価格で運用コストが低いこともあり、大当たりした。多くのPGAプロゴルファーが愛用している。

ビジネス用、プライベート用に愛されたゲイツ・リアジェット23

フルトン FA-3-101 エアフィビアン
Fulton FA-3-101 Airphibian E

1950年ロバート・フルトンが造った飛行自動車で、胴体前部から主翼、さらに後部胴体を取り外すと自動車になる画期的な空陸両用機。FFA（アメリカ連邦航空局）から初めて飛行自動車として認可されたが、飛行速度が低く製品化はされなかった。

胴体と翼を切り離した、画期的な機体。残念ながら普及はしなかった

Wright Brothers (107) ライト兄弟と航空時代の発明

ライト兄弟の人類初の動力飛行は世界を変えた。必見はライトフライヤー機。展示室は自転車製造業者であったライト兄弟がどのように飛行原理を探究し、模型やグライダーによる実験を行い、飛行機を製作し、エンジンを開発、機体を完成させ、その操縦技術を習得していったかを、動画などを交えながら解説している。20世紀最大の発明である、動力飛行の実現という“プロジェクトX”を目の当たりにできる。

ライト兄弟1903フライヤー
Wright Brothers' 1903 Flyer E

人類初の動力飛行に成功したときの航空機である。水冷4気筒、わずか12馬力の手作りエンジン、木製プロペラとそれを駆動するためのチェーン、トネリコやエゾマツで作った骨組みに当時の女性下着用の布地のモスリンを張った翼、これらを結合させている鉄パイプ、補助翼を操舵するためのワイヤーで構成されている。日曜大工で作ったグライダーのような機体が、1903年12月17日早朝、身を切るような北風が吹き荒れるキティホークの砂丘から飛び立った。この人類初の動力飛行から、わずか66年で月に到達した。巨大技術への発展の礎になったと思うと感慨深い。

人類初の動力飛行に成功した歴史的な機体だ

Nation of Speed (203) スピードの国

異色のホール。航空機に限らず、スピードを競うための技術やインディ500で優勝したレースカーやスポーツカーなども展示。

輝かしい実績をもつコクランは記念切手にもなった

ジャクリーン・コクランとノースロップT-38"タロン"
Jacqueline Cochran & Northrop T-38 "Talon" T

女性飛行士のパイオニアとして知られるジャクリーン・コクランは、化粧品会社の経営者でもあり、第2次世界大戦中は爆撃機をイギリスに運ぶ任務にも就いていた。1952年カナダ製のCF-86に搭乗し、女性として世界で初めて音速を突破。その後もスピード記録に挑戦し続け、1961年にはノースロップT-38を駆って速度、飛行距離、高度の世界新記録を達成した。T-38は世界初の超音速練習機で、現在もアメリカ空軍の中間練習機として使用される優秀機である。NASAの宇宙飛行士の移動用にも用いられ、宇宙飛行士の国内移動はT-38の操縦が義務付けられている(日本の宇宙飛行士はその限りではない)。展示機はNASAの宇宙飛行士ウォーリー・シラーが1963年に駆った機体。

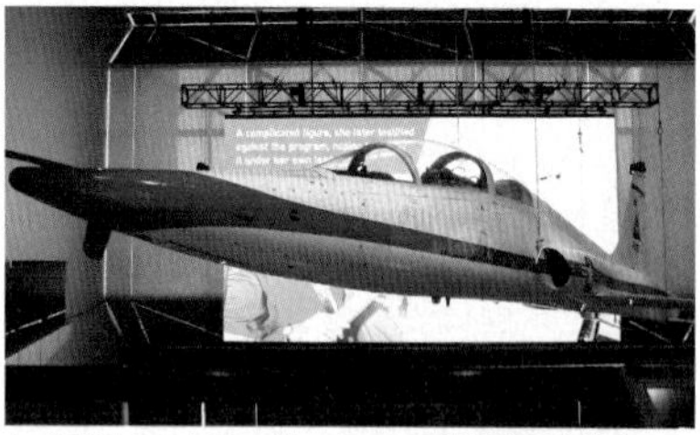
女性飛行士コクランがいくつかの世界記録を樹立したタロン

Exploring the Planets (205) 惑星探査

惑星探査の歴史や成果、使われてきた機材、宇宙の映像などを紹介。小惑星リュウグウも見られる。

ボイジャー宇宙探査機
Voyager Spacecraft

1977年8月20日に2号、9月5日に1号が打ち上げられた惑星探査機の実験に使用された模型。ボイジャー2号は、フライングバイという惑星の重力を利用した航法で、1979年に木星、1980年に海王星などの4大惑星を探査した。1989年8月のボイジャー2号の海王星への最接近時、地球の自転の関係でアメリカ本土の受信レーダーが対応できず、代役を務めたのが、長野県佐久市にあるJAXAの宇宙空間観測所所有の直径46mのパラボラアンテナ。「はやぶさ」への電波の送受信にも使われたもので、40億km以上の宇宙空間から届いた極めて微弱な電波を見事に捉えた。ボイジャー1号は2012年8月人工物として史上初めて太陽圏を脱出した。

小惑星リュウグウの展示
Asteroid Ryugu

Walking on Other Worldsに太陽系惑星の展示があり、リュウグウの位置と映像を見せている。日本の探査機「はやぶさ2」がリュウグウからサンプルを持ち帰ったことは世界的にも高評価を得ている。

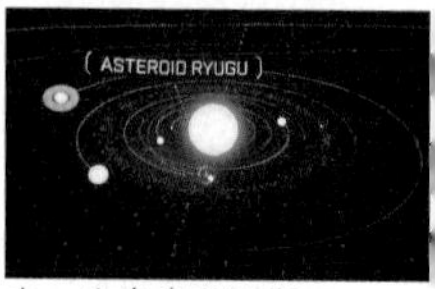

ホール中央のWalking on Other Worldsに紹介されているリュウグウ

DC豆知識 航空宇宙博物館のIMAX　本館、別館ともそれぞれ常時3～4本のIMAX映画を上映している。3Dの映画も多く、作品は季節ごとに変わるのでスケジュールとあわせてウェブサイトでチェックしよう。↗

火星探査機 "キュリオシティ"
Mars Rover "Curiosity"

2011年11月に打ち上げられ2012年8月に火星に着陸した探査機"キュリオシティ"の実物大模型。実機と同じ資材で造られ、動作の実証実験に使われた。

キュリオシティは地球外生命の発見を目的とする3代目の自走探査機(ローバー)で、長さ3m、高さ2mで重量は約1トン。三輪車ほどのサイズの初代探査機"ソジャナー"と比べ、乗用車並みのサイズと重量である。6つの車輪で自由に動き、複数のハイビジョンカメラ、岩を溶かすレーザー光発射装置、顕微鏡、岩石掘削用ドリル、有機物分析装置などを装備。多摩川精機製の位置測定機など日本製の計機も搭載されている。

大気の薄さと引力の弱い火星着陸は極めて困難だったが、重量1トンの探査機を軟着陸させたNASAの技術力は卓越していた。

火星探査機の歴代の模型を展示。キュリオシティは右側

スターダスト彗星探査機のカプセル
Stardust Comet Sample Return Capsule

1999年2月、NASAとジェット推進研究所が共同で打ち上げた惑星探査機は、ヴィルト第2彗星の構成物質、宇宙塵、星間物質のサンプル採集を目的とした。展示はそのカプセル部分で、上に伸びているのは宇宙塵捕捉装置である。カプセルは2004年1月に彗星に最接近してサンプルを採取。カンラン石やグリシンなどが検出されている。探査機本体は、現在もテンペル第1彗星の調査に飛行中。

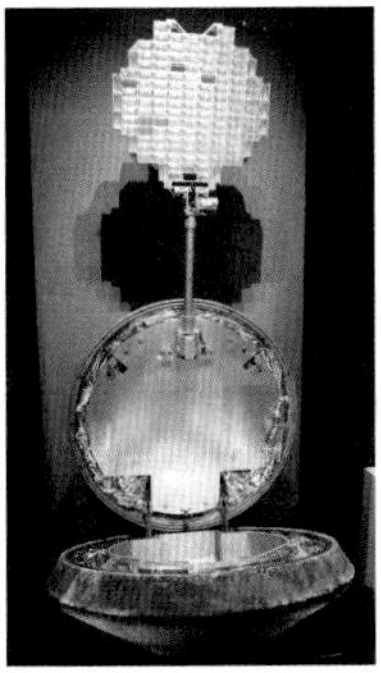
着陸をせずにサンプルを採集したスターダスト惑星探査機。そのカプセル

Destination Moon (206) 行き先は月

人類の夢であった月面着陸、1969年7月に達成するまで約10年間の歩みを紹介。実際の宇宙船や宇宙服が並ぶ。

3人の宇宙飛行士が乗ったアポロ11号の司令船。人類初の月面着陸に成功した

アポロ11号コマンド・モジュール "コロンビア"
Apollo 11 Command Module "Columbia"

1969年7月20日、人類はついにアポロ11号によって長年の夢であった月に到達した。そのときの司令船。内部まで見えるようになっている。その狭さ、意外なほどきゃしゃな焼け焦げた外被板などに、あの月旅行がいかに冒険的なものであったかを想像させられる。

One World Connected (207) ひとつの世界につながる

航空機の発達は世界の距離を縮め、テクノロジーの進化は衛星などを介して世界の人々が簡単につながれるようになった。

ビーチクラフト35ボナンザ
Beechcraft 35 Bonanza

第2次世界大戦直後に販売された、ビーチクラフト社製造の軽飛行機の傑作。最大の特徴は垂直尾翼がなく、水平尾翼がV字型である点。この2枚の尾翼が方向舵と昇降舵を兼ね、簡単な仕組みから通常のT字型尾翼をもつ機体とまったく同じ感覚で操舵できた。計1万1049機が生産され、ビーチクラフト社の発展の基礎を築いた。

尾翼がV字型の35ボナンザ。多くの人に愛された

2 階

ライアンNYP"スピリット・オブ・セントルイス"
Ryan NYP "Spirit of St. Louis" P

1927年5月、25歳の無名の航空郵便輸送パイロット、チャールズ・リンドバーグが、ニューヨークのルーズベルト飛行場からパリのル・ブールジェ飛行場までを33時間30分で飛び、世界初の大西洋単独無着陸横断飛行に成功した機体。感動的な冒険を成し遂げ、航空機史上にさん然と輝く、記念碑的存在である。

スマートでコンパクトな機体にアメリカ人の冒険心の凝縮が感じられる。

大西洋無着陸横断した機体。1機だけ建物の中央部に展示

航空宇宙博物館 鑑賞ガイド

飛行機の過去、現在、未来の流れをたどる完璧なコレクションをもつ世界で唯一の博物館

世界中に航空博物館は多いが、初期の飛行機から最新のジェット機までを、各発展段階の実機で"飛行機の形はどう変化して、未来はどうなるか"を見せてくれるのは、スミソニアンの航空宇宙博物館以外にはない。飛行機に興味がない人でも飛行機の形の変化を発展段階とともに追って見ていくとおもしろいし、理解しやすいだろう。

●複葉／推進式時代

ライト兄弟のフライヤー機に見られる翼が二葉でプロペラが羽根の後ろにあり、機体を押すように飛ぶ形式。

●複葉／牽引式時代

より強力なエンジンの開発により、エンジンを機体の前部に付け、機体を引っ張る形式が可能となった。時速110～250km程度では機体の強度もそんなに問題とならず、この形式が最も安定していた。第1次世界大戦の間のほとんどの戦闘機は国籍を問わずこの形式。

●高翼単葉時代

1920年代後半になるとさらにエンジンがパワーアップして軽量、高強度の機体が現れた。これにともなってスピードが増すと翼の抵抗が問題となり、複葉機はそれだけ抵抗が大きく、次々と姿を消した。リンドバーグのスピリット・オブ・セントルイス、フォード・トライモーターは翼が1枚で、しかも翼は胴体の上に付いている。これは高翼だと機体の安定度が高く、しかも下方の視界もよかったため。

●低翼／引き込み脚時代

1930年代に入ると、エンジンはさらに強力になりスピードを増した。空気抵抗はスピードの2乗に比例するという法則があり、スピリット・オブ・セントルイスのように空中で車輪を出している機体は抵抗が大きく、スピードアップは望めなくなった。そこで翼を胴体の下にし、空中では翼の空間部に無用の車輪を格納するようになった。世界最初の引き込み脚採用機は、ボーイング・モノメイル機で、以後急速にこのスタイルになっていく。ゼロ戦、ムスタング、メッサーシュミットMe109、スピットファイアなどはすべてこの形式。

●第一ジェット時代

B-29のエンジンなどを見るとその複雑さに驚くとともに、もはやピストンエンジンのシステムが限界に達していたことを実感できる。人類のスピードへの欲求はプロペラでは解決できなくなり、ジェット機を生むにいたる。初期のジェット機は低翼／直線翼で低翼牽引式のスタイルからプロペラを取っただけのようなスタイル。ベルXP-59Aやロッキード P-80などがその例。

●マッハ1時代

世界で最初に音速を突破したベルX-1は直線翼ではあるがロケットのような流線型をもっている。どうも分不相応の強力エンジンでむりやり音の壁を突き抜けた感が強い。やはり実用レベルでマッハを超えるにはF-86Fやミグ15に見られる後退翼が必要であった。

●マッハ2時代

さらなるスピードを目指した場合、抵抗はますます増え、翼の抵抗まで減らさなくてはならなかった。翼の取り付け部である胴体をくびれさせるエーリアルールを採用した機体が登場した。マリリン・モンロー・スタイルとかコカ・コーラ・ボトル・スタイルと呼ばれ、F-104やU-2に見られる。その後さらにエンジンを双発にしてスピードアップを目指しF-14、F-15にいたっている。

マッハ6以上を出したX-15はもはや飛行機ではなく有人ロケットといえよう。

●未来の形

コンピューターによる姿勢制御が可能となり、グラマンX-29のように主翼が尾翼より小さく、その大きい尾翼が前進翼となっているという、今までの常識とは正反対の形をした実験機がすでに登場している。

世界中に多種多様な鳥がいるように、これからも飛行機は、多種多様に変化発展していくに違いない。

DC豆知識 **リンドバーグは郵便機のパイロット** 後に大西洋単独横断飛行に成功するチャールズ・リンドバーグは、国立郵便博物館（→P.202）に展示されているデハビランド DH-4De Havilland DH-4のパイロットであった。

Smithsonian Institution & Museums

日本の戦闘機が充実

ウドバー・ハジー・センター

Udvar-Hazy Center

AREA ▶ バージニア州東部　MAP 折込地図裏 -B2

5人の日本人の宇宙飛行士が搭乗したスペースシャトル"ディスカバリー"

ライト兄弟による人類初の動力飛行から100周年の2003年12月に開館した、航空宇宙博物館の別館。モールの本館に収蔵できなかった飛行機のための新たな展示場であり、また、収蔵航空機の修理、復元をするための付属施設、IMAX劇場、ミュージアムショップを含む多機能航空博物館でもある。場所はダレス国際空港の南端に位置し、旅客ターミナルビルは滑走路の反対の北側にあるものの、空港から徒歩でのアクセスは不可能。航空機を収納しているのは長さ300m、高さ31mのかまぼこ型の建物で、その名をアビエーションハンガー。敷地面積は7万640㎡（東京ドームの約1.5倍）で、その約3分の1の敷地にスペースシャトルを展示するスペースハンガー、IMAX劇場、ミュージアムショップなどがある。収蔵機は年々増えており、うれしいことに旧日本軍機コレクションも充実してきた。現在アートなどを含めた所蔵品数は4000に達する勢いで、公開されているのはその一部である。　（館内案内文：毛木 幹）

日本の戦闘機も展示されて、日本人にはマストの博物館だ

修復の様子も見られる

ウドバー・ハジー・センター
オススメ度 ★★★★★
住 14390 Air and Space Museum Pkwy., Chantilly, VA 20151
☎ (703) 572-4118
URL airandspace.si.edu/visit/udvar-hazy-center　開 毎日10:00～17:30　休 12/25　料 無料
行き方 シルバーライン Innovation Center駅（ダレス空港駅ひとつ手前）からウドバー・ハジー・センター行きのバスが出ている。駅南側のバス乗り場Bay 2、またはBay 3から出発するFairfax Connectorバス#983で。運賃は$2。月～金8:50～18:45、土日9:15～18:15の約1時間間隔の運行だが、バスの本数が少ないので事前にウェブサイトで確認しよう。
URL fairfaxconnector.com
レンタカーではCapital Beltwayからダレス空港有料道路（VA-267）に乗り、Exit 9Aで下りて空港に沿って走るVA-28を南へ約5.6km。Air and Space Museum Pkwy.に入ってそのまま進む。駐車料金$15

●**ツアー**：ウドバー・ハジー・センターでは以下のツアーを催行している。すべて予約が必要。60～90分
- ハイライトツアー
- スペースハンガー（宇宙展示）
- 航空輸送の過去、現在、未来
- 飛ぶ楽しみ
- 軍事航空

●**ロッカー情報** →P.148脚注

Innovation Center駅からFairfax Connector #983のバスで行ける

この展示を見逃すな！

ウドバー・ハジー・センター

コンコルド	民間航空
晴　嵐	第2次世界大戦の航空
月　光	第2次世界大戦の航空
ブラックバード	1階中央
ホーネット	現代軍用航空
スペースシャトル	宇宙展示

お役立ち情報　ウドバー・ハジー・センターへのツアー　日本の旅行会社JTSや須磨トラベル（→P.63）がセンターへのツアーを行っている。足の便が悪いので、このツアーは便利。

館内案内 ※展示品名の丸付き数字はP.147の館内案内図の展示位置番号

㉘ロッキード 1049F "コンステレーション"
Lockheed 1049F "Constellation" C

TWA航空の筆頭株主となったハワード・ヒューズの要求により、ロッキード社が1938年に開発したL-049。その発展型の749をさらに向上させたものがL-1049で、軍用型がC-121である。L-1049は1950年開発当時の航空最新技術を使った与圧客室（気圧を乗客が不快に感じない程度に制御した客室）、油圧制御装置、ファウラーフラップ（着陸時の姿勢を変えずに速度を落とすための小翼）、可逆ピッチプロペラを装備し、初の北大西洋無着陸横断、アメリカ大陸無着陸横断に成功した。世界一周路線を開設した旅客機でもある。C-121も旅客機同様に長距離飛行が可能で、兵士は75人、疾病兵用担架47台と看護師、貨物なら14トンの輸送能力があった。また、VIP用に改装したのがVC-121Eで、アイゼンハワー大統領の専用機"コロンバイン号"が有名。空軍の早期警戒機型がEC-121で、海軍型がWV-2である。

ロッキード社のプロペラ旅客機だが、軍用としても多用された

Business Aviation ビジネス航空

王族、貴族、企業経営者らの、移動時間の短縮とプライバシーの確保の要求から生まれた、ビジネスジェットのコーナー。

パイパー PA23 アパッチ
Piper PA23 Apache C

軽飛行機メーカーの名門パイパー社が「双発機を単発機並みの価格で」をうたい文句に1952年に開発した機体。約2000機が製造され、日本にも輸入されて朝日、毎日両新聞社で取材用に使用された。パイパー社は自社製機にネイティブアメリカンの種族の愛称をつけるのが慣例。

ビーチクラフト D-18S
Beechcraft D-18S C T

ビーチクラフト社が1936年に開発、翌年から生産された双発多目的機で、その後35年間にわたって9000機以上が製造された。操縦性のよさと信頼性の高さから軍用として、また世界中の民間航空組織で愛用された。アメリカ空軍、海軍には輸送用、操縦訓練用に、日本では海上自衛隊、航空大学校、読売新聞社などに採用された。

⑫ダッソー・ファルコン20
Dassault Falcon 20 C

ミラージュ戦闘機を製造するダッソー社の開発した10名乗り小型ジェットビジネス機。展示機は、国際宅配会社のフェデラルエクスプレスが小型貨物運搬用に改造した機体の第1号機で、会長の令嬢の名前を取ったウェンディ号である。フェデラルエクスプレス社が1973年4月17日、わずか6個ながら世界初の航空宅配小荷物を運んだ歴史的な機体。

メンフィスに本社をおく大手宅配会社フェデラルエクスプレス社の第1号機

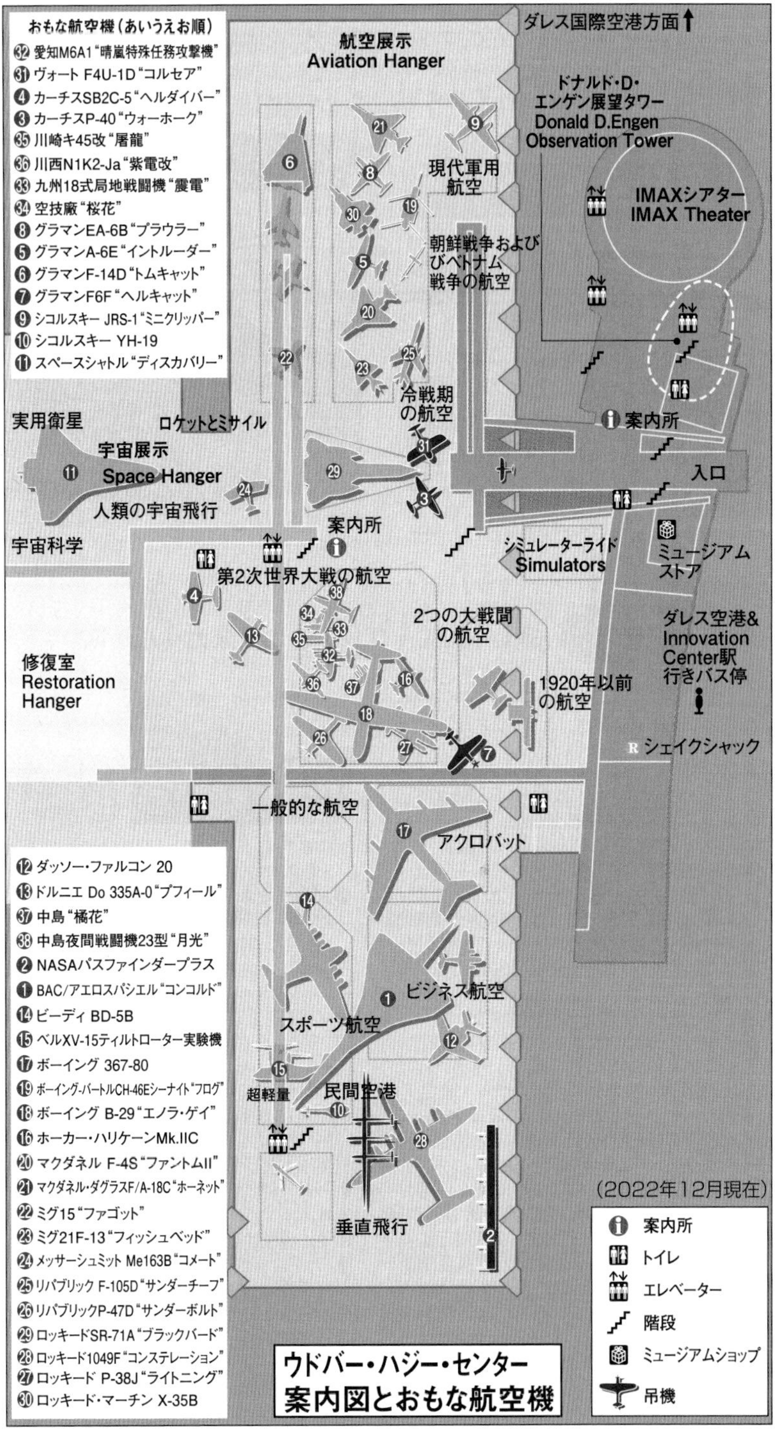
おもな航空機（あいうえお順）
㉜ 愛知M6A1“晴嵐特殊任務攻撃機”
㉛ ヴォート F4U-1D“コルセア”
❹ カーチスSB2C-5“ヘルダイバー”
❸ カーチスP-40“ウォーホーク”
㉟ 川崎キ45改“屠龍”
㊱ 川西N1K2-Ja“紫電改”
㉝ 九州18式局地戦闘機“震電”
㉞ 空技廠“桜花”
❽ グラマンEA-6B“プラウラー”
❺ グラマンA-6E“イントルーダー”
❻ グラマンF-14D“トムキャット”
❼ グラマンF6F“ヘルキャット”
❾ シコルスキー JRS-1“ミニクリッパー”
❿ シコルスキー YH-19
⓫ スペースシャトル“ディスカバリー”
ダレス国際空港方面↑
航空展示
Aviation Hanger
ドナルド・D・エンゲン展望タワー
Donald D.Engen Observation Tower
現代軍用航空
IMAXシアター
IMAX Theater
朝鮮戦争およびベトナム戦争の航空
冷戦期の航空
案内所
入口
実用衛星
ロケットとミサイル
宇宙展示
Space Hanger
人類の宇宙飛行
宇宙科学
案内所
シミュレーターライド
Simulators
ミュージアムストア
第2次世界大戦の航空
2つの大戦間の航空
ダレス空港& Innovation Center駅行きバス停
修復室
Restoration Hanger
1920年以前の航空
シェイクシャック
一般的な航空
アクロバット
ビジネス航空
スポーツ航空
超軽量
民間空港
垂直飛行
（2022年12月現在）
⓬ ダッソー・ファルコン 20
⓭ ドルニエ Do 335A-0“プフィール”
㊲ 中島“橘花”
㊳ 中島夜間戦闘機23型“月光”
❷ NASAパスファインダープラス
❶ BAC/アエロスパシエル“コンコルド”
⓮ ビーディ BD-5B
⓯ ベルXV-15ティルトローター実験機
⓱ ボーイング 367-80
⓳ ボーイング-バートルCH-46Eシーナイト“フログ”
⓲ ボーイング B-29“エノラ・ゲイ”
⓰ ホーカー・ハリケーンMk.IIC
⓴ マクダネル F-4S“ファントムII”
㉑ マクダネル・ダグラスF/A-18C“ホーネット”
㉒ ミグ15“ファゴット”
㉓ ミグ21F-13“フィッシュベッド”
㉔ メッサーシュミット Me163B“コメート”
㉕ リパブリック F-105D“サンダーチーフ”
㉖ リパブリックP-47D“サンダーボルト”
㉙ ロッキードSR-71A“ブラックバード”
㉘ ロッキード1049F“コンステレーション”
㉗ ロッキード P-38J“ライトニング”
㉚ ロッキード・マーチン X-35B
ウドバー・ハジー・センター
案内図とおもな航空機
案内所
トイレ
エレベーター
階段
ミュージアムショップ
吊機

Cold War Aviation 冷戦期の航空

アメリカ、西側諸国とソ連、東側諸国が、核戦争を想定して相対していた時期の両陣営の戦闘機が展示されている。

⑳マクダネルF-4S “ファントムⅡ”
McDonnell F-4S "Phantom Ⅱ" F

上半角の主翼と下半角の水平尾翼の怪異なスタイルをもつ、マッハ2級の複座戦闘機。

日本を含め西側の10ヵ国以上で主力戦闘機となった機体

アメリカ海軍、海兵隊、空軍のみならず日本の航空自衛隊、イギリス海軍、空軍、西ドイツ、イスラエル、イラン、サウジアラビアなど西側諸国の主力戦闘機でもあった。

㉓ミグ21F-13 “フィッシュベッド”
MiG-21F-13 "Fishbed" F

1960～70年代、ソ連、中国、北ベトナム、ポーランドなどの東側諸国の空軍で使用され

東側の国で活躍したフィッシュベッド。燃費の点で優れていた

航空宇宙博物館 鑑賞ガイド

チャールズ・ブレアとエクスカリバーⅢ

別館中央の展望デッキをB-29へ向かう途中の左側に、銀色のプロペラとえんじ色がかった塗装の精悍な戦闘機が見えてくる。ノースアメリカンP-51C〝エクスカリバーⅢ号〟だ。飛行艇をこよなく愛したチャールズ・ブレアは、リンドバーグやイェーガーのような歴史的偉業はないものの、彼のパイロット人生も夢とロマンに満ちていた。

●チャールズ・ブレアの人となり

1907年7月ニューヨーク州バッファロー生まれ。バーモント大学で工学を学び、在学中に海軍士官養成課程を修めて海軍に入隊、航空機操縦を学んだ。除隊後、ユナイテッド航空に入社、アメリカン・エキスポート・エアラインズ（AEA）航空に移ってチーフパイロットとなり、1942年ヴォート・シコルスキーVS-44飛行艇の北大西洋空路開設飛行の機長として操縦桿を握った。そのVS-44が〝初代エクスカリバー号〟。第2次世界大戦中、ブレアは海軍士官としてアメリカとアイルランド間の北大西洋の運航を担うと同時に、グラマン社のテストパイロットも務めた。

●ノースアメリカンP-51C〝エクスカリバーⅢ〟

エクスカリバーⅢはP51-Cを改造した長距離レース機で、戦後スタント飛行家、曲芸飛行家、レーサーでもあったポール・マンツが2機買い取ってレーサー仕様に改造した。1機（登録番号NX1202）は1946年と1947年にベンデックス大陸横断レースで優勝し、もう1機の登録番号NX1204は1948年のベンデックスレースの優勝機であった。ブレアはそれまであたためていた計画を実

ウドバー・ハジー・センターに展示されているチャールズ・ブレアの愛機

行に移すため、このP51-Cを買い取り〝エクスカリバーⅢ〟と命名した。

●大西洋横断の新記録を樹立、
北極横断飛行に成功

ブレアは1951年1月、あたためていた計画を実行に移し、エクスカリバーⅢでニューヨーク～ロンドン間5570kmを7時間48分で飛んだ。当時の大西洋横断記録を1時間7分短縮し、新記録を樹立。この記録は現在でもレシプロエンジン搭載の航空機による大西洋横断最速記録である。

次の挑戦は北極横断飛行だ。当時の航法計器は極地では満足に働かないことから、大西洋横断飛行で培った航法理論を実践することにした。出発は北極の気候が安定する5月、日時は太陽と月位置の角度がほぼ直角となる29日に決定。出発地ノルウェーのバードユフォスで3個の時計を正確に合わせて飛び立ち、六分儀で太陽の高度を測って計算値と照合しながら飛行した。北極点の計算値のときに六分儀を調整してのぞくと、六分儀の泡は中心にあり、北極点通過の確認をした。10時間後にアラスカ州フェアバンクスに到着。翌日5530kmを飛んでニューヨークに帰着した。この北極横断飛行で1952年度のハーモントロフィ

お役立ち情報 **ウドバー・ハジー・センターでスーツケースは預けられない** センターにロッカーはあるが、大きさが横37cm、縦90cm、奥行き43cmと、スーツケースの入る大きさではない。ダレス国際空港の裏側↗

た。デルタ主翼に後退角をもつ、特異な外観の戦闘機で、当時世界で最も経費効率の高い戦闘機といわれた。性能はF-4ファントムにかなり劣ると思われていたが、第4次中東戦争の空中戦で、エジプト空軍のMiG-21がイスラエル空軍のF-4を撃墜して、その空戦能力の高さを示した。

Commercial Aviation 民間航空

常に世界の民間航空開発をリードし続けたアメリカの民間航空機と、アメリカが開発することがなかった世界唯一の超音速旅客機のコンコルドを展示。

⑰ボーイング 367-80
Boeing 367-80 C

軍用ジェット機の開発で後れを取ったアメリカは、商業用ジェット機の開発でもイギリスに先を越されていた。しかし、ボーイング社はB-29での高高度巡航技術、B-47およびB-52によるジェット爆撃機の量産技術を習得して、大型ジェット機の製造では最も豊富な経験を有していた。B-52に空中給油を行う空中給油機とジェット旅客機を、同じ原型機から自主開発することに決定。その原型機が367-80であった。1954年5月に完成し、7月に初飛

ボーイング社旅客機の原点ともいうべき機体

ー（その年の最優秀パイロットに贈られる賞）を受賞した。

●アンティルス・エアボート航空を設立

ブレアはその後パン・アメリカン航空（AEAを吸収）に戻ったが、1930年代から40年代に操縦した飛行艇への郷愁は断ちがたく、1963年にパン・アメリカンに在籍のままカリブ海のヴァージン諸島セントクロイ島にアンティルス・エアボート航空を設立。グラマングース小型飛行艇を買い入れ、島々を飛行艇で結ぶ運航を開始した。

ヴァージン諸島の島々を結ぶ定期便運航は、島民には移動手段、観光客には飛行機と船旅をマッチングさせた旅のロマンをもたらした。事業は順調に拡大し、マラード、アルバトロス、カタリナなど小、中型の飛行艇を加えアンティルス・エアボート航空は年間27万7000人を運ぶまでに成長して、世界最大の飛行艇運航会社と呼ばれるようになった。

●念願の大型飛行艇の運航開始とブレアの最期

ブレアの最大の念願は大型飛行艇による国際線の運航であった。ジェット時代に突入し、大型飛行艇を製造しているメーカーはすでになく、そこで目を付けたのがオーストラリアのアンセット航空所有のショート・サンドリンガム飛行艇であった。第2次世界大戦中、海上パトロールやパイロット救助に使われた機体を旅客用に改造したもので、これを2機購入、夏季にボストン～ニューヨーク～ワシントン間の定期運航を申請した。しかし、レシプロエンジン装備の飛行艇の定期運航は認められず、チャーター運航に留まった。

航空会社の経営をしながら自らも操縦桿を握っていたブレアは、1978年9月グラマングース飛行艇を操縦中に、エンジントラブルでセントトーマス島の沖合西方1.6km付近に墜落した。搭乗していた10人の乗客のうち3人がブレアと運命をともにした。

ブレアが保有していた飛行艇は、もとは軍用で、離着水のために陸上機に比べ8倍の負荷がかかり、機体は重く燃費が悪かった。しかも老朽化、部品不足、整備費の増大、熱帯地方特有の変化の激しい天候、ハリケーンへの対処などの悪条件下で運航を続けたが、奮闘空しく、アンティルス・エアボート航空はブレアの死から3年後の1981年事業を終了した。

●ブレアの夢

ブレアがアンティルス・エアボート航空を設立したのは世界の民間航空界がジェット機輸送に邁進し始めた時期で、プロペラ機の飛行艇による商業運航は時代遅れであった。それでも飛行艇に固執したのは、空の旅の迅速さと船旅のロマンをマッチングさせたすばらしい飛行経験を旅客とともにしたかったに違いない。ブレアは未踏の北極圏を天測、経験値と勘だけで横断した明晰な頭脳と卓越した航法技術をもったアビエーターであった。

彼の魂は南十字星が輝くカリブ海の夜空にきらめいているに違いない。

ブレアが愛した飛行艇で、アンティルス・エアボート航空の塗装の模型

行した。低翼・後退翼、4基のエンジンを主翼からつり下げる方式など、後のジェット旅客機の基本形態を具体化し、1960年代の世界民間航空の主力となった707型に成果を結実させた。

⑮ベル XV-15 ティルトローター実験機
Bell XV-15 Tilt Rotor Research Aircraft E

もはや日本中が知るCV-22"オスプレイ"。その原型機で、垂直に離着陸し、空中では飛行機のように飛ぶ。ヘリコプターの垂直離着陸能力と飛行機のスピードと搭載能力の両方の長所をあわせもつ航空機の概念実証機だ。上陸作戦や急襲作戦に使える垂直離着陸輸送機の運用は、アメリカ陸軍と海兵隊にとって悲願であった。ベル社はNASAと共同で研究を1950年から始めたが、開発は難航し1979年ようやく完成にいたった。実験結果をもとにベル社とボーイング社のバートル部門（ヘリコプター部門）が改善、改修を重ね実用化したのが"オスプレイ"である。

垂直に上がり、水平に飛ぶ。非常に効率的だが、そのぶん問題も多い

①BAC/アエロスパシエル"コンコルド"
BAC/Aerospatiale "Concorde" C

民間航空界にジェット旅客機が本格的に就航する以前の1956年。超音速旅客機の研究はイギリスとフランスでほぼ同時に始まった。研究が進むうちに、両国の開発担当者は、お互いが開発する超音速旅客機が、設計思想も機体構造も著しく似通っていることを知った。また、巨額の開発費が見込まれたため、共同開発を提案。1962年11月、超音速旅客機の共同開発が決定された。開発は、技術上の問題だけではなく、政治問題、環境問題、燃料費の高騰などに翻弄されたが、1967年12月に１号機が完成、1969年3月初飛行に成功した。展示機はエール・フランスから寄贈されたもので、1976年パリ～ニューヨーク、ワシントンDC便の両第１便の大役を務めた歴史的な機体。

エール・フランスの調査によれば、気品あるスタイルのコンコルドにふさわしく、乗客は国家の指導的立場にある政治家と政府関係者が48%、財界のトップクラス17%、ビジネスマン12%、自由業7%だった。やはりセレブ中のセレブが搭乗した旅客機であった。

現在超音速旅客機の購入予定が相次いでいる。ほとんどがコンコルドに似た姿だ

お役立ち情報 **修復室Restoration Hangerもお見逃しなく** スペースシャトルの右側に修復室が広がり、修復の様子を2階から見学できる。2023年1月現在、本館の第2次世界大戦の航空にあったメッサーシュミッ↗

⑩シコルスキーYH-19(軍用名)、またはS-55(民間型名)
Sikorsky YH-19(S-55) C

世界初の汎用ヘリコプターS-51の開発・成功を収めたシコルスキー社が、積載能力の向上を求めて開発したのがYH-19（S-55）である。当時のヘリコプターはエンジンを胴体中央に配置していたため人員や貨物のスペースが限られる、大きな問題点があった。エンジンを機首に収め、斜めにしたシャフトが後方のローター（回転翼）に伝える画期的な構造を採用し、胴体中央部に9.6㎡の収納スペースを確保。展示機は機首のカバーを開いた状態で、収められたエンジンが見られるようになっている。汎用性の高さからアメリカの陸・海・空・海兵隊、沿岸警備のすべての軍組織に採用され、自衛隊も陸・海・空、海上保安庁が採用していた。

機内のスペースがぐっと広く取れるようになった汎用ヘリコプターだ

General Aviation 一般的な航空

アメリカの航空機産業のバックボーン、多目的軽飛行機メーカーが開発した飛行機を展示したコーナー。

⑭ビーディ BD-5B
Bede BD-5B P

ビーディ・マイクロ航空機がキットを販売、購入者が自ら組み立てるホームビルド機と呼ばれた軽飛行機。1970年に予約を開始し、1973年までに約4000人から注文を受けたが、搭載する適当なエンジンが見つからなかったため、計画は失敗に終わった。しかしながら、一部の購入者は自分でエンジンを付けて飛行を楽しんだ。

展示機はホンダ・シビックのターボ付きエンジン

Korea and Vietnam 朝鮮戦争およびベトナム戦争の航空

このふたつの地域戦争は、アメリカとソ連の代理戦争であり、両国の最新鋭航空機と兵器の実験場でもあった。代表戦闘機のF-86AとMiG-15はともにドイツ空軍の計画機を参考に造られたことは、皮肉な巡り合わせと思わざるを得ない。

⑥グラマン F-14D "トムキャット"
Grumman F-14D "Tomcat" F

1960年代後半、F-4ファントムがソ連のミグMiG-25やスーSu-11の性能に劣ることを知ったアメリカ軍が、その差を埋めるために短期間で開発した多目的戦闘機。1970年代初めから2000年まで、アメリカ海軍の主力機として湾岸戦争など、数々の軍事作戦で重責を果たした。攻撃目標地点上空の制空、敵の対艦ミサイル撃墜、艦載攻撃機の護衛など多岐にわたる任務を行うため、複座（2人乗り）となっている。最大の特徴は、飛行速度に合わせて主翼を自動的に変えられる可変翼で、ヘビー級の艦載機ながら優れた旋回能力をも

スタイリッシュな姿のトムキャット。2000年までアメリカの主力戦闘機だった

つ。また、早期警戒機のE2Cと連携し、AWG-9火器管制装置（ミサイルといった熱源を感知する）で同時に24の異なる目標に対処可能。尾翼のネコはアニメで有名なフェリ

↘トBf.109G-6、マーチンB-26B-25-MA“マローダー”などが修復中だ。興味のある人は、ウドバー・ハジー・センターのウェブサイトからRestoration Hanger→See a Listをクリックすると、修復中のものが記載されている。

ックス・キャット。第31戦闘攻撃飛行隊のマークで、初代の1930年代の第6戦闘攻撃隊のF4B-4から代々の使用機に描かれた。映画『トップガン』に登場し、飛行機マニア以外にも広く知られる戦闘機だ。

㉒ミグ-15 “ファゴット”
Mikoyan-Gurevich MiG-15 "Fagot" F

ソ連もドイツ空軍の機密書類を押収し、そのなかにフォッケウルフ（Ta 183）フォッケバインの斬新なデザインの計画資料を見つけた。これをもとに設計されたのがMiG-15。当初は要求性能を満たすエンジンがなく、ロールス・ロイス社の技術を導入したRd-45を装備して実用化に。35度もの後退翼をもつMiG-15は1950年11月に、朝鮮戦争戦線の上空に現れ、軽快な運動性と卓越した高空性能でアメリカ軍を慌てさせた。展示機は中国人民軍の塗装。

ドイツ軍の秘密資料をもとに完成したソ連の戦闘機

Modern Military Aviation 現代軍用航空

超音波、ステルス性、短距離離着陸性など高い性能が求められ、今までの航空機にはない、斬新なスタイルをもつにいたった。

㉚ロッキード・マーチン X-35B
Lockheed Martin X-35B E

経済大国アメリカでも新型戦闘機の開発は膨大な出費となり、空軍と海軍などが共用戦闘機を開発することになった（空軍、海軍、海兵隊の3軍共用支援戦闘機の開発計画JSF＝Joint Strike Fighter）。展示の機体は空軍向けの原型機に垂直離陸用エンジンを装備したB型である。空軍と海軍では使用環境が異なるため、この基本型原型機から飛行速度、ステルス性、短距離離陸性などの優先事項をそれぞれの軍が折り込んで発展させている。2011年12月、日本の防衛省は次期主力戦闘

いちばん手前のグレーの機体がX-35B。F-35は日本で組み立てている

機をF-35に選定し、2017年1月に日本の岩国基地にF-35戦闘機が到着、アメリカ以外で初めての配備となった。

⑧グラマンEA-6B “プラウラー”
Grumman EA-6B“Prowler” E

1965年、ベトナム戦北爆の本格化にともない、老朽化した電子妨害戦専任機の更新が迫られていた。低空侵攻攻撃機A-6をもとに開発された艦上電子線支援機である。相手側の電子通信を妨害しながら戦闘爆撃機隊を先導する役割を担い、ベトナム戦での北爆のあとも、1985年アキレラウル号乗っ取り犯拿捕作戦、1986年のリビアへの空爆エルドラド・キャニオン作戦、湾岸戦争などの作戦に従事した。2015年、後継機のEA-18への機首転換の決定から引退した。

ベトナム戦争などで電波妨害の役割を負った

㉑マクダネル・ダグラスF/A-18C “ホーネット”
McDonnell Douglas F/A-18C “Hornet” F

2022年に大ヒットしたトム・クルーズ主演の映画『トップガン・マーヴェリック』で、スクリーンを所狭しと暴れまわった攻撃機。

DC豆知識 F-86Aセイバーは西側の国で使用された　F-86Aセイバーの発展型のF型は、朝鮮戦争後、日本をはじめ西ドイツ、イタリアなど西側諸国の主力戦闘機として採用された。

近年のヒット映画『トップガン・マーヴェリック』で見覚えのある人もいるはず

開発当初は空軍のYF-17計画にノースロップ社が提案した戦闘機であったが、空軍はエンジンの出力の低さを嫌い不採用になった。しかし、双発の海上飛行のメリットから海軍はこれを採用。ノースロップ社が艦載機の開発経験がなかったため、主契約者はマクダネル・ダグラス社となり、ノースロップ社は後部胴体、尾翼などを生産するにとどまった。海軍は当初、中小型空母に搭載して戦闘攻撃機としての使用を考えたが、実用試験で予想以上の高性能を発揮、大型空母で運用するために採用された。現在も第一線で運用され、運動性は映画のなかでも鮮明に証明されている。アメリカ海軍のほか、オーストラリア空軍、カナダ空軍その他のNATO加盟国などでも採用。展示機の塗装は海軍の曲技飛行チーム"ブルーエンジェルス"のブルーとイエローの塗装だが、実用機はライトグレーとダークグレーのカモフラージュ塗装と目立つのを避けている。通路を挟んで斜め横に初代トップガンのF-14が展示されているのでお見逃しなく。

フォード JB-2 ルーンミサイル
Ford JB-2 Loon Missile

宇宙から軍用に展示場所が移った黄色のミサイルは、アメリカ陸軍航空隊（当時は空軍はなかった）が1944年ドイツ軍のV-1ロケットのコピーをして開発したもの。その後のアメリカの地対地ミサイル開発の原点となった。

ミサイルだが明るい色に塗装されている

⑤グラマン A-6E "イントルーダー"
Grumman A-6E "Intruder" A

グラマン社がレシプロエンジン装備のA-1攻撃機の後継として開発した全天候艦上攻撃機で、初飛行は1960年。敵のレーダー網をかいくぐる低空飛行で、地形を読みながら進入し、コンピューターで爆撃の照準を決めるなど、夜間や天候に左右されない作戦が実行できた。他機種が発進できない悪天候でも作戦が実行できるといった安定性が重用され、A～E型まで693機が生産されている。パイロットと爆撃手が並列で乗務するため機首部分が膨らみ空気抵抗は大きいが、低空ではデメリットにはならなかった。1963年から実戦配備されたベトナム戦争では、地上攻撃の主役を務め、多くの軍事作戦に参加。1997年にFA18へと代替され、34年間の役目を終えた。

低空飛行でレーダーに探知されなかったイントルーダー

㉕リパブリック F-105D "サンダーチーフ"
Republic F-105D "Thunderchief" F

リパブリック社が、朝鮮戦争に使用されたF-84の後継機として開発したのがF-105である。いかにも空軍好みのヘビー級戦闘攻撃機

ベトナム戦争時に地上攻撃用として使われたサンダーチーフ

で、1955年10月にA型が初飛行した際は、音速を突破して派手なデビューを飾った。展示機は全天候型のD型で、迎撃、地上攻撃、核攻撃を超音速で行える性能をもち、長大な弾倉には核爆弾を含む爆弾を積載、翼下はナパーム弾やミサイルを装備可能である。1960年代には太平洋戦術空軍部隊の主力として、横田や板付基地などに配備され、ベトナム戦争ではおもに地上攻撃用として使われた。展示機もベトナム迷彩と呼ばれた茶、緑、薄緑の3色カムフラージュ塗装になっている。

⑲ボーイングーバートル CH-46Eシーナイト"フログ"
Boeing-Vertol CH-46E Sea Knight "Phrog" U

バートル社が1958年に開発した兵員、物資輸送用に開発した中型ヘリコプターで、エンジンとローター（回転翼）を機体前後に装備したため、飛行中の姿勢安定性に優れていた。機体上部にあるエンジンから機内容積を有効に使用でき、作戦遂行上の便宜性と迅速性が高かった。アメリカ海軍、海兵隊に採用され、また、民間型のV-107はパン・アメリカン航空がラガーディア空港とマンハッタン中心部の旅客輸送に使用した。日本では川

日本では川崎重工がライセンス契約したヘリコプターで、自衛隊だけでなく旅客輸送にも使われた

航空宇宙博物館 鑑賞ガイド　チャック・イェーガー追悼

スペースシャトルの展示ホールの入口に、本館の最重要ホールに飾られていたベルX-1がある。史上初めて音速を突破したチャック・イェーガーは2020年12月7日、97歳で天寿をまっとうして大空のかなたに飛び去った。

●アメリカの国民的英雄

「アメリカンドリーム」は恵まれない出自から困難を克服し、偉大な挑戦をして成果を挙げることを意味するが、専門化が進んだ現代では効率化を強いられ、窮屈と埋没感を感じる人も少なくないだろう。命懸けでスピードの限界に挑戦し、世界初の音速突破という成果を残したイェーガーは航空界のアメリカンドリームの具現者であった。しかも大らかさと人間味があり、ストイックさを感じさせない人物だった。

●パイロットへの道

イェーガーは1923年2月ウエストバージニア州の片田舎マイラで生まれた。ハムリンで高校卒業後、陸軍に入隊し整備兵に。第2次世界大戦開戦で大量のパイロットが必要となり、陸軍(当時空軍はなかった)がパイロットの資格習得の学歴を高校卒まで引き下げた。イェーガーにパイロットへの道が開かれたのだ。頑健な体躯、並外れた視力、抜群の運動神経で適性テストを突破、各段階の訓練をパスして准尉に任官した。

ベルP-39による戦闘訓練とノースアメリカンP-51Bへの転換訓練後、1944年2月イギリスのレイストンに派遣。ドイツ本土を爆撃するB-17、B-24護衛任務に就いた。

タイムズ誌の表紙を飾ったチャック・イェーガー。故郷のチャールストンの空港は彼の名前がついている

●アイゼンハワー最高司令官(後の34代大統領)からの特別許可

1944年3月のB-17護衛中、迎撃してきたメッサーシュミットBf109を撃墜して最初の戦果を挙げ、次にハインケルHe111も撃墜。しかし、その翌日にはフォッケウルフFw190に撃墜され、ドイツ占領下のフランス・ボルドー付近に落下傘降下した。運よくフランスのレジスタンスに助けられたが、一度敵地に降りた者は二度と同じ戦線に戻さない大原則があり、イェーガーも本国送還のはずであった。しかし、彼はヨーロッパ戦線復帰を強く希望し、何度も上司に訴え、嘆願は最高司令部のアイゼンハワーにまで達した。アイゼンハワーと面接したイェーガーは「陸軍の規則は変えられない。陸軍省の帰属となる」との回答を得たが、すでにノルマンディー上陸後の連合軍の反撃は本格化しており、実戦経験のあるパイロットのイェーガーはその身分をアイゼンハワーに託して本国帰還は撤回された。

●エースパイロットに

戦線に復帰し、爆撃機の護衛任務に就いたイェーガーはその実力をいかんなく発揮して、10機を撃墜してダブルエース（5機を撃墜するとエースの称号を与えられるのでその2倍はダブルエース）となり、Bf109を1日で5機を撃墜、さらにプロペラ機のP-51で最新鋭のジェット戦闘機Me262を

CINEMA おすすめ映画はこれっ! ブラックバードが映画に出演！　日本のタカラトミー販売の変形ロボット玩具が、映画化された『トランスフォーマー』シリーズ。回を重ねるごとに変形するものが多様化しているが、『トラン↗

崎重工がライセンス生産し、航空自衛隊が救難用に、陸上自衛隊が兵員、物資輸送用に使用し、民間では関汽エアサービスが旅客輸送に使用した。そのほか世界各国の軍隊に採用された。バートル社は1960年ボーイング社に買収されている。

⑨シコルスキー JRS-1(海軍名)、S-43(民間名"ミニクリッパー")
Sikorsky JRS-1(S-43) C

2017年に修復を終え「現代軍用航空」に展示されたシコルスキーJRS-1は、シコルスキー社が1935年に双発15人乗りの民間水陸両用艇として開発したもので、パン・アメリカン航空が12機を購入して幹線と支線の連絡用に使用した。水陸両用の便宜性から1937年海軍が7機、陸軍（当時まだ空軍はなかった）がY10A-8のコードネームで5機、海兵隊もVMJ-1のコードネームで2機採用した。滑走路が未整備でも水面でも離発着が可能であることから第2次世界大戦の前線で種々の任務を負った。フランス、ロシア、ノルウェー、チリ、中国にも輸出され、大富豪のハワード・ヒューズと蒸気船と鉄道業で巨万の富を築いたヴァンダービルドが自家用機として使用していた。

映画『アビエイター』のハワード・ヒューズも愛用した機体

撃墜した。その後も戦果を挙げ続け、トップクラスのエースパイロットとなり、アイゼンハワーの特別許可に見事に応えて大尉に昇進した。

1945年5月ドイツが降伏するとイェーガーは帰国。恋人のグレニスが待つカリフォルニアに向かい彼女を連れて、故郷のウエストバージニアに戻り、結婚。任地を選べる特権を行使して、ハムリンに近いオハイオ州デイトンのライトパターソン航空基地に赴任した。

●音速突破計画

1946年当時、陸軍航空隊とベル社とのベルX-1による音速突破計画が難航していた。音速を突破できなければ、その先の超音速戦闘機の開発の道は開けない。ソビエトとの世界初の音速突破競争も切迫していた。イェーガーの上司であり飛行テスト部長のボイド少将は、副部長とともにハイリスクなテスト飛行に志願した8人のパイロットからイェーガーを指名した。

イェーガーはカリフォルニア州のモハーベ砂漠にあるミューロク基地(後のエドワーズ空軍基地)に移り、2名のパイロットと協力して音速突破飛行のテストを開始した。テストは極めて慎重に行われた。1947年10月14日、マッハ0.98を目標とした9回目のテスト飛行でイェーガーは気づかぬうちに音速を超えていた。マッハ計がマッハ1で止まっていたが、実は振り切れていたのだ。地上の音速突破時の衝撃音はすごかったという。

「音速突破」の偉業を国防総省は極秘としていたが、取材していた航空技術雑誌のアビエーションウイーク誌がすっぱ抜き、大ニュースとなって世界を駆け巡った。

●一躍時の人に

イェーガーは一躍時の人となるが、報奨金もなく軍では任務を果たしたと評価されただけだった。しかし、航空界での評価は異なり、1947年のコリヤトロフィー（航空宇宙技術で優れた業績を挙げた人に贈られる賞）の受賞者となり、ホワイトハウスでトルーマン大統領からトロフィーを、国際航空連合からは1ポンドの純金メダルが授与された。1953年にはハーモントロフィーを受けるが、当時の大統領は大戦中に特別許可を出したアイゼンハワーで、ふたりにとって栄光の再会となった。

●ジェット機黄金時代を体験

1950年代はジェット機の黄金期で、イェーガーは60年代から70年代に実用化された戦闘機、爆撃機、輸送機など多数の軍用機をテストした。1961年大佐に昇進、エドワーズ空軍基地に戻り、空軍航空宇宙研究テストパイロット学校の校長を務めた。分遣部隊のB-57でベトナム戦争に参戦。帰国後シーモア・ジョンソン基地の第四戦術航空師団の司令を務めて1969年8月准将に昇進。士官学校の卒業生でない兵卒上がりが将軍に昇進したのは稀有なことであった。

退役後は、1967年に大統領自由勲章を受章、好きなときにF-104を飛ばすことができる条件で無報酬コンサルタントとなり、ノースロップ社の技術顧問も務めるかたわら、自伝がベストセラーに。その後も各地で航空ショーでのデモ飛行、講演など行っていた。

●稀有のパイロット

卓越した視力と鋭敏な運動神経で空高く飛翔し、死線すれすれの過酷な経験を積み、実験用ロケット、外国機を含め180機種以上を操縦するなど生涯飛行時間は1万100時間を超えた。イェーガーが前代未聞の業績を成し遂げられたのは、イェーガーが天翔ける喜びを知っていたからではないだろうか。

↘スフォーマー　リベンジ』では、ウドバー・ハジー・センターのブラックバードが出演。静かな展示場で休んでいた機体が、変身してよみがえる。映画のなかでは重要な役割をもって登場する。

㉙ロッキード SR-71A“ブラックバード”
Lockheed SR-71A "Blackbird" R

ロッキード社の伝説的なデザイナー、ケリー・ジョンソンが設計した、最高速度マッハ3.3を記録した偵察機。秘密裏に開発され、1961年末に初飛行していたが、1964年2月にその存在が発表されたときはセンセーションを巻き起こした。尾翼には、ケリー・ジョンソンのスカンク・ワークスにちなんでスカンクのマークが描かれている。

最高速度マッハ3以上を出すことができたブラックバード

ベルX-1 “グラマラスグレニス”
Bell X-1 "Glamorous Glennis" E

1947年10月14日、第2次世界大戦のエースで、後に将軍となったチャック・イェーガー大尉が世界初の超音速飛行を成し遂げた、記念碑的な飛行機。この飛行テストの状況が危険に満ちたものであったかは、映画『ライト・スタッフ』に描かれている。“グラマラスグレニス”はグラマーなグレニスという意味で、“グレニス”とはイェーガー大尉の愛妻の名。

本館の「マイルストン・オブ・フライト」に展示されていた歴史的な機体

ニッポン in DC

アメリカ軍に活用された日本軍の航空技術

航空技術先進国のアメリカは第2次世界大戦後、日本とドイツの航空機をもち帰り、その性能、特性、製造方法などを徹底的に調べた。日本機では、潜水空母の伊-400と特殊攻撃機“晴嵐”の設計思想と技術が特に注目され、戦後のアメリカ海軍の核ミサイル搭載潜水艦の原点となった。

●アメリカ海軍の徹底的な調査

アメリカ海軍は日本から接収した軍用機を整備し直し、オクタン価が高い燃料で各種の性能試験を実施した。接収した日本の性能表と比較すると、良質な燃料とアメリカ製点火プラグの効果で、ほとんどの機種が日本の性能記録を上回った。海軍諜報局は1947年に「日本航空機の性能と特性」と題する報告書にまとめ、なかでも博物館収蔵の三菱零式艦上戦闘機52型、川西局地戦闘機“紫電改”、九州18式局地戦闘機“震電”、愛知M6A1特殊攻撃機“晴嵐”を、世界水準を超えた機種として評価していた。晴嵐に関しては高い攻撃力と潜水艦の格納筒に収まるふたつの特性をもつ、他に類を見ない革新的な攻撃機と特に評価が高かった。

●晴嵐の性能

晴嵐は、ダイムラー・ベンツ社のDB601をもとに国産化した出力1400馬力の熱田32型エンジンを装備していた。最高時速は480km。これはフロートを付けた水上機ではかなりの高速で、実戦に入った場合フロートを切り離せば、高度

攻撃機を折り畳んで潜水艦に乗せて運ぶアイデアにアメリカ軍は驚いた

4000m、時速580kmの高速で、上昇速度も5000mまで8分9秒と戦闘機並みの高性能を発揮した。フロートを切り離すと着水は不可能となり母艦に帰投できなくなるが、待機している母艦付近の上空で乗員は脱出、パラシュート降下して母船が乗員を収容する方式であった。武装としては後部席に12.7ミリの回転機銃1門を装備し、800kg爆弾1個、または45cm魚雷1個を胴体下に着装できた。

●弩級潜水空母のスケール

終戦直前、日本海軍の潜水空母伊-400はアメリカ海軍の日本総攻撃への集結拠点であるウルシー環礁への特攻攻撃を命じられた。晴嵐3機を搭載して横須賀を出港するが、ウルシー環礁到着直後に終戦となった。艦長の日下敏夫中佐は、一部将校の特攻攻撃持続の主張を退け、乗組員全員を日本に帰還させる決定を下した。晴嵐3機

読者投稿 **映画『アビエイター』のヒューズの愛機** ディカプリオが演じた映画『アビエイター』の主人公であるハワード・ヒューズの“レーサー” Hughes H-1 “Racer” がウドバー・ハジー・センターのアクロバットのコーナーにあった。(東京都 S.Y. '23)

World War II Aviation 第2次世界大戦の航空

大きさの問題で本館に展示できない爆撃機、双発戦闘機と大戦後期に登場した戦闘機を展示したコーナーで、別館の最大の見どころ。

㉞空技廠"桜花" Kugisho MXY7 "Ohka" A

第2次世界大戦末期の敗色濃厚の戦況のなかで、「民族の存亡を賭けた最後の手段」として開発された特攻機。火薬ロケットエンジン装備の11型は母機の一式陸攻から切り離され、ほとんど滑空状態で敵艦隊に突入した。装備されたロケットエンジンは敵戦闘機の追撃を振り切るため短時間の使用に限られ、特攻の成功率は極めて低かった。その弱点を改良するためジェットエンジンを装備したのが展示の22型。実戦には投入されなかった。設計者の三木忠直は搭乗者の生存の可能性を模索し、落下傘で降下するための装置や不時着時用の着陸のソリを装備するよう軍幹部に進言したが、退けられた。

燃料をほとんどもたず、滑空して敵に突入した

㊳中島 夜間戦闘機23型(11甲型)"月光" Nakajima JIN-1-S "Gekko" F

日本海軍唯一の双発複座の夜間戦闘機で、第2次世界大戦末期にB-29迎撃で本土防衛に貢献した。月光は日本初の後部胴体上部にリモコン銃塔を装備した、陸攻隊の長距離支援戦闘機として造られた。1941年3月に試作機が完成したが、戦闘機としては性能不足で、陸上偵察機として採用された。そして二式陸上偵察機と命名された。

の海中投棄を指示し、帰還途中のパラオ沖でアメリカの潜水母艦プロテウスに遭遇、投降した。伊-400に接近したプロテウスの士官と乗組員たちは、全長122mの超弩級の巨大さに驚嘆した。ドイツUボートの約2倍はあり、なかでも甲板上のカタパルトと晴嵐を収納していた格納筒に興味津々であった。

●潜水空母の概念と戦闘機を折り畳む技術

アメリカ海軍すら着想もしなかった攻撃システムを日本海軍が実現し、実戦配備前であったことにも驚いた。アメリカの誇る軍事諜報組織もこの潜水空母の存在をつかんでいなかったのである。もし潜水空母が1年前に実戦配備されていたら、ニューヨークやワシントン、戦略上の重要拠点であるパナマ運河が奇襲された可能性もあったからだ。

晴嵐を直径4mの格納筒に収めるにあたり、主翼を90度回転させ後方に折り畳み、垂直尾翼は上部を水平に、水平尾翼は下方に折り畳む。機体の幅をプロペラの直径3.6mに合わせ格納筒には縦に3機収納できた。しかも折り畳んだ晴嵐を短時間で飛行可能な状態に復元し、フロートを装着する。この複雑な作業を1機当たり5分、全機15分で発進可能とした。晴嵐発進後、母艦は5分で潜水した。アメリカ海軍はこれらの驚異的な技術の活用を検証するため、伊-400と401をハワイの真珠湾に曳航した。

●絶対敵に渡したくない技術

徹底的な調査の結果、海軍は伊-400と401をアメリカ軍艦として海軍籍に編入することを検討した。奇しくも日本の潜水空母の情報を得たソ連から分配戦利品の引き渡し要求が入った。かつて連合国であったソ連だが、すでに冷戦が始まり仮想敵国に変わっていた。アメリカにとって伊-400の技術は仮想敵国に渡せるものではなく、伊-400と401をハワイ沖の海上で撃沈させた。長崎に停泊していた3番艦の伊-402も長崎沖の海中に沈められた。ソ連から抗議はきたが、伊-400と晴嵐の技術を渡すわけにはいかなかった。

●ミサイル搭載潜水艦の原点に

アメリカ海軍は潜水空母のアイデアをさら進め、ミサイル搭載の潜水艦に進化させた。核弾頭装備可能な艦対地レギュラスミサイル（別館ロケット・ミサイルコナーに展示されている）2基を格納筒に収納した、巡航ミサイル搭載通常動力型潜水艦"グレイバック"を建造、1958年に就航させた。グレイバック型潜水艦は浮上して艦上のランチャーからミサイルを発射、これは伊-400を発展させた発射方式であった。グレイバックと同型艦のグロウラーとともにアメリカの核戦略構想の一翼を担った。水中発射が可能なポラリス型原子力潜水艦が建造されると、グレイバックとグロウラーは核戦略構想から外れ、別の任務に回った。退役したグロウラーは現在、ニューヨークのイントレピッド博物館でレギュラス（ミサイル）をランチャー上に展開した状態で展示されている。

1942年、南太平洋のラバウルで作戦に従事していた第251航空隊の小園中佐が、この機でB-17やB-24を撃墜しようと試みた。機関銃が機首に固定される単座戦闘機では射程内射撃時間に限界があったのだ。そこで、二式陸上偵察機の胴体後部に20mm機銃2丁を、斜め上方に向けて装備し、夜間戦闘機とすることを発案、テストを行った。すると、意外にも好成績を収めた。1943年5月ラバウルにB-17が2機飛来すると、この斜め機銃を装備した二式陸偵が迎撃し、2機のB-17をたちまち撃墜した。この戦果に小園案に懐疑的だった海軍航空本部は考えを改め、夜間戦闘機月光として採用することに決定。大戦末期には、月光は陸軍の屠龍とともに夜間爆撃に襲来したB-29と死闘を演じた。

すぐ近くに展示されているB-29と大きさを比較すると、よくがんばったと思えてくる

㉜愛知M6A1"晴嵐"特殊任務攻撃機

Aichi M6A1 "Seiran" A

潜水空母に積み込み、密かに敵の領海に潜入してから洋上で組み立て、最重要拠点を奇襲する目的で開発された特殊攻撃機。

晴嵐の最大の目標はパナマ運河の奇襲であった。潜水艦に搭載するため、直径3.2mのプロペラの直径内に胴体主翼、垂直尾翼、フロートなどが、すべて収まるように設計された。攻撃時が夜間、悪天候でも、4人の整備兵が5分以内に再組み立てできるようにさまざまな工夫がなされた。1945年7月、潜水艦4隻に晴嵐10機を搭載した第一潜水隊は、出撃日も出港地も変えて出動。目的はアメリカ海軍の最大補給基地のひとつであり、機動部隊が集結するウルシー環礁の奇襲であった。しかし、途中で終戦となり実戦に参加することはなかった。そのユニークな発想と実用化した技術はアメリカ海軍から高く評価された。

同機の復元は日本の模型メーカー"タミヤ"がスポンサー。また、晴嵐の母艦の伊-401は2005年3月にハワイ沖海底で、伊-402が2015年に長崎県の五島列島沖で発見された。

㊱川西 N1K2-Ja"紫電21型(紫電改)"

Kawanishi N1K2-Ja "Shidenkai" F

日本海軍最後の制式戦闘機。水上戦闘機"強風"を陸上化した紫電11型は、フィリピン上空の戦闘でグラマン・ヘルキャットと対等に渡り合える性能を示していた。しかし、中翼のため脚の故障に悩まされた。この紫電を低翼にして、胴体を絞って垂直尾翼のデザインを一新した。そして、防漏タンク、防弾装備を施し、紫電11型とはまったく違う新しい戦闘機21型が生まれた。俗称の"紫電改"の名で知られている。しかし、"誉"エンジンの開発初期の欠点を取り除くことができず、洗練化を十分に行えないまま、実戦投入せざるを得なかった。稼働率が低かったが、ヘルキャット、コルセアと対等以上に戦える唯一の戦闘機であった。日本にはゼロ戦以上の戦闘機は存在しないと考えていたアメリカ軍パイロットは、紫電改の出現に驚き慌てた。

ゼロ戦以上の性能をもつ戦闘機で戦争終盤に活躍した

㉟川崎キ45改"屠龍"の胴体

Kawasaki Ki-45 "Toryu" F

1941年9月に初飛行した双発、複座戦闘機で、陸軍には二式複座戦闘機として、また援護用の長距離戦闘機として正式採用された。開戦直前にインドシナに配備され、ビルマ、ベトナム、満州などで本来の任務と異なる防空戦闘機として使用された。B-29の唯一の急所といわれる胴体と翼の取り付け部を攻撃し、難攻不落といわれた"超空の要塞"を相当

左が震電、右が屠龍。どちらも胴体部分のみの展示

数撃墜した。展示機は胴体だけで残念だが、展示スペース上やむを得ないかもしれない。

㉝九州18式局地戦闘機“震電”の胴体
Kyushu J7W1 "Shinden" F

胴体だけの展示で、解説パネルの写真を見ないと全体のイメージが浮かびにくいが、震電はレシプロ戦闘機の性能限界を超えるため機体デザインを大胆に変えた局地戦闘機（迎撃機）。小翼を機首に後部胴体に主翼とエンジンと大型プロペラを装備、試験飛行を見た通行人が「逆向きに飛ぶ飛行機を見た」と驚くなど、先尾翼の異型のスタイルをもっていた。機種に4門の30ミリ機関砲を装備、一撃離脱方式でB-29に対抗するために開発された。高速（最大速度時速750キロ）で最高到達高度1万2000mを目指した野心的な迎撃機で、1943年に開発が開始され、試作機は終戦2ヵ月前に完成した。３回の試験飛行を行った時点で終戦となり戦果を挙げられずに終わったが、アメリカ軍に設計の斬新さと機能の先進性を高く評価された。

㊲中島“橘花”
Nakajima "Kikka" A

“橘花”は、ドイツから提供されたメッサーシュミット262型の技術資料をもとに、中島飛行機が機体を、海軍空技廠がエンジンを同時並行で開発した。生産開始から13ヵ月、エンジンは7ヵ月で開発され、終戦8日前の8月7日に初飛行した。試作機2機が造られたが、1機をアメリカ軍が接収し、性能テスト後、スミソニアン協会の付属施設に保管されていた。メッサーシュミット262の限られた資料をもとに１年でエンジン構造の簡略化と機体の小型軽量化を図るなど、262と遜色ない性能の橘花を開発した技術を、海軍技術部は高く評価していた。搭載されたジェットエンジン“ネ-20”は戦後の日本のタービン発動機技術の開発の基礎にもなった。

終戦末期の日本初のジェット戦闘機。ドイツの資料をもとに製造した

㉗ロッキードP-38J“ライトニング”
Lockheed P-38J "Lightning" F

ロッキード社チーフエンジニアのホール・ヒバーの設計となっているが、実際にはアシスタントであり、後のスカンク・ワークスの生みの親のケリー・ジョンソンの設計。排気タービン付き過給器装備の液冷エンジンを採用した、高速度、高高度迎撃機。機体全体は必要な整備をエンジンの後部胴体に収めてスリムにまとめている。操縦席部分は独立しており、火器を集中して装備できたので射線のぶれが少なく、精度を高く保てた。

鈍い色を放つ双発単座のレシプロ戦闘機

⑱ボーイングB-29“エノラ·ゲイ”
Boeing B-29 "Enola Gay" B

大戦末期、大編隊を組んで飛来するB-29を見上げていた日本人は、想像の域を超える圧倒的な姿を見て、敗戦を覚悟したといわれている。ボーイング社といえどもこれだけの技術的な大革新は容易ではなかった。

1942年9月と12月に原型機2機が相次いで事故で失われた。この教訓から種々の改良を重ね、1944年インドの基地から発進したB-29がバンコクの日本軍基地を爆撃した。6月に中国から初の日本本土爆撃を行ったが、予定どおりの結果は得られなかった。中国基地からでは補給上の問題があり、基地の整備が整ったサイパン、グアム、テニアンなどのマリアナ諸島に出撃拠点を移したのだ。そして、1944年11月24日を皮切りに日本各地の

ウドバー・ハジー・センターでもひときわ巨大な機体がエノラ・ゲイ

DC豆知識 **P-38の戦歴**　出現当時、世界最高の性能を誇り、本来の目的のほかに爆撃、偵察、雷撃などの目的で使われた。山本五十六提督の搭乗機を撃墜したのもP-38であった。

軍需施設の爆撃を開始。1945年に入ると夜間攻撃を開始し、3月10日の東京大空襲で東京の下町を焼き尽くした。そして、8月6日に第393中隊所属のこの展示機、エノラ・ゲイが広島に原子爆弾を投下した。日本人にとっては複雑な感情をもたずに見ることは難しい機体でもある。

㉖リパブリックP-47D "サンダーボルト"
Republic P-47D "Thunderbolt" F

いかにもアメリカ陸軍航空隊好みのヘビー級戦闘機で、時速水平速度811キロを記録し、ムスタングと並び陸軍最強の戦闘機といわれた。1943年にイギリスに派遣され、B-17の護衛を務めてヨーロッパ戦線に進出。地中海戦線ではドイツ機とイタリア機、南太平洋戦線、中国戦線では日本機と激戦を繰り広げた。終戦までにアメリカ戦闘機生産数では最高の総計1万5660機が生産された。展示機は最も後期のP-47N-5-RE。

アメリカらしいスタイルで、生産数も最高を誇る

④カーチス SB2C-5 "ヘルダイバー"
Curtiss SB2C-5 "Helldiver" B

1938年、アメリカ海軍が提示した偵察・爆撃機に、カーチス社が採用されて造られた艦上急降下爆撃機。開発当初は数々のトラブルを抱えていたが、1942年12月に量産型が初飛行、実戦配備された。本格的な参戦は1944年、マリアナ沖海戦で空母"飛鷹"を撃沈する戦果を挙げ、大戦後半にはレイテ沖海戦などでアメリカ海軍の主要な艦上爆撃機としての任務を果たした。1945年第2次世界大戦終了とともに生産数5106で終了した。

第2次世界大戦中日本戦に投入されたヘルダイバー

㉛ヴォート F4U-1D "コルセア"
Vought F4U-1D "Corsair" F

入口正面につり下げられている。直径4mの大直径プロペラと、逆ガル型と呼ばれる途中折れ曲がった特異な翼が特徴。アメリカ海軍に採用されたが、折れ曲がった翼は空母着艦時に安定を欠き失速を起こしやすく、初期型は視界が悪いこともあり、艦載機としては不適当と判断された。当初陸上基地からの使用に限定されていたが、その後改良が進み、パイロットが飛行特性に慣熟すると今まで引き出せなかった性能が発揮され、第2次世界大戦中のアメリカ海軍最高の戦闘機と評価されるまでになった。

翼のカーブに特徴のあるコルセア。第２次世界大戦中はアメリカ海軍最高の戦闘機だった

③カーチスP-40 "ウォーホーク"
Curtiss P-40 "Warhawk" F

コルセアの向かい。とりたてて優秀な戦闘機ではなかったが、大戦初期にP-47、P-51の配備が整うまでの中継ぎの役目を負い、その後は同盟国のイギリス、フランス、中国、ソ連に輸出され大戦を通じて活躍した。中国ではシェンノート将軍の指揮するフライング・タイガースの使用機として日本機と渡り合った。

2012年3月アフリカのサハラ砂漠でP-40の残骸が60年ぶりに発見された。1942年に出撃したまま行方不明となっていたイギリス空軍のデニス・コッピン軍曹の搭乗機であった。残骸は破損も少なく、略奪にも遭わず、さびもなく良好な状態であった。

ウォーホークは中国で日本の戦闘機と対峙した

CINEMA おすすめ映画はこれっ! **ウォーホークはこの映画に出ています** 映画『パールハーバー』で迎撃に上がったP-40が、ゼロ戦を撃墜して一矢を報いる姿で描かれている。

⑦グラマン F6F “ヘルキャット”
Grumman F6F "Hellcat" F

アメリカ海軍向けに数多くの戦闘機、雷撃機を製造したグラマン社が、F4Fワイルドキャットの後継機として急遽開発した機。ゼロ戦の2倍の2000馬力級のエンジンの下に滑油冷却器と空気取り入れ口ダクトを配置し、これらを一体のエンジンカバーで覆ったため、スマートとはほど遠いスタイル。重装備の機体を馬力で飛ばした、典型的なアメリカ的発想の戦闘機。構造は頑丈、攻撃力、防御力でゼロ戦をしのぎ、格闘力の劣勢は編隊を堅持する戦法で補った。

艦上戦闘機らしい機体で、性能はダントツだった

⑯ホーカー・ハリケーン Mk.ⅡC
Hawker Hurricane Mk.ⅡC F

バトル・オブ・ブリテン（イギリス本土防衛作戦）にスピットファイアとコンビでイギリスを守った戦闘機。戦闘ではスピットファイアが敵戦闘機の迎撃、ハリケーンは敵爆撃機の迎撃の役割分担をしてこの国家存亡の危機を見事に乗り切った。その後迎撃戦闘機としては性能不足となり、おもに地上攻撃などに使用された。

イギリス軍の期待を負い、それに応えた

⑬ドルニエ Do 335A-1“プフィール”
Dornier Do 335A-1 "Pfeil" F

レシプロ戦闘機の限界を打ち破ろうと、胴体の前後に牽引用と推進用のエンジンを備えた、ドイツの変形双発高性能戦闘機。プフィール（矢）と名づけられた一見奇抜に見える外観のためか、空軍幹部の受けが悪く、実用化が遅れた。レシプロ戦闘機を当時のジェット戦闘機並みの性能に高めたが、実戦機が完成して間もなく終戦となり、その実力を発揮できなかった不運な戦闘機でもあった。

終戦末期に完成したが、実戦にはほとんど投入されなかった

㉔メッサーシュミットMe 163B “コメート”
Messerschmitt Me163B "Komet" F

世界初、しかも唯一の実用化されたロケットエンジン搭載の戦闘機。無尾翼の特異な形態はグライダーの名設計者アレクザンダ・リピッシュのデザイン。過酸化水素水、水加ヒドラジン、メタノール混合液を燃料とするロケットエンジンで、時速950キロ、9000mまでの到達時間がわずか2.6分と、当時としては驚異的な性能を示し、1944年の出現時には連合軍を驚かせた。しかし、動力飛行は10分程度しかできなかったため、攻撃法が限られた。一気に高空に飛び上がり、上方から急降下、機首に装備した30ミリ機関砲で連合軍の爆撃機に数撃を浴びせて、その後、滑空し着陸する戦法で運用された。性能は驚異的であったが、まだ開発途上であったことから実戦では目立った戦果は挙げられなかった。日本のロケット戦闘機三菱J8M（キ-200）“秋水”はドイツから提供されたこの機の設計図を基に生産された。

ロケットエンジンを搭載した戦闘機だが、実戦では成果が挙げられなかった

DC豆知識　ホーカー・ハリケーンはここで活躍したと、ビルマで日本機と激戦を繰り広げた。　ドイツに占領されたフランス、北アフリカでドイツ機

Space Hanger 宇宙展示

本館で展示できなかった、宇宙船、カプセルやモジュール、人工衛星など、近年新しい展示物が続々と増えているコーナー。

Human Spaceflight 人類の宇宙飛行

ジョン・グレンのマーキュリーカプセル"フレンドシップ 7"
Mercury Spacecraft "Friendship 7"

アメリカで最初に有人軌道飛行に成功した宇宙船。1962年2月20日に打ち上げられ、地球軌道を3周してバハマ沖の大西洋上に着水した。この飛行は1961年末から計画されていたが、種々の故障により10回も打ち上げが延期されていた。また、打ち上げ後に軌道飛行が２周目に入ったところで自動姿勢制御装置が故障、グレン中佐はこれを手動で調整しながら周回飛行した。それだけに、この飛

議員にもなり、国民的英雄だったジョン・グレンが搭乗した宇宙船

航空宇宙博物館 鑑賞ガイド

航空宇宙博物館 ヒーロー ライバル秘話 ガガーリンとグレン

1960年代初頭の宇宙進出黎明期、ソビエト連邦とアメリカ合衆国は宇宙一番乗りを目指して壮絶な競争を繰り広げていた。ソ連初の宇宙飛行士候補生のユーリイ・ガガーリンとアメリカ初の宇宙飛行計画の飛行士に選抜されたジョン・グレンはお互いの存在も知らず、見えないライバルを意識しながら訓練に明け暮れていた。

●パイロットとなったふたりの生い立ち

グレンは1921年オハイオ州ケンブリッジの中産階級に、ガガーリンは1934年にモスクワ郊外の農家に生まれた。グレンは大学で工学を修め航空士官養成課程に進み、1944年海兵隊に入隊。F４Uコルセアのパイロットとして南太平洋で戦闘任務に就き、59回の戦闘任務をこなした。当時ガガーリンは10歳であった。

第2次世界大戦後グレンは飛行教官となったが、朝鮮戦争が勃発すると実戦に復帰しF9Fパンサーを駆って63回の戦闘任務を果たした。対空砲火を受け機体後部に大穴が空いたこともあったが、冷静な操縦で無事帰還している。ガガーリンは1955年工業学校を卒業、空軍士官学校に入り、卒業後はムルマンスク基地に配属された。かたやグレンは朝鮮戦争後、海軍パイロット養成所を経てテストパイロットとなり、1957年F8Uクルセーダーを駆ってロスアンゼルス～ニューヨーク間を超音速で大陸横断し大陸横断速度記録を更新した。

●ガガーリン世界初の宇宙飛行士へ

ガガーリンは1960年、操縦技術を高く評価されて秘密計画のパイロットに選抜された。体力、技量の優秀性ばかりでなく、情緒安定性、沈着冷静などの性格も審査。宇宙計画の最高責任者のコロリョフの目に留まり、最初の宇宙飛行士に選抜された。

ガガーリンもグレンも、それぞれの国で英雄となったが、最期が対照的だった

Lt. Col. John Glenn　Yuri Gagarin

両国のメンツをかけて宇宙一番乗りを目指した競争は、技術的なスケジュールよりも政治的思惑がしばしば優先された。アメリカの有人宇宙船打ち上げが近いという情報が流れ、また革命40周年記念日までに打ち上げるため、安全性が十分に確保できないまま、1961年4月ガガーリンはボストーク宇宙船に乗り込んだ。打ち上げは成功。地球を順調に１周してガガーリンは人類初の宇宙飛行士となった。しかし、問題は帰還時に起きた。大気圏再突入時に宇宙船と、逆噴射装置と燃料タンクを収めた基盤部分を継いでいたワイヤーが絡まって激しい回転を始め制御不能に陥ったのだ。幸い大気との摩擦熱でワイヤーが焼き切れて分離したことで回転が止まり、何とか手動で制御できるようになった。ガガーリンは通常の軟着陸は無理と判断、ボストーク宇宙船から脱出して畑にパラシュートで舞い降り、世界初の宇宙飛行士として一躍ソビエトの英雄となった。

●グレンは人類3人目の宇宙飛行士に

ソビエトはわずか4ヵ月後に、チトフ少佐を乗せたボストーク2号を打ち上げ、地球を17周して無事帰還させた。2度にわたって先を越されたアメリカも生還率50%の予測のなか、1962年2月にグレンを乗せたフレンドシップ7号を打ち上げた。7号は順調に地球を周回したが、ここでも帰還時にトラブルが発生。自動操縦装置が不調となり手

読者投稿 **ジェームズ・ウェッブ宇宙望遠鏡の写真** 航空宇宙博物館のどちらかにジェームズ・ウェッブ宇宙望遠鏡の模型や写真があるかと期待したが、どちらにもなかった。しかし、ダレス国際空港の空港↗

行成功はアメリカ中を熱狂させ、グレン海兵隊中佐は一躍アメリカンヒーローとなり、後に上院議員に選出されるもととなった。グレンは77歳のときにもスペースシャトルに搭乗、再度宇宙に滞在した。その際自費で買ったミノルタ製の小型カメラを無断で持ち込み、宇宙から地球の写真を撮った。

⑪スペースシャトル“ディスカバリー”
Space Shuttle "Discovery"

実際に宇宙を飛行したシャトルはノースアメリカン・ロックウエル社製造。オービターの3番機であり、初のミッションは1984年8月。民間、軍事衛星を多数軌道に投入させ、ISS（国際宇宙ステーション）の建設資材やモジュールの運搬、宇宙飛行士の交代、物資の補給など合計39回のミッションを遂行した。機体を覆う耐熱タイルがボロボロになっているのを目の当たりにすると、地上と宇宙を行き来するミッションの過酷さがあらためて実感できる。

その大きさと耐熱タイルの焼けたような跡をしっかり見たい

1986年のチャレンジャー事故によるシャトル計画中断後の1988年の再開では、第1号

動に切り替えて7周の予定を3周に短縮。さらにカプセル底部の耐熱シールドが異常を示したため逆噴射装置を付けたまま大気圏に突入、フロリダ沖の海面に着水し帰還した。グレンはアメリカの英雄となり、勲章を授与され、ニューヨークのブロードウエイをパレードした。

●ふたりの英雄のその後

世界初の宇宙飛行士ガガーリンはソビエト政府の宣伝政策として世界各国に派遣され、1962年には来日をして大歓迎を受けた。当初はヒーロー役を楽しんでいた純朴な青年も、徐々に重圧を感じるようになり、深酒と女性関係が乱れた。一方、グレンはリーダー的素質とマスコミへの当意即妙の対応をケネディ大統領に評価され、政界入りをすすめられた。1964年の上院議員選挙でオハイオ州から立候補して落選するが、1974年再度選挙に出馬し当選した。

●明暗が分かれたふたり

1967年、ガガーリンは切望していた宇宙飛行士に復帰し、新型宇宙船ソユーズ１号の飛行士であるコマロフのバックアップ・クルーとなった。開発は難航、打ち上げ予定が迫るなか203もの改善箇所が判明した。ガガーリンは打ち上げに反対するも、ここでも政治的スケジュールが優先され、打ち上げは強行された。帰還時にパラシュートひもが絡まって開かず、ソユーズ1号は地上に激突してコマロフは死亡した。事故直後、上層部はガガーリンに「2度目の宇宙に行かせることはない」と告げた。理由は「ソビエトの英雄を死なせるわけにはいかない」というものであった。

再度の宇宙飛行の夢を断たれたガガーリンは、宇宙工学を学び直して宇宙技術者となったが、パイロットとしての技量と資格を維持するためには定期的に飛行を続ける必要があった。1968年、MiG15の練習機に教官と飛行の最中、管制のミスによって、前に飛行した戦闘機の後方乱気流に巻き込まれて、地上に激突。死亡したと公式発表された。享年34歳であった。

1974年に上院議員となったグレンは、堅実な実務が評価され4期を務めた。宇宙飛行士訓練を再開し、77歳となった1998年にスペースシャトル“ディスカバリー”で向井千秋飛行士らとともに宇宙へ。スペースステーションに9日間滞在後、無事帰還した。

●ふたりの英雄の最期

ガガーリンの死は公式発表後も、その死に疑惑がもたれていた。技術的な危険性がありながら政治的なスケジュールが優先されるソビエトの宇宙開発政策を批判、当時の最高指導者のブレジネフ書記長の逆鱗に触れて、一時精神病院に幽閉されたといううわさも流れた。また、最後の飛行も管制官のミスではなく、ガガーリンと教官が搭乗したMiG15の近距離をSu11迎撃戦闘機が超音速で飛び抜けたため、その衝撃波に巻き込まれて墜落し、遺体は身元が判明できないほど焼け焦げていたという話もあった。これらの疑念は今も晴れていない。

ボストーク1号の打ち上げから57年後、ロシア政府が当時のソビエト時代の宇宙開発を再評価して機密情報を公開、関係者がガガーリンへの思いを語り始めたことから疑念が表面化した。当時のソビエトでは体制への批判は国民的英雄であっても、否、英雄がゆえに許されなかったのだろう。

ソビエト連邦が崩壊してすでに30年以上が過ぎた。近い将来その真偽が明らかになるかもしれない。一方、再度宇宙への夢をかなえたグレンは世界最年長の宇宙飛行士となり、2012年に大統領自由勲章を授与され、2016年オハイオ州の病院で95歳の天寿をまっとうした。

↘ターミナルとメトロレイルのダレス空港駅をつなぐ地下通路に、写真パネルがたくさん展示されていた。ハッブル望遠鏡をはるかにしのぐ美しい画像をじっくり楽しませてもらった。　（東京都　S.Y.　'22）

のミッションを担った。1990年4月にハッブル宇宙望遠鏡を観測軌道に投入し、その後2回の保守修理の任務を遂行。2008年にはISSに日本の実験棟"きぼう"を運び、取り付けた。向井、若田、野口、星出、山崎の5人の日本人宇宙飛行士が搭乗するなど、日本にも関係の深いオービターであった。宇宙飛行士たちが宇宙で使用した撮影機材としてニコンのフィルムカメラと交換レンズ、キヤノンのビデオカメラも展示されている。

Applications Satellites 実用衛星

追跡調査、データ中継衛星
Tracking and Data Relay Satellite

スペースシャトルの上にクラゲのような大きなアンテナを広げているのは、TRW社が開発した情報中継衛星。衛星と宇宙船の相互間、また地上の司令所、観測所との間の情報送信を中継する。1秒間に百科事典2冊分のデータ送信が可能で、スペースシャトルの安全運航には不可欠な高性能連絡衛星でもある。展示機は実物大模型でTRW社の寄贈。

スペースシャトルの運航には不可欠の衛星だった

リレー1通信衛星
Relay 1 Communications Satellite

1962年12月に打ち上げられた軌道周回型の通信衛星で、日本との試験受信で送られてきた映像は「ケネディ大統領暗殺」の衝撃的なニュースであった。1964年には世界初の静止通信衛星シンコム3号と連動して、東京オリンピックの映像をオリンピック史上初めて世界中にカラーで配信した。

日本からこの衛星を使って東京オリンピックの映像が配信された

Space Science 宇宙科学

軌道周回太陽観測衛星
Advance Orbiting Solar Observatory ("AOSO")

太陽活動と太陽が発散する現象を、X線から可視光線までの広い範囲の波長で観測した衛星。太陽に関する貴重な記録や情報を収集し、1965年に活動を終了するまで、次世代太陽観測衛星開発の基礎データを残した。展示機は衛星の作動、性能をテストした実物大模型。

Rockets and Missiles ロケットとミサイル

H-Ⅱ ロケット 1/15模型
H-Ⅱ Rocket 1:15 Scale

衛星や探査機の打ち上げ用ロケットの1/15サイズの模型が並ぶ。アメリカのデルタロケット、欧州宇宙機関（ESA）のアリアンロケットとともに日本のH-Ⅱロケットが展示されている。

日本は1970年に人工衛星"おおすみ"を打ち上げ、世界で4番目の人工衛星打ち上げ国となった。当時は気象、通信、放送などの機材の重量が2トン以上にもなるため、アメリカのデルタロケットの技術を導入していた。これを打開するため、日本独自の技術を使って開発されたのがH-Ⅱロケットである。1994年2月に第1号の打ち上げに成功し、性能確認衛星"みょうじょう"と"りゅうせい"を軌道に乗せた。これを発展させたのがH-ⅡAロケットで、2001年8月の1号機から、2010年9月のGPS衛星"みちびき"を打ち上げた18号機まで、6号機を除くすべての発射に成功した。H-ⅡAロケットの発射成功率は94％と、高い信頼性を誇っている。大型の衛星や探査機を打ち上げるH-ⅡBロケットは、2009年9月物資を運ぶHTV（補給機）を搭載して発射され、宇宙ステーションへ向かった。展示の1/15サイズの模型は宇宙開発事業団が寄贈したもの。

ヨーロッパやアメリカのロケットと並ぶ日本のH-Ⅰ、H-Ⅱロケットの模型

Smithsonian Institution & Museums

西洋美術の流れが一目瞭然

ナショナルギャラリー（国立絵画館）

National Gallery of Art

AREA ▶ モール

MAP 折込地図表 -D,E2、P.25-F4

20世紀初めまでの西洋美術を収蔵する西館。中央ロタンダの噴水に立つのはマーキュリーの像

ナショナルギャラリーは、13世紀から現代までの絵画や彫像を中心とした西洋美術のコレクションで知られており、その質の高さと量は、パリのルーブルに匹敵するともいわれている。歴史の浅いアメリカではあるが、多くの富豪たちが競って世界の優れた美術品を買い求めた。その名作の数々が国の美術館に“無料”で公開されている。

実は、ナショナルギャラリー収蔵の美術品のすべては、一般市民から寄贈されたものか、寄付金で購入したものだ。運営、維持費は国家予算から支出されるものの、美術品の購入に関して連邦政府は一切お金を出していないのである。なんとスケールの大きい、アメリカらしい話ではないだろうか。コレクションの総数は15万点以上に及ぶ。

ハイライトはイタリア国外では最高といわれるイタリア美術。なかでも、西半球で見ることのできる唯一のレオナルド・ダ・ビンチの絵画『ジネブラ・デ・ベンチの肖像』は、世界的によく知られる名作。ほかにも、ラファエロ、レンブラント、エル・グレコ、フェルメール、フランス印象派など、美術館を見学することによって西洋美術史の総ざらいもできる。美術館の核となる作品は、創設者でもあるアンドリュー・W・メロンを中心とした多数のコレクターによる寄贈品。20世紀美術や彫刻庭園も加わって、ギャラリーはいっそう見応えのあるものになっている。

ナショナルギャラリー

オススメ度 ★★★★★

住 Washington, DC 20565
西館：6th St.& Constitution Ave.
東館：4th St.& Constitution Ave.
☎(202)737-4215
URL www.nga.gov
開 毎日10:00～17:00
休 12/25、1/1 料 無料
行き方 グリーン、イエローラインArchives駅下車、南へ徒歩約1分。またはサーキュレーターのモールルートで

無料Wi-Fi

●注意：収蔵品の貸し出しなどの理由により、記載どおりの展示となっていないことも多い。ウェブサイトのCollection→Search the Collectionでアーティスト名か作品名を入力し、右側の“on view”をクリックすると、展示されているかがわかる

荷物に注意

43×66cm以上の大きさの荷物は入口近くのクロークに預けることはできない。A4判が入る程度の、手で持つスタイルのバッグは持ち込めるが、肩にかけていたり、背負っていたりすると、手で持つよう注意される。

東館の吹き抜けを優雅に泳ぐカルダーのモビール。東館は近・現代美術を収蔵

この展示を見逃すな！

ナショナルギャラリー

『ジネブラ・デ・ベンチの肖像』レオナルド・ダ・ビンチ作 …… 西館13～16世紀イタリア
『アルバの聖母子』ラファエロ作 …… 西館16世紀イタリアとフランス、スペイン
『自画像』レンブラント作 …… 西館17世紀オランダとフランドル
『はかりを持つ女』フェルメール作 …… 西館17世紀オランダとフランドル
『月光の中の石炭を運搬船に積み込む男たち』ターナー作 …… 西館イギリス
『ワトソンとサメ』コプリー作 …… 西館アメリカ
『日傘をさす女性』モネ作 …… 西館19世紀フランス
『サルチンバンクスの家族』ピカソ作 …… 東館

お役立ち情報 **ショップとレストランは地下通路に集中** 地下の西館と東館を結ぶコンコース（連絡通路）にミュージアムショップとレストランが集中している。スミソニアンは無税だが、ナショナルギャラリーは課税される。

ツアー
（変更となることもあるので、ウェブサイトか当日インフォメーションで確認すること）
●**出発場所**（異なることも）：
西館—ロタンダ
東館—インフォメーションデスク
ツアーの種類と出発時間
（ツアーはほとんど所要50〜60分）
●**西館ハイライト（Discover the National Gallery of Art）**：毎日11:00
●**イタリアルネッサンス**：毎日12:00
●**20世紀初期フランス**：毎日15:00
●**19世紀から現在までのモダンアート（Breaking the rules in Modern Art）**：日〜金14:00
●**近・現代美術の対話（Dialogues in Modern and Contemporary Art）**：土14:00

館内案内

West Building 西館

最初にインフォメーションでマップをもらおう

現在、美術館でもペーパーレスが進んでいる。以前用意されていたイベントスケジュールや美術館の必見の作品を紹介した"Collection Highlights"のパンフレットもすでにない。その代わりナショナルギャラリーのアプリで情報がチェックできる。アプリをダウンロードして美術鑑賞をしよう。アプリにはツアーの時間や集合場所、必見コレクションの解説などもあり、なかには音声ガイドで聞くこともできる。もし、アプリを使用しないなら、事前にウェブサイトの"Event"のチェックを。ツアーの時間や集合場所はこの欄に紹介されている。

美術館に着いたら、モール入口側の**ロタンダRotunda（円形広間）**かConstitution Ave.側の**インフォメーションデスク**で、フロアマップMapをもらおう。日本語もある。

ちょっと疲れたら地下のコンコースへ。カフェは席数も多い

ところで、展示品のほとんどが寄贈品であるにもかかわらず、解説文に寄贈者の名前が表示されていない。これは美術館創設にあたっていちばんの功労者であったメロン（下記コラム参照）が取り決めたもの。

ナショナルギャラリー
鑑賞ガイド

ナショナルギャラリーの誕生

ピッツバーグ出身の銀行家であり、石油や鉄鋼などで財をなしたアンドリュー・W・メロンAndrew W. Mellon（1855〜1937）は、駐英大使と、ハーディング、クーリッジ、フーバーの3代にわたる大統領のもとで財務長官を務めた人物。頻繁に訪れたヨーロッパで13〜19世紀の絵画や彫刻を買い求め、ワシントンDCに住んでいた1930年代には、ラファエロの『アルバの聖母子』を含むソ連が放出した美術品を購入するなど、現在の美術館の核となる美術作品を収集した。

メロンは、彼の死後コレクションを国に寄贈することを約束して、1937年に亡くなるまで精力的な収集活動を続けた。そして、メロン教育慈善団からの基金をもとに、1941年3月7日、ナショナルギャラリーがオープンした。収蔵品のうち126点の絵画と26の彫像は、メロンが購入した当時からの展示品。また、開館に際し、銀行家で美術品収集家であったデールChester Daleの19〜20世紀フランス絵画のコレクションなど252点も寄贈され、収蔵品はますます充実したものになっていった。

西館のデザインはジェファソン記念館のデザインも担当したポープに任せられた。ドームをもつ新古典主義的な建物で、全長785mは開館当時、大理石造りの建築物としては世界最大の大きさを誇っていた。

増大するコレクションに対処するため、新館（東館）の建設が決定した。その敷地は台形の形という、美術館建設にはどうみても適さない地形だった。しかし、中国系建築家のI・M・ペイの画期的なデザインが採用され、1978年6月1日に新館はオープンした。西館と同じ大理石を用いてはいるものの、姿はとても対照的。東館は、おもに20世紀以降の作品と特別展用のスペースとなっている。ふたつの館は地下のコンコースで結ばれ、コンコース沿いにミュージアムショップ、カフェテリアなどがある。1999年には西館の西側に彫刻庭園もオープンし、市民の憩いの場になっている。

読者投稿 **コンコースにあるカフェ** ピザやサラダバー、ホットドッグなどたくさんの種類がリーズナブルで、ほかの博物館へきたときもここでランチを取っていました。（愛知県　綾子）['23]

Ground Floor グラウンドフロア

彫刻彫像と装飾美術 Sculpture and Decorative Art

グラウンドフロアの常設展示スペースには、何世紀をも生きてきた名品が呼吸している。ルネッサンス時代や中世の彫刻彫像、家具調度品が並ぶ。ルネッサンス時代のタペストリーの代表格である『**カルバリーへの行進 The Procession to Calvary（十字架を背負うキリスト）**』は絵筆以上の表現力がある。当時タペストリーは僧院で織られることもあった。彫刻彫像のセクションの入口にある『**塔のディアーナ Diana of the Tower**』は、19世紀後半のアメリカを代表する彫刻家**セント・ゴーデンズ Saint-Gaudens**によるもの。ディアーナとはローマの「狩りの守護神」で、強さの象徴としてスポーツの殿堂であるニューヨークのマディソンスクエア・ガーデンに立つ予定だったという。**ドガ Edgar Degas**の『**14歳の小さな踊り子Little Dancer Aged Fourteen**』は唯一ドガの生前に発表された作品。公開当時はロウで作られ、ファブリックのチュチュに加え人間の毛髪も付けていたなど、世間を驚かせた。ブロンズ化されたのはドガの死後。また、フランス写実主義の画家であり、社会を風刺した**ドーミエHonor Daumier**の政治家たちの小さな36のブロンズ像も注目度が高い。

16世紀フレミッシュのタペストリー。絵画とは印象がだいぶ変わる

マディソン・スクエア・ガーデンに立つ予定だったというディアーナの像

スミソニアンではありません

ナショナルギャラリーはスミソニアン協会のひとつとして設立されたが、独自の運営組織をもっており、正確にはスミソニアン協会とは異なる。国務長官、財務長官、最高裁判所長官、スミソニアン協会の長官と5人の民間人理事たちによって組織された管理委員会が運営している。開館時間が異なるのもそのため。

ナショナルギャラリーでは、素描や版画を含めた**ロダン Auguste Rodin**の作品を約80点収蔵している。『**考える人 The Thinker（Le Penseur）**』もあるが、日本の西洋美術館のものと比べて高さ60cmとやや小ぶり。詩想にふけるダンテを表現したといわれ、地獄の門から独立したものだ。また、『**カレーの市民 A Burgher of Calais**』の1体も展示されている。もうひとつロダンの作品では、ロダン美術の収集家として有名だった『**キャサリーン・セネイ・シンプソン Katherine Seney Simpson**』の像も必見。夫人は収集した作品のほとんどをナショナルギャラリーに寄贈した。

家具調度品は、15～16世紀の貴族たちが使用した椅子、テーブル、机、ベッドなどが占めている。18世紀のフランスの家具調度品も出色。マリー・アントワネットが３年間の監禁で使った小さなライティングテーブルをお見逃しなく。

下／パリのオペラ座にいた踊り子を彫像や絵として作り上げたドガ　左／『地獄の門』の中央にも見られるロダンの『考える人』

DC豆知識 カレーの市民は1体ずつのものと、まとまったものの2種類ある。同ギャラリーはばらけた1体だが、向かいのハーシュホーン美術館の彫刻庭園にはまとまったものがある。世界に12しかないうちのひとつ。

疲れたらガーデンコートでひと休みを

●目安となる見学最低時間：
西　館　　1時間30分
東　館　　45分

ジオットの『聖母子』。14世紀の作品は美術館で古いもののひとつ

Main Floor メインフロア

現代美術を除く絵画はすべてこのフロアにある。じっくり見たい人は、中央ロタンダの北東の展示室（モール側入口左側奥）から始めるとよい。

ロタンダ Rotunda（円形広間） 噴水中央のブロンズ像は『**マーキュリー Mercury**』。神と地球を結ぶメッセンジャーで、翼の付いた帽子が目印。

13～16世紀イタリア
13th to 16th-Century Italian （第1～13室）

14世紀イタリアを中心に西ヨーロッパに広がった芸術や文化の革新運動が、ルネッサンス。そのルネッサンス華やかなりし頃のイタリアの遺産が展示されている。

ナショナルギャラリー最大の見もの

それは、第６室にある**レオナルド・ダ・ビンチ Leonardo Da Vinciの『ジネブラ・デ・ベンチの肖像 Ginevra de'Bench（リヒテンシュタインの貴婦人）』**（→P.169コラム）。西半球で唯一のダ・ビンチ作品で、21歳の若さでフィレンツェの画家組合に登録されて間もない1474年頃の作品。モナ・リザなど後年の絵に見られるような微笑は感じられず硬さがあるが、若者らしい瑞々しいタッチで人物の深い感情をよく表している。なお、裏にも絵

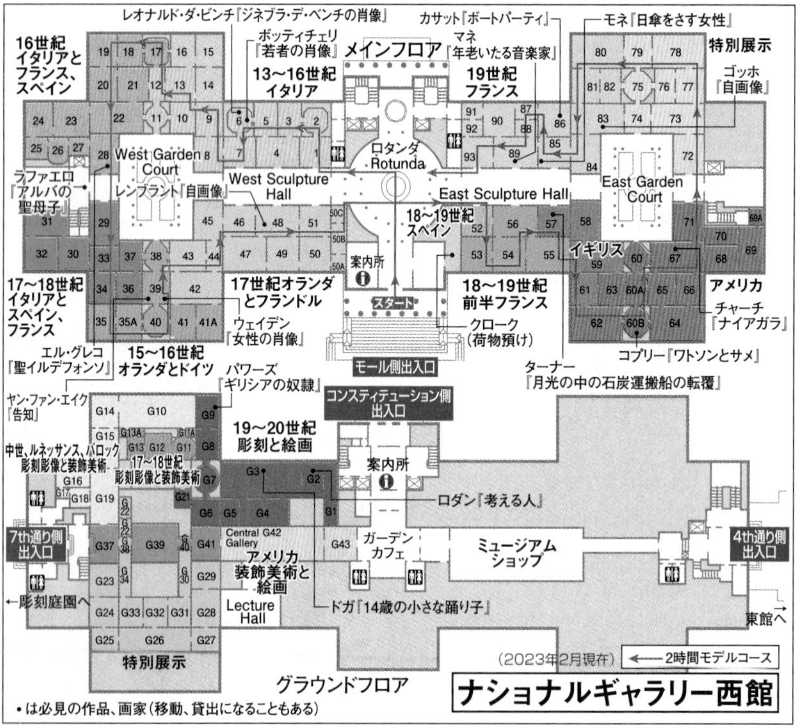

画が描かれている。

6、7室には15世紀フィレンツェの宮廷画家の代表**ボッティチェリ Sandro Botticelli**の作品が数点ある。それまでの宗教画は神聖なものとして、対象に肉薄するような線では描かれていなかった。しかし、ボッティチェリの絵は彼の感情が出ているかのように、力強く、生々しい世界が広がっている。『**若者の肖像 Portrait of a Youth**』は生きているような存在感のある絵。同じくボッティチェリの『**東方三博士の礼拝 The Adoration of the Magi**（1478/1482）』も必見の作品。同じタイトルの**アンジェリコ Fra Angelico**と**リッピ Filippo Lippi**（4室）の円形の合作にも注目したい。絵筆を取ったふたりは修道士でもあった。キリスト、マリア、ジョセフの３人の頭上に金の輪が見えるが、これは神聖な家族という意味。

ボッティチェリの『若者の肖像』。無機質な絵画から人間味があふれる絵画への過渡的な作品

円形に特徴があるラファエロ『アルバの聖母子』

アンジェリコとリッピの合作である『東方三博士の礼拝』。ボッティチェリも同名の作品を描いた

丸い画面が流行

アンジェリコとリッピ合作の『東方三博士の礼拝』は、"トンドTondo"と呼ばれる円形の絵。15世紀イタリアで流行したもので、トンドとはイタリア語で円という意味。

16世紀イタリアとフランス、スペイン
16th-Century Italian, French, Spanish　（第17～28室）

宗教画と肖像画が数多く占めるギャラリー。必見は**ラファエロ Raphael**の『**アルバの聖母子 The Alba Madonna**』（→P.170コラム）。また、ローマ法王庁の宮廷画家で、古代ギリシアの芸術に執心したベネチア派を代表する**ティツィアーノ Titian**の宗教画も多く、聖書からのワンシーンが絵画として表現されている。同時代、画家一家に生まれた**ベリーニBellini**の『**神々の饗宴 Feast of Gods**』は、ティツィアーノが加筆したもの。

ナショナルギャラリー
鑑賞ガイド

ジネブラ・デ・ベンチの憂いとダ・ビンチ

ナショナルギャラリーのマストがこれ

絵の中の女性ジネブラは、この頃レオナルドと家族ぐるみで親交のあったフィレンツェのベンチ一家の娘で、教養があり感受性が鋭く、聡明さが美しさに勝る女性だったそうだ。

ジネブラはこのとき17歳。後にフィレンツェ大使になったベルナルド・ベンボと愛し合っていたが認められず、別の男性との結婚が決まっていた。レオナルドの筆は、そんな彼女の結婚直前の思いをよく捉えている。結婚後、ジネブラの夫は間もなく深刻な財政危機に陥り、彼女自身も病気がちな日々を送ったといわれる。

この作品は西半球で見ることのできる唯一のレオナルド・ダ・ビンチの絵画である。『モナ・リザ』をはじめとする絵画で有名なレオナルドだが、意外にも彼が生涯に残した絵画はわずか20点ほどしかない。探求心がとても旺盛だった彼は、絵を描いているときでさえ対象物である人体や自然を観察するうちにさまざまなことに興味をもち、それを研究、実験せずにいられなかったという。だから習作や素描はたくさんあるのに絵画は数少なく、しかも未完成の作品が多い。『ジネブラ・デ・ベンチの肖像』は数少ないダ・ビンチ作品のなかの貴重な一作だ。

DC豆知識　**ナショナルギャラリーの人気みやげ**　会社や友人へのバラマキ用のおみやげなら、有名絵画のマグネットがいい。ちょっと奮発するならエコバッグもある。

キリスト教らしい絵画
ビザンチンアーティストの『敬愛される聖母子Enthroned Madonna and Child』(1280年)はキリスト教美術の典型。キリストの顔が子供でないのに注目！

エル・グレコのコレクションも充実

24、28室の16世紀のベネチアの画家**ティントレット Jacopo Tintoretto**は、父親の職業が染め物屋（ティントーレ）であったことからこう呼ばれるようになった。ティントレットも宗教画や肖像画などを多く手がけた画家だ。**ルイーニ Bernardino Luini**のフレスコ画（26室）はストーリーをもっており、絵本のページをめくるように見応えがある。

28室はギリシア生まれ、スペインのトレド育ちの画家**エル・グレコ El Greco**の部屋。エル・グレコというのは“ギリシア人”という意味で、それが通称となった。ナショナルギャラリーはエル・グレコの作品を9点有しているが、彼の技法にはそれまでのリアリティを重視した画法ではない、独自のものが見られる。写実から抜け出した彼独自の技法は、19世紀末になって認められたという。『**ラオコーン Laocoon**』はトロイの戦いと神話を合わせた絵画で、ヘビに攻撃されるラオコーンとふたりの息子をドラマチックに描いている。

ナショナルギャラリー
鑑賞ガイド

『アルバの聖母子』の数奇な運命と『ビンド・アルトビッティ』

不変の静けさを漂わせる『アルバの聖母子』だが、しかしその運命は平穏ではなかった。17世紀にナポリ駐在スペイン総督によってスペインへ運ばれ、アルバ公爵夫人のコレクションとなり、宮廷に力をもっていた宰相ゴドイの手に渡った。その後ナポレオン侵攻時に没収、競売にかけられスペイン在住オランダ大使の手に渡る。彼はこの絵をロンドンで4000ポンドで売却。買い手のコンベルトがすぐに1万4000ポンドで売った先がロシアのエルミタージュ美術館だ。ここで約100年間落ち着いていたが1930年の大恐慌のあおりを受けて売却され、ついに海を渡ってアメリカのメロン家へ、そしてナショナルギャラリーへやってきたのだった。

同ギャラリーが収蔵するラファエロの傑作『ビンド・アルトビッティ』もまた時代の波に翻弄された名画だ。これはラファエロのパトロンであった銀行家ビンド・アルトビッティの依頼によって1515年に描かれたもので、数年後にアルトビッティのローマの館に置かれ、次にフィレンツェの館へ移された。そして19世紀に入るとすぐにバイエルン国王ルートヴィッヒⅡ世に購入された。作曲家ワーグナーを崇拝し中世風の城を建てて“美にとらわれた狂気の王”といわれたルートヴィッヒⅡ世はまた、古典的な絵画を熱愛していた。なかでもラファエロのものを最高とし、この『ビンド・アルトビッティ』を“王冠を飾る宝石”に例えたほどだ。しかし、ミュンヘンの美術館アルテ・ピナコテークが“地球上の最も高貴な絵画の収集”を始めたときに、ルートヴィッヒⅡ世はこれを寄贈した。バイエルンは彼の存命中ビスマルク率いるドイツ帝国の一部となり、後にヒトラーに支配されるが、ゲルマン絵画を偏執的に愛したヒトラーはこの作品をドイツ絵画と引き換えに手放してしまう。その後サムエル・クレスのコレクションに入れられ、アメリカへ渡った。

ラファエロの『ビンド・アルトビッティ』。本人の肖像画か？

この『ビンド・アルトビッティ』に関してはかねてからふたつの疑問が指摘されてきた。ひとつは「果たしてラファエロの自筆だろうか？」という疑問だ。当時は弟子による代筆や加筆は珍しいことではなく、特にこの絵を描いた頃の彼の作品には弟子によるものも多いという。しかし、20世紀に入ってから行われた科学的な分析の結果ではラファエロ自身の作とされている。

次に、描かれている肖像がビンド・アルトビッティなのか、それともラファエロ自身かという疑問。この絵には『彼の若かりし頃の肖像』というタイトルがつけられており、“彼”が誰を指すのかが疑問の焦点となっていた。現在ではラファエロ自身の肖像で、アルトビッティがパトロンとしてタイトルをつけたものと推測されている。

お役立ち情報 **ナショナルギャラリーの写真撮影について** 常設展は撮影可能だが、特別展は禁止。また、三脚も禁止されている。

15～16世紀オランダとドイツ
15th to 16th-Century Netherlands and German　（第35、38～41室）

15世紀オランダで著名な宮廷画家ヤン・ファン・エイクをしのぐ人気があったといわれる**ウェイデンRogier van der Weyden**。**『女性の肖像 Portrait of a Lady』**は凛とした美しさをもつ女性を描いているが、しっかりと握られた手、ベール、ヘアバンドと髪など写実的ななかにも抽象的な要素が盛り込まれていて、女性の肖像画のなかでは最も有名な作品のひとつとされている（39室）。ブルゴーニュ宮廷の身分の高い女性がモデルといわれる。

15世紀、ウェイデンの『女性の肖像』。館の重要コレクションのひとつ

14歳で本格的に絵画を学び、40歳のときに国王付きの画家として成功するものの、後に聴力を失い、作風も重々しくなっていったスペインの宮廷画家**ゴヤFrancisco de Goya**。**『ポンテーホス公爵夫人 The Marquesa de Pontejos』**は華やかな雰囲気が漂う作品で、スペイン大使夫人を描いたもの。フランス革命前に流行したファッションで、背景の樹木などが抽象的に描かれるなど、新しい時代が垣間見える（41室）。

宮廷画家ゴヤの作品は当時の宮廷の流行を描き出している

ナショナルギャラリー 鑑賞ガイド

レンブラントの光と影

自画像のなかでも傑作といわれている

オランダの画家の作品を集めたギャラリーで注目を集めているのが、レンブラントの『自画像』だ。彼はその生涯に60枚もの自画像を描いたといわれるが、この作品ほど見る者に憐れみを感じさせるものはないだろう。大きく見開かれた両眼は寄るべない幼子のごとく、唇には意志も気力もなく、こけたほおから顎への頼りない線、ひと筋刻まれた眉間のしわ、そして下瞼のたるみとしわ……。レンブラントはいったいどんな気持ちでこの憐れな自分の顔を描いたのだろう。冷徹な芸術家の目で？　それとも、一度は手にした富と名声を失った自分自身への憐憫だろうか？　この作品を描く3年前、彼は破産を宣告されている。

17世紀オランダ最大の画家レンブラントは、聖書を題材にした作品などを独特の光と影の効果を使って描き、早くから人々にもてはやされた。注文は引きも切らず、そのうえ貴族出身の美しい娘サスキアと結婚する。有頂天になった彼はあらゆる美術品や大邸宅まで購入するが、幸福な日々は長くは続かなかった。彼の絵画はやがて一般の人々の支持を失い、経済的に行き詰まってしまう。さらに次々に3人の子供を失い、サスキアにも死なれ、その翌年には召使いだったヘンドリキアが女児を出産したことがスキャンダルとなってさらに多くの支持者を失った。そして1656年、ついにレンブラントは破産する。

逆境にあってなお描き続ける彼のために、残された4番目の息子タイタスは母の遺産のなかから援助を送り続け、ヘンドリキアは彼の作品を販売して生活を助けた。この『自画像』はちょうどこの頃の作品だ。黒い上衣の下に置かれた握りこぶしは、消え失せてしまった賞賛の声や、サスキアの笑い声とともにあった社交界の生活などへの無念さを表すのだろうか。このこぶしに見られる激しさが、死ぬまで彼に絵を描き続けさせた。

レンブラントはこの後も数枚の自画像を描いているが、どれも“老いた人”を表すばかりで、なかには老境の穏やかな微笑を浮かべているものさえある。この作品のような目をして、いわば人生の敗者としての自分を描いたものはない。この10年後に彼は死んだ。最低の時にあって最高の作品を残して。

17世紀オランダとフランドル
17th-Century Dutch and Flemish
（第42～51室）

見る人を釘付けにするルーベンスの大作『ライオンの檻の中のダニエル』。見学者はダニエルに同情してしまうらしい

ルーベンスの絵画
ルーベンスの絵画は、時代はバロック（イタリア・ルネッサンス末期の芸術様式で、躍動的な画面が特徴）に属するが、マニエリスム（最盛期ルネッサンス後の精神的な倦怠や退廃を表す芸術様式）的な要素も色濃く表れている。ルネッサンス期の絵画と比べると色彩がずいぶん変化しているのがわかる。

フェルメールの絵画はこの美術館にも多い
ニューヨークのメトロポリタン美術館もフェルメールの絵画を多く収蔵している。『水差しを持つ若い女』、『信仰の寓意』など計5点。

オランダといえば、光と影の画家**レンブラント Rembrandt van Rijn**がいの一番に挙げられるが、48、51室にはレンブラントが描いた肖像画が10点以上掲示されている。なかでも強いインパクトを与えるのが、自身がモデルの自画像（→P.171コラム）。

フランドルの偉大な画家**ルーベンス Sir Peter Paul Rubens**の**『ライオンの檻の中のダニエルDaniel in the Lion's Den』**はカンバスの大きさと、写実的な人間と10頭のライオンの表情の対比が強烈なインパクトをもたらしている。旧約聖書にも登場する、神への信仰があつくライオンの檻に入っても助かったダニエルのストーリーが題材になっている（45室）。

寡作の画家**フェルメール Johannes Vermeer**の**『はかりを持つ女 Woman Holding a Balance』**はレンブラント同様、光と影のコントラストが見事な作品。顔に当たる光が非常に優しい雰囲気を出している。フェルメールの作品は**『赤い帽子の少女 Girl with the Red Hat』**も収蔵されているが、これはフェルメールの作品の中で最も小さく、カンバスではなく板に描かれた。振り向いた少女の表情には驚きが見て取れる。ちなみに、フェルメールの作品は35点しか現存していないそうだ。

『赤い帽子の少女』。フェルメールの作品はどれも意外なほど小さい

日本でとても人気の高いフェルメールの『手紙を書く女』。光の当たり方が柔和な印象

ナショナルギャラリー
鑑賞ガイド

フェルメールではなかった……

日本でも人気の高いフェルメール。ナショナルギャラリーでは4点を収蔵していたが、かねてより疑問視されていた『フルートを持つ少女 Girl with a Flute』はフェルメールの筆でないと結論づけられた。サイズも同じような『赤い帽子の少女』と2年をかけて比較、赤外線カメラも用いて分析した。フェルメールの作品には使われていなかった土の入った絵の具、繊細な筆使いなどの結果から贋作と判明。2022年開催の『フェルメールの秘密展』で、これを公表した。

アシスタントはいないとされていたフェルメール。実はフェルメールがアトリエをもち、そこに出入りしていた人物、また家族がこの作品を描いたのではないかと推測されている。

『フルートを持つ少女』はフェルメールの作品ではないと断定された

お役立ち情報 **フェルメールの英語読み** 現地では「フェルメール」では通じない。「バーミィァ」の発音に近い。なお、フェルメールの展示室はよく変わり、世界中に貸し出すことも多い。事前に確認しよう。

18～19世紀前半フランス
18th and Early 19th-Century French （第53～56室）

ロココ様式に属する、フラゴナール、ブーシェ Boucher、ワトー Watteauらの作品は、フランス王ルイ14～15世政権下で好まれた洗練された優美な曲線や人物の動きが特徴。**フラゴナール Jean-Honore Fragonardの『本を読む少女 Young Girl Reading』**は最盛期の作品で、彼独自のダイナミズムから描き出される自然と愛が感じられる。ロココから新古典主義への過渡期的作品である。

イギリスとアメリカ
British & American （第57～71室）

イギリスを代表する風景画家 **J. M. W.ターナー J. M. W. Turnerの『月光の中の石炭を運搬船に積み込む男たち Keelmen Heaving in Coals by Moonlight』**は明るい色が使われて目を引く作品だが、実は夜景を描いたもの。

夜景には見えないターナーの『月光の中の石炭を運搬船に積み込む男たち』

アメリカ建国時の画家**コープリー John S. Copleyの『ワトソンとサメ Watson and the Shark』**は非常に躍動感のある大作。これはハバナ港でサメに襲われたイギリス少年のストーリーをもとに描かれた。ハドソンリバー派（→P.199コラム）のトーマス・コールの弟子であった**チャーチ Frederic Edwin Church**はアメリカの大自然を体感しているような迫力と緻密さが特徴。**『ナイアガラNiagara』**はパワフルな水の勢い、青空と流れゆく雲、虹などをナイアガラの魅力とともに感じ取ることができる。フランスで学び、日本の浮世絵の影響を強く受けた**ホイッスラー James M. Whistlerの『シンフォニー・イン・ホワイト Symphony in White』**は印象派とは異なる画風に注目。

ドラマチックな絵につい見入ってしまう。コープリーの『ワトソンとサメ』

19世紀フランス
19th-Century French （第80～93室）

日本人に人気の画家の絵画がめじろ押し。なかでもバルビゾン派、印象派と後期印象派が充実している。バルビゾン派で挙げられるのが、ミレーMillet、クールベCourbet、コローCorotなど。続く印象派と後期印象派ではマネをはじめとして、ドガ、ルノワール、モネ、**セザンヌ Paul Cezanne**、ゴッホ、ゴーギャンの逸品が勢揃いして、印象派好きには、まさにため息ものだろう。

モネ Claude Monetは色と光の広がりを追求した画家で、**『ルーアン大聖堂 Rouen Cathedral』**の２作は、同じ大聖堂を題材

フラゴナールのモデルへの思い……

フラゴナールはほかにも、ひとりでくつろいでいる若い女性のシリーズを何点か描いているが、フラゴナールは『本を読む少女』のモデルである義妹に恋心を抱いていたという。

風景画の多いイギリス

イギリスのコーナーにはゲインズボロ、レイノルズ、ロムニー、レイバーンたちによる風景画も展示されている。

ナショナルギャラリーの無料コンサート

ナショナルギャラリーではほぼ毎日無料のコンサートを開催している。ピアノやギター、バイオリン、ハープなどのリサイタルや、ブルースやソウルなどもあり分野も広い。コンサートによっては予約が必要だ。会場は東館のオーディトリアムや西館のガーデンコートなど。12:00～15:00くらいの開始。詳しくはウェブサイトのCalendar→Concertで。

ギャラリー内飲食施設の営業時間（季節によって多少時間が変わる）

- カスケードカフェ（西・東館をつなぐ地下コンコース）毎日11:00～15:00
- エスプレッソ＆ジェラートバー（西・東館をつなぐ地下コンコース）毎日10:00～16:30
- ガーデンカフェ（西館グラウンドフロア）毎日10:00～16:00
- テラスカフェ（東館）毎日10:00～16:00

印象派と後期印象派の絵画

画家ごとに1部屋ずつには展示されていない。散らばっているので、好きな画家を見たいときは注意。

マネの『老いたる音楽家』

DC豆知識 マネの『老いたる音楽家The Old Musician』 音楽家を中心にストリートチルドレン、酔っ払い、子供を抱く若い女など多くの人物が登場し、華やかなパリとは別の顔が描かれている。

モネやルノワールの作品が集まる印象派の部屋は人気が高い

に時を違えて描いている。移りゆく時のなかで、モネがいちばん印象に残った一瞬をそれぞれ心に焼きつけ、カンバスの上に表現した。同じ対象物でありながら、まったく違った印象を与えてくれる。同じくモネの『**日傘をさす女性 —モネ夫人と息子 Woman with a Parasol—Madame Monet and Her Son**』はナショナルギャラリー代表作のひとつ。太陽の優しげな光と風の動き、そしてふいに振り向いた女性の様子が感じられる作品だ。

ルノワール Auguste Renoirの『**じょうろを持つ少女 A Girl with a Watering Can**』はルノワールらしい、明るく和やかな人物や雰囲気が展開されている。後期印象派を代表する**ゴーギャン Paul Gauguin**と**ゴッホ Vincent van Gogh**は一時期共同生活を営んでいた。しかし、仲たがいからゴッホは自分の耳を切り落とし、ゴーギャンはタヒチへと旅立つ。そのふたりの自画像が83室に展示されている。ゴッホは『**ラ・ムスメLa Mousme**』をはじめとするいくつもの肖像画を描いたが、亡くなる1年ほど前に自身の自画像を残した。苛立ちを感じさせる筆使いと、何かを訴えかけてくるような視線が強烈なインパクトを与えている。もうひとつのゴーギャンの自画像は、共同生活の頃、肖像画をよく描いたゴッホに触発されたもので、色使いは特に対照的。

ゴッホは自画像をいくつも描いたが、これは晩年のひとつ

ゴッホ最晩年の『緑の麦畑 Green Wheat Field』

ゴッホは死の2ヵ月前からパリ北のオーヴェル-シュル-オワーズに滞在し、70点を描いた。そのひとつで、色使いからは穏やかな日々、絵筆のストロークは強いエネルギーが表現されている。しかし、病が彼の体を確実に蝕んでいた。

East Building 東館

入口手前の彫像は**ムーアHenry Moore**の『**ナイフ・エッジ・ミラー・ツー・ピース Knife Edge Mirror Two Piece**』。ムーアは「この彫像の周りをぐるっと回ると、ふたつの部分が重なったり、離れたりすることがわかるでしょう。彫像は旅のようなものです」と述べている。西館から東館への地下連絡通路も美術品のひとつだ。まるで天の川を渡っているようなU字型の光の芸術は、アメリカ・ニューメキシコ州出身の**レオ・ビラリール Leo Villareal**の『**マルチバース（多次元的宇宙）Multiverse**』。無数のLEDライトの微妙な変化が幻想的。グラウンドレベルには、**デビッド・スミス David Smith**らの彫像類が鎮座する。**イサム・ノグチ Isamu Noguchi**の『**グレート・ロック・オブ・インナー・**

左／西館と東館を結ぶ通路も芸術作品だ。ビラリールの『マルチバース』　右／東館ルーフテラスで美術館を見守る青いニワトリはフリッチュFritschの『オスのニワトリ』

お役立ち情報　**ルノワールの英語読み**　フェルメール同様、日本語での発音が通じないのがルノワール。「レンワー」のほうが通じ、最後の「ワー」を上げ気味に発音するといい。ゴッホは「ゴウ」。

シーキング Great Rock of Inner Seeking』は、アメリカ人にはとてもエキゾチックな作品。ノグチはブロンズ、泥、鉄、木、紙などさまざまな素材を用いているが、特に石がお気に入りだった。「石はしなやかで、打ち込みやすい素材だ」と述べている。

東館の吹き抜けの壁一面に、心躍るような楽しい演出をしているのが**エルズワース・ケリーEllsworth Kelly**の**『大壁のためのカラーパネル Color Panels for Large Wall』**。18色の単色のパネルからなり、作者曰く「近くで細かく見るより遠くで見てほしい」とのこと。

東館のギャラリー606は**カルダーAlexander Calder**のモビールとオブジェの作品で埋め尽くされた部屋。カルダーはカラフルな金属板を糸でつなぎ動く彫像を作った先駆者的存在だ。東館の吹き抜けにゆったり泳ぐ巨大なモビール『無題Untitled』は平和的な不思議な空間を創り出している。カルダー同様、ポロック（407B室）、ピカソ（217C室）も展示にまるまる1室があてがわれている。

ピカソ Pablo Picassoの**大作『サルチンバンクスの家族 Family of Saltimbanques』**。ピカソは彼の感性を色で表現した画家で、ナショナルギャラリー現代美術の収蔵品では、ピカソが最も多い。初期の青の時代、ローズの時代の作品を多く収蔵するが、この作品はサーカスの時代の最盛期の作品。絵の中のサーカスの団員たちはピカソの友人であったといわれている。

屋上のルーフテラスにも足を運ぼう。エレクトリックブルーと呼ばれる蛍光色に近い、巨大な**『オスのニワトリHahn/Cock』**や**スネルソンKenneth Snelson**の**『5-10 V-X』**のステンレスの像が鎮座し、ここからはペンシルバニア通りを見渡すことができる。

東館には著名な現代美術の作家たちの作品がめじろ押し。見応えがある

イサム・ノグチの『グレート・ロック・オブ・インナー・シーキング』。ノグチの世界感は興味深い

館の重要作品、ピカソの『サルチンバンクスの家族』

フリーダ・カーロやマグリットの作品にも出会える

National Gallery of Art Sculpture Garden ナショナルギャラリー彫刻庭園

国立自然史博物館とナショナルギャラリー西館との間に挟まれた、ナショナルギャラリーの彫刻庭園は、癒やしのスペース。広さ6.1エーカー（約244㎡）の中央には涼しげな噴水が配され、小さな森の中を遊歩道が延びる。樹木が多いせいか、散歩にちょうどよく、彫刻や彫像もいやみがないように公園内にうまく分散され、18体の彫刻彫像が点在する。

ロダンの『考える人』のパロディがフラナガンのこの作品

オルデンバーグの『タイプライターの消しゴム』。庭園には巨大なオブジェが点在する

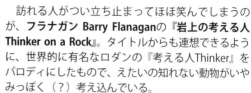

訪れる人がつい立ち止まってほほ笑んでしまうのが、**フラナガン Barry Flanagan**の『**岩上の考える人 Thinker on a Rock**』。タイトルからも連想できるように、世界的に有名なロダンの『考える人Thinker』をパロディにしたもので、えたいの知れない動物がいやみっぽく（？）考え込んでいる。

抽象表現主義の**ミロ**の『**Personnage Gothique, Oiseau-Eclair（ゴシック様式な人物—鳥のはためき Gothic Personage, Bird-Flash）**』は、ミロが70歳を過ぎてから作り上げた彫像約150体のうちのひとつ。ミロはそれまで、自身をモデルにした作品と、さまざまなオブジェからヒントを得て作ったものの2種類の彫像を制作してきたが、これはその両方の要素を含んでいる。ミロとしてはたいへん珍しく、また、彼の作品のなかでは最大級の大きさを誇っている。鉄骨の枠組みのような黒いアルミニウム『**ムーンドッグ Moondog**』は、20世紀の3大建築家フランク・ロイド・ライトのもとで働いた**トニー・スミス Tony Smith**の作品。ミニマルアートらしい、シンプルさと色が強調され、やや斜めに配置されたオブジェは安定感を欠き、襲われるような感覚を与えている。

漫画の中から抜け出してきたような、**リキテンスタイン Roy Lichtenstein**の『**家1 House 1**』は、立体であるはずの家が平面という異色の作品。**オルデンバーグとコーシャ・ヴァン・ブリュッゲン Claes Oldenburg & Coosje van Bruggen**の共作『**タイプライターの消しゴム、スケール X Typewriter Eraser, Scale X**』は、オルデンバーグが子供の頃父親の仕事場で遊んでいたとき、特に気に入っていたタイプライターの消しゴムをテーマにしたもの。ステンレス鋼とガラス繊維からできている。東京の西新宿でもおなじみの**ロバート・インディアナRobert Indiana**の赤い文字の彫像も鎮座する。東京やフィラデルフィアは「LOVE」の文字だが、ここは「**AMOR**」。ポルトガル語で愛という意味だ。ほかにも、巨大なクモがはっていたり、遊び心いっぱいのピラミッドがあったりと、オブジェはバラエティに富んでいる。一番人気であった**バートン Scott Burton**の『**6つのパート、座るもの Six-Part, Seating**』は、コロナ禍のためか現在座ることはできない。

リキテンスタインの『家1』。絵画が多いアーティストの作品だけに新鮮な印象

モールのお茶どころとして穴場なのが、この**パビリオンカフェ Pavilion Café**。インドアなので季節を問わず、木々の緑や冬ならスケートに興じる子供たちを眺めながら、サンドイッチやピザなどの軽食、デザートやお茶などが楽しめる。また、冬季は庭園の中央にスケートリンクが現れ、こちらも人気。

彫刻庭園
住 Constitution Ave., 7th St., Madison Dr., 9th St.に囲まれた1ブロック、西館の7th St.を挟んだ西側
開 毎日10:00〜17:00
休 12/25、1/1

冬はスケート場に早変わり
彫刻庭園中央の噴水は、冬季（11月下旬〜3月初旬）はスケート場となる。
営 日〜木11:00〜21:00、金土〜23:00
料 $12（45分間）、子供・50歳以上$9、貸し靴$6、ロッカー無料

彫刻庭園パビリオンカフェ
営 日〜木10:00〜17:00、金土〜18:00（→P.281）

座ることができなくなってしまったバートンの『6つのパート、座るもの』

DC豆知識 ナショナルギャラリーの彫刻庭園は、ハーシュホーン美術館（→P.190）の彫刻庭園より開園時間が短いので注意しよう。

Smithsonian Institution & Museums

「アメリカ」という国のありのままを見せてくれる

国立アメリカ歴史博物館

National Museum of American History

AREA ▶ モール　　MAP P.25-D, E4

アメリカ史のあらゆる部分を見せてくれる博物館。ユニークで興味深いものが多く、かなり見応えがある

歴史と文化を中心に、テーマごとの展示で多様なアメリカを紹介する、たいへん人気の高い巨大博物館。テーマを年代順に追う展示は、アメリカの歩みと発展を理解してもらおうというスタイル。アメリカの裏も表も包み隠さず公開しているのが、この国らしい。

1604年に最初のイギリス人がジェームズタウンに入植して以来、400余年という比較的短い歴史のなかで、常に挑戦、戦い、創造、改良、前進を繰り返してきた。コミュニティ建設、産業発展、人種の融合といった光の部分を強調しながらも、反対の影の部分となる戦争や人種差別や奴隷制度といった点をも紹介している。収蔵品約180万点と500m³近い文書をもち、それ自体が歴史のタイムカプセルともいえる。また、幅広い分野の豊富なコレクションゆえに、スミソニアン協会のなかでは、"アメリカの屋根裏部屋 America's Attic"とも呼ばれている。

国立アメリカ歴史博物館
オススメ度 ★★★★
住 Constitution Ave. bet. 12th & 14th Sts. NW
URL americanhistory.si.edu
開 毎日10:00～17:30
休 12/25
料 無料
行き方 ブルー、オレンジ、シルバーラインSmithsonian駅下車、北へ徒歩約4分。またはサーキュレーターのモールルートで
無料Wi-Fi

テニス界の第一人者、大坂なおみ選手のラケットも展示

館内案内

First Floor 1階

動力機械 Power Machinery

風力、水力、蒸気の圧力を利用して動力に変える手段の発展・変遷を紹介する。イギリスでの産業革命がもたらしたエンジン機関の発明は、いかに多くの人に恩恵を与えたか。巨大なエンジンモデルを見ると、その馬力と動力音が伝わってくるよう。1788年のワットによる**ラップエンジンLap Engine**、南部鉄道の機械工場で使用された1851年のハーラン＆ホリグズワースの**42馬力の巨大蒸気エンジン**、1904年のピストンを使った**スチームエンジンSteam-Engine**など、エンジンの歴史が展示されている。

動力のひとつが蒸気。こちらはスチームタービン

地階（Lower Level）
シミュレーターライド、遺失物取扱所などがある。おなかが減ったときは、ここの大きなカフェテリアへ。

この展示を見逃すな！

国立アメリカ歴史博物館

星条旗	2階中央
『オズの魔法使』でドロシーが履いたルビーの靴	3階西館
ファーストレディのドレス	3階西館
リンカーンのシルクハット	3階東館
ジェファソンの机	2階西館
エジソンの電球	1階東館
蒸気機関車ジョン・ブル号	1階東館
T型フォード	1階東館

読者投稿 **スミソニアンの博物館は圧巻！** 展示方法や展示品数の多さなど、日本にはないような博物館ばかりだった。（東京都　子ブタちゃん）['23]

●**ツアー**：毎日11:00。1階コンスティテューションアベニュー側の案内所前から出発

エジソン発明の電球は後の世界を変えた

●**目安となる見学最低時間**：3時間

革命の輝き
Lighting a Revolution

雷の光が電気であることを証明しようとしたB.フランクリンから始まり、アメリカの偉大な発明家であるエジソンによる電球の発明と、その後の電気利用に対する飽くなき挑戦をつづる。電気の利用と電球の発明、そして電気文化の発展が5つの段階をたどってきたことがわかる。第1段階は発明となる前提条件が揃うまでの**孵化期Precondition**、第2段階は実験から発明にいたる**発明期Invention**、第3段階は改良進歩させていく**促進期Promotion**、第4段階は進歩する技術を競い合う**競争期Competition**、そして最後が発明と発展の結果を利用できる**結実期Consequence**。それらの過程をパネルと展示物でわかりやすく案内する。時代とともに改良されてきた電球やモーター類のなかでも、エジソンが初めて発明した1886年の電球は必見。

進展するアメリカ
America on the Move

鉄道ファン必見。アメリカ最古の蒸気機関車ジョン・ブル号

1876年以前のアメリカでは、人の往来や物資の運搬はもっぱら河川、運河、道に限られた。鉄道開通の19世紀後半からは移動範囲が広がっただけでなく、地域的な経済発展が始まり、その結果、南北の経済産業発展に格差が生じた。この格差がアメリカの悲劇といわれる南北戦争にいたる大きな原因のひとつでもあった。

交通手段の発展と交通路線の開発は、アメリカの社会と文化に大きな影響を与えた。1831年イギリス製でニューヨーク～フィラデルフィアを走った**アメリカ最古の蒸気機関車ジョン・ブル号John Bull Locomotive**、1876年にカリフォルニア州で営業を始めたサウスクルーズ鉄道会社の**蒸気機関車ジュピター号Jupiter**、F. D. ルーズベルトの棺を運んだ1926年の**南部鉄道蒸気機関車1401号The Southern Railway's 1401 Locomotive**など、アメリカ創成期を支えた列車が並ぶ。20世紀は自動車の時代。1913年、フォード社が**T型フォード車Model T Ford**を大量に生産するようになると、庶民の車所有が可能となり、その結果、自動車産業の隆盛とハイウエイの整備・拡張、そして車の洪水を引き起こした。多くのアメリカ人が西へ移動したときに荷物や家財道具を積んで走った1929年型オークランド・セダン車や1931年のフォードモデルAA型トラック。メイン州ヨークビーチにお目見えしたトレーラーバス、そして1950年代に入ると、中流階級向けに適切な価格で販売された1950年型ビューイック・セダン、フォードのステーションワゴン車などが展示されている。

車が大衆化した画期的なT型フォード。約20年間で1500万人以上が購入した

車とその背景にも注目

車の変遷はアメリカの歴史でもある。1920年代のバスの待合室（白人と黒人で待つ場所が異なる）、T型フォードのガソリンスタンド、1930～40年代にアメリカの大動脈だったルート66、1949年のオートバイの流行など、展示物だけでなく映像でも紹介している。車とともに時代背景が見えてくる。

ワシントンDCを走っていた市電の車両も展示。市電待ちする人のマネキンもリアル

読者投稿 **スミソニアンは大混雑** 観光シーズンだったからかもしれないが、休日はすごい混雑ぶり。おすすめは平日の午前中。すいているしゆっくり見学できる。（千葉県 Bozu）['23]

1階の西館はアメリカの企業の変遷がわかる**アメリカンエンタープライズAmerican Enterprise**、特許を取得した**発明家精神 Inventive Mind**、日進月歩する**日用品Object Project**などに分かれ、触って試せる展示が多い。

Second Floor 2階　中央特別展示室

星条旗
Star-Spangled Banner

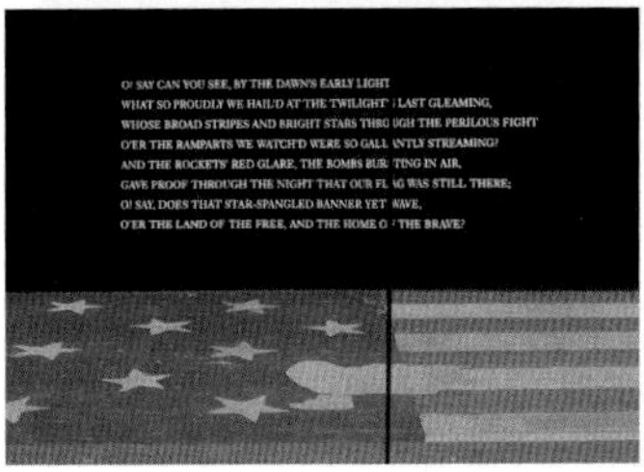

アメリカ国歌の元になった本物の星条旗は厳かに展示

モール側から館内に入ると、正面に星条旗をモチーフにしたステンレス製のオブジェが壁一面に広がる。アメリカ人に親しまれ愛されている、国歌に由緒のある星条旗の特別展示室である。薄暗い室内では、1814年の米英戦争の説明、国歌の作詞者である**キーFrancis Scott Key**の紹介、Star-Spangled Bannerの詩ができた背景、キーがマックヘンリー要塞（→P.317）の攻防を目撃したときに使用したといわれる望遠鏡が展示されている。反対側にはガラス張りの傾斜する床一面に、古びた星条旗が広がる。1814年9月14日早朝、イギリス艦隊からの攻撃に耐える要塞を遠望したキーが、歓喜の気持ちで身震いをしたアメリカの国旗である。タテ約9m×ヨコ12.8mの大きさに15の星と15のストライプ。現在一部破損してしまっているが、この星条旗の製作者である**ピッカースジル Mary Pickersgill**と裁縫道具、戦争後に星条旗を保存していた指揮官のアーミステッドの、旗が収納されていたキャンバスバッグの展示もある。**キー自筆の詩 The Star-Spangled Banner**は、まさにアメリカの国宝。星条旗、国旗、国歌のつながりと全体像をわかりやすく説明した、すばらしい展示。中は撮影禁止。

Second Floor 2階

多くの声、ひとつの国家
Many Voices, One Nation

皮肉にもトランプ政権誕生以来、注目を浴びるコーナーである。ネイティブをのぞけば、アメリカがいかに世界中から多くの民族を受け入れてきたか、多様な人々がひとつの国家を作ってきたか、その経緯が綴られている。自由と平等の理念とは逆に、実は差別克服の歴史だった。奴隷解放、中国人排斥、日系人強制収容、公民権運動時に起こった凄惨な事件の数々を包み隠さず公開している。

アフリカ系アメリカ人の公民権運動への抑圧は暴力的だったこともわかる

巨大な農耕機械はアメリカならでは

2階西館必見の展示

● グリーンズボロのランチカウンター Greensboro Lunch Counter

1960年ノースカロライナ州グリーンズボロ。4人の黒人大学生が食事を取ろうと"White Only"のカウンターに座った。席を離れるよう命令されたが、翌日からも差別に抗議してその席に座り続けた。これが地元のTV局や新聞で報道されると彼らを支援する市民、教会、人権団体らが半年間座り続け、南部全体を巻き込み、ついにそのカウンターで食事を取ることが許可された。"グリーンズボロのシットインSit In"として知られるできごとのひとつで、そのときのカウンター。

公民権運動の象徴のひとつグリーンズボロのランチカウンター

スポーツ界のマイノリティ

スポーツ界は一般よりも早くマイノリティが進出した。実際に味わった差別や苦難も教えてくれる。

お役立ち情報　**ウェブサイトには日本語解説も**　ウェブサイトの→Visit→Exhibitions→On Viewに各テーマが表示されるが、テーマのいくつかはサイト上で博物館を見学しながら日本語解説を読むことができる。

アメリカの民主主義（信念を貫くアメリカ）
American Democracy (A Great Leap of Faith)

女性の参政権を訴えて、このワゴンを使って雑誌を配布した。一種の宣伝カーだ

誕生から現在まで貫いてきたアメリカの信念といえる、民主主義、自由、平等をこの手にするための歴史を紹介。イギリスの圧政から立ち上がったアメリカの建国は、アメリカ民主主義の誕生と重なる。植民地時代の「ボストン虐殺事件」の版画から始まり、ジェファソンが「独立宣言」の草案を書いた簡易机、フランクリンが自由を謳った新聞の印刷機、1898年の自動投票機、クー・クラックス・クラン（白人至上主義団体）の頭巾、1955年の選挙登録書、2014年スペイン語の投票看板などが陳列され、長年にわたる運動などをとおしてアメリカがどう歩んできたか、それらが現在も続いていることを教えてくれる。

Third Floor 3階

アメリカ大統領の職務
American Presidency

「軍事上の非常時」と書かれたクリントンのかばん

世界で最強の権力をもつアメリカ大統領。大統領に与えられた職務と権限、ホワイトハウス内での行事や生活、そして大統領就任式などについて詳しく紹介する。大統領としての業務と権力行使はいかに重責を担ったものか、それゆえ、凡庸な人間では大統領職が務まらないはずであることを教えてくれる。

歴代大統領ゆかりの資料と展示物で充実している。オバマがホワイトハウスで遊んだバスケットのボール、ハーディングのパジャマ、そして、常にうわさをされていた核のスイッチの入っていたらしい黒いかばん（クリントン）までも公開されている。また、任期中に暗殺された大統領は4人いるが、リンカーンについてスペースが多く割かれている。暗殺された日に被っていたシルクハットや、葬儀の様子がパネルで見られる。リンカーンの遺体は2週間かけて故郷のイリノイ州に運ばれ、道中も合計すると700万人が別れのあいさつに来た。

砲艦フィラデルフィア
Gunboat Philadelphia
44人乗りのアメリカ最初の砲艦。独立戦争の1776年10月イギリス軍に撃沈されたが、1935年ニューヨーク州レイクシャンプレインで発見された。

ファーストレディ
First Ladies

ファーストレディのドレスはダントツ人気のコーナー。左からヒラリー・クリントン、ローラ・ブッシュ（息子）、ミシェル・オバマ、メラニア・トランプ

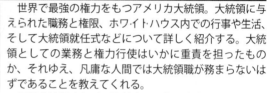

歴史博物館で超ロングランの人気を誇るのが大統領夫人、つまりファーストレディのドレスのコーナー。デザイン、色、素材、夫人の好みに加え、アメリカのファッション史の流れが一目瞭然だ。ワシントンの桜の植樹に積極的だったヘレン・タフトのガウンの見事な刺繍は、日本に発注して作らせたもの。着道楽といわれたアイゼンハワー夫人マミーの赤いドレスは駐米イギリス大使との

DC豆知識 **大統領の職務にはこんなものも** 測量技師であったワシントンが愛用した望遠鏡、リンカーンのフロックコート、クリントンが演奏したサクソフォンなど。

会食時に着用したもの。またジョージア州知事就任式と大統領就任式の両式で着用したロザリン・カーターのドレスも展示されている。肩を出したオフホワイトのミシェル・オバマのドレスやクリーム色でウエストの赤いリボンがポイントのメラニア・トランプのドレスもお目見えした。

自由の代償
Price of Freedom

自由と約束の地、アメリカ。その自由の確保と維持に"戦争"は不可欠なものなのか？　アメリカは建国から、常に武器を取って立ち上がってきた経緯がある。単なる軍部の歴史だけではなく、アメリカという国が背負った"運命"を紹介しているような、迫力ある展示の連続である。

独立戦争以前の**フレンチ＆インディアン戦争**の紹介から始まり、**南北戦争 Civil War**では、豊富な資料と展示物によって南北戦争の全体像を学ぶことができる。1865年、血で血を洗う長い戦争の終結時、リー将軍がグラント将軍に降伏状を提出したときに座ったふたりの椅子と小机が見られる。

第2次世界大戦 World War Ⅱに進むと、真珠湾攻撃、Dデイ作戦、ミッドウェー海戦を含む太平洋上の戦い、原爆投下までの流れを写真と説明パネル、ビデオ上映によって激闘の太平洋戦争を回顧する。

ベトナム戦争 Vietnam War 1956-1975では、捕虜になったアメリカ軍兵士が閉じ込められていた収容所のモデルを展示。通称ハノイ・ヒルトンと呼ばれた収容所の生活が、いかにアメリカ兵の心身を蝕んでいったか。戦争が生き残った人間にもつらい思い出と心の傷を負わせる惨事であることを思い知らせてくれる。

アメリカの歴史は戦争の歴史と言っても過言ではない

アメリカのナイチンゲール
南北戦争のコーナーには、アメリカのナイチンゲールといわれ、アメリカ赤十字の設立者であるクララ・バートンの紹介コーナーもある。

エンターテインメントの国ではこんな展示品も
ファンク、ロック、ソウル、ブルースなど多彩な音楽を操ったプリンスのギター、後にロックなどにも影響を与えたモダンジャズのサクソフォン奏者ジョン・コルトレーンの愛用したテナーサックスフォン、女子サッカー選手ミア・ハムのユニホーム、昔の大リーグのユニホームなど。

エンターテインメントの国
Entertainment Nation

アメリカ最強の強みが「エンターテインメント」、つまり人を楽しませ、もてなす精神だ。その精神が映画、ブロードウェイ、音楽、スポーツ、テレビといったさまざまな分野で昇華し、今もアメリカの根幹として生き続けている。150年以上にわたってアメリカが築き上げてきた、エンターテインメントのコレクションが公開されている。

1939年公開の映画『オズの魔法使い』でジュディ・ガーランドが履いたルビーの靴、世界で愛されたテレビ番組『セサミストリート』に登場したカーミットやクッキーモンスターの人形、映画『スターウォーズ』のC-3POやR2-D2といった、誰もがどこかで見たことのあるものが並び、親しみがわく。

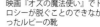

映画『オズの魔法使い』でドロシーが脱ぐことのできなかったルビーの靴

DC豆知識 **ベトナム戦争のヘリコプター**　ベトナム戦争のコーナーに展示されているUH-1のヘリコプターは、1966年実際に戦争で使われたもの。壊れたものを修復して、博物館に展示している。

Smithsonian Institution & Museums

地球の不思議を解き明かす

国立自然史博物館

National Museum of Natural History

AREA ▶ モール

MAP P.25-E4

国立自然史博物館
オススメ度 ★★★★
住 Constitution Ave. bet. 9th & 12th Sts. NW
URL naturalhistory.si.edu
開 毎日10:00～17:30
休 12/25
料 無料
行き方 ブルー、オレンジ、シルバーラインFederal Triangle駅、またはSmithsonian駅下車。両方の駅から徒歩3～5分。またはサーキュレーターのモールルートで

収蔵品数では世界最大の博物館である国立自然史博物館。わずかしか一般公開されていない

1910年に開館し、110年以上の歴史をもつスミソニアンで最も古い博物館。テーマはずばり地球。博物館は、地球が誕生してから46億年間の自然界に存在するできる限りのものを維持保存させているといっていい。その証拠に博物館が収蔵するコレクションの数はなんと約1億4600万点！　これはスミソニアン全体の94%を占める途方もない数だ。まさしく世界最大の博物館といえる。

自然史博物館の役割は、展示物を公開するだけではない。世界中に研究スタッフを派遣し、多くの調査、研究活動が進められている。年々増えるコレクションはこれらの研究員が集めたものや寄付で購入されたもの、寄贈されたもので、公開されている展示物は彼らの研究の成果でもある。これをプロの学者が見学にやってくるというのだから、その質の高さをうかがうことができるだろう。2018年に限っていえば、研究員たちは世界に赴き800を超える学術出版物を発表し、新たに52類、309種の新しい生きものを発見した。近年は体験型の展示が増えているのも特徴で、子供向けにデモンストレーションも頻繁に行っている。これも幅広い分野のスタッフによる熱心な研究のたまものだ。年間500万人が訪れるスミソニアン協会屈指の人気博物館というのにも、きっと納得がいくだろう。

上／中央ロタンダに鎮座するゾウは博物館のあるじ、ヘンリー　右／最新のコーナーが化石のホール。とても見やすい展示だ

この展示を見逃すな！

国立自然史博物館

アフリカゾウ …1階ロタンダ
Tレックス ……… 1階化石のホール
ホープダイヤモンド ………… 2階鉱物と宝石

DC豆知識 映画『ナイトミュージアム2』の博物館からの登場人物（?）　この映画はスミソニアンが舞台。化石のホールのティラノサウルス、海のホールのダイオウイカ。

館内案内

展示フロアは3つ。Constitution Ave.側の入口から入ると地上階、モール側の正面入口から入るとそこが1階で、広いホールの真ん中に鎮座する巨大なアフリカゾウが迎えてくれる。このホールは**ロタンダRotunda**（**円形大広間**、直径38m）と呼ばれ、インフォメーションデスクもある。

珍しいタランチュラの餌づけを公開している

●ツアー：係員が案内するツアーは行われていない。代わりにウェブサイトVirtual Tourが充実している。おもな展示物を、動画などを交えながら解説してくれる。過去の展示についての解説もある。

ここだけは回ろう！

見逃せないのは宝石コーナー。少なくとも、ここと口タンダのアフリカゾウだけは見学しておこう。海洋生物に興味があるのなら、海のホールへ、人間について興味があるなら人間の起源のホール、昔の生物なら化石のホールに行こう。

●目安となる見学最低時間：3時間

Ground Floor 地上階

地上階のメインは**ワシントンDCの鳥類Birds of the District of Columbia**。DCを中心としたアメリカ東部に生息する約500種類の鳥の展示が見られる。注目したいのは**アメリカキクイタダキ Golden-crowned Kinglet**。7cmほどのウグイス科のかわいらしい鳥だ。

ワシントンDC近郊ではメンフクロウも見られる

First Floor 1階

モール側入口にあるロタンダのあるじは、**巨大なアフリカゾウ African Bush Elephant**。これは1955年に捕獲されたもので、身長4m、体重11トン。一般公開までに準備として16ヵ月を要し、剥製とするのに4.5トンの粘土が使われた。ゾウの長い牙は本物ではなくグラスファイバー製。本物の象牙（ひとつ42kg）は重過ぎて剥製が立っていられないためだ。ゾウの名は「ヘンリーHenry」。1959年の公開以来みんなに親しまれている。

化石のホール
Hall of Fossils-Deep Time

46億年前の地球の創世から現在そして未来まで、過酷な自然現象の中で生物がどのように進化して生き延びたか、また絶滅してしまったかを約700点の化石標本をメインに解説。奥深いコーナーの主役は恐竜の巨大な化石。約7500万年前の白亜紀後期に多様な恐竜が生息していたという。ゾウの祖先に見えるマストドンも実は絶滅し、遺伝子は残っていないなど意外な発見がある。アラスカでフリーズドライ状態で発見されたバイソンは、化石ではなくミイラだ。

化石のコーナーで人気者のTレックス

巨大なゾウに見えるマストドン。遺伝子はつながっていないという

人間の起源
Human Origins

人間の進化を目の当たりにできて、意外な発見がいくつもある

人間とはいつ生まれて、どんな進化をたどったのかを解き明かすコーナー。初期の人類は約600万年前に2本足で歩き始め、250万年前頃には道具を使うようになり、50万年前頃には頭脳が著しく成長……などの進化過程を追う。映像やジオラマで狩りの様子や、調理方法を見せてくれる。肉体だけでなく、精神面の進化も解説しているのが興味深い。人類は約35万年前から言葉でコミュニケートし、約7万7000年前に記録を残すようになり、約4万年前に絵を描き始めたなどの解説は、スミソニアンならでは。また、人間はたとえ人種が違っても細胞から見ると99.9%他人と同じであることなど、驚かされることばかりだ。

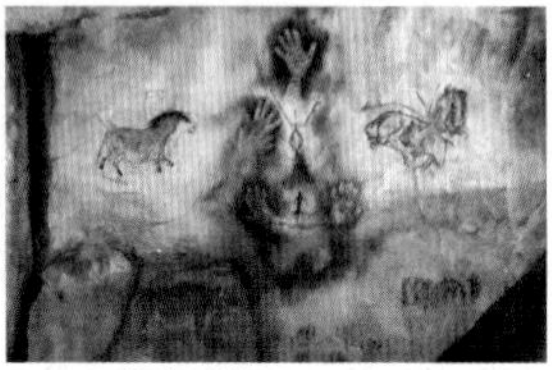
ラスコー洞窟の壁画

ほかにも、600万～700万年前から3万年前頃の頭蓋骨の変化、人口の爆発的増加（1959年30億、1999年60億、2042年には90億の予想）なども紹介する。世界48ヵ国の頭蓋骨も展示され、それを比較するのもおもしろい。自分の顔が原始人に進化（？）するTVアトラクションが人気を集めている。

韓国ギャラリー
Korea Gallery
韓国・朝鮮の陶器、織物、絵画、彫像など6世紀から現代までを紹介している。

韓国はひとつのコーナーとなっている

哺乳類のホールの展示品数
274の哺乳類と、砂漠や湿地帯、南極などのジオラマで遭遇することができる。触れることのできる化石もある

哺乳類のホール
Mammals Hall

動物たちの躍動感が感じられる展示方法となっている

哺乳類のホールは非常に躍動感あふれる展示方法で、好評を博している。ライオンがバッファローを襲う構図だったり、キリンが水を飲む姿など、まるで剥製が生きているようなリアリティがある。周囲にはアフリカの映像が流れていたり、さまざまな動物の鳴き声も聞こえてくる。まるでサバンナ探検にでも出かけたような気分だ。

奥では、2億年前からの哺乳類の歴史を解説する短編映画を上映している。約6500万年前に、哺乳類の70%が死滅してしまったなど、あらためて"自然"というものの底知れない力を意識させてくれるだろう。

みんなで考えよう、プラスチックゴミ
今、海のホールでいちばん目を引くのが、世界的な問題となっているプラスチックゴミ。プラスチックは自然に分解されることがなく、紫外線や波によって細かい粒となり（マイクロプラスチック）、それを魚たち、ひいては人間が食べるなど、生態系に多大な影響をもたらす。その解説。まずは私たちもペットボトルや普段着ているフリース素材など身近なものから考えたい。

海のホール
Ocean Hall

地球の表面の71%を占める海。その中で生きる海洋生物たちにスポットを当てている。圧倒されるのが、頭上を舞う"**フェニックス Phoenix**"と名づけられたメスのホッキョククジラのレプリカ。全長13m、重さ1トンを超える絶滅危惧種のクジラは、1987年アメリカ南東部ジョージア州沖で初めて確認された。生存中3回出産し、数回ジョージア沖とカナダのファンディベイを往復したと見られている。1997年漁業用の網にかかり大きなダメージを受けたが、奇跡的に生き延びたことが、名前の由来となっている。周囲には生息していた頃の写真も展示されて親しみがわいてくる。ほかにも子供たちの人気を集めているのが**ダイオウイカ Giant Squid**。2005年夏、スペイン沖の400〜500mの深海で捕獲されたメスで、体長11m、体重が約50kgにも及ぶ。ここでは深刻な環境問題にも触れており、地球の温暖化同様、有害物質の海洋汚染の深刻度も知ることができる。温暖化と汚染が北極と南極までに達して生態系にも大きな影響を与えている。

深刻な海洋汚染。あらためて自分には何ができるかを考えてみたい

本物のダイオウイカ。まだまだ謎が多いそうだ
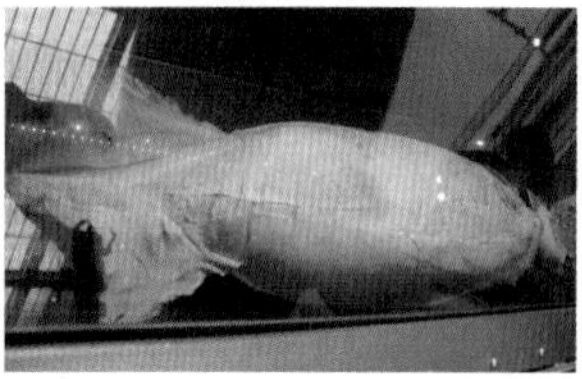

Second Floor 2階

鉱物と宝石
Minerals and Gems

鉱物と宝石は、博物館でダントツの人気コーナーだ。ニューヨークの宝石会社の名前がつけられたギャラリーには、博物館の目玉といえる宝石や原石がめじろ押し。館の目玉である45.52カラットのブルーダイヤである**ホープダイヤモンドHope Diamond**は、これだけでひとつのコーナーが設けられている(→下記鑑賞ガイド)。誰でもよく見えるよう、ホープダイヤモンドの載った陳列台が、4方向に回転するという配慮も、館の熱意の表れだろう。

その展示室を出た所にも、驚くような宝石が陳列されている。世界最大級のダイヤ、127カラットの**ポルトガルダイヤモン**

英雄は成り金?
1811年ナポレオンが息子の誕生を記念して妻マリーに贈った合計172個のダイヤをあしらったネックレス（合計の重さは260カラット！）も豪華！

マリー・アントワネットのダイヤのイヤリング。大きさにも驚く

自然史博物館 鑑賞ガイド

数奇な運命をたどったホープダイヤモンド

映画『タイタニック』のなかで引用されるなど、世界一有名なダイヤモンドといえば"ホープダイヤモンド"だろう。このブルーダイヤとしては世界一の大きさを誇る宝石の運命は、17世紀フランスの行商人が、インドから112.18カラットのブルーダイヤモンドをフランスに持ち込んだことに始まる。当時、ダイヤはインドでは「美しい紫 Beautiful Violet」と呼ばれていた。1673年、ルイ14世がこれを購入し、ダイヤは67.12カラットまでにカットされ、フランス王の王冠に使われた。1792年のフランス革命のどさくさに紛れてダイヤは盗難に遭い、しばらくの間人々の前から姿を消していた。行方不明のダイヤが再び日の光を浴びるようになったのは、それから約20年後、ロンドンでのこと。しかもダイヤはそのとき45.52カラットにまで削られていて、当時のイングランド王ジョージ4世が所有していたものといわれていた。1830年、イギリスの銀行家ヘンリー・トーマス・ホープHenry Thomas Hopeが購入したことから、彼の名前を取って、"ホープダイヤモンド"と呼ばれるようになった。最後の持ち主であるワシントンDCの社交界の華エバリン・ウォルシュ・マクリーンは、ダイヤをネックレスにしていつも身に着けていたという。彼女の死後、ニューヨークの宝石商ウインストンによって買い取られ、彼はこのダイヤを1958年11月10日、スミソニアン協会に寄贈した。

世界最大のブルーダイヤがホープダイヤモンド

ナポレオンが妻に贈った宝石。皇帝の贈り物にふさわしい輝きと石の大きさだ

ド**Portuguese Diamond**、138.7カラットのルビー**ロッサー・リーブス・ルビーRosser Reeves Ruby**、330カラットの**ブルーサファイアBlue Sapphire**など、世界最大級のものばかり。このほかにも、マリー・アントワネットが夫のルイ16世から贈られたしずく型のダイヤのイヤリング、1810年、時の皇帝ナポレオンがマリー・ルイーズに贈った263カラットのダイヤをちりばめたティアラなどがあり、想像を絶するほどの価値の宝石が集められている。ほかにも見逃せないのが**カルメン・ルチア・ルビーThe Carmen Lucia Ruby**という透明度が際立ったルビー。大きさは23.1カラット、1930年代ビルマで採石されたもので、ルビーには寄贈者の妻の名がついている。サファイア、ダイヤ、ルビーなど77カラット、2328の宝石からなる**蝶のブローチButterfly Brooch**は、紫外線に当てると蛍光色を発するとても珍しいもの。ほかにも、1万363カラット、重さ約2kg、高さ35cmの世界最大のアクアマリンなど、ここに実際に展示されているのは約2500だが、その宝石たちが自身で光り輝くさまには圧倒される。

スミソナイトって？
スミソニアン協会の創設者であり、イギリスの鉱物学者であったジェームス・スミソンが鑑定した鉱石。スミソンにちなんで名づけられた"スミソナイト Smithsonite"は、ペパーミントグリーンの菱亜鉛鉱。

宝石以外の鉱石も充実している。世界最大級の隕石である、ツーソンに落ちた**隕　石Tucson Meteorite**はお見逃しなく。自然史博物館は世界最大の隕石のコレクションを有し、そのうちのいくつかは触ることもできる。また、鉱物を通して、これらの鉱物はどのように形成されていったか、例えば、火山や地震、地殻変動などはどのように起こるのかの地球科学を学べるような構成にもなっている。そのなかで、日本人の目を引くのが地震の頻発を時系列で示したコンピューターマップ。地震がほとんど決まった場所でしか起きないこと、そのなかでどれだけ日本周辺で多発しているかが一目瞭然。地震の被害も動画として見られる。

鉱石のコーナーで目に止まるのがやはり金

宝石ばかりに気を取られないように
石としては最大の271kgのクロビスClovisの隕石、地球や月が現れる以前から存在する物質を含む北メキシコで発見された隕石なども見逃せない。

昆虫園、骨格、蝶園
Insect Zoo, Bones and Live Butterflies Pavilion

蝶園
料$8、2～12歳・60歳以上$7（火曜は無料だが整理券が必要）
開毎日10:15～16:00

昆虫に触らせてもらえる昆虫園は大人にも人気

昆虫園は、生きた虫を展示しており、一部の昆虫には触らせてもらえる。クモ、サソリ、バッタ、ハチ、ゴキブリなどなど、日本で見られる同種のものと比較すると、大きさ、形などあまりの違いに驚かされる。

骨格のコーナーは文字どおり、動物の骨格標本が種類ごとに分類され陳列されている。哺乳類、鳥類、爬虫類、両生類、魚類といった脊椎動物たちの骨がズラリと並ぶ。人間の頭蓋骨に手術の穴の跡があるのは、たいへん興味深い。

お役立ち情報 2階の昆虫園では、タランチュラの餌づけを行っている。たいへん珍しいので、見学しておきたい。餌づけタイムは、月～金10:30、11:30、13:30、土日11:30、12:30、13:30

Smithsonian Institution & Museums

高評価スミソニアン最新の博物館

国立アフリカ系アメリカ人歴史文化博物館

National Museum of African American History & Culture

AREA ▶ モール　MAP P.25-D4

アフリカ系の人々の文化と歴史に特化したスミソニアン最新の博物館。2016年9月に開館の際は当時のオバマ大統領も駆けつけ「アフリカ系アメリカ人の歴史は、アメリカの歴史から切り離せるものではなく、アメリカの物語でもある」と祝辞を述べた。時にはショッキングに、時には親しみをわかせてくれる展示方法は、見学者に大きなインパクトを与えている。コレクション数約3万5600、奴隷制からハーレムルネッサンス、公民権運動までの歴史と、アフリカ系はもちろん、カリブ海やラテンアメリカ系の文化も体験できる構成となっている。

差別撤廃を求めて活動してきたアフリカ系アメリカ人の歴史を知るにはうってつけの博物館

ハイライト

地下3階分から構成される**歴史ギャラリーHistory Galleries**の**奴隷と自由1400～1877**では南北戦争までの「自由」を求める歴史が綴られている。綿花やサトウキビの生産に欠かせなかった労働力は、アフリカの人々を強制的に連行することでまかなわれた。立錐の余地もない奴隷船で運ばれ、待っていたのは自由のない過酷な労働。鞭で打たれた痛々しい傷跡の写真は衝撃的だ。**人種隔離の時代1876～1968**では、列車、水飲み場などいたるところで行われた人種隔離政策や、ローザ・パークスのバス乗車ボイコット運動に代表される公民権運動に尽力する人々を解説。「アンダーグラウンド・レイルロード」と呼ばれる地下組織で、多くの黒人を自由州に送った女性奴隷解放活動家のハリエット・タブマンHarriet Tubmanも紹介されている。驚かされるのがエメット・ティルEmmet Tillという少年の葬儀。彼は白人女性に口笛を吹いたという理由で惨殺された。母は残虐な殺され方をした息子を、棺を開けて人々に見せたのだ。公民権運動のターニングポイントのひとつになった事件である。

地上階は**コミュニティ**と**文化**に分かれるが、来訪者のハートをがっちりつかんで離さないのが、文化のギャラリー。ルーツや持ち込まれた音楽がどのように交錯し多様化したかを差別との戦いとあわせて紹介している。来訪者を釘付けにするのが、プリンス、ホイットニー・ヒューストン、マイケル・ジャクソンなどの曲とハイライト映像。ボクシングのモハメド・アリやテニスのウイリアムズ姉妹、大リーグのジャッキー・ロビンソンらスポーツ選手の愛用品も並び、絶妙な演出と相まって見ているほうも楽しくなる。最後はSweet Home Caféへ。フライドチキン、魚のポーボーイサンドなどアフリカ系の人が育んだ南部料理が味わえる。

メキシコオリンピックのメダル授賞式で人種差別に抗議したスミスとカーロスの像も

国立アフリカ系アメリカ人歴史文化博物館

オススメ度 ★★★

要予約

住 1400 Constitution Ave. & 14th St. NW
URL nmaahc.si.edu
開 月12:00～17:30、火～日10:00～17:30（時期によって変更あり）
休 12/25　料 無料だが、時間指定の入館券Time-Entry Passesが必要。予約はウェブサイトから。30日前から当日の8:00まで予約が可能で、予約で埋まらない日は当日券を8:15からサイトで受け付ける。週末と観光シーズンはかなり混雑する
行き方 ブルー、オレンジ、シルバーラインSmithsonian駅下車、北西へ徒歩約7分、またはサーキュレーターで

逆三角形のような建物は

草原を思わせる奇抜な外観と、内部に太陽が差し込む建物の設計は、デビッド・アジャイのグループが担当。アジャイはエジプト、イギリス、レバノンなどに住み、アフリカ54の国と地域を訪れたという経歴の持ち主。地上4階、地下4階、総面積は3万7000m²と、見学には少なくとも2時間はかけたい。

ディオンヌ・ワーウィックとホイットニー・ヒューストンの衣装

DC豆知識 新しい$20紙幣の肖像　ハリエット・タブマン　$20紙幣の人物がアンドリュー・ジャクソンに代わって、黒人女性として初のタブマンとなる。2020年に発行されるはずだったが、2030年に延期された。

Smithsonian Institution & Museums

大自然と共存したアメリカ先住民の生き方に学ぶ

国立アメリカ・インディアン博物館

National Museum of the American Indian

AREA ▶ モール　MAP 折込地図表 -E2,3

見学するのではなく、体全体で感じたい国立アメリカ・インディアン博物館

太古の昔よりこの大地で暮らしていたネイティブアメリカン。16世紀からの白人の進出により、ある部族は全滅し、またある部族は少数となり西へと追いやられて、決められた居留地で暮らすことを強いられた。

20世紀後半になってやっと先住民の文化の尊さに気づき、その遺産を伝えようと、多くの人々が研究・保存に尽力した。その集大成ともいえるのが、この博物館だ。先住民を扱った博物館としては全米最大規模で、1万2000年以上の歴史と、地域を見れば北極圏から南米大陸南端のフエゴ島までコレクションも多岐にわたる。祭儀品、工芸品、陶器、織物、彫刻彫像、絵画など、収蔵品の合計数は約85万点にも及び、約4500点が4〜5つのテーマごとにまとめられて博物館に展示されている。

国立アメリカ・インディアン博物館
オススメ度 ★★
住 4th St. & Independence Ave. SW
URL americanindian.si.edu
開 毎日 10:00〜17:30
休 12/25
料 無料
行き方 ブルー、オレンジ、シルバーラインFederal Center駅下車、北へ徒歩約5分。航空宇宙博物館の東隣。またはサーキュレーターで

●注意：フラッシュ撮影は禁止

ハイライト

アメリカの大地が凝縮された庭園

西部の荒野と無限の宇宙を連想させる建物のデザインは、ブラックフット族のアーティスト、ダグラス・カージナルを中心としたグループによるもので、**カソタ石Kasota（石灰石）**から造られている。内観にも見られる緩やかなカーブは「ザ・ウエーブThe Wave」として知られるバーミリオンクリフをイメージしたという。館を囲む庭園には彫像のオブジェ、145種2万7000を超える植物や樹木などが配され、なかにはトウモロコシやマメ、たばこの葉なども見られる。これらはすべてアメリカ原産でDC周辺のものも多い。建物の北東側には石灰石から落ちる滝と祖先の石Grandfather Rockと呼ばれる40もの巨大な石が配された池もあり、水の動きに癒やされる。また、東側には2022年先住民系の退役軍人をたたえる碑も完成した。

瞑想したくなる空間

内部の展示も"見学"というより"感じる"ための工夫が随所に見られる。入館すると、4階までを貫く贅沢な吹き抜けの別世界が目の前に広がる（**ポトマックアトリウム**）。そこにはハワイのカヌーや南米インディオのボートが置かれ、同館が北米だけでなく広い範囲の先住民を取り上げていることがうかがえる。

博物館の西側には滝と石がコラボした庭園がある。滝の流れと水音は別世界のよう

まずは、4階のオリエンテーションフィルム"**Who We Are**（約13分間）"からスタートしよう。ドーム型の天井をもつシンプルなレラウィシアターLelawi Theaterでは4面のスクリーンに仕立てたラグ（敷物）に、アラスカ・イヌイットの捕鯨やサケ漁、メキシコ・インディオのトウモロコシ収穫の様子が映し出される。音声も加わって、

読者投稿 **モールのランチは国立アメリカ・インディアン博物館のカフェテリアがおすすめ** 1階の奥にあるカフェテリアは先住民の住むエリア別に分かれていて、その名産品が食べられる。私が食べたのは↗

まるでその場にいるような臨場感がある。各民族の言葉が四方から聞こえて、意味がわからなくとも心地よく響く。彼らの死生観や生活、大自然への造詣が紹介されているフィルムだ。政治、軍部、エンターテインメント、スポーツなどの各界で活躍するネイティブアメリカンたちがエンディングを飾る。

開放感がある中央のポトマックアトリウム。まずはここでゆったりした時間を感じよう

偉大なる宇宙とともに生きる先住民

展示は長期と短期に分かれるが、**われわれの世界Our Universe**では、ネイティブアメリカンの宇宙に対する崇拝と信仰が紹介されている。なかでも興味深いのは、東西南北それぞれの方向に意味があること。東はタカ、南はオオカミ、西はバッファロー、北はクマといった具合に、動物をはじめ四季や植物などにもたとえられている。儀礼の際の衣装や道具、動物や人間をかたどった像、狩猟用具、住居なども見られ、各種族の生活様式の多様性と様式美に驚かされる。

帰還：チェサピーク湾周辺のアルゴンキン族 Return to Native Place: Algonquian Peoples of the Chesapeake

アルゴンキン族はアルゴンキン語を話す民族で、カナダを中心に広く五大湖周辺、大西洋沿いにも暮らしていた。博物館ではチェサピーク湾周辺のナンチコーク族、ポウハタン族などの1600年以降の生活を写真、絵画、地図、日用品などで紹介している。

不幸なことにネイティブアメリカンの人々の数は激減したが、彼らの名前は今もいたるところで生きている。実感できるのが約300のパネルや60以上の映像とコマーシャルが見られる**アメリカ人American**のコーナーだ。ヨーロッパからの入植者を飢餓から救ったポカホンタスや、強制移動を強いられチェロキー族の3分の1が命を落とした**涙の道Trail of Tears**などの解説もある。

国家とネーション：合衆国とネイティブアメリカンの条約 Nation to Nation: Treaties between United States and American Indian

白人の侵略から生き残ったネイティブアメリカン。どの部族がどこに住み、合衆国の一員として生活を始めたかを写真や文書で見せている。先祖たちのそれとは少し異なる装飾品、衣類、バスケットなどを展示。

アーティストの特別展スペースでは、現代を生きる彼らの歴史観を表現したアートに出合うことができる。どの展示室にもあふれる、先住民の**アニミズム**（すべてのものに魂が宿っているという考え方）は、日本人にも共通するもの。地球が病んでいる今、彼らの思想を学び、地球人として何ができるかを考えてみたい。

デモンストレーション

アメリカ・インディアン博物館の特徴のひとつに、デモンストレーションや音楽のライブ演奏が頻繁に行われることがある。インフォメーションデスクで尋ねて、ぜひひとつは見学していきたい。

日本政府が購入したミサイル

アメリカ人の展示で、日本人ならミサイルに命名された「トマホーク」の模型が目に飛び込んでくるだろう。先住民の言葉で「切るための道具」の意味。

ミットセトムカフェ The Mitsitam Café

全米各地のネイティブアメリカンの料理が食べられるカフェ。5つのエリアごとにカウンターが分かれているので、まずはざっと見てから注文するといい。ミットセトムとはデラウェア先住民の言葉で「食べましょう」の意味。
営 毎日11:00～16:00

博物館では各エリアの名物料理が味わえる。タコスは南西部でポピュラー

↘ Meso Americaでトルティーヤとサルサチップス。これがけっこうおいしかった。席も開放的で、よかった。カフェテリアは11:00～16:00の営業。5つの地域のサンプラー（$29.95）もある。（茨城県　キーマ）['22]

Smithsonian Institution & Museums

スミソニアン初の現代美術館

ハーシュホーン美術館と彫刻庭園

Hirshhorn Museum and Sculpture Garden

AREA ▶ モール　MAP P.25-F5

ハーシュホーン美術館と彫刻庭園
オススメ度 ★★★
住 7th St. and Independence Ave. SW
URL hirshhorn.si.edu
開 毎日10:00〜17:30
休 12/25
料 無料
行き方 ブルー、オレンジ、シルバー、イエロー、グリーンラインL'Enfant Plaza駅下車、7th St.を北へ２ブロック。国立航空宇宙博物館と芸術産業館の間。またはサーキュレーターで

●ツアー：毎日12:30と15:30。ロビーのインフォメーションデスクよりスタート

●注意：フラッシュ撮影禁止

19世紀後半からの現代美術だけを専門に収蔵する、スミソニアン初の美術館。1974年10月に開館した、連邦政府初の現代美術館でもある。ドーナツ形の建造物は、建物自体がひとつの美術品。Jefferson Dr.を挟んだ向かいには野外彫刻庭園があり、著名なアーティストの作品が鑑賞できる。

宙に浮いた円筒形の斬新な建物。近年インスタレーションなどを多く展示している

実業家であり美術収集家であったハーシュホーンJoseph Hirshhornが40年以上かけて収集した約6000点の絵画や彫刻彫像を寄贈して美術館が誕生した。ハーシュホーンは先見の明に優れた人物で、後に現代美術の大家となる芸術家の卵たちにもいち早く目をつけ、その作品を次々と買い上げた。彫刻ではロダン、ブランクーシ、ムーア、デビッド・スミス、カルダーなど、絵画ではオキーフ、デ・クーニング、ポロックなど。美術館はキュビスム、シュールレアリスム、ポップアート、ネオ・ダダ、ミニマルアートといった具合に、現代美術史の流れがわかるような構成となっている。近年ではインスタレーションとしてダイナミックな展示品が増え、なかでも2022年春から開催されていた草間彌生の『One with Eternity: Yayoi Kusama in Hirshhorn Collection』展は半年で約14万の来訪者を数え、半年間の延長となった。

現在、館の収蔵品は、絵画5000点、彫刻彫像とメディア関係の作品約2500点、紙に関する作品約4000点など合計１万2000点を超える。

荷物は地下に預けて
ハーシュホーン美術館のクロークは地下にある。荷物を置いて身軽になって美術鑑賞といこう。

館内案内

美術館は4階建ての建物と、美術館を囲むプラザ、通りの向かいに位置する彫刻庭園から構成されている。

ここでは建物にも注目してほしい。コンクリートと花崗岩からできた円筒形の建築は**バンシャフトBunshaft**の設計。プリツカー賞を受賞した20世紀アメリカを代表する名建築家のひとりだ。建物は地上から4mの位置で支えられ、ちょうど宙に浮いたドーナツのよう。円筒の直径は70m、高さは25m。ジェファソン通り向かいの彫刻庭園には35点以上の彫刻彫像が点在している。

インスタレーションの作品も体感できる。バーバラ・クルーガーの作品はギフトショップまで続いている

新しい彫刻庭園のデザインは杉本博司
2023年より本格的な改修工事が始まる彫刻庭園のデザインは杉本博司が担当。杉本は写真にとどまらずアーティスト、建築家など多彩な人物で、2006年には同美術館で展覧会を開催。美術館ロビーのデザインも手がけ、ロビーにはDCで人気のDolcezzaのカフェも誕生した。

読者投稿 **心地よく鑑賞できる美術館**　久しぶりにハーシュホーン美術館に行ってきたが、ほかの美術館ほど肩が凝らず、余裕の配置で楽しめた。音を使った展示、色を駆使した展示、なかにはお化け屋↗

ハイライト

常設品は定期的に変わり、アーティストの顔ぶれも実に多彩。「近代彫刻の父」と呼ばれる**ロダンRodin**をはじめ、独自の作風がインパクトを与える**ジャコメッティGiacometti**、優雅な動きのモビールを発明した**カルダーCalder**、抽象表現主義の**デ・クーニングde Kooning**、アンフォルメルの**デュビュッフェDubuffet**、曲線の滑らかさに癒やされる**ムーアMoore**、ドキッとするような具象絵画の**フランシス・ベーコンFrancis Bacon**などの現代美術の大家が揃う。

2階の壁の内周約122mをダイナミックに使った、**ブラッドフォードBradford**の『**警戒隊の攻撃Pickett's Charge**』は、ゲティスバーグのサイクロラマからヒントを得たもの。兵士の絵画がところどころ切り裂かれ、戦争の意義を投げかけている。地下に足を運ぶと「ほしければ買えばよい」「空っぽが十分」などの言葉が目に飛び込んでくる。**クルーガーKruger**のインスタレーション『**信念と疑いBelief + Doubt**』は赤、黒の帯に白抜きの文字が強烈なインパクトを与えている。文字はエスカレーターの裏にまで施されている。

彫刻庭園　Sculpture Garden

ジェファソン通りの向かいの彫刻庭園は2023年春に閉鎖、約2年間にわたる改修工事が行われる。以下は改修前の展示。

正面入口近くの**ムーア**のブロンズ像は『**寄りかかる姿2番Three-Piece Reclining Figure No.2**』。ムーアのコレクションはアメリカ国内で最大（プライベートは除く）を誇っている。力強い**ロダン**のブロンズ像『**カレーの市民The Burghers of Calais**』や『**歩く人Walknig Man**』、『**バルザックへの記念物Monument to Balzac**』は抽象的な作品が多い庭園で異彩を放っている。庭園の隅にある**デビッド・スミスDavid Smith**の『**キュービ12 CubiXII**』はキューブ（立方体）が多様につなぎ合わさったステンレスの像。ブロンズ像が多い庭園では異色の存在だ。

日本の七夕を連想させる『**ウィッシュツリーWish Tree**』は、**オノ・ヨーコ**の作品。訪れた人が短冊に願いを書いて、木につるす。平和への願いを込めて2007年に加わった。

美術館の設立

美術館の名前にもなったジョーゼフ・ハーシュホーンは、ラトビアの生まれ。8歳のときにアメリカへ移住。母子家庭であったため早くから働き始め、16歳ですでにウォール街の為替市場のブローカーになった。その後、カナダの鉱山からウラニウムを採掘し、巨額の富を築き上げた。

約40年間にわたり、絵画約6000点、彫刻彫像約200点を収集し、それが美術館の核となっている。なかでも、彫刻家デビッド・スミスDavid Smithは生涯に80点しか彫像を製作しなかったが、そのうちハーシュホーンが11点を購入している。

ここにも彫像が……

ドーナツ形をした美術館の周り（プラザ）にも数点、大がかりな彫像が点在する。ブロンズの球体が、ひとつは鈴のように中央が割れていたり、ひとつは口のように開いている作品がある。アーティストはルーチョ・フォンタナLucio Fontanaで、館内でも色のついたキャンバスを切り裂いたものや、光のオブジェを見ることができる。

短冊は夏の間のみ

ウィッシュにツリーに短冊を吊るすことができるのは夏の間のみ。2007年の展示以来、10万を超える短冊が木につるされた。

左／2階の内壁をぐるりとひと回りするブラッドフォードの作品。なぜ引き裂かれているのか考えてみたい
右／ムーアの像がある彫刻庭園。2023年春より改修工事が行われる。美術館の地下とつながる予定

↘敷のように真っ暗な部屋での展示など、工夫がある。また、彫刻庭園にはオノ・ヨーコさんの木『Wish Tree』があり、まるで絵馬のように願い事がたくさん書き留められていた（用紙、鉛筆あり）。　（群馬県　ライダー）['22]

Smithsonian Institution & Museums

アメリカ最大のアフリカ系の美術館

国立アフリカ美術館

National Museum of African Art

AREA ▶ モール

MAP P.25-E5

アフリカ美術の多様性を伝えてくれる美術館

色彩のハーモニーが見事な織物、親しみを感じさせる木像や石像、威嚇しているかのようなマスク……国立アフリカ美術館は、人間の魂の躍動を感じさせてくれる美術品に満ちあふれたところだ。古代から現代までアフリカ美術を収蔵する美術館としては全米唯一、最大規模。ホープトガーデンの地下に展示室があり、お隣のサックラー・ギャラリーとつながっている。

コレクションは、アフリカ大陸全域の装飾品、彫像、絵画、織物、仮面、陶器、現代美術など1万2000点以上と、アフリカ美術と文化を撮り続けた写真のコレクションが約45万点。近年、一部の地域にフォーカスしたり、斬新な現代美術、神話や祭事など特定のテーマに関するアフリカ全エリアの美術品などを陳列している。

国立アフリカ美術館

オススメ度 ★★

住 950 Independence Ave. bet. 9th & 10th Sts. SW

☎ (202)633-4600

URL africa.si.edu

開 毎日10:00～17:30

休 12/25

料 無料

行き方 ブルー、オレンジ、シルバーラインSmithsonian駅下車、南東へ徒歩約4分。スミソニアン協会ビルの裏（南）。またはサーキュレーターで

●ツアー：10:30、12:00、14:00（要確認）。約1時間。テーマに合わせたツアーで、変更となることがある

●注意：フラッシュ撮影禁止

美術館で見学するにとどまらない

近年はオンラインでの展示も充実し、Radio Africaでは演奏やトーク、ほかにもアーティストとチャットや動画も楽しめる。

コンゴ共和国やアンゴラに居住するチョクウェ語圏の人々のマスク。20世紀初頭、美術館必見の作品のひとつだ

ハイライト

ひと口にアフリカ美術といっても、気候風土や宗教、支配されていた国などによって文化に大きな差がある。アフリカの地図を頭に思い描きながら見て回るとわかりやすい。

ノリウッド Nollywood

西アフリカ沿岸部のナイジェリアは、映画産業の盛んな国でハリウッドにちなんでノリウッドと呼ばれるが、ノリウッド以前のベニンシティの人々の肖像写真を展示。1940～60年代にかけて町には写真館が増加し、数々の記念写真が残された。インテリアや服装、そして表情からスマートな生活ぶりがうかがえる。続くノリウッドの衣装は実にスタイリッシュ。おしゃれなスタジオのセットは人気のインスタスポットだ。

ファッション性も豊かなノリウッド

ビジョナリー：アフリカ美術における視点 Visionary: Viewpoints on Africa's Arts

マスク、人形、装飾品など伝統的なアフリカの美術品（常設展示品）と、それらから影響を受けた現代の作品約300点が混在するコーナー。形や表情、彩り、線、色、空間などアフリカ独自の要素が、現代の美術品にどのように反映されているか比較してみるとおもしろい。木や織物、陶器、彫刻、絵画など作品の素材も対比すれば、新しい発見があるかもしれない。展示品のいくつかはウォルト・ディズニー・カンパニーから寄贈されたもので、名作『ライオン・キング』の衣装や装飾品、舞台デザインのもととなったものだ。

DC豆知識 **エキゾチックなおみやげなら** アフリカ美術館のショップは、日本では見かけない色使いやユニークなデザインの織物や新鮮なデザインの日用品がいっぱい。いいものが見つかりそうだ。

Smithsonian Institution & Museums

東洋と中近東美術を収蔵する

アーサー・M・サックラー・ギャラリー

Arthur M. Sackler Gallery（National Museum of Asian Art）

AREA ▶ モール　MAP P.25-E5

サックラー・ギャラリー正面入口。昨今はフリーアギャラリーとあわせて、国立アジア美術館と呼ぶ。地下でふたつの美術館はつながっている

古代から現代まで約6000年にわたる東洋と中近東美術のコレクションで名高いアーサー・M・サックラー・ギャラリーは、モールに向かって建つキャッスルの裏側にある。グレーの御影石の外壁に６つの小さなピラミッドが載ったような屋根で、建物と庭園の足下に地下３階の大きなフロアがある。両隣のフリーアギャラリー（→P.195）と国立アフリカ美術館ともつながり、西隣のフリーアギャラリーと合わせてスミソニアン協会では国立アジア美術館National Museum of Asian Artとされている。サックラー・ギャラリーの一部は改装中で、展示品が隣館に移動していることも覚えておきたい。

ギャラリーの歴史

サックラー・ギャラリーは、それまで西洋美術中心だったスミソニアン協会のコレクションでは、時代の要請に応えるには不十分であったことから造られた。ニューヨークの医学研究員で出版者、美術収集家でもあった**アーサー・M・サックラーArthur M. Sackler**が、彼の東洋美術のコレクション約1000点の寄贈に加えて400万ドルの寄付、そして日本と韓国各政府からの100万ドルをもとに1987年開館した。コレクションには紀元前1600年頃の青銅器をはじめとして古代中国の約5000年前からの翡翠工芸品、絵画、漆器、一連の掛け軸など貴重なものが数多く含まれ、11～19世紀のペルシャ美術、東南アジアの彫像、19～20世紀初期の日本の浮世絵などの版画、中国や朝鮮の陶器も加わり、その数は1万5000点を超える。

ハイライト

古代中国の人々は動物と神話が大好き!?

中国では紀元前1500年頃、殷の時代に盛んに青銅器が作られるようになり、その表面は動物などをモチーフにした細かい文様で埋めつくされた。なかには竜や麒麟、鳳凰など架空の動物も数多く登場する。この時代、重要な政策は占いで決定されることもあり、青銅器はその祭儀用、また武器として作られていた。当時の人々にとって動物たちは不思議な力をもっていると、考えられていたようだ。

紀元前3000年から11世紀までの中国では神への崇拝と祖先への供養として、仏教や道教の儀式が盛んに行われた。ギャラリーに展示された祭儀用具のほとんどは翡翠でできており、なかには金、銀、トルコ石、ガラスなどの象眼細工を施した華麗なものもある。

アーサー・M・サックラー・ギャラリー
オススメ度 ★★
住 1050 Independence Ave. bet. 10th & 11th Sts. SW
☎ (202)633-1000
URL asia.si.edu（アジア美術としてフリーアギャラリーと共通）
開 毎日10:00～17:30
休 12/25
料 無料
行き方 ブルー、オレンジ、シルバーラインSmithsonian駅下車、南東へ徒歩約3分

●**特別展ツアー**：金土日15:00（要確認）。インフォメーションデスクよりスタート。なお、４週間前までに申し込めば日本語のツアーを行ってくれる。申し込みはウェブサイトから

●**注意**：フラッシュ撮影禁止

●**見学スペース**：サックラー・ギャラリーのエレベーターは地上から地下へ向かって、Sublevel→1→2→3と表示されているので注意。隣のフリーアギャラリーとは地下1階でつながっている

紀元前4～6世紀にイランや中央アジアでよく使われた牛の頭の形をした盃。南イタリアなど地中海周辺でも使われた

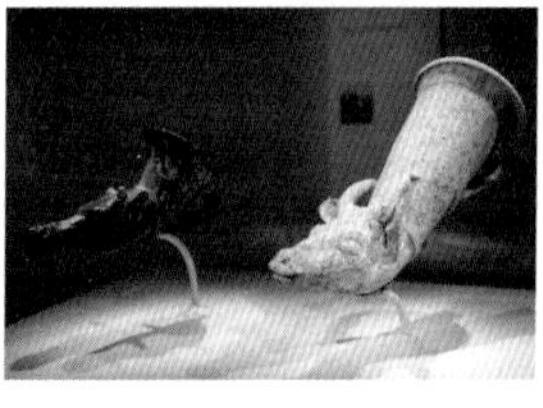

DC豆知識 **スミソニアン博物館の年間訪問者数**　2019年のデータ。アフリカ系アメリカ人歴史文化博物館約36.7万人、アメリカ・インディアン博物館約14.3万人、ハーシュホーン美術館約13.3万人（P.194に続く）

その日、サックラーはすでにいなかった……
サックラー・ギャラリーの創設に多大な貢献をしたアーサー・M・サックラーは、ギャラリーがオープンするわずか4ヵ月前に73歳で亡くなった。彼もまたフリーア（→P.195）と同じく、自分の名前をつけた美術館を見ることはできなかった。

翡翠はこんなところにも使われた
翡翠は死後の体を腐敗から守ると信じられていたので、身分の高い人の墓からは小さな翡翠の破片がたくさん発掘されたという。

漢の時代の象眼細工をした青銅器や、宋や清朝の頃の漆工芸、元の時代の祭礼用の酒の容器、明朝の家具（天蓋付きのベッドなど）、巻物、東周時代の絹織物でできた挿絵入り写本など珍しいコレクションも見逃せない。**西周時代の祭儀用酒入れ2点と祭儀用ベル、殷時代の竜とフクロウの付いた水差し**と4つの青銅器――はサックラー・ギャラリーのなかでも最も貴重なコレクションといわれる。

チベット仏教寺院の部屋Tibetan Buddhist Shrine Roomはチベット仏教の聖地であるラサのポタラ宮の雰囲気が体感できる一画。部屋を飾る200点を超える仏像や祭具、絵画はニューヨークの児童心理学者カンデルによって収集された12～19世紀のもので、宝石がふんだんに使われた装飾品などもあり、チベットの美術品としてこれだけの規模は珍しい。

古代ペルシア美術もお忘れなく

中国美術と並んで重要なコレクションが古代ペルシア美術。特に紀元前3世紀～紀元後2世紀頃、現在のイランやアフガニスタン地方に栄えたパルチア王朝で作られた、牛や鹿の頭をかたどった金銀に輝く水差しは必見だ。一部はシルクロードを通じて東アジアに渡った。イスラムとペルシアの絵画やタイルのモザイクも、世界的に見て優れたものだからお見逃しなく。

下／チベット仏教の聖地に紛れ込んだような一室　右／13世紀半ば高麗時代の青磁

Column スミソニアンのオアシス“ホープトガーデン Haupt Garden”

キャッスルの南側に、色とりどりの花が咲き誇るホープトガーデンHaupt Gardenと、それを挟んで両側にグレーとピンクの背の低い建物、サックラー・ギャラリーと国立アフリカ美術館の入口部が見える。

ホープトガーデンは大きく３つのエリアに分かれている。サックラー・ギャラリーとフリーアギャラリーに面したエリアには、両美術館にふさわしい東洋風の庭園があり、円形のモチーフを使った中国の池や日本のしだれ桜などが配されている。アフリカ美術館の前は小さな滝のある噴水の庭。ここには樹齢約100年の菩提樹が見事な枝を広げている。そしてキャッスルの正面中央は英国ビクトリア風の庭園。色鮮やかな植物が植え込まれた花壇やベンチ、フラワーポット、19世紀の街灯などがノスタルジックなムードを盛り上げている。さらに庭園の南端には、繊細な装飾を施した優雅なゲートがあるのでお見逃しなく。４本の柱はキャッスルの外壁と同じ場所で取れた赤い砂岩でできている。

ところで、このホープトガーデンは美術館の施設の上に造られた、いわば“天井の庭”だ。そのため庭園のあちこちに非常階段や天窓、オフィスの設備などが顔をのぞかせているのだが、無意識に歩いているとほとんど気がつかない。いったいどのようにして隠してあるのか探りながら歩いてみたい。実際には、絨毯のように見事に敷き詰められた色とりどりの花や、小さな噴水などに目を奪われてしまうだろうが……。
ホープトガーデンのオープン：日の出から日没まで（12/25は休み）無料Wi-Fi

緑豊かで散策にちょうどいい庭園

↘アフリカ美術館約2.3万人、サックラー・ギャラリー約3万人、フリーアギャラリー約4.9万人、スミソニアン・アメリカ美術館約38.7万人、肖像画美術館約32.1万人、郵便博物館約8.4万人、レンウィックギャラリー約6.6万人。

Smithsonian Institution & Museums

国宝級の日本美術に出合える

フリーアギャラリー

Freer Gallery of Art（National Museum of Asian Art）

AREA ▶ モール　MAP P.25-E5

フリーアギャラリーが収蔵する葛飾北斎の肉筆画については日本のテレビ番組でも取り上げられた

フリーアギャラリー
オススメ度 ★★★★
住 Independence Ave. & 12th St. SW
☎ (202)633-1000
URL asia.si.edu
開 毎日10:00～17:30
休 12/25　料 無料
行き方 ブルー、オレンジ、シルバーラインSmithsonian駅下車、南西へ徒歩約1分。キャッスルの南西隣。またはサーキュレーターで

●**常設展示ツアー**：13:00。フリーアギャラリーのインフォメーションデスクよりスタート。なお、4週間前までに申し込めば日本語のツアーを行ってくれる。申し込みはウェブサイトから

デトロイトの実業家フリーアCharles Lang Freerの寄贈したコレクションが核となり、1923年5月、スミソニアン初の美術館としてオープン。地中海から日本にまで及ぶ東洋美術と19世紀後半から20世紀前半のアメリカ美術を専門的に収集している美術館でもある。6000年もの幅をもつコレクションは約2万6000点。サックラー・ギャラリーと合わせた所蔵品のうち、実際に展示されているのはそのうちわずか10％だ。中国美術、アメリカ絵画とともに、国宝級の日本美術も展示されているから、ワシントンDCで日本美術の価値を見直してみるのも悪くない。また、テーマパーク並みの混雑となる国立自然史博物館などの大ミュージアムに比べ、規模は小さいものの、じっくり落ち着いて鑑賞できる雰囲気。美術に興味のある人には特におすすめできる美術館だ。なお、フリーアギャラリーはサックラー・ギャラリーと合わせて国立アジア美術館National Museum of Asian Artとされている。フリーアギャラリーのコレクションは門外不出だが、サックラー・ギャラリーには展示されることもある。

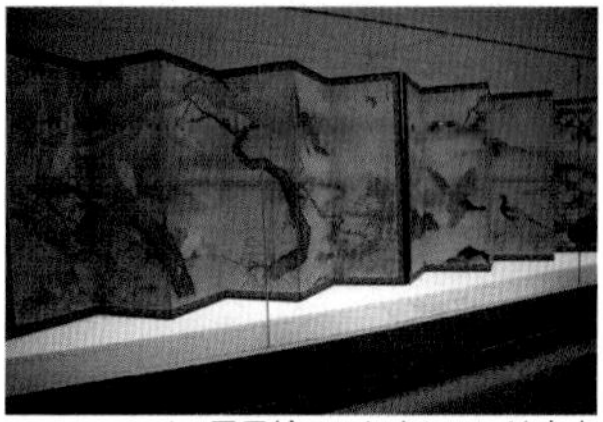
屏風絵のコレクションは充実し、展示品はしばしば替わる

美術館を見守る金剛力士像。大阪府堺市の寺院に安置されていたもの

フリーアギャラリーの設立

美術館の創設者であるフリーアは、1854年ニューヨーク生まれ。家は裕福とはいえず、14歳で母親が亡くなるとすぐに学校を辞めて工場などで働いた。やがてデトロイトで中西部初の鉄道車両会社を設立。これが鉄道の黄金期と合致し、フリーアは巨額の富を得るようになった。1880年代より美術収集に興味をもち、数人のアーティストに的を絞って収集して

この展示を見逃すな！

フリーアギャラリー

孔雀の間………… P.197
約3500年前の中国の陶器………… P.197
日本の屏風絵…… P.197
『ロッジアでの朝食』………… P.196

DC豆知識　**大統領トリビア**　ジョージ・W.ブッシュ大統領と同じく、父親も大統領を務めていたのは第6代大統領のジョン・クインシー・アダムス。彼の父親が第2代大統領ジョン・アダムスである。

J.M.ホイッスラー
James McNeill Whistler
1834年アメリカ・マサチューセッツ州生まれ。独学の鑑定家でもある。21歳でパリに出て近代フランス絵画（マネやモネ、ドガ）や浮世絵の影響を強く受ける。その後ロンドンに移って制作に打ち込むが、ロンドン在住の頃、20歳下のフリーアと知り合う。フリーアはホイッスラーの重要なパトロンとなった。ホイッスラーはアメリカ人ではあるが、ロンドンで美術史に残る数多くの絵画や銅版画を制作し、1903年に69歳で没した。

アーティストは軍人？
ホイッスラーはウエストポイントの陸軍士官学校に在籍していたこともあったが、美術以外の成績が悪く3年間で退学させられてしまったそうだ。

ユニークな美術品に出合える所でもある

いくなか**ホイッスラーJames McNeill Whistler**の絵が目に留まった。そして、ロンドンに住むホイッスラーの家を訪ねた日から、ふたりは生涯の親友になり、フリーアはホイッスラー最大のコレクター兼パトロンにもなった。

パリで学んだホイッスラーは東洋美術に関心をもち、フリーアにも東洋美術を紹介し、この分野についてもっと研究して知識と理解を深めなければならないと説いた。こうして、フリーアは中国の陶器から買い始め、しだいに日本、朝鮮へと収集の範囲を広げていった。東アジア美術の"**Beauty, Unique and Quality（美しさ、ユニークさ、質）**"の3ポイントに主眼をおき、美術品を買い求めた。フリーアは46歳の若さで財界を引退、以降ホイッスラーとともに世界を行脚して美術品を買い集めていった。

1906年にフリーアは、自分が死んだあとコレクションを国に寄贈したいと申し出るものの、当時科学に焦点を当てていたスミソニアン協会はすんなりとは受け入れなかった。時の大統領T・ルーズベルトが仲介し、協会への寄贈が決定した。フリーアが生涯集めた総数は約7500点（うち日本美術は約2000点）、美術館はフリーアが亡くなった4年後の1923年にオープンした。フリーアは死後も一切アメリカ美術のコレクションを追加することなく、また他館への貸し借りも禁じた。

ハイライト

アメリカ美術　American Art

フリーアは1880年代、当時存命の4人のアメリカ人画家の作品を重点的に集めた。ひとりは親友のホイッスラーで、油絵と水彩画、エッチング（銅版画）など合計1200点以上にも上り、彼のコレクションに関しては世界最高峰といわれている。ほかの3人は、**トライオンDwight William Tryon、デューイングThomas Willer Dewing、セイヤーAbbott H. Thayer**で、4人の作品は時期によって入れ替えが行われる。トライオンの作品は、フランス印象派を思わせる作風で、繊細なタッチの風景画が印象的。デューイングは、淡い緑の背景にパステルカラーの女性を立たせるなど、幻想的な雰囲気が漂う。これら4人に共通しているのは、後に台頭してくる20世紀の現代美術とは対照的に、やわらかな空気が感じられる作品であること。フリーアが集めたこの4人の作品だけで1700点を超える。ほかにも、**サージャントJohn Singer Sargent**の『**ロッジアでの朝食Breakfast in Loggia**』は朝の太陽の光が生きいきとした美術館の代表作だ。フリーアの死後、アメリカ絵画のコレクションは追加されていない。

ギャラリーの代表作『ロッジアでの朝食』サージャント作

東洋美術　Asian Art

日本美術の作品は紀元前約2500年の弥生時代から明治初期まで幅広いコレクションを誇り、サックラー・ギ

読者投稿　**家原寺の仁王像**　フリーアギャラリーのモール側から入った展示フロアの両側に阿形（あぎょう）と吽形（うんぎょう）の一対の金剛力士像が鎮座している。明治の廃仏毀釈の際、フランス人美↗

ャラリーと合わせると1万5000点以上、フリーアの寄贈品は2000点以上に上る。国宝級の美術品が多く、ギャラリーに厳かに展示されている。琳派の本阿弥光悦、俵屋宗達が描いた六曲二双『松島図屏風』『草花図屏風』、狩野派の掛け軸や襖絵、水墨画で知られる雪舟が多色を用いた『四季山水図』、平安時代の石山切（いしやまぎれ）（古筆切のひとつで『三十六人集』のうち『貫之集』を切断したもの）、円山応挙の2羽の雁が海岸を飛び立つ屏風絵、深川や隅田川を描いた歌川広重の『江戸百景』などで、葛飾北斎に関しては世界最大のコレクションといわれている。浮世絵はもちろん、晩年に描かれた肉筆画や北斎漫画も所蔵する。**屏風絵は約200点**を有し、なかでも京都の町を描いた屏風絵『洛中洛外図』は、色も鮮やかな大作だ。陶器も14～19世紀の瀬戸、美濃、有田、鍋島焼などが鑑賞できる。日本美術の展示品は頻繁に変わるが、門外不出を考えればここまで足を運ぶ価値はある。

中国美術は、9000年前にも遡り、陶磁器や青銅器、漆器、金細工、書画などを包括する。翡翠は古代から、ペンダント、ブレスレット、ナイフなどさまざまな形で使われた。中国美術のコレクション約1万3000点は国外で最高傑作のひとつといわれている。

フリーアは晩年、高麗青磁約130点、朝鮮陶磁約80点を含む約500点の朝鮮美術品を収集、当時朝鮮美術のコレクションとしては比類ないものであった。なかでも12世紀半ば高麗時代の青磁の『とっくりWine Bottle』は朝鮮美術を代表する逸品。ほかにも、イランの絵画、アルメニアの聖典の写本などもそれぞれ国宝級の展示品だ。また、インドから東に広まっていった仏教美術のギャラリーも設けている。

孔雀の間　Peacock Room

フリーアギャラリーで必見の展示は、ホイッスラーのデザインによる『孔雀の間』だ。これは1876年にリバプールの商人の依頼を受けて造られたもので、そっくりそのままフリーアギャラリーに復元されている。最初は別のデザイナーによって赤と金を基調に飾られていたが、それでは自分の絵のデリケートな色が殺されてしまうと考えたホイッスラーが、手を加えて青と金色と孔雀が部屋中に飛び交う内装に変えてしまった。ホイッスラーが手がけた唯一の室内装飾でもある。暖炉の上にはホイッスラーが大切にしていた**『磁器の国からきた皇女The Princess from the Land of Porcelain**』の大きな油絵が飾られている。モデルはロンドン駐在のギリシア総領事の娘で、着物や屏風を使いジャパネスクの影響が見られる。藍と白の中国の陶器が数多く置かれ、この部屋の主役である孔雀の目にはよく見ると宝石が埋め込まれている。部屋全体で見ると日本とも中国ともつかない不思議な空間で、ホイッスラー独特の東洋観が表れていて興味深い。

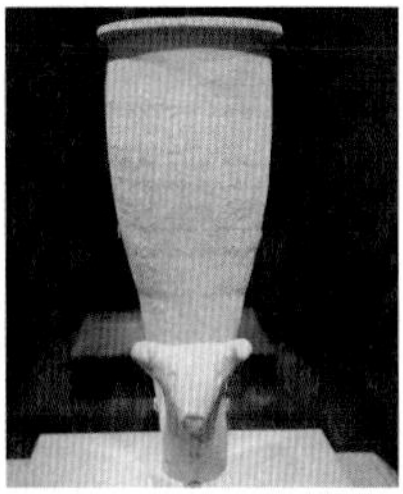

B.C.250年くらいのイランでは、祭事用にツノの形の容器がよく使われた

古代中国の美術品に登場する動物たち

象—強さ、賢明さ、慎重さの象徴
熊—強さと忍耐の象徴
竜—皇帝の力の象徴で、特に男性の活力を表す
馬—魔術的なことを表す
鳥—信心深い人の墓を守り、人を守り、富を得るのを手伝うと考えられた
麒麟—幸福の象徴。聖人が出る前に現れる
鳳凰—平和、繁栄、政治の象徴。ちなみにオスが鳳でメスが凰

蝶のサインを探そう

ホイッスラーは蝶をデザインした独特のサインで知られている。『孔雀の間』にも、天井の南西の角など4ヵ所にこのサインが書かれているので見つけてみよう。

フリーアは孔雀の間をいたく気に入った

この孔雀の間は、所有者が死んだあと、オークションにかけられて1904年にフリーアが3万ドルで購入し、デトロイトの自宅をわざわざ改装して移築された。部屋の主役である孔雀は、実はフリーアだといわれている。フリーアの頭髪には、一束の白髪があったそうだ。よく見ると、孔雀にも……。なお、この部屋では、絵画のフレームにも注意してみよう。

フリーアが自宅に移築した『孔雀の間』がそのまま復元されている

↘術商に売却されこの美術館に渡ったもので、もとは大阪府堺市の家原寺にあった。かつて寺院を見守っていたように、現在は美術館の番人として来訪者を見守っている。

アメリカ美術専門の美術館

スミソニアン・アメリカ美術館

Smithsonian American Art Museum（SAAM）

AREA ▶ ペンクオーターとダウンタウン　MAP P.25-F3

アメリカの大自然を描いた絵画やアメリカの現代を描いた絵画など、バラエティに富んだアメリカ美術を公開

植民地時代から現代にいたるまで、4世紀以上にわたるアメリカを代表する絵画、彫刻彫像、版画、写真などが集められている美術館。アメリカ美術史を見学するにとどまらない、アメリカという新興国の歴史と文化がわかるような構成になっている。アーティストの数は7000人以上、収蔵品は分館のレンウィックギャラリー（→P.204）と合わせると4万3000点を超え、この数はアメリカ美術としては、世界最大規模。モールと異なり、開館時間も遅いので、モール見学のあとに寄ることもできる。

スミソニアン・アメリカ美術館
オススメ度 ★★
住 750 9th & G Sts. NW
☎ (202)633-7970（録音）
URL americanart.si.edu
開 毎日 11:30～19:00
休 12/25
料 無料
行き方 イエロー、グリーン、レッドラインGalley Place/Chinatown駅下車、すぐ

ハイライト

建物は国定歴史建造物

古代ギリシアを思わせる建築は、1868年に特許庁ビルとして完成した、DCでは最も古い公共建造物のひとつ。アメリカ美術館と肖像画美術館のふたつが入居する。建物内には、リンカーン大統領の就任式にも使われた**グレートホールGreat Hall**、作品の補修作業などの裏舞台を紹介するランダー保存センターLunder Conservation Center、約3000点の収蔵品がガラスケースなどに保管されたルース財団センターLuce Foundation Center、近代的なガラス天井が美しく映える**コゴッドコートヤードKogod Courtyard**など、ふたつの美術館の共有スペースがいくつかある。コートヤードではサンドイッチ、スープ、パニーニなどの軽食がいただけ、ひと休みにいい。

アメリカの歴史がわかる絵画の数々

建国前の植民地時代の絵画は肖像画が大半を占めるが、なかでも**サージャントJohn Singer Sargent**や**コプリーJohn Singleton Copley**の作品が多い。また、アメリカは建国と同時に国土を西へと拡大していくが、シエラネバダ山脈やヨセミテ、アラスカなどの西部の大自然を描き、そのすばらしさを伝えたのが**ビアスタットAlbert Bierstadt**だ。彼らの作品は、通信があまり発達していない時代、メディアの役目を果たした。

今となっては美術品としてだけでなく、歴史的にも希少なネイティブアメリカンの姿を描いた**カトリンCatlin**（→P.199 側注）は、自

肖像画美術館（→P.200）と同じ建物にあり、中央のコートヤードはひと休みに最適

読者投稿 **午後7時までスミソニアンで美術鑑賞**　アメリカ美術館と肖像画美術館は閉館時間が遅いので、意外に便利。ナショナルギャラリーで閉館時間までいたあと、歩いて10分ほどで肖像画美術館へ。ふ↗

分の作品がアメリカ国家に収まることを切望した。完全にネイティブアメリカンの生活に溶け込んでしまったのが**シャープJoseph H. Sharp**で、タオス・プエブロ族の人々の様子を生きいきと描いている。イギリスの画家ターナーの影響を受けた**トーマス・モランThomas Moran**は、19世紀のハドソン川渓谷の風景を描いたグループ、ハドソンリバー派（下記）のひとり。『**コロラドの魅力The Charm of the Colorado**』と『**イエローストーンのグランドキャニオンThe Grand Canyon of the Yellowstone**』の2点は、アメリカ風景画の全盛期のもの。

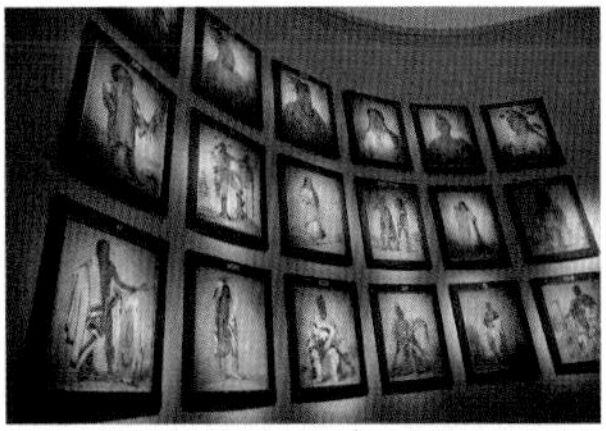
ネイティブアメリカンを描き続けたカトリンの作品群

北米先住民に魅せられたジョージ・カトリン
カトリンは6年間かけてロッキー山脈東方からミシシッピ川にいたる大平原地帯、つまりグレートプレーンズを歩いてネイティブアメリカンを観察し、その姿をキャンバスに描き続けた。そのため、彼の絵は実にリアルにネイティブアメリカンたちの特徴や雰囲気を表している。そして、彼の残した記録は、ネイティブアメリカンの慣習を知るのにたいへん貴重な資料となっている。アメリカ美術館ではカトリンの作品を400点余り所蔵している。

アメリカ印象派とホッパーは必見

大恐慌に突入した1930年代から第2次世界大戦までは、ニューディール政策の一環としてアーティストに予算が与えられるなど、アメリカ美術が開花した時期でもあった。モネの影響を受けた**ハッサムHassam**の『**アップルドレ島の南の岩礁The South Ledges, Appledore**』はアメリカ印象派を代表する作品。ほかにも、フランスに長く住み母と子をテーマに描き続けた**カサットCassatt**の作品群、夏と秋の光のムードをとらえた**ホーマーHomer**も見応えがある。南側の入口近くに展示されているのが、美術館の代表作である**ホッパーHopper**の『**ケープコッドの朝Cape Cod Morning**』。日常生活のさりげない一瞬が描かれたホッパーの絵画は、時代を超えて人気が高い。出窓に差し込む太陽の光と女性、右側の空の青と木々の緑のふたつに画面が分かれ、身を乗り出した女性の姿と表情が見る者に不安定な印象を与えている。ホッパーはほかにも『日差しを浴びる人々People in the Sun』が展示されている。耽美主義の影響を受け、やわらかい色調が印象的な**デューイングDewing**の作品だけが並ぶ部屋ものぞいておこう。ほかにも「アメリカモダニズムの母」と呼ばれた**オキーフO'Keeffe**、20世紀前半のアメリカをカラフルでポップに描いた**スチュアート・デイビスStuart Davis**、素朴派の黒人画家**ピピンPippin**など、アメリカ美術の奥深さを堪能できるだろう。

現代アメリカを代表するホッパーの『ケープコッドの朝』

アメリカ美術館 鑑賞ガイド

大自然に神を見たハドソンリバー派

19世紀に活躍したトーマス・コールは開拓者の子として生まれ、早くから画才を認められてハドソンリバー派と呼ばれるグループの創始者となった。欧米を旅して自然を描いていたが、1830年代後半にニューヨーク郊外のハドソン川沿いにスタジオを設けてから宗教的なテーマを自然風景のなかに表現した作品を、室内にこもって描くようになった。コールはJ.M.W.ターナーらの影響も受けたといわれる。

このコールの跡を継ぐのが、ビアスタットやチャーチ（→P.173）の世代である。さらに同グループから派生したのがロッキーマウンテン派といわれる、ロッキー山脈を中心とした西部の自然を描いた画家たち。このなかにトーマス・モランが含まれる。

↘たつの美術館を閉館まで見学したあと、ペンクオーターのレストランで夕食を取り、ホテルに帰った。美術館はアリーナも近いので、NBA観戦もいいかも。（茨城県　H.T. '22）

Smithsonian Institution & Museums

知った人々に出会える

国立肖像画美術館

National Portrait Gallery

AREA ▶ ペンクオーターとダウンタウン　MAP P.25-F3

肖像画美術館で一番人気は大統領のコーナー。ヒゲのないリンカーンは珍しい

　スミソニアンのなかでも、肖像画美術館は異色のミュージアムだ。政治、社会、学問、演劇、音楽、スポーツ、軍事など多方面にわたって、アメリカの歴史を彩ってきたさまざまな有名人に出会うことができる。ここでは難しい知識は不要。「あっ、この人知っている！」「へぇー、この人はこんな顔をしていたのか」と単純に楽しむことができる美術館なのである。

　アメリカ美術館と同居していることから、ふたつの美術館の見学者数は年間230万（2018年）にも達する。歴史的な建造物ではあるが、館内は明るく、大きさもほどよいので、ワシントニアンにも人気が高い。屋根のある中庭Courtyardはひと休みに最適で、無料のWi-Fiも利用できる。また、ツアーも行われているから、参加してそれぞれの人物にまつわるエピソードを教えてもらえば、いっそう理解が深まるだろう。

国立肖像画美術館

オススメ度 ★★★

住 8th & G Sts. NW

URL npg.si.edu

開 毎日 11:30〜19:00

休 12/25

料 無料

行き方 イエロー、グリーン、レッドラインGalley Place/Chinatown駅下車、すぐ

●**ツアー**：土日12:00と14:30。約1時間。F St.側のロビーからスタート

名前は「肖像画」ですが

　館の名前から絵画のみ所蔵していると思われがちだが、実際には彫刻・彫像、版画、写真、デジタルなど人物を紹介する媒体は多岐にわたる。

ハイライト

人気は歴代大統領のコーナー

　館内は、テーマ別に分けられている。**1600から1900年までの肖像Out of Many: Portrait from 1600 to 1900、20世紀のアメリカ人20th Century American、ブラボーBravo!、チャンピオンChampions**などのコーナーがあるなかで、一番人気は、**アメリカ歴代大統領America's Presidents**のコーナー。初代ワシントンから第45代ドナルド・トランプまで、アメリカの歴代大統領が一堂に会している。初代ワシントンの全身の肖像画は、館の重要なコレクション。アメリカ初期の画家、ギルバート・スチュワートらの手によるもので、1968年の開館以来の代表作だ。実は、この絵はスミソニアンが借りていたもので、2000年にオーナーがこの絵画をよそに売ろうとした。残念なことにスミソニアンにはそれを買い取るだけの資金がなく、指をくわえて見ているだけだった。そこで登場するのがドナルド・W・レイノルズ。このビルの名前にもなった人物で、レイノルズが準備した基金をもとに、ワシントンの肖像画を2000万ドル（約26億円）で買い取り、国に寄贈したのである。

　全身が写るワシントンの肖像画は、ホワイトハウス外では唯一の作品。ホワイトハウスが現在公開されていないことを考えると、しっかり見ておきたい。同コーナーで、次に見学者が多いのはリンカーン。お気づきだろうか。この肖像画にはトレードマークのひげがない。肖像画は死後描かれたも

4階のチャンピオンのコーナーはスポーツ選手の肖像画を展示

DC豆知識　**ハミルトン**　2015年のブロードウェイ初演以来ロングランを続ける『ハミルトン』。建国の父のひとりであり、初代財務長官であったアレキサンダー・ハミルトンの生涯をミュージカルにした↗

トランプ前大統領も登場した。DCでは人気がないが全米には支持者も多い

ので、絵のもとになったのは側近たちとの会議中に収められた写真。少女のアドバイスからひげをたくわえるようになったリンカーンだが、写真はその前のものというわけ。隣には暗殺の2ヵ月前に作られたふたつのライフマスクと手の型も陳列されている。ジョン・F・ケネディの肖像は、ぐっと現代的なタッチで描かれており、若さとバイタリティ、そしてカリスマ性が伝わってくる。チャック・クロースによるクリントンは、同コーナーでもひときわ目を引く作風。クロースは写真をもとに肖像画を描くが、時には緻密過ぎるほど写実的に、時にはダイナミックに分解するなど、肖像画の人物に対するアレンジがおもしろい。クリントンはキューブや円などに細分化され、人気のあった大統領ならではのユニークで明るい仕上がりになっている。初のアフリカ系であるオバマは、花と植物を背景に腰掛ける構図。菊はシカゴ市の花、ジャスミンは育ったハワイ、青いユリはケニア出身の父を象徴したという。夫人のミシェルの肖像もあり、ファーストレディとしては珍しい。世界を騒がせたトランプは大統領執務室で撮影された写真となっている。

そのあとは、**公正さへのもがきThe Struggle for Justice**のコーナーへ。公民権運動に尽力した人々を、肖像画だけでなく、写真や彫像などを交えながら功績も紹介している。キング牧師の顔の像をはじめ、アフリカ系で初の最高裁判所判事に就いたサーグッド・マーシャル、すばらしい美声の持ち主ながら黒人であるためなかなか日の目を見ず、57歳にしてメトロポリタンオペラの舞台に立ったマリアン・アンダーソン。それらに混じって日本でもおなじみのジョージ・タケイの写真もある。ドラマ『スタートレック』の船長役でお茶の間の人気者となったタケイは幼少期、アーカンソー州とカリフォルニア州の日系人強制収容所で家族とともに過ごした。

昔の特許ビルを利用している。壮麗な建物にも注目

レイノルズセンター

1969年の開館後、激しく老朽化した美術館の建物は6年の歳月をかけて改築され、2006年にドナルド・W・レイノルズセンターとして再オープンした。名前は、工事のために4500万ドルを拠出したラスベガスのレイノルズ財団に由来する。

スポーツ、芸能界の人々は4階

日本人にも親しみやすいのが、4階のブラボーとチャンピオンのコーナーだ。音楽家とスポーツ選手に焦点を当て、音楽家では、ガーシュイン、ベニー・グッドマン、マリア・カラスなどに加え、ロックンロールの王様エルビス・プレスリーもいる。スポーツ選手の肖像画に関しては、往年の選手はもちろん、近年活躍した人もすでに展示されている。ミッキー・マントル、ジャック・ニコラウスなど、ファンならつい足を止めてしまうところだ。ほかにも、喜劇王チャップリンのブロンズ像、GHQのマッカーサーなど、さまざまなアメリカ人たちがここにおり、見飽きることがない。

美術館の収蔵品の総数は2万3000点を超え、展示品は3年周期で取り替えられる。時を変えて訪れれば、また違った、そして懐かしい人物に出会えるかもしれない。

大人気ミュージカルの主人公のハミルトン

↘ものだが、ハミルトンは$10札の肖像画の人物でもある。13歳で孤児になるものの才覚を発揮し、やがて政府の要職に。当時の政府の要人たちは名門、または富裕層の出身だけに、ハミルトンは異色の存在だった。

世界最大の郵便博物館

Smithsonian Institution & Museums

国立郵便博物館

National Postal Museum

AREA ▶ キャピトルヒル

MAP P.26-A,B1

郵便専門の博物館は1993年にオープンした、スミソニアン協会の15番目のミュージアム。場所はユニオン駅の西隣にある、1914年に建てられたワシントンDC市郵政局ビル。博物館の展示室は建物の1階と地下にあり、その広さは3250m²ほど。

10セントの南軍切手が寄贈されたのをきっかけに博物館は1886年に設立。1908～63年は芸術産業館（閉館中）に収蔵されていたが、後にアメリカ歴史博物館に移管、そして1993年新しい博物館のオープンとなった。

切手、手紙、輸送手段などを含んだコレクションは600万点を超え、世界最大規模。展示はアメリカの郵便の歴史に主眼をおいているが、世界の切手のコレクションなどは非常に見応えがある。最新技術を取り入れ、博物館自体飽きさせない構成で、切手マニアでなくとも十分楽しめるだろう。

国立郵便博物館
オススメ度 ★★
住 2 Massachusetts Ave. & 1st St. NE
☎ (202)633-5555
URL postalmuseum.si.edu
開 毎日10:00～17:30
休 12/25
料 無料
行き方 レッドラインUnion Station下車。西隣にある

館内案内

希少価値の高い切手は１階

1階の切手ギャラリーでは、世界の珍しい切手や消印、テーマ別に分けられた美しい切手を見ることができる。ハイライトは世界的にも有名な「逆さジェニーInverted Jenny」と呼ばれる**1918年製の24セント切手**で、郵送機のカーティス・ジェニー機（複葉機）が天地逆になって印刷されたもの。間違って印刷された切手は1シート100枚のみで、当時としては珍しい2色印刷であることからミスが起こったとされ、検査の目を逃れてここDCで販売された。また、このギャラリーにはワシントン大統領やB・フランクリンなどがモチーフのアメリカ初期の切手やアポロ15号のミッションで初めて月で消印が押された封筒と切手、エルビス・プレスリーやキング牧師など有名人の記念切手といったアメリカの切手が年代ごとに展示されている。世界初の切手もある。1840年に発行されたビクトリア女王の横顔の1ペニーのものだ。ここではチャップリンやエリザベス2世も切手のコレクターだったという意外な一面も見せてくれる。

ユニオン駅のすぐ隣にある郵便専門の博物館。日本の「見返り美人」の切手も収蔵

地下で初めにあいさつをしておきたいのが、かわいらしい犬（パピー）の剥製だ。犬の名は“**オウニーOwney**”。ニューヨーク州オルバニーの郵便局のマスコット犬で、郵便袋の匂いが気に入り1888年袋を追ってワゴンに乗ったのがきっかけで、郵便袋とともに世界中を旅した。ちなみに、オウニーは来日したこともあるそうだ。

この展示を見逃すな！

国立郵便博物館

1918年製の24セント切手 …… P.202
マスコット犬“オウニー” …… P.202
デハビランドDH-4 …… P.203

郵送の今昔をジオラマ、フィルム、展示物で解説

地下の中央のホールが**郵便物の移送Moving the Mail**。吹き

DC豆知識 **オウニーの歴訪** オウニーは全米を馬車や列車で訪れたが、船でメキシコ、アラスカ、日本、中国、シンガポールも訪れた。各地で記念のタグやプレートをもらったため、首を痛めてしまったそうだ。

抜けの空間で、高さは27m。天井からぶら下がっているアンティークな小型機は、初期に郵送手段として使われた飛行機。**デハビランドDH-4**はイギリスの爆撃機として造られたが、アメリカはこれを模倣し、終戦後は郵便の輸送機として使った。初の大西洋無着陸横断を達成したリンドバーグは、もとは同機のパイロット。黒い機体は**スティンソン・リライアントStinson Reliant**。戦時中は攻撃機でもあったが、この機体は上空からの配布だけを行った。ほかにも、郵送手段として使われた鉄道、クラシックなスタイルの馬車、カラフルな世界各国のポスト（日本のものもある！）などが周りを囲んでいる。

博物館は郵便の歴史も追っている。**国を束ねるBinding the Nation**は、建国前から南北戦争時代のアメリカ郵便の変遷をジオラマ風に再現しているコーナー。ニューヨーク～ボストン間の道が再現され、歩くのも容易でない場所をどのように郵便物を届けたかの苦労が伝わってくる。ミシシッピ川流域は船で、開拓地には駅馬車で、といった具合に郵送手段が異なることも見せている。**利用者と地域社会Customers & Communities**は郵便の受け渡しに関する展示。テクノロジーは郵便サービスをどのように効率化させたか、現代のコンピューターによる仕分けなどのハウツーを紹介する。それを9分のフィルムに映像化したものが**郵便のシステムSystem at Work**だ。全米で集荷された手紙やはがき、小包などの郵便物がどこで仕分けされ、郵便配達人によって約1億5000万を超える場所まで届くかを180度のスクリーンを駆使して見せてくれる。平たい封筒類はバーコードが一瞬のうちに読み取られて仕分けされるが、形の異なるパッケージは今も手作業。フィルムでは巨大郵便局で山積みになっていた荷物があっという間になくなる職員の仕事ぶりも見せている。私たちの生活を見えない部分で支えている郵便というものを、興味深く見学できるだろう。

郵便袋と一緒に世界中を回ったオウニー。日本にも来た

ショップも充実している！

地下エスカレーターの右側にはスタンプショップと、おみやげを扱うミュージアムショップがある。スタンプショップでは美しい記念切手をパックで、ミュージアムショップでは著名人の切手をデザインしたTシャツやパズルなどが売られている。また、隣には本物の郵便局があり、営業時間が長い。

営月～金9:00～19:00、土日～17:00

「不審物はこんなもの」という見本もある!!

Column

見たこともない国に全財産を寄付した男

スミソニアン協会はイギリスの科学者ジェームズ・スミソンJames Smithsonが寄付した莫大な私財を基金として設立された。しかし、スミソンは生涯に一度もアメリカを訪れたことがなかった。見たこともない国に全財産を寄贈したスミソンとはいったいどんな人物だったのだろう。

ジェームズ・マーシー、後のジェームズ・スミソンは1765年頃パリに生まれた。父親はイギリス貴族ヒュー・スミソン（初代ノーサンバーランド公爵）だが、私生児だったためにその人生は社会的に苦痛に満ちたものだったという。一生独身で科学の研究に没頭するが、1826年に全財産を誕生間もないアメリカという新国家に贈るという遺言を作った。この署名はすでにジェームズ・スミソンとなっている。これは、彼が50歳近くになって、イギリス国王に父の家名を受け継ぐ申請をしたためだ。寄付した金額約52万ドルは、現在の日本の国家予算の3分の1に匹敵するとさえいわれる。

なぜ、彼は見たこともない国にこんな巨額な寄付をしたのだろう？　ある説によれば、これは私生児であった彼に冷たい仕打ちをしたイギリス社会への復讐の意味が込められているという。スミソンはさらに、自身も死後アメリカへ渡ることを望んだ。1829年に亡くなった彼の遺体は遺言どおりアメリカへ送られ、大理石造りの棺に納められて、スミソニアン協会本部のキャッスルに安置されている。

スミソニアン最大の功労者はキャッスルの中で眠りについている

Smithsonian Institution & Museums

クラシックな建物で現代美術を鑑賞

レンウィックギャラリー

Renwick Gallery

AREA ▶ フォギーボトムとホワイトハウス　MAP P.24-C2

ホワイトハウスのすぐそばの便利なロケーション。スミソニアン・アメリカ美術館の別館だ

レンウィックギャラリーはスミソニアン・アメリカ美術館（→P.198）の分館で、改装前は19〜21世紀アメリカの美術工芸品と装飾美術品を公開していた。2015年クラシックな外観はそのままに、内部はLEDといった21世紀の最新技術を導入するなど、2年間にわたる大改装を終え再オープン。工芸品の公開に変わりはないものの、内装は現代的なものとなり、さらに広い空間を使ったインスタレーションも鑑賞できるようになった。斬新なアート、強烈なオブジェなど、意外性のあるアートに出合える所だ。

レンウィックギャラリー
オススメ度 ★★
住 1661 Pennsylvania Ave. & 17th St. NW
☎ (202)633-7970
URL americanart.si.edu/visit/renwick
開 毎日10:00〜17:30
休 12/25
料 無料
行き方 ブルー、オレンジ、シルバーラインFarragut West駅下車、南へ徒歩約4分

レンウィックギャラリーの歴史

建物は、1859年ワシントンDC初の美術館として開業したコーコーランギャラリー（現在はナショナルギャラリーの所有）が使用。設計者はスミソニアン協会本部のキャッスルを手がけたジェームズ・レンウィックで、建物には彼の名がついている。歴史的建造物にも指定され、1972年にスミソニアン・アメリカ美術館の分館としてオープンした。改装前は、クラシックな雰囲気のなか、美術品が見学できるオクタゴンルームとグランドサロンが好評だったが、現在は近代的な展示スペースにすっかり様変わりした。しかしながら、階段や部屋の入口の装飾には歴史的な部分が残っている。

ハイライト

一般人がもつ美術品の固定概念を見事に打ち破るユニークな作品にあふれている。展示品のほとんどはテーマと季節ごとの特別展で公開されるから、下記の展示品を見られない可能性もある。比較的長く展示されているのが、木工アーティスト**ハンペルHampel**の『ハウスではない、ホームだIt's Not a House, It's a Home』、陶芸と彫像アーティスト**カーペンターSyd Carpenter**の『メアリー・ルー・ファークロンMary Lou Furcron』など。作品一つひとつが見る側の想像力をかきたててくれるのがすごい。綿やベルベット、絹やウールのキルトで**バトラーBisa Butler**の『私を踏みつけるな、チクショー、行こうぜ、ハーレム地獄の戦士Don't Tread on Me, God Damn, Let's Go! - The Harlem Hellfighters』で表現されているのは、第1次世界大戦でニューヨーク・ハーレムの志願兵で構成された第369歩兵連隊の9人の兵士。キルトとは思えない兵士の表情と迫力が伝わってくる。

物議を醸したギリシアの奴隷の像

タッチスクリーンではギャラリーの改装工事の様子や、昔は男女別に鑑賞した『ギリシアの奴隷』（現在はスミソニアン・アメリカ美術館3階で公開）などを解説してくれる。また、天井の照明もアートとなっているので、お見逃しなく。

読者投稿　**テキスタイル美術館も近い**　レンウィックギャラリーからテキスタイル美術館までG St.を西に歩いて10分ほど。途中よく耳にする世界銀行と国際通貨基金のビルがあった。　（愛知県　O.N. '22）

美術全集を見ているような
フィリップスコレクション
The Phillips Collection

AREA ▶ デュポンサークルと動物園

MAP P.27-B3

ワシントンDCに美術館は数あれど、フィリップスコレクションは、個人が有するアメリカ最初の近・現代美術館として歴史的に大きな意味をもつ。2021年に開館100周年を迎えた美術館はマネ、ゴーギャン、ゴッホ、ドーミエ、ドガ、ブラック、ルノワール、セザンヌ、ピカソ、ボナール、クレー、マチスなど、19～20世紀のフランス印象派とダヴ、オキーフらアメリカモダニズムの作品を中心に、約6000点を収蔵する。もともと、個人の邸宅だった所が美術館として公開されているので、アットホームな雰囲気のなかで、じっくりと絵画鑑賞をすることができる。企画展にも意欲的で、レクチャーやツアー、音楽会なども行われるから、機会があればぜひ参加してみたい。

美術館の必見の作品はルノワールの『舟遊びの昼食』。美術全集にもよく登場する作品だから、しっかり見ておきたい。

アメリカ初の個人の美術館として誕生したフィリップスコレクション。入口は北側の別館にある

フィリップスコレクション
オススメ度 ★★★★★
要予約
住 1600 21st St. NW
☎ (202)387-2151
URL www.phillipscollection.org
開 火～日11:00～18:00
休 月、おもな祝日
料 $16、62歳以上$12、学生$10、18歳以下無料。時間指定の入館券が必要。予約はウェブサイトで、4週間前の火曜12:00から可能。なお、当日でも余裕があれば入館できる
行き方 レッドラインDupont Circle駅下車。Q St.側の出口を出て、Q St.を左に1ブロック歩くと右手にある。また、駅のQ St.側出口のエスカレーターを降りると街路表示がある
無料Wi-Fi

●**歩き方**：スミソニアンのミュージアムのように、広過ぎて全部を見きれないという問題はないから、一つひとつの絵をじっくり味わって歩きたい。もともとフィリップス家の邸宅だった本館の1、2階と、別館（Goh AnnexとSant Bldg.）の2、3階がそれぞれ渡り廊下でつながっている。館内全体を無駄なく見て回るために、例えば、別館2階→本館1階→2階→別館3階の順で歩くとよい。おおむね2時間くらいを考えておくといいだろう

フィリップスコレクションの歴史

創設者の**ダンカン・フィリップスDuncan Phillips**（1886～1966年）はジョーンズ&ラフリン製鉄会社の創設者の孫で、エール大学在学中から美術に深い関心をもっていた。卒業後、本格的に絵画の収集と美術評論の著作活動を始めることを決心、1918年、相次いで亡くなった父と兄の追悼のため、自宅にアートギャラリーを創設する準備を始めた。1921年秋、自宅の2部屋を利用して240の作品を一般に公開した。この直前に、彼は画家の**マージョリー・アッカーMarjorie Acker**と結婚しているが、フィリップスコレクションの作品のほとんどは、夫妻自身の趣味と判断により収集されたものだ。収蔵作品が増えるにつれ増改築され、1930年には住居全体をミュージアムとして明け渡し、フィリップス一家は別の家に移り住んだ。1960年には新館がオープン、1989年に増改築が行われ別館はGoh Annexと名付けられた。フィリップス夫妻の死後もその遺志は引き継がれ、本当の愛好家のための美術館として大きな支持を得ている。

世界的に知られるルノワールの『舟遊びの昼食』

お役立ち情報 **詳しい解説がほしいなら** Bloomberg Connectsのアプリをダウンロードしたい。同アプリは世界150の美術館・博物館の解説もしてくれる。なお、美術館は無料Wi-Fiが通っている。

●スポットライトトーク
火〜日13:00と13:30。ひとつの作品に焦点を当てての15分間の解説。ショップとカフェの前から出発

●カフェ：火〜土10:00〜16:00（木〜20:00）、日12:00〜17:30

ミュージアムショップ
入口ホールの奥にあるショップは、フィリップスコレクションの収蔵する近・現代絵画を中心に、美術関係の本、ポスター、カタログ、写真集、ポストカードなどが充実している。それ以外にもTシャツ、小物、アクセサリーなど、おみやげに適した物がたくさんある。クリスマス時期は営業時間を延長して、プレゼントにいいものが販売される。

館内案内

北側の別館に入口がある。ここで予約コードを見せるとバッジをくれる。コートや重い荷物はその隣のクロークルームCloak Roomに預けよう。コンサートやギャラリートーク、そのほかの情報はインフォメーションデスクで。

本館の西と東のパーラーは、フィリップス・メモリアル・ギャラリーとして最初に公開された部分で、ここから玄関右側のダイニングルームにかけてとその2階は、ダンカン・フィリップスの父親が1897年に建てた邸宅のオリジナル部分。1907年には1階右奥のルネッサンス様式の広間が追加された。この部屋はミュージックルームと呼ばれ、1941年以来、**日曜コンサート**の会場となっている。1920年にミュージックルームの2階の部屋が加わり、これが現在の別館とつながっている。

本館のほうは、天井や壁の色や装飾、床に敷かれたオリエンタルカーペット、座り心地のよいソファなど、当時の豪邸の調度品を生かした典雅で落ち着いた雰囲気であるのに対し、1960年に完成した別館は雰囲気をまったく異にする。ガラス張りの渡り廊下を抜けると、そこが別館だ。こちらは天井、壁、床とも白で統一され、シンプルで明るくモダンなイメージ。掛けられた絵も、現代の抽象画が多い。

別館の3階は特別展の会場で、年に6〜8回入れ替えが行われる。フィリップスコレクションで最も有名な、ルノワールの『舟遊びの昼食』は2階に展示されることが多い。

日曜のコンサート会場になっているミュージックルーム。もちろん美術品が展示されている

ハイライト

フィリップスコレクションは、モネ、セザンヌ、ドガ、ルノワール、シスレー、ピサロ、ゴッホなど印象派の作品を中軸に、彼らに直接・間接的に影響を与えたエル・グレコ、ゴヤ、アングル、ドラクロワ、マネなど先達たち、そしてピカソ、マチス、ブラックなど20世紀の画家、ミルトン、ダヴ、ホッパー、オキーフら現代アメリカ人アーティストに加え、造形作家モナハンのインスタレーションなどの作品からなっている。特別展だけでなく、常設展の模様替えもときおり行われ、何度訪れても新鮮な印象を与えてくれる。

古い作品として代表的なものに**シャルダン**の『**プラムを盛った鉢A Bowl of Plums**』や、**エル・グレコ**と**フランシスコ・ゴヤ**の対照的なそれぞれの『**悔悛のペテロThe Repentant Peter**』、政治家や弁護士などブルジョワを風刺したことで有名な**ドーミエ**の『**蜂起The Uprising**』、『三人の弁護士Three Lawyers』といった作品、**マネ**の『**スペインの舞踊Spanish Ballet**』などがある。

印象派の作品としては、**ゴッホ**の『**道路工夫The Road Menders**』、**ドガ**の『**ホワイエでのダンスのリハーサルLa Repetition au foyer de la**

『サントヴィクトワール山』セザンヌ

フィリップス・アフター5
Phillips After 5
毎月第1木曜17:00〜20:30
料$20。予約は不要
☎(202)387-2151
美術館の展示作品や画家に関して、スタッフやゲスト講師が説明するだけでなく、ジャズの生演奏も行われる。詳しくはインフォメーション、またはウェブサイトで。

日曜コンサート
Sunday Concerts
10月から5月までの日曜16:00〜17:30、本館1階のミュージックルームMusic Roomで、クラシックのコンサートが行われる。80年以上続くコンサートだ。指定席はないので、早めに行ってよい席を確保しよう。美術館の入場料込みでチケットは$45、配信チケットは$15。スケジュールと演奏家はウェブサイトで。

読者投稿 **見学がここちよい美術館** 有名なルノワールの『舟遊びの昼食』があることから行ってみたが、想像以上にすばらしい美術館だった。目の前で見ると実によく描き込まれていて、15人近い人物↗

danse』、**セザンヌ**の『**自画像Self-Portrait**』、『**サントヴィクトワール山Mount Sainte-Victoire**』、『**ザクロと洋梨のある静物Ginger Pot with Pomegranate and Pears**』などが代表的。

　また、**ボナール**の色使いに魅せられたフィリップス夫妻は、油絵をはじめ、リトグラフやデッサンにいたるまで彼の作品に凝り、現在、ボナールの作品所有数ではアメリカ随一。おもな作品として、『**棕櫚の木The Palm**』、『開かれた窓The Open Window』、『**早春Early Spring**』、『少年のいる内装Interior with boy』などがある。

　美術館の代表作である、**ルノワール**の大作『**舟遊びの昼食The Luncheon of the Boating Party**』は、彼の友人たちの食後ののどかな場面が描かれたもので、色彩と光がきらめき、生きる喜びに満ちている。印象派のみならずフランス絵画史上の傑作といわれる、非常に評価の高い作品である。1923年フィリップス夫妻が、12万5000ドルでこの絵を購入した直後、ロンドンのナショナルギャラリーの使いの紳士が、この絵を獲得するため、フィリップス夫妻に金額の記入されていない小切手を渡したのは有名な話。夫妻がこれを拒否したのは言うまでもない。

　印象派の絵画のコレクションと同時に、フィリップス夫妻は、オキーフ、エイブリー、ジョン・マリン、ハートリー、ナスス、ダヴ（フィリップス夫妻はダヴの最初のコレクター）といった、アメリカの新進アーティストの発掘にも熱心であった。

　展示法にも注目したい。色が感情に影響を与えることを理解していたダンカンはロスコに共感していた。『**ロスコ・ルームRothko Room**』は抽象表現主義のロスコの大きな絵画を狭い展示室に飾り、チャペルのような神聖な空間を作り出している。インスタレーションでは『**ライプ・ワックス・ルームLaib Wax Room**』も重要。みつろうで塗られたひと部屋に、裸電球のみがともる不思議な空間だ。ライプはドイツ生まれの医学博士。論文のため訪れたインドをきっかけに創作の道へ。ほかの芸術家と親交をもつこともなくひとり制作に打ち込んだ。白い大理石の表面を牛乳で満たした『ミルクストーン』などシンプルな作品が特徴。

　このほか、特筆すべき逸品としては、『**アラブの歌Arab Song**』をはじめとする『曲芸師の到着Arrival of the Jugglers』、『大聖堂Cathedral』などクレーのチャーミングな作品群、**マチス**の『**エジプトのカーテンのあるインテリアInterior with Egyptian Curtain**』、**ピカソ**の『**青い部屋Blue Room**』、**ブラック**の『**洗面台The Washstand**』、**ゴーギャン**の『**ハムThe Ham**』などが挙げられる。

　また、画家であった**マージョリー・フィリップス夫人**自身の作品も見られる。『**ナイターNight Baseball**』は彼女の傑作のひとつで、ニューヨーク・ヤンキースと、今はなきワシントン・セネターズの試合風景が描かれた、貴重な作品である。ダンカン・フィリップスは大の野球ファンであったが、夫人のほうは、野球観戦よりもスケッチに熱心であったとか。

作品が展示されていないこともある

　フィリップスコレクションに限らないが、美術館ではその収蔵品を、よく他館に貸し出すことがある。展示されているかどうかを確認するには、ウェブサイトのThe Collectionをクリックし、On Viewにチェックを入れてアーティスト名か作品名を入力する。

フィリップス夫人の『ナイター』。昔のワシントン・セネターズの試合を描いた作品

黒人の移動シリーズ The Migration Series

　ジェイコブ・ローレンスJacob Lawrenceはアフリカ系アメリカ人。リアリストで、フレデリック・ダグラスやハリエット・タブマンら公民権運動に身を投じた人物を、アフリカ系の歴史の一部として描いてきた。美術館には1940年代より南部から仕事を求めて北部に移住したアフリカ系の人々を描いたシリーズが公開されている。

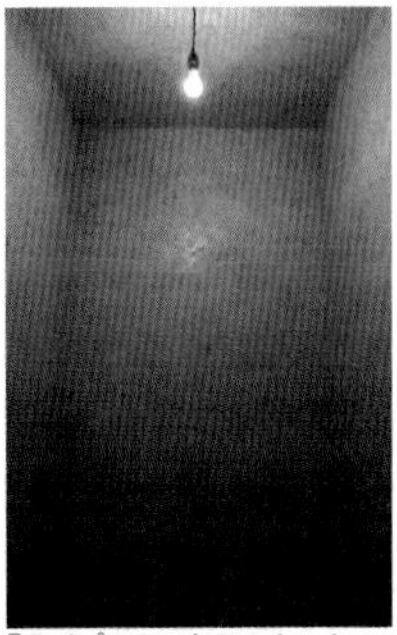

『ライプ・ワックス・ルーム』。この空間を体感してほしい

フィリップスコレクションにはクレーの作品も数多く展示されている

の表情がバラバラ。何を考えていたか想像するのも楽しい。また、美術館はほどよい広さで、美術品のような椅子に座ることができたのも感激だった。（広島県　T.F.　'22）

Smithsonian Institution & Museums

平和について考えさせられる

ホロコースト記念博物館

U.S. Holocaust Memorial Museum

AREA ▶ モール　　MAP 折込地図表 -D3

平和とは何か。ぜひ見学してほしい博物館だ

ホロコースト記念博物館
オススメ度 ★★★★
要予約
住 100 Raoul Wallenberg Pl. at 14th St. & Independence Ave. SW
☎ (202)488-0400
URL www.ushmm.org
開 毎日10:00～17:30
休 ユダヤの祝日Yum Kipperの日、12/25
料 無料だが、時間指定の入館券が必要。ウェブサイトから。予約は4ヵ月前から受け付けるが$1の手数料がかかる。数は限られるが、当日券は朝7:00から同様に予約できる
行き方 ブルー、オレンジ、シルバーラインSmithsonian駅下車、南西へ徒歩約5分

開館以来、スミソニアンの大博物館に負けないほど、人々の高い注目を集めている博物館。“ホロコースト”（ナチス・ドイツによるユダヤ人の大量虐殺）という、シリアスなテーマではあるが、この博物館を訪れる人の数、その表情を見ていると、実に多くの人が関心をもっていることを痛感する。

さまざまな資料と映像、そして実際に収容所の人々が着ていた服、使っていた物の展示は、どんな細かな説明文より心を打つ。人類史上に類を見ない凄惨なできごとを振り返り、博物館では戦争がつくり出す人間の狂気を伝えていく。収容所内部の悲惨な生活のフィルム、直視に耐えない残酷な映像も目をそらさずに脳裏に刻むことが、この博物館を訪れた者の義務だ。壁に飾られた無数の犠牲者の写真の間を歩きながら、戦争の愚かさと平和の意味を考えるよい機会を与えてくれる。過去を明らかにすることは、未来にとって決して無駄なことではない。そんなことを考えさせられるホロコースト記念博物館は、日本人にとってもたいへん意味のある場所ではないだろうか。

館内案内

展示室は4階から地下1階。1階には、子供の目から見たホロコーストを展示した“**Remember the Children：Daniel's Story**”がある。子供には難しいホロコーストをわかりやすく解説したものだ。2階には犠牲者の冥福を祈るためのホール**Hall of Remembrance**もある。

4階　Fourth Floor

ナチスは優生思想をホロコーストの前にもっていた

見学コースは4階から下の階に向かう。まずエレベーターを降りると薄暗い館内にひときわ目立つ巨大なパネルが目に飛び込んでくる。焼け焦げた死体、たいへんショッキングな写真である。この階は「**Nazi Assault－1933 to 1939（1933年から1939年までのナチスの暴力）**」がテーマ。大戦前、ナチスがいかに伸長したか、そしてホロコーストを遂行するためにどのような布石を打っていたのかを映像や写真、当時の資料で振り返る。ゲルマン民族を世界で最も優秀な民族とし、その他の民族を生物学的に分類するさまざまな方法を考案していった展示は、人種差別が生んだ恐ろしいできごとへの第一歩だ。

3階　Third Floor

この階のテーマは「**Final Solution－1940 to 1945（最終回答）**」。彼らの回答、すなわちそれがホロコーストだったわけだ。

DC豆知識 **ナチスの優生学**　ナチスは優生思想に基づく安楽死プログラムを実施していた。1939年には障がいをもつ3歳未満の子供を薬などで殺害。次第に慢性疾患をもつ成人、外国人へと拡大していった。

第2次世界大戦開戦前から、ナチス・ドイツは、支配地域のユダヤ人を町のゲットーと呼ばれる地域に隔離していたが、ナチスの侵攻とともにドイツの支配地域がヨーロッパ全土に及ぶようになると、ゲットーに住むユダヤ人を強制的に収容所に連行するようになった。そしてその先はホロコースト（大量虐殺）が始まることになる。展示された収容所への移動に使った貨車を見れば、ユダヤ人が人間として扱われていなかったことが容易に理解できる。そして収容所内部を再現した展示。彼らが着ていた服、使っていた食器、どれを見ても悲惨な収容所の生活が想像できる。そしてその隣には、囲いの付いたテレビモニター（子供に見せかねる映像だからだろうか）には、ナチスが行った残虐な行為の映像が流れている。

2階　Second Floor

「**Last Chapter（最終章）**」というテーマの展示。ナチスの敗戦で次々に解放された収容所で連合軍の兵士たちが見たものは、この世の地獄ともいうべき膨大な数の死体の山だった。ホロコーストでヨーロッパに住むユダヤ人の約3分の2、およそ600万の人々が殺されたといわれている。解放後の収容所で死体の処理をする兵士たちの映像があるが、淡々と作業を進める兵士は皆無表情で、明らかに人間の死に対する感情を失ってしまったかのように見える。戦争は勝者、敗者にかかわらず、人間を感情のない動物に変えてしまうのかもしれない。最後には、戦争中に人々をホロコーストの狂気から救った人々やフランスの村の名前が国別に列挙されているが、最後の最後に日本人の名前（下記コラム参照）も登場する。

子供の犠牲者数
ホロコーストでは150万人の子供たちも犠牲になった。

10歳以下の子供は見学しないで
ショッキングな写真などがあるため常設展は11歳以上の見学をすすめている。

廊下はひとつの慰霊碑
各フロアの展示もとても興味深いものだが、フロア間を移動する廊下にも注目してほしい。吹き抜けになった壁一面に飾られた無数の犠牲者の写真、ガス室に消えていった人々が残していったおびただしい数の靴、地の底からうめき声が聞こえてきそうな、これらの展示品は、パネルや映画よりもずっとストレートに心の奥に訴えかけてくる。

ビルマのジェノサイドへの道
「ジェノサイド」とはある民族や人種、宗教的集団を殺害、破壊的な危害を加えることを意味するが、博物館ではミャンマーのロヒンギャ難民の迫害についても展示している。ミャンマーではイスラム教徒の少数民族である約70万のロヒンギャの人々がいたが、軍は彼らに大量虐殺を行った（アメリカ政府発表）。逃亡した人の体験談が紹介されている。

ニッポン in DC

Chiune Sugihara (1900-1986)

多くのユダヤ人を救った命のビザ

1994年のアカデミー賞を獲得した映画『シンドラーのリスト』は多くのユダヤ人をホロコーストの狂気から救った人物の物語だが、ユダヤ人を助けたのはシンドラーだけではなかった。博物館の展示の最後に、ひとりの日本人の名前がある。

杉原千畝（すぎはらちうね）は1900年生まれの外交官。第2次世界大戦が勃発する直前に、バルト三国のひとつリトアニアに赴任した。彼が着任するとすぐに戦争が始まり、リトアニアにはポーランドに侵攻したドイツ軍の迫害から逃れるために多くのユダヤ人がやってきた。彼らは第三国を経由し、アメリカやパレスチナに渡航する手段を探していた。そこで、リトアニアと外交関係があり、さらにナチスの力が及んでいない日本を通って国外へ脱出しようと考えていたのだ。ポーランドのみならず、オランダ、ベルギーなどから逃げてきたユダヤ人は大挙して杉原ひとりしか外交官がいない領事館に詰めかけた。当時日本はドイツと同盟関係を結んでおり、外務省は当然ビザの発給を認めなかった。しかし、連日領事館に押しかけ、懇願する人々と接していた杉原は、悩み抜いた末に日本政府の命令よりも、自分の信念に従った。人間として正しい道を選び、日本通過のビザの発給を開始したのだ。リトアニアにはソ連が侵略し始め、時間は限られていた。杉原は29日間、昼夜を問わず寝る時間も惜しんで手書きのビザを書き続けた。領事館の建物から退去したあとは、リトアニアを離れる列車の中でもビザを書き続け、その数は約6000にも上ったという。杉原が発給した“命のビザ”を持ったユダヤ人たちはシベリア鉄道で大陸を横断し、ウラジオストクから船で日本に向かった。そして、日本からアメリカなどに向かったのだ。

終戦後、杉原は政府の命令に従わなかったため外務省を追われた。しかし、彼の人道的な行為はその後も忘れられることなく、1985年にはイスラエル政府から表彰され、そして、ワシントンDCのホロコースト記念博物館に日本人として唯一名前を残すことになった。

DC豆知識　**杉原千畝の名誉回復**　杉原の日本政府による名誉回復は2000年10月に行われた。死後14年のことであった。数回テレビドラマ化され、2015年には『杉原千畝スギハラチウネ』で映画化もされた。

スパイになって任務を遂行

国際スパイ博物館

International Spy Museum

AREA ▶ モールとウオーターフロント　MAP 折込地図表-D3

Smithsonian Institution & Museums

2019年モールから歩いて10分もかからない所に開館した国際スパイ博物館。忍者の展示もある

ペンクオーターにあり評判の高かった国際スパイ博物館が、ぐんとスケールアップしてモールの南に完成した。スパイに関する世界最大のコレクションを誇る博物館では、「スパイ」という謎に包まれた職業を人やモノ、歴史や活動、特殊な技術などで解説する。新博物館の最大の特徴は、来館者自身がスパイとなり、ミッションを果たしながらスパイについて学ぶという、インタラクティブなスタイル。世界で唯一のスパイ博物館として、グローバルなスパイとその技法が紹介されている。一説によると、ワシントンDCは世界でいちばんスパイの多い町だとか。

国際スパイ博物館
オススメ度 ★★★
要予約
住 700 L'Enfant Plaza SW
☎ (202)393-7798
URL www.spymuseum.org
開 日～金9:00～19:00、土～20:00（季節によって変更あり）
料 $24.95、大学生・65歳以上$22.95、7～12歳$15.95
行き方 オレンジ、ブルー、シルバー、グリーン、イエローラインL'Enfant Plaza駅下車。徒歩7分

ハイライト

移転前に比べ展示品が格段に増え、見応えのあるものになっている。来訪者自らスパイとなり、おとり捜査のミッション（任務）を遂行しながらスパイについて学ぶ。英語の理解力が必要とされるから、Google翻訳などを持っていくと便利。

スタートは5階から。カードを入手後、画像の選択やいくつかの質問に答えるとスパイとしての名前、出身地、職業が与えられ、暗号コードを覚える。次のシアターではスパイについてのブリーフィング（説明）だ。スパイはあくまでも影であり、リスキーな仕事であること、スパイの歴史を学んだら、いざ任務へ（展示フロア）。なお、カードはスパイをさらに理解するためのインタラクティブな機能をもち、展示フロアのあちこちでトライできる。じっくり見学するには少なくとも3時間、時間がなければミッションを遂行せずに、展示だけ見学するのもいい。

スパイの道具と機器

諜報活動に欠かせない数々の小道具。第2次世界大戦中アメリカ諜報機関が使ったスーツケース状のラジオ、書いたあとに文字が消えるインク、靴の底に仕込まれた発信器とマイク、ボタンやボルトに隠されたKGBの機器、口紅にしか見えない小銃、ライターに付いた盗撮用のカメラなど、身の回りにある日用品が簡単にスパイの道具に変貌する。人々を欺くことを平然と行うスパイという仕事を考えると、なんとも言えない不思議な感覚に襲われる。

スパイらしいコレクションは、変装したパスポートやいくつもの身分証明書、名刺や航空券の入った手帳などで、映画やドラマでしかお目にかかったことのないものが目の前にあり、スパイの存在が現実であることを証明している。

ボンドカー

入口に鎮座するクラシックなシルバーの車は「アストンマーティンDB5」。映画007シリーズに登場するボンドカーだ。ジェームス・ボンドはシリーズ第3作の『ゴールドフィンガー』から秘密兵器が搭載されたボンドカーを操った。

スパイの代表といえる007のボンドカーも展示

お役立ち情報　**意外に便利なロケーション**　国際スパイ博物館東側の地下にはフードコートがあり、平日は周辺の官庁街に勤める人でにぎわう。モールのキャッスルへ歩いて7分、またウオーターフロントへ↗

諜報活動史を彩ってきたスパイたち

著名なスパイも解説している。CIAで変装の名人でありチーフも務めた**ジョナ・メンデスJonna Mendez**は、ヨーロッパやアジアで活動。カツラだけでなく口髭やめがねをつけるなど男装もし、隠密での撮影や妊婦の変装道具を考案するなど数々の功績を残したスパイだ。女性スパイの第一人者といえば、**マタ・ハリMata Hari**。東洋的なエキゾチックさをウリにしたダンサー（東洋人ではなくオランダ人）で、実は二重スパイ。第1次世界大戦中ドイツやフランスの外交官や将校を相手に夜をともにして諜報活動を行った。ほかにもアメリカ独立戦争時、イギリス軍との二重スパイとしてアメリカに貢献した黒人奴隷出身の**ジェームズ・A・ラファイエットJames A. Lafayette**、変装の達人でイギリスで諜報を行ったソ連の**ドミトリー・ブイストロレトフDmitri Bystrolyotov**、ウクライナ生まれでイギリス諜報部で活躍、スパイのエースと呼ばれ、映画007のジェームス・ボンドのモデルとなったといわれる**シドニー・ライリーSydney Reilly**など、それぞれ活動も異なり、見ているだけでもおもしろい。スパイは"普通"の人が多く、生活にとけこんでいる。ひょっとしたらあなたの隣の人がスパイかも……？。

時代を遡って日本の忍者と小道具の手裏剣、忍者用語の解説、また13世紀モンゴルの国境警備隊の鎧やPaiziと呼ばれる通行手形のようなものも展示。Paiziは磁気を帯びているか否かで真偽を確認したという。

モー・バーグMoe Bergはメジャーリーガーでありながら遠征先でスパイ活動を行った。戦前日米野球で来日した際、軍事工場や港などの動画を撮影し、これが第2次世界大戦時の日本本土攻撃の際、役立ったという。

情報戦―エニグマの解読

各国間の緊張が高まったときや戦時に暗躍するのがスパイだ。第2次世界大戦中、解読は不可能とされ、連合国軍が何度も解読の失敗に終わっていたナチスの暗号機**エニグマEnigma**。博物館にはナチスが日本のために作ったエニグマが展示されている。イギリス軍がドイツのUボートから暗号機を奪取、最終的には天才数学者によって解読されたのだが、それでも1年ほどかかった。キーを押すたびに中の部品の位置が変わるなど、その仕組みも紹介している。

1995年4月の**オクラホマシティ連邦政府ビル爆破事件**の残骸と実行犯マクベイ逮捕まで、また、9.11のアメリカ同時多発テロ事件発生以降の連邦議会やCIAの動き、そして現在主流となっているハッカーやサイバーテロとの戦いも、情報を可視化した形で紹介している。

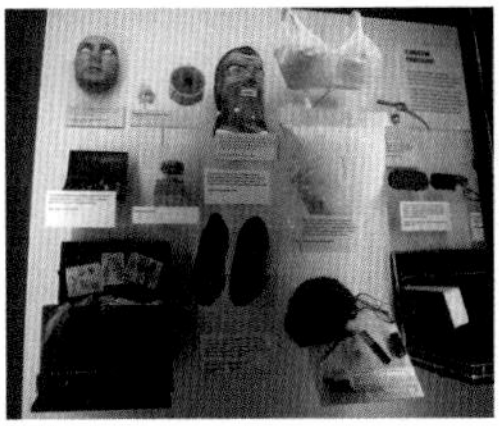
変装道具などスパイが用いる本物が展示されている

映画やドラマになったスパイ
博物館では、スパイがモデルになった映画やドラマを紹介したコーナーもある。007を筆頭に、ミッション・インポッシブル、ブリッジ・オブ・スパイなどの映画ポスターやフィギュア、雑誌、玩具などが展示され、堅苦しい雰囲気を一掃してくれる。

スパイは映画やドラマでは身近なかっこいい存在

ミュージアムストア
1階のストアは書籍が充実し、防犯グッズなども販売している。もちろん、Tシャツなどの一般的なものも揃う。

充実したミュージアムストア。防災グッズも販売

ナチスのエニグマ。読解不可能といわれたが、天才数学者が読み解いたストーリーは映画にもなった

Smithsonian Institution & Museums

ダイナミックで繊細、多様性に富んだ現代美術の発信地

ルーベル美術館DC

Rubell Museum DC

AREA ▶ ネイビーヤード

MAP P.26-A4

MLBナショナルズの本拠地に近い所にオープンしたルーベル美術館

ルーベル家が60年以上かけて収集し、築き上げた現代美術に特化した美術館。1993年に誕生したマイアミにある美術館の別館として、2022年にネイビーヤードに近い場所に開館した。収蔵品の総数は約7400点、アーティストの数も1000人を超える。れんが造りの建物は1906年に公立小学校として建設されたもので、1920年代には中学校として使われていた。学校の教室や講堂などの空間を生かし、インスタレーションをはじめ、絵画、彫刻や彫像、写真、ビデオなどを展示。さまざまなアーティストのうちなるパワーが発散され、美術の概念を打ち破るような作品を鑑賞できる。

ニューヨーク在住のドンとメラノ・ルーベル夫妻が初めて美術品を購入したのが1965年のこと。ふたりの感性で集められた現代美術は少しずつ数を増やし、1993年ついに待望のギャラリーが誕生した。場所はマイアミのウィンウッド地区。2019年には規模を拡大してウィンウッド地区の西に移転、名前も美術館と改めた。その後もコレクションは増大し、2022年ワシントンDCに別館をオープン。地元への還元としてDC市民は無料で見学できるのも特徴。

ルーベル美術館DC

オススメ度 ★★★

要予約

住 65 I(Eye) St. SW
☎(202)964-8254
URL rubellmuseum.org/dc/
開 水～金11:30～17:30、土日10:00～18:00
休 月火、おもな祝日
料 $15、65歳以上$12、学生7～18歳$10。できればウェブサイトから予約を
行き方 グリーンラインNavy Yard-Ballpark駅下車、徒歩8分

ルーベル家が開催した展覧会

夫妻は美術館を開館する前にも、50以上の展覧会を開催している。リチャード・プリンス展(2004年)、レッドアイ：ロサンゼルス・アーティスト(2006年)、アゲインスト・オール・オッズ：キース・ヘリング(2008年)、ベグ・ボロー・アンド・シール（2009年)、28 Chinese（2013年)、ノーマンズランド（2015年)、スティル・ヒューマン(2017年)、パービス・ヤング（2018年)、草間彌生（2020年）など。

ハイライト

ルーベル美術館の特徴のひとつが、キャリアの浅いアーティストやそれまで見過ごされていたアーティストを発掘し、発表の場を設けていること。アーティストの名前は知らずとも、アーティストの魂が具現化された作品は、さまざまな思いを投げかけてくれる。広い空間を使った巨大なタペストリー、マウントラッシュアのパロディ、ドッキリするようなアート、見る角度によって印象が変わるオブジェ、音楽の演出が新鮮な作品、社会の一面を取り上げた報道写真、個性的すぎる肖像画など、素材に着目するのもいいし、そこに身を置いて体全体で何かを感じるのもいい。美術館は、美術に対する先入観を見事に打破する作品にあふれている。

4つのフロアでは、企画展をメインに膨大なコレクションのなかからテーマに沿った作品が順次公開される。ニューヨークやロスアンゼルスの近代美術館にも展示されている奈良美智やジャン=ミシェル・バスキア、バルーンのような彫像のジェフ・クーンズ、ポップアーティストのキース・ヘリングら、誰でも親しみをもつ作品にお目にかかれることもある。現代アート好きにはぜひおすすめしたい美術館だ。

What's Going Onの企画展で展示中のクリストファー・メイヤーズChristopher Myers（左）とヴォーン・スパンVaughn Spann（右）のダイナミックな作品 ©Chi Lam

Smithsonian Institution & Museums

神風特攻隊の練習機も展示

海軍博物館

National Museum of the U.S. Navy

AREA ▶ キャピトルヒル

MAP P.26-C5

DCの海軍工廠(こうしょう)内（ネイビーヤードNavy Yard）にある、独立戦争から現在までの平和時、および戦争時におけるアメリカ海軍の役割と活動、その成果を、広く国民に知ってもらうための博物館。昔は大砲を製造する工場があった敷地に建つ。見学は土曜のみで、入場には申請と承認が必要。新しい博物館の計画もあるが、まだ未着工の段階だ。

入場には各種手続きが必要

博物館では3世紀に及ぶアメリカ海軍の歴史の流れを通観することができる。展示物は軍艦模型、武器、制服、各種用具類、書類、勲章、絵画類などで、独立戦争、米墨戦争、南北戦争、米西戦争、第1次世界大戦、第2次世界大戦、ベトナム戦争、東西冷戦、湾岸戦争の各セクションに分けて展示されている。第2次世界大戦のコーナーには日本の神風特攻隊の“桜花”の練習機も展示され、簡素な作りが当時の日本の国力を物語っているよう。

平和時の活動として、深海探査、海軍出身の宇宙飛行士の活動、海洋電子装置の発達の歴史、海洋航海術、極地探検などの展示物がある。船の模型も多数あり、アメリカ海軍のフリゲート艦コンスティテューション号の巨大な模型や、アメリカ、イギリスの提携のセクションにある18世紀の大砲120門装備の軍艦の断面モデルなどは、テーブル、椅子、地図、重り、大砲の弾丸まで精密に作られている。また、潜水艦の操縦席が再現され、実際に触れて潜水艦の技術を知ることもできる。

海軍博物館
オススメ度 ★
要予約
住 Washington Navy Yard,Bldg.76, 736 Sicard St. SE
☎ (202)685-0589、433-3738（入場に関する問い合わせ）
URL www.history.navy.mil/content/history/museums/nmusn.html
開 土10:00～16:00のみ
休 日～金、祝日
料 無料だが、事前に申請書の提出が必要。詳しくはウェブサイトで
行き方 サーキュレーターのコングレスハイツ～ユニオン駅ルートで

Smithsonian Institution & Museums

アメリカ陸軍の歴史、戦時に活躍した機体などを展示

陸軍博物館

National Museum of the U.S. Army

AREA ▶ バージニア州

MAP 折込地図裏 -B2

2020年11月に開館した比較的新しい博物館。植民地時代にその起源をもち、1775年に設立した米国陸軍の全歴史を伝える最初で唯一の施設だ。おもな展示ギャラリーは７つあり、将校や兵士の紹介や遺品、戦争ごとの戦略や戦術を通じてそれぞれの時代背景をも学べるようになっている。ルイス＆クラーク探検隊や、米英戦争での首都ワシントン焼き討ちの展示など、意外なものもあり興味が尽きない。さらに Nation Overseas (世界の舞台)ではルノーFT-17 軽戦車、Global War (世界戦争)では M4戦車とノルマンディー上陸に参加し「ヒギンズボート」として知られる上陸用舟艇や車両、またCold War (冷戦) では天井からつり下げられているUH-1B ヘリコプターをはじめ軍用車両も数多く展示されている。

DCからは少し遠いので、ウーバーやリフトで行くのが賢明

陸軍博物館
オススメ度 ★
要予約
住 1775 Liberty Dr., Fort Belvoir, VA 22060
Free (1-800) 506-2672
URL www.thenmusa.org
開 毎日9:00～17:00　休 12/25
料 無料だが、時間指定の入館券が必要。ウェブサイトから申し込む（入館券は2023年6月までの予定）
行き方 市内からは30km程度だが公共交通機関がなく、車や配車サービスが必須。車ではDCからI-395で南へ約25分。166Aの出口をVA-286南方面に出て約5分で左側にある

DC豆知識 **万延元年遣米使節団の碑をお見逃しなく！** 海軍博物館正面入口のやや南西に公園があり、その中に万延元年遣米使節団ワシントン到着記念石碑がある（→P.85）。

聖書をわかりやすく、多くの人に知ってもらうために

聖書博物館

Museum of the Bible

AREA ▶ キャピトルヒル

MAP P.26-A3

「聖書」がテーマの博物館

世界のベストセラーである聖書。ピンとこない人もいると思うが、聖書はキリスト教、ユダヤ教に加えてイスラム教の教典であるといわれるほど、世界の人々にとって密接な書。生活の一部であり、生き方を支える「書」といっても過言ではない。その聖書が世界に与えた影響やその歴史を展示や映像などを用いながら多角的に親しんでもらうための博物館だ。同館では難解な聖書をできるだけわかりやすく現代語訳をする使命も負っている。

聖書博物館

オススメ度 ★★

住 400 4th St. SW

Free (1-866) 430-6682

URL www.museumofthebible.org

開 毎日10:00～17:00

休 11月第4木曜、12/25、1/1

料 オンライン購入$19.99、5～17歳$13.99。当日博物館での購入$24.99、5～17歳$14.99。オンライン購入は同館のウェブサイトから

行き方 ブルー、オレンジ、シルバー・ラインFederal Center SW駅下車。徒歩1分

6階からの景色は必見

見学を終えたら6階へ行ってみよう。国会議事堂のドームを見ることができ、ここはベンチも豊富で、下の展示室とは異空間。自然とリフレッシュできるところだ。

世界各国語訳

聖書の現代語訳を進めている館では、世界の現代語訳の本が並ぶ図書館がある。今のところ日本語はないが、近い将来日本語訳も加わる予定だ。

「欽定訳聖書」と呼ばれる聖書のコーナーもある

ハイライト

解釈は多少異なるかもしれないが、キリスト教において聖書は神からの教えを著したもので、人間とは何か、神から見た人間のあり方、行動を律するなどの教えが書かれている。読んだことがある人ならわかるだろうが、一度読んだだけでその内容を理解することは非常に難しい。難解な書をより平易に少しでも身近に理解してもらうための工夫が見られる。

人間の根幹に息づく聖書の教え

新しいミュージアムらしく、新旧織り交ぜた展示方法と映像（一部別料金）で多角的に聖書をひもといている。聖書の歴史、聖書のストーリー、聖書が影響を与えたものの大きく3つに分かれるが、すべて見るなら最低でも4時間は必要だ。

歴史のフロアでは、日本の教科書にも登場するグーテンベルクの聖書をはじめとして、カトリックやユダヤの聖書、欽定訳聖書（イングランド王ジェームス1世の命により翻訳された聖書）、ミスが発見された聖書など希少価値の高い聖書と聖書に関するもの約600点が集められている。聖書のストーリーは、ヘブライ語で書かれた聖書を普及させるための最初の100年を歩きながら体感するフロア。聖書に詳しくなくても誰もが興味をもつのが、聖書が影響を与えたもののフロアだ。美術、科学、政治、教育、ポップカルチャーまで聖書がいかに浸透しているかを実感できる。例えば、エルビス・プレスリーは教会でゴスペルを学び、自身の音楽も多大な影響を受けた。またドルチェ&ガッバーナのファッションが聖書の中から引用されたと思われるデザインであること、公民権運動の根本は聖書に由来することなど、日本人はなかなか気がつきにくいが、聖書と世の中の結びつきを教えてくれる。4階のIllumiNationsには、世界1000を超える言語に訳された聖書が書架に並び、圧巻。

世界の聖書の翻訳が並んだ書架は圧巻！

Smithsonian Institution & Museums

全米で唯一の女性芸術家だけの美術館

女性芸術美術館

National Museum of Women in the Arts

AREA ▶ ペンクオーターとダウンタウン　MAP P.25-E2

35年の歴史をもつ美術館は、20世紀初めまで、日の目を見ることのなかった女性芸術家の業績をたたえて誕生した。ルネッサンス華やかなりし頃の16世紀から現代まで、約1000人の女性アーティストだけの作品5500点以上を収蔵している。なお、美術館は2021年9月から大規模な改装工事が進行中で、再オープンは2023年秋の予定。以下は改装前の情報。

女性の作品を所蔵する美術館。にぎやかなペンクオーターに近い

女性芸術美術館

●2023年3月現在、休館中。2023年秋再オープン予定

オススメ度 ★★

住 1250 New York Ave. NW

☎ (202)783-5000

Free (1-800)222-7270

URL nmwa.org

行き方 ブルー、オレンジ、シルバー、レッドラインMetro Center駅下車、New York Ave.と13th St.とH St.が交わる角

女性芸術美術館の設立

創設者は絵画コレクターの**ウィルヘルミナ・ホラデイWilhelmina Holladay夫人**。1965年の欧州訪問時に**クララ・ペーテルスClara Peeters**という女流画家の作品を気に入り、さまざまな資料で彼女について調べてみた。しかし、どこにもペーテルスについての記述がなく、それどころか美術書にすらたったひとりの女流画家も載ってはいなかった。この理不尽な事実に気づいたホラデイは、女流アーティストの作品に的を絞って収集するようになり「女性だけの美術館を造りたい」とのアイデアが浮かんだ。1987年、ホラデイの夢は実現した。収蔵品のうち約300点はホラデイが寄贈したものだ。

著名な女性アーティストの作品たち

ぜひ見ておきたい作品は**リラ・カボット・ペリーLilla Cabot Perry**の『**すみれの鉢のある肖像Lady with a Bowl of Violets**』。ペリーは19世紀末にパリで絵を学び、モネに師事していた。印象派のモネはしばしば彼女にアドバイスしていたという。

エリサベッタ・シラニElisabetta Siraniの描いた『**聖母マリアとキリストVirgin and Child**』は1994年のクリスマス切手として発行された絵画。ラファエロを思い起こさせるタッチだが、彼女はルネッサンス期に画家として自立していた女性。父親の工房で学び、27歳でその短い生涯を閉じるまで、170枚もの絵画や14枚のスケッチ画などを残した。

ほかにも、**マリー・ローランサンMarie Laurencin**の自画像『**帽子をかぶった少女Portrait of a Girl in a Hat**』(1940年作)、**フォンタナLavinia Fontana**の『**貴婦人の肖像Portrait of a Noblewoman**』(1580年作)、浮世絵の影響を受けたメアリー・カサットの絵画、ロダンの弟子だったカミーユ・クローデルの彫像なども収蔵しており、その価値も高い。近年、美術館同士で争奪戦が行われるジョージア・オキーフやフリーダ・カーロ、ワシントンDC育ちの版画家エリザベス・キャットレットなど現代の自由奔放な作品も数多くあるので、各時代における女性の地位の変化とともに観ていくとおもしろい。

改装中もアートしている

2年にわたる大改装中も、実は美術品を展示している。建物の外壁を覆うカバーに注目を。絵や刺繍が施され、パブリックアートのインスタレーションとして楽しめる。アーティストがどんなメッセージを発しているか、感じ取ってみたい。

メキシコ現代美術を代表するアーティストとして有名なフリーダ・カーロの絵画も公開している

人間に不可欠な言葉に特化したテーマパークのような博物館

Smithsonian Institution & Museums

プラネットワード
Planet Word

AREA ▶ ペンクオーターとダウンタウン

MAP P.25-E2

プラネットワード
オススメ度 ★★
要予約
住 925 13th St. NW
☎ (202)931-3139
URL planetwordmuseum.org
開 水～月10:00～17:00（土～18:00）
休 火、おもな祝日
料 $15。できればウェブサイトから予約を
行き方 オレンジ、ブルー、シルバーラインMcPherson Sq.駅下車。徒歩5分

話す柳Speaking Willow
入口の前庭に、無数のライトがつるされたアルミの木が立つ。下を歩くとLEDライトが点灯し、さまざまな言葉が聞こえてくる。聞こえる言葉は364、電線の総延長は5.8kmもあるそうだ。メキシコシティ出身のアーティスト、ラファエル・ロザーノ・ヘメル作。

言葉や言語がもつ魅力やパワー、不思議をインタラクティブに、楽しみながら体験して知識が深められる博物館だ。

歴史的な学校を改装した博物館の体験コーナーは全部で11。3階の**語られる世界The Spoken World**では世界各国の言語はもちろん、先住民、絶滅寸前の言葉を、実際に使っている人がQ&A式で解説する。例えば日本語の敬称に「さん」「ちゃん」「様」などがあるが、どう使い分けるかも解説、その言葉を使う人々独自の習慣なども知ることができるというわけ。また、世界各地で使われる単語の多くは、もとはひとつの単語であること、話すことを赤ちゃんはどう学んでいるのか、宣伝に使われるキャッチーな言葉はどう作られるかのほかに、言葉を使って絵を描いたり部屋をデザインしたり、カラオケを歌ってヒット曲を作るためのテクニックを学べるなど、遊び心にあふれている。2階の図書室Family Libraryでは机に本を置くと本が語り始め映像が現れるといった、すてきなマジックにも感心させられる。

「言葉」をテーマにした新しい博物館。日本語について知ることもできる

"建築"を追求する博物館

Smithsonian Institution & Museums

ナショナルビルディング博物館
National Building Museum

AREA ▶ ペンクオーターとダウンタウン

MAP P.24-C1

ナショナルビルディング博物館
オススメ度 ★★
住 401 F St. NW
☎ (202)272-2448
URL www.nbm.org
開 木～月10:00～16:00
休 火水、11月第4木曜、12/25、イベント時
料 $10、学生・60歳以上・3～17歳$7、グレートホールと展示によっては無料。できればウェブサイトから予約を
行き方 レッドラインJudiciary Square駅下車、すぐ

●サクサク・フレイカリー **Saku Saku Flakerie**：DCのクリーブランドパークで人気のフレンチベーカリーが博物館に2022年初夏よりオープン。「サクサク」は日本語で、オーナーのひとりは日本の神戸出身。金～日11:00～16:00の営業

巨大な博物館では空間も楽しみたい

巨大なれんが造りの博物館は、建物自体がひとつの美術品。テーマは"建築"だ。建築に関する知識を深めてもらうため常時8つの企画展を開催し、着眼点の鋭さで好評を博している。

ビルは1887年に年金局のために建てられたもので、高さ48m、幅122m、奥行き61mの威容を誇る。特徴的なのが**グレートホールGreat Hall**と呼ばれる広い吹き抜けの空間。コリント式の支柱8本が立つが、大理石のように見える支柱は、実は7万個のれんがからできたもの。ホールでは大統領就任式の一部も行われてきた。

企画展はアメリカ人の生活に密着しているものがメインだ。建物の今昔を写真や模型やフィルムで紹介したり、現代社会が抱える課題に関するテーマを取り上げるなど、誰もが興味をもって見学できる。積み木ができる子供用のスペースもあり、無邪気な子供たちを見ているとインターネットを離れて創造性を育むことの重要性を教えてくれる。

Smithsonian Institution & Museums

織物専門の美術館

テキスタイル美術館（とジョージ・ワシントン大学博物館）

Textile Museum(& The George Washington University Museum)

AREA ▶ フォギーボトムとホワイトハウス　MAP P.24-B3

世界各国から集められた絨毯や敷物など布織物のコレクションを所蔵する織物と繊維の専門美術館。館は大学博物館の一画にあり、総数は2万1000点超。紀元前3000年前にも遡る考古学的価値の高いものから現代にいたるまで、テキスタイルアートの美しさを堪能でき、その時代の背景にある文化や環境をも知ることができる。美術や民俗学に興味のある人には特におすすめ。

ジョージ・ワシントン大学の博物館の中にあるテキスタイル美術館

ハイライト

1925年、テキスタイル収集家で投資家のジョージ・マイヤースGeorge H. Myers が設立。彼自身が収集した275点のラグと60の織物を核に、自宅の一部を開放してコレクションを公開した。これが美術館の始まり。ペルシアの宮廷で使われた絨毯や、中南米、中国や日本など東アジア、中近東、アフリカなどでさまざまな用途で使われた敷物、織物もその時代の人々の暮らしぶりを実によく伝えてくれる。世界各地の民族に伝わる織物の技法、染色、文化的背景をパネルや織物そのものを使って解説するなど、地域の独自の文化を知ることもできる。ジョージ・ワシントン大学に移転後は、20～21世紀のコレクションも増えている。

大学の博物館ではワシントンDCの誕生と歴史を知ることのできる印刷物、地図、原稿、書籍、新聞、写真、工芸品などのコレクションが陳列されている。総計約2000点、特に17世紀後半から18世紀にかけての首都の地図や町の様子を表した印刷物は興味深い。

テキスタイル美術館
オススメ度 ★★
住 701 21st St. NW
☎ (202)994-5200
URL museum.gwu.edu
開 火～土11:00～17:00
休 日月、祝日と大学の祝日
料 $8
行き方 ブルー、オレンジ、シルバーラインFoggy Bottom駅下車。G & 21stの北東角

ニッポン in DC

アメリカの東洋美術を支える日本人の修復マイスター

アメリカに来て驚くことのひとつが、日本をはじめ中国、朝鮮などの古美術品が、色も鮮やかに、非常によい状態で美術館に展示されていること。これらの美術品を卓越した技で修復するのが、ワシントンDCで活躍している西尾喜行さんだ。西尾さんはDCにスタジオをもち、伊藤京一さんとチームを組んで繊細な修復作業に携わっている。彼らの手にかかると、朽ちていた美術品が、時の流れを超えて現代に息づき始めるのだ。

西尾さんは東京の下町生まれ、日本で美術品を学び、アメリカ留学、保存修復修士号を取得し、1980年に渡米。スミソニアンのフリーアギャラリーとボストン美術館で修復の仕事に就き、1994年に独立、西尾保存修復所を設立した。ホワイトハウス、全米各地の美術館や個人所有の美術品までさまざまなものを修復している。「一つひとつ状態が異なっていて、問題も違っています。修復をするたびに勉強になるのです」と西尾さんは言う。自分が納得するまで、緻密な作業を根気よく、ていねいに行う。スタンダードでは納得がいかない、こだわりが必要なのだという。現在、日本の住友財団のバックアップでアメリカ各地の美術館所蔵の美術品の修復をしており、2020年にはスタジオ創業25周年を迎えた。なお、西尾さんのスタジオは事前に依頼をし、西尾さんたちの都合がつけば見学をさせてもらえる。必ずメールで事前に依頼をすること。

★西尾スタジオ　E-mail nishio@ix.netcom.com

修復マイスターの西尾さん（左）。現在アメリカにある日本美術の修復を手がけている

そのほかのミュージアム

▶アフリカ系の人々の文化を研究&紹介する

アナコスティアコミュニティ博物館 ●Anacostia Community Museum

スミソニアン協会の博物館のひとつで、アフリカ系アメリカ人の文化と歴史、美術を専門に紹介する。季節ごとの企画展がメイン。アフリカ系の人々が抱える公民権問題や町づくり、日常生活、現在のアートシーンで活躍するアーティストの個展など。収蔵品は装飾美術、ガラス、工芸品など約3400点。

MAP P.101 住 1901 Fort Place SE ☎ (202)633-4820 URL www.anacostia.si.edu 開 毎日11:00〜16:00 休 12/25 料 無料 行き方 サーキュレーターのコングレスハイツ〜ユニオン駅ルートで。治安があまりよくないので、人通りの少ない道は歩かない、暗くなる前までに帰ること

▶さまざまな装飾様式が見られる

DAR博物館 ●Daughters of the American Revolution Museum

DARとは『独立戦争の乙女たち』という独立戦争に加わった人々の末裔でつくる会の略称。DARの本部にある博物館では、産業革命前の18〜19世紀の家具や銀食器、陶器、キルト、ミニチュア家具とドールハウス、衣類など3万点以上の装飾美術が集められ、展示室は時代ごとに31室に分かれている。

MAP P.24-B,C4 住 1776 D St. NW ☎ (202)628-1776 URL www.dar.org/museum 開 月〜金8:30〜16:00、土9:00〜17:00 休 日、おもな祝日 料 無料だが任意で寄付を 行き方 ブルー、オレンジ、シルバーラインFarragut West駅下車、17th & C Sts.角

▶リンカーン暗殺に関する展示をもつ

国立健康医学博物館 ●National Museum of Health & Medicine

南北戦争中に設立された陸軍医療博物館がもと。負傷兵のけがの治療方法の図解から始まり、昔の義足・義手、レントゲンや電子顕微鏡など、当時のハイテク機を駆使した治療法からイラク戦の病棟も紹介している。なかでもリンカーンを射殺した弾丸など、リンカーン暗殺に関する展示もある。

MAP P.23-A1 住 2500 Linden Lane, Silver Spring, MD 20910 ☎ (301)319-3300 URL medicalmuseum.health.mil 開 水〜日10:00〜17:30 休 月火、12/25 料 無料 行き方 レッドラインSilver Springs駅よりMCDOTバス#5で約8分、Seminary Rd. & Hale St.下車、Hale Pl.からLinden Lane経由徒歩約7分

▶ロシアのイコン（聖画像）と美しい庭園で知られる

ヒルウッドエステート ●Hillwood Estate, Museum & Gardens

食品メーカー創業者のひとり娘であり、美術愛好家であったマージョリー・M・ポストが晩年を過ごした家。ジョージアスタイルの豪邸には40もの部屋があり、25エーカーの広さをもつ庭園では四季折々の景観が楽しめる（日本庭園もある）。ロシア国外では最大といわれるイコンのコレクションと18〜19世紀フランスの家具調度品が有名。

MAP P.27-A1地図外 住 4155 Linnean Ave. NW ☎ (202)686-5807 URL hillwoodmuseum.org 開 火〜日10:00〜17:00 休 月、おもな祝日 料 $18、シニア$15、学生$10、6〜18歳$5 行き方 レッドラインVan Ness-UDC駅下車。Connecticut Ave.を南下し、Upton St.を左折。Linnean Ave.にぶつかったら右折。駅から徒歩約15分

▶薬とドラッグのアメリカ史

DEA 博物館 ●DEA (Drug Enforcement Administration) Museum

けが、病気に欠かせない薬を専門的に研究&成果を公開する博物館。日本で「ドラッグ」というと違法薬物のイメージが強いが、一般薬についての解説も多い。薬が開発されたきっかけや、どのような効能があるか、逆に副作用が 出るかなどを紹介するほか、麻薬との戦いの歴史も展示されている。

MAP P.30-B5 住 700 Army Navy Dr., Arlington, VA 22202 ☎ (202)307-3463 URL museum.dea.gov 開 火〜土10:00〜16:00 休 日月、祝日 料 無料 行き方 ブルー、イエローラインPentagon City駅下車。ファッションセンター・アット・ペンタゴンシティの斜め前

▶特許を取得して世界に貢献した人物をたたえる

発明の殿堂 ●National Inventors Hall of Fame

生命、社会、経済に貢献した発明者（600人以上）をたたえる殿堂。エジソンやライト兄弟、ヘンリー・フォード、ディズニー、スティーブ・ジョブズも名を連ねる。特許商標庁U.S. Patent & Trademark Officeの1階にあり、日本の三共(製薬)の遠藤章博士（心筋梗塞と脳卒中の予防薬スタチンの開発）の名前も見られる。

MAP P.121-A地図外 住 600 Dulany St., Alexandria, VA 22314 URL www.invent.org 開 月〜金10:00〜17:00、毎月第一土曜11:00〜15:00 休 日、いくつかの土曜、祝日 料 無料 行き方 ブルー・イエローラインKing St.駅から南へ徒歩15分

DC豆知識 **国立海兵隊博物館 National Museum of the Marine Corps** ワシントンDCの南西約53kmのバージニア州クアンティコの基地に海兵隊の博物館がある。海兵隊の歴史や任務に加え、活動中の海兵隊員になったようなインタラクティブな展示が楽しめる。車のみが足。URL www.usmcmuseum.com MAP 折込裏-B3

アメリカンフットボールのボルチモア・レイブンズに熱い声援を送るファン

© Baltimore CVB

Sports & Entertainment

スポーツ＆エンターテインメント

観戦するスポーツ Spectator Sports

「アメリカへ行ったら何を見たらいい?」。答えは"観光"ではなく、"エンターテインメントに参加すること"。なぜなら、アメリカという国や国民性を最も感じることができるのが"エンターテインメント"だからだ。その卓越した楽しませ方は、日本人の想像をはるかに超えている。そんなアメリカではプロスポーツもエンターテインメントのひとつ。それだけに、アメリカに来てプロスポーツを観戦せずに帰る手はない。鍛え抜かれたアスリートたちが見せてくれる技は、パワー、スピード、観客のリアクション、そしてわずかな時間でもお客を楽しませる徹底したサービス精神。ぜひエンタメを体験してみて！

ベースボール Major League Baseball MLB

ベースボール
●**シーズン**：4月初め～10月（レギュラーシーズンは9月最終週まで）。プレイオフ→ワールドシリーズとなり、すべてが終わるのは10月下旬

ワシントン・ナショナルズ
●**リーグ**：ナショナルリーグ東地区National League Eastern Division
URL nationals.com

ナショナルズパーク
住1500 S. Capitol St. SE, Washington, DC 20003-1507
☎(202)675-6287
行き方グリーンラインNavy Yard駅下車、Half St.を南へ1ブロック
無料Wi-Fi
●**チケット料金**：$13～540（→チケットの買い方P.228）

ワシントン・ナショナルズ
Washington Nationals MAP P.26-A,B5

本拠地 ナショナルズパークNationals Park（4万1546人収容） 天然芝

ナショナルズパークの誕生とともに周辺もにぎわってきた

2019年、奇跡のワールドシリーズ制覇から3年、その後一気に最下位に転落。2020年には主力選手を含む8人を放出、さらに2021年には、球界の至宝と呼ばれるソトJuanSoto(現パドレス)をトレード、チーム力低下は目を覆うばかりで2022年シーズンにはMLB最低勝率の107敗を喫した。球団は、実績のある有力選手をトレードで獲得するのではなく、若手選手の育成に舵を切った。もともと若手の育成には定評があったチームだけに2023年に向けチーム再建中だ。

まずは投手陣、2022年シーズンに43試合連続先発未勝利という不名誉な記録を打ち立てた先発陣の再建が急務となる。先発投手としてはチーム最多の7勝をあげエースとなりつつあるグレイJosiah Gray㊵、2022年にパドレスから獲得したゴアMackenzie Gore①、同じく8月にデビューしたカバーリCade

Column ナショナルズ名物の大統領レース

大統領レースは超のつく人気

MLB屈指の人気を誇るアトラクションがナショナルズの「大統領レースPresidents Race」だ。ホームゲームの4回表終了後に、名所マウントラシュモアでおなじみのワシントン（愛称：ジョージ）、ジェファソン（トム）、リンカーン（エイブ）、セオドア・ルーズベルト（テディ）による競走は、妨害行為あり、抜け駆けありと、何が起こるかわからないレース展開に目が離せない。

2015年からはホワイトハウス歴史協会とのコラボで1年ごとに新たなメンバーが参加するが、4人のみで走ることもある。今や大統領たちはパレードやイベントに引っぱりだこだ。

お役立ち情報 **スポーツ観戦に行くときは荷物を小さくして** アメリカでボールパークやスタジアムに入場の際、荷物チェックが行われている。ナショナルズの球場は12.5×17.8×2.5cm以上の荷物を持っては入れない（透↗

Cavalli㊹、いずれも25歳以下の若い投手の台頭は楽しみだ。それに加え、ワールドシリーズMVPに輝いたもののその後は故障続きのストラスバーグStephen Strasburg㊲や、2022年に19敗し史上最低の先発投手と揶揄されたコービンPatrick Corbin㊻の復活があればそこそこの先発陣となる。クローザーはレイニーTanner Rainy㉑、もしくはフィネガンKyle Finnegan㊸が務めるが、ここにエドワーズCarl Edwards, Jr.㊽を加えた3人で終盤を任せられれば、勝ちパターンが確立できそうだ。

攻撃陣は、2022年にナショナルズでは最多本塁打を放ったトーマスLane Thomas㉘、まだまだ荒削りだが走攻守揃ったエイブラムズC. J. Abrams⑤、打力には定評がある捕手ルイーズKeibert Ruiz⑳でレギュラー陣は固まりつつある。ただ、いかんせん長打力不足は否めず、過去に在籍していたソトJuan Sotoのような若いスラッガーの出現が待ち望まれる。

本拠地のナショナルズパークはグリーンラインNavy Yard駅前という抜群のロケーション。レストランやバーも充実著しい地域だ。　（本文：須磨明）

球場見学ツアー

4〜11月の試合のない日のみ催行。10:30、12:00、13:00、14:30

●**ガバナーツアーGovernor's Tour**：メディア席や高級席、スイート、ビジターのクラブハウス、ダグアウト、ブルペンなどを1時間30分〜2時間かけて見学。$30、12歳以下と55歳以上 $15

ナショナルズパークの名物フード

DCのソウルフードとして名高いベンズ・チリボウル（→P.293）の売店が球場内の3ヵ所にある。ほかにもニューヨークのシェイクシャック（→P.285）のハンバーガーやクラブケーキサンドイッチも楽しめる。

ナショナルズパーク

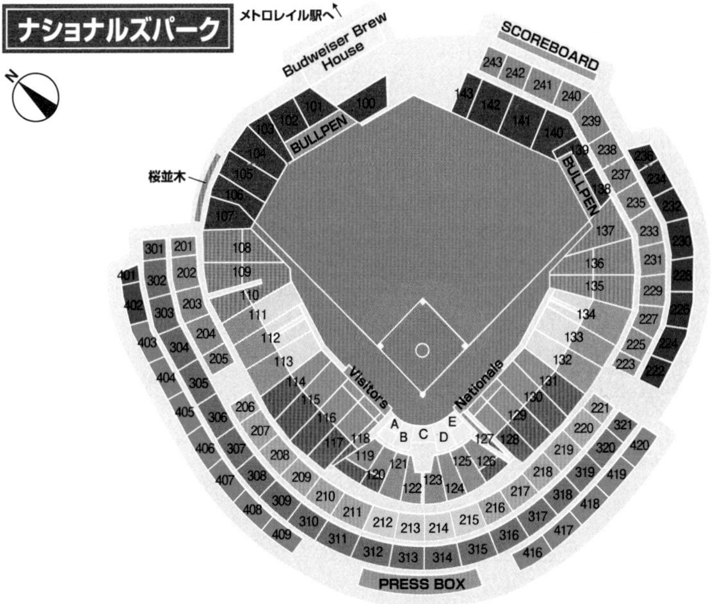

- テラクラブ Terra Club $395〜455
- PNCダイヤモンドクラブ PNC Diamond Club $240〜260
- ダグアウト・ボックス・プレミア Dugout Box Premier 未定
- ダッグアウトボックス Home/Visitor Dugout Box $102〜175
- インフィールドボックス Home/Visitor Infield Box $37〜79
- ベースラインボックス LF/RF Baseline Box $67〜81
- ベースラインリザーブ LF/RF Baseline Reserved $62〜67
- 外野コーナー LF/RF Corner $43〜51
- 外野リザーブ Outfield Reserved $18〜39
- クラブレベルMVP Club Level MVP $108〜131
- クラブレベル Club Level $44〜111
- 外野メザニーLF/RF Mezzanine $27〜49
- スコアボードパビリオン Scoreboard Pavilion $27〜49
- 右翼テラス RF Terrace $18〜39
- ギャラリー Gallery $23〜40
- アッパーギャラリー　Upper Gallery $22〜25
- 外野アッパーギャラリー LF Upper Gallery 未定

※料金は目安としてください。
対戦相手、日時によって変わることがあります。

↘明なビニールバッグなら40×40×20cmまでOK)。ほかの球場もほぼ同様の荷物制限がある。スマートロッカーもあるが高額。持たないのがベストで、専用レーンからスイスイ入れる。できるだけ荷物は小さくしてスポーツ会場に行こう。

ボルチモア・オリオールズ
●**リーグ**：アメリカンリーグ東地区American League Eastern Division
URL orioles.com

オリオールパーク@カムデンヤード
住333 W. Camden St., Baltimore, MD 21201
☎(410)685-9800
行き方カムデンヤードはダウンタウンのCamden駅横にあり、マークのCamden LineがワシントンDC（ユニオン駅）との間を月～金の夕方の通勤時間帯7本運行している。ほかにもアムトラックかマークのPenn LineもボルチモアのPennsylvania駅まで走っている（→P.303）。そこから球場まではライトレールCamden方面に乗りCamden駅で降りれば球場は目の前だ。マークは片道$9。所要約1時間。往路はいいが、復路はマークが運行されていない。下記の欄外の帰り方もあるが、できればナイターの日はボルチモアに宿泊することをすすめる
●**メリーランド州交通局**
☎(410) 539-5000
URL www.mta.maryland.gov

無料Wi-Fi

●**チケット料金**：$15～135

オリオールズのマスコットがミスターバード。球場で愛嬌を振りまく

ボルチモア・オリオールズ

Baltimore Orioles MAP P.306-A5

本拠地　オリオールパーク・アット・カムデンヤードOriole Park at Camden Yards（4万5971人収容、通称カムデンヤード）天然芝

カムデンヤードの入口。右側にベーブ・ルースの像が立つ

オリオールズはメリーランド州ボルチモアに本拠地をおくチーム。野球界の至宝カル・リプケン・ジュニアCal Ripken Jr.、過去に上原浩治が在籍していたということもあり、日本人にとってもなじみがあるのではないか。

1901年の創設以来、アメリカンリーグ優勝７回、ワールドチャンピオンに３回輝いた伝統のあるチーム。最近**チャンピオンに君臨したのは1983年。チーム自体の黄金期は1970年代の後半**である。

近年は、2019年に就任したハイドBrandon Hyde監督による『再建計画』のなか、苦戦を強いられていた。ところが2022年が大転機となり、チームは83勝79敗の好成績、ワイルドカード争いにも参戦するという形でシーズンを終えた。勝率５割を上回ったのは2016年以来の快挙である。

カギとなったのは、チーム最大の有望株と称された捕手ラッチマンAdley Rutschman㉟のメジャー昇格だ。高い攻撃力、盗塁を阻止するレーザー送球、初試合での喜びの涙など、どれもがファンを魅了した。攻撃の主軸となったのは、右に左に快打を放つサンタンダーAnthony Santander㉕、走攻守揃ったマリンズCedric Mullins㉛、盗塁王で守備範囲の広さが武器のマテオJorge Mateo③、ゴールドグラブ賞獲得のウリアスRamon Urias㉙。投手では、エースのミーンズJohn Means㊼がトミージョン手術（ひじの腱や靭帯の手術）で離脱するなか、防御率と勝利数ともにチームトップを誇るライルスJordan

Column

アメリカ三冠競馬のひとつ “プリークネスステークス”

ケンタッキー州チャーチルダウンズの“ケンタッキーダービー”、ニューヨーク州ベルモントパークの“ベルモントステークス”と並ぶ、アメリカの三冠競馬のひとつが、ボルチモアの“プリークネスステークスPreakness Stakes”だ。毎年５月の中旬（ケンタッキーダービーの２週間後）、ピムリコ競馬場Pimlico Race Courseで開催されるレースで、１と3/16マイル（約1.91km）を３歳馬が走る。レースが始まったのは1873年と、歴史も長く、2023年には148回目となる。2021年の大会には日本でも活躍のフランスゴデイナが出走した。レースの前にはフェスティバルも行われ、多くの人でにぎわう。賞金は150万ドル。

アメリカ三冠競馬のひとつプリークネスステークス ©Visit Baltimore

Preakness Stakes
住 Pimlico Race Course, 5201 Park Heights Ave., Baltimore, MD 21215 MAP 折込地図裏-C1
☎(410)542-9400
URL www.preakness.com

DC豆知識　**ナイター終了後のカムデンヤードからDCへの帰り方**　すすめられないが、帰る方法は次のとおり。2023年のスケジュールなので必ず最新のものを確認すること。球場からタクシーまたは配車サー↗

Lyles（現ロイヤルズ）、時速160kmの速球で打者を封じ込めるバティスタFelix Bautista㊹らがチームを支えた。2023年チーム がどこまで飛躍するか、アメリカンリーグ最優秀監督賞のファイナリストに選出されたハイド監督の手腕に期待がかかる。

1992年の４月にオープンしたカムデンヤードは、最新設備が導入されたにもかかわらず、古きよきボールパークの面影を残す美しい球場。れんがと鉄骨を組み合わせた外観、懐かしさを感じるバックスクリーンの掲示板、メリーランド・ブルーグラスの天然芝。ライトの外野には、鉄道倉庫に倣って造られたれんが造りの球団事務所がどんと構えている。

（本文：中野純子）

オリオールズは地元ファンに愛されている。旅行者も幸せな気分になれる

名物のクラブケーキサンドイッチとレモネード。ぜひお試しあれ！

“Orioles”ってなに？

オリオールとは、メリーランド州の鳥である、ムクドリモドキのこと。黒とオレンジが鮮やかな鳥で、ボルチモア周辺でよく見かける。ボルチモアっ子は、オリオールズを指してよく“O's”または、“The Birds（鳥たち）”と呼んでいる。

オリオールズ式応援の仕方

試合中ムクドリモドキのマスコットが球場に出没し、愛嬌を振りまいている。地元の人は“Mr. Bird”と呼ぶ。チームカラーは“オレンジ＋黒”。試合開始前の国歌斉唱のとき、曲のなかほどの“Oh, say does that Star-Spangled……”の“Oh,”のところで、「オゥ」と声を張り上げるのがこの球場ならではの習わし。

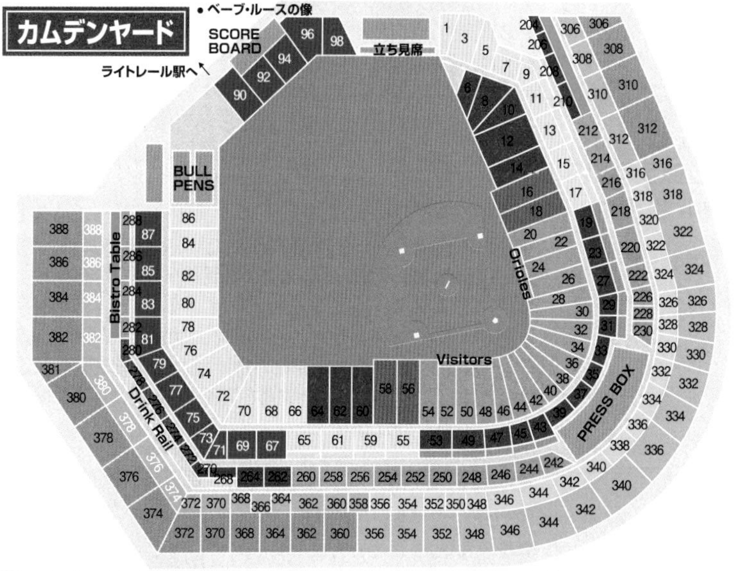

- (20～54) フィールドボックス Field Box $55～135
- (216～254) クラブボックス Club Box $55～135
- (16～18、56～58) フィールドボックス Field Box $50～115
- (212～214、256～260) クラブボックス Club Box $45～100
- (282～288) 左翼クラブボックス LF Club Box $45～110
- (272～280) 左翼クラブボックス、ドリンクレール LF Club Box, Drink Rail $29～70
- (204～210、262～270) クラブボックス Club Box $38～90
- (6～14、60～64) ロウアーボックス Lower Box $38～93
- (19～53) テラスボックス Terrace Box $29～93
- (1～17、66～86、55～65) テラスボックス・アウトサイド・ベース Terrace Box Outside Base $17～70
- (262～264、204～210後方) ロウアーリザーブ Lower Reserved $38～90
- (316～356) アッパーボックス Upper Box $25～50
- (306～312、358～372) アッパーボックス Upper Box $18～45
- (67～87、90～98) ロウアーリザーブ Lower Reserved ユーターストリート・ブリーチャー Eutaw Street Bleachers $10～45
- (316～356) アッパーボックス／リザーブ Upper Box/Reserved $15～35
- (306～312、360～388) アッパーリザーブ Upper Reserved $15～35

※料金は目安としてください。
対戦相手、日時によって変わることがあります。

↘ビスでボルチモアのPennsylvania駅まで行き、Penn駅からアムトラック・アセラ特急の22:35か、または23:18のアセラ特急（約35分、$18～62）でDCのユニオン駅へ。駅からタクシーなどでホテルへ。

NFL日本語公式サイト
URL www.nfljapan.com
　最新のニュースからチーム紹介、おもな選手まで、日本語で読めるのがうれしい。

アメリカンフットボール
●**シーズン**：8月下旬～翌年1月（レギュラーシーズンは12月まで）。12～1月はプレイオフが行われ、優勝決定戦となる2月初めの日曜のスーパーボウル・サンデイは、全米が異様な熱気に包まれる。

ワシントン・コマンダーズ
●**リーグ**：ナショナル・フットボール・カンファレンスの東地区所属National Football Conference East Division
URL www.commanders.com

フェデックスフィールド
住 1600 Fedex Way, Landover, MD 20785
☎ (301) 276-6800（チケット）
行き方 ブルーラインの東Morgan Blvd.駅下車、駅の前からフェデックスフィールドまでMorgan Blvd.沿いに舗道が通じている。球場まで約1600mだが、混雑しているときは予想以上に時間がかかる
無料Wi-Fi
●**チケット料金**：$100～。シングルチケットはほとんど定価では買いづらい。プレミアチケットの値段は定価の3～40倍
●**チームカラー**：バーガンディ、ゴールド、白

ワシントン・コマンダーズ
Washington Commanders MAP P.23-B2

本拠地　フェデックスフィールドFedEx Field
（9万1704人収容）天然芝

　1932年、「ボストン・ブレーブス」として発足。翌年にはホームをフェンウェイパークに移し、ニックネームを「レッドスキンズ」に変更した。1937年にワシントンに移転すると地元ファンに加え、国会議員や政治家などにもファン層を増やし、人権団体の訴訟や市民運動などもありながら親しまれた。1980年代にはヘッドコーチ、ジョー・ギブス指揮下で「ホグス（野豚）」と呼ばれる強靭なオフェンスラインを作り上げると、**1982～1991年に4度のスーパーボウルに出場、3度の制覇を成し遂げ、黄金期**を迎える。しかし同時期にクオーターバック、モンタナ擁するフォーティナイナーズが連覇を含む4度の制覇を成し遂げたため、彼らの陰に隠れる存在となっている。ブタの鼻を付けて観戦するファンは「ホゲッツ（Hogettes）」と呼ばれ、この頃の名残のスタイルだ。

　2020年7月、昨今のBLM運動（→P.85）を受け、「レッドスキンズ」の愛称とヘルメットロゴの使用停止を余儀なくされ、暫定的に名称を「ワシントン・フットボールチーム」、ヘルメットロゴは背番号をあしらったものに変更した。2シーズンを経た2022年2月、司令官を意味する「コマンダーズ」を正式名称とし、再出発の一歩を踏み出した。2000年以降は勝ち越しシーズンわずか5回、プレイオフ3回連続初戦敗退と奮わず、昨今はオフフィールドでも経営サイドのパワハラ問題などでリーグの調査が入るなど、お寒い状況が続いていたが、2022年シーズンは名称とロゴ変更の効果か、NFC東地区の躍進に引かれるように8勝8敗1分の成績を残し、プレイオフにあと一歩のところまで迫ってみせた。

　NFLでは珍しくマーティングバンドを有しており、彼らは移転後の1937年から活動、タッチダウン後に奏でる"Hail to the Commanders"はフットボールファンなら誰もが知る。NFL最大のキャパシティを誇る9万1000人収容のスタジアムで一緒に歌いたい名曲だ。

レッドスキンズから名称を変更したコマンダーズ

CINEMA おすすめ映画はこれっ!
しあわせの隠れ場所
The Blind Side
2009年公開
監督：ジョン・ハンコック
主演：サンドラ・ブロック、クィントン・アーロンほか
　ドラフトでボルチモア・レイブンズの1巡目の指名を受けたマイケル・オアーの実話。南部メンフィスのスラムで育ったマイケルが、裕福な主婦アン・リーの家の一員となり、アメフト選手として成功するまでを描く。

ボルチモア・レイブンズ
Baltimore Ravens MAP P.306-A5 外

本拠地　M&Tバンクスタジアム M & T Bank Stadium
（7万1008人収容）人工芝

　元来、カレッジフットボール人気が高いこの町、1953年に初のプロチーム「ボルチモア・コルツ」が誕生（1947～1950

DC豆知識 **NFL観戦のノウハウ**　秋以降のゲームを見に行くのなら、寒さ対策にも気をつけよう。薄手の毛布などを持っていくと、大きな助けとなってくれる。じっと座っての観戦はかなり寒い。

年の同名チームは別物）するがその後、フランチャイズにまつわる事件が頻発することに。最初の事件は1984年、インディアナポリス市が新たなドーム建設を条件にコルツを誘致するとボルチモアの町はその条件に対抗できず、チームは去ることに。そのため今でもこの町にはコルツファンが現存している。

さらなる事件は1996年に巻き起こる。NFL空白地となっていたこの地に「クリーブランド・ブラウンズ」の当時のオーナーであったアート・モデルが移転を断行。クリーブランド市はもちろん、リーグも知らされていない独断にすぐにストップがかかったが、彼は翌シーズンから「レイブンズ」というチームが動き出すことを発表してしまう。クリーブランド市と市民はこれに激怒し、訴訟を準備、失った「ブラウンズ」を取り戻すため、全面対決の姿勢をみせた。この問題は全米を揺るがし、ホワイトハウスにまで届く事件に発展、政治的介入もうわさされたが、最終的にはNFLが仲裁措置を発表、「ブラウンズ」の名を凍結し、数年後にチーム増設による「クリーブランド・ブラウンズ」の再生を保障することに。一方の「レイブンズ」はチーム史を引き継がない新設チームとして動き出すことで騒ぎは解決をみることとなった。

これによりボルチモアではレイブンズファンと旧コルツファンがいがみ合うような状態となったが、**創設5年目の2000年、圧倒的なディフェンス力を武器にスーパーボウル初出場で初制覇**を遂げ、ファンの垣根を一気に取り除いてしまった。2012年には「兄弟ヘッドコーチ対決」として注目を集めた**第47回スーパーボウルに勝利**、「守備の魂」レイ・ルイスは有終の美を飾った。その後の10年でも負け越しわずか2回と安定の実力、2022年シーズンも10勝7敗でプレイオフに進出している。

紫のチームカラーをまとって応援しよう！ ©Baltimore CVB

ボルチモア・レイブンズ
●**リーグ**：アメリカン・フットボール・カンファレンス北地区所属American Football Conference North Division
URL www.baltimoreravens.com

M＆Tバンクスタジアム
住 1101 Russell St., Baltimore, MD 21230
☎ (410) 261-7283（チケット）
行き方 ワシントンDCのユニオン駅からアムトラックかマークでボルチモアのPennsylvania駅に行く（→P.303）。駅からはライトレールに乗りHamburg Street駅で下車、目の前。ただし、Hamburg Street駅は試合開催時しかオープンしない
無料Wi-Fi
●**チケット料金**：$40〜698。プレミアチケットは2〜10倍
※チケットはスキャルパー（ダフ屋）からは決して買わないこと。
●**チームカラー**：紫、黒、メタリックゴールド、白

バスケットボール National Basketball Association & Women NBA NBA & WNBA

ワシントン・ウィザーズ
Washington Wizards MAP P.25-F3
本拠地 キャピタル・ワン・アリーナ Capital One Arena（2万356人収容）

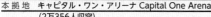

1961年、シカゴ・パッカーズとして発足、1年目は18勝と奮わず、翌年「ゼファーズ」に改称するも25勝止まりに。さらに翌年、ボルチモアに移転し「ブレッツ」と改称するとようやく6年目の1968-69シーズンから勝ち越しを重ね、1970-71シーズンにNBAファイナル初出場を遂げた。1973年、新アリーナ建設を機にメリーランド州ランドオーバーに引っ越し、首都に近いことから「キャピタル・ブレッツ」と名乗ったが、直後に発足したNHL「ワシントン・キャピタルズ」と混同しやすいため、翌年、フランチャイズ名を現在の「ワシントン」

NBA日本語公式サイト
URL www.nba.co.jp

バスケットボール
●**シーズン**：10月〜翌年6月（レギュラーシーズンは4月まで）。4月中旬からプレイオフ

ワシントン・ウィザーズ
●**リーグ**：イースタンカンファレンスの南東地区所属 Eastern Conference Southeast Division
URL www.nba.com/wizards

読者投稿 **キャピタル・ワン・アリーナのWi-Fiは使えない** 通じるものの、すぐに切れる。チケットの窓口に行きTextを送ってもらったが、それもダメ。アカウント番号がわかってやっと紙のチケットを発券してもらった。（東京 NG '22）

近年成果を出しつつあるNBAウィザーズの試合観戦はエキサイト

に改めている。**1977-78シーズンに3度目のファイナル出場、初の栄冠を手中に収めた。**

1980年代後半から低迷期を迎え、1990年代にいたると銃犯罪を連想させる愛称への抗議熱が高まり、1997年に「ウィザーズ」に改めることに。2001年、世界中を驚かすニュースが駆け巡る。当時、共同オーナーであったマイケル・ジョーダンが現役復帰を発表、すると「バスケの神様」を見たいファンによって弱小チームのチケットは高騰し、アリーナは連日満席の異常事態に。しかし「神様」も成績に魔法をかけることはできず、3シーズン連続負け越しを重ね、「今回は100%復帰はない」という言葉を残し、去っていく。皮肉にもその後、4シーズン連続で5割以上の成績を刻み、プレイオフに連続出場、一旦、この熱は冷めるが、2013-14シーズンから再び5割以上の好調を維持、しかし2018-19シーズンからは低迷期に。

2019年、驚きのニュースが日本を駆け巡る。NBAドラフト一巡目全体9位で八村塁が日本人史上初の指名を受けたのだ。入団後はシーズンを追うごとに成長を見せ、2023年1月、シーズン途中でロスアンゼルス・レイカーズへ移籍することに。こちらからも目が離せない。

ワシントン・ミスティックス

Washington Mystics MAP P.101 外

本拠地　エンターテインメント&スポーツアリーナ Entertainment & Sports Arena（4200人収容）

2022年、東京オリンピックでも日本代表として大活躍した町田瑠唯⑬の加入により、日本でも知名度を上げているWNBAのワシントン・ミスティックス。町田瑠唯はこの年のレギュラーシーズン36試合とプレイオフ2試合を含め全38試合のすべてに出場する活躍を見せた。インタビューでは来期も挑戦したいと意欲を見せており、今後もワシントン・ミスティックスから目が離せないが、注目すべきは彼女だけではない。

後にWNBAのコーチとして最多勝利記録を達成するティーボーMike Thibaultを2012年にヘッドコーチ兼GMとして迎え、**2019年に初優勝を果たした。**立役者となったのはエレーナElena Delle Donne⑪だ。彼女を語るのにまずその美貌が際立つが、WNBAの歴史では彼女のみ、NBAでも過去8人しかいない超一流シューターの証である「50-40-90」を達成した驚異的な選手だ。また、チームのムードメーカーでエレーナが持病で欠場した2020年から急成長を遂げたミーシャMyisha Hines-Allen②、オールマイティーに活躍し、反人種差別や社会問題を訴える活動家としての顔ももつナターシャ Natasha Cloud⑨にも注目だ。

2019年から本拠地としているエンターテインメント&スポー

キャピタル・ワン・アリーナ
住 601 F St. NW, Washington, DC 20004
☎(202)661-5050（チケット）
行き方 レッド、イエロー、グリーンラインGallery Place/Chinatown駅下車、出口を出てすぐ
●**チケット料金**：$14～350。プレミアムチケットは2～25倍
●**チームカラー**：ネイビー、白、赤、シルバー

アリーナでお客さんを歓迎するエンターテイナー

WNBA（Women National Basketball Association）
●**シーズン**：5～10月（レギュラーシーズンは9月上旬まで。9月中旬からプレイオフ）。全12チーム。各チーム34試合が行われ、上位4チームがプレイオフに進出する

ワシントン・ミスティックス
●**カンファレンス**：東カンファレンス East Conference
Free (1-877)324-6671
URL mystics.wnba.com

エンターテインメント&スポーツアリーナ
住 1100 Oak Dr. SE, Washington, DC 20032

ツアリーナは、2018年にオープンした新しい施設。全4200席の座席はどこに座ってもコートが近く感じられ臨場感たっぷりに試合を観戦できる。　　　　（本文：瀬山由佳）

行き方 グリーンラインCongress Heights駅下車、徒歩6分
●チームカラー：白、ネイビーブルー、赤、シルバー

アイスホッケー National Hockey League　NHL

ワシントン・キャピタルズ
Washington Capitals　MAP P.25-F3

本拠地　キャピタル・ワン・アリーナCapital One Arena（1万8573人収容）

キャピタルズの試合はとてもスピーディで、つい見入ってしまうはず

1973年、NBAボルチモア・ブレッツ（現ワシントン・ウィザーズ）の移転に影響を受け、地元ではプロチームのフランチャイズ熱が高まり、1974年のリーグ拡張で「カンザスシティ・スカウツ（現ニュージャージー・デビルズ）」とともに誕生した。首都をイメージするこのニックネームは公募で決められ、ファンは「キャプス」と呼んでいる。新設チームの常で当初、低迷が続いたが、9年目の1982-83年シーズンに初の勝ち越しを決めるとプレイオフに初出場。以降、14シーズン連続でプレイオフに駒を進める強豪に。

1997-98年シーズンに初のスタンレーカップ・ファイナルに出場を遂げたが、2000年代前半からは不調の波に襲われる。この波を乗り越えるため、2007-08年シーズンにロゴやジャージをオールドスタイルに変更、すると見事に上昇気流に乗り出した。2017-18年シーズン、2度目のファイナルに駆け上がると創設1年目の新星「ベガス・ゴールデンナイツ」を一蹴。**初のスタンレーカップを首都にもち帰り**、町は歓喜に包まれた。以後も好成績を重ね、プレイオフ常連の座を占めているが、プレイオフ初戦敗退が重なり、ファンは苦い思いをしている。

強くなったおかげで家族連れのファンも多く訪れる

アイスホッケー
●**シーズン**：10月～翌年5月（レギュラーシーズンは4月まで。4月下旬からプレイオフ）

ワシントン・キャピタルズ
●**リーグ**：イースタンカンファレンスのメトロポリタン地区所属Eastern Conference Metro politan Division
URL www.nhl.com/capitals

キャピタル・ワン・アリーナ
住 601 F St. NW, Washington, DC 20004
☎ (202) 266-2277（チケット）
行き方 上記バスケットボールの項参照

●**チケットの料金**：$35～449
●**チームカラー**：赤、ネイビー、白

サッカー Major League Soccer　MLS

DCユナイテッドの専用スタジアム

1996年にアメリカ・プロサッカーの一部リーグとして10チームで発足。2023年はカナダ3都市を含む29チームが東西のカンファレンスに分かれて戦う。近年はコロナ感染に影響されたシーズンを除き、リーグ全体の1試合平均観客数が例年2万人を越え、安定したファン層を確保している。大きいスタジアムでの試合には5万人以上が集まることも多い。シーズンは

サッカー
●**シーズン**：3～12月（レギュラーシーズンは10月まで。11月から12月上旬までプレイオフ）

DCユナイテッド
●**リーグ**：イースタンカンファレンス所属
Eastern Conference
URL www.dcunited.com

アウディフィールド
住 100 Potomac Ave. SW, Washington, DC 20024
☎ (202) 600-9098（チケット）
行き方 サーキュレーターのイースタンマーケット～ランファンプラザ・ルートがアウディフィールドへ行く。またはグリーンラインNavy Yard-

2月下旬・3月上旬から10月までで、その後プレイオフが行われる。カナダ・アメリカはもちろん、ヨーロッパ、中南米、アフリカ、アジアからの選手も所属している。

DCユナイテッド
DC United
MAP P.26-A5

本拠地　アウディフィールド Audi Field
（約2万人収容）天然芝

MLS創設の前年、1995年に結成された。**サポーターズシールド（リーグのレギュラーシーズン優勝）とMLSカップ（プレイオフ優勝）を4回ずつ獲得**し、アメリカサッカー協会主催の**USオープンカップ（日本での「天皇杯」に当たる）でも3回優勝**している名門チーム。1998年には北中米カリブ地区（CONCACAF）のチャンピオンズカップでアメリカのクラブとして初優勝。さらにインターアメリカン・カップではコパ・

プロスポーツ＆エンターテインメント　チケットの買い方と注意点

情報の集め方

チケットやスケジュールを知るには、まずお目当てのチームや店、団体のウェブサイトにアクセスしよう（本書にも掲載）。スケジュールをクリックすると、日程や対戦相手、または出演者や演奏曲名、ソリストなどの名前や写真が出てくる。英語が苦手なら、翻訳ソフトを活用するといい。

全米のチケットを扱う業者「チケットマスター Ticketmaster URL www.ticketmaster.com」も便利だ。町の名前や日付を入れてどんなイベントが開催されているか検索することもできる。

ネットでのチケットの買い方

チケットは現地の窓口で買うこともできるし、インターネットで日本から購入することもできる。人気のイベントなら日本で買っておけば安心だ。

●**準備するもの**
・クレジットカード
・eメールアドレス。できれば「gmail」がベター

①アカウントを作る
初めてそのウェブサイトからチケットを購入する場合は、アカウントAccountを作る必要がある。「Sign Up」などの画面からメールアドレスやパスワードなどを入力してアカウントを作る。

②チケット購入
アカウント作成後、希望の日時、座席を選んで手続きを進めると、駐車場や寄付などオプションを尋ねられるが、無視してもよい。チケットの受け渡し方法を尋ねてくるところもまれにあるが、現在ほとんどの組織が**「動くバーコードタイプのチケット」**を導入している。最後に手数料（金額に幅がある）とこれをプラスした金額が表示される。

「動くバーコードタイプのチケット」は現地でスマートフォンを起動させ、チケットの画面を出してスマートフォンを読み取らせるもので、日本でもバーコードが表示される。スクリーンショットを撮ればいいと思うかもしれないが、これはNG。そのチケットは通用しない。

③支払い方法
クレジットカード情報を入力。カード番号、有効期限、名前に加えて入力する必要があるのが、CVC。カードの裏面などに出ているセキュリティコードのことだ。最後、注文をクリックする前に、キャンセルが効かないかなどを細かい文言を必ず読んでおくこと。

④チケットが届く
登録したメールアドレスにチケットが届き、座席番号やバーコード（動くバーコードタイプのチケット）が表示される。これを当日表示できるようにすればいい。

現地でデータ通信ができるかどうかがカギ
博物館や美術館はバーコードの印刷で入場できるところが多いが、現在、プロスポーツは印刷されたバーコードではほとんど入場できない。チケットの入場については日々進化しているのが実情で、今後以下のことが変わる可能性も大きい。

「動くバーコードタイプのチケット」の場合、**データ通信ができる環境が入場時にあるかな**

リベルタドーレス優勝のヴァスコ・ダ・ガマを破り、**アメリカ大陸のチャンピオン**となった。しかし近年は低迷が続き、2020–23年はプレイオフ進出を果たしていない。

1試合の平均観客数は約1万7000人。2018年7月にワシントンDCの南部にあるバザードポイント（MLBナショナルズの本拠地から3ブロック西）に念願のサッカー専用スタジアムが完成した。その新スタジアムでの最初の試合でデビューし、2018年シーズンのチームMVPに選ばれた元イングランド代表の名選手、ウェイン・ルーニーが2022年のシーズン途中にチーム9人目の監督に就任した。2023年にはベルギー、ポーランド、ギリシア、ジャマイカなどの代表選手が所属。アカデミー（ユースシステム）や下部のチームから上がってくる若い選手も成長を見せ、かつてのような強いDCユナイテッドの復活が期待される。

Ballpark駅下車、徒歩13分
●**チケットの料金**：$27～292
●**チームカラー**：黒、赤、白

アウディフィールドは選手と観客がとても近い

いかが最重要だ。くどいようだが、バーコードをスクリーンショットしても入れない。

多くの球場や施設ではWi-Fiがとおっているが、とおっていてもつながりの悪いところがある。データ通信の環境のない人はWi-Fiルーターを持っていくなど、対応が欠かせない。せっかく会場の目の前まで行ったのに、入ることができないなんて、泣きたくても泣けない状態になる可能性もある。

なお、**「動くバーコードタイプのチケット」**はバーコードをスキャンして入場するのではなく、会場の入口に設置された機械に画面を表示したスマートフォン自体をかざして入場するシステム。バーコードが一瞬消えても大丈夫。

どうして「gmail」がいい？

たまにではあるが、アメリカのWi-Fiの業者の中には、外国のメールアドレスの受信ができないところがある。ウェブサイトを呼び出すことはできても、メールの受信ができないことがあるから注意したい。

チケット入手、奥の手

日本から申し込める、日本語OKのブローカー

人気イベント、人気チームの試合などのチケット入手は非常に難しい。しかも不慣れな英語での複雑なやりとりは思ったより労力を要する。下記の日本語の通じるブローカーなら、入手困難といわれているものでもほとんど取れる。

★All American Ticket

ロスアンゼルスにあるが、全米どこの会場、イベントでもOK

住340 E. 2nd St., Little Tokyo Plaza #305, Los Angeles, CA 90012（営月～金9:00～18:00アメリカ太平洋時間） ☎(213)217-5130 Free(1-888)507-3287 URL www.allamerican-tkt.com カード A J M V

★チープトラベルズ

こちらは日本にある業者。全米のどこの会場、イベントもOK。「動くバーコードタイプのチケット」についても解説してくれる。

☎(03)5542-5102（月～金9:00～18:00）
URL ctz.jp カード A J M V

スポーツ観戦の荷物は極力小さくして！

現在、スポーツ観戦やイベント入場時に大きな荷物を持って入場することはできない。荷物は極力小さくすること。大きさについては各ウェブサイトの"Bag Policy"に掲載されているから、必ず確認を。

ナショナルズパークやキャピタル・ワン・アリーナなど一部の施設では荷物制限はあるものの、スマートロッカーを準備しており、荷物を預けることもできる。ただし料金が高く、データ通信の環境がないと使えない。場所にもよるが$8～18かかる。また、スマートロッカーも簡易的なものなので、日によっては用意されていないこともある。

キャピタル・ワン・アリーナに簡易的に設置されたBinBoxのスマートロッカー。設置されないこともあるのでなるべく荷物は小さく

Sports

レクリエーション Recreation

公園都市ワシントンDCでは、モールを中心にジョギング、サイクリング、フリスビー、サッカーなどを楽しむ市民の姿が見受けられる。またDCで働くエグゼクティブの条件は、やはり体力。体が丈夫でないと国を動かす激務はこなせない。だからエグゼクティブたちは、日々体の鍛練に努めている。DCでは自分でトライできるトレーニング施設も充実しており、スポーツクラブも多くて混雑している。

ここでは観光客も気軽に楽しめるレクリエーション（スポーツ）を紹介しよう。

サイクリング Biking

公園都市ワシントンDCを自転車で観光するのもおすすめ

アメリカでは自転車のことをバイクと呼び、サイクリングのことを**バイキング Biking**ともいう。

DCは緑も多く、自転車を走らせるには最適の大きさ。例えばモールやポトマック川沿いは歩くには距離があるが、自転車で走り抜ければ、景色もいいうえ、気分も爽快。観光を兼ねてサイクリングをするなら、**バイクシェアのCapital Bikeshare**（→P.60）がおすすめ。ほかにも時間に追われずマイペースでサイクリングを楽しむためのレンタルもある。モールなどの緑地帯でなければ電動キックボード（→P.61）にチャレンジするのもいい。

市内でレンタサイクル、貸しボートなどを行っている店は下表のとおり。クレジットカードとパスポートなどの写真入りIDが必要。

ボート Boat

ポトマック川に面したDCだから、川面からDCを眺めてみたい。川の流れに身を任せながらのDC観光も、風情があっておすすめ。レンタルボートやレンタルカヌーを行う店もあり、旅行者でも借りやすい。店は下表のとおり。いずれも、クレジットカードとパスポートなどの写真入りIDが必要。

メトロレイルに自転車持ち込みもOK

DCのメトロレイルには、自転車を持ち込むことができる。ただし、混雑時は不可。また、車両の中央の入口からは持ち込むことができない。

おすすめサイクリング道

●**National Mall**：国会議事堂からリンカーン記念館までの約4km
URL www.nps.gov/nama

●**Rock Creek Park**：ケネディセンター西からロッククリーク・パークのテニスセンター（シティオープン会場）までRock Creek沿いの約12km
住 3545 Williamsburg Ln. NW
URL www.nps.gov/rocr

●**Mt. Vernon Trail**：地元サイクリストの間で人気。リンカーン記念館南からポトマック川辺を走り、マウントバーノンまでの約29kmのコース。途中、アレキサンドリア、アーリントン墓地、そして飛行機が頭上を飛び交うナショナル空港の名所グレーバリーポイントGravelly Pointも通る
URL www.nps.gov/gwmp/planyourvisit/mtvernontrail.htm

詳しくは URL bikewashington.org

自転車とボートのレンタル店

	自転車		ボート	営業時間	MAP	電話＆URL(http:// は省略)
	1時間	1日	1時間			
Thompson Boat Center			$32(カヌー) $22～30(カヤック)	毎日7:00～18:00（5～8月中旬6:00～19:00、10月7:30～17:00）、10月下旬～3月は休み	ジョージタウン P.28-C5	(202)333-9543 boatingindc.com/thompson-boat-center/
Big Wheel Bikes		$35～		火～土10:00～18:00、日11:00～17:00。月休み、冬季は、日にちによって異なる	ジョージタウン P.28-B5	(202)337-0254 www.bigwheelbikes.com
Tidal Basin Paddle Boats			週末・祝日$40、平日$38 (火$26.60)	3月中旬～10月の毎日10:00～17:00	モール南 折込地図表-C3	(202)479-2426 boatingindc.com/tidal-basin/
Unlimited Biking	2時間$16～80 ※最低2時間から貸し出し	$40～199		4～10月の毎日9:00～19:00、11～3月の毎日～17:00	ザ・ワーフ 折込地図表-D3	(202)842-2453 unlimitedbiking.com/washington-dc

読者投稿 **リフレッシュにおすすめ** Rosslynあたりから北西へ車で約30分行った所が、Great Fallsというポトマック川上流の公園になっている。見どころはたいしてないが、すさまじい水流を見ることが↗

ゴルフ Golf

アメリカではパブリックならグリーンフィーGreen Fee$20〜で18ホール、$15〜でハーフプレイできる。DC近郊には100以上のゴルフ場があるが、DCに比較的近く、日本人にもプレイしやすいコースを紹介しよう。中心部から最も近いのが、モール南のポトマック公園にある**東ポトマック・ゴルフリンクス East Potomac Golf Links**。

ゴルフのアレンジは
不慣れな土地でのゴルフに不安ならP.383の日系の旅行会社に相談してみるといい。

●東ポトマック・ゴルフリンクス
MAP 折込地図表-D3
住 972 Ohio Dr. SW, Washington, DC 20024
URL www.playdcgolf.com/east-potomac-golf-links/

DC 近郊のおすすめゴルフコース

ゴルフ場名	州	住所 &MAP	電話 &URL (http:// は省略)	料金	コメント
フォールズロード・ゴルフコース Falls Road G.C.	メリーランド	10800 Falls Rd., Potomac, MD 20854 折込地図裏 -B2	(301)299-5156 www.mcggolf.com → courses → Falls Road	18 ホール：月〜金の午前スタート $47 〜、週末・祝日の午前スタート $56 〜、午後スタートはいずれも $20 〜(カート代$17別途)。練習用ボール籠は小 $6、中 $12、大 $18 カード AMV	各コースの距離は比較的短いが、地形の変化に富んだ楽しいゴルフ場。練習場あり。DC から車で約 40 分。予約は 7 日前から電話、オンラインで受付。キャンセルは 24 時間前まで
ノースウエストパーク・ゴルフコース Northwest Park G.C.	メリーランド	15711 Layhill Rd., Silver Spring, MD 20906 折込地図裏 -B2	(301)598-6100 www.mcggolf.com → courses → Northwest	18 ホール：月〜金の午前スタート $47 〜、週末・祝日の午前スタート $56 〜、午後スタートはいずれも $20 〜(カート代$17別途)。練習用ボール籠は小 $5、中 $10、大 $15 カード AMV	広くゆったりとしたフェアウエイで、プレイもゆったりと楽しめる。練習場あり。DC から車で約 50 分。予約は 7 日前から電話、オンラインで受付。キャンセルは 24 時間前まで
ピービー・ダイ・ゴルフコース PB Dye G.C.	メリーランド	9526 Doctor Perry Rd., Ijamsville, MD 21754 折込地図裏 -B2	(301)607-4653 www.pbdyegolf.com	18 ホール：月〜木 $32 〜 60、金 $45 〜 70、土日 $55 〜 99 (カート代含)。練習用ボール籠は $6 〜 15 カード AMV	ゴルフ専門誌でメリーランド州No.1のゴルフコースに選ばれた。練習場、ゴルフレッスンあり。DC から車で約 1 時間。予約は 2 週間前から電話、オンラインで受付。キャンセルは 24 時間前まで
レストン・ゴルフコース Reston G.C.	バージニア	11875 Sunrise Valley Dr., Reston, VA 20191 折込地図裏 -B2	(703)620-9333 www.restonnationalgc.com	月〜木：18 ホール $32 〜 74、週末・祝日：18 ホール $44 〜 81（カート代 $15 別途）。練習用ボール籠は小 $8、中 $12、大 $16 カード AMV	コースはオーソドックスだが、よく整備されていて気持ちよくプレイできる。練習場あり。DC から車で約 40 分。予約は 7 日前から電話、オンラインで受付。キャンセルは 24 時間前まで
ラズベリー・フォールズ・ゴルフ＆ハントクラブ Raspberry Falls Golf & Hunt Club	バージニア	41601 Raspberry Dr., Leesburg, VA 20176 折込地図裏 -B2	(703)779-2555 www.raspberryfalls.com	オンシーズン月〜木：9 ホール $50、18 ホール $90、金：9 ホール $55、18ホール $99、週末・祝日：9 ホール $60、18 ホール $120。オフシーズン月〜金：9 ホール $40 〜 46、18ホール $60〜72、週末・祝日：9 ホール $50、18 ホール $75 〜 90、午後は割引あり（カート代含）カード AMV	山もあるが、大西洋岸を旅行している気分が味わえるコース。アウトレットのリースバーグから車で 10 分ほどの所にある。DC から約 1 時間。予約は 7 日前から電話、オンラインで受付。キャンセルは 24 時間前まで

↘でき、リフレッシュできる（ただし、夏は水量が減るため、4月くらいまでが望ましいとの現地情報）。URL www.nps.gov/grfa
（千葉県　Bozu）['23]

Enter taiment エンターテインメント Entertainment

日本では、クラシック音楽やバレエ鑑賞というのは、まだ一般大衆に浸透しているとは言いがたい。しかし、ここワシントンDCでは、人々のクラシック芸術に対する造詣は深く、これらが日常会話の話題になることもしばしば。ケネディセンターを中心に連日コンサートが行われ、美しく着飾った紳士淑女が劇場へ足しげく通う。海外の有名なオーケストラ、オペラハウス、バレエ団の引っ越し公演も多く、DCでは質の高いクラシック芸術が期待できる。

また、ミュージカル、演劇（プレイ）、映画なども盛んだ。ニューヨークのブロードウエイで始める前の、トライアルがしばしばDCでは行われる。夏季には、野外コンサートもめじろ押し。さすが首都だけあって、顔ぶれも有名どころが並ぶ。ワシントニアンに混じって、脳の癒やし体験を！（チケットの買い方→P.228）

クラシック音楽 Classic

ナショナル交響楽団

National Symphony Orchestra　MAP 折込地図表-B2

本拠地　ケネディセンター内コンサートホール Concert Hall at The Kennedy Center（2465人収容）

ナショナル交響楽団は、独立記念日や大統領就任式、DCの公式行事などで活躍する、アメリカ人にとってはなじみのある交響楽団だ。2020年で90回目のシーズンを迎えた、全米でも実力のあるオーケストラとして知られている。その創立は1931年、初代音楽監督にはチェリストでもあった**ハンス・キンドラー**が就任。キンドラーの影響から当初楽団は現代音楽の演奏で知られるようになった。彼の退任後、アシスタントでもあった**ハワード・ミッチェル**が20年の長期にわたり音楽監督を務めた。1970年に就任した**アンタル・ドラティ**の時代から楽団は活動の幅を海外にも広げ、国際的にも知名度が上がるようになった。1977年からは**ムスティラフ・ロストロポービッチ**が就いたが、彼はソ連から亡命していたチェリスト。当時のカーター大統領のはからいで、DCを本拠地とするナショナル交響楽団の音楽監督に就いたのではないかともいわれた。また、ロストロポービッチの精力的な活動のおかげで、ナショナル交響楽団の名前が日本のクラシックファンにも広まっていったことも事実。1994～2008年の間音楽監督を務めたロスアンゼルス生まれの**レナード・スラトキン**は、今までに60回以上グラミー賞にノミネートされてきた実力の持ち主。2017年から契約延長により2026年のシーズンまでイタリア人**ジャナンドレア・ノセダGianandrea Noseda**が音楽監督に就任する。

秋から春はクラシック音楽のシーズン。ケネディセンターを中心に公演がある

© Scott Suchman

ナショナル交響楽団
住The Kennedy Center, 2700 F St. NW, Washington, DC 20566
☎(202) 467-4600
Free(1-800) 444-1324（インフォメーション&チケット）
URL www.kennedy-center.org
行き方ブルー、オレンジラインFoggy Bottom/ GWU駅下車、駅のエスカレーターを出た23rd & I (Eye) Sts.のあたりにケネディセンター行きの無料のシャトルが待機している（MAP P.27-A5）。バンは赤ワイン色の車体で、正面に"Kennedy Center"とはっきり表示されているのですぐわかる。運行は月～土9:45～24:00、日11:45～24:00、祝16:00～終演時間

●**シーズン**：毎年9月中旬から翌年6月まで。定期公演はこの期間の木曜の19:00、金土曜の20:00に行われる。ただし、マチネ公演があったり、ほかの町へのツアー公演、海外からの他楽団の公演があるときは変更がある。

●**シングルチケットの料金**：$15～98（演奏者によって多少変動する）

●**ケネディセンターのボックスオフィス**：月～土10:00～21:00、日祝12:00～
カード A M V

ウォルフ・トラップ（フィリーンセンター&ザ・バーンズ）
Wolf Trap (Filene Center & The Barns)

クラシックのシーズンが終わる5月末から9月の初めにかけて、DCの郊外**ウォルフ・トラップ・フィリーンセンターWolf Trap Filene Center**で、ナショナル交響楽団によるクラシックコンサート、オペラやオペラ歌手によるガラコンサート、バレエ、ミュージカル、芝居、ジャズやブルース、ポップスコンサートなど、各種パフォーミングアートが連日行われる。世界的に有名なアーティストや人気ミュージカルなどがラインアップされるから注目したい。近年はほかの季節も行われている。

ウォルフ・トラップのフィリーンセンター。客席の後ろは屋外　© Wolf Trap

野外劇場のためピクニック気分で音楽が味わえてとても楽しい。料金は座るエリアによって異なるが、芝生席なら寝転がって演奏を楽しむこともできる。

このほか敷地内には1981年に建てられた室内劇場**ザ・バーンズThe Barns**があり、オペラや演劇、クラシックコンサートが1年をとおして楽しめる。趣のあるコンサートホールでは、一流アーティストの公演を身近で鑑賞できるのがうれしい。

ウォルフ・トラップ
●フィリーンセンター
MAP 折込地図裏-B2
住 1551 Trap Rd., Vienna, VA 22182　☎(703) 255-1868
URL www.wolftrap.org
ボックスオフィス月～金10:00～16:00
カード A M V
行き方 コンサートのある日はシルバーラインMcLean駅からウォルフ・トラップ行きのFairfax Connector社の臨時バス"#480 Wolf Trap Express Bus"が開演時間の2時間前から開演まで20分おきと、公演が終わってから運行される。最終バスの運行は日によって異なるので確認を。バスの運賃は往復$5。
車はFoggy BottomからI-66に乗り、Dulles Toll Road方面へ。Wolf Trapの15番出口で下りる。DCから所要時間約30分

●シングルチケット料金：演目によって異なるが$42～253、芝生席$25～51

●ザ・バーンズ
住 1635 Trap Rd.
☎(703)255-1868
URL www.wolftrap.org
チケットボックスはショー開始の2時間前からオープン

ボルチモア交響楽団
Baltimore Symphony Orchestra　MAP P.306-A1

本拠地　ジョセフ・メヤーホフ・シンフォニーホール
Joseph Meyerhoff Symphony Hall（2443人収容）

1916年創設、2016年に100シーズンを迎えた歴史あるオーケストラで、市が作った存続するオーケストラとしてはアメリカで唯一のもの。100年以上にわたる長い歴史のなかで13人もの音楽監督が楽団を率いてきた。なかでも、BSOを全米トップクラスの実力に引き上げた立て役者は、**初代音楽監督のグスタフ・ストルベ、第5代ハロルド・バーロウ、第9代セルジュ・コミッショーナ**、そして、1985年より第10代音楽監督を務めた**デビッド・ジンマン**の4人。ジンマンはその実力が認められて、1990年と1994年にアメリカの音楽界で栄誉あるグラミー賞を受賞したほか、3回の来日も果たしている。ジンマンは古典だけでなく、アメリカの現代音楽の演奏にも熱心で、ボルチモア出身の作曲家の作品を取り上げるなど、その分野では独自の境地を切り開いていた。

ボルチモア交響楽団
© Baltimore Symphony Orchestra

2007年のシーズンは全米メジャーオーケストラ初の女性指揮者**マリン・オルソップ**が指名され、2023年のシーズンは新進気鋭の若手**ジョナソン・ヘイワード**の就任が決定した。BSOの演奏は全米200のラジオ局で聴けるほど人気がある。

ボルチモア交響楽団
住 Joseph Meyerhoff Symphony Hall, 1212 Cathedral St., Baltimore, MD 21201
☎(410) 783-8000（マイヤーホフ・ボックスオフィス）
Free (1-877) 276-1444（ストラスモア・ボックスオフィス）
URL www.bsomusic.org
行き方 まずはボルチモアへ（→P.303）。ライトレールCultural Center駅下車。ストラスモア音楽センター（→P.235）で行われることも

●シーズン：毎年9月下旬から翌年の6月中旬まで、おもに金土日に演奏が行われる。開演時間は日によって異なる

●シングルチケットの料金：$25～90、学割$35（演奏者によって変動する）、ラッシュチケット$20（開演1時間前に発売）

●BSOボックスオフィス：火～金10:00～18:00、土日12:00～17:00、コンサートの1時間前と休憩時間もオープン
休 月（7・8月は日も休み）
カード A M V

オペラ Opera

オペラ
●**シーズン**：毎年11～3月（5～6月にもあり）

ケネディセンターのオペラハウス。興味がなくても一度はオペラを見てほしい

ワシントン・ナショナル・オペラ
●**ワシントン・ナショナル・オペラのシーズンは3、5、10、11月**
住Opera House at Kennedy Center, 2700 F St. NW
☎(202)467-4600
Free(1-800)444-1324
URL www.kennedy-center.org/wno
行き方ケネディセンターへはブルー、オレンジライン Foggy Bottom/GWU駅下車、駅からはシャトルで。P.232「ナショナル交響楽団」参照

●**チケットの料金**：$20～199（演目、出演者によって多少変動する）

オペラのすすめ

オペラはヨーロッパの庶民の間に長いこと親しまれてきた愛すべき大衆芸能。日常生活で耳にする音楽のなかには、オペラからの曲が意外なほど多い。また、オペラは総合芸術と呼ばれるくらいだから、歌手の歌唱力や演技力、管弦楽の演奏、舞台装置、演出などどれひとつが劣っても優れたものとはなりえない。せっかくアメリカに来たのだから、超一流の芸術を堪能していってほしい。ワシントンDCには、ケネディセンター内に世界有数のオペラハウスがある。

ワシントン・ナショナル・オペラ
Washington National Opera MAP 折込地図表 -B2

本拠地　ケネディセンター内オペラハウスなど
Opera House at Kennedy Center（2364人収容）

アメリカ生まれヨーロッパ育ちで5ヵ国語をあやつるアメリカオペラの指導者**フランチェスカ・ザンベッロFrancesca Zembello**が2013年より芸術監督に就任。2、3、5月におもにケネディセンターのオペラハウスで公演を行う。

イタリアもの、現代ものなど何でもこなす意欲的なカンパニーで、さまざまな演目のオペラ上演に取り組んでいる。すべて英語の字幕付きというのもありがたい。出演者も世界をまたにかける一流どころばかり。2022-23シーズン後半は新作オペラの『ブルー』やクラシックの『ラ・ボエーム』などを上演する。ぜひこの機会にオペラを鑑賞してみよう。

バレエ Ballet

●**シーズン**：毎年10～5月

ワシントンバレエ
住3515 Wisconsin Ave. NW, Washington, DC 20016
☎(202)362-3606（オフィス）
●**ボックスオフィス**
☎(202)677-5193
URL www.washingtonballet.org
●**チケットの料金**：$48～123
●**ワーナーシアター**
MAP P.25-E3
住513 13th St. NW
☎(202)783-4000
●**ハーマンホール**
MAP P.25-F3　住610 F St. NW
☎(202)547-1122

ワシントンバレエはワーナーシアターも会場のひとつ

ドラマチックな音楽に蝶のような舞いが織りなす芸術、バレエはいつの時代も人気が高い。DCでは、ケネディセンターでワシントンバレエThe Washington Balletがしばしば公演を行うほか、さまざまなダンスカンパニーも活動している。生で観るバレエやダンスは、TVなど映像をとおしたものとまったく異なり、その優美さと迫力に引き込まれる。

ワシントンバレエ
The Washington Ballet MAP 折込地図表 -B2

本拠地　ケネディセンター内アイゼンハワーシアターなど
Eisenhower Theatre at Kennedy Center（1164人収容）

DCを代表するバレエ団で、シーズンは10、12、2、3、5月と断片的ではあるが公演を行う。ケネディセンターの**アイゼンハワーシアターEisenhower Theatre**、市内の**ハーマンホールHarman Hall**や**ワーナーシアターWarner Theatre**などが会場だ。やはり、12月にはバレエ団恒例の『くるみ割り人形』が人気を集めている。

DC豆知識　**国立公園の中のコンサートホール**　ウォルフ・トラップ（→P.233）の行われるフィリーンセンターとザ・バーンズは、アメリカで唯一の国立公園内にあるコンサートホール。URL www.nps.gov/wotr

DCの劇場&コンサート会場 Directory of Theatres & Concert's Halls in DC

DCではクラシック芸術以外にも、ミュージカルや演劇、コメディ、ロック、ポピュラー、ジャズ、R&B、パンク、ハウス、EDMなどのコンサートなどもよく行われる。思いっきり楽しんでいこう。

ザ・ワーフがすぐそばにあるアリーナステージ

（ABC順）

シアター名	MAP	住所&電話番号&URL	行き方／最寄り駅ほか
アンサム The Anthem	折込地図表-D3	住901 Wharf St. SW, Washington, DC 20024 ☎(202) 888-0020 URL theanthemdc.com	グリーンライン Whaterfront駅
アリーナステージ Arena Stage	折込地図表-E3	住1101 6th St. SW, Washington, DC 20024 ☎(202) 488-3300 URL www.arenastage.org	グリーンライン Waterfront駅
アトラス・パフォーミング・アート・センター Atlas Performing Arts Center	折込地図表-F2地図外	住1333 H St. NE, Washington, DC 20002 ☎(202) 399-7993 URL www.atlasarts.org	レッドラインUnion駅からストリートカーでH & 13th Sts.下車
DARコンスティテューションホール DAR Constitution Hall	P.24-B,C4	住1776 D St. NW, Washington, DC 20006 ☎(202) 628-4780 URL www.dar.org/constitution-hall	ブルー、オレンジ、シルバーラインFarragut West駅。市内最大のホール
イーグルバンク・アリーナ EagleBank Arena	折込地図裏-B2	住George Mason University内。4500 Patriot Circle, Fairfax, VA 22030 ☎(703) 993-3000 URL www.eaglebankarena.com	オレンジラインVienna駅。駅からはCUEバスでジョージ・メイソン大学まで行く。帰りはバスがない可能性が高い
フォルジャー劇場 Folger Theatre	P.26-B3	住201 E. Capitol St. SE, Washington, DC 20003 ☎(202) 544-7077 URL www.folger.edu/folger-theatre	ブルー、オレンジ、シルバーラインCapitol South駅
フォード劇場 Ford's Theatre	P.25-E3	住511 10th St. NW, Washington, DC 20004 ☎(202) 347-4833 Free(1-888) 616-0270 URL www.fords.org	ブルー、オレンジ、レッド、シルバーラインMetro Center駅
ハーマンホール Harman Hall	P.25-F3	住610 F St. NW, Washington, DC 20004 ☎(202) 547-1122 Free(1-877) 487-8849 URL www.shakespearetheatre.org	イエロー、グリーン、レッドラインGallery Pl./Chinatown駅
ハワード Howard Theatre	P.25-F1外	住620 T St. NW, Washington, DC 20001 URL www.thehowardtheatre.com	グリーンライン Shaw/Howard Univ駅
ジフィ・ルーブ・ライブ Jiffy Lube Live	折込地図裏-B2	住7800 Cellar Door Dr., Bristow, VA 20136 ☎(703) 754-6400 URL www.bristowamphitheater.com	公共交通手段なし。オレンジライン西終点Vienna駅よりタクシーで約25分
ケネディセンター The Kennedy Center	折込地図表-B2	住2700 F St. NW, Washington, DC 20566 ☎(202) 467-4600 Free(1-800) 444-1324 URL www.kennedy-center.org	ブルー、オレンジ、シルバーラインFoggy Bottom/GWU駅よりシャトルが運行されている（→P.232欄外）
クラインシアター Klein Theatre	P.25-F3	住450 7th St. NW, Washington, DC 20004 ☎(202) 547-1122 Free(1-877) 487-8849 URL www.shakespearetheatre.org	イエロー、グリーンラインArchives/Navy Memorial/Penn Quarter駅
リンカーン劇場 Lincoln Theatre	P.105-B	住1215 U St. NW, Washington, DC 20009 ☎(202) 888-0050 URL www.thelincolndc.com	イエロー、グリーンライン U St駅
ライスナーオーディトリアム（ジョージ・ワシントン大学） Lisner Auditorium	P.24-A2	住730 21st St, NW, Washington, DC 20052 ☎(202) 994-6800 URL venues.gwu.edu/lisner-auditorium	ブルー、オレンジ、シルバーラインFoggy Bottom/GWU駅
ストラスモア音楽センター Music Center at Strathmore	P.130-1外	住5301 Tuckerman Ln., North Bethesda, MD 20852 ☎(301) 581-5100 URL www.strathmore.org	レッドラインGrosvenor-Strathmore駅
ナショナルシアター National Theatre	P.25-D3	住1321 Pennsylvania Ave. NW, Washington, DC 20004 ☎(202) 628-6161 URL thenationaldc.org	ブルー、オレンジ、レッド、シルバーラインMetro Center駅
ソースシアター Source Theatre	P.27-C3	住1835 14th St. NW, Washington, DC 20009 ☎(202) 204-7800 URL www.theatrewashington.org/venues/culturaldcs-source-theatre	イエロー、グリーンライン U St駅
ワーナーシアター Warner Theatre	P.25-E3	住513 13th St. NW, Washington, DC 20004 ☎(202) 783-4000 URL www.warnertheatredc.com	ブルー、オレンジ、レッド、シルバーラインMetro Center駅
ウォルフ・トラップ・フィリーンセンター Wolf Trap Filene Center	折込地図裏-B2	住1551 Trap Rd., Vienna, VA 22182 ☎(703) 255-1868 URL www.wolftrap.org	シルバーラインMcLean駅。駅からは臨時バスが運行されている（→P.233欄外）

お役立ち情報 そのほかのコンサート会場 ●ステートシアターState Theatre 住220 N. Washington St., Falls Church, VA URL www.thestatetheatre.com ●キャピタル・ワン・アリーナ（→P.226）

映画 Cinema

チャイナタウンにあるシネコン。最新作を見るならシネコンがいい

スミソニアンのIMAXシアター

国立自然史博物館と国立航空宇宙博物館の本館と別館では、質の高いオリジナル作品が迫力あるIMAXのスクリーンで楽しめる。

●国立航空宇宙博物館
Lockheed Martin IMAX Theater (→P.136)
住6th St. & Independence Ave.

●ウドバー・ハジー・センター
Airbus IMAX Theater (→P.145)
住14390 Air and Space Museum Pkwy., Chantilly, VA

ロードショーの入場料は、通常大人$14～23。16:00前や曜日によっては安くなる映画館もある。

アメリカではポップコーンにバターをたくさんかける習慣がある。手をバターだらけにしながらほおばるポップコーンもおいしい。

ワシントンDCには映画館の数も多い。最新のロードショーはもちろんのこと、懐かしの名画がしばしばリバイバルされている。アメリカン・フィルム・インスティテュート（AFI）などではこれまでに制作された映画のフィルムを保存し、企画に合わせてリバイバル上映している。

ほとんどのロードショー映画は日本より2～6ヵ月早く公開されるから、流行を先取ることもできる。ただし、字幕は付いていないが……。

チケットの買い方

ウェブサイトからチケットを購入できるが、手数料がかかる。手数料を払いたくなければ、映画館の窓口に並ぶことになる。人気の高い作品はなるべく早く購入を。チケットには映画のタイトルと上映時間が記入され、その映画をその時間にしか観られないことになっている。また、現在映画館のほとんどがシネマコンプレックスで、日本のシネコンとシステムは同じ。なお、チケットの半券は必ず最後まで持っておくこと。なぜなら、シネマコンプレックスの場合一度館内に入ったあと別の映画館へ移動する人がいるので、係員が半券でそれをチェックすることがあるからだ。

映画の見方

ポップコーンは必需品。言うまでもなく映画館のシートのひじかけはポップコーンとジュース受け付き。ポップコーンを食べながら気楽に観よう。もちろん、アメリカ人式にリアクションはハデに！

名画座のひとつEストリート・シネマ

ワシントン DC のおもな映画館

シアター名	MAP	住所＆電話番号＆URL	行き方／最寄り駅
AMC Georgetown 14	P.28-C5	住3111 K St. NW, Washington, DC 20007 URL www.amctheaters.com	サーキュレーターのジョージタウン～ユニオン駅ルートで
American Film Institute (AFI) Silver Theatre	P.23-B1	住8633 Colesville Rd., Silver Springs, MD 20910 ☎ (301) 495-6720、495-6700（テープ案内） URL afisilver.afi.com	レッドラインSilver Springs駅からColesville Rd.を北東へ2ブロック
Avalon Theatre (NPO経営)	地図外	住5612 Connecticut Ave. NW, Washington, DC 20015 ☎ (202) 966-6000 URL www.theavalon.org	レッドラインFriendship Heights駅から徒歩約15分
E Street Cinema（独立系）	P.25-E3	住555 11th St. NW, Washington, DC 20004（入口はE St.側） ☎ (202) 783-9494 URL www.landmarktheatres.com	ブルー、オレンジ、レッド、シルバーラインMetro Center駅
Regal Cinema Gallery Place 14	P.25-F3	住701 7th St. NW, Washington, DC 20001 Free (1-844) 462-7342 URL www.regmovies.com	イエロー、グリーン、レッドラインGallery Place駅
Arlington Cinema（カウンター席で飲食可能）	P.30-A5外	住2903 Columbia Pike, Arlington, VA 22204 ☎ (703) 486-2345 URL www.arlingtondrafthouse.com	DCの18th St.から#16Yのバスで

お役立ち情報 バーチミアThe Birchmere 創業50年以上のアレキサンドリアのホール 住3701 Mt.Vernon Ave., Alexandria URL www.birchmere.com 行き方ブルーラインCrystal City駅から#10Aのバスで

ナイトスポット Night Spots

Entertaiment

ミュージシャンのハートが伝わってくるようなライブハウス（英語で"Music Venue"）や、DCの若者でにぎわうラウンジやバーへ行けば、アメリカらしい体験ができる。ぜひこの機会に夜のスポットへ繰り出してみよう。なお、ナイトスポットへ行くときは必ず写真付きの身分証明書（パスポートなど）を持参すること。気軽に飲みたいときはホテルのバーがおすすめ。

ブルースアレイ Blues Alley

DCライブハウスの老舗 ジョージタウン／ジャズ＆ブルース MAP ● P.29-B5

約60年の歴史を誇るジャズ＆ブルースの老舗で、トニー・ベネットらアメリカの歴史的なスターも出演した。料金は食事、飲み物は別で、カバーチャージが出演者により$25～100（ひとり最低$15の飲食とチケット手配料$6が必要）。

住1073 Wisconsin Ave. NW ☎(202) 337-4141 URL www.bluesalley.com 営毎日18:00～翌0:30、ライブ演奏：基本19:00と21:00の２回（要確認） カード A M V

ハミルトン The Hamilton

食事も、バーも、ライブも楽しめる ホワイトハウス／ライブハウス＆レストラン MAP ● P.25-D3

ホワイトハウスから2ブロック。会場（シート300席＋バーでの立見約300人）ではビートルズのカバーやポップス、カントリー、ロックなどの明るく軽快な曲が演奏され、気分も高揚する。隣のレストランは安くておいしく、営業時間も長い。

住600 14th St. NW ☎(202) 787-1000 URL www.thehamiltondc.com 営ライブ演奏：日～木19:30、金土20:00 料カバーチャージ$0～150（平均$25） カード A D M V

スモーク・アンド・ミラー Smoke & Mirrors

ネイビーヤード駅から徒歩5分、ACホテルのルーフトップバー ネイビーヤード／ラウンジ＆レストラン MAP ● P.26-B4

首都ワシントンで、連邦議事堂を含む夜景を堪能できる、そう多くないナイトスポット。テーブルやチェア、ソファの配置などすべてがスタイリッシュ。食事もできるが全体的には量が多い。テラスから望める議事堂の夜景は印象深い。

住867 New Jersey Ave. SE ☎(202) 984-2474 URL www.smokeandmirrorsrooftop.com 営火～金11:00～14:00と16:00～24:00、土11:30～15:00と16:00～24:00、日11:30～15:00 カード A M V

ニロ Nero

深夜まで営業しているラウンジ・ワインバー デュポンサークル／ラウンジ MAP ● P.29-A1

ハンギングランプなど間接照明がおしゃれで、インテリアにこだわったスタイリッシュな内装。お手頃価格で試飲ができるプリペイド式のセルフ・ワインサーバーを完備し、試飲程度の量なら$3前後で飲める。**※2023年8月まで休業**

住1323 Connecticut Ave. NW ☎(202) 964-6201 URL www.nerowashdc.com 営日～金16:00～翌2:00（日～23:00、金～翌3:00）、土18:00～翌3:00 カード A M V

ブラックキャット Black Cat

ロッカー大集合！ デュポンサークル／ロック&バー MAP ● P.27-C3

人気のU通りに近く、毎晩のようにロックのライブが聴ける。ふたつのステージとバーがあり、無名の地元のロッカーから有名どころまで出演者の幅も広い。カバーチャージは$10～35。ライブ開始は19:00すぎで、日によって異なる。

住1811 14th St. NW ☎(202) 667-4490 URL www.blackcatdc.com 営バーは火19:00～24:00、金21:30～、土21:00～、各イベントのあとバー営業、24:00頃まで カード A M V

マダムスオルガン

Madam's Organ

プレイボーイ誌の全米25選のひとつ　アダムス・モーガン／ブルース、R&Bなど　MAP●P.27-B2

スモーキーな雰囲気もさることながら、ここではブルース、ロック、R&B、ジャズ、ブルーグラス、サルサなどいろいろなジャンルの音楽が日替わりで楽しめ、各ミュージシャンが職人技を披露してくれる。カバーチャージは$5。

住2461 18th St. NW　☎(202)667-5370　URL madamsorgan.com　営日～木17:00～翌2:00、金土～翌3:00、ライブ演奏：日～木21:30、金土22:00　カード AMV

ウルトラバー

Ultrabar

ベスト・ダンススポットと抜群のDJ　ペンクオーター／ダンスクラブ　MAP●P.24-B1

5つのフロアに6つのバーがあり、それぞれのフロアでは、トップ40とヒップホップ、インターナショナル、ダンスやハウスといったジャンルの異なった音楽をDJが盛り上げる。ワシントニアン人気のダンスクラブだ。

住911 F St. NW　☎(202)519-8557　URL www.ultrabardc.com　営金土21:00～翌3:00　カード AMV

ナイン・サーティ

9:30

ワシントンDC屈指のホットな会場　U通り／ロックなど　MAP●P.105-B

大物ロックスター、ブルースミュージシャンが出演することで知られる人気のライブハウス。DCライブハウスの草分け的な存在だ。帰りはタクシーで。カバーチャージは$15～40。禁煙。

住815 V & 9th Sts. NW　☎(202)265-0930　URL www.930.com　営開演時間は出演者によって変わる　カード AMV　MV（バー）現金不可

サービスバー

Service Bar

ご近所のカクテルバーという雰囲気　U通り／ラウンジ　MAP●P.105-B

バーやレストランが急増中の14th St.やU St.のなかでは値段が手頃。日本語で「心地よい」「気持ちいい」という意味の"The Snug"と呼ばれるグリーンの内装の部屋があり、この部屋限定のテイスティングメニューが人気。

住926 U St. NW　☎(202)462-7232　URL servicebardc.com　営火～木17:00～翌2:00、金～翌3:00、土14:00～翌3:00、日14:00～翌2:00　カード AMV

ネリーズ・スポーツバー

Nellie's Sports Bar

一度は体験してみたいアメリカのスポーツバー　U通り／スポーツバー　MAP●P.105-B

アメリカ人がアツくなるのがスポーツ観戦時だ。アリーナやスタジアムに行くチャンスがなければ、スポーツバーへ。試合がない日はロコの集まるカフェバーといった雰囲気で、バーガー類も手頃。日本人にはちょうどいい食事の量だ。

住900 U St. NW　☎(202)332-6355　URL www.nelliessportsbar.com　営月～水17:00～24:00、木～翌1:00、金～翌3:00、土10:30～翌3:00、日10:30～24:00　カード AMV

配管

Haikan

ラーメン屋プラスおいしいカクテル&日本酒　U通り／ラーメン&ラウンジ　MAP●P.105-B 地図外

日本のウイスキーや日本酒、焼酎の種類も豊富で、ラウンジとしてだけでなくラーメンもいただけるのがうれしい。麺は縮れ麺。煮卵やメンマなどのトッピングも可能。ラーメン大$15.50～17、小$9～10で、おすすめは塩。小皿料理もある。

住805 V St. NW　☎(202)299-1000　URL www.haikandc.com　営月～水17:00～21:30、木～22:00、金土12:00～23:00、日12:00～21:30　カード AMV

スタイリッシュなロビーのヨーテル・ワシントンDC

Hotels List

ホテルリスト

ホテルの基礎知識

Hotel Information

政治の町ワシントンにもおしゃれなホテルが増えてきた。ホテルでの時間も満喫したい

ワシントンDC のホテル事情

アメリカの首都ワシントンDCには世界各国から政府の高官や要人、メディア、コンベンション参加者、観光客が訪れる。セキュリティのしっかりした高級ホテルが多いが、リーズナブルなホテルも少し増えてきた。宿泊費がほかのアメリカの都市に比べて高いのが現状だ。

◆ウイークエンドが安い

DCは政治とビジネスの町。ビジネス客の減る週末は、一般客呼び寄せのため多くのホテルで週末割引料金（金、土泊）を提供している。ホテルのウェブサイトでチェックしてみよう。

◆混雑するシーズン

国際的な会議やコンベンションなどが多いのは3～6月と９～11月。ビッグイベント開催時も宿が取りにくい。本書のイベントカレンダー（→P.370）を参考にするか、観光局のウェブサイトなどで調べてみよう。

◆宿泊料金の安い時期

当然のことながら、混雑する時期は料金が高くなり、逆にすいている時期は安い。例えば、コンベンションのようにお客が向こうから来るときはホテル側も強気で、いつもより高い料金を出してくる。逆に訪れる人の少ない冬の寒い時期は日によって混雑期の半額以下で泊まることができる。また、ビジネス客の少ない夏休み中は多くのホテルで夏季パッケージ料金を出している。

◆安い宿はどこにある？

DCを出たバージニア州のブルー、イエローラインCrystal City駅、シルバーラインのTysons Corner 駅周辺は宿泊費もそれにかかるタックスも安くなる。中心部へはメトロレイルを使えば近いので、夜遅くなければ不便はない。

◆安くカシコく泊まるためのアドバイス

金額だけ見て宿を決めることだけは避けよう。まずは場所。駅から近い、周囲にスーパーやレストランがいくつかあれば治安については ほぼ問題ない。DCは追加料金（後述）も大きなポイント。そして無料の朝食があるかも重要。Airbnbなどの民泊は安さがウリではあるが、当たり外れが多いので細心の注意を。

ホテルの予約

◆ウェブサイトやアプリから予約

インターネットで予約をするのが一般的。予約にはクレジットカードが必要。予約が取れると予約番号Confirmation Numberの入った、予約確認書が発行されるから、これを印刷するかスマートフォンに入れておこう。

◆インターネット予約のトラブル回避

利便性は高いが、トラブルも時折発生する。100%避けることは難しいが、少しでもリスクを回避するための注意点を。

①**ホテルのウェブサイトからの直接予約がベター**　ホテルに重要なのは、宿泊客のクレジットカード番号がホテルに届いているかどうか。予約サイトの場合、予約番号が出たにもかかわらず、当日泊まれないことが発生する。クレジットカード

お役立ち情報 **日本のホテルにあって、アメリカのホテルにないもの**　まず、ゆかたとスリッパ。一部高級ホテルではバスローブはあるが、スリッパはない。ほかにも、湯沸かし器、加湿器、歯ブラシと歯磨↗

番号がホテルに届いていない可能性が高いのだ。ホテルはカード番号のある客から優先する。

②**つぶれてしまったホテルに注意**　予約サイトには閉鎖したホテルや経営が変わり、名称変更したホテルが昔のまま出ていることが多い。できるだけ確認を。

◆日本の予約窓口で

国際的なホテルチェーン（マリオット、ヒルトン、ハイアットなど）は日本に予約窓口の電話があるので、空室状況を調べたり、予約をすることができる。クレジットカードが必要。

◆チェックインが遅れそうなときは

クレジットカードで予約をすると、通常は18:00頃まで部屋を確保してくれる。18:00を過ぎるときは、部屋をホールドHoldしてもらうよう必ずホテルに電話を入れること。

なお、無断でキャンセルすると、規定によって1泊の宿泊代がカード口座から引き落とされる仕組みになっている。サインをしていなくても引かれるので、要注意だ。

ホテルタックスが高い！

DCのホテルタックスは14.95%。アーリントンは14.25%、そのほかのバージニア州は13〜15%、メリーランド州は13〜18%。本書に掲載しているホテルの料金にはタックスは含まれていないので要注意。実際の支払い時には前記のタックスが加算される。

◆○○フィーFeeに御用心

この数年で一気に増えたのが、宿泊料金以外の追加料金。Destination Fee、Amenity Fee、Facility Fee、Resort Feeといった具合にホテルによって呼称はさまざまで、これにはWi-Fiやフィットネスセンターの使用料が含まれる。ばかにならない金額なので必ず確認すること。本書では○○フィーと金額を「+Fee$00」と記載している。

ホテルはWi-Fiが通っている

現在、DCのホテルは、基本的にWi-Fi環境が整っている。Wi-Fiの使用料金はほとんど無料だが、前述の○○フィーFeeに含まれていることが多い。ホテルによってはパスワードが必要で、チェックインの際に教えてくれる。

USBの差し込み口もあるホテルが増えている

ホテルで喫煙はムズカシイ

“禁煙先進国アメリカ”。アメリカにも喫煙者はいるが、かなり肩身の狭い思いをしている。ホテルもほとんどが全館禁煙（Smoke-Free)となっている。たばこを吸いたい人は、建物の外の喫煙スペースに行くしかない。客室のトイレに流せば大丈夫、と思うかもしれないが、ハウスキーピングが通報する。罰金は$250。

ホテルの安全対策

アメリカでは、宿泊料金には安全料も含まれている。安いホテルにはリスクがある。

◆置き引き

ホテルのロビーや廊下は、一般の公道と同じ。いくら身なりがよくても、悪いやつはいる。荷物を床やカウンターに置くときは要注意。手続きをしている間に財布や荷物がなくなることもある。なお、チェックアウト時のほうが置き引きが多い。

◆エレベーターは個室

ホテルのエレベーターも要注意。たまたま乗り合わせた人が、強盗ということもある。個室に閉じ込められてしまうだけに、逃げ出せない……。エレベーターに乗るときは、階数を示す文字盤の前になるべく立つ。いざとなったら、すべての階のボタンを押して逃げる。

◆ホテルの部屋に貴重品は置かない

貴重品は、客室に備え付けられている室内金庫に預けよう。

◆ドアをノックされても

ノックをされても、すぐにドアを開けず、必ずのぞき窓で相手を確認する。見知らぬ人だったらキーチェーンを掛けたまま話すこと。これは決して失礼ではない。そして、見知らぬ人を決して部屋に入れないこと。

↘き粉のセット、ヒゲそり、くしなどがない。ヒゲそりはたいがいフロントに聞けばもらえる。安いホテルではリンス(アメリカではコンディショナー)もない。ドライヤーは安宿以外は備わっており、冷蔵庫のあるホテルが急増中。

ホテルの設備案内
Hotel Equipment

ヨーテルのその場で豆を挽く
コーヒーメーカー

目覚まし時計&ラジオ
Alarm Clock & Radio

ベッドのサイドテーブルにある目覚まし時計はラジオと一体型。目覚ましをセットするときは、"Alarm"のボタンを押しながら、"Hour(時)とMinutes(分)"を調整するものが多い。USBの差し込み口が付いていることもある

客　室
Guest Room

ワシントンDCのホテルの客室はたいてい広く、クイーンサイズ(153×203cm)のベッドがふたつか、キングサイズ(193×203cm)のベッドひとつがほとんど。ふたり連れでツインに泊まるときは、その旨を予約時に確認すること

コーヒーメーカー
Coffee Maker

客室にあると好きな時間にコーヒーを飲めるのがうれしい。日本茶を持参して飲むこともできるが、熱湯は作れない。コーヒーメーカーがない最高級ホテルはルームサービスを利用してくださいという意味

バスルームとバスタブ
Bath Room & Bathtub

バスタブのお湯を出すときは、ノブ式とハンドル式があり、シャワーに切り替えるときは蛇口付近の金具を引いたり、レバーを逆にしたりと、さまざま。DCでもシャワーのみでバスタブがないホテルが増えている。予約の際に確認を

ミニバーと冷蔵庫
Mini Bar/Refrigerator

ミニバーがあるホテルは少数派で、空の冷蔵庫を設置するホテルが急増中だ。ミニバーの精算は自己申告制で、利用したらミニバー上の精算書にチェックして、チェックアウトの際に提出する。冷蔵庫の場合、チェックアウト時に中の確認を

アメニティ
Amenity

無料で用意されている石鹸、シャンプー、リンス（アメリカではコンディショナー）など。これらは持ち帰ってもいいが、タオルやバスローブは無断で持ち帰るとクレジットカードに課金されるから要注意。エコのため備え付けの所もある

電子レンジ
Microwave

客室に電子レンジが備わっているホテルは、DCにはまだ少ないが、リクエストベースで貸してくれるホテルもある。日本からレンジでチンするご飯を持っていくのもいいし、アメリカで1食分の冷凍食品を買って温めれば、食事代の節約になる

電　話
Telephone

電話の使用方法は、電話機に書かれていたり、下に説明書があったりする。外線につなぐときは"8"か"9"を初めに押すものが多い。ただし、ホテルからの電話は手数料が高いので、それを覚悟しておくこと

室内金庫
In-Room Safe

ノート型パソコンを持ち歩くビジネス客が増えてきたため、中級以上のホテルならたいていある。暗証番号式で"CLEAR"ボタンを押してから4ケタの暗証番号を押してセットするタイプが多い

DC豆知識 **ホテルのラウンジは夜の癒やしの場**　アメリカのホテルにはたいていラウンジがあり、夜のみ営業している。仕事が終わって、ひと息ついているビジネス客の姿をよく見かけるところだ。仲間↗

客室の鍵
Room Key

客室の鍵はカード型が一般的。差し込み口に入れて、すぐに抜き取る。ランプが青になればドアを開けて入る。赤はエラーだ。カードの差し込み口の方向を間違えないように。近年はタッチするだけのキーも増えてきた

ルームサービス
Room Service

ホテルによってルームサービスは24時間営業。持ってきてくれた人にはチップが必要。翌日の朝食を部屋まで持ってきてほしい人は専用の用紙に欲しいものをチェックし、深夜までに自分の部屋のドアの外側のノブに掛けておく

同日クリーニング
Same Day Laundry Service

クローゼットのハンガーに掛けられているひも付きのビニール袋に洗濯物を入れ、洗濯なのかプレスなのかなどを用紙にチェックして、ドアの外側のノブに掛けておく。夜に掛けておけば、翌日の夕方くらいに仕上がる

コインランドリー
Washing Machine/ Laundromat

DCには少ないが洗濯機と乾燥機（有料）の設備があるホテルも。また、アメリカのホテルの客室にはスタンダードとしてアイロンとアイロン台も用意されている。アイロン台の高さに驚くが、これが使いやすい

ロビー
Lobby

ホテルのロビーは宿泊客でなくても利用できるので、外部の人との待ち合わせにも便利。たいていはソファが置いてある。客室のWi-Fiが有料でもロビーとレストランはたいてい無料

レセプション
Reception

ホテルに到着してチェックイン手続き、出る際にチェックアウト手続きをとる場所がレセプションだ。近年、無人化が進み、端末で各自手続きをするホテルが増えている。レセプションに係員がいれば何か困ったときに相談もできる

フィットネスセンター／プール
Fitness Center/Pool

時差ぼけの体をリフレッシュさせたいときなどに利用したい。宿泊客は無料で使えるホテルがほとんど。プールを併設しているところも多い。アクセスに、ルームキーが必要なことも

レストラン
Restaurant

朝食はホテルのレストランが便利。バフェスタイルが多いが、個々の注文もOK。客室に精算をつけておきたいときは"Charge to the Room"と伝えればいい。チップは精算書に書き込む。安いホテルにはない代わりに簡単な朝食が付くところもある

ビジネスセンター
Business Center

ノート型パソコンの普及により、近年はパソコンとプリンターだけ置かれた24時間オープンのビジネスセンターが主流。コピー機はないのでフロントに頼む（有料）。なお、アメリカのコンビニにコピー機はない

無料の朝食
無料朝食

Free Breakfast（Continental Breakfast）

ホテルによっては無料の朝食が付く。チェーンホテルでは、Hyatt Place、Hampton Inn、Residence Inn、Embassy Suites、Holiday Inn Express、Comfort Innなどで、簡素なものから豪華なところまで食べ物の種類もさまざま。円安の今、一考の価値あり

↘ 同士でのときもあるし、ひとりのときもあるし、コンベンション開催時はひとつの社交場となっているようだ。アメリカでは一杯飲み屋が少ないので、気楽に飲むにはホテルのラウンジがおすすめだ。

コンシェルジュ
Concierge

おいしいレストランを教えてほしいなど、宿泊客の質問、要望に応えてくれる接客係。高級ホテルにおり、ロビーにデスクを構える。頼みごとの難易度によってチップが必要

ベルマン／ドアマン
Bell Man/Door Man

高級ホテルでは分業化されている。時間が早過ぎて部屋に入れないときや、チェックアウト後荷物を預かってほしいときはベルマンに渡す。$2〜5/個ほどのチップが必要。タクシーを呼んでもらったときもチップを

売店
Gift Shop

みやげ物から水、スナック、日用品まで簡単なものが揃う。市中に比べて割高で、無人の売店が増えている（支払いはフロントで）

ホテルのチェックイン、チェックアウトの手順

端末で各自チェックイン、チェックアウトをするホテルが増えている

チェックイン　チェックインの時間は通常15:00とされているが、部屋が空いていればチェックインすることができる。荷物を預かってもらうつもりで尋ねてみるといい。18:00を過ぎそうなときはホテルに連絡を→P.241

↓

ホテルに到着　ドアマンがドアを開けて、チェックイン客だとわかると荷物を運んでくれる（要チップ）。レセプションへ

↓

レセプションで　予約済みの場合は名前と予約番号Confirmation Numberを告げ、クレジットカードを差し出す。ホテルのバウチャーがあっても、クレジットカードを提出しないと、電話が使えないなどの不便がある。本人確認のため、パスポートを見せなければならない。なおルームキーは日本と違って外出の際、預ける必要はない

↓

客室へ　ベルマンに案内されて客室へ行くことが多い。荷物を部屋に置き、設備などを説明してもらったあとに、チップ（荷物ひとつにつき$2〜5）を渡す。荷物を広げる前に、バスタブの有無など部屋のチェックを忘れずに。気に入らなかったら替えてもらおう

注意! ホテルリストを読む前に

- トールフリーの電話番号は、予約と問い合わせのための電話番号。トールフリーにかけても客室にはつないでくれない。
- 料金や設備とアメニティの有無などは2023年1月時点のもの。変わるおそれも十二分にあるので要注意。
- 日本語を話す従業員は常時ホテルにいるわけではない。
- 料金の表示についてはⓈ＝シングルルーム（1部屋1人利用）、Ⓓ＝ダブルルーム（ベッド1台1人or2人利用）、Ⓣ＝ツインルーム（ベッド2台2人利用）、スイート＝スイートルーム。
- ユースホステルなどのドミトリーを除き、“バス・トイレなし”の断りがない限り、部屋はバス（またはシャワー）、トイレ付き。
- ルームサービスはホテルによって営業時間が異なる。
- 駐車場は多くが有料で、しかも高額。
- 「同日仕上がり」のクリーニングは夜出せば翌日夕刻までにできるもので、平日のみの受付が多い。

エクスプレス・チェックアウト

チェックアウトの朝、精算書が部屋に投げ込まれている。急ぐ場合、その精算書で間違いがなければ“Express Check Out”の箱にキーを入れてチェックアウトすることもできる

チェックアウト日の朝、精算書が投げ込まれている

レセプションでチェックアウト

“I am checking out”と言ってキーを差し出す。ミニバーを使っていたらそのチェックシートを一緒に出す。精算書が合っているかどうか確認すること。OKならサインを。荷物を預けたいときはベルマンにお願いするか、ベルマンがいないホテルはレセプションに頼む

お役立ち情報　**アメリカのホテルの傾向①**　スマートフォンやタブレット端末の普及で、ホテルのビジネスセンターはなくなりつつある。その代わり、多くのホテルではロビーなどに宿泊者向けのPCとプリンターを設置している。

ホリデイイン・キャピトル　Holiday Inn Capitol

航空宇宙博物館フリークならここ　中級／モール

航空宇宙博物館本館に最も近いのがこのホリデイイン。官庁街にあり、L'Enfant Plaza駅から1ブロックと、モール観光を重視したい人向け。サービス、設備もいい。

536室　無料Wi-Fi

MAP●P.25-F5　住550 C St. SW, Washington, DC 20024　☎(202)479-4000　Free(1-877)834-3613　FAX(202)479-4353　日本無料0120-677-651　URLwww.hicapitoldc.com　料ⓈⒹⓉ$149～359、スイート$249～459　カードADJMV

ハイアットハウス・ザ・ワーフ　Hyatt House the Wharf

ナイトライフも充実、注目度No.1のエリアにある　高級／ザ・ワーフ

今、ワシントニアンでにぎわうおしゃれなスポットにあり、評判のレストランやバー、ライブハウス、劇場に囲まれている。水辺の景色もよい。モールも徒歩圏内。

237室　無料Wi-Fi　無料朝食

MAP●折込地図表-D3　住725 Wharf St. SW, Washington, DC 20024　☎(202)554-1234　FAX(202)554-1235　URLwww.hyatt.com　料ⓈⒹⓉ$189～383、スイート$209～691　カードADJMV

サラマンダー・ワシントンDC　Salamander Washington, DC

フォーブス誌の5つ星を獲得したホテルグループ　最高級／ザ・ワーフ

超一流ホテルの贅沢感をそのままに。アスペンなどに高級リゾートをもつホテルがマンダリン・オリエンタルからバトンタッチ。モールや水辺の景色がとても美しい。

373室　無料Wi-Fi

MAP●折込地図表-D3　住1330 Maryland Ave. SW, Washington, DC 20024　Free(1-844)860-2741　URLwww.salamanderdc.com　料ⓈⒹⓉ$440～960、スイート$740～5000　カードAMV

ステート・プラザ・ホテル　State Plaza Hotel

ジョージ・ワシントン大学に近い　エコノミー／フォギーボトム

国務省の向かいにあり、ジョージ・ワシントン大学の学生でにぎやか。外観は少々殺風景だが、キチネットも備えてあり、自炊も可。リンカーン記念館も徒歩圏内。

241室　無料Wi-Fi

MAP●P.24-A3　住2117 E St. NW, Washington, DC 20037　☎(202)861-8200　Free(1-800)424-2859　FAX(202)587-1354　URLwww.stateplaza.com　料ⓈⒹⓉ$139～369、スイート$219～429　カードAMV

ホテルロンバルディ　Hotel Lombardy

IMFや世界銀行に近い　高級／フォギーボトム

1926年築のれんがの建物で、格調の高さがうかがえる。エレベーターはアンティークそのもの。客室は清潔で、白を基調にさわやかな印象を与える。世界銀行から2ブロック。

140室　無料Wi-Fi

MAP●P.27-B5　住2019 Pennsylvania Ave. NW, Washington, DC 20006　☎(202)828-2600　Free(1-800)424-5486　FAX(202)872-0503　URLwww.hotellombardy.com　料ⓈⒹⓉ$159～389、スイート$229～419　カードAMV

ヘイ・アダムス・ホテル　The Hay-Adams Hotel

パーソナルサービスがモットー　最高級／ホワイトハウス

一部の部屋からはホワイトハウスが見えるロケーション。格調高く、VIPが宿泊したり、政府高官の会談もしばしば行われる。行き届いたサービスが自慢。

145室　無料Wi-Fi

MAP●P.27-C5　住800 16th & H Sts. NW, Washington, DC 20006　☎(202)638-6600　Free(1-800)853-6807　FAX(202)638-3803　URLwww.hayadams.com　料ⓈⒹⓉ$349～1009、スイート$899～2059　カードADJMV

車椅子用設備　全館禁煙　コーヒーメーカー　室内金庫　電子レンジ　ミニバー／冷蔵庫　バスタブ　日本語OKスタッフ　ルームサービス　フィットネス／プール　洗濯機　同日クリーニング　レストラン　駐車場

セントレジス・ワシントンDC　The St. Regis Washington DC

格調高く、VIPのお気に入り　最高級／ホワイトハウス

固定客はステータスの高いビジネスパーソンというDC屈指のホテル。クラシックで重厚なロビーは一見の価値あり。サービス、施設とも抜群のすばらしさを誇る。

172室　有料Wi-Fi $6.95

MAP●P.27-C5　住923 16th & K Sts. NW, Washington, DC 20006　☎(202)638-2626　Free(1-888)627-8087　FAX(202)638-4231　URL st-regis.marriott.com　料ⓈⒹⓉ$399～779、スイート$649～7500　カード ADJMV

ハイアットプレイス・ホワイトハウス　Hyatt Place White House

高級ホテルに囲まれた新しいホテル　中級／ホワイトハウス

ビジネス街のK St.に面しながら、ホワイトハウスまで3ブロック、モールも徒歩圏内だ。リーズナブルな料金は、高級ホテルが多いエリアの中のスイートスポット。

160室　無料Wi-Fi　無料朝食

MAP●P.27-C5　住1522 K St. NW, Washington, DC 20005　☎(202)830-1900　Free(1-800)633-7313　URL washingtondcwhitehouse.place.hyatt.com　料ⓈⒹⓉ$119～600　カード ADJMV

キャピタルヒルトン　Capital Hilton

ビジネス客が多く便利な　高級／ホワイトハウス

ビジネス街の中心部に位置し、ヨーロッパスタイルの豪華な内装。常に顧客の満足度を考えたサービスを目指していて、使いやすい設備。日本人の利用も多い。

550室　無料Wi-Fi

MAP●P.27-C5　住1001 16th St. NW, Washington, DC 20036　☎(202)393-1000　Free(1-800)445-8667　FAX(202)639-5784　日本☎(03)6864-1633　無料0120-489-852（23区外）　URL www.thecapitalhilton.com　料ⓈⒹⓉ$234～594　カード ADJMV

ソフィテル・ワシントンDC　Sofitel Washington DC Lafayette Square

パリのエスプリを体感できるエレガントホテル　高級／ホワイトハウス

McPherson Sq.駅に1ブロック。重厚感のある建物だが、客室は対照的にモダンなインテリアが印象的で、使いやすい。広い机と日本人にはうれしい。明るい照明だ。

237室　無料Wi-Fi

MAP●P.25-D2　住806 15th St. NW, Washington, DC 20005　☎(202)730-8800　FAX(202)703-8440　日本(03)4578-4077　URL www.sofitel-washington-dc.com　料ⓈⒹⓉ$299～2408、スイート$409～11,998、+Fee$30　カード ADJMV

ホテルワシントン　Hotel Washington

ホワイトハウスに最も近いホテル　高級／ホワイトハウス

ホワイトハウスの東側に建ち、外観はクラシックな印象。ロビーやラウンジ、客室はスタイリッシュでモダンだ。最上階のバーは景色が抜群によく、泊まらなくても寄りたい。

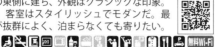

360室　無料Wi-Fi

MAP●P.25-D3　住515 15th St. NW, Washington, DC 20004　☎(202)661-2400　FAX(202)661-2498　URL www.thehotelwashington.com　料ⓈⒹⓉ$199～559、スイート$349～2489　カード ADMV

ウィラード・インターコンチネンタル　Willard InterContinental WashingtonDC

DCの歴史とともに歩んだ格調高い　最高級／ホワイトハウス

1860年、日米修好通商条約批准書交換に遣米使節団が派遣され、その一行が宿泊した。"ロビイスト"という言葉がこのホテルから生まれるなど、町とは切り離せないほど重要。

335室　無料Wi-Fi

MAP●P.25-D3　住1401 Pennsylvania Ave. NW, Washington, DC 20004　☎(202)628-9100　日本無料0120-677-651　FAX(202)637-7326　URL washington.intercontinental.com　料ⓈⒹⓉ$369～759、スイート$459～8394　カード ADJMV

　車椅子用設備　全館禁煙　コーヒーメーカー　室内金庫　電子レンジ　ミニバー／冷蔵庫　バスタブ　日本語OKスタッフ

JWマリオット・ホテル JW Marriott Hotel Washington, DC

ナショナルシアターに隣接する 高級／ホワイトハウス

下にシアターがあり、ホワイトハウスへも歩いて行ける距離。マリオット系のなかでも特に洗練され、サービスも抜群、DCらしい雰囲気が漂う。リピーターが多い。

777室 無料Wi-Fi

MAP●P.25-D3 住1331 Pennsylvania Ave. NW, Washington, DC 20004 ☎(202)393-2000 FAX(202)626-1617 日本 無料0120-142-536 URL www.marriott.com 料ⓈⒹⓉ$219～639、スイート$619～879、+Fee$25 カード ADJMV

ウォルドルフ・アストリア・ワシントンDC Waldorf Astoria Washington DC

トランプ前大統領一族のホテルがリニューアル 最高級／ホワイトハウス

旧郵政省ビルが歴史的な外観のまま、豪華ホテルに大変身。ロビーの金の装飾と磨き込まれた大理石の床が印象的で、これを見学に来る人もいる。客室は使いやすい。

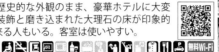

263室 無料Wi-Fi

MAP●P.25-E4 住1100 Pennsylvania Ave. NW, Washington, DC 20004 ☎(202)695-1100 FAX(202)868-5191 URL www.hilton.com/en/waldorf-astoria/ 料ⓈⒹⓉ$550～1160、スイート$800～30000 カード ADJMV

ホテルハリントン Hotel Harrington

地の利がよくて安い エコノミー／ホワイトハウス

エコノミーホテルとしては部屋数が多く、1階にはカフェもある。部屋は古くて狭いが、清掃はきちんとされている。中心部にあるにもかかわらず料金も安い。

242室 無料Wi-Fi

MAP●P.25-E3 住436 11th St. NW, Washington, DC 20004 ☎(202)628-8140 Free(1-800)424-8532 FAX(202)393-2311 URL www.hotel-harrington.com 料ⓈⒹⓉ$119～205、スイート$159～205 カード AMV

ヒルトン・ガーデンイン・ダウンタウン Hilton Garden Inn Downtown

インドアプールの設備もある 中級／ダウンタウン

ビジネス客向けで、シンプルではあるが快適。インドアのプールやフィットネスセンターもあるがスイート以外はシャワーのみ。寒い季節でなければ一考の価値あり。

300室 無料Wi-Fi

MAP●P.25-D2 住815 14th St. NW, Washington, DC 20005 ☎(202)783-7800 FAX(202)783-7801 URL www.hiltongardeninn.com 料ⓈⒹⓉ$189～581、スイート$277～596 カード ADJMV

ハミルトン・ワシントンDC Hamilton Washington DC

ビジネスに便利なロケーション 高級／ダウンタウン

McPherson Sq.駅から1ブロック、周囲はオフィス街の便利なロケーション。今、注目度が高くカフェやレストランが連なる14th St.にある。歴史的な建物だが内装は現代的。

301室 無料Wi-Fi

MAP●P.25-D2 住1001 14th St. NW, Washington, DC 20005 Free(1-866)407-1764 URL www.hamiltonhoteldc.com 料ⓈⒹⓉ$159～529、スイート$299～789、+Fee$25 カード AMV

ワシントンプラザ Washington Plaza

ローカルが集まるレストラン街もすぐ 中級／ダウンタウン

ワシントンDCのレストラン街である14th St.の入口という場所にあり、コンベンションセンターへも徒歩約10分ほど。客室はシンプルだが清潔。観光にも便利。

340室 無料Wi-Fi

MAP●P.25-D1 住10 Thomas Circle NW, Washington, DC 20005 ☎(202)842-1300 Free(1-800)424-1140 FAX(202)371-9602 URL www.washingtonplazahotel.com 料ⓈⒹⓉ$139～429、スイート$239～449 カード ADMV

コンフォートイン・ダウンタウン　Comfort Inn Downtown

シンプルだけどリーズナブル　エコノミー／ダウンタウン

コンベンションセンターへも徒歩圏内。設備はシンプルだが、使いやすい。市内で無料の朝食付きは珍しい。市内通話も無料。駅から少し遠いがそのぶんリーズナブル。

100室　無料Wi-Fi　無料朝食

MAP●P.25-E1　住1201 13th St. NW, Washington, DC 20005　☎(202)682-5300　日本無料0053-161-6337　FAX(202)408-0830　URL www.dcdowntownhotel.com　料ⓈⒹⓉ$109～431　カード A D J M V

カンブリア・コンベンションセンター　Cambria Convention Ctr.

コンベンションセンターから1ブロック　中級／ダウンタウン

コンベンションセンター近くの全室スイートの穴場的ホテル。広い机、冷蔵庫などビジネス向けの設備が揃う。周囲は開発中だが、スーパーやレストランが増えてきた。

182室　無料Wi-Fi

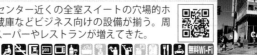

MAP●P.25-E1外　住899 O St. NW, Washington, DC 20001　☎(202)299-1188　FAX(202)299-1167
URL www.cambriadc.com　料スイート$163～559　カード A M V

エルドン・ラグジュアリー・スイート　Eldon Luxury Suites

フルキッチン付きのきれいな客室　中級／ダウンタウン

スーパーマーケットへは約5分。広いリビングとフルキッチン設備があり自炊が可能で、家族連れに好評。このあたりのホテルのなかではけっこう安い。現金不可。

50室　無料Wi-Fi

MAP●P.25-E1　住933 L St. NW, Washington, DC 20001　☎(202)805-8237　Free(1-877)463-5336
FAX(202)318-8615　URL www.thehoteleldon.com　料スイート$121～299　カード A M V(現金不可)

マリオット・マーキース・ワシントンDC　Marriott Marquis Washington DC

コンベンションセンターとは地下でつながっている　高級／ダウンタウン

コンベンションセンターの西隣に位置し、規模もDC最大級で、ダイナミックな設計は異色。広い客室は清潔感あふれる色彩で、机は特に使いやすい。

1175室　有料Wi-Fi $12.95/$16.95

MAP●P.25-E1　住901 Massachusetts Ave. NW, Washington, DC 20001　☎(202)824-9200　FAX(202)824-5501
日本無料0120-142-536　URL www.marriott.com　料ⓈⒹⓉ$179～609、スイート$429～899　カード A D J M V

ルネッサンス・ワシントンDC　Renaissance Washington, DC Downtown Hotel

コンベンションセンターの正面　高級／ダウンタウン

コンベンションセンターから1ブロック。注目のシティセンターもすぐそばだ。バスルームもゆったりの広さ。週末は割引料金で泊まれる。ロビーに電子レンジあり。

807室　有料Wi-Fi $12.95/$16.95

MAP●P.25-F2　住999 9th St. NW, Washington, DC 20001　☎(202)898-9000　Free(1-888)236-2427　FAX(202)289-0947　日本無料0120-142-536　URL www.renaissancehotels.com/wasrb　料ⓈⒹⓉ$228～654　カード A D J M V

モクシー・ワシントンDC・ダウンタウン　Moxy Washington, DC Downtown

ハイセンスなインテリアは一見の価値あり　中級／ダウンタウン

マリオット系の新しいホテルブランドで、スッキリ、おしゃれにまとめられた内装が特徴。部屋は狭いが必要なものは整い、2段ベッドがある部屋も。ロビーのコーヒーが美味。

200室　無料Wi-Fi

MAP●P.25-E2　住1011 K St. NW, Washington, DC 20001　☎(202)922-7400　URL moxy-hotels.marriott.com
料ⓈⒹⓉ$149～529、スイート$439～679　カード A D J M V

お役立ち情報　**アメリカのホテルの傾向②**　コロナ以降、ホテルのチェックイン&チェックアウトも非接触が増え、すべてクレジットカード決済、現金が使えない所がとても多い。ルームサービスも廃止し、代わり↗

エンバシースイート・コンベンションセンター Embassy Suites Convention Ctr.

コンベンションセンターから1.5ブロック
高級／ダウンタウン

寝室とリビングルームに分かれ、ゆったりとした滞在を好む人には最適。ボリュームたっぷりの朝食付き。キャピタル・ワン・アリーナも徒歩圏内。

384室 有料Wi-Fi $9.95 無料朝食

MAP●P.25-E2 住900 10th St. NW, Washington, DC 20001 ☎(202)739-2001 FAX(202)739-2099
URL www.hilton.com/en/embassy 料スイート$226～584 カード A D J M V

エーシー・ホテル・コンベンションセンター AC Hotel Convention Center

こぢんまりした落ち着く客室
高級／ダウンタウン

コンベンションセンターから1.5ブロック、ビジネス客に評判。木目を生かしたシンプルな内装はリラックスに最適だ。2階ロビーは隠れ家のようで、スーパーも近い。

234室 無料Wi-Fi

MAP●P.25-F2 住601 K St. NW, Washington, DC 20001 ☎(202)921-6900 FAX(202)921-6901
URL ac-hotels.marriott.com 料ⓈⒹⓉ$145～855 カード A D J M V

ハンプトンイン・コンベンションセンター Hampton Inn Downtown Convention Ctr.

清潔で、コンベンションセンターへ2ブロック
中級／ダウンタウン

シンプルだが、広くて清潔、設備も整い、朝食付きで人気のチェーン。同じブロックにはコンビニ、1ブロック先にはスーパーもあり、ホテル周辺での食事も困らない。

228室 無料Wi-Fi 無料朝食

MAP●P.25-F2 住901 6th St. NW, Washington, DC 20001 ☎(202)842-2500 FAX(202)842-4100
URL www.hilton.com/en/hampton/ 料ⓈⒹⓉ$184～664、スイート$234～679 カード A D J M V

ホリデイイン・エクスプレス・ダウンタウン Holiday Inn Express Downtown

少し外れたぶん、朝食付きでリーズナブルな
中級／ダウンタウン

コンベンションセンターから徒歩10分の住宅街にある。比較的新しく、客室はシンプルだが使いやすい。種類の豊富な朝食が付き、ロビーではホットチョコレートも飲める。

247室 無料Wi-Fi 無料朝食

MAP●P.25-F2外 住317 K St. NW, Washington, DC 20001 ☎(202)770-3636 日本無料0120-677-651
URL www.holidayinnexpress.com 料ⓈⒹⓉ$129～424 カード A D J M V

フェアフィールドイン&スイート・ダウンタウン Fairfield Inn & Suites Downtown

チャイナタウンにある
中級／ダウンタウン

マリオット系列のリーズナブルな宿泊施設で無料の朝食付き。チャイナタウンにあるので、食事には事欠かない。設備も整い、清潔だ。NBA観戦におすすめ。

198室 有料Wi-Fi $4.95 無料朝食

MAP●P.25-F2 住500 H St. NW, Washington, DC 20001 ☎(202)289-5959 FAX(202)682-9152
Free(1-877)399-6024 URL www.marriott.com 料ⓈⒹⓉ$199～619、スイート$219～629 カード A D J M V

グランド・ハイアット・ワシントン Grand Hyatt Washington

週末が狙い目
高級／ダウンタウン

客室はロビーの吹き抜けか、ワシントンDCの町の眺望が楽しめる部屋の2種類に分かれる。Metro Center駅からも近く、ビジネス街の活気が味わえる。中のアトリウムが開放的。

897室 無料Wi-Fi

MAP●P.25-E2 住1000 H St. NW, Washington, DC 20001 ☎(202)582-1234 FAX(202)637-4781 日本無料0120-923-299 URL www.hyatt.com 料ⓈⒹⓉ$189～584、スイート$329～939、+Fee$20 カード A D J M V

↘に電子レンジや冷蔵庫を置く宿が増えている。電子レンジは公共のエリアに置いてあることも多い。また、ホテルを含め中心部の駐車場の料金が異様に高くなっている。$50以上が当たり前。

ワシントン・マリオット・アット・メトロセンター Washington Marriott at Metro Center

人気のシティセンターも徒歩圏内　高級／ダウンタウン

ビジネス街に位置し、Metro Center駅から1ブロック、観光にもビジネスにも便利なロケーション。マリオットらしいサービスと客室&設備の充実度で安心感がある。

459室　有料Wi-Fi $12.95/$16.95

MAP●P.25-E2　住775 12th St. NW, Washington, DC 20005　☎(202)737-2200　Free(1-800)393-2510
FAX(202)824-6156　URL www.marriott.com　料ⓈⒹⓉ$169～619、スイート$549～1129　カード A D J M V

フェニックス・パーク・ホテル Phoenix Park Hotel

ユニオン駅のすぐそば　高級／キャピトルヒル

ユニオン駅から1ブロックと早朝や深夜の到着に便利。客室は広くて清潔、設備も整っていて、快適な滞在が楽しめる。政治家たちも集う人気のアイリッシュパブDublinerがある。

149室　無料Wi-Fi

MAP●P.26-A2　住520 N. Capitol St. NW, Washington, DC 20001　☎(202)638-6900　Free(1-855)371-6824
FAX(202)393-3236　URL www.phoenixparkhotel.com　料ⓈⒹⓉ$159～439、スイート$529～959　カード A D M V

ヒルトン・キャピトルヒル Hilton Capitol Hill

ユニオン駅と国会に近い、隠れ家的なヒルトン　高級／キャピトルヒル

設備とサービスのよさからファンの多いヒルトン。ここも期待を裏切らず、広く清潔な客室で、フレンドリーな従業員、ロケーションも便利だ。中心部より少しリーズナブル。

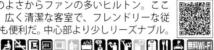

267室　無料Wi-Fi

MAP●P.26-A2　住525 New Jersey Ave. NW, Washington, DC 20001　☎(202)628-2100　Free(1-800)445-8667
FAX(202)897-7938　URL www.hilton.com　料ⓈⒹ平均$250、Ⓣ平均$275、スイート平均$500　カード A D J M V

ヨーテル・ワシントンDC Yotel Washington DC

スタイリッシュで最先端、ちょっとリーズナブル　中級／キャピトルヒル

MAP●P.26-A2

イギリス生まれで、若いニューヨーカーたちの熱い注目を浴びたヨーテルがDCに進出した。最小限のスペースにホテルの機能のほとんどを収めた革新的な宿で、ニューヨークは客室に加えて、斬新なデザインのラウンジやロビーにニューヨーカーが集うなど、地元でも大きな話題となった。ワシントンDCのヨーテルは、おしゃれさはそのままに客室はぐんと広くなった。

客室も最先端にあふれている。室内は明るさを調整できるだけでなく、その日の気分に合わせて色を選べて、ベッドもボタンひとつで角度を変えることができる。意外にも客室にはコーヒーメーカーがない。しかし、各階に挽きたての豆を味わえる全自動コーヒーメーカーが備えられ、しかも銘柄は地元のコンパスコーヒー（3種）というこだわりよう。最上階にはプールもあり、隣接するラウンジからの景色も特筆もの。一度は泊まってみたい宿だ。

上／ホテルの最先端が詰まっているヨーテルがワシントンDCに進出。ユニオン駅と国会議事堂の中間にある　下／スタイリッシュな内装とシンプルな機能の客室。部屋の照明の色を変えることができる

377室　無料Wi-Fi

住415 New Jersey Ave. NW, Washington, DC 20001　☎(202)638-1616　URL www.yotel.com　料ⓈⒹⓉ$150～490、+Fee$24.95　カード A D J M V

 車椅子用設備　全館禁煙　コーヒーメーカー　室内金庫　電子レンジ　ミニバー／冷蔵庫　バスタブ　日本語OKスタッフ

ハイアット・リージェンシー・キャピトルヒル Hyatt Regency Washington on Capitol Hill

国会議事堂にも近い　高級／キャピトルヒル

国会議事堂、ユニオン駅に近いハイアット。ハイアットだけあって設備は完璧で、サービスもよく、安心して泊まれるのがうれしい。2階に共用の電子レンジがある。

838室　無料Wi-Fi

MAP●P.26-A2　住400 New Jersey Ave. NW, Washington, DC 20001　☎(202)737-1234　FAX(202)737-5773　日本無料0120-923-299　URL www.hyatt.com　料ⓈⒹⓉ$213～484、スイート$413～719　カード ADJMV

キャピトルヒル・ホテル Capitol Hill Hotel

国会に近く、閑静な住宅街のなか　中級／キャピトルヒル

国会議事堂の下院ビルから2ブロックと、最も国会に近いホテル。目立たない外観ではあるが、すべての部屋はキチネット付き。長期滞在者もいる。朝食付き（Feeに含む）。

153室　無料Wi-Fi　無料朝食

MAP●P.26-B3　住200 C St. SE, Washington, DC 20003　☎(202)543-6000　FAX(202)547-2608　URL capitolhillhotel-dc.com　料ⓈⒹⓉ$149～614、スイート$179～669、+Fee$25　カード ADMV

コートヤードUSキャピトル Courtyard Washington, DC/ U.S. Capitol

意外に便利なロケーション　中級／ノーマ

レッドラインのユニオン駅から北へひとつ目のNoMa-Gallaudet U駅（地上）に隣接してとても便利。再開発が進んでいるエリアで、スーパーマーケットなどけっこうにぎやか。

218室　有料Wi-Fi $8.95

MAP●折込地図表-F1　住1325 2nd St. NE, Washington, DC 20002　☎(202)898-4000　FAX(202)898-4001　日本無料0120-142-536　URL www.marriott.com　料ⓈⒹⓉ$159～429、スイート$209～459　カード ADJMV

ヒルトン・ガーデンインUSキャピトル Hilton Garden Inn Washington DC/US Capitol

DCの若い世代が多く住むエリアにある　中級／ノーマ

NoMaで最もにぎやかな1st St.沿いにあり、通り沿いにはスーパーマーケットやレストランが連なる。客室はシンプルだが清潔で、寝具も快適。レストランやフィットネスもある。

200室　無料Wi-Fi

MAP●折込地図表-F1　住1225 1st St. NE, Washington, DC 20002　☎(202)408-4870　Free(1-888)728-3027　URL www.hiltongardeninn.com　料ⓈⒹⓉ$189～549、スイート$229～549　カード ADJMV

エーシー・ホテル・キャピトルヒル・ネイビーヤード AC Hotel Washington DC Capitol Hill Navy Yard

ルーフトップバーからの夜景は必見　高級／ネイビーヤード

ノーマ地区と並んで、DCで発展著しいネイビーヤードに誕生したマリオット系のホテル。新しく広いホール・フーズが目の前にあり、ナショナルズの球場も徒歩圏内。

225室　無料Wi-Fi

MAP●P.26-B4　住867 New Jersey Ave. SE, Washington, DC 20003　☎(202)488-3600　FAX(202)488-3615　URL ac-hotels.marriott.com　料ⓈⒹⓉ$199～449　カード ADJMV

ホリデイイン・ワシントン-セントラル Holiday Inn Washington-Central

対応のよさがセールスポイント　中級／デュポンサークル

Holiday Inn系列としては、近代的でありながらエレガントな装いが珍しい。客室も明るく落ち着いた色調だ。サービスの質もよく、設備も整い、コスパも高い。

212室　無料Wi-Fi

MAP●P.27-C4　住1501 Rhode Island Ave. NW, Washington, DC 20005　☎(202)483-2000　FAX(202)797-1078　日本無料0120-677-651　URL www.inndc.com　料ⓈⒹⓉ$149～289　カード ADJMV

ハイアットプレイスUSキャピトル　Hyatt Place Washington DC/US Capitol

観光&ショッピングにもビジネスにも便利な快適ホテル　中級／ノーマ

MAP●折込地図表 -F1

この5〜6年で見違えるほど変わりつつあるノーマ地区には、イートインもできるスーパーマーケットやドラッグストア、おいしいピザ屋などがあって、ロコの気分を味わえる。少し歩けば人気のトレーダージョーズやDCの若者でにぎわうユニオンマーケットもあり、観光にも便利なロケーションだ。

客室はシンプルだが、広くて清潔で、カウチもあってゆったりくつろぐこともできる。冷蔵庫もあるからジュースや水を買い込んで保存できるのもうれしい。ハイアットプレイスで評判がいいのが、無料の朝食。スクランブルエッグやカリカリベーコン、ポテト、ワッフル、シリアル、ジュースと豊富な種類の果物など、1日の大きな活力源になること間違いなし。椅子とテーブルの数も多いので、落ち着いて朝食が楽しめる。中心部から少し離れるものの、一考の価値があるホテルだ。

上／メトロレイルNoMa駅から徒歩5分、新しいコミュニティの中にあり買い物にも食事にも便利
下／快適な客室はデスクが広くて使いやすい。どの部屋にもソファがありリラックスできる

200室　無料Wi-Fi　無料朝食

住33 New York Ave. NE, Washington, DC 20002　☎(202)289-5599　Free(1-800)633-7313　FAX(202)289-5591
URL www.hyatt.com　料ⓈⒹⓉ$139〜389　カード ADJMV

ウィンザーイン　The Windsor Inn

DCでは珍しい価格帯　エコノミー／デュポンサークル

住宅街にあるヨーロッパ調の小さなイン。個人宅のようなあたたかみがあり、看板ネコがお出迎え。若者に人気のU St.まで3ブロック。客室は清潔、ロビーにコーヒーと紅茶のサービスあり。

46室　無料Wi-Fi

MAP●P.27-C3　住1842 16th St. NW, Washington, DC 20009　☎(202)667-0300　FAX(202)667-4503
URL dcembassyinn.wixsite.com/windsor1　料ⓈⒹⓉ$80〜169　カード AMV

ジェファソン　The Jefferson

ひそかな人気でワシントンDCらしい　最高級／デュポンサークル

DCに高級ホテルは数あれど、知る人ぞ知る最高級ホテル。オバマ元大統領も食事に来たなどVIPがよく使うとか。歴史的なたたずまいだが、客室はモダンな装い。

99室　無料Wi-Fi

MAP●P.27-C4　住1200 16th St. NW, Washington, DC 20036　☎(202)448-2300　Free(1-877)313-9749
FAX(202)448-2301　URL www.jeffersondc.com　料ⓈⒹⓉ$355〜900、スイート$830〜2690　カード ADJMV

ウェスティン・シティセンター　Westin Washington, DC City Center

一歩先行くサービスが自慢の　高級／デュポンサークル

古いホテルだが、ロビーをリニューアル。ナショナルジオグラフィックの2ブロック東にある。コンベンション参加者も多く、ビジネス客に評判がいい。

410室　有料Wi-Fi $13.95/$16.95

MAP●P.27-C4　住1400 M St. NW, Washington, DC 20005　☎(202)429-1700　Free(1-888)627-9035　FAX(202)785-0786　URL www.marriott.com　料ⓈⒹⓉ$189〜739、スイート$349〜829　カード ADMV

読者投稿　ホテル・タバードインHotel Tabard Inn　DC最古のホテルといわれている。各部屋は個性的な造りになっており、本棚、机、ソファなどのインテリアがとてもすてきで、部屋でゆったり過ご↗

マディソンホテル　The Madison Hotel

クラシックな外観のブティックホテル　高級／デュポンサークル

優雅で歴史的なホテルがブティックホテルの装いに。客室はモダンなインテリアに囲まれている。ビジネス街に位置し、多くの日本の政治家、大使館関係者も滞在している。

356室　有料Wi-Fi $9.95/$14.95

MAP●P.27-C4　住1177 15th St. NW, Washington, DC 20005　☎(202)862-1600　FAX(202)785-1255　URL www.marriott.com　料ⓈⒹⓉ$205〜619、スイート$320〜859　カード A D J M V

メイフラワーホテル　The Mayflower Hotel

ショッピング街に面し洗練された　高級／デュポンサークル

DCを代表するホテルで、世界中のVIPを長年にわたってもてなしてきた。華やかで気品のあるロビー、明るく落ち着いた部屋など、固定客が多いこともうなずける。

581室　有料Wi-Fi $12.95/$16.95

MAP●P.27-B5　住1127 Connecticut Ave. NW, Washington, DC 20036　☎(202)347-3000　FAX(202)776-9182　日本無料0120-142-536　URL www.themayflowerhotel.com　料ⓈⒹⓉ$179〜609、スイート$319〜1328　カード A D J M V

セントグレゴリー・ホテル　St. Gregory Hotel

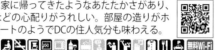

あたたかさのあるホテル　高級／デュポンサークル

小さめのロビーは家に帰ってきたようなあたたかさがあり、広めの机、靴磨きなどの心配りがうれしい。部屋の造りがホテルというよりアパートのようでDCの住人気分も味わえる。

140室　無料Wi-Fi

MAP●P.27-B4　住2033 M St. NW, Washington, DC 20036　☎(202)688-0756　FAX(202)466-6770　URL www.stgregoryhotelwdc.com　料ⓈⒹⓉ$249〜659、スイート$292〜1249、+Fee$30　カード A D M V

エンバシースイート・ジョージタウン　Embassy Suites Georgetown

リッチな気分で過ごせて機能的　高級／デュポンサークル

ビジネスパーソンには人気が高い。電子レンジ、冷蔵庫があってプール、フィットネスセンターなどの設備も充実。客室は広くて快適。朝食付きで夕方の2時間は飲み物が無料。

193室　無料Wi-Fi　無料朝食

MAP●P.27-A4　住1250 22nd St. NW, Washington, DC 20037　☎(202)857-3388　Free(1-800)362-2779　FAX(202)293-3173　URL www.hilton.com　料スイート$199〜799、+Fee$25　カード A D M V

ハイアットプレイス・ジョージタウン／ウエストエンド　Hyatt Place Georgetown/West End

観光にも便利な、ビジネス客に人気のホテル　中級／デュポンサークル

周辺はホテル街で、Foggy Bottom駅まで歩いて約10分。隣にはDCで人気のカフェもある。使いやすい客室で、種類の多い朝食付き。ロビーに共有の電子レンジあり。

168室　無料Wi-Fi　無料朝食

MAP●P.29-A2　住2121 M St. NW, Washington, DC 20037　☎(202)838-2222　FAX(202)888-2322　URL www.hyatt.com　料ⓈⒹⓉ$189〜559　カード A D J M V

ウェスティン・ジョージタウン　Westin Georgetown

WWF（世界自然保護基金）のすぐそば　高級／デュポンサークル

高級住宅街で治安もよく、高級ホテルが集中しているエリアにある。デュポンサークルやジョージタウンへも徒歩圏内だ。ウェスティンは快適な寝具も自慢。

267室　有料Wi-Fi $12.95

MAP●P.27-A4　住2350 M St. NW, Washington, DC 20037　☎(202)429-0100　Free(1-888)627-8406　FAX(202)429-0108　URL www.westingeorgetown.com　料ⓈⒹⓉ$169〜519、スイート$269〜679　カード A D J M V

↘すことができる。バーも人気で、ジャーナリスト、政治家、ロビイストのたまり場に。レストランは名物のクラブケーキが美味。住1739 N St. NW, Washington, DC 20036　☎(202)785-1277　（京都府　Hiromi）['23]

パークハイアット・ワシントンDC　Park Hyatt Washington DC

DCらしさを追求したワンランク上の滞在を　最高級／デュポンサークル

「ホテル」におけるサービスを徹底的に追求している。周囲の建物に溶け込んだ外観、落ち着けるロビー、居心地のいい客室。内装にはさくらのモチーフがあり、安心感がある。
220室　無料Wi-Fi

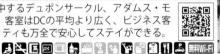

MAP●P.27-A4　住1201 24th St. NW, Washington, DC 20037　☎(202)789-1234　Free(1-800)233-1234　FAX(202)721-7897　日本無料0120-923-299　URLwww.parkhyattwashington.com　料ⓈⒹⓉ$339～1093、スイート$389～8593　カードADJMV

チャーチルホテル　The Churchill Hotel

洗練された雰囲気が自慢の　高級／デュポンサークル北

レストランの集中するデュポンサークル、アダムス・モーガンも徒歩圏内。客室はDCの平均より広く、ビジネス客に好評だ。セキュリティも万全で安心してステイができる。
173室　無料Wi-Fi

MAP●P.27-B3　住1914 Connecticut Ave. NW, Washington, DC 20009　☎(202)797-2000　Free(1-800)424-2464　FAX(202)462-0944　URLwww.thechurchillhotel.com　料ⓈⒹ$149～399、スイート$169～899　カードADJMV

ワシントン・インターナショナル・スチューデント・センター　Washington International Student Center

1泊$31～。各国の学生が集う　エコノミー／アダムス・モーガン

レッドラインWoodley Park駅から徒歩約10分。ユニオン駅からの送迎サービスもある。部屋は男女混合もあり、バス共同。共用スペースに電子レンジなどがある。
20ベッド、個室2　無料Wi-Fi　無料朝食

MAP●P.27-B2　住2451 18th St. NW, Washington, DC 20009　☎(202)667-7681　Free(1-800)567-4150　URLdchostel.com　料ドミトリー1人$31～、個室$32.50～、朝食付きでキーデポジット$10　カードADJMV

ワシントン・ヒルトン　Washington Hilton

ワシントンDCを代表する大型ホテル　高級／デュポンサークル北

快適な客室で、設備もサービスも充実。国際的な会議が行われることも。アダムス・モーガンに近い。少し高台にあるので、客室からの眺めもよく、日本人の利用も多い。
1111室　有料Wi-Fi $12.95

MAP●P.27-B3　住1919 Connecticut Ave. NW, Washington, DC 20009　☎(202)483-3000　FAX(202)232-0428　日本☎(03)6864-1633　無料0120-489-852(23区外)　URLwww.hilton.com　料ⓈⒹⓉ$130～552、+Fee$20　カードADJMV

オムニ・ショアハム・ホテル　Omni Shoreham Hotel

大統領の就任パーティが行われる　高級／動物園周辺

DCの顔ともいえる大型ホテルのひとつで、F.D.ルーズベルト以来、歴代大統領の就任パーティの会場としても有名。アダムス・モーガンも徒歩圏内。
834室　有料Wi-Fi $9.95/$14.95

MAP●P.27-A2　住2500 Calvert St. NW, Washington, DC 20008　☎(202)234-0700　Free(1-888)444-6664　FAX(202)756-5174　URLwww.omnihotels.com　料ⓈⒹⓉ$159～522、スイート$249～2604　カードAMV

グローバーパーク・ホテル　Glover Park Hotel

眺めのよいブティックホテル　高級／ジョージタウン北

ジョージタウンを北上したワシントン大聖堂に近い所にある。小高い丘にあるので、部屋によってはDCのモニュメントが見える。駅まで無料シャトルあり。
154室　無料Wi-Fi

MAP●P.28-A2　住2505 Wisconsin Ave. NW, Washington, DC 20007　☎(202)337-9700　FAX(202)333-5001　URLwww.gloverparkhotel.com　料ⓈⒹⓉ$189～319　カードAMV

読者投稿　**クリスタルシティも便利**　アーリントンのCrystal Gateway Marriottに１週間宿泊。DCのホテルより税金が安いのでおすすめ。メトロレイル駅と地下道でつながりたいへん便利で、モールへ15分↗

フォーシーズンズ・ワシントンDC　Four Seasons Hotel Washington, DC

DC唯一、AAAの5ダイヤモンド　最高級／ジョージタウン

ジョージタウンの入口に位置するれんが造りの最高級ホテル。邦字新聞、日本茶、ゆかたとスリッパなど日本人へのサービスもDC屈指だ（要リクエスト）。リピーターも多い。

222室　無料Wi-Fi　無料朝食

MAP●P.28-C5　住2800 Pennsylvania Ave. NW, Washington, DC 20007　☎(202)342-0444　Free(1-800)819-5053　FAX(202)944-2076　日本無料0120-024-754　URL www.fourseasons.com/washington　料ⓈⒹⓉ$1437～2023、スイート$2190～4385　カード ADJMV

ジョージタウンイン　Georgetown Inn

ナイトライフも楽しめて充実度抜群　高級／ジョージタウン

周囲にショップや深夜営業のバー、レストランがあり、夜遅くまでにぎわっている。客室の設備は申しぶんなく、機能的な電話や広い机などが配置されている。

96室　無料Wi-Fi

MAP●P.28-B4　住1310 Wisconsin Ave. NW, Washington, DC 20007　☎(202)333-8900　FAX(202)333-8308　URL www.georgetowninn.com　料ⓈⒹⓉ$219～429、スイート$279～459　カード ADMV

レッド・ライオン・ホテル・ロスリン硫黄島　Red Lion Hotel Rosslyn Iwo Jima

アーリントン側はぐっと安い　エコノミー／アーリントン

Rosslyn駅から徒歩8分。きれいでこぢんまり。DCに近いわりには格安だ。車の通りが多いので、少々うるさいが夜少し遅くても安心。硫黄島記念碑から約320m。

141室　無料Wi-Fi

MAP●P.30-A2　住1501 Arlington Blvd., Arlington, VA 22209　☎(703)524-5000　Free(1-866)705-0424　FAX(703)522-5484　URL www.redlion.com　料ⓈⒹⓉ$100～220　カード ADJMV

アーリントン・コート・スイート・クラリオン　Arlington Court Suites Clarion

長期滞在向けにおすすめ　中級／アーリントン

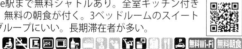

Courthouse駅まで無料シャトルあり。全室キッチン付きで自炊も可。無料の朝食が付く。3ベッドルームのスイートは大家族やグループにいい。長期滞在者が多い。

187室　無料Wi-Fi　無料朝食

MAP●P.30-B6外　住1200 N. Courthouse Rd., Arlington, VA 22201　☎(703)524-4000　FAX(703)522-6814　URL www.arlingtoncourthotel.com　料スイート$119～400　カード ADJMV

クラウンプラザ・クリスタルシティ　Crowne Plaza Crystal City

クリスタルシティでもちょっとリーズナブル　中級／クリスタルシティ

レーガン・ナショナル空港に近いクリスタルシティは、DC周辺では安く泊まれるエリアで、メトロレイル駅も近い。客室は広くて清潔、ナショナル空港への無料シャトル運行。

308室　無料Wi-Fi

MAP●P.30-C5外　住1480 Crystal Dr., Arlington, VA22202　☎(703)416-1600　日本無料0120-677-651　URL www.ihg.com/crowneplaza/　料ⓈⒹⓉ$139～289、スイート$214～329　カード ADJMV

エンバシースイート・クリスタルシティ・ナショナル空港　Embassy Suites Crystal City National Airport

目の前で作ってもらえる朝食が好評　高級／クリスタルシティ

駅から少し歩くが、途中Amazon Freshのスーパーがあり、ペンタゴンシティのモールも徒歩圏内。夕方はアルコールのサービス付き。空港への無料シャトル運行。

269室　有料Wi-Fi $9.95　無料朝食

MAP●P.30-C5　住1393 S. Eads St., Arlington, VA22202　☎(703)979-9799　Free(1-800)362-2779　URL www.hilton.com/en/embassy/　料スイート$149～559　カード ADJMV

↘ぐらいで行けます。クリスタルシティの地下街には飲食店や専門店もあり、また、ホテルから少し歩いた所のCrystal City Sports Pubはテレビのたくさんあるスポーツパブ。料理もおいしく満足できる内容でした。（愛知県　匿名）['23]

ウェスティン・クリスタルシティ・レーガン・ナショナル空港 Westin Crystal City Reagan National Airport

お得な料金が出ることも 高級／クリスタルシティ

Crystal City駅を出て道の向かい。駅の地下にはショップやレストランも多く、とても便利。建物は古いが中はウェスティンらしく豪華で、天国の心地がする寝具が好評。

223室 有料Wi-Fi $13.95

MAP●P.30-C5外 住1800 Richmond Hwy., Arlington, VA22202 ☎(703)486-1111 Free(1-800)937-8461 FAX(703)769-3970 URL westin.marriott.com 料ⓈⒹⓉ$199～414、スイート$499～709 カード A D J M V

ヒルトン・アレキサンドリア・オールドタウン Hilton Alexandria Old Town

美しい古都とワシントンDC観光の両方に便利 高級／アレキサンドリア

King St.駅の目の前にあり、DCの中心部までメトロレイルでわずか20分ほど。オールドタウンも無料のトロリーで10分。客室は広くて机も大きく、快適。電子レンジはロビーにある。

252室 有料Wi-Fi $12.95

MAP●P.121-A 住1767 King St., Alexandria, VA 22314 ☎(703)837-0440 FAX(703)837-0454 日本(03)6864-1633 無料0120-489-852（23区外） URL www.hilton.com 料ⓈⒹⓉ$164～305、スイート$258～482 カード A D J M V

ハンプトンイン・アレキサンドリア・オールドタウン Hampton Inn Alexandria- Old Town

ここを起点にDC観光 中級／アレキサンドリア

King St.駅から2ブロック、オールドタウンへは無料のトロリーを使えばすぐ。バラエティに富んだ無料の朝食付き。市内通話も無料だ。周囲にレストランも多い。

82室 無料Wi-Fi 無料朝食

MAP●P.121-A 住1616 King St., Alexandria, VA 22314 ☎(703)299-9900 FAX(703)299-9937 URL www.hilton.com/en/hampton/ 料ⓈⒹⓉ$159～299、スイート$209～339 カード A D M V

ゲイロード・ナショナル・リゾート&コンベンションセンター Gaylord National Resort & Convention Ctr.

アトリウムの庭は観光名所 高級／ナショナルハーバー

ガラスに覆われたアトリウムが植物園のような、観光名所のひとつになっているホテルだ。ホテル機能も充実している。タンガーアウトレットへのシャトルは無料。

1996室 無料Wi-Fi

MAP●P.127 住201 Waterfront St., National Harbor, MD 20745 ☎(301)965-4000 FAX(301)965-4098 日本無料0120-142-536 URL www.gaylordhotels.com 料ⓈⒹⓉ$279～879、スイート$429～1409、+Fee$27 カード A D J M V

ウェスティン・ナショナルハーバー Westin Washington National Harbor

リーズナブルな料金の日もある！ 高級／ナショナルハーバー

ナショナルハーバーの中心にあり、夜までにぎやか。清潔な客室で、ポトマック川のウオータービューは特に開放的。DCまではウオータータクシーが便利だ。

195室 無料Wi-Fi

MAP●P.127 住171 Waterfront St., National Harbor, MD 20745 ☎(301)567-3999 FAX(301)567-0888 URL www.westinnationalharbor.com 料ⓈⒹⓉ$209～439、スイート$769～907 カード A D M V

レジデンスイン・ナショナルハーバー Residence Inn National Harbor

全室キチネット付きで長期滞在向け 中級／ナショナルハーバー

目の前は名物ホテルのゲイロードで、ビジネス客の利用も多い。シャトルに乗ればMGMカジノやアウトレットへのアクセスもよく、観光にも便利。料理好きにいい。

269室 無料Wi-Fi 無料朝食

MAP●P.127 住192 Waterfront St., National Harbor, MD 20745 ☎(301)749-4755 Free(1-800)331-3131 FAX(301)749-4756 URL www.marriott.com 料スイート$170～799 カード A D J M V

読者投稿 **早い時間にチェックインできた** アメリカ本土のあちこちを旅して気がついたのだが、アメリカのホテルは部屋が空いている限り、チェックイン時間前でもたいてい入ることができる。午前中に着↗

デイズイン・コネチカットアベニュー Days Inn Connecticut Ave.

北西部の大学に近い　エコノミー／DC北部

レッドラインのVan Ness/UDC駅から北へ1.5ブロック。DC大学やハワード大学のロースクールにも近い。シンプルで広めの客室。周囲にはレストランも多く、意外に便利。

155室　無料Wi-Fi

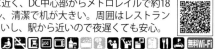

MAP●P.27-A1外　住4400 Connecticut Ave. NW, Washington, DC 20008　☎(202)244-5600　Free(1-800)952-3060　FAX(202)244-5600　URL www.dcdaysinn.com　料ⓈⒹⓉ$79～250　カード A D J M V

ヒルトン・ガーデンイン・ベセスダ Hilton Garden Inn Bethesda

Bethesda駅から2ブロック　中級／ベセスダ

国立衛生研究所に近く、DC中心部からメトロレイルで約18分。客室はシンプル、清潔で机が大きい。周囲はレストランも多く食事に困らないし、駅から近いので夜遅くても安心。

216室　無料Wi-Fi

MAP●P.130-5　住7301 Waverly St., Bethesda, MD 20814　☎(301)654-8111　FAX(301)654-6584　URL www.hiltongardeninn.com　料ⓈⒹⓉ$129～293　カード A D M V

レジデンスイン・ベセスダ・ダウンタウン Residence Inn Bethesda Downtown

キッチン&朝食付きの　中級／ベセスダ

マリオット系のホテルで、全室スイートタイプのキッチン付きだが、料金は少し安め。設備などはしっかりしている。地下鉄のBethesda駅から歩いてもすぐ。朝食付き。

188室　有料Wi-Fi $4.95　無料朝食

MAP●P.130-5　住7335 Wisconsin Ave., Bethesda, MD 20814　☎(301)718-0200　Free(1-888)236-2427　FAX(301)718-0679　日本無料0120-142-536　URL www.marriott.com　料スイート$149～419　カード A D J M V

アメリカンイン・オブ・ベセスダ American Inn of Bethesda

朝食付き、国立衛生研究所も徒歩圏内　エコノミー／ベセスダ

レッドラインBethesda駅とMedical Center駅の間にあり、ベセスダの繁華街もすぐの距離。朝食が付き、数は限られるが駐車場無料はうれしい。清潔で、このあたりでは安め。

76室　無料Wi-Fi　無料朝食

MAP●P.130-3　住8130 Wisconsin Ave., Bethesda, MD 20814　☎(301)656-9300　URL www.american-inn.com　料ⓈⒹⓉ$119～250　カード A M V

イーブン・ホテル・ロックビル Even Hotel Rockville

リーズナブルなロックビル（ベセスダ北）　中級／ベセスダ北

日本人が多く住むロックビルにあり、レッドラインTwinbrook駅から徒歩約5分の距離。シンプルだが、清潔な客室は使いやすい広さで、周囲の治安もいい。

167室　無料Wi-Fi

MAP●P.23-A1　住1775 Rockville Pike, Rockville, MD 20852　☎(301)881-3836　URL www.ihg.com　料ⓈⒹⓉ$119～194、スイート$119～230　カード A D J M V

ゲストハウス・ウンノ Guest House Unno

中・短期滞在者に便利　エコノミー／ベセスダ北

日本語が通じる。レッドラインRockville駅とShady Grove駅から車で約12分。朝夕、$10/人で送迎あり。議会図書館、国立衛生研究所関係の利用者が多い。喫煙は屋外でのみ可能。

5室　無料Wi-Fi　無料朝食

MAP●P.23-A1外　住11216 Potomac Oaks Dr., Rockville, MD 20850　☎(240)888-0899　FAX(301)217-9314　URL www.urta.us/house　料朝食込み　1人$150～、2人$250～（ⒹⓉとも）　カード不可。現金のみ

↘いても、まずはホテルへ行ってみることだ。80%以上の確率で時間前に部屋に入ることができた。部屋が掃除中などで入れなくても、荷物を預けて、観光に出れば楽。（愛知県　Nobby）['23]

エクステンディッドステイ・アメリカ・タイソンズコーナー　Extended Stay America Tysons Corner

長期滞在者におすすめ　中級／タイソンズコーナー

全室キッチン付きで、自炊も可能。長期間泊まるほど安くなり、同伴の17歳以下の子供は無料だ。簡単な朝食付き。掃除は週単位で+$10、リネンの交換は$5。駐車場も無料。

106室　無料Wi-Fi　無料朝食

MAP●P.23-A2　住8201 Old Courthouse Rd., Vienna, VA 22182　☎(703)356-6300　Free(1-800)804-3724　FAX(703)356-6353　URL www.extendedstayamerica.com　料ⓈⒹⓉ$95〜250　カード ADJMV

ダブルツリー・マクリーン・タイソンズ　DoubleTree McLean Tysons

タイソンズコーナーまで約200m　高級／タイソンズコーナー

タイソンズコーナーやシルバーラインTysons Corner駅も徒歩圏内。周囲には大企業などがあることから、ビジネス客の利用も多い。チェックイン時にくれるチョコチップクッキーが好評。

316室　無料Wi-Fi

MAP●P.23-A2　住1960 Chain Bridge Rd., McLean, VA 22102　☎(703)893-2100　FAX(703)356-8218　URL www.doubletree.com　料ⓈⒹⓉ$140〜600、スイート$272〜550　カード AMV

ヒルトン・ガーデンイン・タイソンズコーナー　Hilton Garden Inn Tysons Corner

シンプル、清潔、快適のチェーン　中級／タイソンズコーナー

過度なサービスを嫌うビジネスパーソンの利用が多い。タイソンズコーナーから少し歩くが、1.5マイル以内はホテルの無料シャトルが走る。駅はシルバーラインGreensboro。

150室　無料Wi-Fi

MAP●P.23-A2　住8301 Boone Blvd., Vienna, VA 22182　☎(703)760-9777　FAX(703)760-9780　URL www.hiltongardeninn.com　料ⓈⒹⓉ$149〜350　カード ADJMV

クオリティイン・タイソンズコーナー　Quality Inn Tysons Corner

安さにこだわるなら　エコノミー／タイソンズコーナー

シルバーラインSpring Hill駅からの道を約300m、宿泊費を抑えたい人は要チェック。モーテルスタイルで、客室はシンプルだが広い。駐車場無料、朝食付き。

300室　無料Wi-Fi　無料朝食

MAP●P.23-A2　住1587 Spring Hill Rd., Vienna, VA 22182　☎(703)448-8020　Free(1-877)424-6423　FAX(703)448-0343　URL www.qualityinntysonscorner.com　料ⓈⒹⓉ$89〜350　カード ADJMV

ワシントン・ダレス空港マリオット　Washington Dulles Airport Marriott

ダレス国際空港の敷地内にある　高級／ダレス国際空港

空港敷地内にある唯一のホテル。空港へのシャトルは4:30〜翌1:00の15分間隔の運行、深夜、早朝便にはとても便利。プールやフィットネスセンターもあり、時差ぼけ解消にもいい。

368室　有料Wi-Fi $12.95/15.95

MAP●P.23-A2外　住45020 Aviation Dr., Dulles, VA 20166　☎(703)471-9500　FAX(703)661-8714　日本無料0120-142-536　URL www.marriott.com　料ⓈⒹⓉ$189〜439、スイート$289〜519　カード ADJMV

ハンプトンイン・ワシントン・ダレス南　Hampton Inn Washington-Dulles Int'l Airport South

ダレス国際空港利用客に便利　エコノミー／ダレス国際空港周辺

ダレス国際空港まで無料のシャトルも運行されているので、早朝の出発、遅い時間に到着する場合などに、とても便利。客室は広く清潔で使いやすい。種類豊富な朝食付き。

137室　無料Wi-Fi　無料朝食

MAP●P.23-A2外　住4050 Westfax Dr., Chantilly, VA 20151　☎(703)818-8200　Free(1-800)426-7866　FAX(703)968-6871　URL www.hamptoninn.com　料ⓈⒹⓉ$79〜234　カード ADMV

お役立ち情報　**HotelとInnの違い**　アメリカでは、ホテルは施設が整い、さまざまなサービスを提供しているが、インと呼ばれるところの多くはレストランがない。その代わり、簡単な朝食が付くことが多い。

ワシントン中心部で人気の
ショッピングモール、シティセンター

Shops List

ショップリスト

＼バラマキ or 自分用？／

ワシントンDCのおみやげ

ベストセラー・アイテムと、アメリカで人気のスーパーマーケット&ドラッグストアで見つけたお手頃でお役立ちのみやげ物をご紹介！

※値段はすべて税抜き。スミソニアン協会での買い物は無税

定番みやげ

ホワイトハウスのクリスマスオーナメント
エレガントなオーナメントはコレクターズアイテム。**@ホワイトハウス・ギフトショップ（→P.36）**では歴代オーナメントを販売

名作絵画のマグネット
かさばらない有名絵画のマグネットはおみやげの定番
右上／ルノアール『舟遊びの昼食』
@フィリップスコレクション（→P.205）
左上／モネ『日傘をさす女性』
下／フェルメール『手紙を書く女性』と『はかりを持つ女』
@ナショナルギャラリー（→P.165）

国立航空宇宙博物館の人気&定番 (→P.136)

NASAのマスコット・スヌーピー
NASAのマスコット・スヌーピーは、2022年の月面有人探査国際プロジェクト「アルテミス計画」のオリオン宇宙船に乗船した

フライトタグのキーホルダー
日本でも人気のフライトタグのキーホルダー

米国空軍キャップ
レッドカヌーのクールなキャップ。アメリカでMade in USAはレア

宇宙ペン
上に向けても書ける宇宙ペンは宇宙毛布と並ぶ定番中の定番

スーパー「ハリス・ティーター」

(→P.266)

最近DCに店舗を増やしているスーパー。アメリカ人の日常生活を知るには最適

マッシュポテトのもと
お湯に入れて混ぜるだけ。アメリカらしい味を楽しめる

ドラッグストア「CVS」

(→P.276)

DCのいたる所で見かけるドラッグストア

左より
ミックスナッツ、ドライフルーツ、デラックスミックスナッツ、アーモンド
遅くまで営業する店もあり、みやげを買いそびれたときに便利。ナッツ類は特に安い

スーパー「ホール・フーズ・マーケット」

(→P.266)

健康的な食品・雑貨以外にも地元の商品も数多く販売

DCの2大コーヒー
左／Swing's Coffeeはコーヒー名がしゃれている。大使館通り（コスタリカとグアテマラ）　右／Compass Coffeeは中心部に10店舗以上ある人気のカフェ

カラビナ付きのサニタイザージェル
必需品。オレンジの香り。カラビナ付きなのでかばんに付けて持ち歩こう

リップクリーム3点セット
ホール・フーズはオーガニック商品が充実。チョコレートキャンディ、アップルパイ、シュガークッキーの香り

スーパー「トレーダージョーズ」

(→P.266)

日本人も大好き、アメリカで一番人気のスーパー

チョコチップクッキー
甘過ぎず、好評。ほかにもバラマキにいいものが見つかる

ご当地エコバッグ
一番人気。リンカーンもいる!!

ハンドサニタイザー
必需品。ラベンダーと柑橘系の香り

ショッピングの基礎知識
Shopping Information

DC中心部で人気のショッピングモール・シティセンター。コンベンションセンターも近い

ワシントンDCのショッピングエリア

DC市内のショッピングの中心は、世界のハイエンドブランドが集中する**シティセンター**（→P.268）だ。かつてにぎわっていたジョージタウンはコロナの影響を受け、さびしいかぎり。しかし、市内をわずか離れたバージニア州北部にも有名店が入ったショッピングモールやアウトレットモールがいくつもあり、アクセスも簡単。車がなくても行ける所が多く、路線バスで行けるアウトレットもある。

◆近郊のショッピングモール

DCではショッピングモールでの買い物を断然すすめる。モールには有名デパートのほか、人気ブランド店も多く（→P.265表）、フードコートもあって便利。DCから最も近くて大きなショッピングモールが**ファッションセンター・アット・ペンタゴンシティ**（→P.268）だ。メトロレイル・ブルー、イエローラインPentagon City駅の上に位置し、DCからわずか15分ほどの距離。

ビッグなモールの**タイソンズコーナー・センター**（→P.268）と**タイソンズギャレリア**（→P.269）へもシルバーライン1本で行ける。中心部から少し離れるがたくさんの店を見たい人にはおすすめ。

やはりお得なアウトレット

ブランドものがディスカウント価格で買えるアウトレット。DC近郊で人気のアウトレットは5ヵ所。DCから最も近く、路線バスとウオータータクシーでアクセスできる**タンガーアウトレット**（→P.269）と、全米最大規模の**ポトマックミルズ**（→P.269）、日本人好みのブランドが多い**リースバーグ・プレミアム・アウトレット**（→P.270）、ボルチモアとアナポリスから近い**アランデルミルズ**（→P.321）、DC北西のメリーランド州にある**クラークスバーグ・プレミアム・アウトレット**（→P.270）だ。残念ながらタンガーアウトレット以外は足の便が悪い。日系の**オプショナルツアー**（→P.63）を利用するといい。

DCから最も近いアウトレットがナショナルハーバーにある

セールスタックス

DCのセールスタックスは6%。酒類は10.25%。バージニア州、メリーランド州とも6%。スーパーなどで買う食料品は、テイクアウトなどの加工品を除きDCは0%、バージニア州は2.5%、メリーランド州は0%。人が生きていくために最低限のものには税金がかからないのがアメリカだ。かかっても低額で、多くの州では医薬品、衣類、靴など$200くらいまで税金がかからない。日本が明らかにおかしい。

◆スミソニアンはセールスタックス0%

DCらしいおみやげはスミソニアンの博物館で買うのがいい。いいおみやげになるし、Taxが0%。

DC豆知識 **レジ袋は有料** わずかな金額ではあるが、DCではレジ袋やショッピングバッグが有料。エコバッグを用意すれば、5セント割り引いてくれる。スーパー以外では、無料な店もある。

賢いショッピングをするために

◆営業時間（ビジネスアワー）

コロナの影響に加え人手不足から、ショップもレストランも営業時間を短縮している。リテールショップは月～土10:00～19:00、日11:00～17:00、ショッピングモールやアウトレットはやや長めで閉店時間は20:00が多く、週末は21:00まで延長、日11:00～19:00くらい。年中無休とうたっている店でも、祝日は休業する所もある。事前に確認したい。

◆支払い方法

クレジットカードの読み取り機。サインの代わりに暗証番号を押すタイプ

アメリカでは少額でもクレジットカードやデビットカードでの支払いが一般的。現金のCashに対してチャージChargeといわれる。使い方は端末にカードを挿入するかスライドさせ、金額を確認後、暗証番号（英語ではPIN）を入力する。最後にOKを押すと、レシートが出てくる。端末によってはサインも必要だ。

アメリカではスマートフォン決済は日本ほど普及していない。ApplePayなど一部できるものもあるが、Amazon Goのようにアプリでの決済が一般的。また、紙ではなくeレシートも一般化している。

◆試着をするときは3サイズ

日本人はアメリカ人に比べて細身。女性は“P”と表示されたPetiteのほうが合う。サイズ表から目星をつけ、その前後と3サイズを試着してみよう。その際、ほころび、傷などないか要チェック。製品の素材もよく確かめて。Tシャツは綿100%ではなく、ポリエステル混紡が多い。化繊が入るとダマができやすいから要注意。

◆返品もOK

サイズがやっぱり合わない、色や形が気に入らないなど、アメリカではレシートがあれば返品や交換に応じてくれる。1～2週間以内など条件はレシートの下に記載されているので、レシートは捨てずに保管しておこう。

◆アメリカのドラッグストアは日本のコンビニ？

日本ではどこにでもあるコンビニエンスストアも、アメリカでは意外なほど少ない。その代わり、どこにでもあるのがドラッグストアだ。**シー・ヴィ・エスCVS**と**ウォルグリーンWalgreens**が2大大手だ。薬や日用品をはじめとして、軽食、飲み物、雑誌、文房具、カメラやパソコンのメモリーなど幅広い品揃えとなっている。店によっては、ビールなどのアルコール類や温かいコーヒー、サンドイッチやフルーツなどの生鮮食料品の販売もあるので、一度のぞいてみるといい。

洋服・靴のサイズ

婦人服のサイズ（cm）

アメリカサイズ	XS	S		M		L		XL	
	4	6	8	10	12	14	16	18	20
バスト	85	87.5	90	93	96.5	100	104	109	114
ウエスト	62	65	67	70	74	77.5	81	86	91
ヒップ	90	93	95	98	102	105	109	114	119

紳士服標準サイズ

アメリカサイズ	Small		Medium		Large		X-Large	
首回り（inches）	14	14 1/2	15	15 1/2	16	16 1/2	17	17 1/2
首回り（cm）	35.5	37	38	39	40.5	42	43	44.5
胸囲（inches）	34	36	38	40	42	44	46	48
胸囲（cm）	86.5	91.5	96.5	101.5	106.5	112.5	117	122
胴回り（inches）	28	30	32	34	36	38	40	42
胴回り（cm）	71	76	81	86.5	91.5	96.5	101.5	106.5
袖丈（inches）	32 1/2	33	33 1/2	34	34 1/2	35	35 1/2	36
袖丈（cm）	82.5	84	85	86.5	87.5	89	90	91.5

インチ早見表

inch	20	25	30	35	40	45	50
cm	50.8	63.5	76.0	88.8	101.6	114.3	127.0

靴サイズ

婦人用	アメリカサイズ	4 1/2	5	5 1/2	6	6 1/2	7	7 1/2
	日本サイズ（cm）	22	22.5	23	23.5	24	24.5	25
紳士用	アメリカサイズ	6 1/2	7	7 1/2	8	8 1/2	9	10
	日本サイズ（cm）	24.5	25	25.5	26	26.5	27	28
子供用	アメリカサイズ	1	4 1/2	6 1/2	8	9	10	12
	日本サイズ（cm）	9	10	12.5	14	15	16	18

DC豆知識 **声をかけられたら“Hi！”のあいさつを** アメリカではショップに限らずレストランでも、人と会ったときは必ず“Hi！”とあいさつを！ 声をかけられたのに無視したら、たいへん失礼になるので注意。

◆アメリカのバーゲン時期

アメリカでは毎月のようにバーゲンをやっている。なかでも、際立って安くなるのがサンクスギビングデイ（11月第4木曜）翌日のブラックフライデイからクリスマスにかけて。特にブラックフライデイは店も早朝よりオープンし、激安価格に長蛇の列を作る。ちなみに、ブラックフライデイのブラックとは黒字になるという意味。

◆たばこと酒類について

アメリカでも酒類とたばこは販売される場所が限られている。酒はリカーストアLiquor Store、スーパーマーケット、セブン-イレブンなど一部のコンビニエンスストアで購入できる。たばこは同じくコンビニエンスストアなどで販売されているが、日本に比べて割高なので、短期の旅行なら日本の空港免税店で購入して持ち込むのがいい。

なお、酒類もたばこも購入時に年齢確認がある。パスポートなど写真付きIDを持参しよう。

おいしいよ！

DC必足 ファーマーズマーケット

おいしい料理方法なども教えてくれて、会話も弾む

左上／ピクルスも手作りで、有機野菜を使うなど安全でヘルシー　右上／ファーマーズマーケットで販売されるものは美味　左下／お隣のバージニア州はアメリカでは有名なワインの産地。ファーマーズマーケットに出店することも

アメリカでは、生産者からこだわりの新鮮で安全な野菜や果物、総菜を直接買えるファーマーズマーケットが定着している。近くから運ばれてくるものは、CO_2削減にも効果があり、エコなことも手伝って、大都市はもちろん、小さな町まで開催されている。DCでも週6日は市内のどこかで行われている。自慢の有機野菜や果物、手作りのパンやクッキーなどのスイーツ類、ジャム、チーズ、ピクルスやソーセージ、ホルモン剤を使わない肉、生花など、形こそ不揃いだがどれもフレッシュで大地の香りが感じられる。時間があればぜひ寄って、生産者との会話も楽しんでみるといい。DCの人たちは観光客に慣れているので、誰が行ってもあたたかく迎えてくれる。なお、野菜や果物類は日本に持ち帰ることができないので注意。

DCのファーマーズマーケット
URL freshfarm.org

●Dupont Circle
MAP P.27-B4
住 20th St. bet. Massachusetts & Connecticut Aves. NW
日曜8:30～13:30（通年）

●City Center
MAP P.25-E2　住 New York Ave. & 11th St. NW
火曜11:00～14:00（5～10月）

●White House
MAP P.25-D2　住 Vermont Ave. & I（Eye）St.
木曜11:00～14:00（4～11月中旬）

●Foggy Bottom
MAP P.27-A5　住 I(Eye) St. bet. 23rd & 24th Sts. NW
水曜15:00～19:00（通年。冬季は休みの日も）

●Mount Vernon Triangle
MAP P.25-F2　住 I(Eye) St. & Massachusetts Ave. NW
土曜9:00～13:00（通年）

●Penn Quarter
MAP P.25-F3　住 8th & F Sts. NW
木曜15:00～19:00（4～11月中旬）

●USDA Farmers Market（農務省）
MAP P.25-E5　住 12th St. & Independence Ave. SW
金曜10:00～14:00（6～10月）

 お役立ち情報　大麻について　コロラド、ワシントン（州であってDCではない）、アラスカ、オレゴン、アリゾナ、カリフォルニア、メイン、マサチューセッツ、ネバダなどの半数近い州では大麻が合法化し販売されて↗

ショッピングモール＆アウトレット別・人気ブランドリスト

（2023年1月現在）

	シティセンター（P.268）	ファッションセンター（P.268）	タイソンズコーナー（P.268）	タイソンズギャレリア（P.269）	タンガーアウトレット（P.269）	ポトマックミルズ（P.269）	リースバーグ（P.270）	クラークスバーグ（P.270）
Abercrombie & Fitch			●		●		●	
Aeropostale							●	
Adidas			●		●	●	●	●
Aldo		●	●		●	●		
American Eagle Outfitters		●	●		●	●	●	●
Apple Store		●	●					
Arc'teryx	●		●					
A/X Armani Exchange		●					●	●
Bally				●				
Banana Republic		●	●		●	●	●	●
Bath & Body Works		●	●		●	●	●	●
BOSS	●	●		●	●	●	●	●
Bottega Veneta				●				
Brooks Brothers			●		●	●	●	●
Bvlgari	●							
Burberry	●			●			●	
Calvin Klein					●	●	●	●
Cartier				●				
Chanel	●			●				
Charlotte Russe					●			
Coach		●	●	●	●	●	●	●
Cole Haan		●			●	●	●	●
Columbia Sportswear Company					●	●	●	●
Crocs					●	●		●
Diesel			●					
Dior	●							
DKNY							●	
Express		●	●		●	●	●	●
Gap			●		●	●	●	●
Gucci	●		●	●				
Guess?		●	●		●	●		
H&M			●		●	●		
Hermès	●							
Hollister Co.			●		●	●		
J. Crew		●		●	●	●	●	●
Kate Spade New York	●			●	●	●	●	●
Lacoste					●	●	●	●
L'Occitane		●	●					
Louis Vuitton	●		●	●				
Max Mara				●				
Michael Kors			●		●	●	●	●
Moncler	●							
Nautica					●	●	●	
Nike					●	●	●	●
Oakley		●	●		●	●		
Pandora		●	●		●	●		
Paul Stuart	●							
Prada				●				
Puma					●	●	●	●
Ralph Lauren				●			●	●
Salvatore Ferragamo	●			●			●	●
Sephora		●	●					
Swarovski Crystal		●	●		●		●	
The Body Shop					●			
Theory					●		●	●
Tiffany & Co	●		モール向かい					
Tommy Hilfiger					●	●	●	●
Tory Burch				●	●	●	●	●
True Religion						●	●	
Tumi	●	●		●	●	●	●	●
Under Armour			●		●	●	●	●
Ugg					●	●	●	●
Victoria's Secret		●	●		●	●		
Zara		●	●					

↘いる。実は、首都DCでも大麻の合法化が可決された。しかし、販売はされていない（所持はOK）。これらの薬物は日本では違法。日本人は日本国外でも日本の法律が適用されるから決して手を出さないこと。残念な結末が待っている。

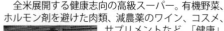

ホール・フーズ・マーケット　Whole Foods Market

DC産の食品も扱う便利な健康志向マーケット

フォギーボトムほか／スーパーマーケット

MAP ● P.27-A5

全米展開する健康志向の高級スーパー。有機野菜、ホルモン剤を避けた肉類、減農薬のワイン、コスメ、サプリメントなど、「健康」に関するクオリティの高いものが揃い、おみやげにもいい。コンパスコーヒーなどDCのローカル食品があるのもうれしい。無料Wi-Fi

住2201 I(Eye) St. NW　☎(202)296-1660　営毎日7:00～22:00　URL www.wholefoodsmarket.com　●ダウンタウン　MAP P.27-C4　住1440 P St. NW　●ジョージタウン　MAP P.28-A2　住2323 Wisconsin Ave. NW　●ユニオン駅東　MAP 折込地図表-F2　住600 H St. NE　●ネイビーヤード　MAP P.26-B4　住101 H St. SE　カード A M V

トレーダージョーズ　Trader Joe's

ご当地エコバッグがコレクターズアイテム

フォギーボトムほか／スーパーマーケット

MAP ● P.27-A5

クオリティの高い世界の食材を厳選した有名スーパーマーケット。オーガニックなど食の安全にこだわる品が並び、パッケージがおしゃれなオリジナル製品はお手頃価格なのもうれしい。ご当地エコバッグがおみやげに人気だが、チョコレートやナッツ類も安いのでおすすめ。

住1101 25th St. NW　☎(202)296-1921　URL www.traderjoes.com
営毎日8:00～21:00　カード A M V　●そのほかの支店については下記脚注参照

ハリス・ティーター　Harris Teeter

急成長中のヘルシー志向マーケット

ネイビーヤードほか／スーパーマーケット

MAP ● P.26-B4

中心部には少ないが周辺に店舗数を増やしている、品揃えのいいスーパー。オーガニックジャムやクッキー、ミルク、コーヒーなどの独自ブランドを数多くもち、なかにはペットフードまである！無料Wi-Fi

住401 M St. SE　☎(202)554-0164　URL www.harristeeter.com　営毎日6:00～23:00　カード A M V　●ノーマ地区　住1201 1st St. NE　MAP 折込地図表-F1　●アダムス・モーガン　MAP P.27-C2　住1631 Kalorama Rd. NW　●ペンタゴンシティ　MAP P.30-B5　住900 Army Navy Dr., Arlington

セーフウェイ　Safeway

地元の人々の生活の一端をのぞける

デュポンサークルほか／スーパーマーケット

MAP ● P.27-C3

日常の買い物や、安価なみやげを買うにも最適な大衆的なスーパー。店によってはサラダバーもあるのでテイクアウトにもいいし、朝食用にパンやフルーツ、ヨーグルトを買うのもいい。ビールやワインも種類が豊富で、ビールはまとめ買いがお得。これぞアメリカンなケーキやスナック、日用品など見ているだけでおもしろい。

住1701 Corcoran St. NW　☎(202)667-6825　URL www.safeway.com　営毎日6:00～22:00　カード A M V
支店についてはP.267～268脚注参照

お役立ち情報　トレーダージョーズの支店　●U St.地区　MAP P.105-A　住1914 14th St. NW　●キャピトルヒル　MAP P.26-C3　住750 Pennsylvania Ave. SE　●ノーマ地区　MAP 折込地図表-F1　住350 Florida Ave. NE

イエス！オーガニックマーケット　Yes! Organic Market

市民が利用するオーガニックマーケット　キャピトルヒルほか／スーパーマーケット　MAP●P.26-C3

DCで展開する有機野菜などを扱う自然派志向のスーパーマーケット。食料品、化粧品、石鹸類、サプリメントなどが揃う。アダムス・モーガン（住1825 Columbia Rd. NW）のほか、市内に全部で6店舗ある。

住410 8th St. SE　URL www.yesorganicmarket.com　営毎日7:00～22:00
カード A M V　●アダムス・モーガン　MAP P.27-B2　営月～土7:00～21:00、日8:00～

ウェグマンズ　Wegmans

大型スーパーチェーン、ワシントンDCに初出店　ジョージタウン北／スーパーマーケット　MAP●P.28-A1 外

「働きがいのある企業」ランキングで常に上位入りするスーパーの市内初出店舗。プライベートブランドから高級食材まで、おいしく、リーズナブルな品揃え。長期滞在者のみならずスーパー好きは必見。アクセスはバスが便利。

住41 Ridge Sq. NW　☎(202)449-1600　URL www.wegmans.com　営毎日6:00～24:00　カード A M V　行き方メトロバス#31、33でUpton St.下車　無料Wi-Fi

アマゾンフレッシュ　Amazon Fresh

レジもなし、品物を取って出るだけ　ダウンタウン／スーパーマーケット　MAP●P.27-C3

2016年、欲しいものを取って出るだけのAmazon Goが日本でも話題になったが、そのスーパーマーケット版。生鮮食料品をはじめ品揃えは本物のスーパーだ。入店前にAmazonショッピング・アプリをダウンロードし会員に。入店の際はコードを読ませればOK。

住1733 14th St. NW　Free (1-800)250-0668　URL Amazon Shopping Appで検索
営毎日7:00～22:00　カード A M V　無料Wi-Fi　●クリスタルシティ　MAP P.30-C5外　住1550 Crystal Dr., Arlington

はな日本食品店　Hana Japanese Market

日本の食料品をリーズナブルな値段で販売　デュポンサークル／スーパーマーケット　MAP●P.27-C3

日本の食料品や日用品が揃う店。うれしいのはその価格。とてもリーズナブルだ。ペットボトル飲料、スナック菓子、調味料、乾物、インスタント食品etc.。おにぎりや日本のパンも。木曜にはLAとデラウェアより日本の有機野菜、ニューヨークから日本のパンを直送する。

住2004 17th St. NW（Uと17thの北西角）　☎(202)939-8853
営毎日11:00～19:00　カード A D J M V

えびす　Ebisu

日本商品の品揃えはピカイチ　ベセスダ北／スーパーマーケット　MAP●P.23-A1

在米の日本人が多く住むロックビルに2022年にオープンした日系のスーパー。ニューヨーク州やコロラド州にも展開しているチェーン店で、日用品から健康・美容商品、食料品までほぼ日本製。DC長期滞在の人は寄ってみては？

住836 Rockville Pike, Rockville　☎(301)242-3470　営日～木10:30～21:30、金土～22:30
カード A M V　行き方レッドラインRockville駅下車、Rockville Pikeを南に徒歩約16分

チョコレートハウス　The Chocolate House

宝石のようなチョコレート　デュポンサークル／食料品　MAP●P.27-B3

世界中から300ものチョコレートバーが揃う。フランスのBonnat、イタリアのAmedi、サンフランシスコのダンデライオン、ローカルのオーガニックチョコなど、店のこだわりがうれしい。ラズベリーやローズマリーなどの美しいトリュフも人気。

住1904 18th St. NW　☎(202)903-0346　URL thechocolatehousedc.com
営日～木12:00～18:00、金土～19:00　カード A M V

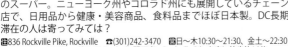

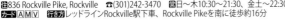

お役立ち情報　セーフウェイの支店（→P.266）　MAP P.25-F1　住490 L St. NW　●ザ・ワーフ東　MAP折込地図表-E3　住1100 4th St. SW　●ジョージタウン　MAP P.28-B3　住1855 Wisconsin Ave. NW　（P.268へ）

シティセンターDC　City CenterDC

世界の高級ブランドが集まるDCの人気モール

ダウンタウン／ショッピングモール

MAP●P.24-A,B1

コンベンションセンターの2ブロック南にあるアパート、コンドミニアム、ハイエンドブランドやアメリカ主要都市の人気レストランが集う新しいスタイルのモール。Chanel、Tiffany、Burberry、Dior、Gucci、Arc'teryx、Bvlgari、David Yurman、Hermès、Kate Spade、Louis Vuitton、Paul Stuart、Salvatore Ferragamo、Tumiなどハイエンドブランドが軒を連ね、のぞくだけでも楽しい。地元で人気のカフェなども入っている。無料Wi-Fi

左／ブルガリをはじめ世界のハイエンドブランドが揃う　右／とてもおしゃれなショッピングモールで行くだけでも価値がある

住11th, I(Eye), 9th and H Sts.に囲まれたエリア　☎(202)289-9000　URL www.citycenterdc.com　営基本的にショップは月～土10:00～19:00、日11:00～18:00だが、店舗により異なる

ファッションセンター・アット・ペンタゴンシティ　Fashion Centre at Pentagon City

ワシントンDCで一番人気のモール

アーリントン／ショッピングモール

MAP●P.30-B5

中心部からメトロレイルでわずか15分ほど。アクセスが容易なことから、DCを訪れる日本人には特に人気が高いモールだ。観光のあとに行っても十分に間に合うのがうれしい。テナントは、メイシーズとノードストロームのふたつの人気デパートと140以上の店が入り、日本人好みのブランドも多いのできっとお気に入りの物が見つかるはず。地下には各国料理のファストフード店も並ぶ。無料Wi-Fi

左／ビクトリアズシークレットもある　右／吹き抜けの下がフードコートで食事処としても人気がある

住1100 S. Hayes St., Arlington　☎(703)415-2400　URL www.simon.com/mall/fashion-centre-at-pentagon-city　営月～木10:00～20:00、金土～21:00、日11:00～19:00　行き方イエロー、ブルーラインPentagon City駅とつながっている

タイソンズコーナー・センター　Tysons Corner Center

DC一巨大なショッピングモール

バージニア州北部／ショッピングモール

MAP●P.23-A2

典型的なアメリカの大ショッピングモール。シネコンはもちろん、アメリカのメジャーブランドをほぼ網羅している。1968年の誕生当時は世界一の大きさを誇り、現在でも店舗数300を超える、DCエリアではNo.1の大きさだ。DCエリアではここにしかない店も多い。ハイエンドブランドのタイソンズギャレリア（→P.269）と、すみ分けもできている。タイソンズはビジネス街でもあり、周辺に高級ホテルも多い。無料Wi-Fi

左／DCの中心部にはコーチの店舗はなくなってしまったが、タイソンズコーナー・センターにはある　上／メイシーズをはじめとして3つのデパートもあり、買い物好きならまずここへ

住1961 Chain Bridge Rd., Tysons Corner　☎(703)847-9400　URL www.tysonscornercenter.com　営月～土10:00～21:00、日11:00～19:00　行き方シルバーラインTysons Corner駅下車、歩道橋を渡りすぐ

(P.267より)●アダムス・モーガン　MAP P.27-B2　住1747 Columbia Rd. NW　●ロスリン（アーリントン）　MAP P.30-C6　住1525 Wilson Blvd., Arlington

タンガーアウトレット・ナショナルハーバー　Tanger Outlets National Harbor

中心部から最も近いアウトレット

ナショナルハーバー／アウトレット

MAP ● P.127

カジノも誕生して注目度の高いナショナルハーバーにあり、メトロバスで行けるほか、ザ・ワーフ（→P.76）からウオータータクシーがナショナルハーバーまで運航されている。日～木12:00～24:00、金土11:00～翌2:00の間はナショナルハーバーからは30分おきにシャトル（$10）も運行。日本人好みのブランドも多く、80軒以上が入っている。フードコートがないので注意。無料Wi-Fi

左／日本に人気のブランドも多い。日によってはさらに割引となるのがうれしい　上／ナショナルハーバーでカジノを楽しんだあとに寄ってみよう

住6800 Oxon Hill Rd., National Harbor　☎(301)567-3880　URL www.tangeroutlet.com/nationalharbor　営月～土10:00～21:00、日11:00～19:00　行き方グリーンラインSouthern Ave.駅から#NH1のバスで約25分。またはザ・ワーフ（住950 Wharf St. SW）からナショナルハーバーまでウオータータクシーで。1日4～7本、片道$18～

ポトマックミルズ　Potomac Mills

20～70%Off!　巨大アウトレット

バージニア州北部／アウトレット

MAP ● 折込地図裏 -B2,3

DCの南西約40kmにあり、公共交通機関では行きづらいので車があると便利。"70% Off"なんて値札もあり、思わずまとめ買いしたくなる。週末の混雑ぶりは驚くほど。インドアなので寒い季節もここなら安心。Aldo、Ikea、Costco（コストコ）のアウトレットが入っているなど、ほかのアウトレットでは見られない店も多い。店舗数は約220。DCから車で約30分。無料Wi-Fi

左／アウトレットは広大なので、ゲストサービスで地図をもらうことから始めよう　上／雨が降っても大丈夫。トゥミも入っている

住2700 Potomac Mills Circle, Woodbridge　☎(703)496-9330　URL www.simon.com/mall/potomac-mills　営月～木10:00～20:00、金土～21:00、日11:00～18:00　行き方ブルーライン南終点のFranconia-Springfield駅からOmniRideバスのP-MEで行ける。月～金12:35～22:39の間16本、土日は8:20～11:10の間3本の運行で、所要約25分（片道$4.25、SmarTrip$3.45）。車のない人は日系の旅行会社のオプショナルツアーに参加するのが便利（→P.63）

タイソンズギャレリア　Tysons Galleria

高級ブランドが集まるモール

バージニア州北部／ショッピングモール　MAP ● P.23-A2

タイソンズコーナー・センター（→P.268）からシルバーラインを挟んで北に位置し、約100店舗と数は少なめだが、日本人好みの一流ブランドが並ぶ。デパートはニーマンマーカス、サックス・フィフス・アベニュー、メイシーズが入る。無料Wi-Fi

住2001 International Dr., McLean　☎(703)917-5477　URL www.tysonsgalleria.com　営月～土11:00～19:00、日12:00～18:00　行き方シルバーラインのTysons Corner駅下車、駅の北側にある

ウエストフィールド・モントゴメリー　Westfield Montgomery

日本人好みのショップが入っている

ベセスダ／ショッピングモール　MAP ● P.23-A1

店舗数約130、メリーランド州最大級のモール。DCの北西約20kmの日本人も多いベセスダにある。ノードストローム、メイシーズのデパート、シネマコンプレックスあり。無料Wi-Fi

住7101 Democracy Blvd., Bethesda　☎(301)469-6000　URL www.westfield.com/montgomery　営月～水10:00～20:00、木～土～21:00、日11:00～19:00　行き方レッドラインMedical Center駅からメトロバス#J2の西行きに乗り約15分

お役立ち情報　アウトレットによっては海外からの旅行者にクーポンブックのプレゼントがある。インフォメーションで「Do you have a coupon book for overseas visitors?」と尋ねよう。パスポートが必要。

リースバーグ・プレミアム・アウトレット　Leesburg Premium Outlets

人気のブランドがうれしいアウトレット　バージニア州北部／アウトレット　MAP●折込地図裏 -B2

ダレス国際空港北西のリースバーグという町にあり、公共の交通機関がない。店舗数は約100店、Burberry、Ugg、Williams-Sonomaのアウトレットがある。無料Wi-Fi

住241 Fort Evans Rd., Leesburg　URL www.premiumoutlets.com/outlet/leesburg　営月～木10:00～20:00、金土～21:00、日～19:00　行き方車でDCからI-495のベルトウエイに乗り、ダレス国際空港方面のVA-267を西へ。Exit 9Bを出たらVA-28を北へ進み、VA-7を左折、直進して右側。

クラークスバーグ・プレミアム・アウトレット　Clarksburg Premium Outlets

DCエリア最新&おしゃれなアウトレット　メリーランド州西部／アウトレット　MAP●折込地図裏 -B2

DC北西の郊外に開業したアウトレット。店舗数は約90で、人気店はほぼ出揃う。建物は2層構造となっていて、効率的に歩けるように工夫されている。

住22705 Clarksburg Rd., Clarksburg　☎(240)702-1200　URL www.premiumoutlets.com/outlet/clarksburg　営月～木10:00～20:00、金土～21:00、日～19:00（冬季は短縮）　行き方レッドラインのShady Grove駅から車で25分程度なのでタクシーやUberの利用を

ユニオン駅　Union Station

鉄道駅がショッピングモール　キャピトルヒル／ショッピングモール　MAP●P.26-B1, 2

ワシントンDCの玄関口のひとつ、ユニオン駅。コロナ禍の影響を受けて利用者が減り、テナント数も減っている。ロクシタン、ボディショップ、ギフトショップ、衣料品店、靴屋などがあるなかで、ユニクロの存在は心強い。

住50 Massachusetts Ave., 1st & 2nd Sts. NE　☎(202)289-1908　URL www.unionstationdc.com　営月～土10:00～21:00、一部のファストフードは平日6:00くらいから、日12:00～18:00頃

ウォルマート　Walmart

格安デパート+スーパー+ホームセンター　キャピトルヒル／デパート　MAP●P.26-A1

日本でデパートは高級品を扱う所だが、アメリカではデパートによって扱う品物が変わる。最も安いグループに入るのがウォルマートだ。生鮮食料品やホームセンターで売るものも並び、品数は豊富。円安の今、行ってみたい。

住99 H St. NW　☎(202)719-2110　URL www.walmart.com　営毎日7:00～19:00
カード A M V

サックス・フィフス・アベニュー・オフ・フィフス　Saks Fifth Avenue Off 5th

老舗デパートの余剰品　ダウンタウン／デパート & アウトレット　MAP●P.24-A2

ニューヨークの老舗高級デパート「サックス・フィフス・アベニュー」の余剰品を販売する店。ハイエンドブランドの衣類、靴、バッグ、ジュエリーなどがお宝のように現れるから、根気よく探すのがコツ。運がよければ70%オフに。

住555 12th St. NW　☎(202)499-3444　URL locations.saksoff5th.com/washington-dc　営月～木10:00～19:00、金土～20:00、日12:00～18:00　カード A M V

メイシーズ　Macy's

庶民派デパート　ダウンタウン／デパート　MAP●P.25-E3

DCのメイシーズはMetro Center駅のすぐ上。化粧品やバッグ、スーツ、靴類など品揃えも豊富で、デパートのなかではお手頃価格なのがうれしい。小さなサイズは、バーゲン中でなくてもセールになっていることも。無料Wi-Fi

住1201 G St. NW　☎(202)628-6661　URL l.macys.com/washington-dc
営月～土10:00～21:00、日11:00～19:00　カード A M V

読者投稿　ノードストローム・ラックNordstrom Rack　シアトルの人気デパートのアウトレット。ハイエンドブランドだけでなくちょっとお手頃なブランドまで品揃えもいい。余剰品なので気に入ったものがあ↗

トリー バーチ　Tory Burch

日本のOLに人気のバッグ&靴　ジョージタウン／ファッション　MAP●P.29-B4

ゴールドのロゴでおなじみのニューヨークブランド。DC店はジョージタウンの目抜き通りにある。日本と品揃えが少し異なり、バッグ、財布、靴、ストールなど、ビビッドな色使いとフェミニンな美しさにセレブの愛用者も多い。

住1211 Wisconsin Ave. NW　☎(202)280-2524　URL www.toryburch.com
営月～土11:00～19:00、日12:00～17:00　カード A M V

ケイト・スペード　Kate Spade

日本のファッショニスタも御用達　ダウンタウン／ファッション　MAP●P.24-A,B1

ニューヨーク発のブランドは鮮烈な色使いの財布やポーチ、レターセット、靴など、小物やウエアは見ているだけでも楽しい。なかでも機能性に優れたバッグが人気で、レザー、ファブリックなどTPOに合わせた逸品が揃う。

住994 Palmer Alley NW（→P.268シティセンター）　☎(202)408-7598
URL www.katespade.com　営月～土10:00～20:00、日12:00～18:00　カード A M V

ラルフ・ローレン　Ralph Lauren

アメリカの定番ブランド　ジョージタウン／ファッション　MAP●P.29-B4

色鮮やかなポロシャツやセーター、上品で落ち着いたトーンのスーツやワイシャツなど幅広いトラッドで、スタンダードともいえる人気のアメリカンブランド。男性、女性とも季節に合わせたスタイリッシュなアイテムが並ぶ。

住1245 Wisconsin Ave. NW　☎(202)965-0905　URL www.ralphlauren.com
営月～土10:00～18:00、日11:00～17:00　カード A M V

ジェイ・クルー　J. Crew

人気復活　ジョージタウン／ファッション　MAP●P.29-A5

日本で撤退したブランドはアメリカで人気が再燃。今も人気の高い元ファーストレディのミシェル・オバマもこのブランドがお気に入り。従来のカジュアル路線から、クオリティのよい品のある大人のファッションに変貌を遂げた。

住3262 M St. NW　☎(202)333-3053　URL www.jcrew.com　営月～土10:00～19:00、日11:00～18:00　カード A M V

メイドウェル　Madewell

日本未上陸の姉妹ブランド　ジョージタウン／ファッション　MAP●P.29-B4

ジェイ・クルーの姉妹ブランドは、カジュアルで、少しリーズナブル。デニムやシャツ、セーターなど流行を追わない定番は、ぜひとも欲しい一点。バッグなどのアクセサリーも粋なデザインのものが揃う。メンズも扱う。

住1237 Wisconsin Ave. NW　☎(202)333-3599　URL www.madewell.com
営月～土10:00～19:00、日11:00～18:00　カード A M V

ヒューゴ・ボス　Hugo Boss

エレガントさが男性に評判　ダウンタウン／ファッション　MAP●P.24-A,B1

ヤングエグゼクティブを中心に人気のあるブランド。定番的なデザインが多いのは、やはりドイツ人デザイナーによるからだろう。おしゃれなスーツあり、カジュアルなスポーツウエア、アクセサリーありと、日本で買うよりお得。

住1054 Palmer Alley NW（→P.268シティセンター）　☎（202）408-9845
URL www.hugoboss.com　営月～土11:00～18:00、日12:00～17:00　カード A M V

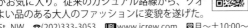

↘ればラッキーだ。日本人のサイズは余っていることが多い。　住1201 S. Hayes St., Arlington　MAP P.30-B5
（カリフォルニア州在住　S.M. '23）

ブルックスブラザーズ　Brooks Brothers

アメリカントラッドの老舗　デュポンサークル／ファッション　MAP ● P.27-B4

あのリンカーン大統領もここの顧客だったという、アメリカントラッドの老舗。ゴールデンフリースがトレードマークだ。お手軽なものはポロシャツだが、アメリカらしく大きなものが多いので、サイズのチェックは慎重に。

住1201 Connecticut Ave. NW　☎(202)659-4650　URL www.brooksbrothers.com
営月〜金10:00〜18:00、土〜17:00、日12:00〜17:00　カード A M V

バーバリー　Burberry

憧れのタータンチェック　ダウンタウン／ファッション　MAP ● P.24-A,B1

ベージュやダークブルーのタータンチェックでおなじみのイギリスブランド。流行に左右されないデザインで、メンズ、レディスともウエア類が充実している。また、うれしいことに傘、スカーフ、バッグなどの小物も豊富。

住970 I(Eye) St. NW（→P.268シティセンター）　☎(202)463-3000　URL www.burberry.com　営月〜土10:00〜19:00、日12:00〜18:00　カード A M V

ジェイ・プレス　J. Press

アメリカの伝統を今に伝える　デュポンサークル／ファッション　MAP ● P.29-A2

3つボタンのジャケットで有名な1902年創業の老舗。アメリカのアイビーリーグを代表するファッションで、飽きのこないデザインは幅広い年齢層に愛されている。DC店はキャピタルヒルトンに近い中心部にある。

住1801 L St. NW　☎(202)857-0120　URL jpressonline.com
営月〜土10:00〜18:00　休日　カード A M V

モンクレール　Moncler

日本で人気のダウンジャケット　ダウンタウン／ファッション　MAP ● P.24-A,B1

ダウンジャケットのモコモコ感がなく、シルエットが美しいことから人気のモンクレール。「一生もの」と品質は折り紙付きで、色が豊富なのもアメリカならでは。メンズ、レディス、子供も揃え、ニット、バッグやブーツなども販売。

住913 Palmer Alley NW（→P.268シティセンター）　☎(202)408-5249
URL www.moncler.com　営月〜土11:00〜19:00、日〜18:00　カード A M V

アーバンアウトフィッターズ　Urban Outfitters

セールコーナーを見逃すな　ジョージタウン／ファッション　MAP ● P.29-B4

アメリカ東部フィラデルフィア生まれ。カジュアルながらもセンスのよさが光る、日本のバイヤーたちも注目するブランドだ。衣類だけでなく、雑貨や化粧品、アクセサリーなども揃う。奥のセールコーナーは必見。

住3111 M St. NW　☎(202)342-1012　URL www.urbanoutfitters.com
営月〜土10:00〜20:00、日11:00〜18:00　カード A J M V

アンソロポロジー　Anthropologie

おしゃれなセレクトショップ　ジョージタウン／ファッション　MAP ● P.29-A5

広々とした店内には洋服、雑貨からペットグッズにいたるまでセンスのよい品ばかり。アクセサリーなどの装飾品、食器やランチョンマットなどあたたかみのある小物も並ぶ。バスグッズや石鹸はまとめ買いにいい。

住3222 M St. NW　☎(202)337-1363　URL anthropologie.com
営月〜土10:00〜19:00、日11:00〜18:00　カード A J M V

読者投稿　**レーガン・ナショナル空港のスミソニアンショップ**　仕事で忙しく落ち着いたのは出発のナショナル空港。スミソニアン協会のショップがあり、航空宇宙博物館のものがけっこう置いてあった。書籍や置↗

ステート・アンド・リバティ State & Liberty

伸縮素材、アイロン不要などリクエストに応えるシャツ　ジョージタウン／ファッション　MAP●P.29-B4

スポーツ選手が動き回っても心地よいシャツ、アイロンをかけなくてもいいシャツ、フィットさせたいシャツ、ゆったりタイプのシャツなど、こんなシャツがあったらという願いを具現化した店。2015年創業、サイズも豊富。

住3101 M St. NW　☎(202)977-8887　URL stateandliberty.com
営毎日11:00～19:00　カード A D J M V

パタゴニア Patagonia

アメリカでちょっとお得に　ジョージタウン／アウトドア　MAP●P.29-B5

品質のよさとファッション性を兼ね備えた、スポーツウエアで人気のパタゴニア。コットンはオーガニック、リサイクルのポリエステルやナイロンなど、環境に優しい素材と製法にこだわり、日本でもファンが多い。

住3104 M St. NW　☎(202)333-1776　URL www.patagonia.com
営月～木11:00～19:00、金土～20:00、日～18:00　カード A M V

アークテリクス Arc'teryx

職人気質のダウンジャケット　ダウンタウン／アウトドア　MAP●P.24-A,B1

冬山登山にも耐えうるジャケットやバックパックなどを扱うカナダのメーカー。始祖鳥がシンボルだ。DC店は普段使いのジャケット中心の品揃え。無駄のないシンプルな作りで、日本人にも人気。メンズ、レディスのアパレルも充実。

住1099 H St. NW（→P.268シティセンター）　☎(202)589-0462
URL www.arcteryx.com　営月～土10:00～20:00、日11:00～18:00　カード A M V

アール・イー・アイ REI

品揃えは抜群、アウトドアの旗艦店　ノーマ／アウトドア　MAP●折込地図表 -F1

1964年ビートルズが初めてアメリカでコンサートを行ったワシントンコロシアムという由緒ある建物を大改築し、旗艦店としてオープンさせた。ファッション性と実用性を兼ね備えた有名アウトドアブランドが揃う。

住201 M St. NE　☎(202) 543-2040　URL www.rei.com
営月～土10:00～21:00、日～19:00　カード A J M V

オールデン Alden

アメリカ人憧れの靴ブランド　ダウンタウン／靴　MAP●P.25-E3

日本での知名度はちょっと低いが、アメリカで高品質の靴といえばオールデンが筆頭に挙げられる。誰の足にもよくなじみ、一度気に入るとずっとファンになってしまう人も多い。長期間履けることを考えればお買い得だ。

住921 F St. NW　☎(202)347-2308　URL www.aldenshoedc.com　営月～金11:00～17:30、土12:00～16:00　休日　カード A M V

オールバーズ Allbirds

世界一快適なシューズ　ジョージタウン／靴　MAP●P.29-B4

2016年に誕生したサンフランシスコ発の次世代ブランド。環境に配慮しウール、ユーカリ、サトウキビなど天然素材を使用。洗濯機で丸洗いできるから汚れても安心。オバマ元大統領やセレブも愛用。ベセスダ店もあり。

住3135 M St. NW　☎(202)921-0482　URL www.allbirds.com　営月～土11:00～19:00、日～18:00　カード A M V

↘き物、おもしろかったのは水晶などの鉱石があったこと。説明書きのカードがあるのも親切。ほかにもみやげ物屋もあるがちょっと高め。（高知県　フクロウ　'22）

トゥミ　Tumi

ビジネスパーソン愛用のバッグ

ダウンタウン／バッグ　MAP● P.24-A,B1

アメリカ陸軍が防弾用のベストの布地に採用したことで知られるトゥミ。バッグはオーソドックスな形ながらも抜群の耐久性と使いやすさをもち、普段使いから出張用、レジャーに加え、レディス、財布、小物なども揃う。

住1051 H St. NW, #208（→P.268シティセンター）　☎(202)289-5208
URL www.tumi.com　営月〜木10:00〜19:00、金土〜20:00、日12:00〜18:00　カード A M V

ブルーマーキュリー　Bluemercury

コスメのセレクトショップ

ジョージタウン／コスメティック　MAP● P.29-B4

ナーズ、エスティ・ローダー、キールズ、ラフコ、オリベなど、人気の高いコスメブランドが揃う店。全米規模で店舗を展開するが、ここはその1号店だ。スキンケア、メークアップ、ヘアケア、バス用品など、種類も豊富。

住3059 M St. NW　☎(202)965-1300　URL bluemercury.com
営月〜土10:00〜18:00、日12:00〜　カード A M V

セフォラ　Sephora

豊富なブランドのコスメが揃う

ペンクオーター／コスメティック　MAP● P.24-A1

中心部にデパートが少ないDCでは、化粧品を探すのが大変。そんななか役立つのがここ。イヴ・サンローラン、ナーズ、エスティ・ローダー、ランコムのほか、定番のシャネル、ディオールなどが揃う。

住1000 F St. NW　☎(202)347-5115　URL www.sephora.com　営月〜土11:00〜19:00、日12:00〜18:00　カード A M V

クレート&バレル・アウトレット　Crate & Barrel Outlet

人気家庭用品・雑貨のアウトレット

アレキサンドリア／雑貨　MAP● P.121-A

アメリカ女性に圧倒的な人気を誇る、家庭用品の店。台所の小物から食器、テーブルなどの家具、リネン類など、粋なデザインで手頃な値段のものを扱っている。そのアウトレットで、値段は定価の20〜80%引き。

住1700 Prince St., Alexandria　☎(703)739-8800　URL www.crateandbarrel.com
営月〜土10:00〜19:00、日11:00〜18:00　カード A M V

ショップ・メイド・イン・DC　Shop Made in DC

地元アーティストのハンドメイド作品が購入できる店

ジョージタウン／雑貨　MAP● P.29-A4

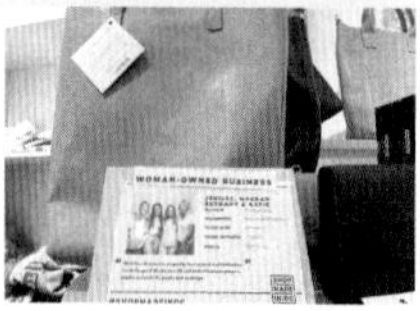

アート、ファッション、ジュエリー、ステーショナリーなど地元で活躍する作家の手作り品に加え、地元のコーヒー、ワイン、ビールも販売。品物を可能な限りローテーションさせているので唯一無二のみやげが手に入る。

住1304 Wisconsin Ave. NW　☎(202)905-5799　URL www.shopmadeindc.com
営毎日11:00〜17:00　カード A M V

ペーパーソース　Paper Source

美しいラッピングペーパーやカード類が揃う

アレキサンドリア／ステーショナリー他　MAP● P.121-B

日本に比べてアメリカが優れている物のひとつが、ラッピング用品や粋なカード類。色別に陳列されたラッピングペーパーはその鮮やかさに見とれてしまうほど。ペーパーに添えるシールや、メッセージカード類も充実。

住118 King St., Alexandria　☎(703) 299-9950　URL www.papersource.com
営月火土10:00〜19:00、水〜金〜20:00、日11:00〜18:00　カード A M V

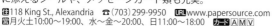

お役立ち情報　**アップルの付属品を忘れてしまったら**　DCのアップルストアの支店は次のとおり。●ジョージタウン　住1229 Wisconsin Ave. NW　MAP P.29-B4、●ファッションセンター・アット・ペンタゴ↗

アップル・カーネギー・ライブラリー
Apple Carnegie Library

歴史的建造物を再生させたアップルストア

ダウンタウン／PC用品　MAP●P.25-F2

1903年、ワシントンで最初の公共図書館として完成した歴史的建造物を再生させたアップルストア。窓からの自然光と近代的デザインを融合させた開放的空間になっている。コンベンションセンター目の前というロケーションもよし。

住801 K St. NW　☎(202)609-6400　URL www.apple.com
営月～土10:00～20:00、日～18:00　カード A M V　無料Wi-Fi

ベストバイ
Best Buy

PC用品も揃う、アメリカの家電量販店

アーリントン／家電製品　MAP●P.30-B5

電化製品はほぼすべて揃い、値段もお手頃。もともとオーディオ機器の店としてオープン、スピーカーなどの種類も多いが、現在はPCやスマートフォンが充実している。アメリカの冷蔵庫などの家電は日本との大きさに驚くかも。

住1201 S. Hayes St., Arlington(ペンタゴンセンター内)　URL www.bestbuy.com
営月～土10:00～20:00、日11:00～19:00　カード A M V　無料Wi-Fi

ブリック・アート・マテリアルズ
Blick Art Materials

美しい画材に彩られた店内は一見の価値あり

ペンクオーター／画材と文具　MAP●P.25-E2

創業1911年の家族経営の店。画材、工芸用品、文具、ギフト用品などがカラフルに並ぶ店内は、いるだけでも気分が高まる。地元のアーティストをサポートし、絵画なども展示されている。みやげにいいものも見つかりそう。

住1250 I(Eye) St. NW　☎(202)898-0555　URL www.dickblick.com
営月～土10:00～18:00、日12:00～17:00　カード A M V

クラマーズ
Kramers

ワシントンDCの名物書店

デュポンサークル／書籍&カフェ　MAP●P.27-B4

一見普通の本屋さんだが、奥にカウンターバーと喫茶室があって、買ったばかりの本をそこで読むことができる。本は買わずにお茶や食事だけでもいい。本屋につながっているだけに静かと思いきや、とてもにぎやか。イベントも開催。

住1517 Connecticut Ave. NW　☎(202)387-1400　URL kramers.com
営日～木8:00～21:00、金土～22:00　カード A M V

セカンド・ストーリー・ブックス
Second Story Books

DCいちばんの古本屋

デュポンサークル／書籍　MAP●P.27-B4

初版本、昔のペーパーバックなどを特にセレクトしている古本屋。希少価値の高いものもあり、支店を含めた蔵書の合計は100万冊とも。昔の映画のポスターもある。

住2000 P St. NW　☎(202)659-8884　URL www.secondstorybooks.com　営毎日10:00～22:00　カード A M V　●メリーランド州西部　住12160 Parklawn Dr., Rockville　☎(301)770-0477　営日～水10:00～20:00、木～土～21:00

ジョージタウンタバコ
Georgetown Tobacco

世界のたばこが手に入るショップ

ジョージタウン／たばこ　MAP●P.29-B5

愛用のたばこが切れてしまった、珍しいたばこを買いたい、道具を探したい……たばこ関連のことならここ。50年以上の歴史をもち、多くのスモーカーや旅行者に愛されてきた。店の前は独特の甘い香りがする。

住3144 M St. NW　☎(202)338-5100　URL gttobacco.com
営月～木11:00～18:00、金土～19:00、日12:00～18:00　カード A M V

↘ンシティ→P.268　●クラレンドン店　MAP P.30-A6　住2700 Clarendon Blvd., Arlington、●タイソンズコーナー・センター店→P.268　●ベセスダロウ店　MAP P.130-5　住4860 Bethesda Ave., Bethesda

ワファ　Wawa

ガススタンドのコンビニ店　ダウンタウン／コンビニエンスストア　MAP●P.29-A2

郊外でよく見かけるガソリンスタンドのコンビニ店舗が市内に進出。24時間営業でイートインのスペースのある店舗もあり、日本のコンビニに近く、営業時間も長い。周辺にはホテルも多いので、遅い帰りやちょっとした買い物に重宝。現在市内に５店舗展開。

住1111 19th St. NW　☎(202)470-1816　URL www.wawa.com　営24時間
カード A M V　●支店　MAP P.29-A4、P.25-E2、P.25-D1など

シー・ヴィ・エス　CVS

日本のコンビニに近い　デュポンサークル／ドラッグストア　MAP●P.29-A1

日本のコンビニに近いのが、実はアメリカのドラッグストア。オフィス街や幹線道路沿いに必ずある。日本のコンビニと違い、弁当や握り飯のようなすぐに食べられるものがあまりないが、水やスナック、日用雑貨品も揃え、飲み物やコスメ、ギフト用品を販売する。

住6 Dupont Circle NW　☎(202)785-1466　営24時間　カード A M V　●支店
住1418 P St. NW（24時間）　住1199 Vermont Ave. NW（24時間）など多数

ホワイトハウスギフト　White House Gifts

政治の町DCらしいおみやげ　ホワイトハウス／みやげ　MAP●P.25-D3

政治の町らしいグッズが手に入るのがホワイトハウスのそばにあるこの店。歴代大統領のポスターやピンナップ、選挙戦で使われたバッジ、Tシャツなどのグッズがあり、バイデン大統領を皮肉ったものもおもしろい。

住701 15th St. NW　☎(202)737-9500　URL www.whitehousegifts.com　営月～土9:00～21:00、日～18:00（季節によって変更あり）　カード A D J M V

オールド・タウン・ショップ　The Old Town Shop

バージニア州の名物をお探しなら　アレキサンドリア／みやげ　MAP●P.121-B

バージニア州の特産品や地元アーティストたちの作品を販売。ウエルカムを意味するパイナップルの雑貨やホットソース、ベタなトレーナー、DCみやげも扱う。缶詰もある大粒のバージニアピーナッツはクセになるおいしさだ。

住104 S. Union St., Alexandria　☎(703)684-4682　URL www.theoldtownshop.com　営日～木10:00～20:00、金土～21:00　カード A M V

Column　日本の味と食品なら　タルボトセンター Talbott Center

レッドラインのTwinbrook駅とRockville駅の中間に位置する「タルボトセンター」はローカルの商店街で、15軒ほどの店舗が並ぶ。ここに日本人にはうれしい店が2軒ある。
アクセス：レッドラインRockville駅、Twinbrook駅、White Flint駅を経由するRide on #46のバスで　MAP P.23-A1

まるいち日本食料品店 Maruichi Grocery
住 1047 Rockville Pike, Rockville
☎ (301)545-0101
URL www.maruichiusa.com
営 月水～土 10:00～19:00、日祝11:00～
休 火、おもな祝日　カード A M V
グロサリーのほかに、日本酒、日本のビールも揃っている。またクロネコヤマトの宅急便の集配所サービスもあり。

喫茶てまりTemari Cafe
住 1043 Rockville Pike, Rockville
☎ (301)340-7720
営 ランチ 月水～金11:30～14:30、土日～15:00、ディナー 月水木17:00～20:30、金～21:00、土16:00～21:00、日16:00～20:30
休 火、おもな祝日　カード M V（最低$15）
一膳飯屋を思い出させるような、気軽に入れる食事どころ。焼き魚、とんかつ、しょうが焼きの定食、カレーライス、とんこつラーメンも楽しめる。全品テイクアウトもOK。

お役立ち情報　DCのセブン-イレブン　●MAP P.27-A5　住912 New Hampshire Ave. NW　営24時間　●MAP P.29-B1　住1700 17th St. NW　営24時間　●MAP P.29-A2　住1850 M St. NW　営24時間など

ワシントニアンでにぎわう
ユニオンマーケット

Restaurants List

レストランリスト

レストランの基礎知識

Dining Information

チェサピーク湾名物のクラブケーキ。ぜひ食べてみて

ワシントンのレストランもクオリティが高い

レストラン事情と飲食タックス

ワシントンDCには世界各国の大使館がある。そのため、アメリカでも、特に世界中のさまざまな料理が楽しめる町である。レバノンやエチオピアの料理なんて、人種のサラダボウルといわれるアメリカにいても簡単に出合えるものではない。日本にはない料理にトライしよう。

◆飲食タックス

DCの外食税は10%。アルコールは10.25%。セールスタックスとは異なるので注意しよう。レストランで食事をしたときは、タックスを除いた料理合計金額の20%（最低でも）のチップも忘れずに！

楽しい食事にするために

◆レストランの予約

人気のレストランは、ぜひ予約をしてから行こう。予約サイトが便利だ。直接レストランのウェブサイトから予約を入れてもいいし、予約サイトの「オープンテーブルOpen Table」からするのもおすすめ。

オープンテーブルのサイト URL www.opentable.comにアクセスし、予約したいレストランを検索する。レストランが出たら、人数、日時、電話番号、メールアドレス、アレルギーがある場合はそれを入力。予約確認の画面が返信されるので、これを当日見せればよい。なお、キャンセルの場合はウェブサイトでできないこともある。その際は直接電話を。

◆飲酒年齢に注意

21歳未満は飲酒禁止という年齢制限はほかのほとんどの州と変わらないが、お酒を飲むときも、買うときも必ずID（写真付きの身分証明書）が求められる。また、公共の場での飲酒も厳禁だ。例えば、公園や歩道でビールを飲んではいけない。ライブハウスやナイトクラブなどお酒を出す店に行くときもIDは必ず携帯しよう。

◆ドレスコードについて

アメリカではどこへ行っても、その場の雰囲気を壊さないことが大切。高級レストランにジーンズやTシャツは好ましくない。ナイスカジュアルな店でも、チノパンにポロシャツくらいは着ていきたい。できるだけ襟のあるものがよい。

◆レストランでよく使われる言葉

●ジー・エム・オー GMO

GMOはGenetically Modified Organismの略で、遺伝子組み換え作物のこと。健康をうたい文句にするレストランや自然派食品のスーパーマーケットでは「NON-GMO」「Free GMO」と表示されている。

●ユー・エス・ディー・エー・オーガニック USDA Organic

USDAはUnited States Department of Agricultureの略で、アメリカ農務省のこと。

DC豆知識 **カニハンバーグ vs カニコロッケ** クラブケーキを出すレストランは全米にあるが、チェサピーク湾はカニのほぐし身が素材。ほかの町はつなぎの量が多くて、カニコロッケというほうが近い。

農務省が認めた農法による農作物と畜産物には緑の丸に「USDA Organic」のロゴが表示されている。簡単にいえば、国が認めた食の安全マーク。非常に厳しい基準があり、それをクリアしたものだけに与えられる。

●グルテンフリー Gluten Free
小麦や大麦などに含まれるタンパク質の一種（グルテン）で、日本のお麩といえばわかりやすいだろう。これを含まない料理。アメリカではこのグルテンがアレルギーなどを引き起こす要因のひとつといわれ、避ける人が多い。

●デアリーフリー Dairy Free
レストランよりスーパーなどで見かける言葉で「乳製品を含まない」の意味。牛乳の代わりに豆乳やアーモンドミルクを使う。

●ローフード Raw Food
素材に熱を加えない、または48℃以下で調理した料理で、加熱をしないことによって、ビタミン類の破壊を防ぐことができる。

●ベジタリアン Vegetarians
一般的に肉類を食べない人のことをいうが、アメリカでは細分化されている。ビーガンはそのひとつで、徹底した菜食主義者のことだ。アメリカではほとんどのレストランにベジタリアン用のメニューがあり、おもに大豆が代用品となっている。

●ハッピーアワー Happy Hour
レストランやバーが混雑する前の時間帯に、安い値段でアルコール類、レストランによってはおつまみを出す。平日の16:00〜18:00くらいが最も一般的な時間。安く飲みたい人は要チェック！

●プリフィックス Prefix
基本的にコース料理で、前菜やメイン、デザートなどを数種類の中から好きなものを選べるスタイルのこと。アラカルトとコースの中間といった位置付け。

DC必食 カニと地ビール

DC名物 “ソフト・シェル・クラブとクラブケーキ”

DCはチェサピーク湾から水揚げされる魚介類が新鮮で有名。特においしいのが“カニCrab”だ。なかでも、“ソフト・シェル・クラブ”は脱皮したての「ブルークラブ」と呼ばれるワタリガニ科の一種で、甲羅が軟らかいのが特徴。香辛料を使ったフライにして出されるが、これがなかなか香ばしくておいしい。シーズンは6〜7月。また、1年中味わえるのが“クラブケーキCrab Cake”と呼ばれるカニ版ハンバーグ。肉厚のカニのほぐし身の食感は、日本ではなかなか味わえない！ タルタルソースが付いているが、レモンだけでも十分おいしい。レストランによって味は異なるが、それぞれに感激のおいしさだ。

カニ以外にも、シーフードレストランでは生の貝類を出す店も多く、カキやチェリーストーンCherrystoneが新鮮なまま楽しめる。チェリーストーンという貝は、日本ではお目にかかれないものだから、ぜひ試してみよう。甘味があって美味。

こちらも名物のブルークラブ。DCのフィッシュマーケットではゆでたてを食べることもできる

ワシントンDCの地ビール

今、アメリカでは地ビールが大流行。DCにも地ビールがあり、ブリュワリー兼レストランがいくつもある。日本人の口に合うかどうかは微妙だが、試しに飲んでみるのもいい。レストランで飲めるほか、ホール・フーズ・マーケットなど（→P.266）で販売している。

●DCブラウ DC Brau
1956年創業のDCで最も長い歴史をもつブリュワリーのひとつ。軽いホップだが、インディア・ペール・エールは少し強い苦みがある。

DCブラウもペールなど種類が増えてきた

●ポートシティ Port City
バージニア州アレキサンドリアのビールで、DCのあたりでは最も飲まれているといわれている。一気にいけるおいしさ。

●アトラス・ブリュー・ワークス Atlas Brew Works
苦みがあり、ワシントニアンにはそこそこ人気があるが、日本人は好みが分かれる味だ。

お役立ち情報 **1月と8月はレストランウイーク** DCエリア約200軒のレストランのコース料理が手頃な値段で楽しめる。ランチ$25、ディナー$40/$55（2023年1月）と、高級レストランほどお得になる。予約は早めに。

レストランでのハウツー
How to Enjoy meals in U.S.

アメリカのレストランは日本と少々異なる点がある。次のことを覚えておくと便利。

①係員の案内で席に着く

どんな小さなレストランでも案内係の先導で席に着く。予約をウェブサイトから入れている人は、スマートフォンの予約画面を案内係に見せる。予約をしていないときは、その旨を伝える。混雑しているときは、ウエーティングリストに名前を入れてもらい、名前が呼ばれるまでウエーティングバーで待つことになる。なお、ワシントンDCのレストランは禁煙。

②最初に飲み物をオーダーする

着席し、しばらくすると自分の座ったテーブル担当のウエーター、ウエートレスがやってきて、本日のおすすめや特別料理などを説明する。先に飲み物を頼み、それを運んでくる間にメインディッシュなどを考えておこう。コロナの影響でWi-Fiのある店はメニューをQRコードで読ませる。紙のメニューが見たいときは「Do you have a paper menu?」と言えば持ってきてくれる。

③飲み物が来たら食事をオーダーする

メニューは、Appetizer（前菜）、Salad（サラダ）、Soup（スープ）、EntreeやDinner（メインディッシュ）、Dessert（デザート）などに分かれているから、予算に合わせて注文するといい。

④食事中にウエーター、ウエートレスが加減を聞きにくる

メインディッシュが来たあと、ウエーターたちが「食事はいかがですか」と尋ねてくる。この習慣は日本にはないもの。おいしかったら"Good"とか"Fine"。とてもおいしいときは"Excellent !"と言うといい。逆に何かおかしかったら説明しよう。特に悪くもないときは"OK"でいい。料理が残ったら、アメリカでは持ち帰るのが一般的。ウエーターたちが"Would you like a box?"と聞いてくることがほとんど。持ち帰りたかったら"Yes, please"と答えればよい。

⑤デザートの注文を取りにくる

メインを食べ終わる頃に"Have you finished?"と聞きにくるが、まだだったら"I'm still working."と答えればよい。"Would you like dessert?"とデザートをすすめにきて、もう食べたくないときは"I'm fine."と答えるのもよい。

⑥請求書をもらう

食事が終わったら請求書をもらう。このときの英語は"May I have a check, please?"でよい。じっくり見て間違いがないか調べる。席で支払う場合がほとんどで、クレジットカードで支払うのが一般的。チップはタックスを除いたオーダー合計の最低20%が目安。タックスとチップの合計は料理の3割と考えたい。

⑦支払い

請求書が合っていたら、キャッシュ、またはクレジットカードを請求書と一緒に渡す。すると、キャッシュの場合はおつりを、クレジットカードの場合は総額が印刷された２枚つづりのレシートを持ってくる。

⑧チップの払い方

キャッシュの場合、チップは請求書が運ばれてきたトレイに置く。細かい金額を持ち合わせていないときは、ウエーター、ウエートレスにくずしてもらうよう頼み、持ってきたら直接手渡すとよい。

クレジットカードで支払うときは、先ほど渡された２枚つづりのレシートに、"Gratuity"の欄があるから、ここにチップ（料理合計金額の20%以上）を書き込み、食事代と合計した金額を自分で計算して書き込む。そして、レシートの"Customer's Copy"、または署名したものでないコピーのレシートのほうをもらって、席を離れればいい。チップに不慣れな海外旅行者に対し、最初からサービスチャージを加えている店もたまにある。その際チップは不要。

Pitty Pat`s Porch Restaurant
25 Andrew Young International Blvd
Atlanta, GA 30303
ph (404) 525-8228

www.pittypatsrestaurant.com
celebrating 50 years...rocking since 1967!!

TABLE: Under Porch 122 - 1 Guest
Your server was Terrence Griffin
8/31/2018 5:09:49 PM - ID #: 0336207

ITEM	QTY	PRICE
Catfish	1	$26.00
- Fish Prep: Grilled		
Pecan Pie	1	$8.00
Subtotal		$34.00
Total Taxes		$3.03
Grand Total		$37.03

Credit Purchase
Name :
CC Type :MasterCard
CC Num :XXXX XXXX XXXX
Approval :004796
Server :Terrence Griffin
Ticket Name :Under Porch 122

Payment Amount: $37.03

Tip: 5.50

Total: 42.53

x

15%	20%	25%
$5.10	$6.80	$8.50

TSYS
CUSTOMER COPY
I agree to pay the amount shown above.

お役立ち情報 **一部の飲み物のお代わりは無料** アメリカのレストランでは、ファストフードや一部の店を除き、レギュラーコーヒー、紅茶、アイスティーのお代わりは無料。店によってはコーラなどのソフトドリンクもOK。

パビリオンカフェ　Pavilion Café

モールの中心にある穴場的なカフェ　モール／カフェ　MAP●P.25-F4

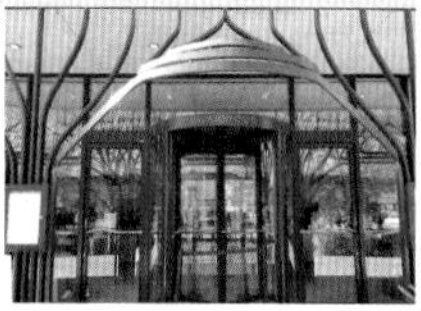

ナショナルギャラリーの隣、彫刻公園にあるガラス張りのカフェ。スープやサラダ、サンドイッチやフラットブレッドが楽しめる。屋外席もあるので、天気のいい日に彫刻を眺めながらランチを取ればちょっとした贅沢感が味わえる。

住The Sculpture Garden, 7th St. & Constitution Ave. NW　URLwww.nga.gov/visit/food-drink/pavilion-cafe-menu.html　営日～木10:00～17:00、金土～18:00　カード AMV

ビストロ・デュ・ジョア　Bistro Du Jour

新名所、ザ・ワーフにあるフレンチビストロ　ザ・ワーフ／フランス料理　MAP●折込地図表 -D3

DCの新たなデスティネーションとして注目されているウオーターフロントの中心部。味はもちろんのこと、見栄えも重視したアントレが多く、朝食からオープンしている。テラスもあるのでマリーナを眺めながらのランチもおすすめ。

住99 District Sq. SW　☎(202)984-7400　URLwww.bistro-dujour.com　営毎日8:00～21:00（金土～22:00）　カード AMV

ムーンラビット　Moon Rabbit

伝統的な東南アジアの料理がモダンに変身　ザ・ワーフ／ベトナムフュージョン　MAP●折込地図表 -D3

ルイジアナ州生まれのシェフは、DCの人気シェフ、ホセ・アンドレの店や有名ラーメン店で経験を積んだ注目の人。ベトナムを含む東南アジアの料理が南部風の創作料理となり、見た目も美しい。チキン、ポーク、シーフードも好評。

住801 Wharf St. SW(InterContinental 1階)　☎(202)878-8566　URLwww.moonrabbitdc.com　営毎日 朝食7:00～10:30、ランチ11:30～14:00、ディナー17:00～22:00　カード ADJMV　無料Wi-Fi

ハンクス・オイスターバー　Hank's Oyster Bar

2005年創業のカジュアルなオイスターバー　ザ・ワーフ／シーフード　MAP●折込地図表 -D3

DCエリアに3店舗をもつ人気シーフード店。メニューは日替わり、その日のオイスターと原産地がボードに記される。メイン州のロブスターロールや地元チェサピーク湾のクラブケーキサンドも人気。ワインやカクテルも豊富。

住701 Wharf St. SW　☎(202)817-3055　URLhanksoysterbar.com　営日～木11:00～22:00、金土～23:00　カード AMV

マサラアート　Masala Art

本格派のインド料理　ザ・ワーフ／インド料理　MAP●折込地図表 -E3

人気のメニューはスパイシーなサモサ（$8）とタンドリーチキン（$18）。カレーはチキンやラム、魚など。とてもスパイシーな料理もあるので、辛さ加減を尋ねてみて。ベジタリアンのメニューも充実し、ライスプディングもある。

住1101 4th St. SW　☎(202)554-1101　URLwww.masalaartdc.com　営ランチ火～日11:00～14:30、ディナー火～日17:00～21:30　カード AMV

ポッパボックス　PoppaBox

オフィス街にある良心的な店　フォギーボトム／アジアンフュージョン　MAP●P.29-A2

世界銀行や国際通貨基金などの国際機関が建ち並ぶ地域にあり、アジアンフュージョンの弁当を中心にサンドイッチやラップもある。セルフサービスだが、小さいながらもイートインスペースも。朝食から営業しているのもうれしい。

住1928 I(Eye) St. NW　☎(202)659-1111　URLwww.poppaboxdc.com　営月～金7:00～21:00、土11:00～21:00　休日　カード MV

$：$20、$の数は飲み物を除いたディナーの予算を表しますが、注文の量などにより差があることをご了承ください　：DCエリア名物の“クラブケーキ”を出す店　：ビジネスにも使いやすい店　：ひとりでも入りやすい店

ブルー・ダック・タバーン　Blue Duck Tavern

料理のクオリティはDC屈指

フォギーボトム／アメリカ料理 MAP●P.27-A4

3年連続ミシュランの1つ星に輝いた有名店。開放感あふれるオープンキッチンがあるが、レストランは騒々しくないのが不思議。店内のガラスで仕切られたテーブルは、目立ちたいが話は聞かれたくない人の席。政治家の利用が多いとか。

住1201 24th St. NW（Park Hyatt 1階）　☎(202)419-6755　URL www.blueducktavern.com　営毎日 朝食6:30～10:30、ランチ11:30～14:00（土日ブランチ11:30～）、ディナー17:00～22:00）　カード A M V

©washington.org

カズ寿司ビストロ　Kaz Sushi Bistro

きれいなお弁当はほっとする味

フォギーボトム／日本料理 MAP●P.29-A2

DCでは数少ない日本人シェフのいる店。寿司を中心としたお任せやテイスティングコースもあるが、照り焼き、天ぷら、うな丼など種類の豊富な弁当（$30～44）もおすすめ。見た目にも美しく安心の味だ。

住1915 I(Eye) St. NW　☎(202)530-5500　URL www.kazsushi.com　営ランチ火～金11:30～14:00、ディナー火～土17:30～21:00（金土～22:00）　休日月　カード A M V

ファウンディングファーマーズ　Founding Farmers

健康を気遣うワシントニアンが行列を作る

フォギーボトム／オーガニック料理 MAP●P.24-B2

DC近郊の契約農家の人が心を込めて育てた有機野菜や肉類などの新鮮な食材は、どれもそれぞれの味を主張して美味。ワインもオーガニックで、チェサピーク湾名物のクラブケーキも好評。値段も比較的お手頃。

住1924 Pennsylvania Ave. NW　☎(202)822-8783　URL www.wearefoundingfarmers.com　営毎日7:30～22:00（土日11:00～、金土～23:00）　カード A M V　無料Wi-Fi

ロティ・モダン・メディテラニアン　Roti Modern Mediterranean

野菜たっぷりのピタサンド

フォギーボトム／ファストフード MAP●P.24-B2 ほか

ひとりで軽く、さっと、ヘルシーに済ませたい人におすすめだ。最初にピタかラップのベースを選び、ハムなどの肉類、野菜、ソースなど自分の好きなものを伝えて、好みのサンドイッチを作る。$9～13くらい。市内に8軒ある。

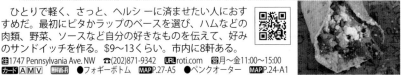

住1747 Pennsylvania Ave. NW　☎(202)871-9342　URL roti.com　営月～金11:00～15:00　カード A M V　無料Wi-Fi　●フォギーボトム MAP P.27-A5　●ペンクオーター MAP P.24-A1

ラ・ビーズ　La Bise

ホワイトハウスの役人もやってくる

ホワイトハウス／アメリカ料理 MAP●P.24-C2

ホワイトハウスまで１ブロック。そこに勤務する人たちやそれを取り巻くロビースト、政治家がよく訪れたオーバルルームがコロナで閉店。モダンフレンチとしてリニューアルオープンした。サービスも味もよいと評判となっている。

住800 Connecticut Ave. NW　☎(202)463-8700　URL www.labisedc.com　営月～木17:00～21:00、金土～22:00　休日　カード A M V

オールド・エビット・グリル　Old Ebbitt Grill

夜遅くまで営業するDCの名物店

ホワイトハウス／アメリカ料理 MAP●P.25-D3

ホワイトハウスから1ブロック、1856年創業の政治家やロビーストが集う名物レストラン兼最古のサルーン（社交場）だ。店内は実にクラシックな雰囲気だが、観光客も気軽に入れる。オイスターのHappy Hourがあり、深夜まで営業。

住675 15th St. NW　☎(202)347-4800　URL www.ebbitt.com　営月～金8:00～翌2:00、土日9:00～　カード A M V　無料Wi-Fi

お役立ち情報　デュポンサークルに近いタイ料理　ブーア・タイ・レストランBua Thai Restaurant MAP P.29-B1　住1635 P St. NW　☎(202)265-0828　URL buadc.com　ひと月に何度も足を運ぶワシントニア↗

鮨 賀久　Sushi Gakyu

鮮度抜群の寿司がうれしい

ホワイトハウス／日本料理 MAP●P.25-D2

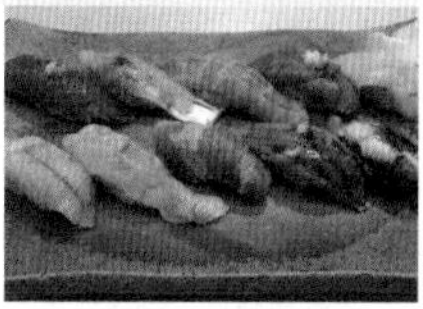

銀座とニューヨークで研鑽を積んだ日本の寿司職人の店。看板メニューの江戸前すしは、シャリにまろやかな風味の赤酢を使用。あぶり寿司５種（$23）は生食よりうまさが増してぜひ食したい。日本酒も充実。肩肘張らず立ち寄れる。

住1420 New York Ave. NW　☎(202)849-3686　URL www.gakyudc.com
営月～土12:00～14:30と16:30～20:30　休日　カード A J M V

ジョーズシーフード　Joe's Seafood

マイアミの「カニツメ」の名門店

ホワイトハウス／シーフード MAP●P.25-D2

絶品のカニのツメで知られるマイアミの名門店の支店。本店はカニのシーズンである冬季のみの営業だが、DC店は1年中食べられる。シーフードはどれもクオリティが高い。サービスも抜群で、パワーランチの場としてもポピュラー。

住750 15th St. NW　☎(202)489-0140　URL www.joes.net
営月～土11:30～22:00、日～21:30　カード A D J M V　無料Wi-Fi

オリーズトロリー　Ollie's Trolley

レストランでお得なハンバーガーを

ホワイトハウス／アメリカ料理 MAP●P.25-E3

30年以上も続く人気ハンバーガーショップ。ブラックアンガスビーフ100%のハンバーガー（$5.04）と、26種類のハーブとスパイスが効いたフライドポテトが名物。店内は意外と広く、古きよきアメリカをしのばせる雰囲気。

住425 12th St. NW　☎(202)347-6119　営月～金8:00～21:00（金～22:00）、土9:00～22:00、日10:00～20:00　カード 現金のみ

クレインズ　Cranes

少しずつ創作料理を楽しめる弁当が人気

ペンクオーター／スペイン＆アジアフュージョン MAP●P.24-B1

スペイン料理として人気のタパス（小皿料理）が、日本の懐石のように少量ずつ盛りつけて出てくる。スペインと日本料理の垣根をはるかに超えたグローバルな料理で見た目も斬新、どんな味かワクワクしてくる。素材の味を壊さない料理も人気の理由。2年連続ミシュラン2つ星獲得。

住724 9th St. NW　☎(202)525-4900　URL cranes-dc.com　営日～木11:30～21:30、金土～22:30。ハッピーアワー毎日16:00～18:00　カード A M V　無料Wi-Fi

ハレオ　Jaleo

小皿料理はバラエティ豊かで美味

ペンクオーター／スペイン料理 MAP●P.24-B2

タパス（小皿料理）がメイン（$9～）。魚介類を地中海風にアレンジしたものが多いが、なかでも人気はムール貝。店の名前はスペイン語で「宴会で陽気に騒ぐ」という意味で、カジュアルでにぎやか。料理は日本人にうれしいサイズで、どれもハズレがない。被災地にすぐ駆けつける、DCでは有名なシェフ、ホセ・アンドレの店だ。

住480 7th St. NW　☎(202)628-7949　URL www.jaleo.com　営月11:00～22:00、火～木～23:00、金～24:00、土10:00～24:00、日10:00～22:00　カード A D M V　無料Wi-Fi

↘ ンが多い店。香草の含まれ具合もほどよく、量は多いが味は濃過ぎず、おいしい。前菜$6～8、ココナッツ／ライチ／マンゴーのアイスは自家製。$18以上、1マイル以内ならデリバリー可。

大鍋屋（だいかや） Daikaya

うまいラーメンはワシントンDCでも大評判

ペンクオーター／ラーメン

MAP ● P.24-C1

16時間以上かけて作ったスープストックに、サッポロラーメンで有名な西山製麺のちぢれ麺を使った本格派。塩ラーメンを基本に、醤油、味噌、スパイシー味噌、ベジタブルなど6種類（$15.75〜17.25）あり、煮卵、のり、チャーシューなどをトッピングすることもできる。2階は居酒屋で予約もできる。

住705 6th St. NW ☎(202)589-1600 URL www.daikaya.com 営毎日11:30〜22:00（金土〜23:00、月〜21:00） カード A M V ●Hatoba by Daikaya @ the Navy Yard MAP P.26-B5

アンドピッツア &pizza

自分の好みのピザを作れる

ペンクオーター／アメリカ料理

MAP ● P.24-A2 ほか

DC生まれのピザ屋で、ニューヨークやフィラデルフィアにも支店をもつ。最初にトラディショナルかグルテンフリーの生地、次にトマト、ガーリック、バジルなどのソースを。チーズはモッツァレラやビーガンを選ぶ。トッピングは好きなものを指さすか、全部なら"All"、最後の味つけは係りの人におすすめを尋ねるとよい。$9.95〜。

住1005 E St. NW ☎(202)347-5056 URL www.andpizza.com 営日〜木11:00〜21:00、金土〜22:00 カード A M V 無料Wi-Fi

バンタムキング Bantam King

ラーメンとから揚げを極める

ペンクオーター／日本料理 MAP ● P.24-C1

1ブロック東にある大鍋屋の姉妹店。メニューはラーメンとから揚げが基本で、から揚げ定食$15、ラーメンが$14.50〜15.50と、値段も庶民的。から揚げはアメリカ南部風。日本のカレーや餃子などのメニューもある。

住501 G St. NW ☎(202)733-2612 URL www.bantamking.com 営月火17:00〜21:00、水〜金11:30〜14:30と17:00〜21:30（金〜22:00）、土日12:00〜22:00（日〜21:00） カード A M V

カバ Cava

地中海のファーストフード

ペンクオーター／サラダ & ファストフード MAP ● P.24-B1

サラダ、ピタ、グレインボウルからベースを選び、ディップ、プロテイン(たんぱく質)、トッピング、ドレッシングの順にオーダー。自分好みにカスタマイズを楽しめる。シーズナルドリンク、スープも多数。ビーガン・ベジタリアン向けも豊富。

住707 H St. NW ☎(202)719-0111 URL cava.com 営毎日10:45〜22:00 カード A M V ●ユニオン駅 MAP P.26-B2 中心部に5店舗ある

シティタップハウス City Tap House

バリエーション豊かな地ビールが楽しめるビールバー

ペンクオーター／ブリュワリー MAP ● P.25-F2

貯蔵タンクや液晶モニターを完備しているブリュワリー兼スポーツバー。アメリカ国内外のビール40種類以上のなかから4種類を選べるテイスティングメニュー（$16）もある。コンベンションセンターに近い。

住901 9th St. NW ☎(202)290-2252 URL www.citytap.com 営月〜木11:00〜24:00、金土〜翌1:00、日〜22:00 カード A M V 無料Wi-Fi

お役立ち情報 **OpenTableのウェブサイトはスグレモノ** OpenTableのサイトはレストランの予約が取れるだけでなく、レストランも厳選。実際に足を運んだ人が感想を書いているので参考になる。

チャイナチルカノ　China Chilcano

意外性がおもしろい、ペルーとアジアの融合　ペンクオーター／ペルーフュージョン　MAP●P.24-B2

派手な黄色を基調としたアジアンチックな内装に天井はナスカの地上絵が施されるなど、奇抜なデザイン。料理は日本とも中国ともペルーとも区別がつかないが、上手く融合し美味。点心類はシェアを。値段も中心部としては良心的。

住418 7th St. NW　☎(202)783-0941　URL www.chinachilcano.com　営月～木16:00～22:00、金土11:30～23:00、日11:30～22:00　カード A M V　現金不可　無料Wi-Fi

カーマインズ　Carmine's

大人数で行きたい大皿イタリアン　ペンクオーター／イタリア料理　MAP●P.24-B2

気さくなイタリア料理店。最大の特徴は、"超"を付けたくなるほど、巨大な皿に盛られた料理。日本人なら6～8人くらいで分けてもいいほど。前菜、パスタ、メイン、デザートなどすべて大きい。パスタもアルデンテでひと皿$29～。

住425 7th St. NW　☎(202)737-7770　URL www.carminesnyc.com　営日～木11:30～21:00、金土～22:00　カード A D M V　無料Wi-Fi

フォゴ・デ・チャオ　Fogo de Chao

おいしい肉料理をガッツリ食べるならここ　ペンクオーター／ブラジル料理　MAP●P.24-A2

メニューは食べ放題のみ。サラダバーを取り、テーブルの上のカードの緑色側を表に向けると、肉やシーフードが次々と運ばれ、目の前で切り分けてくれる。いっぱいになったらカードを赤にする。ランチ$46～、ディナー$67～。

住1101 Pennsylvania Ave. NW　☎(202)347-4668　URL fogodechao.com　営ランチ月～金11:30～14:30、ディナー月～金17:00～22:00（金～22:30）、土日11:30～22:30（日～21:00）　カード A D M V

オーシャナリー・シーフード・ルーム　The Oceanaire Seafood Room

シーフードが評判の店　ペンクオーター／シーフード　MAP●P.24-A1

ここぞというときのシーフードに最適。カキ（$4～5／個）はひとつずつ産地と種類が明記され、珍しいカニ肉の入ったチョップサラダやコブサラダも。チェサピーク湾のクラブケーキも美味で、ステーキの種類も豊富。

住1201 F St. NW　☎(202)347-2277　URL www.theoceanaire.com　営月～金12:00～21:00（金～22:00）、土日17:00～22:00（日～21:00）　カード A D M V　無料Wi-Fi

チョップト　Chopt

チョップサラダ専門のファストフード　ペンクオーター／ファストフード　MAP●P.24-A1 ほか

食材を同じ大きさに小さくカットしたサラダ。ベースとなる野菜、トッピング、ドレッシングなどさまざまな種類から組み合わせ、専用の半月型包丁で細かくカット。スプーンでも食べられる。ユニオン駅など市内に7店舗ある（下欄外）。

住618 12th St. NW　☎(202)783-0007　URL www.choptsalad.com　営月～金10:30～20:00、土日11:00～　カード A M V　無料Wi-Fi

シェイクシャック　Shake Shack

ニューヨーク発　No.1のハンバーガー　ペンクオーター／アメリカ料理　MAP●P.24-B1 ほか

遺伝子組み換えの食材を避け、ホルモン剤や成長促進剤未使用のアンガスビーフやベーコン、Cage Free（柵なし）のチキンを100%使用する健康志向のバーガーショップ。多様なフレーバーのシェイクは店の看板メニュー。

住800 F St. NW　☎(202)800-9930　URL www.shakeshack.com　営日～木11:00～22:00、金土～23:00　カード A M V

お役立ち情報　チョップトの支店　●ユニオン駅　MAP P.26-B1　●デュポンサークル　住1105 19th St. NW　●ネイビーヤード　MAP P.26-B4　●アーリントン　MAP P.30-A1

クライズ　Clyde's

優秀賞を受賞した特製チリ

ペンクオーター／アメリカ料理 MAP● P.24-B1

シーフードやパスタもあるアメリカ料理店で、ボリュームもたっぷり、味もよい。サルーンのような雰囲気で、比較的値段も手頃なので、夜は若者でとてもにぎやかだ。店員の応対もよし。席数が多いのもうれしい。メイン$17～44。

住707 7th St. NW　☎(202)349-3700　URL www.clydes.com　営月～木11:30～翌1:00、金～翌2:00、土日11:00～翌2:00（日～翌1:00）　カード ADMV　無料Wi-Fi

ゼイチニア　Zaytinya

おしゃれで定番人気の地中海料理

ペンクオーター／地中海料理 MAP● P.24-B1

若者たちが集い、現代美術のギャラリーのような店構えは、一見とても高級そう。しかし、実は比較的リーズナブルで、タパス（小皿料理）が$8～16。ギリシア、トルコなどの地中海料理をアメリカ風にアレンジ。

住701 9th & G Sts. NW　☎(202)638-0800　URL www.zaytinya.com　営月～金11:30～23:00（月～22:00、金～24:00）、土日11:00～24:00（日～22:00）　カード AMV

寿司葵（あおい）　Sushi Aoi

コンベンションセンター近くのカジュアルな日本食

ダウンタウン／日本料理 MAP● P.24-A1

前菜は$6～13、メインは$15～33。本日のおすすめや季節限定メニューも充実。グループの事前予約ではプライベート、セミプライベートルーム利用もでき、お得なセットメニューも用意可能。値段も手頃。シティセンターに近い。

住1100 New York Ave. NW　☎(202)408-7770　URL www.thesushiaoi.com　営月～金11:30～21:30、土日～21:00（ランチは平日14:30まで）　カード AMV

キャピトルシティ・ブリューイング・カンパニー　Capitol City Brewing Company

ひとりでも気軽にビールを

ダウンタウン／アメリカ料理 MAP● P.24-A1

地元産をはじめ季節ものなど10種類以上のビールが揃う。料理はハンバーガーやチキンウイングなどアメリカらしいものだが味もいい。仕事帰りのロコや周辺のホテルに滞在中の人で夜までにぎわう。ハッピーアワーは1杯$5。

住1100 New York Ave. NW　☎(202)628-2222　URL capcitybrew.com　営日～水11:00～21:00、木～土～22:00（ハッピーアワーは平日16:00～19:00）　カード AMV

チポットレ　Chipotle

ランチタイムのビジネスパーソン御用達

ペンクオーター／ファストフード MAP● P.24-B1 ほか

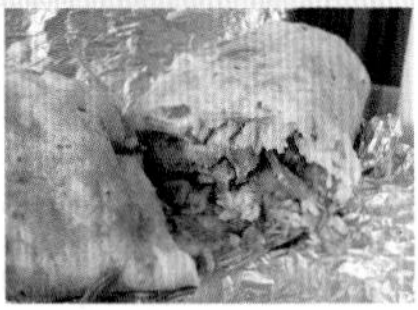

安くてボリュームたっぷり、少しヘルシーなメキシカンのファストフード。チェーン店で市内に数店舗ある。ブリトーなら最初にラップかボウルを決め、次に具を2種類決めればよい。目の前にあるので指させばOK。ひとつ$9～。

住701 7th St. NW　☎(202)540-8346　URL www.chipotle.com　営毎日10:45～22:00　カード AMV　市内に10店舗以上

セントパラダイス・カフェテリア　Saint's Paradise Cafeteria

指までしゃぶりたくなるBBQ

ダウンタウン／アメリカ南部料理 MAP● P.25-F1

教会のなかで、とびっきりの庶民的南部料理がいただける。おすすめはバーベキューリブ（$7.50～11.50）と身がほくほくのチキンブリースト（$5.50～10.50）。ディナーならターニップグリーン（カブの葉の煮込み）とマッシュポテト、パンも付いてボリューム満点。

住601 M St. NW　☎(202)789-2289　営毎日8:00～17:00　カード 現金のみ

お役立ち情報　クライズの本・支店　●ジョージタウン　MAP P.29-A5　住3236 M St. NW　●アレキサンドリア　住1700 N. Beauregard St.　●チェビーチェイス　住5441 Wisconsin Ave., Chevy Chase

ファイブ・ガイズ　Five Guys

爆発的人気のバージニア生まれのハンバーガー　ダウンタウン／ファストフード MAP●P.25-D2 ほか

　基本はハンバーガー、チーズバーガー、ベーコンバーガー、ベーコンチーズバーガーの4種類（$13～16）で、小さめのサイズもある。トッピングは好きなだけ頼んでも何と無料。サービスのピーナッツが驚くほどおいしい！

住1400 I(Eye) St. NW　☎(202)450-3412　URL www.fiveguys.com
営毎日10:00～22:00　カード A M V　●ノーマ　MAP 折込地図表-F1

ポットベリー　Potbelly

行列のできるホットサンドイッチ　ダウンタウン／ファストフード MAP●P.25-D2 ほか

　ホットサンドイッチの人気店。温めたサンドイッチは美味で、種類も豊富。朝食やランチタイムは長蛇の列を作ってテイクアウトする人々の姿が見られる。ひとつ$10前後。中心部だけでも15軒以上ある（下欄外）。

住1455 K St. NW　☎(202)898-0534　URL www.potbelly.com
営月～金10:00～20:00、土日11:00～18:00　カード A M V　無料Wi-Fi

ラ・コロンブ　La Colombe

香り高いサード・ウエーブ・コーヒー　ダウンタウン／カフェ MAP●P.25-E1

　発展著しいコンベンションセンターの北側からわずか1ブロック。ロフトのような粋な雰囲気の店内で1杯ずつ入れたてのコーヒーが香りとともに味わえる。おすすめはハウスブレンド。ペストリーやスイーツ類と一緒に。

住924 Rear N St. NW (Blagden Alley)　☎(202)289-4850　URL www.lacolombe.com
営月～金7:00～18:00、土日8:00～　カード A M V　●ファラガット　住1701 I(Eye) St.

寿司キャピトル　Sushi Capitol

国会議事堂近くにある安心の日本の味　キャピトルヒル／日本料理 MAP●P.26-B3

　狭い間口のこぢんまりとした店で、日本人の板前さんが握る寿司はほっとする味。値段も1人前$24～38、枝豆やから揚げなどのおつまみが$5前後、天ぷら$7～11と良心的。日本のビールや酒類もあり、ネタも豊富。

住325 Pennsylvania Ave. SE　☎(202)544-9888　URL www.sushicapitol.com　営ランチ月～金12:00～14:00、ディナー月～土17:00～20:45　カード A M V　無料Wi-Fi

プレタマンジェ　Pret A Manger

ヘルシー志向で店舗数を増やすサンドイッチ　キャピトルヒル／サンドイッチ MAP●P.26-B1 ほか

　オーガニック野菜を新鮮なまま使うなど、健康にこだわる素材が自慢。パンに挟んである具の量も多過ぎないので、日本人にはちょうどいい。日替わりスープにパンを付ければ、しっかりとした1食だ。市内に6店舗。

住ユニオン駅1階, 50 Massachusetts Ave. NW　☎(202)289-0186　URL www.pret.com
営月～金7:30～19:30、土日9:00～16:00　カード A M V　無料Wi-Fi

チャーリー・パーマー・ステーキ　Charlie Palmer Steak

おいしいステーキを食べたいなら　キャピトルヒル／アメリカ料理 MAP●P.26-A2

　ベスト・アメリカンビーフを自負。赤身の肉を中心に、フィレ、リブアイ、28日間熟成させたニューヨーク・ストリップステーキなど。ランチのプリフィックスは$27でお手頃。

住101 Constitution Ave. NW　☎(202)547-8100　URL www.charliepalmersteak.com
営ランチ月～金11:30～14:00、ディナー月～金17:00～21:00　休土日
カード A D M V

読者投稿　ポットベリーの支店　●ホワイトハウス周辺　MAP P.25-D2,3　●ユニオン駅　MAP P.26-B2　●ペンクオーター南　MAP P.25-F4　●ネイビーヤード　住301 Tingey St. SE

グッド・スタッフ・イータリー　Good Stuff Eatery

「料理の鉄人」のハンバーガー

キャピトルヒル／ファストフード　MAP●P.26-B3

グルメバーガーのDC人気店がここ。シェフはアメリカ版「料理の鉄人」にも出演した。ハンバーガーの成形やポテトのカットは手作業だ。トマトやレタスなどの野菜も新鮮。チーズバーガー、ポテト、炭酸飲料のランチバッグが$14.50。

住303 Pennsylvania Ave. SE　☎(202)791-0168　URL www.goodstuffeatery.com
営毎日12:00～21:00　カード A M V　無料Wi-Fi

ミスターヘンリー　Mr. Henry

夜のライブ演奏とステーキが人気

キャピトルヒル／アメリカ料理　MAP●P.26-C3

毎週水～土曜の夜はジャズやソリストの生演奏が楽しめるローカルに人気の店。演奏者によってはチケットが必要。アメリカ料理をメインにメキシカンやピザなどメニューは幅広く、ステーキの評判がいい。

住601 Pennsylvania Ave. SE　☎(202)546-8412　URL www.mrhenrysdc.com
営月～金11:00～翌1:30、土日10:30～（バーは深夜まで）　カード A M V

トルティーヤカフェ　Tortilla Café

マーケット物色あとの激安南米料理

キャピトルヒル／中南米料理　MAP●P.26-C3

タコス、ブリトーなどのメキシコ料理に加え、おすすめがププサ。トウモロコシの粉で作った生地に、インゲン豆、チーズ、肉などを挟んで焼いたもの（$2.49）だ。チキンやポークのタマール（$2.99）もボリューム満点。

住210 7th St. SE　☎(202)547-5700　URL tortillacafe.com
営月～金9:00～19:00、土8:00～、日～17:00　カード A M V

マーケットランチ　The Market Lunch

イースタンマーケットの朝食の老舗

キャピトルヒル／アメリカ料理　MAP●P.26-C3

創業1978年。イースタンマーケットの北側にあり、定番のパンケーキはバターミルク、そば粉、ブルーベリー入りなど$7.25～7.95と手頃。昼食にはチェサピーク名物のクラブケーキ（$22.95/$34.95）がおすすめ。

住225 7th St. SE(イースタンマーケット内)　☎(202)547-8444　URL www.marketlunchdc.com
営火～木8:00～14:15、金土～14:30、日9:00～14:30　休月　カード 現金のみ　無料Wi-Fi

マッチボックス　Matchbox

昼はスーツ組、夜は若い世代でにぎわう

キャピトルヒル／アメリカ料理　MAP●P.26-C4 ほか

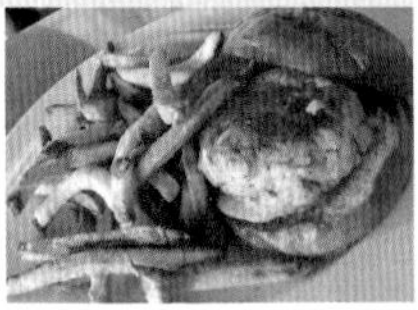

生ビールを約10種類揃え、クラブケーキ、アンガスビーフのハンバーガーなどアメリカ人の好きなメニューがいろいろ。評判のよいのが10種類近くあるピザ。ヘビー過ぎず、クリスピー。南部料理もあって、インテリアもおしゃれ。

住521 8th St. SE　☎(202)548-0369　URL www.matchboxrestaurants.com/capitol-hill
営日～木8:00～21:00、金土～23:00、ブランチ土日10:00～15:00　カード A M V

ソウルスパイス　SeoulSpice

野菜がたっぷり、ベースも選べるコリアンファストフード

ノーマ／韓国料理＆ファストフード　MAP●折込地図表-F1

最初にベースとなるビビンバ（ライスボウル）やキムパプ（のり巻き）、チャプチェ（韓国春雨）、サラダボウルを選び、次にたんぱく質のビーフ、チキン、ポーク、豆腐、そしてカウンターに並ぶ好きな野菜を選んでいく。$10～15。

住14 N St. SE　URL www.seoulspice.com　営毎日11:00～22:00　カード A M V
ペンクオーターやロスリンに支店あり

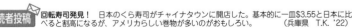

読者投稿　**回転寿司発見！**　日本のくら寿司がチャイナタウンに開店した。基本的に一皿$3.55と日本に比べると割高になるが、アメリカらしい巻物が多いのがおもしろい。　（兵庫県　T.K.　'22）

ラ・ジャンブ La Jambe

ワインと一緒に楽しめるバゲット＆チーズ

ノーマ／デリ＆ワインバー MAP●折込地図表-F1

ワシントニアンに人気のユニオンマーケットにある、気軽なワインバー。チーズの種類が豊富で、生ハムやドライフルーツがワインによく合う。フランス仕込みのバゲットのサンドイッチなら、一緒にビールをどうぞ。

住ユニオンマーケット内 1309 5th St. NE ☎(202)547-1309 URL www.lajambedc.com
営火～土12:00～20:00、日～19:00 休月 カード A M V 無料Wi-Fi

モノマーレ・ノーマ Menomale NoMA

本格的な釜で焼き上げるナポリピザを気軽に

ノーマ／ピザ MAP●折込地図表-F1

生地はサクサク、数種類のチーズと野菜やきのこ、生ハムなどがそれぞれに味を強調しながら、口の中で絶妙に融合する。ソースはレッドとホワイトから選ぶことができ、10種類以上あるピザは$17以下とお手頃。

住33 N St. NE ☎(202)216-0630 URL menomale.us
営日月水木11:00～21:00、金土～22:00 休火 カード A M V

ボンション Bonchon

ハングルスタイルのから揚げ

ネイビーヤード／韓国料理 MAP●P.26-B4

店のウリであるから揚げは甘みのあるガーリック味と唐辛子を使ったスパイシー味の2種類。ほかにもプルコギの炒め物、キムチ、コールスロー、チャプチェに加え、たこ焼きや枝豆、ご飯もあって日本人にはホッとする店。

住1015 Half St. SE ☎(202)488-4000 URL bonchon.com 営日～木11:00～21:30、金土～23:00（ナショナルズの試合日は延長） カード A M V 無料Wi-Fi

ディストリクトワイナリー District Winery

レストランも併設するDC初のワイナリー

ネイビーヤード／アメリカ料理＆ワイナリー MAP●P.26-B5

アナコスティア川を見渡せる所にある人気ワイナリー。テイスティングのツアーを催行する（$35～）ほか、結婚式のパーティ会場の場としても人気。チーズやフルーツ、野菜の盛り合わせをはじめワインに合う料理が多数揃う。

©washington.org

住385 Water St. SE ☎(202)484-9210 URL districtwinery.com 営月～木15:00～21:00、金～22:00、土11:00～22:00、日11:00～21:00 カード A M V 無料Wi-Fi

デューサウス Due South

ちょっとスパイシーな南部料理を気軽に

ネイビーヤード／アメリカ南部料理 MAP●P.26-B5

開発が進むネイビーヤードの人気店。シーフードやポークチョップ、リブなどスパイスが効いてボリュームもたっぷり。スモークしたビーフやチキンも好評。開放的なバーカウンターを中心に木のあたたかみを生かした内装もいい。

住301 Water St. SE ☎(202)479-4616 URL duesouthdc.com 営日火～木11:00～21:30、金土～22:00 休月 カード A M V 無料Wi-Fi

タコリアン TaKorean

メキシコのタコスとコリアンのふたつが楽しめる

ネイビーヤード／メキシコ料理＆韓国料理 MAP●P.26-B5

近年アメリカで人気のファストフードはベースを選び、肉類や野菜を乗せていく料理で、この店はベースがビビンバとタコスから選べる。トッピングもワカモレや温泉卵などミックスしてオリジナルを作ってみたい。

住1212 4th St. SE URL www.takorean.com 営毎日11:00～21:00
カード A M V ●ユニオンマーケット 住1309 5th St. NE

お役立ち情報 **食事のデリバリーサービス** アメリカでもUber Eats（→P.19）が普及している。ほかにも、現地で汎用性が高いのはGrubHub URL www.grubhub.com/delivery/dc-washington

ヌーシ　Nooshi

アジアの麺料理

デュポンサークル／アジア料理 MAP●P.29-A2

アジア各国の麺料理を中心に$16～18。おすすめはMee Goreng($16)。インドネシア焼きそばで、肉や野菜、エビ($2追加）の選択が可。前菜には枝豆や日本の餃子もあり$8.50、味噌汁もある。シェアして食べるといい。

住1120 19th St. NW　☎(202)293-3138　URL www.nooshidc.com
営月～金11:30～20:30（金～21:00)、土12:30～21:00　休日　カード AMV　無料Wi-Fi

どんぶり　Donburi

懐かしの味、どんぶり専門店

デュポンサークル／日本料理 MAP●P.29-A2

トンカツとエビカツのミックスカツ丼が美味。カツの大きさは日本の2倍はある。味も日本のものとまったく変わらない。経営者は日本で長く修業した台湾人。サーモン丼、天ぷら丼も、味、ボリュームともに満足できる。

住1134 19th St. NW　☎(202)296-7941　URL www.donburidc.com
営毎日11:00～21:00　カード AMV

ポキ DC　Poki DC

ハワイでおなじみのポキ丼のDC版

デュポンサークル／ハワイ料理 MAP●P.29-A2

ライス、ヌードル、ベジタブルからベースとなるものを選び、海鮮およびベジタブルのトッピングを選択、最後にドレッシングを選び、自分好みにカスタマイズできる。小さいながらもイートインスペースもある。市内に2店舗あり。

住1895 L St. NW　☎(202)530-8840　URL pokidc.com　営月～金11:00～20:00
休土日　カード AMV　無料Wi-Fi

マリー・ヴァンナ　Mari Vanna

エレガントな店内でロシアの家庭料理を

デュポンサークル／ロシア料理 MAP●P.29-B2

とてもアメリカにいるとは信じられないほど優雅な内装の中、ビーフストロガノフやキーウ風チキンカツレツ、キャビア（$33～150）といった伝統的なロシア料理などが味わえる。デザートはサクランボのダンプリングが人気。

住1141 Connecticut Ave. NW　☎(202)783-7777　URL taplink.cc/marivannadc
営月～金16:00～22:00、土日12:00～22:00　カード ADMV

ジュリアス・エンパナーダス　Julia's Empanadas

エンパナーダって、ご存じですか？

デュポンサークル／アルゼンチン料理 MAP●P.29-B2 ほか

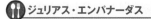

パイ皮でさまざまな具を包んでオーブンで焼いたラテンの家庭料理。肉や野菜のちょっぴりスパイシーなものや、おやつにもなるフルーツ系のものもある。人気はジャマイカン（$6）で、これにスープとデザートを付ければ十分な食事。

住1221 Connecticut Ave. NW　☎(202)861-8828　URL www.juliasempanadas.com　営月～水11:00～20:00、木～22:00、金～翌3:00、土日12:00～翌3:00（日～20:00）　カード AMV

タトゥベーカリー&カフェ　Tatte Bakery & Café

ワシントニアンに人気の軽食&スイーツ

デュポンサークル／カフェ&ベーカリー MAP●P.29-A2

ショーケースに並んだ焼きたてのパンとスイーツはテイクアウトもよし、店内でサンドイッチを食べるもよし。サンドイッチ類は$10～13、スープはカップ$6.50とボウル$8.50もあり、日本人にはちょうどいいサイズ。

住1301 Connecticut Ave. NW　☎(202)629-1534　URL tattebakery.com　営月～土7:00～20:00、日8:00～19:00　カード AMV　無料Wi-Fi

お役立ち情報　**ドレッシングの種類**　オイル&ビネガーOil & Vinegar…サラダオイルと酢が運ばれてくるからテーブルの塩コショウで味つけを。イタリアンItalian…サラダオイル、酢に刻みタマネギ、ピーマン、↗

アン・ジュ・ヌ・セ・クワ　Un je ne sais Quoi...

デュポンサークルにあるパティスリー　デュポンサークル／スイーツ MAP●P.29-A1

2層のメレンゲとホイップクリーム、またはガナッシュを重ねて作られる北フランス伝統のスイーツ、メルヴェイユ。ボリューム感のある見た目からは想像できない、口当たりのよさやフワッとした食感はやみつきになりそう。

住1361 Connecticut Ave. NW　☎(202)721-0099　URL unjenesaisquoi.square.site
営火〜金8:00〜18:00、土8:30〜、日9:00〜17:00　休月　カード AMV　無料Wi-Fi

ビビボップ・アジアン・グリル　Bibibop Asian Grill

自分好みのビビンバで値段もリーズナブル　デュポンサークル／韓国料理＆ファストフード MAP●P.29-A1

自分好みのビビンバ（韓国風丼）を作ることができて、どれも$13以下。ベースはご飯で、チキンやビーフ、豆腐を選び、野菜は好きなものを指さす。全部の野菜だったら“All”だ。最後にソースを選んでできあがり。味噌汁付き。

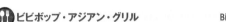

住1516 Connecticut Ave. NW　☎(202)567-1735　URL www.bibibop.com　営毎日11:00〜21:00（日〜20:00）　カード AMV

スイートグリーン　Sweetgreen

DC生まれの地球に優しいサラダチェーン　デュポンサークル／ファストフード MAP●P.29-A1 ほか

新鮮で安全な野菜は、口に入れた瞬間に香りが広がり、かみしめるたびにその甘さが伝わってくる。色とりどりの野菜がサラダやラップで食べられる。スープ、フローズンヨーグルトもとてもナチュラル。

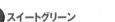

住1512 Connecticut Ave. NW　☎(202)387-9338　URL www. sweetgreen.com　営毎日10:30〜21:00　カード AMV　無料Wi-Fi　●アーリントン　住1800 Lynn St., Arlington　MAP P.30-A1

ゾーバズカフェ　Zorba's Cafe

安くておいしいギリシア料理　デュポンサークル／ギリシア料理 MAP●P.29-A1

セルフサービス式。半地下にあるカウンターで料理の注文をする。料理ができあがったら番号を呼ばれるので、取りに行く。ワシントニアンがひっきりなしに来るだけあって、味もよく、リーズナブル。サンドイッチ$8〜17。

住1612 20th St. NW　☎(202)387-8555　URL zorbascafedc.com
営毎日11:00〜22:00　カード AMV　無料Wi-Fi

さかな　Sakana

デュポンサークルで気軽に日本食　デュポンサークル／日本料理 MAP●P.29-A1

リーズナブルな日本食店。握りが2貫で$5〜、1人前でも$20前後。おつまみ類も充実し、枝豆、ヒジキなどは、日本の味。夜も遅くまでにぎわうエリアにあるので、安心して夕食に行くことができる。どんぶり$13〜14、麺類$13。

住2026 P St. NW　☎(202)887-0900　URL ordersakanajapanese.com　営ランチ月〜金11:30〜14:30、ディナー月〜土17:30〜22:30（金土〜23:00）　休日　カード AMV

ル・パン・コティディアン　Le Pain Quotidien

素朴で洗練されたベルギーの香りを　デュポンサークル／カフェ MAP●P.29-A1 ほか

クロワッサンなどの各種パンやケーキ類が並ぶ。彩りの美しいパレットのように、野菜やフルーツとともに盛りつけられたオープンサンドTartine（$13〜16）は、洗練されたひと品。正統ベルギーホットチョコレートもぜひ。

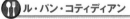

住2000 P St. NW　☎(202)459-9176　URL www.lepainquotidien.com　営月〜金7:00〜18:00、土日8:00〜　カード AMV　無料Wi-Fi　●キャピトルヒル　MAP P.26-C3

↘ニンニク、オレガノを加えたもの。フレンチFrench…トマト風味のどろっとした甘酸っぱいもの。サウザンアイランドThousand Island…マヨネーズにタマネギ、ピーマンやケチャップなどを混ぜたもの。

セティオステリア　Sette Osteria

居酒屋のようなイタリアン

デュポンサークル／イタリア料理 MAP●P.29-A1

気軽に入れる雰囲気のイタリア料理店で、夜は若者でワイワイにぎやか。パスタは種類も多く$17〜31、ピザは$14〜20で、子供用メニューもある。前菜やサラダは量が多いのでシェアしたい。料理をグルテンフリーにすることも可。

住1666 Connecticut Ave. NW　☎(202)483-3070　URL setteosteria.com　営月〜金12:00〜21:00（金〜22:00）、土日10:00〜22:00（日〜21:00）　カード A M V

ファイアーフックベーカリー　Firehook Bakery

おいしいパンとカフェでまったり

デュポンサークル／カフェ＆ベーカリー MAP●P.29-A1

焼きたてのパンやクッキー以外にも、スイーツも充実し、コーヒーや紅茶を飲みながらひと息つくにもいい。もちろん、ホテルに持ち帰って朝食にすることもできる。マフィン$2.30〜、クロワッサン$2.30〜、ケーキ類$4.95〜。

住1909 Q St. NW　☎(202)588-9296　URL www.firehook.com
営月〜土7:00〜18:00、日〜15:00　カード A M V

ティーイズム　Teaism

ご飯がとにかく充実の、総合お茶どころ

デュポンサークル／アジア料理 MAP●P.29-A1

お茶と食事ができる（セルフサービス形式）。メニューも種類が豊富で、弁当（$16）から、お茶漬け（$12、14）、チキンカレーやアレンジしたお好み焼き、タイやインド、コリアン、インドネシア、中東料理などもある。

住2009 R St. NW　☎(202)667-3827　URL www.teaism.com　営毎日11:00〜20:00
カード A M V　無料Wi-Fi　●ペンクオーター　MAP P.24-B2

ドルチェッツァ・ジェラート&コーヒー　Dolcezza Gelato & Coffee

地産の新鮮なジェラート

デュポンサークル／ジェラート MAP●P.29-A1 ほか

ワシントンDC近郊で取れた旬のフルーツ、卵、牛乳、ハーブなどを用い、毎朝作られるジェラートはさっぱりと甘過ぎない。小が$6.05、大が$6.70。季節に応じたフレーバーも楽しめる。シティセンター、ハーシュホーン美術館に支店あり。

住1704 Connecticut Ave. NW　☎(202)299-9116　URL dolcezzagelato.com　営日〜木8:00〜22:00、金土〜23:00　カード A M V　無料Wi-Fi

パールダイブ・オイスター・パレス　Pearl Dive Oyster Palace

ワシントニアンでごった返すシーフード

デュポンサークル／アメリカ南部料理 MAP●P.27-C4

14th St.の北側は、DCのレストラン街。素朴な雰囲気のするこの店は、早く行かないとすぐに満席になるほどの人気。オイスターの種類も豊富で、新鮮。いくつでも食べられそう！ジャンバラヤや魚のグリルも日本人の口に合う。予約を。

住1612 14th St. NW　☎(202)986-8787　URL pearldivedc.com　営月水木16:00〜22:00、金〜23:00、土日11:00〜23:00（日〜22:00）　休火　カード A M V　無料Wi-Fi

グレートウォール・スーチュアンハウス（長城）　Great Wall Szechuan House

知る人ぞ知る中華の名店

デュポンサークル／中国料理 MAP●P.27-C4

四川・成都出身のマスターが、舌を痺れさせるような本場の麻婆豆腐を作ってくれる。Ma La Wonton（ピリッとした味でモチモチのワンタン$9.45）、Eggplant in Szechuan Garlic Sauce（麻婆ナス$12.95）などがおいしい。

住1527 14th St. NW　☎(202)797-8888　URL www.greatwallszechuan.com　営月〜木16:30〜21:30、金11:00〜、土日12:00〜　カード M V

読者投稿　Ben's Chili Bowl　キング牧師の死後、U St.の店や家が焼かれたなかで、生き残って営業を続けてきた歴史ある店。多くの有名人が訪れ、写真が飾られている。（熊本県　匿名）['23]

ドイモイ　Doi Moi

内装も美しく、若い客が多いエスニック料理　デュポンサークル／カンボジア＆ベトナム料理 MAP●P.27-C3

経営者がレバノン人で、ベトナム、ラオス、カンボジア、タイの料理を揃えた異色のレストラン。ベトナムの典型的なサラダである青パパイヤのサラダ$12、フォー$18、バインミー$15.50など。

住1800 14th St. NW　☎(202)733-5131　URL www.doimoidc.com　営月15:00～22:00、火～木11:30～22:00（水木～24:00）、金～翌2:00、土日11:00～翌2:00（日～22:00）　カード A M V

ベンズ・チリ・ボウル　Ben's Chili Bowl

オバマ元大統領も食べた名物チリ　U通り／チリ MAP●P.105-B ほか

1958年創業。オバマ元大統領が就任式の直前に来店、名物のチリドッグ（$6.59）にかぶりついた。おかげで、店の知名度も全国的になった。名物のチリはボリューム満点。隣には"Next Door"という南部料理の店もオープンした。

住1213 U St. NW　☎(202)667-0909　URL benschilibowl.com　営月～水11:00～21:00、木～23:00、金土～翌4:00、日～22:00　カード A M V　無料Wi-Fi

オーズ・アンド・アーズ　Oohhs & Aahhs

アップグレードしたソウルフード　U通り／ソウルフード MAP●P.105-B

カウンターに5人も客が入ればいっぱいになる店の人気は、フライドチキン、ターキーウイングス、白身の魚のフライ、ミートローフ（$14.95）など。サイドディッシュにはCollard Greens（硬い青菜を軟らかくなるまで煮込んだもの）を。

住1005 U St. NW　☎(202)667-7142　URL www.oohhsnaahhs.com　営月～木 12:00～22:00、金土～翌4:00　カード M V

居酒屋関　Izakaya Seki

うれしい日本の居酒屋　U通り／日本料理 MAP●P.105-B

「一寸一ぱいお気軽に」と書かれた提灯の向こうには、カウンターとテーブル席があり、ワシントンDCらしからぬ内装。料理もから揚げ、クリームコロッケ、ハマチのカマ、つくね、マグロ納豆もある。日本酒は20種類、焼酎、日本のビールも。

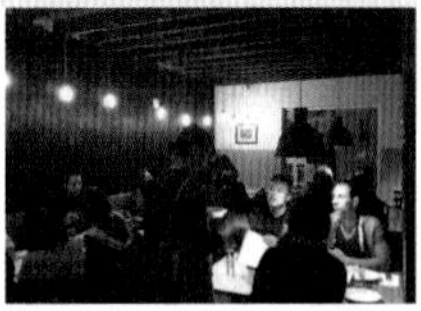

住1117 V St. NW　URL www.sekidc.com　営火～日17:00～21:15　休月　カード A M V

バスボーイズ・アンド・ポエッツ　Busboys & Poets

DCのヒップな文化発信基地　U通り／カフェ MAP●P.105-A ほか

食やエコにもうるさいワシントニアンを魅了する、書店とカフェのコラボ。開放感のある空間には個性的な家具が配置。夜はライブ演奏や朗読なども行われる。メニューの大半はベジタリアン向けやグルテンフリーだがおいしい。

住2021 14th St. NW　☎(202)387-7638　URL www.busboysandpoets.com　営日～木8:00～22:00（日9:00～）、金土～23:00（土9:00～）　カード A M V　無料Wi-Fi

ティップ・カオ　Thip Khao

ご飯と米の麺がうれしい　コロンビアハイツ／ラオス料理 MAP●P.105-A 外

東南アジアのラオス料理は、チャーハン、炊いたご飯のほかに米でできたヌードルのスープもあり、日本人の口に合う味つけ。メイン料理を頼むと赤米のもちもちしたご飯も一緒に付いてきて、懐かしい味。

住3462 14th St. NW　☎(202)387-5426　URL www.thipkhao.com　営水～月17:00～22:00　休火　カード A M V

$：$20、$の数は飲み物を除いたディナーの予算を表しますが、注文の量などにより差があることをご了承ください　（カニ）：DCエリア名物の"クラブケーキ"を出す店　（かばん）：ビジネスにも使いやすい店　（人）：ひとりでも入りやすい店

レテナ　Letena

エチオピア人の多いDCだから本格派

コロンビアハイツ／エチオピア料理 MAP●P.105-A外

モダンでシンプル、スタッフも親切。カウンターでオーダー後、テーブルに持ってきてくれる。クレープのような「インジェラ」を手でひと口大にちぎり、インジェラで野菜やお肉のシチューをつかんで食べる。

住3100 14th St. NW(入口はPark Rd.側)　☎(202)733-4830　URL letenadc.com
営火～土17:00～21:30、日～21:00　休月　カード A M V　無料Wi-Fi

ミ・キューバ・カフェ　Mi Cuba Café

安くておいしく、いつも満席

コロンビアハイツ／キューバ料理 MAP●P.105-A外

キューバンサンドイッチやコロッケもいいが、好きなメインを決め、サイドにはブラックビーンズとライス、バナナのようなフライドスイートプランテンがおすすめ。メインにはライムを搾って、モヒートと一緒にどうぞ。

住1424 Park Rd. NW　☎(202)813-3489　URL micubacafe.com　営月水木12:00～21:00、金土～22:00（土11:00～）、日11:00～20:00　休火　カード A M V

ミディアムレア　Medium Rare

ステーキのお代わりがある（1回のみ）

動物園周辺／アメリカ料理 MAP●P.27-A1外

ステーキハウスはクラシックな店が多くてひとりでは入りにくいのが実情。ここはとてもカジュアル。赤身ながらも脂の質感も楽しめる店だ。食べ終わる頃になんとお代わりを持ってきてくれる!! サラダも付いて$25.95はかなりお得。

住3500 Connecticut Ave.NW　☎(202)237-1432　URL www.mediumrarerestaurant.com　営月～木17:00～22:00、金～23:00、土日10:30～23:00（日～22:00）、ブランチ土日10:30～14:30　カード A M V

サクラーメン　Sakuramen

豊富なトッピングが魅力

アダムス・モーガン／日本料理 MAP●P.27-B2

ロコでエネルギッシュなアダムス・モーガンにあるラーメンで、店名を冠したSakuramen は昆布だしを用いたあっさり味、醤油、味噌、豚骨などが楽しめる。前菜にバン（バオ）があるのも特徴で、チャーシューバンが美味。

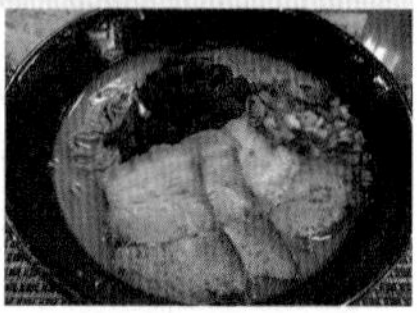

住2441 18th St. NW　☎(202)656-5285　URL sakuramen.net
営火～木17:30～22:00、金～日12:00～22:30（日～21:00）　休月　カード A M V

ペリーズ　Perry's

日本人も納得の刺身&寿司

アダムス・モーガン／日本料理 MAP●P.27-B2

巻物やちらし寿司（$32～45）は、期待を裏切らない味と鮮度のよさ。串焼きや揚げ出し豆腐や餃子といったおつまみも充実し、盛り合わせの大皿は皆で分けるのがおすすめ。オリオンなど日本のビール（$7～14）も充実。

住1811 Columbia Rd. NW　☎(202)234-6218　URL www.perrysam.com　営月～木16:00～21:30、金土～22:00、日17:30～21:30、ブランチ日10:00、13:00　カード A M V（最低$15）

ベイクド・アンド・ワイアード　Baked & Wired

スイーツのおいしいアメリカ式喫茶店

ジョージタウン／カフェ＆スイーツ MAP●P.29-B5

若い世代に限らず、あらゆる年代の人が列を作って順番を待っている。好みのケーキや飲み物を注文して受け取ると、奥にあるテーブルでゆっくりと味わうことができる。カップケーキ$5.95、コーヒー$3.25～。

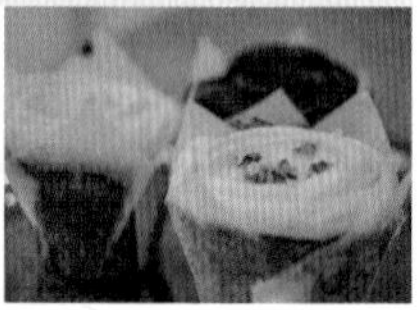

住1052 Thomas Jefferson St. NW　URL bakedandwired.com
営日～金8:00～16:00、土～18:00　カード A M V

読者投稿 **ワシントン名物シーフードの立ち食い**　ウオーターフロントにあるフィッシュマーケット（→P.76）では新鮮なシーフードを販売し、ゆでたてのカニをすぐそばのカウンターで食べること↗

トニー・アンド・ジョーズ・シーフード・プレイス Tony and Joe's Seafood Place

じっくりシーフードが楽しめるDCの超有名店

ジョージタウン／シーフード MAP●P.29-B5

味もサービスもよく、「地球の歩き方」読者にも評判がいい。カキ、エビ、ムール貝などどれも新鮮だが、試してみたいのはメリーランド産のクラブケーキ。6〜7月はソフトシェルクラブや、クラブスープをどうぞ。

住Washington Harbour, 3000 K St. NW ☎(202)944-4545 URL www.tonyandjoes.com 営月〜金11:30〜22:00、土日11:00〜 カード A D M V 無料Wi-Fi

リストランテピッコロ Ristorante Piccolo

エレガントながらも気さくさがうれしいイタリアン

ジョージタウン／イタリア料理 MAP●P.29-B5

2階のバルコニーからはジョージタウンの町並みを見渡すことができ、夜は特にロマンティック。カラマリ（イカリング）などの前菜が$8〜15、魚介類や肉料理が$25〜38とお手頃。おすすめは毎日お店で作るフレッシュなパスタ。

住1068 31st St. NW ☎(202)342-7414 URL www.piccolodc.com 営ランチ月〜金11:30〜15:00、ディナー月〜金15:00〜22:00（金〜23:00）、土日11:00〜23:00（日〜22:00） カード A M V 無料Wi-Fi

カフェミラノ Cafe Milano

評判のいいおしゃれな北イタリア料理店

ジョージタウン／イタリア料理 MAP●P.29-A4

オープンエアのテラスで人を眺めながらお茶や食事をするのが楽しい。パティオだけでなく、内装もおしゃれだ。パスタ、ピザ、サラダが人気で、セレブにもファンが多い。予算は$40〜100が目安。ビーガンのメニューも豊富。

住3251 Prospect St. NW ☎(202)333-6183 URL www.cafemilano.com 営日〜水11:30〜22:30、木〜土〜23:30 カード A M V 無料Wi-Fi

フィロメナ Filomena Ristorante

にぎやかな店内で自家製のパスタを召し上がれ

ジョージタウン／イタリア料理 MAP●P.29-B5

地元っ子はもちろん、歴代大統領も訪れるDCを代表するイタリアン。ぜひ味わってほしいのが自家製パスタと窯焼きのピザ。シーフードや肉料理、デザートも好評だ。ランチのパスタは$24〜44。できれば予約を。

住1063 Wisconsin Ave. NW ☎(202)338-8800 URL filomena.com 営毎日11:30〜22:00（ランチは15:30まで） カード A D M V 無料Wi-Fi

フィオラ・マレ Fiola Mare

新鮮な魚介類とイタリア料理の融合

ジョージタウン／イタリア料理 MAP●P.29-B5

夜は特に雰囲気がいい。魚介類の種類も多く、ヒラメなどまるまる1匹をシンプルにグリルした料理も人気。3人以上ならロブスター、エビ、マグロ、ホタテ、キングクラブなどを豪快にいただけるシーフードタワー（$140〜）を。

住3050 K St. NW ☎(202)350-4982 URL www.fiolamaredc.com 営ランチ火〜金11:30〜14:30、ディナー日〜木17:00〜21:00、金土〜21:30 カード A M V

カフェレオポルド Kafe Leopold

ジョージタウン、セレブの隠れ家

ジョージタウン／カフェ MAP●P.29-A5

少し奥に入った一画の隠れ家のような、オーストリア式カフェ。上質で逸品のオーストリアケーキがあるほか、口当たりのいいオーストリアコーヒー、朝食・軽食（$3.50〜23）、アルコール各種も楽しめる。ケーキ類$6〜8.50。

住3315 Cadys Alley NW ☎(202)965-6005 URL kafeleopold.business.site 営日〜木8:00〜22:00、金土〜23:00 カード A M V 無料Wi-Fi

↘ができる。アツアツの香辛料が効いたカニを、ふうふう言いながら食べるのが定番。地元の人の話では200年以上続いたが、今回のコロナで店舗数が減ってさびしくなったそうだ。 （長崎県　クラブミート　'22）

金太郎　Kintaro

DCで最もコスパのよいラーメン　ジョージタウン／日本料理 MAP●P.29-A5

　小さなカウンターのあるこぢんまりとした店で、醤油、味噌、豚骨など基本のラーメンはすべて$10とDCいちの安さ。しかも期待を裏切らない日本の味だ。寿司や刺身の盛り合わせが$15〜17、うな重$20とほかの料理も安く、日本のカレーがあるのもうれしい。

住1039 33rd St. NW　☎(202)333-4649　営ランチ火〜日12:00〜14:30、ディナー火〜木17:00〜22:00、金土〜22:30、日〜21:00　休月　カード AMV

ジョージタウン・カップケーキ　Georgetown Cupcake

インスタ映えする人気のカップケーキ　ジョージタウン／カフェ＆ギフト MAP●P.29-A4 ほか

　かわいらしいカップケーキは、それぞれのフレバーが味わえるのが特徴。常時18種類を揃え、日替わり、月替わりなどもある。1個$3.95、半ダース$22、1ダース$42。テーブル席はあるが、持ち帰って食べる人がほとんど。

住3301 M St. NW　☎(202)333-8448　URL www.georgetowncupcake.com　営月〜土10:00〜21:00、日〜20:00　カード AMV　●ベセスダ　住4834 Bethesda Ave.　☎(301)907-8900

トゥーム　The Tombs

大人のムードが学生にも人気　ジョージタウン／アメリカ料理 MAP●P.29-A4

　映画『エクソシスト』にも登場した有名な店。ハンバーガーなどのメニューが$18前後。ジョージタウン大学のスポーツ試合開催日は驚くほどにぎやか。入口で年齢のチェックがあるので身分証明書を持っていくこと。

住1226 36th St. NW　☎(202)337-6668　URL www.tombs.com　営月火11:30〜翌1:00、水木〜翌2:00、金〜翌3:00、土11:00〜翌3:00、日10:00〜翌1:00　カード AMV　無料Wi-Fi

コンパスコーヒー　Compass Coffee

サードウエーブコーヒーのワシントンDC版　ジョージタウン／カフェ MAP●P.29-A4

　おみやげとしても喜ばれるDCのローカルコーヒー店。ドリップはLight、Medium、Darkの3種類から選ぶことができ、定番のラテやカプチーノなども揃い、チョコやバニラなどのフレーバーを加えることもできる。

住1351 Wisconsin Ave. NW　URL www.compasscoffee.com　営月〜金6:00〜18:00、土日7:00〜19:00　カード AMV　無料Wi-Fi　●ペンクオーター 住650 F St. NW　●ダウンタウン 住1401 I(Eye) St. NW

マーティンズタバーン　Martin's Tavern

歴代大統領御用達のカジュアルレストラン　ジョージタウン／アメリカ料理 MAP●P.29-A4

　1933年創業の政治家にゆかりの深いレストラン。ブース1はジョン・F・ケネディが日曜にここに来て新聞をよく読み、ブース2でニクソンはミートローフを食べたという。値段も手頃で昼夜を問わず混んでいる。

住1264 Wisconsin Ave. & N St. NW　☎(202)333-7370　URL www.martinstavern.com　営月〜水11:00〜24:00、木〜翌1:30、金〜翌2:30、土9:00〜翌2:30、日9:00〜24:00　カード AMV

パティスリーポウポン　Patisserie Poupon

フルーツたっぷりのケーキとパン　ジョージタウン／カフェ MAP●P.28-B4 ほか

　ジョージタウンのひと休みにおすすめの店。見た目にもきれいなケーキやペストリーを、コーヒーを飲みながらどうぞ。キッシュやサンドイッチ、サラダ、スープなどもあり、これだけでちょっとしたランチとなる。

住1645 Wisconsin Ave. NW　☎(202)342-3248　URL patisseriepoupon.com　営火〜土8:30〜17:00、日8:00〜16:00　休月　カード AMV

お役立ち情報　**DCのフードトラック**　モールのフードトラックは観光客向け。Franklin Square、Farragut Square、ユニオン駅、ランファンプラザ駅の近くがビジネス客向け。平日のランチのみ。

ロックランド　Rocklands BBQ

おいしいバーベキューはここ

ジョージタウン／アメリカ料理 MAP●P.28-A2

　薪を使って焼かれるバーベキューは、匂いだけでもそのおいしさが伝わってくる。ベビーバックリブやチキンなどのBBQメニューのなかで、おすすめはマカロニ&チーズや豆の入ったRocklands Pearl$9.99。サンドイッチは$8～10。

住2418 Wisconsin Ave. NW　☎(202)333-2558　URLrocklands.com
営日～木11:00～20:00、金土～21:00　カードAMV　無料Wi-Fi

オールドヨーロッパ　Old Europe

雰囲気のいいドイツ料理

ジョージタウン／ドイツ料理 MAP●P.28-A2

　照明が落とされた店内、壁には油絵やヨーロッパ王家の紋章が飾ってある。おすすめは、黒ビール（Dark Beer）とソーセージ。キャベツの酢漬けとポテトダンプリングも美味。ランチは$9～16、ディナーは$18～27くらい。

住2434 Wisconsin Ave. NW　☎(202)333-7600　URLwww.old-europe.com　営水木16:00～20:00、金～21:00、土12:00～21:00、日12:00～20:00　休月火　カードAMV　無料Wi-Fi

ことぶき　Kotobuki

日本の釜飯がうれしい！

ジョージタウン西／日本料理 MAP●P.23-A2

　ジョージタウン大学から北へ車で約8分。DCで唯一、釜飯が食べられる店。ウナギ、鶏、山菜の３種類の釜飯があり、小鉢と味噌汁が付いてランチで$16.50、ディナーで$25。日本人シェフが握る寿司もうまくて安い。

住4822 MacArthur Blvd. NW　☎(202)625-9080　URLwww.kotobukidc.com　営ランチ火～土12:00～14:30、ディナー火～日16:30～21:00　休月　カードMV

フォー・セブンティファイブ　Pho 75

さっぱり麺が大好評

アーリントン／ベトナム料理 MAP●P.30-C6

　ベトナムヌードル専門店。日本人好みの味で、さっぱりと澄んだスープが美味。フォーは小が$10.45、大が$11.45。さまざまな牛肉の部位を選ぶこともでき、タピオカ入りバナナプリン$3やコーンプリン$3などのデザートもある。

住1721 Wilson Blvd., Arlington　☎(703)525-7355　営毎日10:00～21:00　カード現金のみ　行き方Rosslyn駅とCourt House駅の中間、Wilson Blvd.の北側に面した所

エル・ポヨ・リコ　El Pollo Rico

行列のできるチキン

アーリントン／ペルー料理 MAP●P.30-A6外

　ペルー式バーベキューで焼き上げるチキン（コールスロー付き）はまさに絶品。炭火で丹念に焼き上げるチキンが、驚くほどジューシーで、皮はクリスピー。大きさは、1/4（$9.41）、ハーフ（$12.55）、ホール（$19.86）の3種類。

住932 N. Kenmore St., Arlington　☎(703)522-3220　URLelpollorico.com
営毎日11:00～22:00　カードAMV　行き方最寄り駅はオレンジラインVirginia Sq.

レバニーズ・タベルナ　Lebanese Taverna

ペンタゴンシティで食事に困ったら

アーリントン／レバノン料理 MAP●P.30-B5

　ファッションセンターのモール隣のペンタゴンロウはレストラン街。この一画にあるレバノン料理は意外に辛さひかえめで、優しい味つけのため日本人の口にも合う。定番のシシカバブ（$24～32）が好評。

住1101 S. Joyce St., Arlington　☎(703)415-8681　URLwww.lebanesetaverna.com
営日～木12:00～21:00、金土～22:00　カードADMV

読者投稿　地産地消のおいしいアイスクリーム　●Jubilee　ネイビーヤードにあり、DC近郊の農家の牛乳を使っているとか。1スクープ$5.45、2スクープ$6.45。住301 Water St. SE（埼玉県　Y.N. '22）

ルースズ・クリス・ステーキハウス　Ruth's Chris Steak House

夜景を楽しみながらステーキを

クリスタルシティ／アメリカ料理 MAP●P.30-C5 外

ボリュームたっぷりながら、繊細な肉の味と質感が楽しめる。雰囲気はゴージャスではあるが、それほど緊張しなくても大丈夫。ここはビルの上階にあり、DCの景色が一望できるのが何といってもすばらしい。

住2231 Crystal Dr., 11F, Arlington　☎(703)979-7275　URL www.ruthschris.com　営ランチ金11:30～15:00、ディナー月～木16:00～22:00、金土～22:30、日～21:00　カード ADJMV　無料Wi-Fi

盆栽　Bonsai Grill

晩酌を付けても安い

クリスタルシティ／日本料理 MAP●P.30-C5 外

クリスタルシティの23番通りは、西側におよそ20軒ほどのレストランが並ぶ。そのひとつがこの日本食レストラン。テーブル席と寿司カウンターで約30席。早い時間帯の定食が$19.95。夜は晩酌を付けても平均$30～45。

住553 S. 23rd St., Arlington　☎(703)553-7723　営日火～木16:00～22:30、金土～23:00　休月　カード MV

ブラボーブラッスリー　Brabo Brasserie

洗練されたフランス料理

アレキサンドリア／アメリカ料理 MAP●P.121-A

King St.駅からオールドタウンへ向かって数分の所にあるLorien Hotelの中。フレンチがスタイリッシュに変身し、見た目も美しく、ほおが緩んでしまうおいしさだ。おしゃれに楽しむ若者でいつもにぎやか。

住1600 King St., Alexandria　☎(703)894-3440　URL www.lorienhotel.com　営朝食月～金7:00～10:30、ブランチ土日8:00～14:00、ディナー火～木17:00～21:00、金土～22:00　カード AMV

ギャツビーズタバーン　Gadsby's Tavern

ワシントン大統領もお気に入りだった

アレキサンドリア／アメリカ料理 MAP●P.121-B

アレキサンドリアの観光ポイントにもなっている18世紀創業の居酒屋。アメリカ独立の建国者のほとんどがこの店を訪れたといわれる。おすすめはクラブケーキ、ワシントンの好物ローストダックなどで、18世紀からのレシピ。

住138 N. Royal St., Alexandria　☎(703)548-1288　URL gadsbystavernrestaurant.com　営ランチ水～土11:30～14:30、ディナー水～日17:30～20:00、ブランチ日11:30～14:30　休月火　カード AMV

チャートハウス　Chart House

ポトマックの景色もいい

アレキサンドリア／シーフード MAP●P.121-B

アレキサンドリアの東端、ポトマック川に面したロケーションで、雰囲気もいい。夕暮れ時の川の景色は絶品だ。シーフードは新鮮で、ボリュームもたっぷり、素材の味を堪能できる。前菜$13～18、メイン$25～45。

住1 Cameron St., Alexandria　☎(703)684-5080　URL www.chart-house.com
営月～木11:30～22:00、金土～23:00、日11:00～21:00　カード ADMV　無料Wi-Fi

ランディーニブラザーズ　Landini Brothers

パスタとカラマリが好評

アレキサンドリア／イタリア料理 MAP●P.121-B

オーソドックスな雰囲気だがかしこまらずに、トスカーナ地方の料理をどうぞ。レモンガーリックに醤油で味つけしたイカのカラマリ（$26.95）が人気で、パスタの種類も多い（$22～28）。共和党の政治家もよく来るとか。

住115 King St., Alexandria　☎(703)836-8404　URL www.landinibrothers.com
営月～木11:30～22:30、金土～23:00、日～22:00　カード ADMV　無料Wi-Fi

お役立ち情報　**アレキサンドリアのレストラン**　アレキサンドリアにはDCに比べ安くておいしい店が多い。●菜志芽Nasime　高級日本料理　住1209 King St.　URL nasimerestaurant.com　●ヘンクオーターHen Quarter↗

フォンテイン Fontaine

ローカル&オーガニックでヘルシー

アレキサンドリア／アメリカ料理 MAP●P.121-B

デザートだけでなく食事にもなるクレープを出す店だ。野菜をふんだんに使い、味つけも実にさっぱり。量、脂分ともほどよい加減。クレープはスイーツ系が各$14、食事系が$18～21。小麦粉をそば粉にすることもできる。

住119 S. Royal St., Alexandria ☎(703)535-8151 URLfontainebistro.com 営月～木10:00～20:00、金～22:00、土9:00～22:00、日9:00～20:00 カード A M V

フィッシュマーケット Fish Market

ピアノの聴けるレストラン

アレキサンドリア／シーフード MAP●P.121-B

新鮮なシーフードがおいしく、DCのレストランに比べて値段も安い。週末はDJが入るなどイベントが開催されることも。平日の18:00前はカキ半ダース$10、生のクラム半ダース$7.50とお得。夜のメインが$18～48、前菜が$13～29。

住105 King St., Alexandria ☎(703)836-5676 URLfishmarketva.com
営日～木11:30～21:00、金土～22:00 カード A M V 無料Wi-Fi

ピタハウス The Pita House

アラブの香り、ピタサンドを

アレキサンドリア／レバノン料理 MAP●P.121-B

レバノン料理はなじみがないかもしれないが、ナンに似たピタというクレープのようなものに、肉や野菜を挟むサンドイッチがポピュラー。好評なのがビーフとラム肉を挟んだKafta$10.50。ベジタリアンのメニューも豊富。

住719 King St., Alexandria ☎(703)684-9194 URLwww.thepitahouse.com
営毎日11:00～22:00 カード A M V

もも・すし & カフェ Momo Sushi & Cafe

アレキサンドリアの日本食なら

アレキサンドリア／日本料理 MAP●P.121-B

小さな店内はいつも客でいっぱい。枝豆、餃子、酢の物、昼はトンカツ、焼きそば、うどんなど、寿司にとどまらないバラエティに富んだ料理が味わえる。メインは味噌汁とサラダ付き。刺身や寿司のセットがディナー$20～45。

住212 Queen St., Alexandria ☎(703)299-9092 URLwww.momosushicafe.com
営月～土11:30～14:30と16:00～21:30、日16:00～21:00 カード A M V

サンデイ・イン・サイゴン Sunday in Saigon

ベトナムの伝統料理を現代的にアレンジ

アレキサンドリア／ベトナム料理 MAP●P.121-B

アレキサンドリアのトレーダージョーズの隣に位置する、安くておいしいロコに人気のレストラン。春巻（$6～10）は7種類あり、フォー（$14～）はもちろんバインセオ（$16）など魚介類や肉類のメニューも豊富。

住682 N. St. Asaph St., Alexandria ☎(703)549-7777 URLwww.sundayinsaigon.com
営日木11:00～20:00、金土～21:00 休月～水 カード A M V 無料Wi-Fi

グレースマンダリン Grace's Mandarin

メインは中華、寿司やから揚げもある

ナショナルハーバー／アジアンフュージョン MAP●P.127

ゲイロードの斜め前にあり、内装はアメリカ人にとっての中国らしさ満点。インドネシア、シンガポール、タイ、中国、韓国、日本の料理が楽しめて、寿司のクオリティは高め。テーブルは小さいが、夕日の眺めが美しい。

住188 Waterfront St., National Harbor ☎(301)839-3788 URLwww.gracesrestaurants.com 営日～水12:00～21:00、木～土～22:00 カード A M V

↘アメリカ南部料理 住801 King St. URLwww.henquarter.com ●ドン・タコ メキシコ料理&バー 住808 King St. URLdontacova.com ●Casa Rosada Artisan Gelato 絶品ジェラート 住1101 Payne St. URLcrgelato.square.site

与作　Yosaku Japanese Restaurant

アメリカでは珍しい居酒屋風

DC 北西部／日本料理 MAP●P.28-A1 外

メニューの豊富な日本料理店。刺身、トンカツ、焼き鳥、餃子、味噌や醤油ラーメンなど、庶民的なメニューだ。日本のビールと酒も揃い、値段も良心的。レッドラインTenleytown/AU駅下車、北へ徒歩約5分。

住4712 Wisconsin Ave. NW　☎(202)363-4453　URL www.yosakusushidc.com
営月～木17:00～21:15、金土16:00～21:30、日16:00～21:00　カード A M V

テイスティダイナー　Tastee Diner

朝から晩まで、まさにアメリカンな料理

ベセスダ／アメリカ料理 MAP●P.130-4

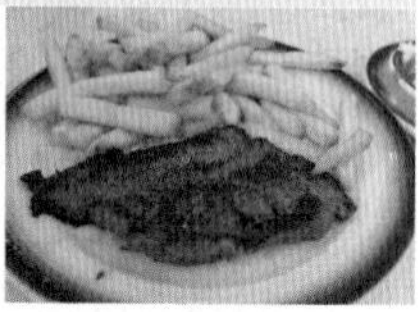

1935年創業のDCエリアでは数少ない営業時間の長い店。朝食は典型的なアメリカンブレックファスト、夜は高級ではないステーキ、フライドチキンなどが楽しめる。量も多いからぜひ持ち帰りを。朝食メニューは終日注文できる。

住7731 Wisconsin Ave., Bethesda　☎(301)652-3970　URL www.tasteediner.com
営毎日6:00～22:00　休12/25　カード A M V　無料Wi-Fi

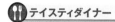

ロックボトム　Rock Bottom

ベセスダでビールならこの店

ベセスダ／アメリカ料理 MAP●P.130-3

地ビールをはじめたくさんのビールを試してみたいならここ。エールを中心にピルスナー、ダークなど10種類以上を用意しており、1杯$8前後。ピザやチキンウイングなどおつまみ類（$14前後）も豊富。

住7900 Norfolk Ave., Bethesda　☎(240)465-0777　URL rockbottom.com
営月～木11:00～23:00、金土～24:00、日10:00～24:00　カード A M V　無料Wi-Fi

タコグリル　Tako Grill

各種日本酒を揃える人気の居酒屋

ベセスダ／日本料理 MAP●P.130-5

メニューが豊富な日本食のレストラン。寿司（セット$29～）、天ぷら（$11～26）、てり焼き（セット$25～35）はもちろん、弁当（$21）、丼ものまである。スペシャルメニューは炉端焼き。日本酒の種類も豊富で棚にずらりと並ぶ。

住4914 Hampden Ln., Bethesda　☎(301)652-7030　URL www.takogrill.com
営ランチ火～金11:30～14:00、ディナー火～日16:30～20:00　休月　カード A M V

ブラックス・バー・アンド・キッチン　Black's Bar and Kitchen

オイスターバーはいかが

ベセスダ／アメリカ料理 MAP●P.130-4

港町の酒場を思わせるカジュアルな雰囲気の中、アメリカ料理とお酒を楽しむ人でにぎわっている。メニューはカニをはじめとする地元のシーフードが中心。前菜やムール貝$12～19、シーフード$30～38。ステーキ$34～48。

住7750 Woodmont Ave., Bethesda　☎(301)652-5525　URL www.blacksbarandkitchen.com
営月～木12:00～21:00、金土～22:00、日15:00～20:00　カード A M V　無料Wi-Fi

モンアミガビ　Mon Ami Gabi

ランチのコースがお得、老舗フランス料理店

ベセスダ／フランス料理 MAP●P.130-5

ハイセンスな店が集まるベセスダロウの一角にある老舗。オニオンスープやステーキフリット、チキングランメールが自慢で、エレガントな内装からも店の品格を感じる。ランチにプリフィックスメニュー（$29.95）があるのも助かる。

住7239 Woodmont Ave., Bethesda　☎(301)654-1234　URL www.monamigabi.com
営日～木11:30～21:00、金～22:00、土11:00～22:00　カード A M V

お役立ち情報　郊外のラーメン　ウィートンのサッポロラーメン、レンズラーメンRens Ramen　住11403 Amherst Ave., Wheaton　MAP P.23-B1　URL rens-ramen.com　味噌、塩、醤油の基本が$13～16。カード不可

長い年月が作り上げた
自然の芸術品、ルーレイ洞窟

Suburbs of Washington, DC

近郊の町

ワシントンDCから近郊の町への**アクセス方法**

DC周辺には、日帰り、または小旅行におすすめしたい町や国立公園がいくつもある。大自然、歴史、港町など、それぞれの魅力をもっていて、その多面性を見るだけでもおもしろい。ぜひ時間をつくって、これらの町にも足を延ばしてほしい。

アクセス方法は？

本書に掲載している近郊の町へどんな交通機関を使って行けるのかを紹介しよう。交通網の発達したアメリカ東部だけあって、車以外でもアクセスしやすいのが特徴だ。

ドライブ　Driving

車は、アメリカではいちばん便利な交通機関。車さえあれば、好きなときに好きな所へ行ける。もし、運転ができるのならぜひレンタカーに挑戦してほしい。ただし、DCエリアの渋滞はひどく、町なかの運転マナーもいいとはいえないので注意。

鉄道―アムトラック　Amtrak

アメリカの中長距離旅客鉄道会社がアムトラックだ。本社はDCにあり、DCからボストンまではアメリカでは珍しい鉄道が電化された区間。それだけに運行本数も多く、日本の新幹線並みに使いやすいのが特徴。

鉄道―マーク　Marc

DCに隣接するメリーランド州政府が運営する通勤列車。ボルチモア、ハーパーズフェリーなどへ行くときに便利。

グレイハウンドバス（フリックスバス）Greyhound Bus（Flixbus）

全米を包括する長距離バス会社。ボルチモア、フィラデルフィアへは便利だが、ゲティスバーグなど運行されていない町もある。

DC近郊 アクセス早わかりマップ

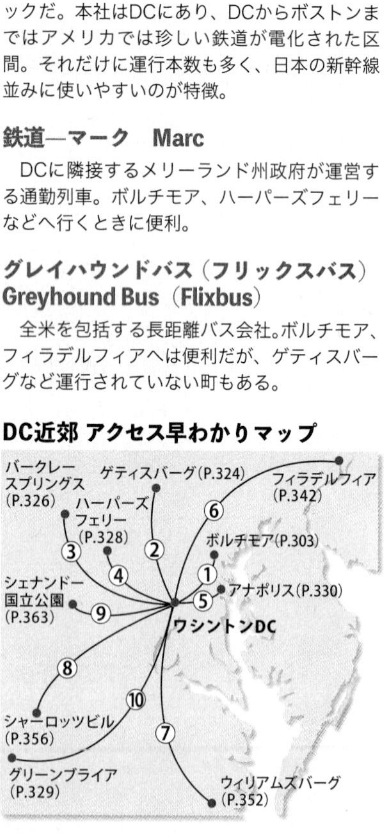

アメリカ東部は鉄道の発達したエリア。ボルチモア、フィラデルフィアへはアムトラックのアセラ特急が速い

ほかにも、路線バスや通勤列車などを乗り継いで行くことのできる町もある。車のない旅行者におすすめしたいのが、グレイラインをはじめとする、DC発の観光バス（→P.62～64）。効率よく回ってくれるので、一考の価値はある。

DC近郊の町 アクセス早わかり

①DC→ボルチモア（P.303）
- アムトラックまたはマーク　30～60分
- グレイハウンドバス　50分～1時間30分
- ドライブ　50分～1時間10分

②DC→ゲティスバーグ（P.324）
- ドライブ　1時間30分～1時間45分

③DC→バークレースプリングス（P.326）
- ドライブ　2時間～2時間15分

④DC→ハーパーズフェリー（P.328）
- アムトラックまたはマーク（平日のみ）1時間10分～1時間40分
- ドライブ　1時間15分～1時間30分

⑤DC→アナポリス（P.330）
- メトロレイルと路線バス　1時間30分
- グレイハウンド　50分
- ドライブ　50分

⑥DC→フィラデルフィア（P.342）
- アムトラック　1時間30分～2時間
- グレイハウンドバス　2時間40分～3時間40分
- ドライブ　2時間30分

⑦DC→ウィリアムズバーグ（P.352）
- アムトラック　3時間50分
- グレイハウンドバス　4時間5分（リッチモンド経由、週5便の運行）
- ドライブ　2時間30分～3時間

⑧DC→シャーロッツビル（P.356）
- アムトラック　2時間20分～2時間45分
- グレイハウンドバス　5時間
- ドライブ　2時間20分

⑨DC→シェナンドー国立公園（P.363）
- ドライブ　1時間20分（北側ゲートまで）

⑩DC→グリーンブライア（P.329）
- アムトラック（White Sulphur Springs駅）6時間
- ドライブ　4時間～4時間15分

所要時間は目安

Suburbs of Washington, DC

DCからの1泊旅行におすすめ！

ボルチモア
Baltimore

メリーランド州

MAP 折込地図裏 -C2

ボルチモア観光の中心、インナーハーバー。水族館や歴史的な船が有名

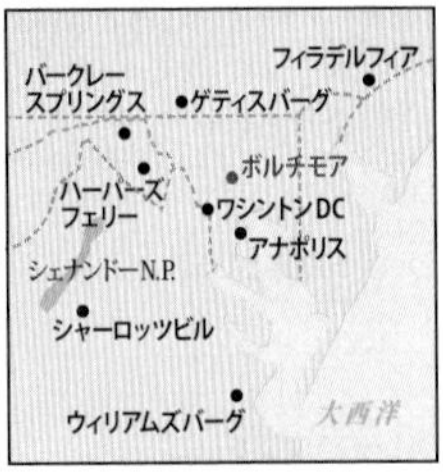

港町ボルチモア。カニの名産地であるメリーランド州最大の都市だ。人口は約58万。ワシントンDCの北東約65kmに位置し、貿易港、スポーツの町、そしてビジネスの町でもある。

メリーランド州はアメリカでは古い州のひとつ（合衆国加入1788年）で、ボルチモアは1623年チャールズ1世が第2代ボルチモア卿に領土を分け与えたことに始まる。長い間水路の要地として繁栄し、その栄華の面影を残すインナーハーバーは、港としては全米でもトップクラスの美しさを誇る。

ボルチモアは知名度の高い町でもある。北米大陸鉄道発祥の地、アメリカ国歌の誕生の地、世界最高峰といわれるマチスのコレクションをもつボルチモア美術館や日本での人気も急上昇中のスポーツ用品アンダーアーマー、そして新型コロナの感染者と死亡者数を世界規模で集計し、日本でも知られるようになったジョンズ・ホプキンズ大学の存在などが挙げられる。加えて、野球界の偉人の存在も大きい。ひとりは球界の伝説“ベーブ・ルース”、そしてもうひとりは鉄人“カル・リプケン”だ。意外に見どころの多いボルチモア。まずはインナーハーバーから歩き始めよう。

インナーハーバーに巨大な船が停泊することもあり、多くの人でにぎわう

© Visit Baltimore

アクセス　Access

アムトラックとマーク　Amtrak & Marc

DCのユニオン駅とボルチモアの**ペンシルバニア駅 Pennsylvania Station**をアムトラックとマークの**Penn Line**（マークはメリーランド州の通勤列車で、週末は減便）の鉄道が結んでいる。平日なら両方合わせて1時間に1〜2本の割合で運行され、本数が多くて便利。この区間は車より鉄道のほうが断然早い。所要30〜60分。

アムトラック
Free (1-800)872-7245
料 DCから片道$8〜219（曜日、時間帯、特急か普通かで変わる）

マーク
☎ (410)539-5000
Free (1-866)743-3682
URL www.mta.maryland.gov
料 DCからPenn Line、Camden Lineとも片道$9で、Camden Lineは平日のみの運行

●ボルチモア・ペンシルバニア駅（略称ペン駅）
MAP P.306-B1
住 1500 N. Charles & Oliver Sts.
開 チケットオフィス毎日5:10〜21:30、待合室のオープンは毎日深夜3:00〜翌2:00
行き方 ペン駅から中心部へは1本東側のSt. Paul St.からサーキュレーターのパープルラインでもアクセスできる。約15分、無料。タクシーなら約10分、$12

DC豆知識　**ボルチモアの治安**　ボルチモア中心部北西に空き家が目立つようになった。人通りの多い所は問題ないが、少しさびれた所などは気をつけよう。その代わりにHarbor Eastの開発が進んでいる。

DCからボルチモアへは鉄道が便利。アムトラックとマークのペンシルバニア駅

ペンシルバニア駅から中心部へはMTAのライトレールというトラム型列車の南 Camden Yards行きに乗れば20分弱でCamden Yards駅に着く（$2）。またはサーキュレーターバスのパープルラインも便利で、こちらは無料。ホテルの場所により使い分けよう。

また、平日の通勤時間帯に限り、DCのユニオン駅からボルチモアのカムデン駅Camden Stationまでマークの通勤列車**Camden Line**が午前中4本走っている。カムデン駅はオリオールズの本拠地カムデンヤードに隣接し、インナーハーバーまで歩いても5分と便利なロケーション。早起きしてこの列車に乗れば、日帰り旅行も可能だ。

グレイハウンド
料DCから片道$21〜42、所要55分〜1時間30分
●ボルチモア・バスディーポ
MAP P.306-A5 外
住2110 Haines St.
Free (1-800)231-2222
開0:00〜21:00
行き方 バスは不便。タクシーでインナーハーバーから約10分

グレイハウンドバス　Greyhound Bus

長距離バスでおなじみのグレイハウンド社がワシントンDC〜ボルチモア間にも1〜2時間に1本の割合でバスを運行している。バスディーポは中心部から少し離れたホースシューカジノ（→P.314）の南約300mの所にある。中心部へはタクシーで。

車　Driving

DCのNew York Ave.を北東に上っていくと、道はBaltimore-Washington Pkwy.（MD-295）になる。それを約1時間走り、I-95を越えるとRussell St.に名前が変わる。W. Pratt St.で右折するとボルチモアのインナーハーバーに出る。

観光シーズンはインナーハーバーに大道芸人も現れる

ボルチモアの歩き方　Getting Around

ボルチモア観光で日本人に人気が高いのは、ベーブ・ルースの生家と鉄道博物館やマチスで有名なボルチモア美術館の3つ。できれば観光の中心であるインナーハーバーと国歌誕生の地であるマックヘンリー要塞もおさえておきたい。ボルチモア観光の足として欠かせないサーキュレーターはほとんどの観光ポイントにアクセスできて、しかも無料。時間がないのならインナーハーバーとベーブ・ルースの生家に的を絞るといい。これらの見どころはすべて徒歩圏内だ。また、きれいな町並みが残るフェルズポイントへは、港町ボルチモアを実感できるウオータータクシーでのアクセスをすすめる。そして、この町でぜひ体験してほしいのがスポーツ観戦。DCよりワイルドなファンの応援ぶりを見るのも楽しい。

ボルチモアでは鉄道博物館も人気

ボルチモア・ワシントン国際空港（BWI）からボルチモアへ

空港のコンコースEの1階横から出ているライトレールが便利。"Hunt Valley"行きに乗ると、ボルチモアのダウンタウンを通過する。ダウンタウンの中心部はCamden Yards、Convention Center、Baltimore Arena駅など。所要約30分、片道$2。チケットはホームの自動券売機で買ってから乗ること。
タクシーはインナーハーバーまで$30〜45。

読者投稿　**マークが週末も運行**　Penn Lineがうれしいことに週末も運行されている。本数は少ないがこれでDC−ボルチモア間を週末でも安く移動できるようになった。（イリノイ州　よしちゃんず）['23]

観光案内所 Visitor Information

Baltimore Visitors Center

観光の中心インナーハーバーのやや南側に位置するガラス張りの立派な観光案内所。開放感のあるデザインで、ボルチモアとメリーランド州の見どころ、ホテル、レストランなどの資料が豊富なほか、町を紹介するビデオも放映されている。トイレもあってとても便利。コロナの影響で営業時間が短くなっているので注意したい。

上／インナーハーバーにある観光案内所　下／資料が豊富で広い

市内の交通機関 Transportation

サーキュレーター Circulator

「タダで、わかりやすくて、市内の観光ポイントをほとんど網羅している」と大好評のサーキュレーター（バス）は、現在5路線（うち1本はミニフェリー）が運行されている。町を東西に横断し、鉄道博物館やカムデンヤードに行く**オレンジルートOrange Route**、南北に縦断しボルチモア美術館とジョン・ホプキンズ大学へ行く**パープルルートPurple Route**、インナーハーバーからマックヘンリー要塞へ行く**バナールートBanner Route**、フェルズポイントへ行く**グリーンルートGreen Route**などがあり、バナールート（40分間隔）を除いて15～20分間隔の運行。車体はすべて同じで「CHARM CITY CIRCULATOR」の文字が目印。ルートを確認してから乗車しよう。

ボルチモアの移動はサーキュレーターでまかなえる。しかも無料

バス　Bus

白の車体に青いラインの入ったバスで、バス停は"MTA"と書かれた看板が目印。運賃はピッタリの金額を用意すること。観光に便利な路線はインナーハーバーとマックヘンリー要塞を結ぶ#94、ボルチモア美術館を結ぶ#95など。

ライトレール　Light Rail Link

ライトレールは"Hunt Valley～Glen Burnie駅のメイン路線とCamden駅～Penn駅シャトルの2本で、メインの南はLinthicum駅から分岐してBWI空港駅まで行く路線もある。BWI空港や鉄道のペンシルバニア駅へのアクセスに便利。乗り降りするときはドア近くのボタンをプッシュしてドアを開ける。

BWIからダレス国際空港へ

Airport Shuttle（☎(410)381-2772）がボルチモア・ワシントン国際空港からダレス国際空港までシャトルを運行させている。月～金7:00～18:00に限り片道1人$94（1人追加＋$21）で予約のこと。所要約2時間30分。
URL theairportshuttle.com

ボルチモア観光案内所

MAP P.306-B5
住 401 Light St.
Free (1-877)225-8466
URL baltimore.org
開 水～日10:00～15:00
休 月火、11月第4木曜、12/24～1/3

サーキュレーター

☎(410)545-1956
URL transportation.baltimorecity.gov/charm-city-circulator
料 無料
●**サーキュレーターの運行**：月～木7:00～20:00、金～24:00、土9:00～24:00、日9:00～20:00。ハーバーコネクターのみ月～金6:00～20:00

※今後、サーキュレーターは市の財政的な理由から減便されるおそれあり。

メリーランド州交通局(MTA)

☎(410)539-5000（電話の対応月～金6:00～19:00）
URL www.mta.maryland.gov
料 バス、ライトレール、地下鉄とも$2の均一料金、1日パス$4.60（ライトレールの自動券売機、バスの車内で買える）
●**ライトレールの運行**：月～金4:00～翌1:00、土4:30～、日祝10:00～21:30の15～20分間隔

チケットを必ず買うこと！

ライトレールに駅の改札口はないが、必ず乗車前にチケットを買うこと。MTAの鉄道警察がかなり頻繁に見回りしている。

読者投稿　インナーハーバーからライトレールでペン駅へ　Hunt Valley行きが多くMt.Royal/MICAで乗り換える必要がある。ペン駅のライトレールは地下にあり表示がほとんどない。（さすらいの旅人）['23]

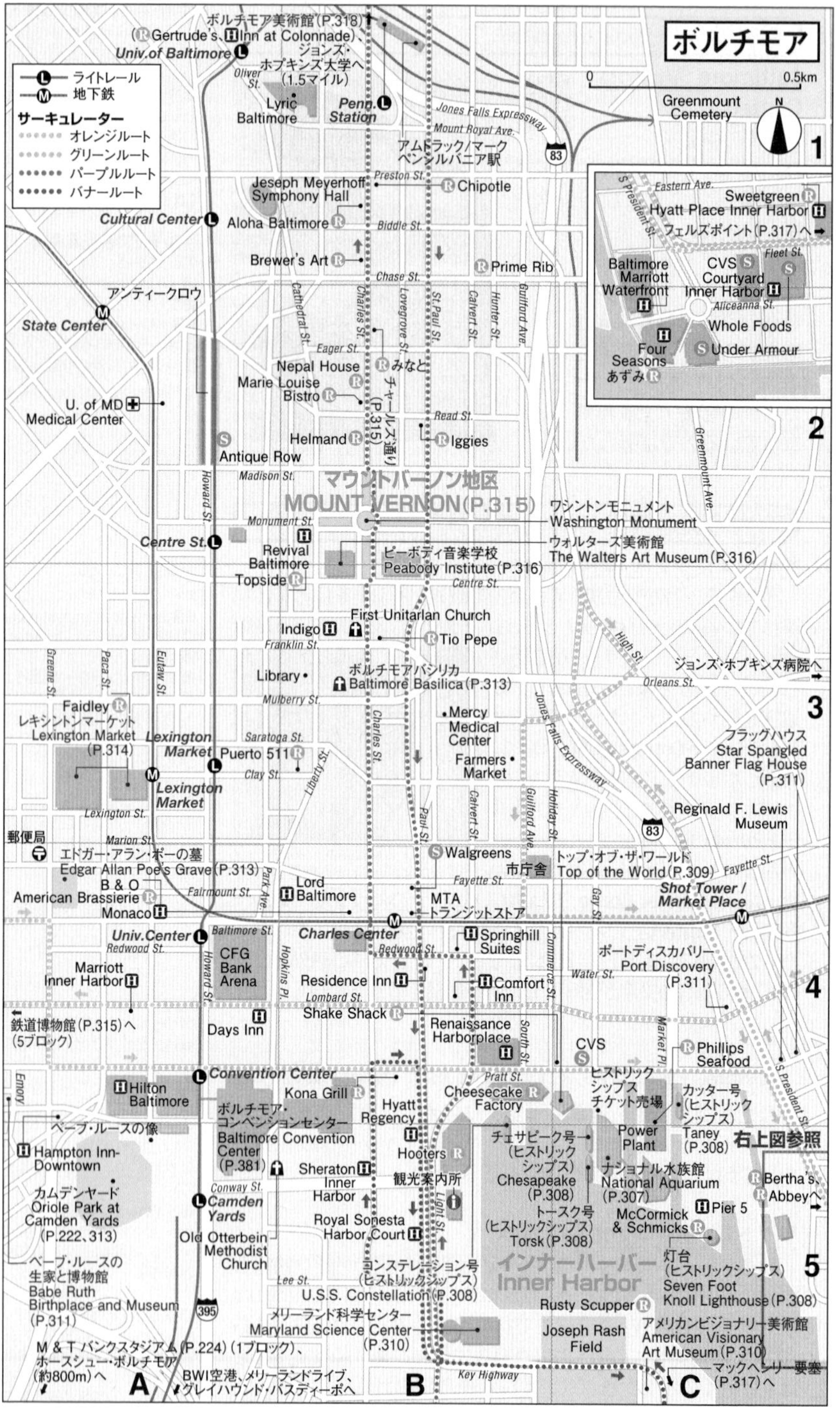

ボルチモア
0
0.5km
N
ライトレール
地下鉄
サーキュレーター
オレンジルート
グリーンルート
パープルルート
バナールート
ボルチモア美術館(P.318)
(Gertrude's、Inn at Colonnade)
Univ.of Baltimore
ジョンズ・ホプキンズ大学へ(1.5マイル)
Lyric Baltimore
Penn. Station
アムトラック/マークペンシルバニア駅
Jones Falls Expressway
Mount Royal Ave.
Greenmount Cemetery
Joseph Meyerhoff Symphony Hall
Preston St.
Chipotle
Cultural Center
Aloha Baltimore
Biddle St.
Brewer's Art
Chase St.
Prime Rib
アンティークロウ
State Center
Eager St.
Nepal House
みなと
Marie Louise Bistro
U. of MD Medical Center
Read St.
Helmand
Iggies
Antique Row
Madison St.
チャールズ通り(P.315)
マウントバーノン地区
MOUNT VERNON(P.315)
Monument St.
ワシントンモニュメント
Washington Monument
Centre St.
ウォルターズ美術館
The Walters Art Museum(P.316)
Revival Baltimore
ピーボディ音楽学校
Peabody Institute(P.316)
Topside
Centre St.
First Unitarian Church
Indigo
Tio Pepe
Franklin St.
High St.
ジョンズ・ホプキンズ病院へ
Library
ボルチモアバシリカ
Baltimore Basilica(P.313)
Orleans St.
Mulberry St.
Faidley
レキシントンマーケット
Lexington Market(P.314)
Lexington Market
Saratoga St.
Puerto 511
Clay St.
Mercy Medical Center
Farmers Market
フラッグハウス
Star Spangled Banner Flag House(P.311)
Lexington Market
Lexington St.
Reginald F. Lewis Museum
郵便局
Marion St.
エドガー・アラン・ポーの墓
Edgar Allan Poe's Grave(P.313)
Walgreens
市庁舎
トップ・オブ・ザ・ワールド
Top of the World(P.309)
Fayette St.
B & O
American Brassierie
Monaco
Fairmount St.
Lord Baltimore
MTA トランジットストア
Shot Tower / Market Place
Univ.Center
Baltimore St.
Charles Center
Redwood St.
Springhill Suites
CFG Bank Arena
Marriott Inner Harbor
Residence Inn
Comfort Inn
ポートディスカバリー
Port Discovery(P.311)
Water St.
Lombard St.
鉄道博物館(P.315)へ(5ブロック)
Days Inn
Shake Shack
Renaissance Harborplace
CVS
Phillips Seafood
Convention Center
Hilton Baltimore
Kona Grill
Hyatt Regency
Pratt St.
Cheesecake Factory
ヒストリックシップスチケット売場
カッター号(ヒストリックシップス)
Taney(P.308)
ボルチモア・コンベンションセンター
Baltimore Convention Center(P.381)
ベーブ・ルースの像
Hampton Inn-Downtown
Hooters
チェサピーク号(ヒストリックシップス)
Chesapeake(P.308)
Power Plant
ナショナル水族館
National Aquarium(P.307)
右上図参照
Bertha's、Abbey へ
カムデンヤード
Oriole Park at Camden Yards(P.222、313)
Conway St.
Camden Yards
Sheraton Inner Harbor
観光案内所
トースク号(ヒストリックシップス)
Torsk(P.308)
McCormick & Schmicks
Pier 5
Royal Sonesta Harbor Court
Old Otterbein Methodist Church
ベーブ・ルースの生家と博物館
Babe Ruth Birthplace and Museum(P.311)
コンステレーション号(ヒストリックシップス)
U.S.S. Constellation(P.308)
インナーハーバー
Inner Harbor
灯台(ヒストリックシップス)
Seven Foot Knoll Lighthouse(P.308)
Rusty Scupper
メリーランド科学センター
Maryland Science Center(P.310)
Joseph Rash Field
アメリカンビジョナリー美術館
American Visionary Art Museum(P.310)
M & T バンクスタジアム(P.224)(1ブロック)、ホースシュー・ボルチモア(約800m)へ
BWI空港、メリーランドライブ、グレイハウンド・バスディーポへ
Key Highway
マックヘンリー要塞(P.317)へ
Eastern Ave.
Sweetgreen
Hyatt Place Inner Harbor
フェルズポイント(P.317)へ
Fleet St.
Baltimore Marriott Waterfront
CVS
Courtyard Inner Harbor
Aliceanna St.
Whole Foods
Four Seasons
Under Armour
あずみ
Greenmount Ave.
Cathedral St.
Charles St.
Lovegrove St.
St.Paul St.
Calvert St.
Hunter St.
Guilford Ave.
Howard St.
Greene St.
Paca St.
Eutaw St.
Liberty St.
Holliday St.
Gay St.
Commerce St.
South St.
Market Pl.
Light St.
Hopkins Pl.
Park Ave.
S.President St.
Emory
Oliver St.
1
2
3
4
5
A
B
C

観光ツアー Sightseeing Tours

ウオータータクシー　Water Taxi

港町ならではの名物交通がウオータータクシーだ。ボルチモアは海に面したポイントが多いので、観光の足としても使える。チケットは1日中乗船し放題で、以下のポイントにストップする（一部はリクエスト時のみ）。夏はマックヘンリー要塞にも停まる。

港町らしい乗り物で、観光もできる

ハーバープレイス～フェデラルヒル～ハーバーイースト～フェルズポイントなど。マリタイムパークやカントンパークへコネクターのウオータータクシーで行くこともできる。

ウオータータクシー
☎(410)563-3900
URL www.baltimorewatertaxi.com
●**運航**：4～10月の毎日11:00～終了は20:00～23:00の15～20分間隔で運航
いちばん目立つ乗り場はインナーハーバーの中央
料 1日パス$20、3～12歳$10

おもな見どころ Sightseeing

インナーハーバー

チェサピーク湾に面した一画は"インナーハーバー"と呼ばれる、ボルチモア最大の観光名所。ナショナル水族館を中心に、港に寄港する船と、係留されるヨットの群れ、大道芸人やそぞろ歩く人々などが相まって、華やかな雰囲気をつくり出している。コンベンションセンターもこのエリアにあるので、仕事の合間にインナーハーバー散策もおすすめだ。

ボルチモアMustの観光ポイント　MAP P.306-C5

ナショナル水族館
National Aquarium

アメリカはもとより、日本でもすばらしい水族館が次々に誕生しているが、その先駆者のひとつが、この水族館だ。完成は1981年、オリジナルの設計者は大阪の海遊館も手がけたP・シェマイエフである。頭はピラミッド、胴はモザイク模様が印象的なブルーワンダー（本館）と、海の哺乳類たちが暮らすピア4、オーストラリアの峡谷が再現されたガラスパビリオンの3つの建物から構成されている。生物は魚類だけでなく、鳥類、爬虫類、両生類、海洋哺乳類など約700種、その数は2万匹以上に及ぶ。開館から40年以上になるが、展示方法を順次改良するなど、とても見応えのあるものになっている。

本館1階の**ブラックティップリーフBlacktip Reef**はメジロザメとエイたちが珊瑚礁を気持ちよく泳ぐ水槽で、餌づけもよく行われる。2階がメリーランド州の山や湿地帯、海のコーナーだ。ビーチにどんな生物がいるかをタッチスクリーンで教えてくれる。一番人気は3階にあるタッチプール。カブトガニやエイ、クラゲにも触ることができて、子供たちは大喜びだ。

ボルチモアNo.1の観光スポットがナショナル水族館。半日はかけたい

ナショナル水族館
オススメ度 ★★★★
住 Pier 3, 501 E. Pratt St.
☎(410)576-3800
URL aqua.org
開 7、8月の月～木9:00～17:00、金土～20:00、日～18:00、3～6月と9、10月の木～水9:00～17:00（金～20:00）、11～2月の月～木10:00～16:00、金～20:00、土日～17:00。日にちにより変更あり
料 $49.95、5～20歳・70歳以上$39.95、4歳以下無料（料金には4D映画も含まれる）
休 11月第4木曜、12/25（これ以外の祭日は特別な入館時間がある）

お役立ち情報　**ここへは行かないように**　ボルチモアはワースト10に入る治安の悪い都市。レキシントンマーケットあたりが境界線で、マーケットより西へは行かないように。フェルズポイントを離れた東も要注意。

入ったらこれをチェック！
入場券を買うときに、4D映画の時間を決めておこう。そして、入館したら、大西洋コーラルリーフの餌づけタイムを確認して、効率よく回ろう。

水の生きものだけでなく動物も近くで見ることもできる

4階の大西洋と太平洋のコーナーに続き、ガラスの天井からの光がまぶしい5階には熱帯雨林が再現されている（蒸し暑い！）。カラフルな鳥やしぐさがかわいいカメ、小さなタマリンザル、カエルやヘビにもお目にかかれるなど、見学者があちこちで感嘆の声をあげている。ハイライトは上階から下への見学路を囲むように造られた巨大な水槽、**大西洋コーラルリーフ Atlantic Coral Reef**。4階建ての高さ、約127万リットルの水槽には、小さな魚からサメまで相当な数の魚が一緒に泳ぐ。**ガラスパビリオン**は、北オーストラリアの峡谷を再現した展示。砂漠地帯ではエリマキトカゲ、湿地帯ではクロコダイル、川を再現した水槽ではオーストラリア固有の肺魚などが飼育されている。

ピア4はイルカのショーが行われていたシアターがあるが、世界的な動物保護の流れからボルチモアでもショーは中止となった。代わりに地球の仲間たちが未曾有の危機に瀕している現実や、彼らを救うためにどんなことをすべきかイルカを見せながら解説してくれる。一角にあるクラゲのコーナーには、日本のヤナギクラゲもいる。

ボルチモア・ヒストリックシップス
オススメ度 ★★★
チケット売り場
住 Pier1, 301 E. Pratt St.など
☎ (410)539-1797
URL www.historicships.org
開 基本的には毎日10:00～16:30だが、4～9月上旬は17:00まで。また季節によって公開されない船もある
料 $19.95、15～20歳と60歳以上$17.95、6～14歳$7.95

アメリカ史に名をはせた艦船探検
MAP P.306-B,C4,5

ボルチモア・ヒストリックシップス
Historic Ships in Baltimore

港町として繁栄してきたボルチモアの歴史やアメリカ戦史を彩ってきた4つの艦船と灯台が見学できる。

ピア3に建つえんじ色の円形の建物は1856年に建設された**灯台Seven Foot Knoll Lighthouse**。もともとボルチモア港の入口、パタプスコ川の浅瀬に建っていた。

沿岸警備隊の**カッター号U.S.Coast Guard Cutter**は、1941年12月7日（アメリカ時間）の真珠湾攻撃に遭遇した監視船。沖縄戦、朝鮮戦争、ベトナム戦争時でも活躍した船で、ダイニングやキッチン、船員のドミトリーなどを見学できる。1936年の就航時は**トーニーTaney**と呼ばれ、1986年に退役した後1988年に国の歴史的建造物に指定された。

怒ったサメのイラストは、**潜水艦トースク号U.S. Submarine Torsk**。1945年8月の終戦直前、太平洋で日本の海防艦2隻を撃沈し、1968年に引退するまで1万1884回の潜水という驚異的な数字を記録した。内部の魚雷の発射口、ディーゼルエンジン室からは乗組員の過酷な勤務状態が伝わってくる。

チェサピーク号U.S. Lightship #116"Chesapeake"は約30年間チェサピーク湾の安全に貢献した灯台船。ハリケーンマストの先から1000ワットの光を放った。

姿も美しい**コンステレーション号**

赤い船体のチェサピーク号は灯台船

トースク号は日本とも関係のある潜水艦。意外に小さい

DC豆知識 有名なジョンズ・ホプキンズ大学へは、インナーハーバーからボルチモア美術館へ行く#95のMTAバスが近くを通る。ほかにサーキュレーターのパープルラインでも行ける。

U.S.S. Constellationは、アメリカ海軍第1号のフリゲート艦で、南北戦争前の1854年に造られたもの。当初は地中海艦隊に属していたが、1859〜61年は西アフリカからの奴隷運搬船を監視した。南北戦争後は1878年開催のパリ万博の際に展示品を運搬するなど、友好のために航行。退役後、1963年に国の歴史的建造物に指定され、ボルチモアにやってきたのは1968年。大がかりな修復が行われ、1999年より現在の姿で一般公開されるようになった。大砲デッキ、乗組員の寝室、船長の個室などが見られるほか、帆揚のデモンストレーションも行われる。

ボルチモアの鳥瞰図を楽しもう　MAP P.306-C4

トップ・オブ・ザ・ワールド
Top of the World

トップ・オブ・ザ・ワールドの展望台からは港がミニチュアのよう

インナーハーバーに面した30階建ての五角形のビルが**世界貿易センタービル**だ。五角形の建築物としては131mの世界最高の高さを誇り、デザインは中国系建築家 I.M.ペイとパートナーたちが手がけた。

1977年に建てられ、最上階は**"トップ・オブ・ザ・ワールドTop of the World"**と呼ばれる展望台（27階）だ。名前は仰々しいが、眺望度はよく、360度ボルチモアのパノラマが楽しめる。真下のインナーハーバーがまるで箱庭のよう。郊外の家並みもよく見える。

展望階ではボルチモアの歴史、文化、産業、人種などをパネル展示している。ボルチモアと姉妹都市提携している世界の都市も紹介されており、そのなかに神奈川県川崎市も見られる。

トップ・オブ・ザ・ワールド
オススメ度 ★★★
住 401 E. Pratt St., 27th Fl.
☎ (410)837-8439
URL www.viewbaltimore.org
開 夏季の月〜木10:00〜18:00、金土〜19:00、日11:00〜18:00、9月下旬〜5月下旬 水木10:00〜18:00、金土〜19:00、日11:00〜18:00。冬季は月火休み。ほかにも不定期にあり
料 $8、60歳以上$6、3〜12歳$5

Column

癒やしの地ハーフォード郡　Harford County

ボルチモアから鉄道か車で北東へ約40分。メリーランド州ハーフォード郡は、春には新緑、秋には紅葉が見事な、自然に囲まれたエリア。郡は"デコイキャピタル"と呼ばれるなど、世界でも珍しいデコイの博物館Havre de Grace Decoy Museum（住 215 Giles St., Havre de Grace, MD 21078　URL decoymuseum.com）がある。アメリカの工芸品ともいえるデコイは、かつて北チェサピーク湾周辺で流行したもの。

このエリアの有名人が元大リーガー、"鉄人"で知られるカル・リプケンだ。リプケンはハーフォード郡アバディーンの出身で、彼の故郷にカムデンヤード並みの美しいマイナーリーグの球場と、次世代を担う子供たちに野球を教えるためのアカデミーをつくった。少年野球の世界大会も行われ、日本のチームが優勝したこともある。敷地内のリプケンスタジアムでプレイするアイアンバード（ハイAイーストA）はマイナーリーグにもかかわらずたいへんな人気がある。毎試合熱狂的なファンであふれかえり、古きよきアメリカの雰囲気を十分に堪能できる球場でもある。周囲にはホテルなどもあり、まるで小さな町のよう。ハーフォード郡のウェブサイトはURL www.visitharford.com。

アバディーンで最も有名なリプケンスタジアム

アバディーン MAP 折込地図裏-C1

直接触れて科学を学ぼう

MAP P.306-B5

メリーランド科学センター
Maryland Science Center

メリーランド科学センター
オススメ度 ★★★
住 601 Light St.
☎ (410)545-5996（テープ案内）、685-2370
URL www.mdsci.org
開 水～金10:00～16:00、土日～17:00
休 月火、12/25、お正月頃は不定期に休みがある
料 プラネタリウム込み$26.95、3～12歳$20.95、62歳以上$25.95。IMAXなどの共通チケットあり

体験型の展示は大人にもおもしろい　© Visit Baltimore

　恐竜、宇宙、エネルギー、自然現象、人体、ニュートンの科学、メリーランドの自然、チェサピーク湾のカニのコーナーや実際に動かせる展示が充実した、子供向け科学博物館。特徴は、見て、触れて、実験できること。展示物の周りに子供たちが群がり、自分で試してみて大騒ぎしている。化石掘りができたり、自転車をこぎながら体の機能を知ったり、ニュートンの実験室など、子供だけでなく、大人も試してみたくなる展示も多い。実験のデモンストレーションも逐次行われ、飽きさせない構成となっている。

　中にはプラネタリウムとIMAXシアターがあり、プラネタリウムでは350の投影機を使い東海岸の星の旅を、IMAXシアターでは5階建ての巨大スクリーンに展開する臨場感あふれる映画を楽しむことができる。

生きたブルークラブ（カニ）も展示されている

さまざまな芸術との遭遇

MAP P.306-C5

アメリカンビジョナリー美術館
American Visionary Art Museum

アメリカンビジョナリー美術館
オススメ度 ★★★
住 800 Key Hwy.
☎ (410)244-1900
URL www.avam.org
開 水～日10:00～17:00
休 月火、11月第4木曜、12/25
料 $15.95、学生・子供$9.95、60歳以上$13.95、6歳未満無料

　"Visionary"とは、幻を見る人、空想家という意味だが、この美術館で取り上げられるアーティストは正式な教育は受けずに自らアートの世界をつくり上げた人々だ。それだけに、自由な発想から生まれる、不可思議で個性豊かな作品は見ていて実に楽しい。絵画、写真はもちろんのこと、そこにある芸術作品は生活の周りのさまざまなものが素材として使われている。そして、そのアーティスト自身も、主婦あり、機械の修理屋あり、身体障害者あり、そして果てはホームレスまでいる。この類の美術館としては、全米で唯一のものだそうだ。展示方法は、期間を決めた特別展示となるが、ボルチモア出身のアーティストにも焦点を当てている。倉庫のような別館では、車や家などを使った巨大な作品も見られる。まるで宗教儀式のようなインスタレーションも登場する。ここはギフトショップも駄菓子屋のようにおもしろい。ヘルシーなレストランも大人気だ。

自由な発想に出合える美術館
© Visit Baltimore

DC豆知識　**姉妹都市**　ボルチモア市は神奈川県川崎市と姉妹都市、ボルチモアのあるメリーランド州は神奈川県と姉妹提携をしている。

のびのび遊べる子供博物館 MAP P.306-C4

ポートディスカバリー
Port Discovery

子供たちが夢中になるものがたくさんある

ライブハウスやコンサート会場が集中するエリアにある、子供のための博物館。体験したり、学んだり、考えたりさせてくれるさまざまなアトラクションは、大人も試してみたくなるものばかり。すべり台や綱渡りのある複雑で巨大なジャングルジム、軽いボールのサッカー場、スーパーマーケットやレストランなどもあり、専門のアドバイザーがさりげなくサポートする。

ポートディスカバリー
オススメ度 ★★
住 35 Market Pl.
☎ (410)727-8120
URL www.portdiscovery.org
開 水～金9:30～15:00、土10:00～17:00、日11:00～17:00（季節によって変更あり）
休 月火はグループのみ、11月第4木曜、12/25、1/1
料 2歳以上$21.95

国歌のもとになった星条旗が作られた MAP P.306-C4

フラッグハウス
Star Spangled Banner Flag House

フラッグハウスStar Spangled Banner Flag Houseは、イギリス軍の砲撃を受けながらもマックヘンリー要塞にはためいていた、星条旗を縫ったメアリー・ピッカースジルMary Pickersgillの家。1793年に建てられた家が公開され、星条旗を製作した部屋や当時の様式の家具などが見学できる。メアリーと娘は星条旗を6週間で縫い上げ、$405.90の製作費をもらった。ハウスはビデオ上映から見学が始まる。ちなみに、メアリーたちが縫った星条旗はワシントンDCの国立アメリカ歴史博物館（→P.177）に飾られている。

13の星しかない星条旗はこの家で作られた

フラッグハウス
オススメ度 ★
住 844 E. Pratt St.
☎ (410)837-1793
URL www.flaghouse.org
開 火～金10:00～15:00、土～16:00
休 日月
料 $9、学生・18歳以下$7、65歳以上$8

ダウンタウン

野球界No.1の偉人生誕の地 MAP P.306-A4

ベーブ・ルースの生家と博物館
Babe Ruth Birthplace and Museum

“ベーブ・ルース”が、ボルチモア出身だということを知っているだろうか？　1895年ジョージ・H・ルースGeorge H. Ruth（後のベーブ・ルース）はボルチモア西のカムデンに生まれ、メジャーリーグのホームラン王として記録を次々と塗り替え、弱小ヤンキースを強豪に変えた大打者。型破りのヒーローとしてアメリカ中の人気をさらい、その伝説は今もなお語り継がれている。

カムデンヤードに近い所にあるベーブ・ルースの生家

ベーブ・ルースの生家と博物館
オススメ度 ★★★★
住 216 Emory St.
☎ (410)727-1539
URL baberuthmuseum.org
開 4～9月の毎日10:00～16:00（オリオールズの試合のある日は～19:00）、10～3月の火～日10:00～16:00
休 10～3月の月曜、11月第4木曜、12/25、1/1
料 $13、5～16歳$7、シニア$11

読者投稿 **ボールのマークが目印** ルースの生家へはカムデンヤード前のボールのマークをたどっていく。途中道路を数回横断。入口では少し勇気をもってあいさつしながらドアを開けよう。（神奈川県　匿名）['23]

その国民的ヒーローの生家がボルチモア・オリオールズの本拠地であるカムデンヤードから歩いてわずかの所にあり、日米の野球ファンにとって聖地のひとつになっている。そこにはベーブ・ルースの生いたちとプライベートをつづる写真、肖像画、セントメリー校時代のミットやバット、現役時代愛用したユニホームとバットなど、思い出の品が展示されているが、なかでも目玉は、1927年60本のホームラン記録を達成したときに愛用していたバット。ルースが生涯に打った714本のホームランをどのピッチャーからどの球場で打ったのかも1本ずつ記録されている。ほかにもシアターでは1918年のワールドシリーズの中継やルースの素顔などを見ることもできる。

内部はベーブ・ルースの博物館でもある

建物の2階にはルースが少年期を過ごした19世紀後期の家具が置かれ、1895年2月6日ルースが生まれたときの部屋が再現されている。意外なほど小さい家だが、熱心に見入るファンが後を絶たない。ボルチモアに来た日本人は必ず寄る所でもある。

Column

野球界の巨星"ベーブ・ルース"

"ベーブ・ルース"、本名ジョージ・ハーマン・ルース George Herman Ruthは1895（明治28）年、ボルチモアの西カムデンで酒場を経営するルース夫妻のもとに生まれた。少年時代のルースは両親も手に負えないほどの不良で、7歳のときにはすでに噛みたばこをやっていたという。まじめな子にさせようと、両親は思いきって彼を問題児を扱うセントメリー工業学校へ入学させた。この学校でのマシアス修道士との出会いが、ルースに野球の道へ進むきっかけを与えてくれたのだ。ルースはピッチャーとバッターとして野球の腕をメキメキと上げ、評判が評判を呼び、メリーランド州で一目おかれる存在となっていった。19歳のとき当時マイナーリーグにあったボルチモア・オリオールズの名監督ジャック・ダンの目に留まり、オリオールズに年俸$600で入団した。"ベーブ・ルース"という愛称はルースがオリオールズに在籍していた頃につけられたもので、彼の顔が童顔だったことから、"Babe（Baby＝赤ん坊のラフな言い方）Ruth"、つまり"ベーブ・ルース（赤ん坊のルース）"と呼ばれるようになった。

メジャーリーグ、ボストン・レッドソックスの会長ジョー・ランニンはこのルースの天才的才能を見込んでルースをレッドソックスに移籍させた。投手として選手生活を始めたルースは、1915年、20歳のとき18勝を上げ最優秀投手となり、レッドソックスをアメリカンリーグの優勝に導いた。3年後のワールドシリーズでは29イニング連続無失点記録を打ち立てるが、翌1919年打者に転向。同年29本のホームランを放ち、打撃の面でもすばらしい成績を上げてホームラン王に輝いた。今から考えるとホームラン数29本は多く感じないが、当時ホームラン自体がめったに出るものではなく、ルースの記録は前代未聞であった。ニューヨーク・ヤンキースに移籍した1920年には54本、1921年に59本、1927年に60本の大記録など、1935年40歳で現役を退くまでに通算714本のホームランを打ち、偉大な金字塔を打ち立てた。まさにルースは野球界の革命児であり、観客動員、賃金闘争など、ルースの球界に果たした役割は計り知れない。彼の功績をたたえ、1947年には4月27日を『ベーブ・ルースの日』と定めた。しかし、ルースは同年7月喉頭ガンが再発し、翌1948年8月16日、53歳の若さで他界した。

カムデンヤードの前にはベーブ・ルースの像が立つ。全然似ていないと評判

お役立ち情報 **ボルチモアのウオーキングツアー** ヘリテージウオークHeritage Walk 中心部の歴史的な建物を見学していく。ほかにもさまざまなツアーが行われている。URL baltimoreheritage.org。無料～$20。90分。

全米屈指の人気の高い球場ツアー

MAP P.306-A5

カムデンヤード・ツアー
Camden Yards Tour

クラシックなスタイルで人気のカムデンヤード。できれば試合観戦を

古きよきボールパークのイメージがそのまま形になったようなカムデンヤードは、一生に一度は見ておきたい野球場だ。球場の人気投票をすると常に上位に食い込むほど、アメリカ人に愛されている。

約90分のツアーでは、オリオールズのダグアウト、プレス席、豪華なスイートルーム、ブリーチャーエリアなどを見学する。よく手入れされたメリーランド州のブルーグラス（芝）もしっかり見ておこう。球場の開業は1992年。クラシックな雰囲気の立役者が、ライトスタンド後方にでんと構えるれんが造りのビル。昔の建物を生かしたまま、球団事務所、ギャラリー、ギフトショップが入るなど、うまく再活用されている。

カムデンヤード・ツアー
オススメ度 ★
住 333 W. Camden St.
☎ (410)547-6234
URL www.mlb.com/orioles/ballpark/tours
営 4、5、9月のノーゲームデイ月～金11:00、土11:00/13:00、日12:00/14:00
4、5、9月のゲームデイと6～8月月～土10:00/11:00/12:00/13:00
※6～8月のノーゲームデイは日12:00/13:00/14:00/15:00もあり、10月は土11:00、日12:00
休 11～3月（ホームゲームがあると変更あり）
料 $15、14歳以下と60歳以上$10

アメリカ最古のカトリック大聖堂

MAP P.306-B3

ボルチモアバシリカ
Baltimore Basilica

アメリカはプロテスタントが多数を占めるが、メリーランド州はカトリック教徒が多かったことから、この地にアメリカ初のローマ・カトリックの大聖堂が建立された。完成は1821年。壮麗で威厳を放つ大聖堂の設計は、国会議事堂を設計したことでも知られるB・ラトローブ。

マウントバーノン地区とインナーハーバーの中間にある

ボルチモアバシリカ
オススメ度 ★
住 409 Cathedral St.
☎ (410)547-5523
URL americasfirstcathedral.org
開 毎日8:30～20:00（土日～17:30）。礼拝時などは入場不可
料 $5の寄付が望ましい
●ツアー：水、金の9:00、12:00、日10:45のミサのあと。$5の寄付が望ましい

ミステリー作家、永眠の地

MAP P.306-A4

エドガー・アラン・ポーの墓
Edgar Allan Poe's Grave

『黒猫』でおなじみのアメリカの短編小説家エドガー・アラン・ポーの墓が**ウエストミンスター教会Westminster Church**の敷地内にある。入口近くの白い墓石に"Edgar Allan Poe"と刻まれているので、すぐにわかるだろう。教会の建物の裏側には初めに埋葬されていた墓石もある。

ポーの最初の墓石が墓地の裏にある

ウエストミンスター教会が建設されたのは1852年、敷地内にはメリーランド州の有力者たちが眠っている。教会の下には地下墓地があり、見学ツアーも行われている。

ポーの墓
(Westminster Cemetery)
オススメ度 ★
住 Westminster Presbyterian Church, 519 W. Fayette & Greene Sts.
☎ (410)706-2072
URL www.westminsterhall.org
営 毎日8:00～17:00（夏季～日没）
料 無料

●ツアー：4～11月の第1土曜の11:00と13:00に教会の地下墓地を見学するツアーが行われている。なかなかおどろおどろしい。$5。要予約。15人以上催行

読者投稿 **ツアーに参加しなくても** カムデンヤードは、ゲームのない日でも球場だけは外から見えるように配慮されている。野球好きは必見。ナンバーワンといわれるだけのことはある。（神奈川県　匿名）['23]

レキシントンマーケット
オススメ度 ★
住 112 N. Eutaw St.
☎ (410)685-6169
URL lexingtonmarket.com
営 月〜金6:00〜17:00、土7:00〜（各店によって異なる）
休 日

フェイドリーズ
クラブケーキの値段は市価。おおよそLump Crabcakeが$18、サラダなど2品が付いたPlatterが$25。立ち食いする場所しかない（月〜土10:00〜17:00）。
URL www.faidleyscrabcakes.com

今も続く歴史的な庶民のマーケット

MAP P.306-A3

レキシントンマーケット
Lexington Market

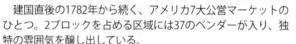

建国直後の1782年から続く、アメリカ7大公営マーケットのひとつ。2ブロックを占める区域には37のベンダーが入り、独特の雰囲気を醸し出している。

マーケットの名前は、1775年4月19日ボストン郊外の町で起こった"レキシントンの戦い"（植民地軍とイギリス軍が初めて戦火を交えた）に由来している。1860年代には毎週土曜になるとメリーランド中から自分たちが生産した農作物、工芸品、魚介類を持ち寄って市を開いていた。現在は新鮮な野菜、果物、魚介類、ホームメイドの製品のほかに、それらを食べさせるスタンドもたくさんある。おすすめは**フェイドリーズFaidley'sのクラブケーキ**。何度もボルチモアのNo.1に選ばれている。

ボルチモアでNo.1のクラブケーキといわれるフェイドリーズ

Column

カジノブームにわくメリーランド州

BWI空港の近くにあるカジノ。宿も併設してレストランも充実している

好景気に見えるアメリカだが、意外にも地方は疲弊し財政難に苦しんでいる。その打開策として誕生したのがカジノだ。ギャンブルに難色を示してきたメリーランド州も苦肉の策として、ついにカジノの合法化に踏み切った。そのひとつが、ボルチモアとアナポリスの中間に2012年、開業した**メリーランドライブ！カジノMaryland Live! Casino**（MAP 折込地図裏-C2）である。これが大成功を収め、2013年にはボルチモアのダウンタウンに、2016年にはナショナルハーバー（→P.128）にも開業した。

メリーランドライブ！は、ラスベガスのカジノをこぢんまりとさせて、ちょっぴりアップグレードさせた雰囲気。天井も高く、クリーンで、開放的。ほとんどのエリアが禁煙だ。カジノ特有の騒々しさもあまりなく、女性ひとりでも違和感なくプレイできる。なかには1セントのスロットマシンもあり、長時間遊べるのもいい。食事の質も高く、ステーキの名店プライムリブPrime Ribのほか中華レストランの**ラックフーLuk Fu**は小籠包が自慢で、ビーフンや海鮮かた焼きそばが中国系の人に大人気だ。車がないと行きにくいが、周囲のホテルからは無料のシャトルが運行している。

ボルチモア・レイブンズの本拠地M&Tバンクスタジアムから歩いて7〜8分、ダウンタウンの南にある**ホースシュー・ボルチモアHorseshoe Baltimore**（MAP P.306-A5外）は、シーザース系のカジノ。外れとはいえダウンタウンにあるカジノは、全米でも珍しい。2200台のスロットやビデオポーカー、150台のテーブルゲームがあり、ポーカーエリアは世界最大規模。ここにはメリーランドでは珍しい喫煙エリアもある。おもしろいのはカジノにつきもののバフェがないこと。代わりにバーがいたるところにあり、フードコートも充実している。ヒルトンをはじめとするダウンタウンのホテルから無料のシャトルも走っている。

一度カジノの体験をしてみては？

ボルチモアの中心部からすぐの所にある。これだけ近いのは珍しい

読者投稿 グルメサイトでクラブケーキ1位の店Faidley's　立ち食いで古びた店だが、日本人に合う繊細な味でおいしかった。ビール、ワインも買える。（東京都　M. I.）['23]

ボルチモアはアメリカ鉄道発祥の地 MAP P.306-A4 外

鉄道博物館
Baltimore & Ohio(B&O) Railroad Museum

アメリカ鉄道発祥の地はここボルチモア。アメリカ最古の鉄道駅**マウントクレア駅Mt. Clare Station**に、1828年の鉄道開業を記念した博物館が建っている。実際に稼働していた蒸気機関車をはじめとして、マニアなら歓喜せずにはいられない歴史的車両約250点、ミニチュアの模型など約1万5000点、鉄道に関する写真や印刷物など約10万点が、**ラウンドハウスRoundhouse**と呼ばれる円形機関車車庫を中心に収蔵されている。

トンネルのような博物館の入口を抜けるとラウンドハウスに出るが、非常に質の高い鉄道模型がラウンドハウスのあちこちに展示されている。見逃せない車両が、1830年ボルチモア～エリコットミルズ間を走っていた馬で引いたワゴン列車、1832年B&O初の**蒸気機関車アトランティックAtlantic**など。石炭で動く蒸気機関車（英語で別名Iron Horseという）などは鉄道の全盛期にタイムスリップしたようだ。博物館の自慢は、**ピーター・クーパーPeter Cooper製のアメリカの蒸気機関車トム・サム号（親指トム）The Tom Thumbの複製**。**1836年製のグラスホッパー号Grasshopper**（シリンダーがバッタのように芝を踏むような姿であることからこの名がついた）、**フォーティ・アンド・エイトForty & Eightの有蓋貨車**など、希少な貨車も並んでいる。第2次世界大戦中、兵士を運んだ寝台車、世界最大といわれる"ビッグボーイ"にも大きさ、馬力などひけをとらない**アルゲイニー1604 Allegheny1604**、リンカーンが大統領選挙運動の際に乗った車両も珍しい。

ほかにも、変わったところでは、レールやエンジンの変遷、いろいろな駅の時計も見逃せない。また、シアターでは鉄道に関する短編映画が上映されたり、列車の試乗、蒸気機関車の運転シミュレーションゲームもあり、鉄道マニアは要チェック。

ラウンドハウスのかつての倉庫の中に歴史的な鉄道車両が並ぶ

さまざまな車両を見学できる

鉄道博物館
オススメ度 ★★★
住 901 W. Pratt & Poppleton Sts.
☎ (410)752-2490
URL www.borail.org
開 毎日10:00～16:00
休 おもな祝日とイースター
料 $20、2～12歳$12、60歳以上$17、第2水曜は$10
行き方 サーキュレーターのオレンジラインで
●**列車の試乗**：1～11月の土日11:30と13:00、4～5月の月水木金11:30、6～11月の木金11:30。そのほかの日にも行われるので、ウェブサイトで確認を。
$3、2～12歳$2。約20分

ノスタルジックな気分になれる MAP P.306-B2,3

チャールズ通りとマウントバーノン地区
Charles Street & Mount Vernon

ダウンタウンを南北に走るチャールズ通りはショップやギャラリー、レストラン、古い家並みが続くボルチモアのメインロード。特に北、600番台から700番台までのブロックは、19世紀後半から20世紀初めの建造物が残る歴史的なエリア。中央分離帯に高さ54mの白い大理石の塔、**ワシントンモニュメントWashington Monument**（住 Mt.Vernon Pl. & Charles St.）が建ち、この塔の中の227段の階段の上からもボルチモアと郊外の景色を一望できる。2015年に100周年を迎え、建国の父ワシントンをたたえて造られた塔としては、ワシントンDCよりこちらの

ワシントンモニュメントは上ることもできる

チャールズ通りとマウントバーノン地区
オススメ度 ★
行き方 インナーハーバーから歩いていくこともできる。サーキュレーターのパープルラインで

世界で最も美しいといわれる図書館

ほうが古い。モニュメントの南東には**ピーボディ音楽学校Peabody Institute**（住1 E. Mount Vernon Pl.）がある。この音楽学校は1857年に創立した全米最古の音楽学校で、後期ルネッサンス調の建築は一見に値する。校内の**図書館George Peabody Library**は「世界一美しい図書館」といわれ、吹き抜けの空間を囲む5階分のバルコニー鉄細工と白と黒の大理石の床が見事なコントラストをつくり出している。図書館を利用しなくてもひと言断れば見学できる。

ピーボディとは逆のハワード通りHoward St.沿いのリード通りRead St.からマディソン通りMadison St.周辺は100年にわたりアンティークショップのあった**アンティークロウAntique Row**。コロナ禍で閉店した所が多い。

これら古いエレガントな家が集まった地区は**マウントバーノンMount Vernon**と呼ばれ、史跡として国の指定を受けている。

ワシントンモニュメント
住699 N. Charles St.
☎(410)962-5070
開水～日10:00～17:00
休月火、11月第4木曜、12/25
料$6、子供$4（1階は無料）
※マスク着用

ピーボディ音楽学校の図書館は
この図書館は映画の撮影などによく使われるそうだ。
URL peabodyevents.library.jhu.edu

市営の美術館とは思えない

MAP P.306-B2,3

ウォルターズ美術館
The Walters Art Museum

古代エジプトから印象派まで約5500年にわたる約3万6000点の美術品を収蔵する市営の美術館。コレクションの幅の広さと質の高さにはただ驚くのみ。しかもこれが入場無料というのだ。美術館設立のきっかけは、鉄道事業で財をなしたヘンリー・ウォルターズが、両親の収集した美術品約2万2000点を一般の人にも見せたいと、ギャラリーごと市に寄付したこと。アメリカならではのスケールの大きな話だ。その後増加していった収蔵品は、古代エジプトをはじめとして、古代ローマ、古代ギリシア、バロック&ルネッサンス美術、ロマネスク様式、ゴシック様式、ビザンチン美術、印象派などのヨーロッパ絵画と彫刻彫像、イスラム美術、アジア美術など。世界中を旅しているようで、そのなかにラファエロ、リッピ、エル・グレコ、ドラクロア、コロー、ピサロ、シスレー、ミレー、ターナー、モネ、ホイッスラーなど、著名なアーティストの作品が混在する。エチオピア美術は国外最大だ。日本の室町時代の美術、19世紀の浮世絵、根付のコレクションなどもあり、偏っていないのがすばらしい。なかでもイタリア・ルネッサンス美術は秀逸。展示スペースも広く、少なくとも2時間は必要。カフェもあり、美術鑑賞好きなら間違いなく満足する美術館だ。

ウォルターズ美術館の学習室は展示室でもある

ウォルターズ美術館
オススメ度 ★★★
住600 N. Charles St.
☎(410)547-9000
URL thewalters.org
開水～日10:00～17:00（木13:00～20:00）
休月火、おもな祝日、12/24
料無料
行き方 サーキュレーターのパープルライン。インナーハーバーから徒歩約20分

日本人彫金家、岡崎雪聲（せっせい、1854～1921年）の作品も展示されている

郊外

この要塞からアメリカ国歌は誕生した MAP P.306-C5 外

マックヘンリー要塞
Fort McHenry National Monument and Historic Shrine

インナーハーバーの南東、パタプスコ川Patapsco Riverに少し飛び出た半島に、アメリカにとって重要なマックヘンリー要塞がある。上空から見ると星の形をした緑の要塞は、**アメリカ国歌National Anthem『星条旗The Star-Spangled Banner』**の発祥の地でもある。

要塞の完成は1776年。1812年から始まった米英戦争中、イギリス軍との熾烈な戦いが繰り広げられたのが1814年9月13日のことだった。イギリス軍の無数の砲弾を浴びたものの、難攻不落のマックヘンリー要塞の被害は微々たるもので、25時間にも及ぶ戦いを終えたあとも、要塞に立つ新国家のシンボルともいえる星条旗は力強くはためいていた。この平然と風になびく星条旗を見たジョージタウンに住む弁護士**フランシス・スコット・キーFrancis Scott Key**が感激し、『星条旗』の詩を詠んだというわけだ。その後この詩にメロディが付けられ、1931年にアメリカ国歌となった（下記）。

現在、要塞になびく旗は9m×12.6mのレプリカ（複製）で、星の数は15個。これは当時の合衆国の州の数を表している。パビリオンで1時間おきに放映される、1814年9月13日のイギリス軍との戦いを描いた10分のフィルムが好評だ。

映画やドラマの舞台によく使われる MAP P.306-C1 外

フェルズポイント
Fell's Point

歴史的な家並みが見られるにもかかわらず、若者たちで夜までにぎわっているのが、フェルズポイントだ。ここは18世紀初期、造船所のある港として栄えた所で、18～19世紀の建物が当時のまま残っている。ノスタルジックな町の雰囲気はしばしば映画やドラマのロケ地として登場し、ゆかりの地を訪ねる人々の姿も見られる。**ブロードウエイBroadway**沿いにアンティークショップやレストラン、バーがあり、夜遅くまでにぎわっている。また、こぢんまりとした市場もあり、のぞいてみるのも楽しい。

マックヘンリー要塞
オススメ度 ★★★★
住 2400 E. Fort Ave.
☎ (410)962-4290
URL www.nps.gov/fomc
開 毎日9:00～17:00（夏季8:00～18:00）
休 11月第4木曜、12/25、1/1
料 $15、15歳以下無料
行き方 サーキュレーターのバナールートでインナーハーバーから約15分。終点で下車。春～秋はウオータータクシーもストップする

演出が凝っている
パビリオンの展示室で上映されるフィルムはイギリス軍がどう攻めたか、市民はどうしたかなどストーリー仕立てになっている。そのフィルムのラストにちょっとした工夫が凝らされている。感激する人も多いという。

アメリカ人の心の故郷でもあるマックヘンリー要塞

フェルズポイント
オススメ度 ★★
住 インナーハーバーの東、BroadwayとAliceanna St.が交差するあたりが中心
URL baltimore.org/neighborhoods/fells-point/
行き方 サーキュレーターのグリーンルートか、インナーハーバーからはウオータータクシーで

れんが造りの町並みが続き、雰囲気は抜群にいい

Column

アメリカ国歌 “The Star-Spangled Banner”

Francis Scott Key作詞

Oh, say! can you see, by the dawn's early light
What so proudly we hail'd at the twilight's last gleaming,
Whose broad stripes, and bright stars, thro' the perilous fight,
O'er the ramparts we watch'd were so gallantly streaming?
And the rockets' red glare, the bombs bursting in air,
Gave proof thro' the night that our flag was still there.
Oh, say, does that Star-Spangled Banner yet wave
O'er the land of the free and the home of the brave?

DC豆知識 **要塞に立っていた星条旗はここに** マックヘンリー要塞で砲撃を浴びながらもなびいていた本物の星条旗は、ワシントンDCの国立アメリカ歴史博物館（→P.177）で公開されている。

ボルチモア美術館
オススメ度 ★★★★
住 10 Art Museum Dr. at N. Charles & 31st Sts., Wyman Park
☎ (443)573-1700
URL www.artbma.org
開 水〜日10:00〜17:00（木〜21:00）。彫刻庭園は日没まで
休 月火、6/19、7/4、11月第4木曜、12/25、1/1
料 無料（特別展を除く）
行き方 サーキュレーターのパープルラインで

ボルチモア美術館は古今東西の美術を10万点近く所蔵する

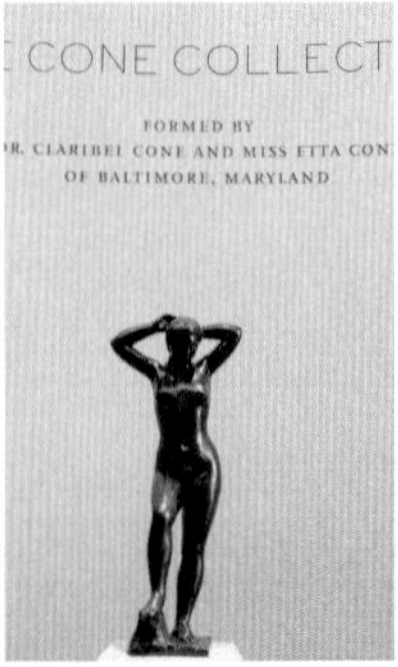

美術館の核となっているのがコーンコレクション

マチスファンはぜひ行ってほしい美術館だ

マチスのコレクションは世界一

MAP P.306-B1 外

ボルチモア美術館
The Baltimore Museum of Art

アメリカ、ヨーロッパ、アフリカ、オセアニア、アジアの絵画、版画、素描、写真など、古代から現代まで幅広い作品約9万5000点を収蔵する美術館だ。1914年の設立。

収蔵品のなかでも、19世紀〜現代の美術が充実しているが、核は7つのイラスト帳を含む油絵、彫像、素描など**600点以上のマチスの作品群**。**マチスのコレクションは世界最大**といわれている。なかでも『**ブルーヌードBlue Nude**』『**横たわるヌード（通称ピンクヌード）Reclining Nude**』は最も有名な作品だが、珍しいことにマチスの自画像もある。このすばらしいコレクションをつくり上げたのは、ボルチモア出身のクラリベルとエッタのコーン姉妹。彼女たちは芸術に対する鑑識眼が非常に鋭く、若いマチスの才能を高く評価し、彼への援助を惜しまなかった。それに感謝したマチスは、作品を売るときは真っ先に姉妹に見せたという。さぞかし恩義を感じていたのであろう。作品のなかには姉妹を描いた貴重なものもある。さて、このコーン姉妹とはいったい何者か？　姉妹の父はドイツからの移民で、グロサリーストアからスタートして財をなした人物。クラリベルは医者でもあったが、ふたりとも生涯独身を通した。ふたりのパトロンとしての財力は父から受け継がれたもので、姉妹は世界中を旅し、鑑識眼を養った。館はふたりが買い求めた日本や中国の美術品も収蔵している。1898年から1949年にわたって収集した美術品約3000点は**コーンコレクション**と呼ばれ、ほかにも、計110点を超えるピカソ、セザンヌ、ゴーギャン、ゴッホ、ルノワールなど、日本人好みの大家の作品も数多く有している。現在、このコーナーは9つのギャラリーに分かれ、ニースでのマチス、マチスから影響を受けたアーティスト、コーン姉妹のボルチモアのアパートの一部が復元された部屋などから構成されている。マチスの作品のなかで、ぜひ見ておきたいのが、前述のブルーとピンクのヌード2点。ほかにも後期印象派のセザンヌ、ゴーギャン、ルノワール、ボナール、メアリー・カサット、ピカソなどや、イタリア・ルネッサンス期を代表するボッティチェリと工房の聖母画、ラファエロの肖像画の大作、また現代美術ではタンギー、ジャコメッティ、ポロック、ミロ、ウォーホルに加えて草間弥生にも出合える。パロディを扱った写真など、アメリカらしいユーモアに富んだ作品もあって、リラックスして見学できるのもいい。

館内鑑賞のあとはふたつの**野外の彫刻庭園**もお見逃しなく。1980年と1988年にオープンしたもので、計34点が緑深い庭のなかに見え隠れする。ヘンリー・ムーア、イサム・ノグチ、カルダー、デビッド・スミスなどの個性的な作品も点在する。最後にもうひとつ。美術館の中に入るレストラン“**ゲートルーズ Gertrude's**”にもぜひ寄ってほしい。このエリアの素材をふんだんに使った南部風の料理で、地元の人にも人気が高い。

読者投稿 **ボルチモア美術館**　美術館はすばらしい。彫刻庭園も。お客は高齢者が多く静かで、周囲はジョンズ・ホプキンズ大学のため、広い通り（St. Paul St.）に出ると、安めの食事どころもたくさんある。（東京都　匿名）['23]

ルネッサンス・ハーバープレイス　Renaissance Baltimore Harborplace Hotel

インナーハーバーの中心にある　高級／インナーハーバー

目の前にインナーハーバーがあり、一部の客室からは港の夜景が見え、とてもロマンティック。NFLやMLBなどスポーツ観戦の旅行者もよく泊まり、快適と好評。マリオット系。

622室　有料Wi-Fi $14.95/$19.95

MAP●P.306-B4　住202 E. Pratt St., Baltimore, MD 21202　☎(410)547-1200　Free(1-800)535-1201　FAX(410)539-5780　URL www.marriott.com　料ⓈⒹⓉ$149～519、スイート$259～609　カード ADJMV

コンフォートイン&スイート・インナーハーバー　Comfort Inn & Suites Baltimore Inner Harbor

朝食付きで人気の快適ホテル　中級／インナーハーバー

新しくできたばかりなのですべてがきれい。ロビーはスタイリッシュだが、客室は落ちついた内装で、ゆったり過ごせる。インナーハーバーへも2ブロックと便利。

97室　無料Wi-Fi　無料朝食

MAP●P.306-B4　住120 E. Lombard St., Baltimore, MD 21202　☎(410)625-1300　FAX(410)625-0912　URL www.choicehotels.com　料ⓈⒹⓉ$94～290、スイート$109～355　カード ADJMV

ロード・ボルチモア・ホテル　Lord Baltimore Hotel

ボルチモアの歴史と快適さを堪能できる　中級／ダウンタウン

外観とロビーはボルチモアの歴史を語るように重厚感があるが、客室は現代風な装い。ロコに人気のカフェはスイーツが美味。アリーナから2ブロックと町の中心にある。

440室　無料Wi-Fi

MAP●P.306-B4　住20 W. Baltimore St., Baltimore, MD 21201　☎(410)539-8400　Free(1-855)539-1928　FAX(410)659-5250　URL www.lordbaltimorehotel.com　料ⓈⒹⓉ$139～449、スイート$239～499　カード ADMV

ハンプトンイン・ダウンタウン・コンベンションセンター　Hampton Inn Baltimore-Downtown-Convention Ctr.

MLBオリオールズ観戦に最適なホテル　中級／コンベンションセンター西

ベーブ・ルースの生家から徒歩3分、カムデンヤードは道路を挟んで目の前だ。周囲にはスポーツバーも多く、試合の日は熱狂的なファンで盛り上がる。客室は清潔で使いやすい。

126室　無料Wi-Fi　無料朝食

MAP●P.306-A4　住550 Washington Blvd., Baltimore, MD 21230　☎(410)685-5000　日本(03)6864-1633　無料0120-489-852(23区外)　URL www.hamptoninn.com　料ⓈⒹⓉ$136～509、スイート$166～529　カード ADJMV

ハイアット・リージェンシー・ボルチモア　Hyatt Regency Baltimore

ボルチモアの港を満喫できるホテル　高級／インナーハーバー

インナーハーバーの中心部に位置しコンベンションセンター、周囲のオフィスビルとはスカイウオークでつながっている。エレベーターからは、港の夜景を直接見ることができる。

488室　無料Wi-Fi

MAP●P.306-B5　住300 Light St., Baltimore, MD 21202　☎(410)528-1234　FAX(410)685-3362　日本無料0120-923-299　URL baltimore.regency.hyatt.com　料ⓈⒹⓉ$134～449、スイート$428～619　カード ADJMV

スプリングヒルスイート・ダウンタウン・インナーハーバー　SpringHill Suites Baltimore Downtown/Inner Harbor

お手頃料金のインナーハーバーのホテル　中級／インナーハーバー

インナーハーバーのPratt St. Pavilionから北へ2ブロック。銀行として建てられただけあって、エレガント。全室スイートなので客室は広く、清潔で使いやすい。無料の朝食も付いている。

99室　有料Wi-Fi $5　無料朝食

MAP●P.306-B4　住120 E. Redwood St., Baltimore, MD 21202　☎(410)685-1095　日本☎(03)6832-2020　無料0120-142-536　FAX(410)685-1094　URL www.marriott.com/bwisi　料スイート$132～539　カード ADJMV

読者投稿　**名物のカニが食べ放題**　Captain James Landing。月～木の16:00～21:00はカニの食べ放題あり（$41.99）。ウオータータクシーでフェルズポイント下船。住2127 Boston St.　（ボルチモア在住　加藤良規）['23]

ハイアットプレイス・インナーハーバー Hyatt Place Baltimore/Inner Harbor

周囲はにぎやか、ホール・フーズへ1ブロック 中級／イーストインナーハーバー

今、ボルチモアのホテル街はインナーハーバーの東に移り、それにともない店舗も急増中。快適なチェーンホテルで、1階にはDC生まれのサラダのスイートグリーンもある。

208室 無料Wi-Fi 無料朝食

MAP●P.306-C1 住511 S. Central Ave., Baltimore, MD 21202 ☎(410)558-1840 FAX(410)929-7885
日本無料0120-923-299 URLwww.hyatt.com 料ⓈⒹⓉ$129〜529 カードADJMV

デイズイン・インナーハーバー Days Inn Inner Harbor

コロニアル調のデイズイン 中級／インナーハーバー

カムデンヤードへ歩いてすぐ。客室はかなりシンプルだが広め。コンベンションセンターは目の前で、隣のアリーナではレスリングなどのイベントも行われる。

249室 無料Wi-Fi 無料朝食

MAP●P.306-A4 住100 Hopkins Pl., Baltimore, MD 21201 ☎(410)415-9140 FAX(410)576-9437
URLwww.wyndhamhotels.com/days-inn/ 料ⓈⒹⓉ$119〜199 カードADJMV

ボルチモア・マリオット・ウオーターフロント Baltimore Marriott Waterfront

発展著しいイーストインナーハーバーにある 高級／イーストインナーハーバー

客室は広く、薄いイエローが基調でさわやかな印象。建物は31階建て、すべての部屋からウオータービューが望めるが、客室によってはインナーハーバーの景色が絶品だ。

754室 有料Wi-Fi $12.95/$15.95

MAP●P.306-C1,2 住700 Aliceanna St., Baltimore, MD 21202 ☎(410)385-3000 FAX(410)895-1900
日本☎(03)6832-2020 無料0120-142-536 URLwww.marriott.com 料ⓈⒹⓉ$159〜699 カードADJMV

ライブ！カジノホテル Live! Casino • Hotel

カジノにつながるブティックホテル 高級／郊外・アランデルミルズ

MAP●折込地図裏 -C2

ワシントンDCからもボルチモアからもアクセスしやすいことから大成功を収めたカジノに併設するホテル。BWI空港から車で約20分の距離。

カジノホテルというとラスベガスのようにオーソドックスなものを思い浮かべる人も多いだろうが、こちらはとてもモダン。きらびやかなカジノとは対称的な客室は、まるで現代アートのギャラリーに紛れ込んだよう。広く、清潔で、机の幅がゆったりしてビジネスにも使いやすい。もちろん、Wi-Fiも無料だ。いつでもフレッシュなコーヒーが作れるコーヒーメーカー、ミネラルウオーターもあり、カジノホテルでありながらついつい長居してしまう心地よさがある。

カジノにつながっていることから、深夜までゲームを楽しめるし、カジノの向かいにはアランデルミルズのアウトレットモール（→P.321）もある。カフェからステーキハウスまでレストランもたいへん充実して、きっと選ぶのに迷うはず。平日ならかなりお得な料金を提供する。カジノ、ショッピング、食事と一石三鳥のホテルだ。

上／カジノのホテルだが別世界のような客室　下／カジノ（右）とホテルがつながっているので思う存分ゲームを楽しめる

310室 無料Wi-Fi

住7002 Arundel Mills Circle #7777, Hanover, MD 21076 ☎(443)842-7000 Free(1-855)563-5483
URLwww.livecasinohotel.com 料ⓈⒹⓉ$169〜609、スイート$269〜779、+Fee$14.99 カードAMV

 車椅子用設備 全館禁煙 コーヒーメーカー 室内金庫 電子レンジ ミニバー／冷蔵庫 バスタブ 日本語OKスタッフ

イン・アット・ザ・コロナード　Inn at the Colonnade Baltimore, DoubleTree

れんが造りの上品なイン　中級／郊外

ジョンズ・ホプキンズ大学の近く。大学利用者には便利なロケーションだ。客室もヨーロッパ調。インナーハーバーまで4マイル。インナーハーバーからサーキュレーターで約25分。

125室　無料Wi-Fi

MAP● P.306-B1外　住4 W. University Pkwy., Baltimore, MD 21218　☎(410)235-5400　Free(1-800)445-8667
FAX(410)366-6734　URLwww.colonnadebaltimore.com　料ⓈⒹⓉ$129～659、スイート$184～1364　カードADJMV

ホテル・アット・アランデル・プリザーブ　The Hotel at Arundel Preserve

高級コンドミニアムの住人になったような　高級／郊外・アランデルミルズ

メリーランドライブ！（→P.314）やアウトレットのアランデルミルズ（→下記）の近くにあり、これら2ヵ所とBWI空港へは無料シャトルが運行。客室はとても広く、住人気分。

150室　無料Wi-Fi

MAP●折込地図裏-C2（アランデルミルズ近く）　住7795 Arundel Mills Blvd., Hanover, MD 21076
☎(410)796-9830　URLwww.thehotelarundel.com　料ⓈⒹⓉ$159～339　カードAMV

アランデルミルズ　Arundel Mills

人気のアメリカンブランドが揃うアウトレット　アウトレット

MAP●折込地図裏 -C2

BWI空港の南西約2マイル、メリーランドライブ！カジノ（→P.314）に隣接するアウトレットモール。歩くだけでも25分はかかる広いモール内には200を超えるショップのほかにも、24のスクリーンのあるシネマコンプレックス、レストランやフードコート、中世騎士の戦いが演じられるメディバルタイムズ、両替所などもある。アメリカン・イーグル・アウトフィッターズ、ビクトリアズシークレット、コンバース、オールドネイビー、オフ・フィフス、ゲス、コーチ、J.クルー、カルバン・クライン、トミー・ヒルフィガー、ケイト・スペード、マイケル・コース、バナナリパブリック、リーバイスなどが入る。

上／アウトレットの隣にはカジノがあり、レストランもたくさんある　左／日本人好みのアウトレットも入っている。その場でクーポンを配ることもあり、行った日にさらに安くなることもよくある

住7000 Arundel Mills Circle, Hanover, MD 21076　☎(410)540-5100　URLwww.simon.com/mall/arundel-mills
営月～木10:00～20:00、金土～21:00、日11:00～19:00　行き方BWI空港からはタクシーの利用がベスト。ダウンタウンからはライトレールでPatapsco駅まで行き（約30分）、MTAバス#75（約1時間）か、ライトレールCromwell駅からRTAコミューターバス#201で（約20分）。どちらのバスも1時間に1～2本の運行なので注意

あずみ　Azumi

納得の日本料理　日本料理

MAP● P.306-C2

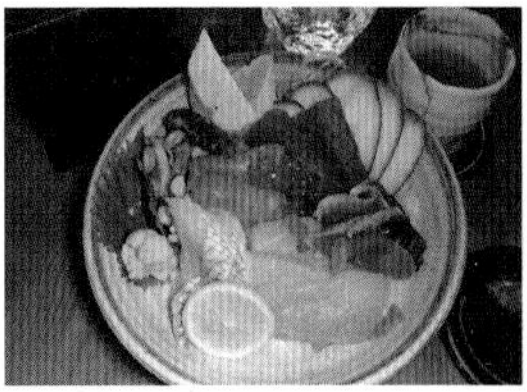

文句なしに、おいしい日本食が味わえる店だ。刺身は新鮮でずっしりと重く、酢の利いたシャリはアメリカではめったに出合えないもの。インナーハーバーの夜景が美しく、サービスもよい。安くはないが、味とクオリティ、サービスを考えればそれも納得。お任せコースもある。宮崎和牛のメニューや旬のシーフードのから揚げもうれしい一品。ラフ過ぎない服装で。

住Four Seasons 1F, 725 Aliceanna St.　☎(443)220-0477　URLazumirestaurant.com
営月～水12:00～22:00、木～土～24:00、日16:00～22:00　カードAMV

※ボルチモアはセールスタックスが6%、ホテルタックスが15.5%

Ⓢ:$20（ディナーの予算）　🦀DCエリア名物の“クラブケーキ”を出す店　💼ビジネスにも使いやすい店

フィリップスシーフード　Phillips Seafood

地元の老舗シーフード店

シーフード MAP●P.306-C4

　50年以上の歴史をもつ地元の有名店。クラブケーキ&エビ&魚をグリルしたBroiled Seafood Trio（野菜とマッシュポテト添え）$39が定番。クラブケーキは$36～59。

住601 E. Pratt St.　☎(410)685-6600　URL www.phillipsseafood.com
営月～金12:00～20:00（金～21:00）、土日11:00～21:00（日～20:00）　カード A M V

ラスティスカッパー　Rusty Scupper

インナーハーバー・トップクラスのクラブケーキ

シーフード MAP●P.306-C5

　インナーハーバーの対岸というロケーションで、美しい夜景もごちそうのひとつ。値段は高めだが、ピアノの生演奏があり、料理も美味。クラブケーキ$29～59、メイン$31～59で、ランチは2～3割ほど安い。

住402 Key Hwy.　☎(410)727-3678　URL www.rusty-scupper.com　営月～木16:00～21:00、金土12:00～22:00　カード A M V

コナグリル　Kona Grill

スシ+各国料理のフュージョン

フュージョン MAP●P.306-B4

　トロピカルな店内は、広くて楽しい雰囲気。寿司をはじめとして、タイの米粉麺、ハワイのリブ、キャロットケーキなど、日本、タイ、ハワイ、アメリカ南部、フロリダ料理などさまざまな味が楽しめる。

住1 E. Pratt St.　☎(410)244-8994　URL www.konagrill.com
営月～金11:00～23:00（金～24:00）、土日10:00～24:00（日～22:00）　カード A M V

ゲートルーズ　Gertrude's

絶品のクラブケーキ

アメリカ南部料理 MAP●P.306-B1外

　地元でも圧倒的人気のレストラン。シェフのJohn ShieldsはTV番組でもおなじみの地元っ子で、チェサピーク湾近辺の素材をうまく、南部風かつオリジナルの手腕で仕上げる。

住Baltimore Museum of Art, 10 Art Museum Dr. at N. Charles St.　☎(410)889-3399　URL gertrudesbaltimore.com　営水～金11:30～20:00、土11:30～15:00、17:00～20:00、日10:00～15:00、17:00～19:00　休月火　カード A M V

みなと　Minato

お弁当もある日本料理店

日本料理 MAP●P.306-B2

　ノースチャールズ通りの400～1000番台はレストラン街。値段がお手頃なのがうれしい。ランチ弁当$13.95～16.95、ディナー弁当$15.95～19.95、ラーメン、鍋焼きうどんなどメニューも豊富。現在、日本人シェフはいない。

住1013 N. Charles St.　☎(410)332-0332　URL www.minatosushibar.com
営毎日11:30～21:00　カード A M V

マリー・ルイーズ・ビストロ　Marie Louise Bistro

カジュアルなフレンチ

フランス料理 MAP●P.306-B2

　サンドイッチが$13～15、ディナーのメインが$19～38と比較的お手頃なフレンチ。人気が高いのがスイーツ類。見た目にも美しく、テラス席でカフェオレと一緒にお茶をする人でにぎわっている。

住904 N. Charles St.　☎(410)385-9946　営月～木16:00～21:00、金～21:30、土日10:00～21:30　カード A D M V

読者投稿　**気に入ったレストラン**　Puerto 511はわずか16席の小さなレストランで、Mt. Vernon地区とInner Harborの間という便利な地域にある。レストラン評価サイトのyelpでも抜群の評価で、メ↗

ティオ・ペペ　Tio Pepe

ボルチモア最高のレストラン

スペイン料理 MAP●P.306-B3

30年以上も続く老舗で、店内はとてもシック。パエリア$72（2人前）、アヒルのオレンジソース添え$39.50など多彩なメニューが並ぶ。予算はディナーが約$60。ジャケット、タイ着用のこと。

住10 E. Franklin St.　☎(410)539-4675　URL www.tiopepe.us　営月～金15:00～20:30（金～21:00）、土16:00～21:00、日16:00～20:30　カード AMV

ヘルマンド　The Helmand

創業約30年、アフガニスタン料理の老舗

アフガニスタン料理 MAP●P.306-B2

日本では珍しいアフガニスタン料理は、インドやトルコ料理の影響を受けているものの、スパイスをちょっと抑えて素材の味が生きているのが特徴。羊やチキン、長粒米のピラフなど意外に親しみやすい味だ。

住806 N. Charles St.　☎(410)752-0311　URL www.helmand.com
営火～土17:00～22:00、日16:00～21:00　休月　カード ADMV

アビーバーガー　Abbey Burger

バーガーの種類は10以上

アメリカ料理 MAP●P.306-C5 外

ボルチモアの人気バーガー店で、アンガスビーフ、カニのディップ付き、ピーナッツバター、ウイスキー、神戸牛、エビ、野菜など、メニューを見るだけでもおもしろい。前菜もクラブケーキやワニのから揚げなどがあり､スポーツバーとしても人気。

住811 S. Broadway　☎(410)522-1428　URL abbeyburger.com/fells-point/　営月～水16:00～22:00、木～日11:30～23:00　カード AMV

バーサス・レストラン&バー　Bertha's Restaurant & Bar

ムール貝が名物

シーフード MAP●P.306-C5 外

古きよきボルチモアが残るフェルズポイントのBroadway沿いのLancaster St. とAliceanna St. の間。"Eat Bertha's Mussels"のうたい文句どおり、ムール貝がおすすめ。ムール貝のチャウダーなど、ムール貝ずくめ。ムール貝$21、メイン$35。

住734 S. Broadway　☎(410)327-5795　URL berthas.com
営木～土12:00～21:00、日～17:00　休月～水　カード AMV

Column

ジョンズ・ホプキンズ大学と付属病院

2020年、突如世界中を襲った新型コロナの大流行（パンデミック）。人々は未知のウイルスに脅威をもち、世界の多くの国でシャットダウンの政策がとられ、移動すらままならない状態となった。そのコロナの感染者と死亡者数を世界的規模で集計し、一般公開していたのがジョンズ・ホプキンズ大学である。

ジョンズ・ホプキンズ大学はボルチモア市内にある私立大学で、特に公衆衛生の分野は世界最古、医学部も世界屈指の高水準である。付属の大学病院はワシントンDC郊外の国立衛生研究所（→P.130）と研究をともにするなど国の援助を受け、なかでもがん治療や脳神経外科などの分野で非常に優れた病院としても知られている。ノーベル賞受賞者は35名以上、元ニューヨーク市長のマイケル・ブルームバーグ、28代大統領のウッドロー・ウイルソン、ジャパンハンドラーとして知られるマイケル・グリーン、日本では新渡戸稲造もここに在籍していた。

ジョンズ・ホプキンズ大学のキャンパス

大学のキャンパスは、ボルチモア美術館の北に広がる緑豊かなエリア。病院はインナーハーバーの東、フェルズポイントの北にある。どちらも敷地から少し外れると治安が悪いので、注意が必要。MAP P.306-B1外

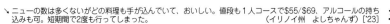

↘ニューの数は多くないがどの料理も手が込んでいて、おいしい。値段も1人コースで$55/$69、アルコールの持ち込みも可。短期間で2度も行ってしまった。（イリノイ州　よしちゃんず）['23]

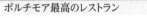

夏草や
つわものどもが
夢のあと～
GETTYSBURG
ゲティスバーグ
ゲティスバーグはリンカーンの演説で有名だが、南北戦争最大の激戦地 © Paul Witt

ワシントンDCの北90マイル（約145km）、メリーランド州を経てペンシルバニア州に入ると、すぐにゲティスバーグという町がある。誰でも一度は耳にしたことがある名前だろう。リンカーンが「人民の、人民による、人民のための政治」という有名な演説を行った場所である。しかしながら、ここはこの演説ではなく、南北戦争時、最大の激戦が繰り広げられた古戦場として、国立公園に指定されている（MAP 折込地図裏-B1）。

現在は静かな墓地と草原にモニュメントが点在するだけの広大なエリア。1863年7月1日から3日間、この場所で南北両軍合わせて約16万5000人の兵士が激突した。北は2万3000、南は2万8000、計5万1000人という膨大な死傷者を出し、この戦いの北軍の勝利によって南北戦争は収束に向かったといわれた、ひとつの分岐点でもある。

DCからは車があれば日帰りで十分。モールの博物館見学も楽しいが、実際の場所に立ってアメリカの歴史を感じるのもいいだろう。

ゲティスバーグ古戦場博物館とビジターセンター
Gettysburg National Military Park Museum and Visitor Center

古戦場の敷地にあるビジターセンター。博物館、フィルムの上映もある

ビジターセンター
Visitor Center Gettysburg National Military Park

博物館やシアターを併設したビジターセンターでは各種ツアーの申し込みを受け付けている。博物館では、ゲティスバーグの戦いを描いた**サイクロラマ**（円形のパノラマ画）と"A New Birth of Freedom"と題する、戦いを画像で表した45分間のフィルムも上映している。博物館とサイクロラマ見学だけで2時間は必要。なお、パークとビジターセンターは入場無料。

住 1195 Baltimore St., Gettysburg, PA 17325
☎ (717)334-1124
URL www.nps.gov/gett
開 パークのオープンは毎日日の出～日没、ビジターセンターと博物館は3～11月の毎日8:00～17:00、12～2月の毎日9:00～16:00
休 11月第4木曜、12/25、1/1

各種ツアー *Tours*

オートツアー Auto Tour

ゲティスバーグ国立公園内を自分でドライブしながら回るセルフガイドツアー。計約38kmのルートには、激戦地、将軍の陣地、各州の記念碑など16のポイントがあり、番号順にドライブしていくと3日間の激戦の様子がわかるようになっている。百数十年前、この場所が修羅場となったことが想像できないほど、現在はのどかな雰囲気が漂う。ビジターセンターでルートマップを手に入れ、解説を読みながら回ってみよう。所要2～3時間。

バスツアー Guided Bus Tour

バスに乗り、ガイドの解説付きで古戦場のポイントを回っていく。運転をしたくない人はこのツアーがおすすめ。

運行：毎日2～3回（冬季は週末のみ）。時間についてはウェブサイトを参照。URL www.gettysburgfoundation.org→Buy Tickets→Battlefield Bus Tour
料 $49、6～12歳$33（フィルム、サイクロラマ、博物館を含む）

ガイド乗車ツアー
Licensed Battlefield Guide Tour

車社会アメリカらしいスタイルのツアー。熟練ガイドが、申込者の車に乗り込み、ナビゲーターを務めながら（運転はしない）、各ポイントに停まって説明をしてくれる。少人数なので質問をしやすく、かなり詳しく答えてくれる。ゲティスバーグについて深く知りたい人におすすめ。
料 1〜6人$75、7〜15人$100。約2時間。3日前までに予約を

博物館
The Gettysburg Museum of the American Civil War

博物館には本物が展示。北軍の軍服

ゲティスバーグの戦いを含めた南北戦争と、戦争前後のアメリカの情勢を時系列で紹介する博物館。ハリエット・ビーチャー・ストウが著した『アンクルトムの小屋』が当時のアメリカに大きな影響を与えたこと、奴隷制を支持する南部諸州の同盟の結成、サムター砦の号砲、ゲティスバーグがなぜ対峙の場所となったかに加え、3日間にわたる激戦の様子をヒストリーチャンネルのフィルムで展開している。ゲティスバーグ後の、南軍の降伏までを写真や解説パネルだけでなく、戦場で実際に使われた銃や軍服などの生々しい展示品も含めて、さまざまな角度から解説している。といってもやはり英語だから、前もって本などを読んで多少の知識をもっておくとかなりリアルに戦いが感じられてくる。
料 サイクロラマ込み$18.75 、6〜12歳$13.75 、65歳以上$17.75 、5歳以下無料

ゲティスバーグ戦没者国立墓地
Soldier's National Cemetery

ビジターセンターの北側に広がる墓地は、ゲティスバーグの激戦で命を失った3500人以上の兵士たちが眠っている所。その後の米西戦争からベトナム戦争にいたる戦争の犠牲者もここに埋葬されている。

古戦場に全米各州の慰霊碑が立つ。写真はペンシルバニア州

有名なゲティスバーグの演説は、ゲティスバーグの戦いから約4ヵ月後の、1863年11月19日、リンカーンがこの戦いの戦死者の追悼式に参列した際に説いたもの。「人民の、人民による、人民のための政治を……」のスピーチはわずか272ワード、約2分間の非常に短いものであった。その場所は今もリンカーンのメモリアルとして残されている（『ゲティスバーグの演説』→P.70）。
行き方 DCから90マイル（約145km）、2時間のドライブ。I-270を北へ向かい、メリーランドのFrederickからUS-15を北上する。のんびりとした牧場地帯を抜け、Gettysburg National Military Park（Baltimore St.方面）という茶色のサインが見えたら左折。車がなくても、グレイライン（→P.64）や日本語のオプショナルツアーを扱う旅行会社（→P.63）でもゲティスバーグへのツアーを催行している。

リンカーンの演説もイベントとして再現されている
© Thompson Photography

ゲティスバーグそのほかの見どころ

戦争時は町一帯が戦場となったが、現存する建物や宿屋などもあり、車を下りて散策や食事をするのにいい町でもある。国立公園内のビジターセンターからBaltimore St.を車で5分も走らせれば、町の中心部。**デビッド・ウィルズの家David Wills House**（無料）は、リンカーンがゲティスバーグの演説を書き終えた家。1ブロック北の**ゲティスバーグ駅Gettysburg Train Station**は1863年11月18日リンカーンが到着した駅。

ゲティスバーグは第34代大統領アイゼンハワーが、大統領着任前のコロンビアカレッジ大学長時代に住んでおり、家と農場が現在歴史的な保存物として残っている。夫妻は大統領退任後もここに戻り、平穏な日々を送った。公園の西側の邸宅と農場へは、ビジターセンターからシャトルバスが運行されている。また、ゲティスバーグ古戦場からアイゼンハワー歴史地区へもシャトルが走っている。

ゲティスバーグ観光局
Destination Gettysburg

住 ゲティスバーグ古戦場ビジターセンター裏
☎(717)334-6274 Free (1-800)337-5015
URL www.destinationgettysburg.com

ゲティスバーグの宿 Gettysburg Hotel

住 1 Lincoln Square, Gettysburg, PA 17325
☎(717)337-2000 URL www.hotelgettysburg.com
料 Ⓢ Ⓓ Ⓣ$129〜439、スイート$159〜514 カード A M V 町の中心部にある1797年に誕生した歴史ある宿。周囲には見どころも多い。

DC豆知識 **南北戦争トリビア** 南北戦争で亡くなった人は約62万人、当時の人口の2%に当たる。これは現在の人口に換算すると約650万人が亡くなったことになる。

ウエストバージニア州東部

ワシントニアン、とっておきのプチリゾート

Petit Resort

忙しい毎日を送るワシントニアン。彼らの活力のもとは、実は週末のリフレッシュにある。ワシントンDCから車で2時間ほどのウエストバージニア州東部にあるバークレースプリングスとハーパーズフェリー、チャールズタウンは週末を過ごすには最適のスポット。ワシントニアンお気に入りの場所を紹介しよう。

名水の町＆ジョージ・ワシントンゆかりの秘湯

バークレースプリングス Berkeley Springs

DCから車で約２時間(約110マイル)。アパラチアン山脈の山腹にあるバークレースプリングスは温泉と名水として知られる町。大自然に囲まれ、週末になるとワシントニアンがスパやアウトドアを楽しむためにやってくる。

アメリカの温泉が楽しめるバークレースプリングス。穏やかな町だ

温泉と名水が名物

バークレースプリングスは、アパラチアン山脈を水脈とする湧水と温泉の町。町を全米屈指の名高いものにしているのが、毎年２月に開催される**名水コンテスト International Water Tasting**だ。大会は2023年に33回を数え、全米はもとより世界中から70近い団体や地域が参加する。その模様は全米のTV局やラジオ局で放送されるまでに知名度を上げてきた。

さて、肝心の町の水は何という銘柄？と思われるかもしれないが、実はバークレースプリングスには特定の銘柄はない。町のいたるところで飲める水がそれなのだ。一番人気はバスハウスもある州立公園の給水所で、市民がタンクを持って訪れる姿を目にするだろう。水はホテルの売店やグロサリーでも購入できる。その名も「Berkeley Springs」。まろやかな味で、飲みやすい。

名物の水を汲みにくる町の人々

プールのような温泉だが、つかれば効果は日本と同じ

バークレースプリングス式入浴方法

湧水は温泉にもなっている。町のいちばんの満喫方法は温泉に入ることだ。小さな**州立公園Berkeley Springs State Park**の一画に**バスハウスOld Roman Bath House**がある。日本とは違った温泉のつかり方をぜひ体験してみよう。

バスハウスは個室で、中に細長い小さなプールのような、深さのある浴槽がある。家族風呂を大きく、深くしたようなものだ。お湯には階段を下りて入っていく。日本のように腰掛けるのではなく、立って入るスタイルだ。バスハウスの個室を使用できる時間は30分。素っ裸になって、ただ温泉につかる。初めはぬるめに感じるお湯も、時間を追うごとに徐々に温まってくる。20分たった頃には、温泉につかった心地よい疲労感が残る。オプションとしてシャワーやサウナ、マッサージをプラスできるのもうれしい。

参考までにここの温泉は、23.5℃のお湯が毎分570～2900ℓ湧き、塩化ナトリウム、硫酸ソーダ、硝酸ナトリウム、硫酸カリウム、炭酸マグネシウムなどを含み、慢性の皮膚病などに効果がある。

ワシントン大統領が使ったといわれるバスタブ

スパもお試しあれ

バークレースプリングスではスパもポピュラー。人気はゴッドハンドをもつマッサージ師が開業した、**アタシアスパAtasia Spa**だ。タイのワットポーでも修業をしたフランクさんの店では、東洋的な落ち着いた雰囲気のなか、さまざまなトリートメントが楽しめる。おすすめは"Sugar Scrub"。砂糖ベースのブレンドを用い、足や指の先まで丹念にマッサージしていく。スクラブの刺激がとても心地よく、砂糖の優しさが肌にしみ込んでいく感じだ。洗い流したあとの肌は驚くほどしっとり。特に乾燥した季節は効果抜群だ。

リラックスにはスパがおすすめ。心地よいトリートメントルームが揃うスパだ

もう1軒おすすめしたいスパはカントリーイン（右記）の中にある**ルネッサンススパThe Renaissance Spa**だ。ホテルの裏にスパの建物があり、上の階からは町を一望できる。ゆっくり温泉につかることもできるし、そのあとトリートメントを受けることもできる。オイルを使って全身をゆっくりていねいに揉みほぐしていくスウェーデン式マッサージとフェイシャルのセットやデドックスにもいいボディスクラブなどが人気で、アロマ付きもある。種類も多いので、事前にウェブサイトのチェックを。

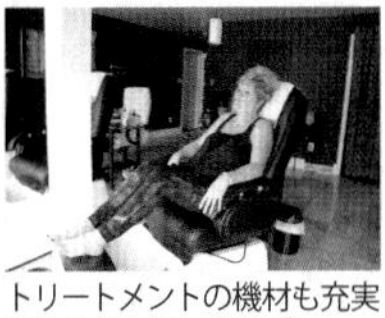

トリートメントの機材も充実するルネッサンススパ

かわいらしい町をお散歩

バークレースプリングスの町は端から端まで500mほどと小さい。スパでリラックスしたあとは、散歩がおすすめ。コーヒーでホッとひと息つきたいときは**フェアファックス・コーヒーハウスFairfax Coffee House**へ。飲み物が豊富なほか、パニーニの評判がいい。メリーランドのカニスープもある。Washington St.の北にある**ヒマラヤハンディクラフトHimalayan Handicrafts**は、ヒマラヤの工芸品やアクセサリー、鮮やかな色使いのアウターなど、ちょっとした別世界。1ブロック東にはギャラリーの入った**アイスハウスIce House**があり、展覧会のほかイベントなども行われる。

ヒマラヤンハンディクラフトはオリジナルグッズであふれている

心身ともにリラックスできる宿

リゾートを満喫するためには宿選びも肝心だ。町の顔ともいえる宿が**カントリーインThe Country Inn**で、スパも併設する温泉の町ならではの宿。全60室。歴史的な建物からは古きよきアメリカを感じることができ、レストランやWi-Fi（無料）の設備も整っている。スパでリラックスしたあと、アンティークな部屋で休めるのは、まさに極楽。

水コンテストの会場にもなるカントリーイン

アクティビティが楽しめる州立公園のリゾート

大自然に囲まれた抜群の環境で、ゴルフや乗馬、釣りなども楽しめる。町の中心部からUS-522を南へ約15分走った所にある**カカポンリゾート州立公園Cacapon Resort State Park**は、宿泊施設も所有する州立公園。夏なら湖水浴も楽しめて、すべて料金がお手頃なのがうれしい。ゴルフや乗馬と宿泊がセットになった料金もある。州立公園は山頂にあり、アパラチアン山脈などを望むことができて、気持ちいい景色にも出合える。

ゴルフはもちろん、大自然の中での宿泊もできる。カカポンリゾート

Data of Berkeley Springs MAP折込地図裏-A1

★バークレースプリングス&モーガン郡商工会議所
Travel Berkeley Springs
住127 Fairfax St., Berkeley Springs, WV 25411
☎(304)258-9147 URL berkeleysprings.com
開月～金10:00～16:00、土～14:00

★バークレースプリングス州立公園とバスハウス
Berkeley Springs State Park
住2 S. Washington St. ☎(304)258-2711
URL wvstateparks.comでBerkeley Springsを検索
開毎日10:00～18:00、最後の予約は16:30まで
料オールドローマンバスハウス30分$27～

★アタシアスパ Atasia Spa
住41 Congress St. ☎(304) 258-7888 電話で予約を
Free (1-877) 258-7888 URL atasiaspa.com
営毎日9:00～17:00（木～土～18:00）

★フェアファックス・コーヒーハウスFairfax Coffee House
住23 Fairfax St. URL fairfaxcoffeehouse.com 営毎日8:00～15:00

★ヒマラヤハンディクラフトHimalayan Handicrafts
住81 N. Washington St. URL www.himalayantrade.com
営毎日10:00～17:00

★アイスハウス Ice House
住Independence & Mercer Sts. URL macicehouse.org

★カントリーイン The Country Inn
住110 S. Washington St., Berkeley Springs, WV 25411
☎ (304) 258-1200 URL www.thecountryinnwv.com
料$100～158、スイート$170～258 カード A M V

★カカポンリゾート州立公園 Cacapon Resort State Park
（ゴルフ、釣り、ハイキング、ホテル、キャビンなど）
住818 Cacapon Lodge Dr., Berkeley Springs, WV 25411
☎(304)258-1022 URL wvstateparks.comでCacaponを検索

アメリカ史の舞台となった町

ハーパーズフェリー Harpers Ferry

ウエストバージニア州東部のパンハンドル（飛び出た地域）にはもうひとつ、訪れてほしい所がある。メリーランド州とバージニア州、3つの州境にあるハーパーズフェリーという町だ。ポトマック川とシェナンドー川が合流するデルタ地帯にある小さな町は、南北戦争時、南軍と北軍が常に争奪戦を繰り返す、重要な地点でもあった。

南北戦争前、ハーパーズフェリーには連邦政府の弾薬庫とライフル工場があり、ボルチモアから走る鉄道の分岐点でもあった。そのため、しばしば南北衝突の場所となったのである。歴史の表舞台になったのは、1859年10月の**ジョン・ブラウンの襲撃**だ。ブラウンは奴隷制度廃止の運動家であったが、武闘派でもあった。ここに保管されている10万のライフル銃を狙い、18人の同志たちとハーパーズフェリーを襲撃、占拠した。急進派でもあったブラウンは、奴隷制度廃止のため多くの仲間と奴隷たちに武器を持たせ、蜂起させる狙いがあったのだ。しかし、予想に反して蜂起に賛同する者は少なく、わずか2日後には逮捕されてしまった。

その3年後、国をふたつに分けて始まった南北戦争。その最中の1862年9月。南軍指揮官リー将軍は、その右腕ともいわれるトーマス・ジャクソン将軍に、戦略上の重要拠点であるハーパーズフェリーの攻略を命じた。北軍（連邦政府軍）は南軍以上の兵力があったものの、3日後に降伏した。これが俗にいう**"ハーパーズフェリーの戦い"**である。現在、ハーパーズフェリーは、当時の町並みが保存されていて、建物の中が一部展示室となり、ジョン・ブラウンの襲撃や黒人奴隷の生活、学校や建造物を復元した**ハーパーズフェリー国立歴史公園Harpers Ferry National Historical Park**がある。鉄道駅の目の前の歴史地区と丘の上にある国立公園ビジターセンターを結んで15分おきにシャトルが走っている。

大自然に囲まれたハーパーズフェリーでは、アクティビティも盛ん。急流下り、カヤック、釣りなどのほかに、有名なのが**アパラチアントレイルAppalachian Trail**のトレッキングだ。北はメイン州から南はジョージア州まで続く全長2100マイル（約3400km）のトレイルは、アメリカ人ハイカーにとって憧れの的。ハーパーズフェリーには管理事務所もある。道を聞いたり、地図をもらったり、水の補給もできる。

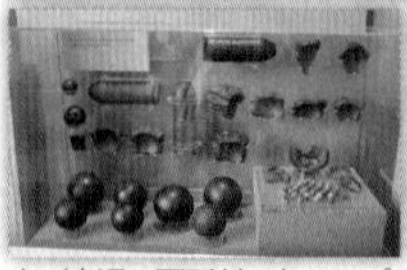

上／交通の要所だったハーパーズフェリー。鉄道でアクセスできる　左下／武器工場と武器庫があった歴史を伝えている　右下／ハーパーズフェリーの町並み。豊かな自然に囲まれている

そんなトレイルを走破する人にも、歴史を学びたい人にもぴったりな宿が、**タウンズインThe Town's Inn**だ。昔の宿屋を思わせる石造りの外観に、ひとつの部屋にベッドがいくつも入ったドミトリーのようなスタイル。家族連れやトレッキングするグループに特に人気が高い。宿はハーパーズフェリーの鉄道駅の正面（細い道を2本挟んだ）にあり、車のない人にも便利。隣では**"O' Be JoyFull"**という19世紀の歌やストーリーを聴かせるアトラクションも行っている。

上／アパラチアントレイルを踏破する人に人気のタウンズイン　下／チャールズタウンに宿泊するのもおすすめ。イン・アット・チャールズタウン(→P.329)

Data of Harpers Ferry　MAP 折込地図裏-B2

★ジェファソン郡観光局
Jefferson County Convention and Visitors Bureau
住 37 Washington Court, Harpers Ferry, WV 25425　☎(304) 535-2627　URL discoveritallwv.com　開 毎日10:00〜16:00（祝日除く）

★ハーパーズフェリー国立歴史公園
Harpers Ferry National Historical Park
住 171 Shoreline Dr., Harpers Ferry, WV 25425　☎(304)535-6029　URL www.nps.gov/hafe　料 車1台$20、自転車または徒歩は1人$10　開 毎日9:00〜17:00（11月第4木曜、12/25、1/1は休み）

★アパラチアントレイル管理事務所
Appalachian Trail Conservancy
住 Harpers Ferry A.T. Visitor Center, 799 Washington St., Harpers Ferry, WV 25425　☎(304)535-6331　URL www.appalachiantrail.org　開 毎日9:00〜17:00（火水〜16:00）（おもな祝日は休み）

★タウンズイン The Town's Inn
住 179 High St., Harpers Ferry, WV 25425　☎(304)932-0677　URL www.thetownsinn.com　個室9　ホステル形式$35〜40（2〜6ベッド）料 個室ⒹⓉ$80〜200　カード AMV

★オー・ビー・ジョイフル O' Be JoyFull
住 110 Church St.　☎(732)801-0381　URL www.obejoyfull.com
ウオーキングツアーも行っている

★DCからハーパーズフェリー&バークレースプリングスの行き方
●DCのユニオン駅から
マークMARCの近郊列車Brunswick線が平日夕方の通勤時間帯に5本ハーパーズフェリーへ列車を走らせている。所要80〜90分。$13。ほかにもアムトラックのキャピトルリミテッド号が1日1往復する。片道$14〜21。バークレースプリングスへは車のみとなる。
●車の場合
ハーパーズフェリーへはDCから、I-495のキャピタルベルトウエイに乗って北へ。続いてI-270の北方面に乗りFrederickへ向かう。次にI-70の西、さらにUS-340に乗り西へ向かうとハーパーズフェリーの町に入る。町のメインストリートであるWashington St.とHigh St.はUS-340でもある。約90分、70マイルの距離。バークレースプリングスへはキャピタルベルトウエイから同様にI-270北→I-70西→US-522の南に走ればバークレースプリングスの町に入る。Washignton St.が町のメインストリートで、US-522でもある。

DC豆知識　**権兵衛さんの赤ちゃん**　この曲は南北戦争時の北軍行軍曲「リパブリック讃歌」の替え歌。ジョン・ブラウンの死を悼み冒頭を「John Brown's body lies a-mouldering in the grave」と歌われることもあった。

ハーパーズフェリーから一歩足を延ばして

競馬とカジノとアメリカ初期の町

チャールズタウン Charles Town

美しい競馬場があるチャールズタウン。近くで見ることができ、大迫力

ハーパーズフェリーの南東約12kmに位置するのがチャールズタウン、人口7000にも満たない小さな町だ。初代大統領ワシントンのいちばん下の弟が住み始めた建国の歴史とともにある町で、その子孫が今も住み続けている。

ここには1933年から続く競馬を楽しむため、国会議員をはじめ、ジョン・F・ケネディやロナルド・レーガンといった歴代大統領も足を運んできた。よく手入れをされた競馬場では、毎週水〜土19:00からレースが開催される。パドックも近く、美しいサラブレッドの走りを間近に見られるチャンス。ぜひ訪れてほしい。現在、隣接する**ハリウッドカジノHollywood Casino**が管理している。

さて、そのハリウッドカジノはクリーンで品のいいカジノだ。名前のとおり、映画の都ハリウッドがテーマで、アールデコスタイルの内装が印象的。ステーキレストランにはスターが映画で使用した衣装も飾られている。世界各国から訪問客に対応して、日本語の案内もあり、親切だ。

明るい雰囲気のカジノ。バフェに並ぶ料理の種類も多い

食事のクオリティも高く、バフェには胃に優しい麺類や寿司、甘過ぎないスイーツも並ぶ。

カジノはホテルを併設していないが、競馬場を挟んだ所に直営の**イン・アット・チャールズタウン The Inn at Charles Town**（153室）があり、カジノへは無料のシャトルを運行させている。上の階からは競馬場も見えて、レースのある日には疾走する馬を見ることもできる。宿は朝食（無料）のおいしさでも評判だ。

Data of Charles Town MAP折込地図裏-B2

★観光局情報はP.328のジェファソン郡観光局へ

★ハリウッドカジノHollywood Casino at Charles Town Races

住750 Hollywood Dr., Charles Town, WV 25414

Free(1-800)795-7001

URL www.hollywoodcasinocharlestown.com 営24時間

★イン・アット・チャールズタウンThe Inn at Charles Town

住100 Hollywood Dr. ☎(304)885-5800

料ⓈⒹⓉ平日$100〜170、週末$160〜410、+Fee$10。無料Wi-Fi 無料朝食

★ハーパーズフェリーからチャールズタウンへの行き方

ハーパーズフェリーの南を走るUS-340を西へ約15分、右側にカジノの看板が見えてくる。タクシーで$25〜30の距離

シャーロッツビルから一歩足を延ばして

米国政府のシェルターもあった全米屈指のリゾートホテル

グリーンブライア The Greenbrier

アメリカ人なら誰でも知っているリゾートがグリーンブライア

© Courtesy Greenbrier

優れたリゾートホテルは全米にあまたあるが、真のリゾートといえるのがウエストバージニア州南東、アルゲイニー山脈の麓に位置する**グリーンブライア**だ。キャッチフレーズは「America's Resort（アメリカのリゾート）」。空港送迎はもちろんのこと、鉄道を利用してやってくる宿泊客を駅まで出迎えるのは、全米広しといえどもこのグリーンブライアくらいだ。

従業員のサービス、710の客室、14のダイニング、アメニティの充実ぶりはもちろんのこと、リゾートを満喫できるアクティビティがすばらしい。PGA大会も開催されるゴルフコースをはじめ、フィッシング、激流下り、乗馬、オフロードドライブ、ヨガに加え、サバイバルゲームも楽しめる。アクティビティで体を動かしたあとは、スパでリラックスするのもいい。加えてカジノに興ずることもできるなど、まさにいたれり、尽くせり。

さて、このリゾート、DCに近いこともあってとてもおもしろい歴史がある。DCへの攻撃に備え、1950年代政府業務をすべて移管できるシェルターがあったのだ。「超」の付く軍事機密だっただけに長い間伏され、約25年前に**バンカーThe Bunker**と呼ばれるシェルターが公開された。面積は約1万500m^2、長い地下通路の両側に会議室、1100人収容可能なドミトリー、水や食料の貯蔵庫などが並ぶ。ツアーで見学することができ、人気。

Data of the Greenbrier MAP折込地図裏-A3外

★グリーンブライアThe Greenbrier

住101 Main St., White Sulphur Springs, WV 24986

Free(1-855)453-4858 URL www.greenbrier.com

料ⓈⒹⓉ$289〜959、+Fee$39 カード ADMV

★バンカーツアー 料$40、10〜18歳$20

Suburbs of Washington, DC

アナポリス Annapolis

DCからの1泊旅行におすすめ！

メリーランド州

MAP 折込地図裏 -C2

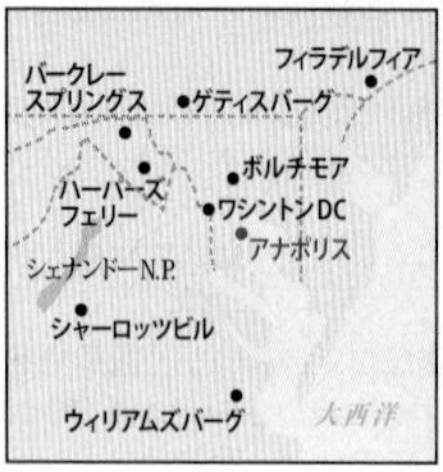

アナポリスの名を知らしめているのが海軍兵学校。寄宿舎も壮麗な建物

ヨーロッパのようなれんが造りの町並み、マリーナに係留されるいくつものヨット……アナポリスは、町がまるでひとつの芸術作品のよう。アメリカによく見られる観光地らしさをみじんも感じさせない、あるがままの美しい町である。その大きな理由のひとつが、住む人のあたたかさにある。旅人に心地よく、ここではいつもとは違った旅の時間を過ごすことができる。

穏やかなアナポリスで、町の代名詞になっているのが海軍兵学校。アメリカ海軍の将来を担うエリートたちが、日々厳しい学校生活を送っている。

町の起こりは、1649年のピューリタンの入植から。独立宣言を公布して間もない1783年11月から翌年8月までの9ヵ月間、アナポリスにはアメリカ合衆国の首都がおかれていた（13植民地から構成される連合会議の9年間で首都は5ヵ所）。1694年にメリーランド州の州都（植民地時代は主都）となり、議事堂はいまだに現役だ。名前はイギリスのアン王女に由来し、イギリスの植民地だった頃の面影を色濃く残しているが、また、町は“セーリングキャピタル”とも呼ばれるなどボート競技も盛んな所。アナポリスは、アメリカの“古都”を体感できて、マリンスポーツも体験できる。ぜひ行ってほしい町だ。

アクセス Access

ワシントンDCの東約50kmに位置するアナポリスへは車で行く（US-50東方向、約50分）のがいちばん便利な方法。車がない場合は平日のみ運行されているメリーランド州のコミューターバスでも行ける。基本的にアナポリスからDCへの通勤用として走っているので、DCから行くには午後の便しかない。宿泊を考えていないのなら、ツアーで行くのがおすすめ。

CINEMA おすすめ映画はこれっ!

パトリオット・ゲーム
Patriot Games
1992年公開
監督：フィリップ・ノイス
出演：ハリソン・フォード

人気作家トム・クランシーの小説の映画化。海軍兵学校の教官がロンドンでテロを目撃。被害者を助けるうちに、いつの間にか事件に巻き込まれる。海軍兵学校などのシーンはアナポリスで撮影された。

アナポリスからBWI空港までの交通機関

空港シャトルの運行廃止にともない、空港からアナポリスへの交通手段は、タクシーまたはウーバーなどの配車サービスのみとなった。参考までにBWI空港からアナポリスまでのタクシーは$70～85、配車サービスは$40～70。

BWIのタクシー乗り場はドア5、13。配車サービスはドア6、10、12など。

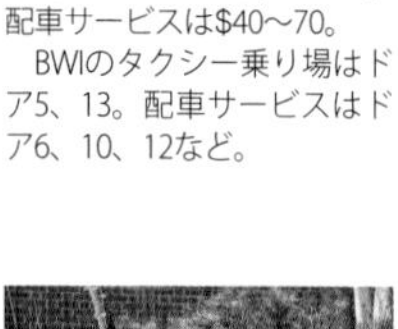
アナポリスはセントジョンズ・カレッジもある町

お役立ち情報 **アナポリスへのツアー** DCからアナポリスへは、グレイラインなどのアメリカの観光バスツアーは出ていないが、日系の旅行会社がツアーを催行している。詳しくはP.63。

メリーランド州コミューターバス MTA Commuter Bus (ディロンバス Dillon's Bus)

メリーランド州交通局が運行するコミューターバスの#220、230がDCからアナポリスへ運行されている。ただし、通勤用のためアナポリスへは午後のみ、DCへは午前のみの運行となるので注意。#220はDCではFoggy Bottom駅、Farragut North駅近くなどに、#230はPennsylvania Ave.沿いにバス停がある。アナポリスではWest & Calvert Sts.のバス停が便利だが、わかりにくいので必ずドライバーに言って降ろしてもらおう。所要約1時間20分。なお、時刻表はウェブサイトで確認しておくこと。

タクシーと配車サービス Taxi & Uber, Lyft

オレンジラインの終点New Carrollton駅からタクシーで行く方法もある。駅前に待機しているタクシードライバーと交渉してみるといい。だいたい$70〜80で行ってくれる。配車サービスで$40〜60。

車 Driving

DCの北東を走るNew York Ave.を東に向かうとメリーランド州でUS-50となり、東へ約50km。Exit 24で下りてRow Blvd.を東に進めばアナポリスの中心部に出る。

アナポリスの歩き方 Getting Around

まずはシティドックから

港を中心に広がるアナポリスのダウンタウンは小さい。見どころはすべて歩いていける範囲にあるので、1日あれば大まかなポイントは見て回れる。海軍兵学校のツアーに参加するのであれば、1泊することをすすめる。

町の中心はチェサピーク湾Chesapeake Bayに面した**シティドックCity Dock**。観光案内所のブースやレストラン、ギフトショップなどが軒を並べるいつもにぎやかなエリアだ。アナポリスでは"Sailing Capital"らしい湾内クルーズやヨットの乗船体験もしてみたい。

広場から丘へ向かって延びる大通りはメインストリートMain St.。突き当たりに**セントアンズ教会St. Anne's Church**の尖塔が見える。また広場から東側のランダルストリートRandall St.を入ると**海軍兵学校USNA**がある。このUSNAとシティドック、セントアンズ教会とを結ぶと三角形になり、USNAと教会との間に**メリーランド州議事堂State House**のドームが構えている。この3つのポイントさえ覚えてしまえばアナポリスはとても歩きやすい。

メリーランド州コミューターバス（ディロンバス）
☎(410)539-5000
URL mta.maryland.gov/commuter-bus
料 $6
●アナポリスのバス停（グラデュエイトホテルそば）
MAP P.334-A2

DCからはバスも走っているが通勤用なので時間に注意

アナポリスのタクシー
●Annapolis Flyer Cab
☎(410)766-7433
●Annapolis City Taxi
☎(443)852-0686

フリックスバス（グレイハウンド）も運行
運行を取りやめていたワシントンDC—アナポリス間のバスの運行が再開された。1日1往復の運行で、DC（ユニオン駅）からは朝出発、アナポリスからの便は夕方出発で使いやすい。アナポリスはWest & Calvert Sts.の近くがバス停で、路線バスのバス停隣。

港町だけにクルーズに乗ってマリーナを楽しみたい

読者投稿 **Uberでアナポリスへ** New Carrollton駅からUberでアナポリスまで$40〜60ほど。問題はなかったが、女性ひとりでUberの夜の利用は避けたほうがいいそうだ。（福岡県 ふさえ）['23]

観光案内所 Visitor Information

Annapolis & Anne Arundel County CVB

チャーチサークルから西へ延びるWest St.を半ブロック進んだ右側の少し奥にある。れんが造りのアナポリスらしい建物。資料も豊富で、係員も親切だ。バスツアーやウオーキングツアーの出発点にもなっていて、その日のツアー時刻やイベントが黒板に表示されている。

アナポリス&アン・アランデル郡観光案内所
MAP P.334- A2
住 26 West St., Annapolis, MD 21401
☎(410)280-0445
URL www.visitannapolis.org
営 毎日10:00〜17:00
休 11月第4木曜、12/25、1/1

Visitor Information Center

シティドックの中ほどの便利な場所にある、ブース式の観光案内所。タウンマップや資料が豊富に揃っていて、ボランティアの係員はとても親切。B&Bに泊まりたいと思っている人は、ここで情報を集めよう。B&Bの予約の手配も行っている。

シティドックにあるブース式の観光案内所。ここでもその日のツアー情報がわかる

シティドック観光案内所
MAP P.334- C2
住 City Dock
営 毎日10:00〜17:00

市内の交通機関 Transportation

サーキュレーター　Circulator

ワシントンDCとボルチモアでおなじみのサーキュレーターが、アナポリスではやや大きめのバンで走っている。運賃は無料。ウェスティンホテル〜ウエストストリート〜州議事堂〜シティドック〜チャーチサークル〜ウェスティンのルートと、アナポリス観光はこれでOK。夜も遅くまで走っているので、おおいに利用しよう。

アナポリスのサーキュレーターは観光客のうれしい味方

市バス　Annapolis Transit

観光客は上記のサーキュレーターで間に合うが、6路線のバスも運行されている。ダウンタウンと海軍/海兵隊記念スタジアム、Westfield Annapolis Mallなどへも路線を走らせている。毎日30〜75分に1本程度の運行。

サーキュレーター&市バス
☎(410)263-7964
料 サーキュレーター無料、市バス$2
URL www.annapolis.gov →SERVISE→Transportation Service→Free Downtown Shuttle→「ページを離れます」
●**サーキュレーターの運行**：月〜木6:00〜23:00、金土7:00〜24:00、日8:00〜20:00

観光ツアー Sightseeing Tours

トロリーツアー　Discover Annapolis Tours

アナポリスの町は歩いて回れる大きさではあるが、町を少し出た所にもポイントがいくつかある。また、町の概要をつかむオリエンテーションとしてこのトロリーはおすすめ。40分と60分の2種類のツアーが運行されている。ほとんど同じルートだが、40分ツアーは町や州の歴史についての解説が短く、出発場所が異なる。

アナポリスが初めてならトロリーツアーがおすすめ

トロリーツアー
☎(410)626-6000
URL www.townetransport.com
営 4〜10月の毎日1〜2本
料 60分ツアー$18、観光案内所（住 26 West St.）出発。40分ツアー$15、シティドック観光案内所（住 1 Dock St.）出発。現金のみ

ウオーキングツアー
URL annapolistours.com
州議事堂や海軍兵学校など要所を歩きながらガイドしてくれる。約2時間15分。$22。ツアーの日時は観光案内所で確認を。

お役立ち情報　**ボルチモアからアナポリスへ安価で行く方法**　ライトレールのPataspco駅とGlen Burnie駅からMTA#70のバスがアナポリスのダウンタウンまで運行されている。間隔は平日45〜60分、土曜↗

おもな見どころ Sightseeing

今も機能しているアメリカ最古の州議事堂 MAP P.334-B2

メリーランド州議事堂
Maryland State House

現役の州議事堂としては全米最古

アナポリスの象徴ともいうべき木造のドームで、小高い丘の上に建ち、町のどこからでもよく見える。1772年に工事が始まり完成は7年後の1779年。1784年1月、ここで**パリ条約**が批准されて正式にアメリカ合衆国が誕生した。また、1783年11月26日から1784年8月13日の約9ヵ月間、この建物では連合会議（独立前の代表者会議）が開かれるなど、国会議事堂としても利用されていた。だからここはアメリカ人にとってフィラデルフィアの"自由の鐘"に勝るとも劣らない重要な場所というわけだ。その期間アナポリスの町は合衆国の首都として機能していたことになる。

州議会の上院＆下院会議室も議会のない日は見学できる。**下院会議室House of Delegate Chamber**は大理石の円柱が美しいイタリア・ルネッサンス・スタイル。ここが国会議事堂として使われていたときの**旧上院会議室Old Senate Chamber**も当時のまま保存されている。知事と副知事室は2階にある。

議事堂は毎日一般公開されている。受付でセルフガイド用のパンフレットをもらい、見学してみよう。釘を使っていないという美しい木製ドームをのぞいていこう。

メリーランド州議事堂
オススメ度 ★★★
住 100 State Circle
☎ (410)946-5400
URL www.visitannapolis.org→Maryland State House
開 毎日9:00〜17:00
休 12/25、1/1
料 無料
入場時にパスポートなど写真付きのIDと荷物のチェックがある

パリ条約とは?
1783年に締結されたアメリカの独立戦争を終結させた条約で、これにより敗北したイギリスはアメリカの独立を認めることとなった。

内部も見学できるがIDチェックがある。写真は外観

アナポリス初の黒人のための教会 MAP P.334-A2

バンカー・ダグラス博物館
Banneker-Douglass Museum

1803年に建てられ、1897年再建された建物は、アナポリス初の黒人教会だ。現在はアフリカ系アメリカ人の歴史を知るための博物館もある。2階中央の説教壇を見ると、シンプルな造りながらもここで白熱した説教が行われたことが想像できる。隣接した展示スペースには、メリーランド州の黒人がどこから連れてこられたか、どのように奴隷から脱出したのか、またクンタ・キンテ、フレデリック・ダグラス、ハリエット・タブマンらアフリカ系の偉人についても紹介されている。

アフリカ系の人々の歴史を知るならここ

バンカー・ダグラス博物館
オススメ度 ★
住 84 Franklin St.
☎ (410)216-6180
URL bdmuseum.maryland.gov
開 火〜土10:00〜16:00
休 日月、おもな祝日
料 無料

ベンジャミン・バンカーって誰?
1731年生まれ。学校にはほとんど行かずに化学者として成功した人物。当時の自由黒人で、測量、天文学の分野で名をはせた。

↘50〜60分、日曜45分〜1時間45分間隔、所要約1時間15分。値段はMTAの市内バスと同じで、1日パス（→P.305欄外）でも行ける。ボルチモアの中心部から片道1時間45分近くかかるが、日帰りも可能だ。

町の中央に建つセントアンズ教会。内部は荘厳な雰囲気

セントアンズ教会
オススメ度 ★★★
住 Church Circle
☎ (410)267-9333
URL www.stannes-annapolis.org
営 毎日9:00〜16:00
休 金土など不定期　料 無料

ペイカ・ハウスと庭園
オススメ度 ★★★
住 186 Prince George St.
☎ (410)990-4543
URL www.annapolis.org/other/visit-paca-house/
営 月〜金10:00〜17:00、土日〜15:00（季節によって変更あり）
休 11月第4木曜、12/24、12/25、12/31、1〜3月下旬
料 ガイド付き邸宅ツアーと庭園$12、庭園のみ$5

町の中心にある美しい教会

MAP P.334-B2

セントアンズ教会
St. Anne's Church

Church Circleの中に建つセントアンズ教会は、アナポリスを代表する美しい建築物のひとつ。教会の名はキリストの祖母の名前に由来するという。初代の教会が建ったのは独立前の1704年で、イギリスの教会にならって造られた。現在の教会は1859年に完成した3代目で、ロマネスク復古調の建造物となっている。外観を眺めたら、中に入ってみよう。1893年シカゴで開催された万国博に出展されたティファニー製の窓ガラスは必見。

ジョージアスタイルの美しい邸宅と庭

MAP P.334-C1

ペイカ・ハウスと庭園
Paca House & Garden

アナポリスには18世紀に建てられた家屋が数多く残されているが、その代表ともいえるのがここ。ウィリアム・ペイカはメリーランド州知事として活躍した人物で、独立宣言書の調印者のひとり。1763〜65年に造られた彼の邸宅は、ジョージアスタイルでイギリスの香りを色濃く残しており、20世紀初めにはホテルとして使われていた。テラスガーデンはペイカ・ハウスのもうひとつのポイント。小さな池を囲んで段差のある5つの花壇からなり、四季折々の花が咲き誇る。結婚式の場としても人気。邸宅は40分のツアーで見学する。

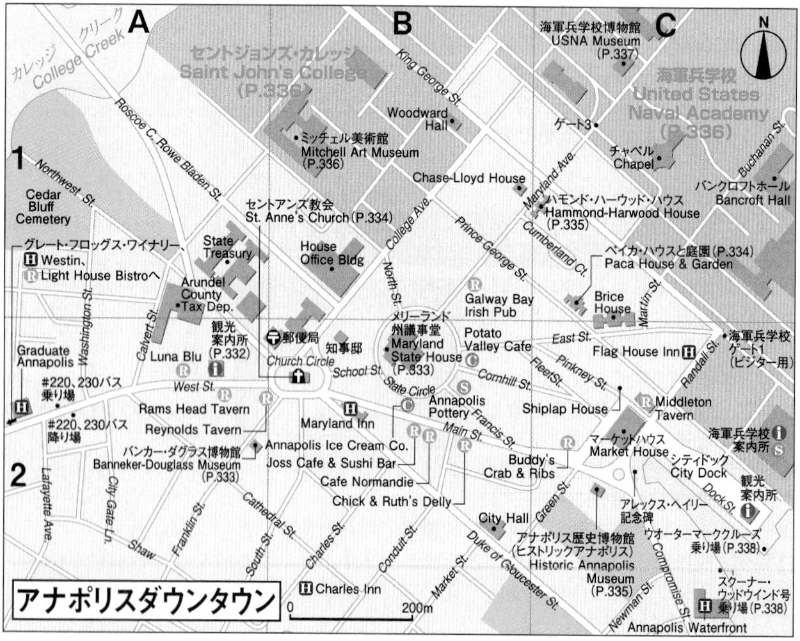

お役立ち情報　**アナポリスの便利な足**　いくつもの入江のあるアナポリスでとても便利な交通機関が、ウオータータクシー Water Taxiだ。普通の町でウオータータクシーは観光の要素が濃いが、ここでは単純に陸↗

ジョージアスタイルの典型的な邸宅

MAP P.334-C1

ハモンド・ハーウッド・ハウス
Hammond-Harwood House

国会議員であり農園主でもあったハモンドが冬の住居として1774年に建てた邸宅。当時流行したれんが造りのジョージアスタイルで、バラの彫刻と円柱が美しい白亜のエントランスが印象的だ。屋内には18～19世紀にこの地方で使われていた家具、食器などがあり、なかでも古時計はその時代、富の象徴だったという。こぢんまりとした庭園も美しく、ここから眺める邸宅は通り側から見るより、いっそうエレガント。

ハモンド・ハーウッド・ハウス
オススメ度 ★
住 19 Maryland Ave.
☎ (410)263-4683
URL hammondharwoodhouse.org
営 4～12月の水～月12:00～17:00
休 火、11月第4木曜、12/25、1～3月
料 ツアーによる見学。30分（邸宅）$7、60分$12

町の歴史を伝える博物館

アナポリス歴史散策のスタート地点

MAP P.334-C2

アナポリス歴史博物館（ヒストリックアナポリス）
Historic Annapolis Museum (Historic Annapolis)

約4世紀にわたる歴史をもつアナポリス。町には歴史的な建物が点在し、その修復保全に努めているのがヒストリックアナポリスだ。そのギフトショップの2、3階のスペースが小さな歴史博物館となっている。かつて奴隷貿易で栄えた町だけに、黒人奴隷の半生をパネルとタッチスクリーンで、また黒人を自由州に逃がす地下組織についても解説している。

アナポリス歴史博物館
オススメ度 ★★
住 99 Main St.
URL www.annapolis.org/education/exhibits
開 水木10:00～16:00、金土～17:00、日11:00～17:00（季節によって変更あり）
休 月火　料 無料

Column

『自由の樹』のプレートに注目

アナポリスのダウンタウンには古めかしい建物が数多く残っているが、なかでも特に価値が高いと認められた建物には入口に『自由の樹Liberty Tree』をデザインしたプレートが掲げられている。この樹は町のセントジョンズ・カレッジ構内にある樹齢約400年のポプラの一種で、独立戦争のときに志士たちがこの樹の下に集まって作戦を練ったと伝えられている。プレートは、その建物の建築様式や年代によって次のように色分けされている。特にMaryland Ave.やPrince George St.周辺で目にすることができる。

プレートの色でどの時代の建物かわかる

グリーン	1684～1700年	17世紀のスタイル
ブロンズ	18世紀	重要な建物
れんが色	1700～1784年	18世紀、独立前のスタイル
ブルー	1784～1840年	フェデラル様式
青緑色	1820～1900年	ギリシア復興様式
パープル	1850～1900年	ビクトリア様式
グレー	19～20世紀	アナポリス様式
イエロー	20世紀以降	アナポリス様式

アナポリスのワイナリー

隣のバージニア州ではワイン製造が盛んだが、アナポリスの中心部から車で15分ほどの所に小さなワイナリーがある。目の前のブドウ畑から取れたブドウで丹精込めて作られたワインは、メリーランドの自然が感じられる味。辛口やフルーティな種類もある。テイスティングは6種$30。週末はライブ演奏も楽しめる。途中には昔の学校を再活用したギャラリーとシアターのコンプレックスMaryland Hall for Creative Artsもある。車があれば寄ってみては?

●グレート・フロッグ・ワイナリー
Great Frogs Winery
住 3218 Harnes Creek Rd.　☎ (410)626-6193
MAP P.331　URL www.greatfrogs.com
営 金17:00～20:00、土日11:00～17:00

●Maryland Hall for the Creative Arts
住 801 Chase St.　☎ (410)263-5544
URL www.marylandhall.org

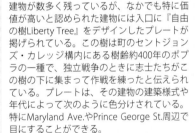

町を少し出た所にワイナリーもあり、イベントも盛ん

↘のタクシーと同じ役目を果たしていて、レストランへ行くときなど市民に気軽に利用されている。片道1人$4～9。"Water Taxi"のボートを見たら気軽に乗ろう。5～9月初旬の運航。 URL cruisesonthebay.com/annapolis-water-taxi

セントジョンズ・カレッジ
住 60 College Ave.
☎ (410)263-2371
URL www.sjc.edu
●ミッチェル美術館：営 水〜日13:00〜18:00（金〜20:00）。休 月火 料 無料
※改装のため閉館することがある

リベラルアーツに重きをおく大学の展示室

MAP P.334-B1

ミッチェル美術館@セントジョンズ・カレッジ
Mitchell Art Museum @ St. John's College

海軍兵学校の西に隣接するセントジョンズ・カレッジは、1784年創設のアメリカで3番目に古い大学。幅広い知識と多様性を学び、自由でより柔軟性をもつ自分となるためのリベラルアーツの学校で、西洋の古典研究の分野が特に知られている。興味深い展示に出合えるのがこの大学のギャラリー。デューラー、レンブラント、マティス、ウォーホルなど幅広い年代のアーティストをピックアップし、その生い立ちや初期の頃の作品など、一般的な美術館では見られない視点で展示されている。よりアーティストに近づける構成だ。

セントジョンズ・カレッジのキャンパスに美術館がある

海軍兵学校
オススメ度 ★★★★
住 (410)293-8687
URL www.usna.edu

アナポリスで必見の海軍兵学校。ツアーに参加しよう

開 ビジターセンター（住 52 King George St.）：3〜12月の毎日9:00〜17:00、1、2月の毎日9:00〜16:00（土日〜17:00）
休 12:00までのイースター、11月第4木曜、12/24、12/25、1/1
●ヒストリカルウオーキングツアー：URL navalacademytourism.com/tours
月〜土10:00〜15:00の間で4〜6本、日11:00〜15:00の間で3本。時間はウェブサイトで確認
料 ツアーは$14、62歳以上$13、子供$12
行き方 シティドックからRandall St.をKing George St.で右折。海軍兵学校の入口のひとつ、ゲート1をさらに進んだ右側にVisitor Centerがある。徒歩約5分。なお、一般の人が入場できるゲートは限られている。入場の際、X線の荷物検査とIDチェックがある

アメリカ海軍のエリート養成校

MAP P.334-C1,2

海軍兵学校
United States Naval Academy (USNA)

シティドックから東へ3分ほど歩くと1845年創立の名門校、海軍兵学校USNAにぶつかる。USNAはここから海沿いに延びる広大な敷地（約1.37km²）を占めており、全米からえり抜かれた士官候補生が寄宿舎生活（5:30起床、23:00就寝）を送っている。学費などはもちろん無料。さらに卒業後5年以上海軍に入ることを条件に、毎月小遣い程度の金額が支給される。現在、アメリカを含めて世界から約4400名がここで学び、そのうち約29%を女性、約36%をマイノリティが占める。

敷地内には200を超える建物や施設がある。海軍の歴史を伝える**博物館U.S. Naval Academy Museum**、5000人収容可能で、部屋数約1700、総延長5マイル（約8km）にもわたる廊下をもつドミトリーの**バンクロフトホールBancroft Hall**、かつての武器庫でカフェテリアもある**ダグレンホールDahlgren Hall**、3万人収容のフットボールスタジアム、室内プール、ヨットハーバー、体育館などなど。さすがにアメリカのために尽くしてくれる若者の心と体を育てる施設だけあっておおいに充実している。また、ティファニー製の窓ガラスが美しいフレンチ・ルネッサンス・スタイルの**チャペルChapel**があり、毎週土曜は平均6回の結婚式が行われるという。チャペルは一度に1600人が礼拝できる広さだ。日曜の礼拝は一般の人も参加できる。地下には独立戦争時の海軍ヒーロー、ジョン・P・ジョーンズの棺が横たわる。敷地内に点在する建物に展示されている海に関するものは、世界最大のコレクションでもある。

士官候補生たちはここで4年間訓練を受け、毎年1000名以上が憧れの海軍士官となって巣立っていく。卒業生たちが帽子

お役立ち情報 **海軍兵学校案内書の日本語訳** ビジターセンターに日本語解説がある。同学校には日本の自衛隊から2名が教官として勤務。自衛隊員が研修していることもあるので、日本人に会う可能性もある。

を放り投げるシーンで有名な校庭が、**ザ・ヤード**と呼ばれる大グラウンドだ。海軍の墓地には、日本の勲一等旭日大綬章の勲章だけを身につけて葬られたバークBurke海軍大将の墓石もある。大将はもとは嫌日家であったが、第2次世界大戦後の日本で海上自衛隊の創設に尽力し、日本びいきになった人物。

敷地内の通りや建物にはUSNA出身のヒーローたちの名前がつけられている。1時間30分のガイドツアーで見学できるので、時には命の尊さよりも任務を優先させる軍人の養成所とはどんな所か、ちょっとのぞいていこう。またツアーのスタート地点**ビジターセンターArmel Leftwich Visitor Center**には充実したギフトショップがあり、USNAの各スポーツチームのユニホームやおみやげグッズが豊富に揃っている。

海軍兵学校博物館　U.S. Naval Academy Museum

毎年10万人以上が訪れるアメリカ海軍の博物館。歴史的価値が高いものが"ロジャーコレクション"と呼ばれる1650〜1850年の世界の戦艦模型。その数108。1階の独立戦争から始まるアメリカ海軍史のなかで日本人として見逃せないのが、第2次世界大戦のコーナーにある戦艦ミズーリで調印された降伏文書に関するもの。外相重光葵と参謀総長の梅津美治郎が署名した降伏文書のコピーと写真パネル、実際に使った貴重なペンと机が展示されている。

博物館では第2次世界大戦の米軍の功績を伝えている

お昼時はここへ行け
月〜金の12:00から士官候補生がバンクロフトホールの前に整列し、これから食事だという簡単な儀式を行う。ぜひ寄ってみよう。

学生の制服に注目
ユニホームによって学年がわかる。白いセーラー服は1年生だ。腕章の星やラインの数によって、階級もわかる。

海軍兵学校卒業の著名人
第39代大統領カーターは、この学校の出身。卒業後は原子力潜水艦の乗組員として働いたが、父親の死去にともないアトランタに戻った。知日派として知られるアーミテージ元国務副長官、アポロ14号の宇宙飛行士アラン・シェパードも卒業生。上院下院議員も務め、2018年に亡くなったジョン・マケインも卒業生で、この墓地に埋葬された。

●海軍兵学校博物館
住 Preble Hall, 118 Maryland Ave.（入場はゲート1から）
☎(410)293-2108　MAP P.334-C1
URL www.usna.edu/Museum
営 月 水 〜 土9:00〜17:00、日10:00〜16:00　休 火、祝日
料 無料

ニッポン in DC

日本海軍が誇った酸素魚雷

海軍兵学校のキャンパスを歩くと、さまざまな時代に使用された兵器がいたるところに見出される。そのなかに、日本海軍が開発した魚雷があるのをご存じだろうか？ダグレンホール玄関前の左手、芝生上にさりげなく2本置かれている。93式と呼ばれる酸素魚雷がそれである。この魚雷は、実戦記録上の活躍こそ目立たないものの、世界に誇れる「ハイテク兵器」だったのである。

日本海軍の酸素魚雷は「空気は4分の3が窒素、残り4分の1が酸素であり、酸素量が多い。酸素の少ない列国海軍の魚雷に比べ」非常に効率的、かつ効果的な兵器として恐れられた。それは、海中走行中に泡が出ないため航跡ができにくい。つまり、敵艦から発見される確率が低い。効率のよい走行ができるため射程も伸びる。これは、相手より遠くから攻撃を開始できるということ。窒素のぶんの無駄なスペースがないので火薬を多く搭載することができる。実際、駆逐艦ぐらいの敵艦であれば一発で葬ることができたという。

日本海軍の戦略思想は「アメリカまで行って戦うのではなく、アメリカが攻めてくるのを小笠原あたりで迎え撃って戦う」ことに重きを置いていた。そのため、「旧日本海軍の軍艦は米英に比べ燃料タンクスペースが小さいのが特徴」であり、魚雷にもこの技術を適用した。米艦隊を迎え撃つ際に「相手の魚雷が届かない遠くから、この酸素魚雷数十本を扇形に発射し、どの軍艦にも確実に命中させようという狙い」であった。「接近してお互いの大砲を撃ち合う前に相手を殲滅ないし壊滅的損害を与えるというのが、酸素魚雷を有する日本海軍の対米基本戦略」だったのである。

実戦価値の高い兵器ではあったが、航空機からの攻撃が一般的になると、93式魚雷はむなしく倉庫に山積みとなった。とはいえ、これを改造して人間が乗れるようにしたのがひとり乗り特攻魚雷「回天」である。海軍のなかでは、その性能ほどの評価は受けなかったものの、アメリカ海軍では酸素魚雷の脅威を認めていたのであろう。　（ワシントンDC　海野　優）

DC豆知識　**海軍兵学校博物館そのほかの展示**　黒船来航で知られるペリー提督、海外からの初期の留学生のひとりであった日本人の瓜生外吉、真珠湾攻撃、硫黄島の戦いに関する展示が見られる。

港町アナポリスを海から楽しもう　MAP P.334-C2

ヨット&ボートクルーズ
Yacht & Boat Cruises

美しい町並みを誇るアナポリスを海から見るのもまた一興。中心部を少し離れた海沿いには個性的な豪邸が建ち並び、一見の価値がある。また、海軍兵学校やアナポリス港など、海から見たアナポリスの観光案内もしてくれる。

セーリングキャピタルを体感できるクルーズだ

●ウオーターマーククルーズ Watermark Cruises
40分と90分のクルーズが人気。90分クルーズは3種類、40分クルーズは2種類運航されている。海軍兵学校を海側から見学したり、川を遡るクルーズなどさまざま。

●スクーナー・ウッドウインド号 Schooner Woodwind
"セーリングキャピタル"と呼ばれるアナポリス。ヨットに乗船するエキサイティングな体験が人気。帆の高さが約23mのヨットを操りながらのクルーズは実に気持ちがいい。波に乗るため乗客がヨットの左右に移動したり、急角度でバランスを取ったり。日本ではなかなかできない体験だ。所要2時間。

ヨット&ボートクルーズ
オススメ度 ★★
●ウオーターマーククルーズ
出発：シティドックの南、看板が出ているのですぐにわかる
☎(410)268-7601
URL watermarkjourney.com
営 3月下旬〜9月の運航でシーズン、曜日によって運航本数は異なる。詳しくはウェブサイトで
料 40分クルーズ$22、3〜11歳$8、90分クルーズ$32、3〜11歳$15。60分のサンセットクルーズも運航。$30、3〜11歳$19

●スクーナー・ウッドウインド号
MAP P.334-C2
☎(410)263-7837
URL www.schoonerwoodwind.com
料 $71.95（週末とサンセット$75.25）
運航：4月中旬〜9月の毎日だが、季節により1日2〜4回
出発：アナポリス・ウオーターフロント（住 80 Compromise St.）のドックDockから

ヨットが航行する姿が町に調和する。奥の建物が州議事堂

アナポリスのかつての産業を伝える　MAP P.331

アナポリス海事博物館
Annapolis Maritime Museum

チェサピーク湾は、全米屈指のカキ生産量を誇る、海洋資源に恵まれた所。カキの缶詰工場を改装した博物館では、工場の名残と60〜90年前のカキの養殖、町の発展を紹介している。1952年に300万個採れたカキも、2009年は10万個と激減。原因は環境汚染だ。ほかにもカキの生態系や、昔のカキ漁の貴重なフィルム、カキの缶詰の製造方法などを解説している。

昔のカキの養殖方法も知ることができる

アナポリス海事博物館
住 723 2nd St.
☎(410)295-0104
URL www.amaritime.org
開 火〜日10:00〜15:00
料 $7、3〜12歳・学生・65歳以上$5

Column

『ルーツ』のルーツ、ここにあり

数多くの交易船が出入りしにぎわいを見せていた18世紀のアナポリス港。そこではまた、奴隷貿易も盛んに行われていた。1767年、アフリカから入港した船にはあのクンタ・キンテKunta Kinteが乗っていた。世界中でセンセーションを巻き起こした『ルーツ』のアレックス・ヘイリーの13代前の祖先である。今は多くの観光客でにぎわうシティドックの一画に、クンタ・キンテ・アレックス・ヘイリー・メモリアルの像が見られる。アレックス・ヘイリーが子供たちに黒人の歴史について語る姿だ。アナポリスの町に残る邸宅のなかには、黒人の血と汗と涙によって建てられたものもあることを覚えておこう。MAP P.334-C2

子供たちに語るアレックス・ヘイリーの像

DC豆知識　『ルーツ』はTVドラマ化もされ、その衝撃的な内容で一大ブームを巻き起こした。アメリカではTV界のアカデミー賞といわれるエミー賞（1977年）を独占し、日本でもテレビで放映された。

ウェスティン・アナポリス　Westin Annapolis

無料サーキュレーターの終点、ゆったり湯船につかれる

高級／ダウンタウン

MAP● P.331

シティドックから約1.7km、少し距離があるように感じるかもしれないが、サーキュレーターの西の終点がホテルと、とても便利。ホテルの前を町のメインストリートであるWest St.が走り、通り沿いにおしゃれなショップやロコでにぎわうレストランもあって、散策にもちょうどいい。

アナポリスのウェスティンは、大都市と異なってとてもアットホームな雰囲気が特徴。ロビーには小さなレセプション、疲れを感じ取ってくれるように配置されたソファと椅子、必要なものが揃う売店。時差ボケ解消にありがたいフィットネスセンターもある。もちろん、「快適」を追求する客室もいい。目に優しいファブリックと深い眠りに誘ってくれる羽毛の寝具、そして旅の疲れを癒やしてくれる深いバスタブ。また、広い机とUSBポートと差込プラグが豊富なのもありがたい。各フロアに共用の電子レンジあり。

上／すべてにレベルが高く、ずっと泊まりたくなるホテルだ　下／町の西側に建つウェスティンホテル。周囲の環境もいい

225室　有料Wi-Fi $10.95/$15.95

住 100 Westgate Circle, Annapolis, MD 21401　☎(410)972-4300　Free(1-888)627-8994　FAX(410)972-4301
URL westin.marriott.com　料ⓈⒹⓉ$160～659　カード ADJMV

グラジェエイトアナポリス　Graduate Annapolis

ビジネス客にも好評

高級／ダウンタウン

観光案内所に近く、アナポリスでは唯一4ダイヤモンドを受賞するだけあって評判も高い。歴史の町アナポリスにふさわしく、エレガントなロビーやレストランがある。

215室　無料Wi-Fi

MAP●P.334-A2　住 126 West St., Annapolis, MD 21401　☎(410)263-7777　FAX(410)263-0084
URL www.graduatehotels.com/annapolis/　料ⓈⒹⓉ$134～569、スイート$204～999　カード ADMV

フラッグ・ハウス・イン　Flag House Inn

USNAのそばにあり、アナポリスらしい

エコノミー／ダウンタウン

入口に並んだ旗が目印のイン。ビクトリア調の建物＆客室で、6室すべてバスルーム付き。宿泊代には自家製のパンがおいしい朝食も含まれる。週末は最低2泊から。

6室　無料Wi-Fi　無料朝食

MAP●P.334-C2　住 26 Randall St., Annapolis, MD 21401　☎(410)280-2721
URL www.flaghouseinn.com　料ⓈⒹ$225～399、スイート$249～499　カード AMV

コートヤード・アナポリス　Courtyard Annapolis

車利用者に便利な宿

中級／郊外

歴史地区から離れるが、路線バスが目の前に停まり、イエロールートを乗り継いで中心部のチャーチサークルやシティドックまで行くことができる。

149室　有料Wi-Fi $4.95

MAP●P.331　住 2559 Riva Rd., Annapolis, MD 21401　☎(410)266-1555　Free(1-800)321-2211
FAX(410)266-6376　URL www.marriott.com　料ⓈⒹⓉ$114～350、スイート$134～400　カード ADJMV

※アナポリスのセールスタックスは6%、ホテルタックスは13%、ここに記載した料金にはTaxは含まれていない。
※ホテル設備マークはP.246～247参照

$：$20（予算の目安）　クラブケーキを出す店　ビジネスにも使いやすい店
：ひとりでも入りやすい店

ヒストリック・イン・オブ・アナポリス　Historic Inns of Annapolis

アナポリスらしい宿はいかが　中級／ダウンタウン

The Maryland Inn、The Governor Calvert House、The Robert Johnson Houseの歴史的建造物をホテルとして経営。アメリカ東部の伝統を感じるには最適な宿。

124室　無料Wi-Fi

MAP●P.334-B2（Maryland Inn）　住58 State Circle, Annapolis, MD 21401　☎(410)263-2641　Free(1-844)656-8640　FAX(410)268-3613　URL www.historicinnsofannapolis.com　料ⓈⒹⓉ$120～624、スイート$290～840　カード ADMV

ダブルツリー・アナポリス　DoubleTree Annapolis

人気のショッピングエリアにも近い　高級／郊外

US-50の出口に近く、車利用者には便利。アナポリスの中心部やショッピングモールへはホテルが無料のシャトルを走らせている。客室は清潔で広く、アメニティも充実。

219室　無料Wi-Fi

MAP●P.331　住210 Holiday Court, Annapolis, MD 21401　☎(410)224-3150　FAX(410)224-3413　日本☎(03)6864-1633　無料0120-489-852　URL www.doubletree.com　料ⓈⒹⓉ$114～369、スイート$214～419　カード ADJMV

ラムズ・ヘッド・タバーン　Rams Head Tavern

ライブステージも併設、おおいに盛り上がる　アメリカ料理　MAP●P.334-A2

ビールの醸造もやっている気軽なレストランで、昼時は州政府に勤めるお役人や弁護士でいっぱいになる。ご自慢は醸成ビーフのハンバーガーとラガーやエールを揃えた地元のビール。毎日ライブが行われている。

住33 West St.　☎(410)268-4545　URL ramsheadtavern.com　営月～木11:00～24:00、金土～翌2:00、日10:00～、サンデイブランチ10:00～14:00　カード AMV

カフェノルマンディ　Cafe Normandie

クレープは食事もデザートにもよし　フランス料理　MAP●P.334-B2

おいしいコーヒーとデザートを出す店として地元では評判だ。フランスの田舎風の建物の中で、ひと休みにお茶を楽しむもよし、食事でシーフードに舌鼓を打つもよし。ソフト・シェル・クラブも美味。カジュアルな服装でOK。

住185 Main St.　☎(410)263-3382　URL www.cafenormandie.com　営毎日11:00～22:00（15:00～17:00は閉店）　カード AMV

アナポリス・アイスクリーム・カンパニー　Annapolis Ice Cream Company

行列のできる手作りアイスクリーム　アイスクリーム　MAP●P.334-B2

市民に愛され続けている店。おいしさの理由はすべて「手作り」にある。常時30種類、季節ごとのフレーバーも7～8種類を揃えている。1スクープ$4.93～だが、2スクープ以上のボリューム。メインストリートの便利な場所。

住196 Main St.　☎(443)714-8674　URL annapolisicecream.com　営月～木12:00～20:00、金土～22:00、日～21:00　休11月第4木曜、12/24、12/25　カード AMV

チック・アンド・ルース・デリー　Chick & Ruth's Delly

政治家が集う町の名物カフェ　アメリカ料理　MAP●P.334-B2

知事をはじめとして、州の上院下院議員たちが訪れる町の名物店。料理のセットが議員の名前になっていて、誰が何を好きかがわかる。ミルクシェイク、ポテト料理が特においしい。平日8:30、週末9:30に国旗掲揚式が行われる。

住165 Main St.　☎(410)269-6737　URL www.chickandruths.com　営日～木6:30～23:00、金土～24:00　休12/25　カード AMV

お役立ち情報　イタリアンの人気店Luna Blu　ディナーの前菜&サラダ、パスタの4種類のコースが$45。MAP P.334-A2　住36 West St.　☎(410)267-9950　URL lunabluofannapolis.com

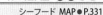

ボートヤード・バー・アンド・グリル Boatyard Bar and Grill

オバマ元大統領夫人もお気に入り

シーフード MAP●P.331

ヨットハーバーに近いことから、海を愛する人々でいつも居酒屋のようなにぎわい。元大統領夫人のミシェルもクラブケーキ($20～市場価格$48くらい)をいたく気に入ったとか。朝食メニューのエッグベネディクトはハムやベーコンの替わりにクラブケーキもあり、絶品！

住400 4th St.　☎(410)216-6206
営月～金11:00～24:00、土10:00～、日9:00～　カード A M V

キャロールズクリーク Carrol's Creek

ヨットを眺めながらシーフードに舌鼓

シーフード MAP●P.331

ヨットハーバーを眺めながら食事ができるレストラン。アナポリスの余韻に浸りながらゆったり食事をするには最適だ。地元産のクラブケーキはカニの香りが口いっぱいに広がる。シティドックからはウオータータクシーが便利。

住410 Severn Ave.　☎(410)263-8102　URL carrolscreek.com　営月～土11:30～16:00、17:00～20:00（金土～21:00）、日11:30～20:00　カード A M V

レイノルズタバーン Reynolds Tavern

歴史の町のアフタヌーンティーは格別

ハイティー MAP●P.334-A,B2

町でいちばん古い居酒屋兼宿屋が、現在も小さなB&B（3室）とレストランとして営業している。ポットに入ったアツアツの紅茶とデザートがセットで$11～39。スコーンやタルト、フィンガーサンドイッチなどバラエティ豊か。

住7 Church Circle　☎(410)295-9555　URL www.reynoldstavern.org
営毎日11:00～22:00、ライブ火～土19:00～22:00　カード A M V

バディズ・クラブ&リブズ Buddy's Crabs & Ribs

兵学校の制服組もやってくる、にぎやかな店

シーフード MAP●P.334-C2

30分から1時間待ちは当たり前。おすすめは名物のシーズニングがたっぷりかかったカニ！　悪戦苦闘しながら食べるのも楽しいし、スペアリブもおいしい。人気の店なので予約を。サンデイブランチは$24.95でたいへんお得。

住100 Main St., 2F　☎(410)626-1100　URL www.buddysonline.com　営月木金12:00～21:00、土～22:00、日10:00～20:00　休火水　カード A M V

ガルウエイ・ベイ・アイリッシュパブ Galway Bay Irish Pub

シーフードをつまみに乾杯

アイルランド料理 MAP●P.334-B1

料理もビールもおいしくて、とびっきり楽しいディナーを過ごしたい人にうってつけのレストラン兼パブ。輸入＆国産ビールやウイスキーの種類も多く、グルテンなしのビールもある！　地元のリピーターでいつもにぎやか。クラブケーキや名物パイがおすすめ。

住63 Maryland Ave.　☎(410)263-8333　営月～金11:30～23:00、土日11:00～、サンデイブランチ11:00～14:00　カード A M V

ライトハウス・ビストロ Light House Bistro

オープンキッチンで美味なアメリカ料理を

アメリカ料理 MAP●P.334-A2外

ハンバーガーやサンドイッチ、フレンチフライなどよくあるアメリカ料理が、美しい盛りつけで、しかも繊細な味で美味。15年以上料理に打ち込み、素材選びの慧眼をもつシェフのわざだ。地元の人で朝からにぎわう理由がわかる。

住202 West St.　☎(410)424-0922　URL www.lighthousebistro.org
営水～日8:00～15:00　休月火　カード A M V

お役立ち情報　**地元の素材がフレンチ風にFlamant**　カジュアルな内装だが肉、魚介類、デザートのクオリティが高い。住17 Annapolis St.　URL flamantmd.com　営火～土12:00～14:00、16:30～21:00

フィラデルフィア

DCからの2泊旅行におすすめ！

Philadelphia

ペンシルバニア州

MAP 折込地図裏 -D1

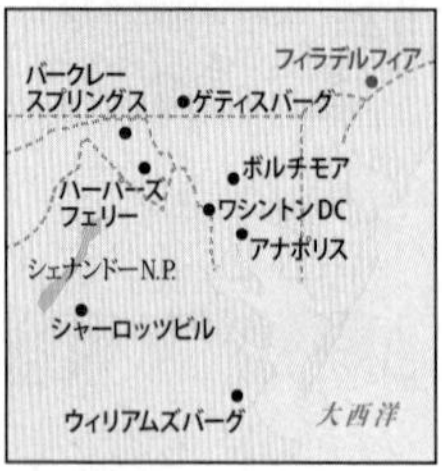

DCから鉄道でアクセスできるフィラデルフィア。スカイラインの夜景が印象的
© Bob Krist for the PHLCVB

1776年7月4日、独立宣言の採択を知らせるリバティベルの音がフィラデルフィアに響き渡った。イギリスの植民地だったアメリカが、自由の第一歩を歴史に刻んだ瞬間である。1790～1800年の間には国会議事堂や最高裁判所などの行政・司法機関がおかれ、ワシントンDCが誕生するまでの臨時の首都であった。

ギリシア語で"兄弟愛"の意味をもつフィラデルフィアは、"フィリー"と親しみを込めて呼ばれる人気の観光地。全米で5番目に人口が多い、大西洋沿いのメガロポリスのひとつだ。この町では、建国以来の歴史が育んだ文化、優れた美術館、そしてチーズステーキに代表される名物料理を楽しんでほしい。

アクセス Access

DCの北東約220kmにあり、アムトラックやグレイハウンドが便利。飛行機で向かうなら、中心部の南西約15kmにフィラデルフィア国際空港（PHL）がある。

アムトラック　Amtrak

鉄道ならDCから日帰り旅行も可能。普通列車で2時間弱、アセラ特急なら1時間40分ほどで、1日21～30本ほど運行されている。ニューヨークからは1時間10分～1時間40分の距離。乗り入れるのは町の西にある**サーティスストリート駅30th St. Station**。全米でも有数の巨大な鉄道駅だ。アムトラックのほかにセプタ（地下鉄、近郊列車）、NJトランジットも発着するターミナルとなっている。

町の西側に建つ巨大なビルがフィラデルフィアの駅舎

フィラデルフィア国際空港
行き方 空港から市内へはタクシーなら$28.50の均一料金（1人増えるごとに$1）で、所要20分前後。また、空港からセプタSeptaの近郊列車Airport線 がPenn Medicine駅、30th St.駅、Suburban駅、Jefferson駅間を走る。料金は$6.75～9.25（曜日、時間、購入方法により異なる）、所要20～30分。空港駅は一部改築中

アムトラック
Free (1-800)872-7245
URL www.amtrak.com
料 DCから$19～284、ニューヨークから$26～299。アムトラック利用者はセプタRegional RailのSuburban駅 とJefferson駅まで行ける

サーティスストリート駅
MAP P.345-A1,2
住 2955 Market St.
開 駅舎は24時間、チケット売り場は月～金5:15～21:45、土日6:10～（自動券販機は24時間）、セプタRegional Railチケット売り場は月～金6:00～22:00、土8:00～20:00、日8:00～19:00。荷物預かり所、郵便局、主要レンタカー会社、フードコートがある
行き方 シティセンターから地下鉄Market-Frankford線（Blue Line）、地下トロリー（Green Line）、近郊列車で

DC豆知識 中長距離バス会社　メガバスMegabus（URL us.megabus.com）は運賃が格安で人気。ただし、フィラデルフィアは30th St.駅から500mほど南の閑散とした所がバス停。係員もトイレもない。

グレイハウンドバス（フリックスバス） Greyhound Bus (Flix Bus)

町の真ん中にあるグレイハウンドのバスターミナル

DCから2時間40分〜5時間15分で1日に8本程度運行されている。バスターミナルはコンベンションセンターやチャイナタウンから1ブロック、セプタ（近郊列車）のJefferson駅、地下鉄の11th St.駅にも近い。ウェブサイトや自動券売機で切符を購入できることから、係員がとても少なくなっている。

グレイハウンド・バスターミナル
MAP P.345-C1
住 1001 Filbert St. bet. 10th & 11th Sts.。提携しているFlix Busは6th & Market Sts.のインディペンデンス歴史公園案内所の近く
☎ (215)931-4075
URL www.greyhound.com
開 24時間
料 DCから$25〜79

フィラデルフィアの歩き方 Getting Around

インディペンデンス歴史公園にあるビジターセンター。ショップも充実

フィラデルフィアの町はDCに比べて小さいが、見どころは多く、広範囲にわたっている。町はアメリカ建国初期の史跡が集まる**歴史地区Old City/Historic District**、ビジネスや行政の中心である**コンベンションセンター地区Convention Center District**、美術館や博物館が並ぶ**パークウエイミュージアム地区Parkway/Museum District**、高級ブティックや劇場が集まる**リットンハウス広場地区Rittenhouse Square District**、ペン大学博物館やペンシルバニア大学がある文教地区の**ユニバーシティシティ地区University City District**、そして庶民的な雰囲気とプロスポーツ観戦が楽しめる**サウスフィラデルフィア地区South Philadelphia District**などに分かれる。時間がないなら歴史地区を中心に市庁舎タワー、パークウエイミュージアム地区、余裕があればサウスフィラデルフィアへ足を延ばしてのスポーツ観戦もおすすめ。地下鉄やバスで移動できるので、車は不要だ。

期間内ならフィラデルフィアの約40のアトラクションに入場可能なパス。1、2、3、5日と4種類あり、最大50%お得。詳しくは URL gocity.com/philadelphia

フィラデルフィア観光局
URL www.visitphilly.com

観光案内所 Visitor Information

インディペンデンス観光案内所 Independence Visitor Center

歴史地区にある大きな案内所で、滞在中必ず一度は立ち寄りたい。館内のシアターではフィラデルフィアの歴史のオリエンテーションフィルムを上映している。また、各観光ツアーの申し込みもできる。

インディペンデンス観光案内所
MAP P.345-D2
住 6th & Market Sts.
Free (1-800)537-7676
URL www.phlvisitorcenter.com
開 毎日9:00〜17:00 休 12/25
行き方 Market-Frankford線（ブルー・地下鉄）の5th St.駅下車

ラブパーク観光案内所 LOVE Park Visitor Center

ロッキーの像もある観光案内所

パークウエイミュージアム地区の美術館、博物館などの資料も揃う。市庁舎タワー（→P.346）のツアーはここから出発する。

ラブパーク観光案内所
MAP P.345-B1
住 1569 JFK Blvd.
☎ (215)344-8544
開 水〜土10:00〜15:00

市内の交通機関 Transportation

市内の交通は、公共交通機関のセプタSEPTAが運行する地下鉄、路線バス、近郊列車、そしてニュージャージー州間を結ぶPATCOも地下を通る。トロリー型バスのフラッシュ（1～4月下旬運休）は観光客におすすめだ。

セプタ　SEPTA

地下鉄は南北を走るBroad Street Line（**Orange Line**）、東西に横断するMarket-Frankford Line（**Blue Line**）、そして中心部では地下を走り、西へ向かうトロリー（**Green Line**）。近郊列車は14路線あるが、旅行者が使うのは空港に乗り入れるAirport Lineだけだろう。縦横に走る路線バスは案内所やウェブサイトで時刻表と路線図を入手すれば利用しやすい。

フラッシュ　Phlash

観光客の足として便利なトロリー型バス。歴史地区、センターシティ、パークウエイミュージアム地区などの見どころ約20ヵ所を回る。15～30分間隔なので非常に便利だが、4月下旬～12月のみの運行で、1～4月中旬は走っていない。

運行頻度が高いので便利なフラッシュ

観光ツアー　Sightseeing Tours
ビッグバス Bigbus（Philadelphia Trolley Works）

インディペンデンス観光案内所、美術館など27ヵ所に停車するツアーで、所要1時間30分。チケットの有効時間内なら、各停留所で乗り降り自由の2階建てバス。わかりやすい出発場所は6th & Market Sts.。2日券、3日券もある。

おもな見どころ　Sightseeing

アメリカ誕生の地　MAP P.345-D1,2

インディペンデンス国立歴史公園
Independence National Historic Park

フィラデルフィア観光の中心で、建国にまつわる見どころが集まるエリア。まずインディペンデンス観光案内所（→P.343）に行き地図をもらったり、歴史を解説するフィルムを鑑賞したい。ここには書籍の充実したショップもある。なお、以前配っていた独立記念館の入場整理券は予約制となった。1～2月と夏季の17:00以降は整理券不要。

美術館見学と独立記念館の見学はマスト！

セプタ
☎(215)580-7800
URL www.septa.org
料 地下鉄、トロリー、バス$2.50。地下鉄、トロリーとバスに1日8回まで乗れる1 Day Convenience Pass（$9）と72時間以内に24回まで乗れる3 Day Convenience Pass（$18）があるが、カード代が$4.95かかり、カスタマーセンターや一部の自動券売機でしか買えない。地元の人はTravel Walletというアプリを使っている。なお、近郊列車はゾーン制なので、料金は自動券売機やウェブで確認を
●Customer Service
住 1234 Market St.
開 月～金8:00～17:00

フラッシュ
URL www.ridephillyphlash.com
●運行：4月下旬～5月中旬と9月上旬～12月末の金～日10:00～18:00、5月下旬～9月上旬の毎日10:00～18:00。15分間隔。1～4月中旬は運休
料 $2、1日券$5、2日券$9。4歳以下は無料。パスは車内やビジターセンターで買える

ビッグバス
☎(215)389-8687
URL www.phillytour.com
料 1日券：$36、4～12歳$17。24時間有効
●運行：冬季以外毎日9:30～17:00（5月下旬～9月上旬～17:30、土～18:00）、冬季毎日10:00～16:00の30～60分間隔

フィラディフィアが初めてなら2階建て観光バスもいい

インディペンデンス国立歴史公園
オススメ度 ★★★★
☎(215)965-2305
URL www.nps.gov/inde

大統領の家跡
住 Market & 6th Sts.
開 毎日7:00～22:00　料 無料

リバティベル・センター
住 Market & 5th Sts.
開 毎日9:00～17:00。入場は閉館10分前まで。観光シーズンは長蛇の列をつくっている
料 無料

お役立ち情報　フィラデルフィアのSmarTripカード「Septa Key」　交通機関のICカードの運用が始まった。磁気部分をスライドさせる。$4.95だが、30日以内に使い始めれば$4.95はそのまま運賃になる。

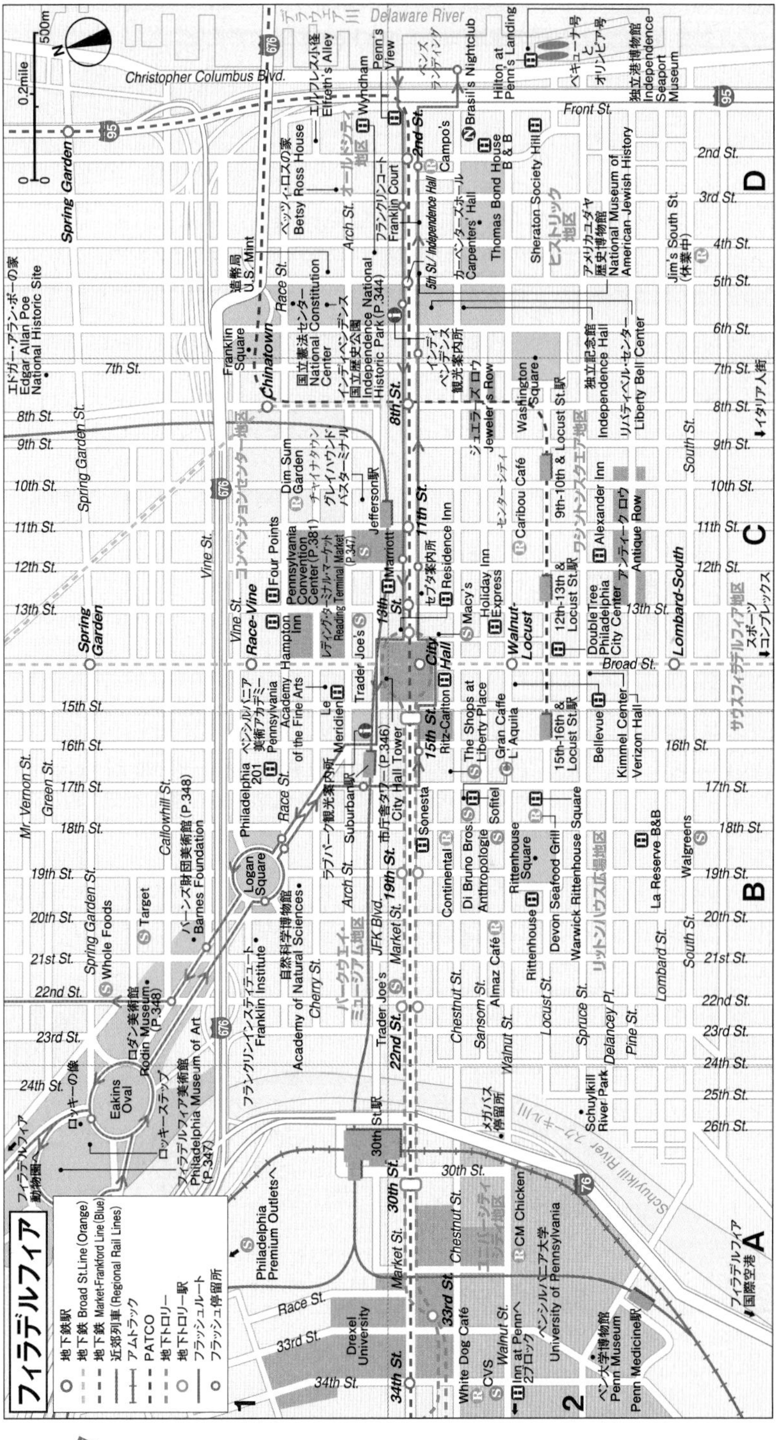
フィラデルフィア
地下鉄駅
地下鉄 Broad St.Line (Orange)
地下鉄 Market-Frankford Line (Blue)
近郊列車 (Regional Rail Lines)
アムトラック
PATCO
地下トロリー
地下トロリー駅
フラッシュルート
フラッシュ停留所
Delaware River
デラウエア川
Schuylkill River スクールキル川
Christopher Columbus Blvd.
フィラデルフィア美術館 Philadelphia Museum of Art (P.347)
ロッキー・ステップ
ロッキーの像
Eakins Oval
ロダン美術館 Rodin Museum (P.348)
バーンズ財団美術館 (P.348) Barnes Foundation
Logan Square
自然科学博物館 Academy of Natural Sciences
フランクリンインスティテュート Franklin Institute
ペンシルバニア美術アカデミー Pennsylvania Academy of the Fine Arts
市庁舎タワー (P.346) City Hall Tower
ラブパーク観光案内所
Pennsylvania Convention Center (P.381)
レディング・ターミナル・マーケット Reading Terminal Market (P.347)
Chinatown
国立憲法センター National Constitution Center
インディペンデンス国立歴史公園 Independence National Historic Park (P.344)
インディペンデンス観光案内所
独立記念館 Independence Hall
リバティベル・センター Liberty Bell Center
カーペンターズ・ホール Carpenters' Hall
フランクリンコート Franklin Court
ベッツィ・ロスの家 Betsy Ross House
エルフレス小径 Elfreth's Alley
造幣局 U.S. Mint
エドガー・アラン・ポーの家 Edgar Allan Poe National Historic Site
アメリカユダヤ歴史博物館 National Museum of American Jewish History
独立港博物館 Independence Seaport Museum
Washington Square
Rittenhouse Square
Franklin Square
ペンシルバニア大学 University of Pennsylvania
Drexel University
ペン大学博物館 Penn Museum
30th St駅
Suburban駅
Jefferson駅
Penn Medicine駅
Kimmel Center
Verizon Hall
フィラデルフィア国際空港
フィラデルフィア動物園へ
Philadelphia Premium Outlets へ
サウスフィラデルフィア地区
スポーツコンプレックス
イタリア人街
0.2mile
500m
N
A
B
C
D
1
2

観光案内所の向かい側に**大統領の家跡President's House Site**がある。初代大統領ワシントン、第2代アダムスが住居とした場所。その南に建つのは独立宣言のときに高らかに鳴らされた自由の鐘が収められた、**リバティベル・センターLiberty Bell Center**。世界中から観光客が訪れ、世界各国語のビデオも上映される。残念ながら、大きな亀裂が入った鐘は1846年を最後にその音を聞くことはできない。

ジェファソンたちが実際に議論を重ねた場所だ

さらに1ブロック南の**独立記念館Independence Hall**では、1776年7月4日、トーマス・ジェファソン起草の独立宣言が採択されたほか、1787年の憲法制定会議も行われている。内部の見学は30分のツアーに参加しないとできないため、事前にチケットを予約しておこう（1～2月と夏季の17:00以降は整理券不要）。独立記念館の西隣は**国会議事堂Congress Hall**だ。

独立記念館から２ブロック東にあるのは**カーペンターズホールCarpenters' Hall**で、1774年、イギリスの植民地弾圧政策に対抗するための第1回大陸会議が開かれた建物。北へ1ブロック進むと小さな中庭、**フランクリンコートFranklin Court**がある。ベンジャミン・フランクリンが所有していた棟続きの５軒の家が見えるだろう。そのうちの1軒は現役の郵便局として活躍中だ。**フランクリン博物館Benjamin Franklin Museum**には、フランクリンが使っていた机などが展示されている。

歴史公園の北側には**国立憲法センターNational Constitution Center**がある。憲法がもたらした民主主義の歴史に新たな光を当てた展示が珍しい。

フィラデルフィアの中心に建つ　MAP P.345-C1,2

市庁舎タワー
City Hall Tower

高さ167mの市庁舎タワーは、1987年までフィラデルフィアで最も高い建物だった。タワーの上に立つウイリアム・ペンの銅像の高さをしのぐ建物を市の中心に建てることを禁ずる「紳士協定」があったからだ。タワーの展望台からは隣のニュージャージー州まで市街地が一望できる。あわせてフィラデルフィアの生みの親であるペンの像にも注目しよう。シャツのひだまで精巧に作られている。町はこの市庁舎を中心に南北、東西へおもな地区が分かれ、真っすぐ南北に走るブロードストリートは、全米屈指の長さを誇っている。

市庁舎タワーに上って町の鳥瞰図を楽しもう

独立記念館
要予約
住 Chestnut St. bet. 5th & 6th Sts.
開 毎日9:00～16:40の20分間隔で出発するツアーに参加しなければ見学できない
料 無料。3～12月は見学に整理券が必要
URL www.recreation.govまたは
Free (1-877)444-6777で予約してから行こう（手数料$1/枚）

国会議事堂
住 6th & Chestnut Sts.
開 毎日9:00～17:00　料 無料

カーペンターズホール
住 320 Chestnut St.
URL www.carpentershall.org
開 1～2月の水～日、3～12月の火～日の10:00～16:00
※2023年3月現在、火災により休館中
料 無料

自由の鐘もフィラデルフィアにある

フランクリン博物館（フランクリンコート内）
住 3rd, 4th, Market, Chestnut Sts.
開 毎日9:00～17:00
料 $5、4～16歳$2

国立憲法センター
住 525 Arch St.
URL constitutioncenter.org
開 水～日10:00～17:00
休 月火
料 $14.50、6～18歳$11、65歳以上$13

市庁舎
オススメ度 ★★
住 Broad & Market Sts.（西側）
☎ (267)514-4757
URL www.phlvisitorcenter.com/CityHallTowerTour
※2023年3月現在、ツアーは休止中

読者投稿 **ロッキーの像前に出る人に注意**　ロッキーの像の前に、しつこく写真を撮ってあげると言ってくる人がいる。チップを要求されるので注意。
（東京都　瀧澤友一）['23]

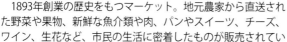

フィラデルフィアっ子の胃袋を満たす

MAP P.345-C1,2

レディング・ターミナル・マーケット
Reading Terminal Market

1893年創業の歴史をもつマーケット。地元農家から直送された野菜や果物、新鮮な魚介類や肉、パンやスイーツ、チーズ、ワイン、生花など、市民の生活に密着したものが販売されている。マーケットがにぎわうのは平日のランチタイム。ハンバーガーなどのファストフードを目当てにビジネスパーソンが集まってくる。コンベンション参加者も立ち寄るという。ブースの数は約75。

庶民の生活がわかるマーケット

全米屈指の規模を誇る

MAP P.345-A1

フィラデルフィア美術館
Philadelphia Museum of Art

アメリカを代表する美術館のひとつ。収蔵品は24万点以上、アメリカ、ヨーロッパ、アジアなど世界を包括するコレクションが、200以上の展示室に飾られている。日本語のパンフレットを案内所やチケット売り場で入手してから回ろう。

フィラデルフィア美術館は町の北西にあり、時間をかけて見学したい

1階北ウイングは、19世紀後半のヨーロッパ絵画のコーナー。**セザンヌの『大水浴The Large Bathers』**、**ゴッホの『ひまわりSunflowers』**は美術館を代表する作品。また、現代アートの父と呼ばれる**マルセル・デュシャン**のコレクションは世界一といわれ、2枚の大きなガラスパネルを使った、通称『**大ガラスThe Large Glass**』や、個室の木の扉からのぞき込む『**遺作Etant donnes**』など、彼の代表作が多く展示されている。ほかに、ピカソの『**3人の楽師Three Musicians**』と『**パレットを持つ自画像Self-Portrait with Palette**』にも注目したい。おもに1階は近・現代アメリカ美術、2階は中世・近代ヨーロッパ絵画、3階は中世ヨーロッパと東洋芸術のスペース。すべてを見るなら少なくとも半日は必要だ。

美術館の目の前にある大階段は、フィラデルフィアが舞台の映画『ロッキー』に登場したもの。"ロッキーが72段ある階段を一気に駆け上がり、最上段でガッツポーズ"を取る。この印象的なシーンと同じポーズを取る人が後を絶たない。また美術館に向かって右側にはロッキーの像もあり、こちらも人気。本館の北側には彫刻庭園もあって、のんびりするにはいい所だ。

レディング・ターミナル・マーケット
オススメ度 ★★★
住 1136 Arch St.（11th, 12th, Arch, Filbert Sts.）に囲まれた1ブロック
☎ (215)922-2317
URL readingterminalmarket.org
開 毎日8:00～18:00
休 祝日
料 無料
行き方 フラッシュ、セプタバス#17、33、38

フィラデルフィア美術館
オススメ度 ★★
要予約
住 2600 Benjamin Franklin Pkwy.
☎ (215)763-8100
URL www.philamuseum.org
開 木～月10:00～17:00（金～20:45）
休 火水、おもな祝日
料 本館、ロダン美術館に2日間共通の入場券（金～月曜のみ）は$25、65歳以上$23、学生$14、18歳以下無料。毎月第1日曜と毎週金曜1/:00～は任意の寄付
行き方 フラッシュ、セプタバス#32、38

有名なセザンヌの『大水浴』

ロダン美術館
オススメ度 ★
住 2151 Benjamin Franklin Pkwy.
☎ (215)763-8100
URL www.rodinmuseum.org
開 金～月10:00～17:00
休 火～木、おもな祝日
料 入場料は任意の寄付。寄付目安：$12、65歳以上$11、学生$7、18歳以下無料
行き方 フラッシュ、セプタバス#32、38

力強いロダンの彫刻に出合える　MAP P.345-B1

ロダン美術館
Rodin Museum

バーンズコレクションのすぐそばにあるロダン美術館

フランス人彫刻家ロダンの美術館。小さな美術館だが、ロダンの作品だけを集めた美術館としてはフランス国外で最大。彫像約150点を収蔵し、そのうちの数十点が公開されている。館内には**『カレーの市民The Burghers of Calais』、『地獄の門The Gates of Hell』**といったロダンの傑作はもちろんのこと、小説家ビクトル・ユーゴーやバルザックの像など、迫力のある作品が並ぶ。なかでも、屋外に鎮座する『考える人The Thinker』のブロンズ像をお見逃しなく。

幻のコレクション、浮世に現る　MAP P.345-B1

バーンズ財団美術館
Barnes Foundation

驚くほどの名作が数えきれないほどきっちり展示されている
© Barnes Foundation

バーンズ財団美術館
オススメ度 ★★★★
要予約
住 2025 Benjamin Franklin Pkwy.
☎ (215)278-7000
URL www.barnesfoundation.org
開 木～月11:00～17:00。入場制限あり（下記参照）
休 火水
料 $30、65歳以上$28、13～18歳・学生$5、12歳以下無料
行き方 ロダン美術館と同じ
●**見学方法**：事前にチケットの予約を。クレジットカードが必要AMV。予約書を印刷して当日入口で見せる

後期印象派をこれだけ所蔵
ルノワール181点、セザンヌ69点、マチス59点は個人所有としては世界屈指。

個人宅に所蔵され、厳しい入場制限があることから「幻のコレクション」といわれたバーンズコレクション。後期印象派を中心とする珠玉の名作が、現在フィラデルフィアの中心部で美術館として公開されている。日本でも1994年、最長7時間待ちの記録を作ったコレクションは、フィラデルフィアの重要な観光の目玉になっている。

目薬の開発で巨万の富を得たバーンズは、美術にも深い造詣を寄せ、財団を設立。一般にも公開しようと、これを公開前に貸し出したところ酷評を受けた。不快に思ったバーンズは公開を中止。わずかな人しか見学できないようにしたのだ。バーンズの死後も作品は、カラーでの複製、展示位置の変更、売却、他美術館への貸し出しを禁止し、長い間門外不出であった。しかし、資金繰りに困りギャラリーの改装資金捻出のため、コレクションはワシントン、パリ、東京（1994年）の巡回などを経て、ようやく2012年5月現在の地にオープンした。

まず、驚くのはその配置法。氏のストイックなまでの展示方法がきっちり再現されている。画家ごとに左右対称に展示され、中央には核になる作品が配置されている。**セザンヌの『大水浴The Large Bathers』、『カード遊びをする人たちThe Card Players』、マチスの最高傑作のひとつ『生きる喜びLe Bonheur de vivre』**、寡作の画家**スーラの『ポーズする女たちModels』、ルノワールの『横たわる裸婦Reclining Nude』**などすばらしい作品群が十二分に堪能できる。

バーンズ財団美術館は予約をしてから行こう
© Barnes Foundation

イン・アット・ペン・ヒルトン　Inn at Penn, Hilton

大学のキャンパスに囲まれた快適なホテル　高級／ユニバーシティ地区

ペンシルバニア大学の構内にあるヒルトンホテル。周囲にはレストランやカフェ、ショップが集まっている。シティセンターからトロリーと徒歩で約10分。

247室　無料Wi-Fi

MAP●P.345-A2外　住3600 Sansom St., Philadelphia, PA 19104　☎(215)222-0200　Free(1-800)445-8667　FAX(215)222-4600　URL www.theinnatpenn.com　料ⓈⒹⓉ$245～579、スイート$415～679　カード ADJMV

ワーウィック・ホテル・リットンハウス・スクエア　Warwick Hotel Rittenhouse Square

歴史的建造物に指定されている　中級／リットンハウス広場地区

MAP●P.345-B2

高級住宅街でありショッピングエリアとしてにぎわうリットンハウス広場地区にあるブティックホテル。1925年に完成したルネッサンス様式の建物は長期間にわたる大改装を終え、スタイリッシュなデザインに生まれ変わった。徒歩圏内には高級レストランからファストフード店まで数多くあるので、食事にも困らない。最寄りの地下鉄駅まで徒歩約5分。

左／フィラデルフィアにちなんだ写真が飾られている客室　右／新旧のいいところがミックスされたおしゃれなホテル

301室　無料Wi-Fi

住220 S. 17th St., Philadelphia, PA 19103　☎(215)735-6000　FAX(215)790-7759　URL www.warwickrittenhouse.com　料ⓈⒹⓉ$199～479、スイート$259～2500　カード ADJMV

Column　フィラデルフィアでエンタメとプロスポーツを楽しもう

フィリーズ（フィラデルフィア市民）は幅広い文化を受け入れる人々。全米5大オーケストラのひとつをもち、プロスポーツ観戦も全米有数の熱さだ。観光のあと、夜はクラシック鑑賞かスポーツ観戦を楽しんでいってほしい。特にNFLイーグルスは2023年のスーパーボウルであと一歩のところで惜敗した強豪。4大スポーツの会場は地下鉄Broad Street Line、南終点のNRG駅周辺に集中している。

●クラシック音楽　フィラデルフィア管弦楽団 The Philadelphia Orchestra
住本拠地：Verizon Hall(Kimmel Center), 300 S. Broad St.　☎(215)893-1999（チケット）
URL www.philorch.org　MAP P.345-C2

フィラデルフィアはスポーツの盛んな町。地下鉄の南に球場が集まっている

●MLB大リーグ　フィラデルフィア・フィリーズ Philadelphia Phillies
住本拠地：Citizens Bank Park, One Citizens Bank Way
☎(215)463-1000
URL www.phillies.com

●NFLアメリカンフットボール　フィラデルフィア・イーグルス Philadelphia Eagles
住本拠地：Lincoln Financial Field, One Lincoln Financial Field Way
☎(215)463-2500
URL www.philadelphiaeagles.com

●NBAバスケットボール　フィラデルフィア・セブンティシクサーズ Philadelphia 76ers
住本拠地：Wells Fargo Center, 3601 S. Broad St.
☎(215)339-7676（チケット）
URL www.nba.com/sixers

●NHLアイスホッケー　フィラデルフィア・フライヤーズ Philadelphia Flyers
住本拠地：Wells Fargo Center, 3601 S. Broad St.
☎(215)218-7825
URL www.nhl.com/flyers

$：$20（予算の目安）　クラブケーキを出す店
ビジネスにも使いやすい店　：ひとりでも入りやすい店

トーマス・ボンド・ハウス　The Thomas Bond House B&B

歴史的な町の歴史的なB&B　中級／歴史地区

独立記念公園に隣接、歴史地区にかわいらしくたたずむB&B。1769年に建てられ、内部はエレガントな家具が共演してとてもあたたかい雰囲気。朝食付き。

12室　無料Wi-Fi　無料朝食

MAP●P.345-D2　住129 S. 2nd St., Philadelphia, PA 19106　☎(215)923-8523　Free(1-800)845-2663　FAX(215)923-8504　URL www.thomasbondhousebandb.com　料ⓈⒹⓉ$155～215、スイート$225～255　カード AMV

ダブルツリー・フィラデルフィア・シティセンター　DoubleTree Philadelphia City Center

足の便、サービスともに使い勝手のいい宿　中級／リットンハウス広場地区

劇場が集中するブロードストリートに面し、地下鉄の駅の真上に建つホテル。外観よりも客室の居住性に重きをおき、レストランやバーも充実している。

485室　有料Wi-Fi $9.95

MAP●P.345-C2　住237 S. Broad St., Philadelphia, PA 19107　☎(215)893-1600　FAX(215)893-1663　URL www.doubletree.com　料ⓈⒹⓉ$179～409、スイート$256～532　カード ADJMV

ショップス・アット・リバティ・プレイス　The Shops at Liberty Place

アメリカンブランドが揃う　リットンハウス広場地区／ショッピングモール　MAP●P.345-B2

高級ブランドの店が建ち並ぶリットンハウス広場地区の一画にあるショッピングセンター。ガラス張りドームの下にビクトリアズシークレット、キールズなど定番ブランドやロフトのアウトレット、ブルーミングデールズのアウトレットが集合。

住1625 Chestnut St.　☎(215)851-9055　URL www.shopsatliberty.com
営月～土9:30～19:00、日12:00～18:00

フィラデルフィア・プレミアム・アウトレット　Philadelphia Premium Outlets

デザイナーズ・ブランドがうれしいバーゲン価格で手に入る　郊外／アウトレット　MAP●P.345-A1外

コーチ、カルバン・クラインなど、おなじみのブランドのアウトレットが揃う。ペンシルバニア州では衣類と靴に税金がかからないので、いっそうのお買い得感が味わえる。

住18 W. Lightcap Rd., Limerick, PA　☎(610)495-9000　URL www.premiumoutlets.com
営月～木11:00～20:00、金土10:00～21:00、日12:00～18:00　行き方 セプタの鉄道Manayunk/Norristown線で終点のElm St.駅下車。そこから#93Pottstown行きのバスで。所要約2時間

ジムズ・サウスストリート　Jim's South St.

フィラデルフィアの味　歴史地区／ファストフード　MAP●P.345-D2

フィラデルフィア名物、チーズステーキの超有名店。炒めた薄切り肉とタマネギにチーズをかけてバゲットパンに挟んだもの。$9.75～。店には訪れた著名人の写真が飾られている。長蛇の列ができることもしばしば。

住400 South & 4th Sts.　☎(215)928-1911　URL www.jimssouthstreet.com
※2023年3月現在、火災のため休業中　カード 現金のみ

カンポス　Campo's

フィラデルフィア名物料理のもうひとつの人気店　歴史地区／ファストフード　MAP●P.345-D2

独立記念館から東へ3ブロックの所にあるチーズステーキ（$13.25～）の店。1947年創業。オーダーを受けてから作るので、アツアツのおいしさが味わえる。種類も多く、ベジタリアン向けのチーズステーキもある！

住214 Market St.　☎(215)923-1000　URL www.camposdeli.com
開毎日9:30～22:00（日～21:00）　カード AMV

※フィラデルフィアのセールスタックスは8%（衣料品と靴は無税）、ホテルタックスは16.50%
※ホテル設備マークはP.246～247参照

レディング・ターミナル・マーケット（→P.347） Reading Terminal Market

ご当地ものが揃う

コンベンションセンター地区／マーケット MAP●P.345-C1,2

食料品店、カウンター式の飲食店などが70店以上集まる屋内マーケット。名物のチーズステーキやソフトプレッツェルが食べられる。自然派食品店も多い。アーミッシュのコミュニティで作られた野菜やフルーツ、パンは評判もいい。

住12th & Arch Sts. ☎(215)922-2317 URL readingterminalmarket.org
営毎日8:00～18:00（店舗により異なる）

デボン・シーフード・グリル Devon Seafood Grill

近隣で働く会社員がお祝い事で利用する

リットンハウス広場地区／アメリカ料理 MAP●P.345-B2

毎日産地から届くロブスター($32～)やサーモン($27～)がおいしいと評判。カリフォルニア州ナパやソノマ産を含め、常時約150種類のワインを取り揃える。クラブケーキと6オンス(170g)のフィレステーキのセット$38などコンボのメニューが人気。

住225 S. 18th St. ☎(215)546-5940 URL www.devonseafood.com 開日～木11:30～21:00、金土～22:00 カード A M V

コンチネンタル The Continental

近未来的な内装で、若者にもファミリーにも人気

リットンハウス広場地区／フュージョン MAP●P.345-B2

若者や家族連れなどさまざまな年齢層の人でにぎわう、ちょっぴりサイケな店。日本、中国、タイ、アメリカなど混沌としたメニューが並び、なかなかリーズナブル。夜がふけるにつけ、ラウンジのような雰囲気と化す。

住1801 Chestnut St. ☎(215)567-1800 URL continentalmidtown.com 開月～木12:00～22:00、金～23:00、土日10:00～23:00（日～22:00）（キッチンクローズ15:00～16:00） カード A M V

ホワイトドッグ・カフェ White Dog Café

食材、料理法にも愛情が込められた

ユニバーシティ地区／アメリカ料理 MAP●P.345-A2

フィラデルフィアの小さな農家が心を込めて作った有機野菜や、ホルモン剤を使わない肉を、新鮮なまま調理。素材の味プラスお店の愛情が感じられるような料理だ。木目が生かされたアンティークな店内は雰囲気もいい。

住3420 Sansom St. ☎(215)386-9224 URL www.whitedog.com 開月～金11:00～21:00（金～21:30）、土日16:00～21:30（日～20:00） カード A M V

ディム・サム・ガーデン Dim Sum Garden

蒸したての小籠包が食欲をそそる

チャイナタウン／中国料理 MAP●P.345-C1

ひとりでも入れるが、できれば友人や知人たちとシェアをしながらいろいろな点心をいただきたい。豚やエビなど数種類の小籠包や餃子類が好評で、タピオカティーも人気。野菜餃子は本当に野菜がたっぷり。スパイシービーフはやみつきになる人も。なるべく早い時間に行きたい。

住1020 Race St. ☎(215)873-0258 URL dimsumgardenphilly.com
開毎日11:00～22:00 カード 現金のみ

シー・エム・チキン CM Chicken

甘辛のから揚げが大学生に人気

ユニバーシティ地区／韓国料理 MAP●P.345-A2

日本でもから揚げがブームとなって久しいが、フィラデルフィアではちょっと甘めのピリ辛風から揚げが大学生を中心に人気。冷凍の鶏肉は使わず、秘伝のたれに24時間漬け込み、揚げたあと炭火で焼いて特製のたれをかける。甘い玉ねぎをスライスしてから揚げに乗せるSnow Onionが珍しい。

住3180 Chestnut St. ☎(267)894-7777 URL www.cm-chicken.com 開月～木11:30～20:00、金土～20:30、日12:00～20:00 カード A M V

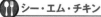

$：$20（予算の目安） ：ひとりでも入りやすい店 ：クラブケーキを出す店 ：ビジネスにも使いやすい店

DCからの
1泊旅行におすすめ！

コロニアル・ウィリアムズバーグ

Colonial Williamsburg

バージニア州

MAP 折込地図裏 -D2、B3 外

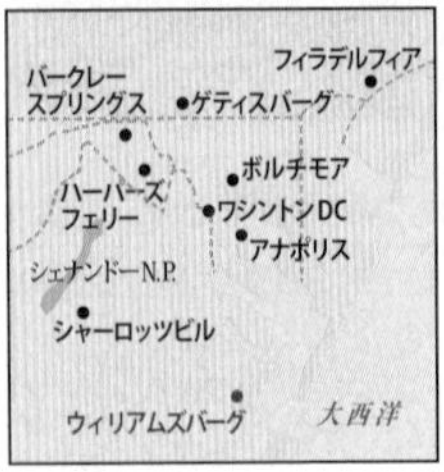

独立前のアメリカが再現されている所

　バージニア州東部にあるウィリアムズバーグは、アメリカ独立前は州都として栄えた歴史的な町。アメリカ人なら一生に一度は訪れる必見のポイントで、ワシントンDCから南へ車で約3時間の所に位置している。

　1926年、アメリカ独立前の歴史的な町を後世の人々に伝えたいと考えたブルートン教区教会の牧師グッドウィンW.A.R. Goodwinは、当時アメリカいちの大富豪、J.D.ロックフェラー・ジュニアに援助を求めた。その働きかけに共鳴したロックフェラーは以降30年間にわたって資金提供し、見事に200年前の町並みをよみがえらせた。それがコロニアル・ウィリアムズバーグだ。敷地内では住民たちが18世紀のままの暮らしを営んでいる。まさに生きた博物館として、多くの観光客が訪れるツーリストスポットとなっている。

アクセス　Access

アムトラック　Amtrak

　ウィリアムズバーグへはDCから約3時間50分、リッチモンド（ふたつの駅に停車）からは約1時間30分で、1日2本の運行。列車は駅と市バスのターミナルである**トランスポーテーションセンターTransportation Center**に発着する。

グレイハウンドバス　Greyhound Bus

　DCからリッチモンド経由でウィリアムズバーグまで約4時間、リッチモンドからは約1時間。1日1～2便（火水運休）。バスは**トランスポーテーションセンター**に到着するが、グレイハウンドはバスストップのみで、チケット売り場はない。チケットは事前に入手しておこう。

車　Driving

　DCの中心部からI-395に乗り、そのままI-95 Southへと変わる。南へ約140km、Exit 84AでI-295 Southへ。約25kmのExit 28AでI-64 Eastに乗り、約60km走る。Exit 238でフリーウエイを下りたら"Visitor Center"の標識に従って走れば、10分ほどでウィリアムズバーグの案内所へ。所要約2時間30分。

トランスポーテーションセンター（鉄道駅&バスストップ）
MAP P.353
住 468 N. Boundary St.
開 月～金5:00～20:30、土日7:00～21:00（アムトラックのみ）
●アムトラック
Free (1-800)872-7245
料 DCから$15～120、リッチモンドから$8～54
●グレイハウンドバス
Free (1-800)231-2222
料 DCから$38～80、リッチモンドから$26～47
●Triangle Taxi
☎ (757)220-2222

アムトラックの駅舎も兼ねたトランスポーテーションセンター

シャトルサービスを利用しよう
　コロニアル・ウィリアムズバーグのオフィシャルホテルでは、トランスポーテーションセンターまで送迎リービスを行っている。着いたらホテルへ電話をかけて呼び出そう。

DC豆知識 **ヒストリックトライアングルとは？**　ウィリアムズバーグ、ジェームズタウン、ヨークタウンを総称したもので、見どころと3つの町を結ぶシャトルのチケットがビジターセンターで販売されている。

ウィリアムズバーグの歩き方 Getting Around

コロニアル・ウィリアムズバーグはエリア全体がひとつの博物館だ。ヒストリックエリアと呼ばれるおよそ1.2km四方内に歴史的な建物がオリジナルのまま保存、または復元されている。店や居酒屋、職人の仕事場など80以上の建物が公開されており、18世紀そのままの姿を見せてくれる。ちなみに、コロニアル・ウィリアムズバーグは1983年に先進国首脳会議が開催された所でもある。

メインストリートであるDuke of Gloucester Streetを中心に、総督公邸、裁判所、教会、拘置所、武器弾薬庫、靴屋、居酒屋などが建ち並んでいて、さまざまなイベントが行われている。博物館や美術館もあるので、少なくとも１日をかけて回りたい。

観光案内所 Visitor Information

Visitors Center

敷地の北端にあり、大きな駐車場がある。歴史地区は車の乗り入れを禁止しているので、ここの駐車場を利用しよう。案内所では入場券を販売しているほか、オリエンテーションフィルムの上映、オーディオツアーの貸し出し、ホテルや食事の予約の受付も行っている。園内を循環するシャトルバスの出発点でもあり、充実したギフトショップもある。

毛糸を紡ぐ様子を目の前で見せてくれる

コロニアル・ウィリアムズバーグ
☎(757)229-1000
Free (1-888)965-7254
URL www.colonialwilliamsburg.com
●ビジターセンター
住 101 Visitor Center Dr., Williamsburg, VA 23185
開 毎日9:15～17:00（チケット販売）、夏季は一部延長

コロニアル内はシャトルバスが走っている

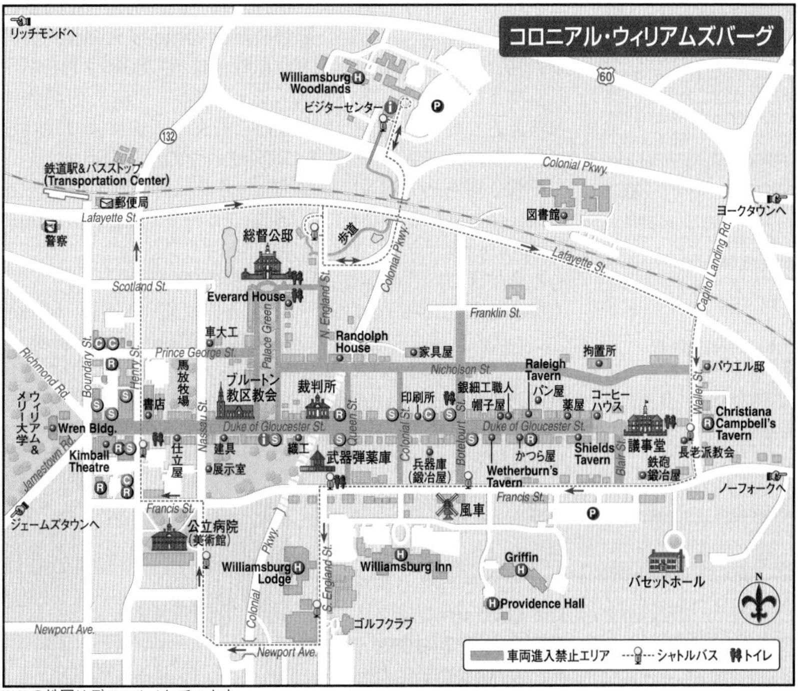

※この地図はデフォルメしています

お役立ち情報 **コロニアル・ウィリアムズバーグへのツアー**　コロニアル・ウィリアムズバーグへは、日本の旅行会社であるJTS Toursと須磨トラベル（→P.63）が1日ツアーを催行している。

2回行くなら年間パスがお得
コロニアル・ウィリアムズバーグの年間パスは$74.99、6～12歳$41.99とかなりお得。2回行けばもとが取れる。

歩き始める前に
マップとその週のイベントが掲載されたpdfをスマートフォンに入れておくと便利。コロニアル・ウィリアムズバーグのウェブサイトからVisit→Map→Map & Guideにアクセス。

作業をしている人に作り方などを尋ねてみるとおもしろい

シャトルバス
●**運行**：毎日9:00～22:00の15分間隔

開館時間
コロニアル・ウィリアムズバーグ内のおもな施設は、基本的に年中無休で、開館時間は9:30～16:30。ただし、時期により変動があるため事前にウェブサイトで各施設ごとに開館時間を確認すること。

総督公邸
内部は当時の衣装を着たガイドが詳しく案内してくれる。邸宅内部以外にも庭園を散策したり、隣のキッチンを見学してみよう。

ブルートン教区教会
開 木～火12:00～16:00
休 水

裁判所
1771年に完成した風見鶏の付いた屋根が目印。

武器弾薬庫
●**休館中**
独立前夜、イギリスのバージニア植民地総督ダンモーアはここにある武器や弾薬をひそかに持ち出そうとして反英活動家に見つかり、バージニアでの独立運動がさらに盛んになったというエピソードがある。

入場券について

コロニアル・ウィリアムズバーグの建物や博物館などは、入場券がないと入れないものが多い。ビジターセンターで入場券を購入を。

各種入場券

2回以上訪れるなら年間パスがお得（左欄外）。

●Multi-day Ticket
連続した3日間コロニアル・ウィリアムズバーグ内のすべての施設に入場可能で駐車場（2時間無料）、シャトルバスも無料で利用できる。そのほか特典あり。料 $59.99、6～12歳 $33.99

●Single Day Ticket
コロニアル・ウィリアムズバーグのほとんどの施設に入場でき、シャトルバスも無料で利用できる1日パス。料 $44.99、6～12歳 $28.99

市内の交通機関 Transportation

シャトルバス　Shuttle Bus

コロニアル内のおもなポイントに停車するシャトルバスが循環している。ビジターセンターでは奥の1階から出発している。各種入場券購入者は無料。

おもな見どころ Sightseeing

ビジターセンターから南下し、Lafayette St.をくぐってコロニアルに入った所にある美しい建物は、植民地時代に総督の住居として使用されていた**総督公邸Governor's Palace**。アメリカ独立後にはリッチモンドに州都が移る1780年まで、パトリック・ヘンリーとトーマス・ジェファソンのふたりの州知事官邸として使われた。州都が移ったあと火災により建物が焼失、その150年後の1931年に復元されたのが今の姿だ。

総督公邸を出て細長い緑地帯Palace Greenを通ってDuke of Gloucester St.にぶつかった右角に、**ブルートン教区教会Bruton Parish Church**がある。1715年完成のイギリス国教会で、現在でも礼拝が行われている現役の教会（$1の寄付）だ。

教会を出てDuke of Gloucester St.を左（東）へ進み、Market Squareの真ん中にある小さな建物は**裁判所The Courthouse**。当時の法律や事例に基づいた裁判のデモンストレーションも行われるのでのぞいてみるといい。また、通りを挟んで裁判所の反対側にある八角形の建物は、イギリス軍が植民地でのフランスや先住民との戦いに備えて造った**武器弾薬庫Magazine**だ。

この武器庫からDuke of Gloucester St.をさらに東へ進んだ突き当たりに**議事堂The Capitol**が見えてくる。正面から見て右側が市民議会、左側が法廷になってい

町の東にある議事堂。当時は白人男性で納税している人しか参加できなかった

DC豆知識 **昭和天皇のパネル写真も展示**　アメリカが誇るコロニアル・ウィリアムズバーグには世界中から要人が訪れる。昭和天皇が訪れたときのパネル写真も展示されている。

昔の精神病院は現在美術館となっている

た。1775年、パトリック・ヘンリーは議会で、イギリスの植民地搾取の代表的な法律、印紙条例に反対する演説を行い、議会は翌年の5月15日にバージニアのイギリスからの独立を決議した。バージニアは独立運動の中心的な役割を果たし、7月4日、ついに独立が宣言されることになる。

コロニアルの南東に立つ静かな住宅は**バセットホールBassett Hall**と呼ばれる、1753年頃に建てられた18世紀アメリカの典型的な邸宅。1936年からはロックフェラー・ジュニア夫妻が住んでいた。また、コロニアルの南西には1773年に建てられた北米で最古の公立精神病院だった**公立病院Public Hospital**がある。病院は、現在美術館として公開され、17～19世紀の装飾美術や地図などに触れることができる。

バセットホール
長期にわたる修復中。外観のみ見学しよう

公立病院（美術館）
開 毎日10:00～18:00

ホテル

コロニアル内には5軒のオフィシャルホテル（以下）がある。オフィシャルホテル滞在のメリットはお得な入場券が購入できるほか、コロニアル内のレストラン予約を簡単に取ることができ、シャトルバスもホテル前に停車する。予約は共通で URL www.colonialwilliamsburghotels.com。車なら、周辺にホテルやモーテルが60軒以上あり、$60前後から泊まれる。

ウィリアムズバーグイン　Williamsburg Inn

コロニアル内の最高級ホテル　最高級／コロニアル内

植民地時代のエレガントさを今に伝えるホテル。アメリカを代表するホテルのひとつで、エリザベス女王や昭和天皇など世界のVIPが宿泊してきた。1983年には、サミット（先進国首脳会議）が行われた場所でもある。

62室　無料Wi-Fi

MAP●P.353　住 136 E. Francis St., Williamsburg, VA 23185　☎(757)220-7978　Free(1-855)233-1437
料ⓈⒹⓉ$429～949、スイート$529～1099　カード ADMV

ウィリアムズバーグロッジ　Williamsburg Lodge

アーリーアメリカンの雰囲気がいい　高級／コロニアル内

歴史的なウィリアムズバーグインに比べると、ぐっと近代的だが、部屋はクラシックなバージニア調。ビジネス客にも好評だ。プールやフィットネスクラブのほか、テニスコートやスパも完備。体を動かしたい人におすすめ。

323室　無料Wi-Fi

MAP●P.353　住 310 S. England St., Williamsburg, VA 23185　☎(757)220-7976　Free(1-855)294-5683
FAX(757)220-7799　料ⓈⒹ$179～359、スイート$239～550　カード ADMV

ウィリアムズバーグウッドランズ　Williamsburg Woodlands

どの部屋からも森の緑が楽しめる　中級／コロニアル内

ビジターセンターのすぐ隣にあって便利。ほとんどの部屋にダブルベッドがふたつあるので、広く、4人まで宿泊可能。ホテルは森に囲まれているので、コロニアルとはひと味違った環境が楽しめる。無料の朝食付き。

299室　無料Wi-Fi　無料朝食

MAP●P.353　住 105 Visitor Center Dr., Williamsburg, VA 23185　☎(757)220-7960　Free(1-855)235-1675
料ⓈⒹⓉ$109～249、スイート$119～279　カード ADMV

お役立ち情報　**ショッピング街はここ**　メイン通りであるDuke of Gloucester St.の西側にはショップやレストランが集中している。オフィシャルホテルに泊まれば、みやげ物をデリバリーしてくれる。

シャーロッツビル

DCからの1泊旅行におすすめ！

Charlottesville

バージニア州　MAP 折込地図裏-A3

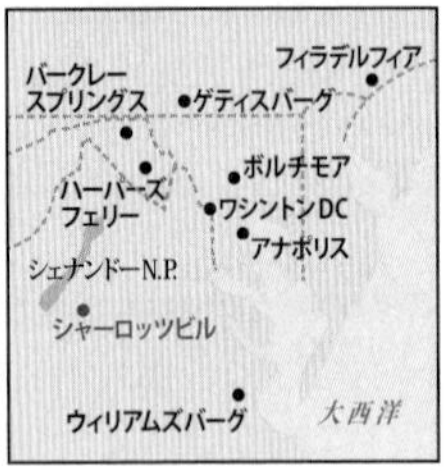

バージニア州中部、ワシントンDCの南西約190kmに位置するシャーロッツビルは、ユネスコに登録された世界遺産のある町。第3代大統領ジェファソン自らが設計した"モンティチェロ"と、同じくジェファソンが設立した"バージニア大学"がそれ。アメリカの世界遺産というと、グランドキャニオンなどの「自然遺産」が挙げられるが、これらは「文化遺産」である。

シャーロッツビルの郊外にあるジェファソンの邸宅がモンティチェロ

大多数のアメリカ人は世界遺産に興味を示さないが、シャーロッツビルは彼らにとって「マスト」で訪れる町。ジェファソンの邸宅をはじめとして、公立大学としては全米第2位の優秀さを誇るバージニア大学があるほか、アメリカ西部開拓で重責を果たしたルイスとクラークも近郊で生まれた。ダウンタウンの町並みも非常にかわいらしい。DCからのアクセスもいいので、ぜひ訪れてほしい。町は略して"C'ville"ともいう。

シャーロッツビル駅（アムトラック駅とグレイハウンドバス停）
MAP P.357
住 810 W. Main St.
開 毎日7:45〜21:45
●アムトラック
Free (1-800)872-7245
料 DCから片道$11〜289
●グレイハウンド
Free (1-800)231-22221
料 DCから片道$28〜62
※バスは駅構内が閉まっている時間も発着するが、治安の面から夜間の利用は避けたい

シャーロッツビルには小さな空港があり、飛行機でのアクセスも便利

シャーロッツビル・アルバマール空港 Charlottesville Albemarle Airport (CHO)
住 100 Bowen Loop, Charlottesville
URL www.gocho.com
ダウンタウンの北、約15kmに位置する。アトランタからデルタ航空、シャーロット(NO)からアメリカン航空、ワシントン・ダレス空港からユナイテッド航空の便が飛ぶ。ハンプトンインなど一部のホテルからシャトルが運行されているが、それ以外はタクシーのみ。中心部まで$30〜35。

アクセス　Access

アムトラック　Amtrak

シカゴ〜DCを結ぶカージナル号が週3本、ニューヨーク〜ニューオリンズを結ぶクレセント号が1日1本、ボストン〜DC、DCからバージニア州のリンチバーグやニューポート・ニューズを結ぶノースイースト・リージョナル号が1日2本シャーロッツビルに停まる。DCから約2時間20〜45分の距離。

(2023年2月現在)

Northeast	Cardinal(日水金)	Northeast	Crescent		Northeast	Crescent	Cardinal(日水金)	Northeast
8:15	10:59	17:00	18:30	Washington, DC	11:20	13:47	18:44	21:28
↓	↓	↓	↓		↑	↑	↑	↑
10:40	13:43※	19:34	20:47	Charlottesville	8:55	10:59	15:44※	19:01

※ Cardinal 号に合わせて Charlottesville 〜 Richmond（下欄外参照）間をアムトラックの連絡バスが走っている。

グレイハウンドバス　Greyhound Bus

アムトラック駅がグレイハウンドのバス停となっている。DCからリッチモンドで乗り換えて約5時間30分、1日1本の運行（含乗り換え時間）。

車　Driving

DCからI-66を西へ向かい、30分ほど走ってUS-29南に乗り換える。あとはのどかな風景のなかを約2時間のドライブ。

お役立ち情報　**リッチモンドが起点**　バージニア州の州都がリッチモンドRichmondで、DCから約110マイルの距離。そのリッチモンドを起点にシャーロッツビルやウィリアムズバーグへ行くとわかりやすい。

シャーロッツビルの歩き方 Getting Around

町の中心がダウンタウンモール

シャーロッツビルで必見のポイントは2ヵ所。モンティチェロとバージニア大学だ。大学へはダウンタウンから無料のトロリーバスが走っているのでアクセスは簡単。しかし、モンティチェロをはじめとする郊外のポイントは車のみが観光の足。ぜひレンタカーを利用しよう。車があれば、モンティチェロ、ジェームス・モンロー・ハイランド、郊外のワイナリー（→P.360、361）などへも1日あれば楽しめるし、中心部には少ない宿探しもスムーズだ。できれば、1泊してダウンタウンと大学も散策しよう。ダウンタウンには、ショップやレストラン、ギャラリーなどが軒を連ね、とてもかわいらしい町並みをつくっている。これだけきれいで歩きやすい町は全米でも珍しい。また、バージニア大学では世界遺産であるロタンダが必見。できればシャーロッツビルは紅葉の季節にも訪れたい。

観光案内所 Visitor Information

Charlottesville Albemarle Convention & Visitors Bureau

ダウンタウンのトランジットステーションにあった観光案内所は閉鎖した。観光局は郊外の不便な場所にあり、観光客が行くのは現実的でない。ダウンタウンのアルバマール郡ビルの入口に観光パンフレットが置いてあるのでこれを入手しよう。

市内の交通機関 Transportation

無料トロリー Free Trolley

シャーロッツビル交通局（CAT）が運営する、ダウンタウンとバージニア大学を結ぶ無料のトロリーバス。ダウンタウンモール東のトランジットステーションから出発し、アムトラック駅のあるメインストリートを通り、バージニア大学のキャンパスを大きく回って再びダウンタウンへ戻る巡回ルート。シャーロッツビル中心部の観光は、この1本でOK。

ダウンタウンの東にバスやトロリーの発着所がある

シャーロッツビル観光局
MAP P.357
住 501 Faulconer Dr.
☎ (434)293-6789
URL www.visitcharlottesville.org
●**Albemarle County Office Bldg.**
住 401 McIntire Rd.
開 月～金9:00～17:00

シャーロッツビルのタクシー
●**Yellow Cab of Charlottesville**
☎ (434)295-4131
●**Star Taxi**
☎ (434)409-4451

CAT
☎ (434)970-3649
URL www.charlottesville.org→Transit

無料トロリー
住 Downtown Transit Station, 615 E. Water St.
●**運行**：月～土6:40～23:37の15分間隔、日8:00～17:47の15分間隔
料 無料

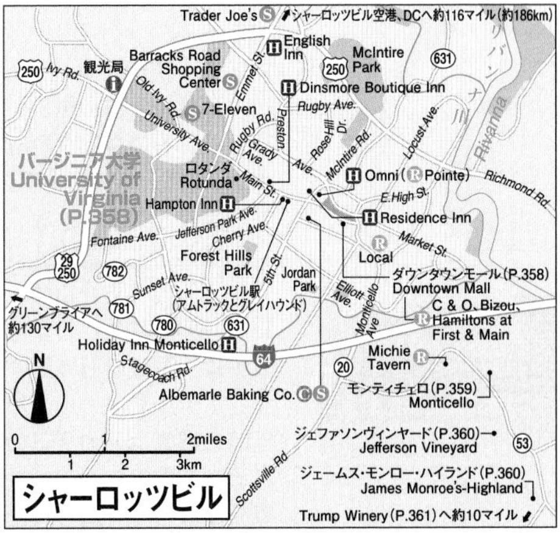

お役立ち情報 **シャーロッツビルへのツアー** グレイラインのほかに、日本の旅行会社須磨トラベル（→P.63）が1日ツアーを催行している。最低ふたりから。詳しくはウェブサイトで。

おもな見どころ Sightseeing

ダウンタウンモール
オススメ度 ★★★
住 Main St. bet. 2nd & 9th Sts.
URL charlottesville.guide/shopping/downtown-mall/

モールにはオブジェが点在している

7ブロックにショップやレストランが集中　MAP P.357

ダウンタウンモール
Charlottesville Historic Downtown Mall

ダウンタウンモールにはショップやレストラン、劇場が集中する

シャーロッツビルの魅力を象徴しているのが、ダウンタウンモールだ。町の中心であるMain St.が7ブロックにわたって、石畳の続く遊歩道となっている。この間にショップやレストラン、ギャラリー、シアターなど150以上が並ぶ。いくつかのレストランやカフェは遊歩道にテラス席を設け、天気のいい日には、読書する学生や、歓談する地元の人たち、観光客でにぎわっている。穏やかな空気が漂う、抜群に雰囲気のいい所。食事にもショッピングにもいい、シャーロッツビルで最初に訪れたい場所だ。

バージニア大学
オススメ度 ★★★
☎(434)924-0311
URL www.virginia.edu
行き方 ダウンタウンからはバージニア大学行きのトロリーが便利
●ロタンダ
住 1826 University Ave.
開 ロタンダは毎日9:00～17:00

●ロタンダとアカデミカルビレッジのツアー：毎日11:00（☎(434)924-7969）。ロタンダのEast Oval Roomから。無料
休 学校の夏休みや冬休みなどの間

バージニア大学はアメリカの世界文化遺産

ジェファソンが設計、設立した大学　世界遺産　MAP P.357

バージニア大学
University of Virginia

バージニア大学を象徴する建物のロタンダ。ジェファソンの設計

町の西側に広がるバージニア大学は、1817年にトーマス・ジェファソンにより設計され、設立された東部でも最も由緒ある大学のひとつ。数々の功績を上げてきたジェファソン自身が、自らの優れた成果のひとつにこの大学の設立を挙げたほど。彼の言葉どおり、建築見学だけでも興味深い。1987年にはユネスコの世界遺産にも登録された。大学のシンボルとなっている**ロタンダRotunda**（円形広間）は、ローマのパンテオンにならって1826年に建設したもの。残念ながらジェファソンは完成を見ることなくこの世を去ったが、彼はこのロタンダを図書館として設計していた。しかし、1895年10月に火災が発生。延焼を防ぐため、ダイナマイトでの爆破を余儀なくされた。一部のれんがの壁は残ったもののロタンダは焼失したという不幸な歴史をもっている。ロタンダ正面の庭の東西には、かつてホテルやホールとして使われた校舎が並ぶが、これら創設当時の建物は**アカデミカルビレッジAcademical Village**と呼ばれる、学生のためのパビリオン。古代ギリシアや古代ローマの寺院にならって造られたもので、ジェファソンは学生に建築様

お役立ち情報　**発音に注意**　シャーロッツビルでは、名称の発音に注意が必要なところが2ヵ所ある。Monticelloは「モンティセロ」ではなく「モンティチェロ」、Michie Tavernは「ミッチー」ではなく「ミッキー」だ。

式を学んでもらうため、ここを建築の見本市のようにしたのだ。

ロタンダの西McCormick Rd.を挟んだ**スモール特別展示図書館Albert & Shirley Small Special Collections Library**地下の展示室へも行ってほしい。独立宣言書の複写のうちのひとつがここにあるからだ。独立宣言が採択されたのは7月4日だが、実際に署名されたのはそのあとのことで、ここには8月2日までに署名した55人分が見られる。

図書館地下の展示室にも独立宣言書の複写がある

第3代大統領がこよなく愛した家　世界遺産　MAP P.357

モンティチェロ
Monticello

モンティチェロの敷地は広く、邸宅だけでなくさまざまなツアーが行われている

第3代大統領であり、アメリカ独立宣言の起草者、外交官、建築家、科学者、発明家など、数多くの顔をもち、その卓越した才能はアメリカを独立に導いただけでなく、建国したばかりの新しい国にさまざまな影響を与えた、トーマス・ジェファソン。モンティチェロはシャーロッツビルの郊外にある小高い丘に立つ、ジェファソンが設計し、生涯住み続けた邸宅だ。ヨーロッパの建築物に触発された大胆な設計、家の各所に配された発明、花に飾られた美しい庭園、ジェファソンはこの場所でアメリカを独立に導く思想を生み出しただけでなく、結婚や出産といった幸福や、妻や娘に先立たれる不幸も経験した。そしてこの家は彼自身が息を引き取った場所でもある。まさにアメリカが生んだ偉人の血と汗と涙がしみついた場所なのだ。

邸内はツアーで見学する。エントランスホールはアメリカ初の博物館といわれたもので、1806年のアメリカ地図やネイティブアメリカンの工芸品、曜日を刻むことができる時計など、ジェファソンの発明家としての一面を見ることができる。ジェファソンの書斎には、7ヵ国語が話せたというジェファソンらしく各国語の本が無造作に並んでいる。ほかにも太陽の光が差し込む寝室、客が集うパーラーなどを見学し、約50分で終了する。そのあとは自由に敷地内の見学ができる。ジェファソン自らが手がけた美しい庭園や一家の墓など見るべきものは多い。時間が許すなら、各種ツアーに参加してみよう。

モンティチェロ
オススメ度 ★★★
住 931 Thomas Jefferson Pkwy.
☎ (434)984-9800
URL www.monticello.org
開 基本的に毎日10:00〜17:00だが、季節と曜日によってかなり異なるので、ウェブサイトで確認を
休 12/25
料 チケットは10種類以上ある。ウェブサイトで確認を。最も基本は自分で回るSelf-Guided Passで$32、12〜18歳$10、ハイライトツアーHighlights Tourは$42、12〜18歳$13。出発時間も異なる
行き方 中心部からはMain St.の南を平行して走るMonticello Ave.を南東へ向かい、VA-53を道なりに。看板が出ているのでわかる。公共の交通機関はない

モンティチェロのビジターセンターで

ビジターセンターの隣のシアターでジェファソンの功績と生涯をまとめた約45分間のフィルムを上映している。建物についてパネルや模型で解説しているギャラリーを見学するのもいい。ツアーは、バスに乗って丘の上にある邸宅まで行って、邸宅の1階を見学する。

モンティチェロ・トリビア
・書斎の本は現在換算すると200万ドルの価値があるとか
・最盛期、モンティチェロには約200人の奴隷がいた
・ジェファソンはこの邸宅で約1万9000通の手紙を書いた
・ジェファソンの身長は189.2cm。当時の男性の平均は165cm
・邸宅ツアー最後のバルコニーから4マイル先のバージニア大学のロタンダが見える

ジェファソンの死

ジェファソンは1826年7月4日に83歳で亡くなった。死因は肺ガンであった。

DC豆知識 **ルイスとクラークの像**　ジェファソンの命を受けアメリカ西部開拓に重要な役割を果たした探検家、ルイスとクラークの像がダウンタウンの西に立つ。

ブルーリッジ山脈の麓はワインのメッカ

MAP P.357

ジェファソンヴィンヤード
Jefferson Vineyards

多才なジェファソンはワインの醸造にも興味をもち、ワイナリーを造った

バージニア州は昔からのワインの産地で、現在でも、全米で5本の指に入る生産量を誇る。バージニアにワインを持ち込んだのはこの町の代名詞ともいえるジェファソン。ジェファソンはかねてよりバージニアはワイン栽培に適していると信じ、1774年、イタリアからワイン職人を招いて自宅の横にブドウ畑を造ったのである。

現在このエリアで栽培されているブドウの品種は、カベルネフランCabernet Franc、ピノグリPinot Gris、シャルドネChardonnay、メルローMelotなど。モンティチェロに近いジェファソンヴィンヤードでは現在4種のワインのテイスティング(有料)を行っている。

左/イングリッシュガーデンにはピクニックテーブルがある　右/ワインは試飲もできる

ジェファソンヴィンヤード
オススメ度 ★
住 1353 Thomas Jefferson Pkwy.
☎ (434)977-3042
URL www.jeffersonvineyards.com
営 水〜日11:00〜17:00
休 月火、11月第4木曜、12/24、12/25、12/31、1/1
料 テイスティングはロゴ付きグラスが付いて$20。現金不可
行き方 モンティチェロからThomas Jefferson Pkwy.を南へ約2マイル

第5代大統領モンローの家

MAP P.357

ジェームス・モンロー・ハイランド
James Monroe's-Highland

同じ大統領の邸宅でもモンティチェロとは対照的

モンティチェロから車で約10分。広々とした農場の真ん中に第5代大統領ジェームス・モンローの屋敷がある。バージニアの出身でフランス駐在時ジェファソンとともにルイジアナ買収の交渉にあたり(1803年)、その後大統領としてモンロー主義(孤立主義)を掲げ、アメリカの外交政策に大きな影響を及ぼした人物だ。イギリスとの和解、スペインからのフロリダ獲得など、あまり目立たないがかなりの実績を上げた大統領でもある。

家は当時の中産階級の典型的な家で、大統領の家としては実に質素。モンローが住んだのは1799〜1823年の間で、増築や改築を次々と行い、この家と農園に住む人は奴隷を含めて50人近くいたという。モンローの死後オリジナルの家は改築されてしまったが、現在内部にはモンローが住んでいた頃の物が多く残されている。特にフランスから持ち帰ったお気に入りの品々がところ狭しと並べられているのがおもしろい。

また、キッチンが別棟でなく、下の階にある。

ジェームス・モンロー・ハイランド
オススメ度 ★★
住 2050 James Monroe Pkwy.
☎ (434)293-8000
URL highland.org
営 毎日9:30〜16:30(11〜3月は11:00〜16:00)
休 11月第4木曜、12/24、12/25、1/1
料 $18、7〜11歳$13。ツアーによる見学

DC豆知識 **ジェファソンといえば**　ジェファソンの最大の功績は、フランス領だったルイジアナ州の買収といわれている。1803年当時、1500万ドルで購入したという。

多くのトランプ支持者が訪れる　MAP P.357 外

トランプワイナリー
Trump Winery

ワインは日本にも輸出されている

経営者としても知られるトランプ前大統領一家がもつワイナリー。1999年創業のバージニア州最大のワイナリーを買い取り、一家の名前を付けて2016年に再オープンさせた。ワイナリーの所有者は息子のエリック。5.2km²の敷地を有し、シャルドネ、ソーヴィニヨン・ブラン、ボルドーなどの品種を栽培。敷地には広大なブドウ畑のほか、サービスのいいレストランやホテルもある。毎年3万6000ケースを出荷するというワインを味わってみては。

トランプワイナリ
オススメ度 ★★
住 ワイナリー：355 Albemarle House Dr.
☎(434)977-4001
テイスティングルーム：385 Albemarle House Dr.
☎(434)266-9909
営 水〜月11:00〜17:00
料 試飲$22〜32、ワイングラス込み
休 火、イースター、11月第4木曜、12/24、12/25、12/31、1/1
行き方 車でモンティチェロからThomas Jefferson Pkwy.を南下、James Monroe Pkwy.に分岐してさらに南下。15分ほどでトランプワイナリーの看板が見えてくる

ホテル

レジデンスイン・シャーロッツビル・ダウンタウン　Residence Inn Charlottesville Downtown

居住性を重視した心地よい客室　中級／メインストリート

MAP ● P.357

スタンダードの客室は広さ34〜42m²のスタジオタイプで、食器などを備えたキッチンが付いている。ダウンタウンモールへは徒歩圏内、隣には小さなスーパーもある。屋内プール、フィットネスは無料で利用でき、温かい朝食付き。

左／キングサイズのベッドで広々としている客室
右／どの部屋にも設備の整ったキッチンが付いている

124室　有料Wi-Fi $4.95　無料朝食

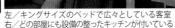

住 315 W. Main St., Charlottesville, VA 22903　☎(434) 220-0075　FAX(434)220-0030　URL www.marriott.com
料 スイート$164〜879　カード A D J M V

ハンプトンイン&スイート・シャーロッツビル　Hampton Inn & Suites Charlottesville

鉄道旅行者に便利　中級／メインストリート

アムトラック駅から2ブロック、安心のホテルチェーン。客室はシンプルだが、清潔で使いやすい。ロビーにソファが多いのも親切。大学とダウンタウンの中間。朝食付き。

100室　無料Wi-Fi　無料朝食

MAP●P.357　住 900 W. Main St., Charlottesville, VA 22903　☎(434)923-8600　FAX(434)923-8601
URL www.hamptoninn.com　料 ⓈⒹⓉ$149〜339、スイート$199〜389　カード A D M V

ディンスモア・ブティックイン　Dinsmore Boutique Inn

朝食が抜群においしい、かわいらしい宿　中級／メインストリート

アムトラック駅にほど近い所にあり、手作りの日替わりブランチ（無料）は、上品な味。すべての部屋にバスルームやTVがある。8歳以下の子供の宿泊は不可。

9室　無料Wi-Fi　無料朝食

MAP●P.357　住 1211 W. Main St., Charlottesville, VA 22903　☎(434)974-4663
URL www.dinsmorehouse.com　料 ⓈⒹ$229〜409　カード A M V

※シャーロッツビルのセールスタックスは5.3%、ホテルタックスは13.3%。
※ホテルの設備マークはP.246〜247参照。

💲：$20（予算の目安）　クラブケーキを出す店
ビジネスにも使いやすい店　：ひとりでも入りやすい店

オムニ・シャーロッツビル・ホテル　Omni Charlottesville Hotel

町の中心部にある便利なホテル　高級／ダウンタウンモール

ダウンタウンモールの西端に位置し、設備、サービス、ロケーションなどどれをとってもすばらしい。広い客室に快適なベッドと広い机なども揃い、ビジネスにもよい。

205室　有料Wi-Fi $9.95

MAP●P.357　住212 Ridge McIntire Rd., Charlottesville, VA 22903　☎(434)971-5500　Free(1-800)843-6664
URL www.omnihotels.com　料ⓈⒹⓉ$189～500、スイート$429～600　カード ADJMV

ミッキータバーン　Michie Tavern

昔ながらの南部料理を　郊外／アメリカ南部料理　MAP●P.357

1784年創業の居酒屋兼宿屋。雰囲気は昔のまま。現在はランチのみの営業(パブは週末営業)。フライドチキン、コーンブレッド、カブの煮付け、ピーチコブラーなど、南部料理が食べ放題で$22.95、12～15歳$11.50、6～11歳$7.50。

住683 Thomas Jefferson Pkwy.　☎(434)977-1234　URL www.michietavern.com
営毎日11:15～15:00（1・2月は火休み）　カード AMV

ビゾー　Bizou

カジュアルなビストロ　ダウンタウンモール／アメリカ料理　MAP●P.357

ダウンタウンモールにあり、値段の手頃さから学生を中心にいつもにぎわっている。人気はクラシックミートローフ（ランチ$15、ディナー$19）。すべてホームメイド。店内は古きよきアメリカを感じさせる造りだ。

住119 W. Main St. ☎(434)977-1818　URL www.bizoudowntown.com　営ランチ火～金11:30～14:00
ディナー日～木17:00～21:00　金土～22:00　ブランチ土日11:00～14:00　カード AMV

アルバマール・ベーキング・カンパニー　Albemarle Baking Co.

おいしいパンとケーキをテイクアウト　メインストリート／パン屋　MAP●P.357

毎日焼かれるパンは評判もよく、朝のオープンから多くの人が訪れる。食欲をそそる香ばしいパンやペストリー以外にも、きれいなケーキ類やカップケーキ$2も買って帰りたい。ひとつ$4.75～で、席は少ないがイートインもできる。

住418 W. Main St.　☎(434)293-6456　URL albemarlebakingco.com
開月～土8:00～17:00　休日　カード AMV

ローカル　The Local

地産地消の人気店　郊外／アメリカ料理　MAP●P.357

C'villeらしいものを食べたいならここ。19:00を過ぎると地元の人たちが次々にやってくる。野菜の味を生かすドレッシング、魚や肉を引き立てる南部料理のグリッツなど、どれも太鼓判の味。前菜$10前後、メイン$16～25が目安。

住824 Hinton Ave.　☎(434)984-9749　URL thelocal-cville.com
開日～木17:00～21:00、金土～22:00　カード AMV

シー・アンド・オー・レストラン　C & O Restaurant

デザートメニューが抜群の人気　ダウンタウンモール外／アメリカ料理　MAP●P.357

れんが造りのクラシックな店。農家や牧場主、チーズメーカー、ワインメーカーなど地元の生産者と手を組み、新鮮で確かな素材を使っている。ワインリストも充実。マスカルポーネのプリンSticky Toffee Pudding $13は人気。

住515 E. Water St.　☎(434)971-7044　URL www.candorestaurant.com
営火～土17:00～21:00　休日月　カード AMV

お役立ち情報　おすすめ食事どころ　餃子と麺…Marco & Luca 住112 W. Main St.　タイ料理…Thai Fresh 住106 5th St.　ローカル料理…Hamiltons' 住101 W. Main St. URL www.hamiltonsrestaurant.com

Suburbs of Washington, DC

DCからの日帰りにおすすめ！

シェナンドー国立公園

Shenandoah National Park

バージニア州

MAP 折込地図裏 -A2,3

シェナンドー国立公園には70以上の見晴し台がある

アメリカ最大の魅力は、ニューヨークのような大都会でもなく、テーマパークでもない。それは、大自然。貴重な自然を保護管理し後世にその偉大さを伝える、アメリカの国立公園システムは、他に類を見ないほどすばらしい。それを首都から2時間もかからない所で体感できるのである。バージニア州北部にあるシェナンドー国立公園がそれだ。ジョン・デンバーらによって歌われたカントリー音楽のスタンダードナンバー"Country Road"。この歌の舞台がウエストバージニア州の東部とバージニア州との境にあるこの国立公園なのである。

アメリカ東部の、南はジョージア州から北はペンシルバニア州までを縦断するアパラチア山脈の東側を、平行して走るブルーリッジマウンテン。そのふところにあり、花が咲き誇る春や紅葉の美しい秋など、四季折々のさまざまな表情を見せてくれる。心身のリフレッシュにぜひ訪れてみよう。

ドライブだけでなく、ぜひ車を停めてトレイルを歩いてみよう。心身ともに癒やされる

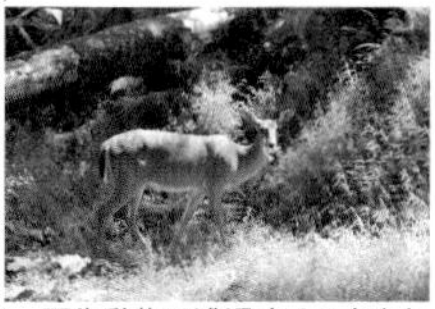

野生動物に遭遇することもしばしば

アクセス　Access

バスや列車といった公共の交通機関は運行されていない。ワシントンDCからのアクセスは車かツアーとなるが、車があればマイペースで大自然を満喫できる。I-66を西へ65マイル（約105km）の所に、**公園の北の入口の町Front Royal**がある。標識に従い、フリーウエイUS-340を南方面へ5マイル（約8km）ほど行った所だ。DCから約1時間20分のドライブになる。南からアクセスする場合、I-64が南の入口であるRockfish Gap Entranceのすぐ近くを走っている。"Shenandoah"の標識を見逃さないように。フリーウエイを下りるとすぐに公園の入口がある。シャーロッツビルからは、I-64を西へ35マイル（約56km）の距離。ツアーに参加するなら、時間に余裕をもったものがいい。秋は絶景。

シェナンドー国立公園
オススメ度 ★★★
住 3655 U.S. Hwy. 211 E., Luray, VA 22835（事務所）
☎ (540)999-3500
URL www.nps.gov/shen
開 24時間。スカイラインドライブの一部は狩りの日（11月中旬〜1月初旬）や悪天候時は閉鎖。秋の紅葉のシーズンは大変混雑するので覚悟しよう
料 車1台$30（15人まで）、徒歩や自転車ひとり$15、バイク1台$25。入園料を払うと7日間有効なのでレシートはなくさずに取っておこう

お役立ち情報　**シェナンドー国立公園へのツアー**　シェナンドー国立公園とルーレイ鍾乳洞観光のツアーを、日本の旅行会社須磨トラベル（→P.63）が催行している。最低ふたりから。

シェナンドー国立公園の歩き方 Getting Around

グランドキャニオンに代表されるダイナミックな風景だけが、アメリカの自然ではない。アメリカ東部は高い山や急流が少ないのでどこも地形的には穏やかだが、豊かな自然はいたるところで目にすることができる。ここシェナンドー国立公園はそのいい例だ。

いちばんの見どころは、1939年に完成した公園を南北に貫く道路**スカイラインドライブSkyline Drive**だ。園内では50種を超えるクマ、シカ、ヤマネコなどの大型の哺乳類やアライグマ、スカンクといった小型動物、約190種類の鳥類、約20種類のヘビやサンショウウオなどの爬虫類と両生類、約40種の魚類、さらに1400種を超える草花や樹木を見ることができる。

ここではスカイラインドライブを走りながら、途中の見晴し台で景色を眺めたり、ちょっとハイキングしたりするのが一般的な過ごし方だ。豊かな自然を堪能するにはできれば途中で1、2泊してみたい。1日かけて森の中のトレイルを歩いたり、早朝、または夜に動物の観察をするのもいい。1ヵ所にとどまって24時間の変化を観察すると昼間とはまったく違うシェナンドーの姿が見えてくるだろう。

観光案内所 Visitor Information

ビジターセンター、宿泊施設などは冬季は閉鎖される。ウェブサイトで確認しよう。

ディッキーリッジ・ビジターセンター Dickey Ridge Visitor Center

公園の北の入口から4.6マイル（約7.4km）の所にある。公園についての各種インフォメーションのほか、レンジャーによるレクチャーなどが行われている。ギフトショップあり。

バード・ビジターセンター Byrd Visitor Center（Big Meadows）

スカイラインドライブのほぼ中間、51マイル（約82km）の所にあり、ここにはレストラン、ロッジ、ミニスーパーマーケットもある。アクティビティやプログラムが最も盛んなセンターであり、キャンプの許可もここで取る。

おもな見どころ Sightseeing

紅葉の時期は絶景が楽しめる

MAP P.365

スカイラインドライブ Skyline Drive

公園を背骨のように南北に貫く全長105.5マイル（約170km）のドライブ道。四季折々の美しい自然が、車の窓から楽しめる最高のドライブコースだ。春は美しい新緑、夏は蒸し暑いワシントンDCとは別世界のようなさわやかな気候、秋は赤や黄金色に染まった紅葉、そして冬は雪に覆われた森、季節ごとにいろいろな顔を見せてくれる。

周辺の鍾乳洞もお見逃しなく

国立公園の付近にはシェナンドー渓谷が数億年の歳月をかけて造り上げた鍾乳洞がいくつもある。いくつかの洞窟の中には遊歩道が整備され、ツアーに参加して内部の様子を見学することができる。青空の下のドライブ途中で地底探検に参加してみる、一風変わった自然との触れ合いを楽しんでみたい（→P.366）。

国立公園内宿泊施設の予約

Free (1-877)847-1919

URL www.goshenandoah.com

公園内にはスカイランド、ビッグ・メドウズ・ロッジ、ルイス・マウンテン・キャビンの宿泊施設がある。宿泊料金は$141～318（紅葉の時期が高い）。冬季の11月下旬～3月下旬は休み

あたたかみあるインテリアの客室

バード・ビジターセンターは年間をとおしてオープンしている

ディッキーリッジ・ビジターセンター

MAP P.365

☎(540)999-3500

開 4月下旬～11月中旬の毎日9:00～17:00

休 11月下旬～3月中旬、3月下旬～5月中旬の火水、11月上旬～11月中旬の水木、11月第4木曜、12/25、1/1、1/15、2/20

バード・ビジターセンター

MAP P.365

開 毎日9:00～17:00（一部の祝日～16:30）

休 1～3月中旬の火水、12/25

読者投稿 **南部料理が出るビッグ・メドウズ・ロッジのレストラン** メニューにはスイートポテト・フライ、クラブケーキやグリッツなど南部＆地元料理があった。（東京都　N.M.）['23]

スカイラインドライブのビューポイント

自分が気に入ったポイントがいちばんの見どころだが、ドライブのルートに沿っていくつかのビューポイントを北から紹介しておこう。**Shenandoah Valley Overlook**（公園北入口から2.8マイル）はふたつの山地に挟まれたシェナンドー渓谷の様子がよくわかるポイント。スカイラインドライブは南下するにつれ、シェナンドー川から離れてしまうので、ここが川までは最も近い。**Dickey Ridge Visitor Center**（4.6マイル）は園内にふたつあるビジターセンターのひとつ。オリエンテーションフィルムの上映がある。Blue Ridge Mountainの山並みを見るには**Range View Overlook**（17.1マイル）、シェナンドー川のいくつもの蛇行した流れを見るには**Little Hogback Overlook**（21マイル）がいい。Thornton Gap（31.5マイル）でスカイラインドライブはUS-211を横切るから、**ルーレイLuray**に行く場合はこのジャンクションから西へ向かおう。ここにはレンジャーステーションもある。41.7マイルと42.5マイルの地点が、スカイラインドライブで最も高いポイント（約1122m）だ。ここには1890年代に造られた古いリゾートロッジ**Skyland Lodge**があり、中にあるレストランでは南部料理を食べながら美しい山並みを堪能することができる。51マイル地点のBig Meadowsの入口手前には、Dark Hollow Fallsまでのハイキングコースが連なる。

Big Meadowsは園内でいちばんにぎやかな所で、ビジターセンターをはじめ、コーヒーショップ、キャンプストア、ギフトショップなどの施設も充実している。シャワーやランドリーなどが揃ったキャンプ場もここ。56.4マイル地点の駐車場から1.2マイルの所にある**Bearfence Mountain**は山から突き出した尾根。ぜひとも360度のパノラマを堪能していこう。なお、山頂近くはトレイルではなくごつごつした岩登りとなる。白いペイントが歩きやすい場所のマー

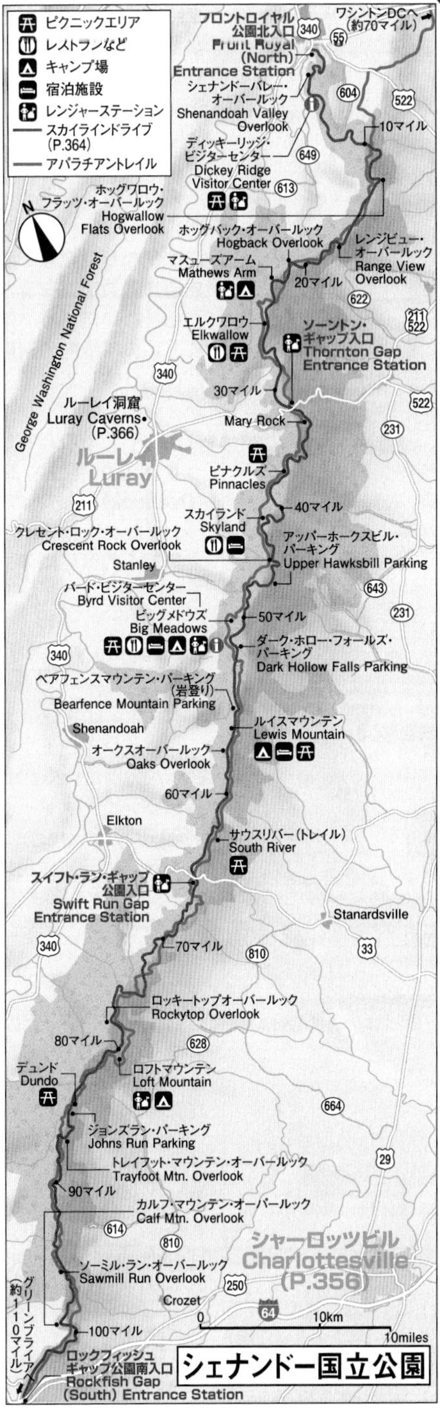

クだ。**South River**（62.8マイル）からは高さ約25mの滝までの往復5マイルのトレイルが出ていて、手頃なハイキングコースになっている。

スカイラインドライブは時速35マイル内で走ろう

ドライブ時の注意

スカイラインドライブは片側1車線の双方通行で、道幅にはかなり余裕がある。途中見通しの悪いカーブが何ヵ所かあるが、運転の難しい所はほとんどないだろう。ただいくつかルールがあるので注意すること。まず**園内の制限速度は時速35マイル**。フリーウエイなどを走り慣れている人にはかなり遅いスピードに感じられるが、急いでもせっかくの景色が楽しめないし、野生動物が飛び出してくることもしばしば。運が悪ければ取り締まりに引っかかる可能性もある。沿道には**70ヵ所以上の見晴し台（Overlook）**があるので好きな場所で停まって景色を楽しめばいい。なお、動物に出くわしたときは車が車道にかからないよう近くの路肩に停める。路肩のない部分での駐車、停車はできない。

冬に行く人は注意
スカイラインドライブは1年中オープンしているが、雪のために一時的に閉鎖されることがあるので、冬季に向かう人は事前に確認したほうがいいだろう。

アクティビティ
公園内ではキャンプ、ハイキング、乗馬、フィッシング、ロッククライミング、サイクリングなどが楽しめる。レンジャーの解説を受けながら、一緒に歩くプログラムなどもある。詳しい情報は各ビジターセンターで。

ハイキング
シェナンドー国立公園には、アパラチアントレイル（101マイル）を含む総計500マイルを超えるトレイルがある。コースもさまざまで、滝や山頂までの手頃なトレイルから森の奥に深く入り込む本格的なトレイルまである。

神秘的な地下の世界 MAP P.365

ルーレイ洞窟
Luray Caverns

スカイラインドライブ31.5マイルの所を横断するUS-211を西へ20分ほど行くとルーレイという小さな町がある。ここに、数あるシェナンドー渓谷の鍾乳洞のうち最も有名な**ルーレイ洞窟Luray Caverns**がある。

1878年地元の住民によって偶然発見された巨大な洞窟で、何千、何万本もの鍾乳石が立ち並ぶ姿はまさに自然の芸術品。映画のセットと見まごう見事なものばかりだ。約4億年かけてできあがったといわれる鍾乳洞は、深い所で10階建ての建物に相当する。圧巻は、数ヵ所ある水たまりのリフレクション（反射）。水面に鍾乳洞が鏡のように映っている。よく見ないと気がつかないが、この世のものとは思えないほどの、神秘的な空間が広がっている。また、ここでは耳でも鍾乳洞が楽しめる。鍾乳石の柱が奏でる透明感のある繊細な音色は、琴線に触れる美しさだ。

自然が創り出した芸術品に間違いなく圧倒される

ルーレイ洞窟
オススメ度 ★★★★
住 101 Cave Hill Rd. Luray, VA 22835
☎ (540)743-6551
URL luraycaverns.com
開 4〜6月中旬と9月第1月曜〜10月の毎日9:00〜18:00、6月中旬〜9月第1月曜9:00〜19:00、11〜3月の毎日9:00〜16:00（週末は17:00まで）
料 $32、6〜12歳$16、62歳以上$29

車博物館もある
敷地内にある車博物館Car and Carriage Caravan Museumも見学できる。入場料は洞窟の入場料に含まれる。140の展示が並ぶが、メルセデス・ベンツモデル1892、ロールスロイスSilver Ghostなどが必見。

車博物館にも興味深い展示品が並ぶ

お役立ち情報 **ルーレイ洞窟の入場料に含まれるもの** 洞窟見学のほかに、Car & Carriage Caravan Museumの車博物館、Toy Town Junctionのおもちゃ博物館、Shenandoah Heritage Villageの19世紀の農村。

シェナンドー国立公園をバイクで回る旅行者

Travel Tips

旅の準備と技術

Travel Tips

旅の準備 旅の情報収集

インターネットの普及で、日本にいながらアメリカの情報を得ることも容易になった。特に、観光局のウェブサイトには観光やイベント情報、ホテルやレストランなどの情報が満載。現地に着いたらホテルで地図をもらって歩き始めよう。

日本での情報収集

観光局やプロスポーツのウェブサイトにアクセスすれば最新の情報が入手できる。個人が発信するウェブサイトやブログにも詳しい情報が載っているが、更新がされていなかったり、個人の主観が入っているので、参考にとどめたい。旅行会社によっては詳しい情報をもっていることもある。航空券や宿の手配の際に尋ねてみよう。

現地での情報収集

現地での情報収集で、いちばんにおすすめするのが観光案内所。ワシントンDCの観光案内所はオフィスビルの中にある(→P.36)。ホワイトハウス隣の国立公園局が運営するもの(→P.36)も便利だ。観光名所のパンフレットはたいてい揃うが、ショップやレストランの情報はあまりない。そんなときは、ホテルのスタッフに尋ねてみるとよい。あなたの好みに合わせた所を紹介してくれるだろう。

観光に役立つ DC のウェブサイト

- **デスティネーションDC(観光局)** URL washington.org(日本語あり)
- **首都圏エリア観光局(DC、バージニア州、メリーランド州)** URL www.capitalregionusa.org(日本語あり)
- **国立公園局ナショナルモール** URL www.nps.gov/nama
- **スミソニアン協会** URL www.si.edu
- **ワシントンポスト紙 市民&観光向け情報** →P.369 URL www.washingtonpost.com/goingoutguide
- **シティペーパー(DCの旬な情報)** →P.369 URL washingtoncitypaper.com
- **イェルプDC検索サイト** URL www.yelp.com/dc
- **ボルチモア観光協会** URL baltimore.org
- **メリーランド州観光局** URL www.visitmaryland.org(日本語あり)
- **アナポリス観光協会** URL www.visitannapolis.org
- **シャーロッツビル観光局** URL www.visitcharlottesville.org
- **フィラデルフィア観光局** URL www.philadelphiausa.travel
- **ウィリアムズバーグ財団** URL www.colonialwilliamsburg.com

渡航関連情報/旅の総合情報(日本語)

- **日本外務省・海外安全ホームページ** URL www.anzen.mofa.go.jp
- **「地球の歩き方」ホームページ** URL www.arukikata.co.jp
- **ウエストバージニア州政府日本事務所** URL westvirginia.or.jp

ウェブサイトの閲覧
ウェブサイトの更新状況は運営側の管理によりまちまちなので、最新の情報ではないこともある。あくまでも参考程度に見ておいたほうが無難だ。

観光案内所の代わりに
空港やユニオン駅にある「トラベラーズエイド」のボランティアも親切なので、いろいろ相談に乗ってくれる。

●航空会社
※〈日〉:日本語サイト
全日空
URL www.ana.co.jp〈日〉
日本航空
URL www.jal.co.jp〈日〉
アメリカン航空
URL www.americanairlines.jp〈日〉
デルタ航空
URL ja.delta.com〈日〉
ユナイテッド航空
URL www.united.com/ja/jp/〈日〉

●交通
グレイハウンドバス
URL www.greyhound.com
アムトラック
URL www.amtrak.com

●チケット
チケットマスター
URL www.ticketmaster.com
チケットドットコム
URL www.tickets.com

●プロスポーツ
MLB(野球)
URL www.mlb.com
NBA(バスケットボール)
URL www.nba.com
WNBA(女子バスケットボール)
URL www.wnba.com
NFL(アメリカンフットボール)
URL www.nfl.com
NHL(アイスホッケー)
URL www.nhl.com
MLS(サッカー)
URL www.mlssoccer.com

「地球の歩き方」ホームページ
URL www.arukikata.co.jp
130ヵ国以上の基本情報、エアライン、海外旅行の手続きと準備など、旅に役立つコンテンツ満載です。

CINEMA おすすめ映画はこれっ! ペンタゴン・ペーパーズ The Post 2018年公開 監督:スティーブン・スピルバーグ 主演:メリル・ストリープ、トム・ハンクス ベトナム戦争が泥沼化するなか、政府には不都合な最高機密↗

DCの新聞&情報誌とそのウェブサイト

インターネットの発達で、新聞や情報誌などは発行部数が激減し、ものによってはかなり薄くなったり、紙媒体は廃止されたところもある。そのぶん、ウェブサイトでの情報が入手しやすくなっている。下記の新聞や情報誌はどれもウェブサイトをもっているので、英文ではあるがDCに行く前にここから情報収集をするのがおすすめ。

ワシントンポスト The Washington Post（日刊新聞）

URL www.washingtonpost.com　月～土曜日版$3　日曜日版$5
ウェブサイトの年間購読料$29

創刊1877年。ワシントンDCの地方新聞だが、地方紙と呼べないほど、その影響力、知名度は全米はもとより世界に波及している。"政府のおひざもと"という地の利を生かして政治面の充実が際立つ。ぶ厚い日曜版には、DCエリアの映画、舞台、コンサート、各ミュージアムの特別展とイベント、ライブハウス（Music Venue）、ナイトクラブ、レストラン、スポーツなどの1週間のエンターテインメント情報が満載。より充実した週末を過ごしたい人は一読を。

ワシントンポスト紙

「ライブハウス」は和製英語
アメリカで"Live House"は通じない。これは和製英語で、ライブハウスは"Music Venue"という。

シティペーパー City Paper（週刊情報誌）

URL washingtoncitypaper.com

ニューヨークの『Village Voice』のDC版がシティペーパーだ。タイムリーな音楽、芝居、本、スポーツ、ミュージアムの特別展、ダンス、映画、レストランなどの情報が満載。時代の波の影響を受け、2022年5月紙媒体の発行を終了した。現在はウェブサイトのみで、ワシントンDCの最旬な情報を紹介している。旅行者に役立つのはFood欄のLocal Dining Guides。

ワシントニアン Washingtonian（月刊誌）

URL www.washingtonian.com毎月月末発行　$5.95

毎月発行されるタウン誌兼情報誌。毎月の特集記事は、DCを知るうえで、興味深い話題が多い。DCらしく政治風刺や大統領、ファーストレディ、議員、マスコミで話題の人物などに関するヨミモノは読み応えがある。毎年恒例となっている"100 Very Best Restaurant"の特集号は売り切れになるほどの人気。

月刊ワシントニアン

テレビ局リスト（地上波）

現地のホテルで、テレビをBGM代わりにつける人も多いだろう。朝と夜のニュースの時間帯は、最新のニュースのほか天気予報やスポーツ情報も放映。旅行者にも大いに役立つ。

局番	TV局名	ネットワーク	特徴
4	WRC-TV	NBC系	ドラマが充実
5	WTTG	FOX系	夜のローカルニュースは10時から
7	WJLA-TV	ABC系	ニュースが充実
9	WUSA	CBS系	報道系、ドラマも充実
	PBS	ケーブル	唯一の公共放送
	ESPN	ケーブル	スポーツ専門放送局
	AcuWeather	ケーブル	天気予報専門局

※ケーブルチャンネルはホテルの契約によってチャンネル局番は異なるが上記の3つはほぼDCで見ることができる

DCのテレビで地元の最新情報を
ワシントンDCでは、4大ネットワークのテレビ局は夜の11時からローカルニュースを放映し、ニュース以外にも地元一辺倒のスポーツ、天気予報など、全国ニュースとは違ったおもしろさがある。また、朝のニュースはニューヨークからの中継が多いが、天気予報はローカルに切り替わる。地元に注力しているのがFOXテレビ。

↘文書（ペンタゴン・ペーパーズ）がニューヨーク・タイムズに流出。ワシントンポストも入手するが、公表するか否か、亡き夫の跡を継ぎ社主となったグラハムが決断を迫られる。英語のタイトルは「Post」。ワシントンポストの意味だ。

Travel Tips

旅の準備 旅のシーズンとイベントカレンダー

● DC の年間平均気温と降水量
→ P.10
●日本との時差早見表
→ P.11

ワシントン DC の気候と服装について

DC は四季もあり、夏は蒸し暑く、冬は乾燥して寒い。緯度は日本の仙台とほぼ同じだから、そのあたりの服装を基本にするとよい。1 日の気温の変化もかなり激しい。**ポイントは重ね着**。建物内では夏は冷房、冬は暖房が日本以上にきつい。気温の変化に対応できるようにしておこう。また、1 年をとおして降雨もある。ただし、1 日中降り続くことはあまりない。

華氏⇔摂氏の換算
●華氏＝（摂氏×９／５）＋32
●摂氏＝（華氏－32）×５／９

アメリカの温度の単位

アメリカでは気温や体温などの温度は、華氏（°F）で表示される。摂氏０度＝華氏 32 度を起点にしてだいたい摂氏 1 度増減すると、華氏は約 1.8 度増減すると覚えておくとよい。

温度換算表

摂氏℃	−20	−10	0	10	20	30	40	100
華氏°F	−4	14	32（氷点）	50	68	86	104	212（沸点）

年間イベントカレンダー

月	最高気温（℃）	最低気温（℃）	降水量（mm）	服装の目安	おもなイベント	内容
1	6.4	-1.8	71		マーチン・ルーサー・キング牧師の日 Martin Luther King Day	1月中旬、キング牧師の誕生日を記念して、キング牧師記念碑やケネディセンター、アナコスティアなどでパフォーマンス、パレード、朗読が行われる。
					旧正月パレード Chinese New Year Parade	1月下旬～2月下旬、チャイナタウンのH St.を中心にカラフルなパレードや舞踊が披露される。2024年は2月10日。
2	8.4	-0.6	66		エイブラハム・リンカーン生誕記念 Abraham Lincoln's Birthday Celebration	2月中旬、リンカーン記念館（→P.70）でゲティスバーグ演説の朗読や献花が行われる。
					黒人歴史月間 Black History Month	アフリカ系アメリカ人の現在までのアメリカへの貢献をたたえ、スミソニアンの博物館群では特別展覧会、映画、レクチャーなどの各種イベントが行われる。国立公文書館（→P.87）、アナコスティアコミュニティ博物館（→P.218）なども会場となる。
					ジョージ・ワシントン誕生日 George Washington's Birthday	2月第３月曜日。ワシントン記念塔に献花があるほか、アレキサンドリア、マウントバーノン（→P.124）でもイベントがある。
3	13.3	3.2	89		セント・パトリック・デイ St. Patrick's Day	3月中旬。アイルランド系住民の祭り。Constitution Ave.の7～17th Sts.でパレードがあり、参加者は緑色の衣類を身にまとい、ダンスや山車などが繰り出される。URL dcstpatsparade.com
					さくらまつり National Cherry Blossom Festival	DCの風物詩のひとつで、3月中旬から4月中旬にかけてポトマック河畔（→P.75）の桜の開花（3000本）時期に合わせ、パレード、花火、お祭り、ファッションショー、桜の女王のコンテスト、日本の伝統芸能のパフォーマンスなどさまざまなイベントが盛大に行われる。URL nationalcherryblossomfestival.org
4	19.3	8.4	79		ホワイトハウス・イースター卵ころがし White House Easter Egg Roll	4月中旬。３～６歳の子供がホワイトハウス南庭に集まり、140年以上続く伝統あるイースター卵ころがし競走を行う。
					トーマス・ジェファソン誕生日 Thomas Jefferson's Birthday	4月中旬、ジェファソン記念館（→P.74）で献花などのセレモニーが行われる。
					ウィリアム・シェークスピア生誕記念 William Shakespeare's Birthday	4月23日に近い土曜か日曜、フォルジャー・シェークスピア・ライブラリー（→P.98）で、音楽、演劇、展示品などを1日楽しむ。URL www.folger.edu
					フィルムフェストDC Filmfest DC	4月下旬から約２週間、DCの地元や世界各国より映画人などを招いたりして、映画の上映が行われる。会場はDC内の各劇場や映画館で。URL www.filmfestdc.org

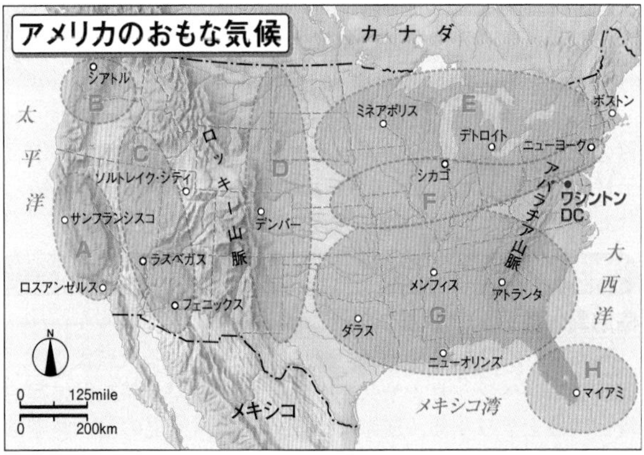

アメリカのおもな気候
（ケッペン気候区分）

A ▶地中海性気候
おもな都市：ロスアンゼルス、サンフランシスコ
B ▶西岸海洋性気候
おもな都市：シアトル、ポートランド
C ▶乾燥帯砂漠気候
おもな都市：ラスベガス、フェニックス
D ▶乾燥帯ステップ気候
おもな都市：デンバー
E ▶亜寒帯湿潤気候
おもな都市：ミネアポリス、デトロイト
F ▶夏暖冷帯湿潤気候
おもな都市：ニューヨーク、シカゴ
G ▶温帯湿潤気候
おもな都市：アトランタ、ニューオリンズ
H ▶熱帯モンスーン気候
おもな都市：マイアミ

月	最高気温（℃）	最低気温（℃）	降水量（mm）	服装の目安	おもなイベント	内容
5	24.2	13.7	102		パスポートDC Passport DC	5月毎週土曜、普段は入ることのできない約50の各国大使館がオープンハウスとなる。イベントは5月いっぱい行われ、大使館によってはイベントや、民族舞踊、各国料理が楽しめる。URL www.culturaltourismdc.org
					メモリアルデイ Memorial Day	5月最終月曜日、国会議事堂西側広場で、ナショナル交響楽団のコンサートが行われ、アーリントン墓地、ベトナム戦争戦没者慰霊碑、海軍記念碑などでは献花と演説、軍楽隊の演奏などさまざまなイベントがある。
6	29.1	19.1	97		軍楽隊サマーコンサート Military Band Summer Concert Series	6～8月にほとんどの平日毎晩8:00から、陸海空軍と海兵隊の軍楽隊による無料屋外コンサートが国会議事堂西側の広場などで開かれる。
					キャピタルプライド Capital Pride	6月の日曜日、差別に対して抗議するため、デュポンサークルを中心にゲイやレズビアンの人々によるパレードが行われる。全米で4番目に大きいLGBTQのイベント。URL www.capitalpride.org
					スミソニアン民俗祭 Smithsonian Folklife Festival	6月下旬から7月初めの2週間モールを中心に行われる、DC最大のイベント。各地の音楽、舞踊、工芸、料理など郷土色豊かな祭りがモールを埋め、毎年100万以上の人々を集める。スポンサーはスミソニアン協会。無料。URL festival.si.edu
7	31.4	21.8	94		独立記念日セレブレーション Independence Day Celebration	Constitution Ave.のパレードに始まり、国会議事堂西側広場でのナショナル交響楽団のコンサート、そして21:10からは花火大会。毎年約70万の人が集う。
					シティオープン Citi Open	7月下旬～8月上旬。USオープンテニスの前に開催されることから、有名選手の参加で知られる。2015年の優勝は錦織圭選手。彼にとってゲンのいい大会だ。
8	30.4	21	74		レストランウイーク Restaurant Week	毎年8月中旬と1月の約1週間、DCの"グルメ"を自認する、200を超えるレストランがランチとディナーのコースをお得な値段で提供する。予約は必至。2023年1月はランチ$25、ディナー$40/$55。URL ramw.org/restaurantweek
9	26.4	17	94		アダムス・モーガン・デイ Adams Morgan Day	9月第2日曜。ラテンアメリカ系などのDCのマイノリティが集まるアダムス・モーガン地区に、工芸品や料理の屋台が通りいっぱいに並び、生演奏もある。18th St.を中心に催される。URL www.admoday.com
10	20.3	10.4	86		陸軍10マイル Army Ten Miler	全米で最大の参加者数を誇る10マイル（約16km）のマラソン。3月頃受付開始。昔の陸軍兵器庫Armoryで大会前のイベントを開催。
					テイスト・オブDC Taste of DC	コロンブスデイの週末。DCで味自慢の60以上のレストランがPennsylvania Ave.の7～14th Sts.沿いに屋台を出店し、DCのNo.1のレストランを競うコンテスト。さまざまな料理が一堂に会して楽しめる。約100万人が集う。URL thetasteofdc.org
11	14.4	5.1	81		ベテランズデイ Veterans Day Celebration	第1次世界大戦の休戦日にあたる11月11日、歴戦の兵士をしのぶ荘厳な式典がアーリントン墓地（→P.113）で行われる。ベトナム戦争戦没者慰霊碑でも行事あり。
12	8.3	0.3	79		クリスマスツリーの点灯式/平和のページェント National Christmas Tree Lighting/ Pageant of Peace	12月上旬ホワイトハウス前のエリプス広場の巨大なクリスマスツリー（National Christmas Tree）に大統領が点灯、クリスマスソングが歌われる。元日まで広場には各州より出品されたクリスマスツリーが飾られる。URL thenationaltree.org
					ワシントン大聖堂クリスマス礼拝 Washington National Cathedral Christmas Day Service and Carols	12月24、25日の2日間行われる。ワシントン大聖堂での壮大なミサに続きクリスマスキャロルの合唱がある。無料だが、整理券が必要。URL cathedral.org

旅の予算とお金

モデルコース
→P.38
航空券の手配
→P.376

航空券／日本発着ワシントンDCへのノンストップ便・往復運賃の目安
※2023年2月現在
エコノミークラス、燃油サーチャージ、空港施設使用料他除く。航空会社、シーズンにより異なる。
16万9000円～44万7000円

航空券／国内線片道運賃
※2023年2月現在
DC～ニューヨーク間
1万8900円～4万8200円

長距離バス（グレイハウンド）／片道運賃の目安
※2023年2月現在
DC～ニューヨーク間 $30～122

鉄道（アムトラック）／片道運賃の目安
※2023年2月現在
DC～ニューヨーク間 $31～509

2023年3月20日現在の為替交換レート
$1.00≒132.68円
最新の為替レートは「地球の歩き方」ホームページで確認することができる。
URL www.arukikata.co.jp/rate

海外専用プリペイドカード
●アプラス発行
「GAICA ガイカ」
URL www.gaica.jp/
「MoneyT Global マネーティーグローバル」
URL www.aplus.co.jp/prepaidcard/moneytg/
●トラベレックスジャパン発行
「Multi Currency Cash Passport マルチカレンシーキャッシュパスポート」
URL www.travelex.co.jp/product-services/multi-currency-cash-passport

計画する旅の目的に応じて支出する費用もさまざまだ。外貨の持ち出しは、現金は最小限にして、クレジットカード、デビットカードなどをうまく組み合わせて円安をのりきろう。なお、アメリカでQRコード決済はあまり普及していない。

旅の予算

宿泊費、食費、アトラクション費

同じホテルでも、4年に一度の11月に行われる大統領選挙、大きなコンベンションやスポーツイベント開催時などに宿泊料金は値上がりする。逆に閑散期の1～2月や夏の暑い時期は安くなる。宿泊費の目安は、エコノミーホテルで1泊ⒹⓉ＄120～、中級ホテルで＄170～、高級ホテルで＄250～といったところ（いずれも夏季の閑散期）。

食費を安く抑えるならフードコートやファストフード、スーパーのイートインを利用するといい。＄25以下でおなかいっぱい食べられる。もう少し落ち着いて食べたいならファミリーレストランで、ランチ＄30前後、ディナー＄40前後といったところ。一般的なレストランでディナーを食べるなら、アルコールやチップも含めて1人＄60～120くらい覚悟しておこう。

DCでうれしいのが、スミソニアンをはじめとする**博物館やアトラクションの多くが入場無料**であること。

外貨の両替

アメリカの通貨単位はドル（$）とセント（¢）で、＄1.00=100¢。紙幣は$1、$2、$5、$10、$20、$50、$100の7種類。一般に流通している紙幣は$1、$5、$10、$20。コインは1¢（通称ペニーPenny）、5¢（ニッケルNickel）、10¢（ダイムDime）、25¢（クオーターQuarter）、50¢（ハーフダラーHalf Dollar）、＄1（ダラーコインDollar Coin）の6種類で、1¢、5¢、10¢、25¢の4種類のコインが流通している。

現金は、出発＆帰国日の交通費と飲食代程度の日本円、現地で交通費や軽食、それにチップなどの合計に滞在日数を乗じた金額を目安として持っていきたい。あとはクレジットカードでまかなえる。

外貨両替は大手銀行、国際空港内の銀行などで行っている。日本円からドルへの両替は、日本国内のほうが概してレートがよいが、日本を出発する前に準備できなくても、国際空港の到着ロビーには必ず両替所があり、到着便がある時間帯は営業している。最悪ここで日本円を現金化すればよい。

海外専用プリペイドカード

トラベルプリペイドカードは、外貨両替の手間や不安を解消してくれる便利なカードのひとつだ。多くの通貨で国内での外貨両替よりレートがよく、カード作成時に審査がない（本

お役立ち情報 **スーパーで現金が引き出せる** アメリカではスーパーのレジで現金が引き出せる。クレジットカードで精算の際、係員に「I need cashback $10」と告げるか、端末を操作すると現金が引き出せる。

人確認はある)。出発前にコンビニATMなどで円をチャージ(入金)し、入金した範囲内で渡航先のATMで現地通貨の引き出しができる。各種手数料が別途かかるが、使い過ぎや多額の現金を持ち歩く不安がない(P.372左欄外)。

クレジットカード

クレジットカードはアメリカ社会において、所有者の経済的信用を保証するものとして不可欠のもの。

メリットは、①多額の現金を持ち歩かなくてもよいので安全である ②現金が必要なとき、手続きをしておけばキャッシングサービスを受けられる ③経済的信用を求められる意味合いで、レンタカー、ホテルの予約、ホテルのチェックイン時に必ず提示を求められる、といったケースに対応できる点。日本で加入できる国際カードは**アメリカン・エキスプレスAmerican Express、ダイナースDiners、ジェーシービーJCB、マスターカードMasterCard、ビザVisa**などがあり、各社に特徴があるが、緊急時を考えて複数のクレジットカードを持っていることが望ましい。新規にクレジットカードを作る場合、余裕をみて旅行の1ヵ月前には申し込んでおくとよい。

クレジットカードの使い方

日本と同様ほとんどの店やレストランで利用できるが、店によっては最低の利用金額を定めているところもある。会計時にカードを渡す、または端末機に自分でスライドさせると、利用内容が記された伝票が提示されるので、金額などを確認のうえ、サイン、または暗証番号を入力すればよい。

クレジットカードでキャッシングする

現金が少なくなったときに便利なのが、クレジットカードのキャッシングサービス。町なかのATM(操作方法は右欄外)で、いつでも現地通貨で引き出せる。キャッシングには、手数料や利息がかかり、カードの支払口座から引き落とされる。

クレジットカードはすべてに使えるわけではない

クレジットカード社会アメリカでは、コーヒー1杯の支払いもクレジットカードを使うのが普通。安全面を考えればクレジットカードですべて済ませたいところだが、クレジットカードは実際の為替レートよりわずかだが高くつくうえ、レートも会社ごとに異なる。これを頭に入れて使おう。また、まれに路線バスやタクシーなどは現金でないと利用できない町もあり、クレジットカードが万能というわけではない。

デビットカード

使用方法はクレジットカードと同じだが支払いは後払いではなく、発行金融機関の預金口座から即時引き落としが原則となる。口座残高以上に使えないので予算管理をしやすい。加えて、現地ATMから現地通貨を引き出すこともできる。

カードをなくしたら!?

国際カードの場合、まず現地のカード会社に連絡して不正使用されないようにしてもらう。警察より先だ。手続きにはカードナンバー、有効期限が必要なので、紛失時の届け出連絡先と一緒にメモしておくのを忘れずに。→ P.404

ATMで現金を引き出す操作手順

※機種により手順は異なる

①クレジットカードの磁気部分をスライドさせて、機械に読み取らせる。機械によってはカードの表面を上向きに挿入するタイプや、挿入口に入れてすぐ抜き取るタイプもある

↓

② ENTER YOUR PIN =「暗証番号」を入力して、ENTER キーを押す

↓

③希望する取引を選択する。WITHDRAWAL、またはGET CASH=「引き出し」を指定する

↓

④取引の口座を選択する。クレジットカードの場合、CREDIT、もしくはCREDIT CARD=「クレジットカード」を指定

↓

⑤引き出す金額を入力するか、画面に表示された金額のなかから、希望額に近い金額を指定して、ENTERを押す

↓

⑥現金とRECEIPT「利用明細」を受け取る

※初期画面に戻っているかを確認し、利用明細はその場で捨てないように

暗証番号を忘れずに

ICカード(ICチップ付きのクレジットカード)で支払う際は、サインではなくPIN(暗証番号)が必要だ。日本出発前にカード発行金融機関に確認し、忘れないようにしよう。

カード払いは通貨とレートに注意

カード払いをしたとき、現地通貨でなく日本円で決済されていることがある。これ自体は合法だが、ちゃっかり店側に有利な為替レートになっていたりするので注意したい。サインする前には通貨と為替レートを確認すること。店側の説明なしで勝手に決済されたときは、帰国後でも発行金融機関に相談を。
URL www.arukikata.co.jp/web/article/item/3000231/

お役立ち情報 クレジットカードを使う際、ICチップを読み込ませる機械がとても多くなった。スキミング防止のためで、機械にICチップの付いたほうを挿入して、係員がOKと言うまで抜いてはいけない。

出発までの手続き

パスポートの取得

パスポート（旅券）は、あなたが日本国民であることを証明する国際的な身分証明書。これがなければ日本を出国することもできず、旅行中は常に携帯しなければならない大切なもの。

一般旅券と呼ばれるパスポートの種類は、有効期間が5年（紺）のものと10年（赤）のものとがある。発行手数料は5年用（12歳以上）が1万1000円、5年用（12歳未満）6000円、10年用が1万6000円で、期間内なら何回でも渡航可能。なお、20歳未満の場合は5年用しか申請できない。

すでにパスポートを持っている人は有効期限の確認を。アメリカの場合、パスポートの残存期間は入国する日から90日以上あることが望ましい。パスポートの署名（サイン）は、日本語でも英語でもどちらでもかまわないが、自分がいつも書き慣れている文字で書くこと。

パスポートの申請から受領まで

申請手続きは、住民登録をしている居住地の各都道府県の旅券課やパスポートセンターで行う。必要な書類（下記）を提出し、指定された受領日以降に、申請時に渡された受領票を持って受け取りに行く。必ず本人が出向かなければならない。申請から受領まで約1週間。都道府県庁所在地以外の支庁などで申請した場合は2～3週間かかることもある。

パスポート申請に必要な書類

①一般旅券発給申請書（1通）

用紙は各都道府県庁旅券課にあり、申請時にその場で記入することもできるし、2023年3月より電子申請が開始となった。20歳未満の場合は親権者のサインが必要になる。

②戸籍謄本（1通）　6ヵ月以内に発行されたもの。

③住民票(1通)　住基ネット導入エリアに住む人は原則不要。

④顔写真（1枚）　6ヵ月以内に撮影されたもの。サイズは縦4.5cm×横3.5cm（あごから頭まで3.4±0.2cm）、背景無地、無帽、正面向き、上半身。スナップ写真不可。白黒でもカラーでも可。パスポート紛失など予備用に2～3枚あるといい。

⑤申請者本人に間違いないことを確認する書類　運転免許証、マイナンバーカードなど、官公庁発行の写真付き身分証明書ならひとつ。健康保険証、年金手帳、社員証や学生証（これらの証明書類は写真が貼ってあるもののみ有効）などならふたつ必要。窓口で提示する。

⑥有効パスポート　パスポートを以前に取得した人は、返納のうえ、失効手続きを行う。希望すれば無効となったパスポートを返却してくれる。

パスポートに関する注意
国際民間航空機関（ICAO）の決定により、2015年11月25日以降は機械読取式でない旅券（パスポート）は原則使用不可となっている。日本ではすでにすべての旅券が機械読取式に置き換えられたが、機械読取式でも2014年3月19日以前に旅券の身分事項に変更のあった人は、ICチップに反映されていない。渡航先によっては国際標準外と判断される可能性もあるので注意が必要。
URL www.mofa.go.jp/mofaj/ca/pss/page3_001066.html

パスポートの発行手数料
発行手数料の印紙は、旅券課やパスポートセンター内の売店で販売している。地域によっては、印紙を廃止し、領収のスタンプを捺印する場合がある。

居所申請書
「居所申請書」を提出する際、住民票のほか学生は学生証や在学証明書、6ヵ月以上の単身赴任者の場合、居所証明書や居所の賃貸契約書が必要。

現在の居住地に住民票がない人の申請方法
1. 住民票がある都道府県庁旅券課で申請（代理可）。受領は本人のみ。
2. 住民票を現在の居住地に移して申請。
3. 居所申請（住民票を移さずに、現住の居住地で申請）をする。その場合、学生、単身赴任等一定の条件を満たしていれば可能。代理申請は認められていない。なお、居所申請については各都道府県庁の旅券課に確認すること。

パスポートの切替発給
パスポートの残存有効期間が1年未満となったときから、切替発給が可能。申請には右記の申請に必要な書類のうち①④⑥を提出する（③が必要な場合もある）。
氏名、本籍の都道府県名に変更があった場合は記載事項の訂正を行えばいい。手数料、②戸籍謄本、現住所が確認できる書類が必要。

パスポートの紛失については
→ P.402

お役立ち情報　**パスポートの電子申請について**　マイナンバーカードやマイナポータルのアプリが必要などの諸条件がある。詳しくはURL www.gov-online.go.jp/useful/article/202301/1.html

ビザ（査証）の取得

ビザとは、国が発行するその国への入国許可証。観光、留学など渡航目的に応じてビザも異なるが、日本人のアメリカ入国にあたり90日以内の観光、商用が目的であれば、ほとんどの場合ビザ取得の必要はない（**ビザ免除プログラム**）。ビザなしで渡米する場合、**ESTAによる渡航認証**の取得が必要（→下記）。

滞在が 90 日以内でもビザが必要なケース

日本から第三国へ渡航したあと、アメリカに入国する場合、国によってはビザが必要な場合もある。予定のある人は必ず、航空会社、旅行会社、アメリカ大使館・領事館に問い合わせること。ただし、直接アメリカに入国したあとにカナダ、メキシコなどに出国、再びアメリカに戻ってくる場合、そのアメリカ滞在の総合計日数が90日以内ならビザは不要。

ESTA（エスタ）の取得

ビザ免除プログラム（上記）を利用し、ビザなしで飛行機や船でアメリカへ渡航・通過（経由）する場合、インターネットで（携帯電話は不可）ESTAによる渡航認証を取得する必要がある。事前にESTAの認証を取得していない場合、航空機への搭乗やアメリカへの入国を拒否されることがある。一度ESTAの認証を受けると2年間有効で、米国への渡航は何度でも可能。なお、最終的な入国許可は、初めの入国地において入国審査官が行う。渡航が決まったら、早めにESTAによる渡航認証を申請・取得をしよう（出国の72時間前までの取得を推奨）。手順はURL esta.cbp.dhs.govにアクセス。日本語表記を選択して案内の手順に従えばよい。申請にはパスポートの画像アップロードが必須。渡航認証の回答は3日以内にあり、「渡航認証許可」はOK。「渡航認証保留」は審査中。承認されず「渡航認証拒否」となった場合、アメリカ大使館・領事館でビザの申請が必要。ESTAの取得はURL www.arukikata.co.jp/estaに手順を掲載。

海外旅行保険の加入

海外旅行保険とは、旅行中の病気やけがの医療費、盗難に遭った際の補償、あるいは自分のミスで他人の物を破損した際の補償などをカバーするもの。加入する、しないは、当然本人の意思によるが、万一のときに金銭的な補償が得られるということだけでなく、緊急時に保険会社のもつ支援体制が使えることはたいへん心強い。コロナウイルス感染症もカバーされるので、海外旅行保険には必ず加入しよう。

保険の種類は、必ず加入しなければならない基本契約と、加入者が自由に選べる特約に分かれている。必要な保険をセットにしたパッケージに加入するのが便利で簡単。なお、クレジットカード付帯の海外旅行保険は必ず保障金額を確認すること。アメリカの医療費は高く、保障額を超えることもある。

在日アメリカ大使館
住 〒107-8420 東京都港区赤坂1-10-5
☎(03)3224-5000(代表)
URL jp.usembassy.gov/ja/

ビザに関する質問
非移民ビザを申請する場合は、ほとんどの人は面接（予約制）が必要となる。問い合わせは、日本居住者は☎(050)5533-2737（日本）、米国在住者は☎(703)520-2233（米国）、eメール、チャット、Skypeで受け付けている。これらのサービスは無料で、通話料のみ利用者負担となる。詳細はURL www.ustraveldocs.com/jp（言語を日本語に変更可）

取得しておくと便利な証書類
●国外（国際）運転免許証
レンタカーを借りる人には必要不可欠。運転免許証を発行した都道府県の免許センターなどに出向いて申請を。URL www.npa.go.jp →国外運転免許証で検索
●ユースホステル会員証
ユースホステルは、原則として会員制。手続きは全国各地にある窓口かオンラインで。URL www.jyh.or.jp

ESTA の代金決済
登録料は $21。支払いはクレジットカードとデビットカード、ペイパル。カード A D J M V
※ JCB カードとダイナースクラブは、クレジットカード情報の入力をする際、支払いカードのプルダウン・メニューで「ディスカバーカード Discover Card」を選択し、JCB カードまたはダイナースクラブの情報を入力。

ビザ免除プログラムで入国できないケース
2011 年 3 月以降、イラン、イラク、北朝鮮、スーダン、シリア、リビア、ソマリアまたはイエメンに、渡航または滞在したことがある人（例外あり）。該当する場合は、非移民ビザの申請が必要。

「地球の歩き方」ホームページで海外旅行保険について知ろう
「地球の歩き方」ホームページでは海外旅行保険情報を紹介している。保険のタイプや加入方法の参考に。
URL www.arukikata.co.jp/web/article/item/3000681/

お役立ち情報 **ESTA申請代行サイトに注意** インターネットのキーワード検索結果などから申請を行う場合、申請代行会社などのサイトを利用していると気づかずに、あとで手数料を請求されるケースがあるので注意。

Travel Tips

旅の準備 航空券の手配

航空会社（日本国内の連絡先）
●全日空
☎0570-029-333
URL www.ana.co.jp
●ユナイテッド航空
☎(03)6732-5011
URL www.united.com/ja/jp/
●アメリカン航空
☎(03)4333-7675
URL www.americanairlines.jp
●デルタ航空
☎0570-077-733
URL ja.delta.com
●日本航空
☎0570-025-031
URL www.jal.co.jp

航空券をインターネットで購入するときに
ウェブサイトをとおして航空券を購入する人が多い時代。購入した場合は、eチケットとして航空券がメールで送られてくる。旅行会社のウェブサイトでの購入が不安な場合は、その旅行会社が「JATAボンド保証制度」に加入しているか確認するといい。この制度に加入していれば、万一被害を受けた場合でも弁済限度額の範囲内で弁済される。

燃油サーチャージ
石油価格の高騰や変動により、航空運賃のほかに"燃油サーチャージ"といって燃料費が加算される。2023年3月現在、円安の影響を受けて、これが高騰している。時期や航空会社によって状況が異なるので、航空券購入時に確認を。

国際観光旅客税について
2019年1月以降、日本の出国者を対象に、出国1回につき1000円の国際観光旅客税が導入された。原則として、航空券代に上乗せされて支払う方式となる。

日本からワシントンDCへの運航便

現在、日本からDCのダレス国際空港（IAD）へは全日空（航空会社の略号NH）とユナイテッド航空（UA）の2社がノンストップ便を運航させている。経由便なら、DCへ最も早く着く便としてアメリカン航空（AA）がダラス経由ナショナル空港（DCA）着、デルタ航空がデトロイト経由ナショナル空港着の便を運航。早く、楽にDCへ着きたい人は、全日空かユナイテッド航空のノンストップ便を利用するのがベスト。

航空券の種類

●普通（ノーマル）運賃
定価（ノーマル）で販売されている航空券で、利用においての制約が最も少ないが、運賃はいちばん高い。種類はファーストクラス、ビジネスクラス、エコノミークラス（Y運賃とY2運賃）の3つに分かれる。

●正規割引運賃（ペックスPEX運賃）
ペックス運賃とは、日本に乗り入れている各航空会社がそれぞれに定めた正規割引運賃のこと。他社便へ振り替えることができない、予約後72時間以内に購入すること、出発後の予約変更には手数料がかかるなどの制約があるが、混雑期の席の確保が容易といったメリットもある。なお、ペックス運賃は各社によって特色や条件が異なるので確認を。

また、航空会社がパッケージツアー用として卸す航空券がある。それを個人に販売しているのが、いわゆる格安航空券と呼ばれているチケットだ。この航空券を利用する人が多い。

eチケットについて

紙の航空券が発券されないこと（チケットレス）が最大の特徴で、今やeチケットが主流。基本的に搭乗手続きを搭乗者自身が行う。まず、各航空会社のカウンターに並んでいる自動チェックイン機に、本人証明のパスポートなどを読み込ませ、フライト日時と区間の確認、預ける荷物数の申告、座席や本人確認などを入力すると、搭乗券が発券される。荷物は自動チェックイン機の近くにある荷物預けの専用カウンターへ持っていく。

東京（羽田）ーワシントンDC間のフライトスケジュール +1は翌日着 （2023年4月現在）

全日空	ユナイテッド	アメリカン	デルタ	航空会社	全日空	ユナイテッド	アメリカン	デルタ
毎日	毎日	毎日	毎日	運航日	毎日	毎日	毎日	毎日
NH102	UA804	AA60/1291	DL276/2847	便名	NH101	UA803	AA2617/61	DL2562/275
10:55	15:50	18:25	15:25	羽田	15:20+1	15:25+1	15:30+1	13:45+1
↓	↓	ダラス経由	デトロイト経由		↑	↑	ダラス経由	デトロイト経由
10:35	15:50	22:38	17:24(DCA)	ワシントンDC	12:15	12:30	6:55	6:15(DCA)

お役立ち情報 **機内持ち込みにできないもの** 爪切りなどの刃物類は不可、液体やジェル類も制限がある。ヘアスプレーなどのエアゾール類や、化粧品や歯磨き粉といった液体類やジェル類は100mℓ以下の容器に入↗

旅の準備 旅の持ち物

荷物について

海外旅行では、あれば便利かなと悩むようなものは思いきって持っていかないほうがいい。たいていのものは現地調達でまかなえる。ただ、薬だけはいつも使っているものを持っていこう。医薬分業のアメリカでは、一般的な頭痛薬や風邪薬などを除いては、医師の処方箋がなければ薬は買えない。

衣類は着回しが利くアイテムを選び、下着や靴下、Tシャツなどは2～3組あれば十分。洗濯は、小物類なら浴室での洗濯が可能だが、大物類はモーテルやホテル、町なかのコインランドリーを利用しよう。スーツやワンピース、Yシャツなどはホテルのクリーニングサービス（有料）に頼むとよい。

受託手荷物（機内に預ける荷物）について

現在、荷物検査が強化され、アメリカ運輸保安局（TSA）の職員がスーツケースを開いて厳重なチェックを行っている。受託手荷物に施錠をしないよう求められているのはそのためで、検査の際にカギがかかっているものは、ロックを破壊して調べを進めてもよいとされている。したがって、受託手荷物には高価なものや貴重品は入れないこと。また、受託手荷物は利用するクラスによって、無料手荷物許容量（右欄外）が異なる。かばんのサイズや重量も各航空会社別に規定があるので、利用前に確認を。なお、アメリカの国内線・国際線ともに機内持ち込みの荷物には液体物などに規制（下脚注）があるので必ず確認をしておくこと。

TPO に合わせた服選びを

日中のラフな服装と変わって、夜はぐんとおしゃれな装いで。男性はネクタイとジャケット、女性はワンピースなどを持っていけば、ショーやディナー、クラブなどに対応できる。

TSA 公認グッズ

スーツケースに施錠できないことに不安を感じる人は、TSA 公認の施錠スーツケースや南京錠などを使用すれば悩みは解消される。これら TSA 公認グッズは、施錠しても TSA の職員が特殊なツールでロックの解除を行うため、かばんに損傷のおそれが少なくなる。

受託手荷物の詳細

2023 年 3 月現在、太平洋路線エコノミークラスの場合、無料で預けられる荷物は 1、または 2 個まで、1 個の荷物につき 23kg 以内、3 辺の和の合計が 157cm 以内とされている場合が多い。なお 2023 年 4 月以降、アメリカの航空会社は 2 個目から有料となるところがある。マイレージの会員や搭乗するクラスによって、数が異なるので航空会社のウェブサイトで確認すること。また、アメリカの国内線において、エコノミークラスの場合は通常 2 個まで預けられるが、1 個目から有料（$30 ～ 35）としている。利用航空会社、マイレージの会員区分によって料金は異なるので必ず確認をしておこう。

重い荷物は宅配サービスを利用しよう

事前の電話で自宅まで集荷に来てくれる。帰国時は空港内のカウンターで手続きを。

● **abc 空港宅配**
無料 0120-919-120
● **ヤマト運輸 宅急便**
無料 0120-01-9625

持ち物チェックリスト

品目	チェック	品目	チェック	品目	チェック
パスポート		下着・靴下		スリッパ・サンダル	
ホテルやチケットの予約書		シャツ類		医療品類	
日本円現金		帽子・サングラス		デジタルカメラ、スマホ	
米ドル現金		セーター、トレーナー		カメラやスマホの充電器など	
e チケット控え		ジャケットなど上着		モバイルバッテリー	
ESTA 認証のコピー		雨具		Wi-Fi ルーターや SIM カードなど	
海外旅行保険証		洗面用具		ビニール袋	
クレジットカード		タオル・バスタオル		ガイドブック	
国外（国際）運転免許証		ウエットティッシュ		筆記用具・メモ帳	
翻訳などのアプリ		化粧品、日焼け止め		顔写真（2 枚）	

↘れ、まとめて容量1ℓ以下の無色透明のジッパー付きの袋に入れて、検査時はかばんから取り出して、かばんとは別にX線にとおせば、持ち込める。これは日本発着の国際線だけでなくアメリカの国内線にも適用される。

ビジネスパーソン便利情報

ワシントンDCエリアのコンベンションセンター

コロナ禍で中止となったコンベンションも徐々に再開されるようになった

アメリカではコンベンションの開催が大きな産業のひとつになっている。DCはもちろんのこと、ボルチモアやフィラデルフィアも誘致に熱心で、各都市とも市内の中心部にコンベンションセンターをもっている。特に大きなコンベンション開催中は、ホテルが取れないこともしばしばで、料金もぐんとアップする。この期間に訪れる人は要注意だ。

DCでは、市の会場のほかにナショナルハーバーにも有名なコンベンション会場があるほか、大型ホテルでコンベンションが開催されることもしばしば。予備知識をもってコンベンションに参加すれば、現地でしっかり動けるはずだ。

アメリカではコンベンションはお祭り的要素を含むことも

コンベンションの参加が決まったら

1 ホテルの確保は主催者をとおして

大きなコンベンション開催時は市内のホテルはすぐに満室となる。参加者は、コンベンションの主催者をとおしてできるだけ早くホテルの申し込みをしたい。なぜ、主催者をとおして申し込まなければならないか？　実はDCでは、コンベンションの主催者と各ホテル間で契約があり、主催者をとおさないで個人が直接ホテルに予約を入れると、主催者からホテルに対して厳罰が下るケースがある。ホテルによっては、個人予約のコンベンション参加者を拒否することもある。

ただ、どうしてもコンベンション主催者をとおさずに、ホテルを予約しなければならないときや予約してもかまわないときは、郊外のクリスタルシティやベセスダのホテルが狙いめだ。メトロレイル駅に近ければ、コンベンションセンターへ簡単に行くことができる。

2 コンベンションセンターまでの交通機関の確認

ほとんどのコンベンションでは、主催者が参加者の泊まっているホテルとコンベンションセンターの間に臨時バスを運行させている。だいたいはこのバスで事足りるが、急にホテルに戻らなくてはならない、場合によってはコンベンション行きの臨時バスを逃してしまうこともあるだろう。そんなとき便利なのが、タクシーやメトロレイルだ。まずは、自分の泊まっているホテルがどのメトロレイル駅に近いのかを確認しておこう。ホテルのロケーションによっては、サーキュレーター（→P.56）も便利だ。

3 レストランのチェック

コンベンションで出される食事は、ほとんどがケータリングの冷めきっているものかファストフードで、すぐに飽きる。DCにも日本料理店はあるが、常に混雑している。店によっては予約を入れておきたい。また、お客さんの接待でコンベンションに参加している人もいるだろう。いいレストランを探しているならホテルのコンシェルジュに尋ねるのもいい。本書のレストランリストでは、接待に使える店に「💼」が付いている。こちらも参考にしてほしい。

お役立ち情報　**コンベンションの食事に飽きたら**　センターから徒歩圏内にあるレストラン。日本食—寿司葵（→P.286）、南部料理（ファストフード）—Saint's Paradise Cafeteria（→P.286）、ビール—City Tap House（→P.284）

ワシントンDCのコンベンションセンター案内

DC市内のコンベンション会場

ワシントン・コンベンションセンター

Walter E. Washington Convention Center

住801 Mt. Vernon Pl. NW, Washington, DC 20001
☎(202)249-3000 URLeventsdc.com/venue/walter-e-washington-convention-center MAP P.25-F1
アクセス：メトロレイル**イエロー、グリーンラインMt Vernon Sq/7th St-Convention Center駅真上**。サーキュレーターのユニオン駅〜ジョージタウン・ルートでK & 7th Sts.の角で下車。タクシーはコンベンション開催時、正面入口マウントバーノン・スクエアMt. Vernon Squareに面した通りのタクシー乗り場で待機している。コンベンションの専用送迎バスはL St.に停車することが多い。

中心部に近いので、メトロレイル、バス、タクシーでのアクセスが容易。周囲にはレストランやスーパーマーケットもある

会場が広いため案内係もいる。場所がわからないなど何でも尋ねてみよう

創設は1874年と、アメリカでも最古のコンベンションセンター。現在の建物は2003年完成。ダウンタウンの北の３ブロックを占める巨大な建物だ。総面積だけでも約21万3700m²の広さがあり、L St.を挟んで建物は地下でつながっている。

DCのコンベンションセンターの特徴は、美術作品の多さ。130点以上のアートが、参加者の目を楽しませてくれる。また、外壁がガラスで覆われているのも特徴で、閉塞感がありがちなコンベンション会場を、とても開放的にさせている。コンベンションセンター前のマウントバーノン・スクエアにはアップルストアApple Carnegie Libraryも開業したので、アップル製品を使っている人には便利。

施設案内

展示会場
トレードショーなど、広い会場を歩き回らなければならないことが多い。履き慣れた靴を持っていこう

インフォメーションと会場の案内
正面入口の右側にインフォメーションがある。会場がわからないときは、コンベンション名を言って教えてもらおう。会場のRoom番号を覚えておくと便利。また、会場にはいたるところに案内が出ている。迷ったらこれで確認を。メトロレイル駅へも行ける

臨時のコーヒースタンド
コンベンション開催時は、コンパスコーヒーをはじめとして地元のカフェなどの簡易コーヒーショップがオープンする。コーヒーやパンなどを買うことができ、ひと休みにもいい

ギフトショップ
コンベンション開催時のみDCみやげのショップもオープンする。買い物をする時間のない人にはありがたい

コンベンション臨時バス
コンベンションの主催者が参加者の泊まっているホテルとの間に臨時バスを運行させる。一般の人は利用できない。バスはL St.側にストップすることが多い

タクシー乗り場
コンベンション開催時はマウントバーノン・スクエア側にタクシーが横付けしている

お役立ち情報 **コンベンションセンターに近い便利な店** スーパーマーケット—Safeway（MAP P.25-F1）、ドラッグストアーCVS（MAP P.25-F2、P.25-E1）、国際宅配便、コピーなど—FedEx（マリオット・マーキース内MAP P.25-F2）

ポトマック川を見渡す巨大ホテルコンプレックス

ゲイロード・ナショナル・リゾート＆コンベンションセンター

Gaylord National Resort & Convention Center（→ P.127）

住201 Waterfront St., National Harbor, MD 20745
☎(301)965-4000 URL www.gaylordnational.com
MAP P.127
アクセス：ワシントンDCからはウオーターフロント（MAP折込地図表-D3）から出ているウオータータクシーが便利。1日7～8本の運行で約40分。グリーンラインSouthern Ave.駅から#NH1のバスで約35分。終点のバス停からホテルが見える。平日は30分間隔、土日曜は45分間隔の運行だが、一部治安の悪い所を通るので、暗くなってからの乗車は避けよう。タクシーは20～30分。運賃は$35～60。
タクシーでレーガン・ナショナル空港から$30～40、ダレス空港から$90～110。
アレキサンドリアからは、ブルー、イエローラインKing St.駅から#NH2のバスで約20分。終点。毎日30分間隔の運行。ウオータータクシーも便利。

DC南東のナショナルハーバーにあるゲイロードはコンベンションホテルとしても知られている

左／ホテルにつながってコンベンションセンターがあり、宿泊客にはとても便利
右／コンベンションセンターはホテルとはまったく違った雰囲気となる

DCの南東隣、メリーランド州プリンスジョージ郡にある新興コミュニティが**ナショナルハーバーNational Harbor**（→P.126）。

その核となっているのが、**ゲイロード・ナショナル・リゾート&コンベンションセンターGaylord National Resort & Convention Center**（マリオット系）だ。テネシー州ナッシュビルの名物として知られる巨大リゾートホテルの姉妹施設で、ガラスで覆われたアトリウムからポトマック川が見えるのが最大のポイント。３フロアにもわたるコンベンション用のスペースを有し、総面積は約5万m^2、収容人数約1万人と、中規模クラスのコンベンションが頻繁に開催される。2016年のMLBウインターミーティングの会場にもなったこともある。巨大なボールルームから会議室まで会場にも柔軟性があり、Wi-Fiの環境も整っている。宿泊客の約7割がビジネス客だという。

客室数は2000、すべてポトマック川かアトリウムに面していて眺めがよい。ご自慢のアトリウムは、高さ70m、幅73m、2000枚のガラスが使われ、スペースシャトル１機が収まるスペースだ。そして、中はまるで植物園のように樹木も青々としており、ベンチも多い。おすすめのスパをはじめとして、レストランやバー5軒、ショップが名物のアトリウムを囲むように並んでいる。緑豊かなアトリウムの散策は、コンベンション中にはとてもいいリフレッシュになる。

ナショナルハーバーには、ほかにもWestin、AC Hotel、Hampton Inn & Suites、Residence Inn、Hyatt Placeのホテルに加えて、リーズナブルで家族向けのHarborside Hotelが町の入口にあり、宿泊種類の施設も豊富。さらに、総合型カジノ・リゾートホテルの**MGMナショナルハーバーMGM National Harbor**も誕生し、カジノ以外にもセレブが出演するシアター、カリスマシェフのレストラン、ラスベガス有名ホテルのスイーツ店などもあって週末はDCから訪れる人でにぎやかだ。

加えてホテルから近い所にアウトレットがあるのも大きなメリット。**タンガーアウトレット・ナショナルハーバーTanger Outlets National Harbor/Washington DC**には約80軒の人気ブランドが入り、ゲイロード宿泊者は市内を循環するサーキュレーターを無料で利用することができ、アウトレットへ行くことができる。

左／FedExの支店もあるので、日本へ荷物の発送ができる
右／アトリウムは植物園。コンベンションの合間に散歩したい

DC豆知識 **ハーバーサイドホテル**　ナショナルハーバーのコミュニティから少し離れるが、丘の上にあり、MGMやタンガーアウトレットまでシャトルバスを運行している。家族連れに人気。URL www.harborsidehotel.net

ボルチモアのコンベンションセンター案内

隣には野球場のあるコンベンションセンター

ボルチモア・コンベンションセンター
The Baltimore Convention Center

ボルチモアのコンベンションセンターは町のほぼ中心にあり、多くのホテルが徒歩圏内。カムデンヤードも近い

住 1 W. Pratt St., Baltimore, MD 21201
☎ (410)649-7000
URL www.bccenter.org　MAP P.306-A,B4,5
アクセス：ライトレールConvention Center駅下車、目の前。または、サーキュレーターのオレンジルートで

大規模なものから小規模のものまでさまざまなコンベンションが開催される

ボルチモアは観光客だけでなく、ビジネス客も増加中。その理由は拡張して使いやすくなったコンベンションセンターにある。

ボルチモアのコンベンションセンターは、町の中心であるインナーハーバーの、Pratt St.沿いCharles St.からHoward St.の3ブロックを貫く巨大な建物。広さは約11万3800m^2。徒歩圏内にホテルや観光スポットが多いのも特徴で、使いやすい。

大きなコンベンション開催時は、ホテルが取りにくくなるので、観光でボルチモアへ行く人は注意したい。やはり、5月頃から11月上旬がコンベンションの多い季節。なお、ボルチモアは、インナーハーバー周辺は問題ないが、ダウンタウンの北西あたりの治安が悪い。ホテル選びは、なるべくインナーハーバーか、今発展中のイースト・インナーハーバーがおすすめ。高級ホテルが次々に建ち、人気のホール・フーズ・マーケットなどもある。

ちなみに、コンベンション参加の日本人が必ず寄っていくのが、"ベーブ・ルースの生家(→P.311)"だそうだ。

ベーブ・ルースの生家も近い

フィラデルフィアのコンベンションセンター案内

市民の胃袋であるマーケットに隣接

ペンシルバニア・コンベンションセンター
Pennsylvania Convention Center

住 1101 Arch St., Philadelphia, PA 19107
☎ (215) 418-4700　Free (1-800) 428-9000
URL www.paconvention.com　MAP P.345-C1
アクセス：地下鉄Market-Frankford線（ブルー）11th St駅下車

上／フィラデルフィアのコンベンションセンターはマリオットなどいくつものホテルに囲まれている
下／町の胃袋とも呼ばれる「レディング・ターミナル・マーケット」が隣にあり、気分転換にのぞいてみるのもおすすめ

フィラデルフィアのコンベンションセンターも町の中心部にある。交通、食事、観光など何を取っても便利なロケーションで、周囲のいくつかのホテルに隣接している。いちばんの特徴は、町の観光名所であり、市民の胃袋でもある**レディング・ターミナル・マーケットReading Terminal Market**とつながっていること。ここには生鮮食料品や日用品、みやげ物を売る店舗、地元でも評判のフードコートがある。このフードコートの店はどれを取っても外れがないのが、アメリカでは珍しい。地ビールを飲ませてくれる店もあるし、酒屋もある。コンベンションの食事に飽きたときだけでなく、みやげ物の物色にもいい。残念ながら夜はクローズする。

同コンベンションセンターの、ミュージアムパークウエイとコンベンションセンターの中間にレンフェストプラザLenfest Plazaが完成し、総面積は約18万5800m^{2}となった。歩いて15分くらいのParkway沿いには「幻のコレクション」といわれるバーンズ財団美術館やロダン美術館などもある。アフターコンベンションの楽しみも尽きない所だ。

メリーランド大学にある国立公文書館の新館、通称「NARA II」

ビジネスパーソン便利情報

リサーチ（調査＆研究）でDCを訪れる人のための
国立公文書館利用ガイド

1. 歴史

アメリカの「ナショナルアーカイブズ」の正式名は「国立公文書館・記録管理庁 National Archives and Records Administration」。略してNARA（ナラ）という。

アメリカの建国から現在まで約300年間の公文書・史料・記録の保管と閲覧のための国立施設で、1934年、フランクリン・D・ルーズベルト大統領によって設立された。現在、NARAの収蔵史料は、公文書が約135億枚、地図・図表・建築記録1000万枚、写真・グラフィックが4000万枚、空中写真4000万枚、映像フィルム13万6600km、電子ファイル835テラバイトを超え、スタッフは2500名を数える。

NARAは、ワシントンDCの本館のほか大統領図書館や地域公文書館など、全米に43の施設がある。本館の収蔵スペースは1980年代から手狭になり始め、別館を開設する必要に迫られた。州立メリーランド大学が敷地の一部を無償提供することになり、1994年に近代的な史料管理設備をもつ新館がカレッジパーク College Park に開設された。ワシントンDCの本館は「NARA I」、メリーランド州カレッジパークの新館は「NARA II」と呼ばれ、新館には、第1次世界大戦以降の公文書・史料・記録が収蔵されている。毎年、世界中から数多くの研究者がNARAを訪れる。日本人研究者の多くは、太平洋戦争に関わる史料や記録を求め、戦後の日米関係資料を探しにくるため、どうしても「NARA II」を訪ねることになる。8月の閲覧室は日本人でいっぱいになるほどだ。

ここ数年来、「NARA II」の利用ルールが大幅に変わった。久しぶりの再利用者には驚かされることが多々あるはず。そこで、「NARA II」の最新情報を紹介してみよう。

2. NARA IIへの交通手段

今日現在、NARA IIに直接アクセスできる公共交通は、本館と新館を結ぶ「無料シャトルバス」とメトロレイル・レッドラインのNorth Bethesda駅～Glenmont駅～グリーンライン College Park-U of MD大学駅間を運行する「メトロバスC8」だけ。

3. 開館日時

月曜日から金曜日の5日間、9:00から17:00までで、予約が必要となった。

4. 入館時のセキュリティチェック

電子機器材の登録と持ち込み許可証の申請は廃止された。すべての機器材は収納ケースから出してあれば問題なく持ち込めるようになった。

5. 史料の検索

史料検索の第一歩はリファレンスルームにて必要とする史料箱探しから始まる。軍事関係と民生関係それぞれを担当するアーキビストの協力で史料箱の収蔵番号を探し、必要な史料箱が見つかったら借り出し申請をする。その際、アーキビストの承認サインをもらうことを忘れないように。現在、Eric. V. Slander氏という日本語を話すアーキビストがいる。誰にでも親切に対応してくれる。

6. 史料箱の閲覧

1回の申請において、最大限24箱まで借り出せたが、現在は上限16箱まで。SCAP史料の箱は9箱から6箱となった。これは史料の盗難事件が起こったことに起因しているようだ。

閲覧申請時間は、基本的に10:00、11:00、13:30、14:30であるが、混雑していない日は15:30の申請も受け付けてくれる。

7. 機密史料の解除手続き

現在、多くの研究者は史料収集の手段として持参のデジタルカメラやスキャナーを使用する。機密史料の撮影・コピーをする場合、アーキビストによる機密解除タグの発行が必要。知っておくべきことは次のとおり。**①撮影・コピー対象となる史料を含む箱ごとスタッフカウンターに持って行き、閲覧席での撮影許可証と機密解除タグをもらう。②撮影許可証は席に取り付けられた蛍光灯に付属されたビニールケースに入れる。③箱に記されたNND番号を記入した機密解除タグは、必ず対象史料ペーパーに写るようにすること。④NND番号の異なる史料は、そのつど機密解除タグを発行してもらうこと。この点を怠ると、場合によってはデータの削除を命じられる。なお、機密解除タグはカメラ用とスキャナー用のいずれかを選べる。⑤借り出した史料カートから席に移動させるのは1箱のみ、箱から席に取り出せるのは1ファイルのみとなった。**

8. 閲覧室の退出

作業が終了して閲覧室を退出する際、出入口のスタッフカウンターにてすべてのペーパー類をチェックしてもらい、それをグリーンバッグに入れ、ロックをした状態で1階の出入口に向かう。グリーンバッグは出入口の警備員がロック解除をしてくれる。

9. その他の情報

①閲覧室内におけるスタッフの見回りが厳しくなった。ルールを順守しているか、史料を持ち出すようなことはないか、などをチェックするためのようだ。②閲覧席の一部はリザーブ用として一般の人は使用できない。③ブラウザ上でアクセス許可を取れば、無料 Wi-Fi が利用可能となった。④閲覧室のスタッフカウンターにリクエストすれば、カメラの固定機材を貸してもらえる。

以上のような変更・改正が実施されているから、久しぶりにNARA IIを訪れる人はくれぐれも注意が必要。なお、初めてNARA IIを利用する人は、NARAのホームページ（URL www.archives.gov）を参考にするとよい。研究者向けに詳細な情報が説明されている。また、九州大学の三輪宗弘氏のホームページにある『アーカイブ情報あれこれ：米国国立公文書館IIの実践的利用法』も非常に参考となる。アドレスは次の通り（URL guides.lib.kyushu-u.ac.jp/archivesvisitingguide）。

NARA II 住 8601 Adelphi Rd., College Park, MD 20740 Free (1-866) 272-6272

（ワシントンDC 海野優）

DCの本館～新館の間は無料シャトルが運行されている。月～金8:00～17:00の毎時発（本館、新館とも）

旅の準備 ビジネスパーソン向け便利帳

在米日本国大使館 →P.402

日系旅行会社

現地のさまざまな手配を日本語で行ってくれるのが、現地の旅行会社。

●ウルタ　U.R.T.A.

住 11216 Potomac Oaks Dr., Rockville, MD 20850
☎ (240) 888-0899　FAX (301) 217-9314
URL www.urta.us

URTAは、ワシントンＤＣエリアを研修・研究場所として日本から訪れる学生、各種研究者、官公・民間職員の滞在や生活立ち上げを支援する、ユニークなサービスを30年以上にわたって提供している。主要サービスは次のとおり。

①ゲストハウスサービス：　短期間の調査、研究・研修を目的として滞在する日本人のための「B&B型宿泊サービス」。ワシントンDC郊外のロックビル市に位置し、安全で静かで、典型的なアメリカの郊外住宅地にある（→P.257）。
利用者の多くは、国立衛生研究所（NIH）、チルドレンズホスピタル、議会図書館、国立公文書館などでの研究、資料収集にあたる。誠実で親身なもてなしが信条のゲストハウス。

②リロケーションサービス：　長期滞在でワシントンDCエリアに赴任する専門家や研究者向けに、住まい探しと新生活のための準備諸般をサポートするサービス。単に、物件の斡旋と賃貸契約だけでなく、入居中の問題解決サポートから退去・帰国時までの一貫した支援サービスが特徴。利用者の予算と希望に沿った物件を探してアシストする。利用者主体主義を貫くサービスがモットー。

③リサーチアシストサービス：　議会図書館、国立公文書館（NARA）、スミソニアン協会・博物館などへの調査同行、史料・資料収集、および複写代行などのリサーチアシストを提供。日本からこのアシストサービスを利用する日本人研究者もある。
※各サービス料は、それぞれの期間、内容、場所に応じて計算される。

●JTSツアーズ　JTS Tours

住 1101 Connecticut Ave. NW, Suite #450, Washington, DC 20036
☎ (202) 210-9172
URL www.jtstoursdc.net
営 月～金10:00～17:00

創業51年の老舗旅行会社。DCおよび東部諸州での大型バスやリムジンの手配、各種業界視察先の手配、視察旅行、通訳、資料リサーチ、教育プログラムのアレンジ、DC周辺のオプショナルツアー、セダン、バン、バスのプライベートチャーターや、空港送迎は英語ドライバーではあるが日本語案内のリクエストがあれば、ガイドを付けて対応するなど、多岐にわたる業務を取り扱っている。安心して任せられる旅行会社で、迅速な対応がうれしい。同社の日本語オプショナルツアーは→P.63。

●須磨トラベル L.L.C　Suma Travel L.L.C.

住 4305 Judith St., Rockville, MD 20853
☎ (202) 251-4387　URL www.sumatraveldc.net
Twitter：@sumatraveldc

18年間、ワシントンDCの現地日系旅行会社でガイド、ドライバーおよびコーディネーターとして実務経験をもつ代表者が2012年に起業した現地旅行会社。現役ガイドでもある代表者が自らツアーの造成・手配・催行を担うので、コースの多様さ、手配の細やかさ、情報の的確さには定評がある。オリジナルツアーの造成も行っており、バージニアビーチ・オシアナ航空ショーやデイトン・国立空軍博物館のツアーなども手がけている。また、日本の大手旅行会社とも提携し、各社サイトに自社ツアーの掲載を行っている。同社の日本語オプショナルツアーは→P.63

国際宅配便＆引っ越し業者

コンベンションや会議での書類は増えるばかり。持って帰るには重過ぎるときは、国際宅配便を頼むのがいい。近所のFedExなどに頼むのもいいし、ホテルのコンシェルジュに頼めば手配してくれる（要チップ）が、当然英会話が必要。ヤマト運輸は日本語OKで、宅配便のほかに、引っ越しも扱っている（→P.397右欄外）。

地球の歩き方 関連書籍のご案内

アメリカ各地への旅を「地球の歩き方」が応援します!

地球の歩き方　ガイドブック

B01 アメリカ ¥2,090
B02 アメリカ西海岸 ¥1,870
B03 ロスアンゼルス ¥2,090
B04 サンフランシスコ ¥1,870
B05 シアトル　ポートランド ¥1,870
B06 ニューヨーク　マンハッタン&ブルックリン ¥1,980
B07 ボストン ¥1,980
B08 ワシントンDC ¥2,420
B09 ラスベガス　セドナ ¥2,090
B10 フロリダ ¥1,870
B11 シカゴ ¥1,870
B12 アメリカ南部 ¥1,980
B13 アメリカの国立公園 ¥2,090
B14 ダラス　ヒューストン ¥1,980
B15 アラスカ ¥1,980
B25 アメリカ・ドライブ ¥1,980

地球の歩き方　aruco

09 aruco ニューヨーク ¥1,320
35 aruco ロスアンゼルス ¥1,320

地球の歩き方　Plat

02 Plat ニューヨーク ¥1,320
25 Plat サンフランシスコ ¥1,320

地球の歩き方　リゾートスタイル

R16 テーマパーク in オーランド ¥1,870

地球の歩き方　旅と健康

地球のなぞり方 旅地図 アメリカ大陸編 ¥1,430

地球の歩き方　BOOKS

100 NEW YORK − MY BEST ¥1,760
GIRL'S GETAWAY TO LOS ANGELES ¥1,760
ニューヨーク　ランキング&マル得テクニック! ¥1,100

※表示価格は定価（税込）です。改訂時に価格が変更になる場合があります。

あなたの**旅の体験談**をお送りください

「地球の歩き方」は、たくさんの旅行者からご協力をいただいて、
改訂版や新刊を制作しています。
あなたの旅の体験や貴重な情報を、これから旅に出る人たちへ分けてあげてください。
なお、お送りいただいたご投稿がガイドブックに掲載された場合は、
初回掲載本を1冊プレゼントします！

ご投稿はインターネットから！

URL www.arukikata.co.jp/guidebook/toukou.html
画像も送れるカンタン「投稿フォーム」
※左記のQRコードをスマートフォンなどで読み取ってアクセス！

または「地球の歩き方　投稿」で検索してもすぐに見つかります

地球の歩き方　投稿　検索

▶投稿にあたってのお願い

★ご投稿は、次のような《テーマ》に分けてお書きください。
《**新発見**》――――ガイドブック未掲載のレストラン、ホテル、ショップなどの情報
《**旅の提案**》―――未掲載の町や見どころ、新しいルートや楽しみ方などの情報
《**アドバイス**》――旅先で工夫したこと、注意したこと、トラブル体験など
《**訂正・反論**》――掲載されている記事・データの追加修正や更新、異論、反論など

※記入例「○○編20XX年度版△△ページ掲載の□□ホテルが移転していました……」

★データはできるだけ正確に。
ホテルやレストランなどの情報は、名称、住所、電話番号、アクセスなどを正確にお書きください。
ウェブサイトのURLや地図などは画像でご投稿いただくのもおすすめです。

★ご自身の体験をお寄せください。
雑誌やインターネット上の情報などの丸写しはせず、実際の体験に基づいた具体的な情報をお待ちしています。

▶ご確認ください

※採用されたご投稿は、必ずしも該当タイトルに掲載されるわけではありません。関連他タイトルへの掲載もありえます。
※例えば「新しい市内交通パスが発売されている」など、すでに編集部で取材・調査を終えているものと同内容のご投稿をいただいた場合は、ご投稿を採用したとはみなされず掲載本をプレゼントできないケースがあります。
※当社は個人情報を第三者へ提供いたしません。また、ご記入いただきましたご自身の情報については、ご投稿内容の確認や掲載本の送付などの用途以外には使用いたしません。
※ご投稿の採用の可否についてのお問い合わせはご遠慮ください。
※原稿は原文を尊重しますが、スペースなどの関係で編集部でリライトする場合があります。

旅の技術 旅の安心手順

Travel Tips

日本の規制も緩和され、アメリカを旅しようと思っている人も多いはず。パンデミック後の旅行では何が変わったか、何を注意したらいいか、忘れずに持って行きたいものなどを知ってから旅に出よう。

日本を出発する前に

出発前に準備したいものは次のとおり。

①ワクチン接種証明書

現在アメリカ入国に際し、COVID-19 のワクチン接種完了の証明を提出する必要がある（18 歳未満、医学的に接種不可能な人など例外あり）。ワクチン接種は 2 回以上あればアメリカに渡航可能で、ワクチン接種証明書は住民票のある自治体へ申請する。紙面の証明書は各市区町村の申請窓口に申請書とパスポートのコピー、予防接種済み証明のコピー、返信用封筒などを添えて提出するが、最低でも 2 週間は必要で、できれば 1 ヵ月は余裕をもちたい。また、スマートフォンとマイナンバーカード（通知カードは不可）を持っていれば、デジタル庁が運営する「新型コロナワクチン接種証明書アプリ」を利用することによって、二次元コード付きの接種証明書をより早く取得することも可能。

② CDC の宣誓書

英語の記載のみとなるが、アメリカ疾病予防センター（CDC）の宣誓書を搭乗前に提出する必要がある。宣誓書は左欄外のウェブサイトからダウンロードでき、書き方は下記を参照したり、google 翻訳を利用するなどして、必要に応じてチェックやサインを入れておこう。

③ ESTA の取得→ P.375

出発の 72 時間前までに済ませておこう。ほかにも海外旅行保険の加入も忘れずに。

● CDC 宣誓書一部

2 枚目

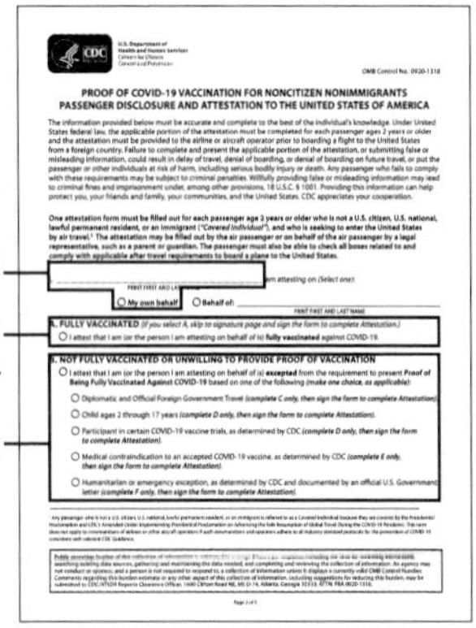

U.S. Department of Health and Human Services
Centers for Disease Control and Prevention

OMB Control No. 0920-1318

PROOF OF COVID-19 VACCINATION FOR NONCITIZEN NONIMMIGRANTS
PASSENGER DISCLOSURE AND ATTESTATION TO THE UNITED STATES OF AMERICA

The information provided below must be accurate and complete to the best of the individual's knowledge. Under United States federal law, the applicable portion of the attestation must be completed for each passenger ages 2 years or older and the attestation must be provided to the airline or aircraft operator prior to boarding a flight to the United States from a foreign country. Failure to complete and present the applicable portion of the attestation, or submitting false or misleading information, could result in delay of travel, denial of boarding, or denial of boarding on future travel, or put the passenger or other individuals at risk of harm, including serious bodily injury or death. Any passenger who fails to comply with these requirements may be subject to criminal penalties. Willfully providing false or misleading information may lead to criminal fines and imprisonment under, among other provisions, 18 U.S.C. § 1001. Providing this information can help protect you, your friends and family, your communities, and the United States. CDC appreciates your cooperation.

One attestation form must be filled out for each passenger age 2 years or older who is not a U.S. citizen, U.S. national, lawful permanent resident, or an immigrant (*"Covered Individual"*), and who is seeking to enter the United States by air travel.[1] The attestation may be filled out by the air passenger or on behalf of the air passenger by a legal representative, such as a parent or guardian. The passenger must also be able to check all boxes related to and comply with applicable after travel requirements to board a plane to the United States.

______ am attesting on *(Select one)*:
PRINT FIRST AND LAST NAME

○ My own behalf ○ Behalf of: ______
PRINT FIRST AND LAST NAME

A. FULLY VACCINATED *(If you select A, skip to signature page and sign the form to complete Attestation.)*
○ I attest that I am (or the person I am attesting on behalf of is) **fully vaccinated** against COVID-19.

B. NOT FULLY VACCINATED OR UNWILLING TO PROVIDE PROOF OF VACCINATION
○ I attest that I am (or the person I am attesting on behalf of is) **excepted** from the requirement to present **Proof of Being Fully Vaccinated Against COVID-19** based on one of the following *(make one choice, as applicable)*:
- ○ Diplomatic and Official Foreign Government Travel *(complete C only, then sign the form to complete Attestation)*
- ○ Child ages 2 through 17 years *(complete D only, then sign the form to complete Attestation)*.
- ○ Participant in certain COVID-19 vaccine trials, as determined by CDC *(complete D only, then sign the form to complete Attestation)*.
- ○ Medical contraindication to an accepted COVID-19 vaccine, as determined by CDC *(complete E only, then sign the form to complete Attestation)*.
- ○ Humanitarian or emergency exception, as determined by CDC and documented by an official U.S. Government letter *(complete F only, then sign the form to complete Attestation)*.

氏名の記入と自分が書いたことにチェック
COVID-19のワクチン接種を完了していることを証明するのであればチェック
ワクチン接種を免除されている、その理由にチェック

5 枚目

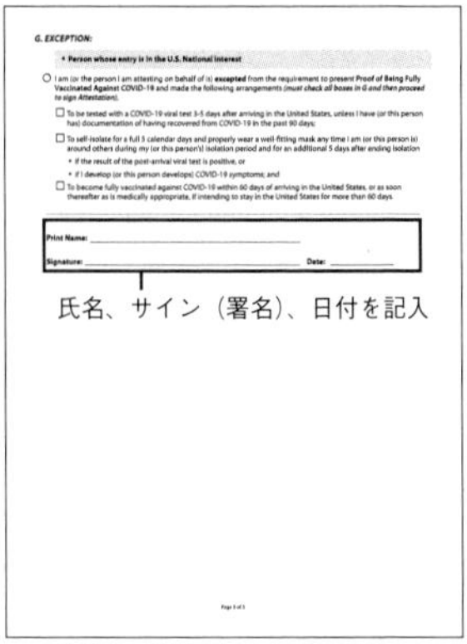

G. EXCEPTION:

- **Person whose entry is in the U.S. National Interest**

○ I am (or the person I am attesting on behalf of is) **excepted** from the requirement to present **Proof of Being Fully Vaccinated Against COVID-19** and made the following arrangements *(must check all boxes in G and then proceed to sign Attestation)*.
- ☐ To be tested with a COVID-19 viral test 3-5 days after arriving in the United States, unless I have (or this person has) documentation of having recovered from COVID-19 in the past 90 days;
- ☐ To self-isolate for a full 5 calendar days and properly wear a well-fitting mask any time I am (or this person is) around others during my (or this person's) isolation period and for an additional 5 days after ending isolation
  - If the result of the post-arrival viral test is positive, or
  - If I develop (or this person develops) COVID-19 symptoms; and
- ☐ To become fully vaccinated against COVID-19 within 60 days of arriving in the United States, or as soon thereafter as is medically appropriate, if intending to stay in the United States for more than 60 days.

Print Name: ______
Signature: ______ **Date:** ______

氏名、サイン（署名）、日付を記入

※ 3，４枚目のチェックを忘れずに。1 枚目に記入するところはない

接種証明書は英語で
英語で、渡航者の氏名、生年月日、接種したワクチン名と接種日が記載されていなければならない。

スマートフォンに読み込ませよう
接種証明書を書面で持っている人もスマートフォンに読み込ませておくと便利。証明書は搭乗時に提示するが、航空会社のアプリやサイトから事前登録することもできる。

アメリカ疾病予防センター（CDC）の宣誓書のダウンロード
URL www.cdc.gov/quarantine/order-safe-travel.html。"English" をクリックしてダウンロードする。

アメリカでコロナに感染すると
アメリカでもコロナは終息していない。マスメディアでの報道は少なくなったが、旅行中にコロナに罹患し、帰国できないこともある。発熱などコロナの症状が見られたら、医師の治療を受け指示に従うこと。できれば最初に旅行保険会社に連絡を入れたい。医師の指示でホテル待機となった場合は、保険に加入していれば宿泊費は補償される。2021 年の非営利団体「フェア・ヘルス」の調査では、アメリカでコロナに感染して入院した場合、平均 7 万 5000 ドル（約 1012 万円）かかっている。（CNN.co.jp より）

アメリカ入国後

入国審査では、ワクチン接種証明書などコロナ感染症に関する提出物や審査はない。入国後の隔離もない。

マスクはしたほうがいい?

日本のテレビコメンテーターが、「海外でマスクをする人はいない」と豪語する人が見受けられるが、それは間違い。数は少ないもののマスクをする人はいる。町なかを歩く人は5～10%、ワシントンのメトロレイルの車両では10～20%、ホテルや博物館の受付の人はほぼ全員マスクを着用している。メトロレイル車両内の液晶画面ではマスクの着用を推奨するビデオを流していたり、比較的小さい美術館などはマスク着用をすすめていて、受付に無料のマスクが置かれていることもある。

開館時間・営業時間に注意

コロナの影響と人手不足から、博物館や美術館では開館時間が短くなっている。また、レストランでは時間の短縮だけでなく、ランチの営業を休止し、ディナーのみ営業する店舗も増えている。訪れる前に、できる限りウェブサイトで時間のチェックを。

アメリカ人が着用するマスク

アメリカで見かけるマスクは「N95」のみ。

日本帰国前に

Visit Japan Webの登録を

「Visit Japan Web」は、日本帰国時の「検疫」「入国審査」「税関申告（携帯品・別送申告書）」の手続きをスムーズに行うためのアプリ。ウェブサイトやQRコードからスマートフォンにダウンロードし、必要事項を入力して、できるだけ帰国前日までに手続きを済ませたい。登録は帰国の2週間前から可能。

登録に必要なもの

パスポートのほかにワクチン接種証明書が必要。この2点はスマートフォンで撮影したものをアップロードする。ワクチン接種証明書のPDFは受け付けない。ほかにも航空券（座席番号）も用意しておきたい。登録が1時間以内に終わらない人も多いので、時間に余裕をもって行いたい。

ダレス国際空港のPCR検査の仮設施設。必要な人はPCR検査場がどこにあるか調べておきたい

Visit Japan Web

URL vjw-lp.digital.go.jp/ja/

● Visit Japan Web 登録の一部手順

Visit Japan Webのアプリをダウンロードすると出てくる画面

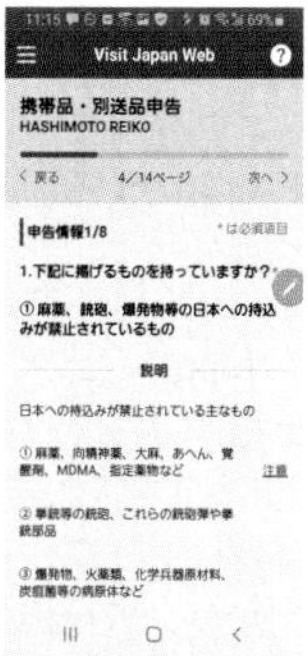

携帯品・別送品申告のチェック項目。帰国時に税関で書く申請書と同じ

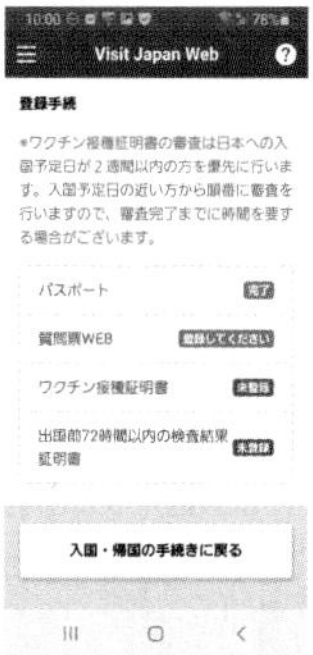

登録がどこまで済んだかが表示される

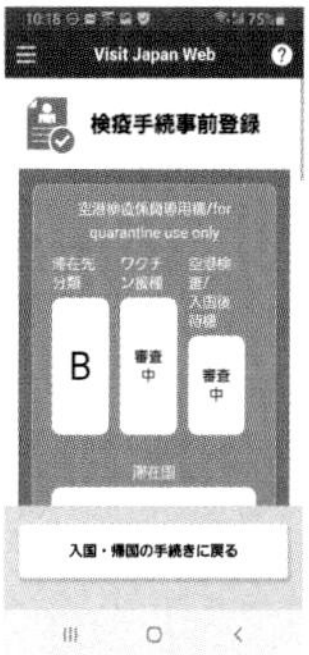

検疫の事前登録で赤が出た場合は、審査中か、または問題があるとき

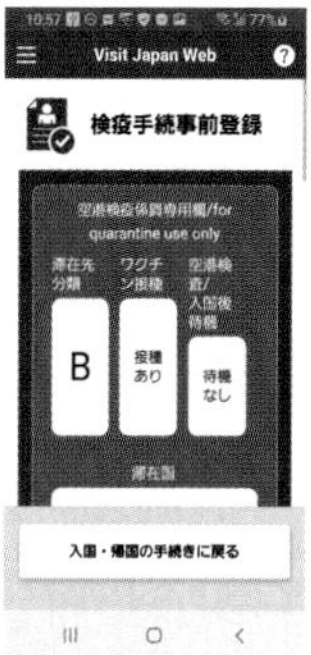

検疫の審査が終わり問題なければ青となる。これを検疫の係員に見せればいい

Travel Tips

旅の技術 出入国の手続き

出国の手続き

日本国内の国際空港でアメリカへの路線が運航しているのは、成田、東京（羽田）、関西、中部の4ヵ所。空港までのアクセス方法を前日までに確認すること。

空港到着から搭乗まで

①搭乗手続き（チェックイン）

空港へは出発時刻の3時間前までに着くようにしたい。チェックイン手続きに時間を要するのと、急なフライトスケジュールの変更に対応するため。

空港での搭乗手続きをチェックイン（Check-in）といい、通常手続きは、自動チェックイン機で各自行うのが基本。ファーストクラスやビジネスクラスは専用レーンでチェックイン手続きをとる。ここでは航空券、パスポート、ワクチン接種証明書を提示し、アメリカ疾病予防センター（CDC）の宣誓書、機内預けの荷物を渡せばよい。自動チェックイン機で手続きを行う場合は、タッチパネルの操作をガイダンスに従って行う（左欄外）。すべての手続きが完了したら搭乗券と荷物タグが発券される。荷物タグを自分で荷物に付けたあと、受託手荷物をすぐ近くの航空会社のカウンターに預ければよい。その際、発券された搭乗券とパスポート、前述のワクチン接種証明書を提示し、CDCの宣誓書を提出する。

②手荷物検査（セキュリティチェック）

保安検査場へ行く前に、パスポートと搭乗券の用意を。最初に搭乗券コードの読み取りが行われる。検査場では、機内に持ち込む手荷物のX線検査と金属探知機による身体検査を受ける。ノートパソコンなどの大型電子機器、スマートフォン、ベルトなどの身に着けている金属類、液体やジェル類はトレイに置いて、手荷物検査と一緒にX線検査を受けること。アメリカでは上着や靴も脱いで、X線を通さなければならない。

③税関手続き

高価な外国製品を持って出国する場合、「外国製品の持出し届」に記入をして申告する。これを怠ると、帰国時に国外で購入したものとみなされ、課税対象になることもある。ただし、使い込まれたものなら心配はない。

④出国審査

出国審査は顔認証ゲートで各自行う。パスポートを機械に読み込ませ、ハーフミラーに顔を向ける。確認が取れたらゲートが開く。スタンプが欲しければ有人の窓口でもらおう。

⑤搭乗

自分の搭乗便のゲートへ向かう。飛行機への搭乗案内は出発時間の約30分前から始まる。搭乗はグループごとに分けられて機内に入るので、自分のグループ番号を覚えておこう。ゲートでは搭乗券とパスポートを提示することもある。

成田国際空港
空港の略号コード "NRT"
☎(0476)34-8000
URL www.narita-airport.jp

東京国際空港（羽田空港）
空港の略号コード "HND"
☎(03)5757-8111
URL tokyo-haneda.com

関西国際空港
空港の略号コード "KIX"
☎(072)455-2500
URL www.kansai-airport.or.jp

中部国際空港
空港の略号コード "NGO"
☎(0569)38-1195
URL www.centrair.jp

eチケットでのセルフチェックインの仕方
①アメリカの航空会社でも日本に乗り入れている会社なら、画面表示に日本語があるのでそれを選ぶ
②本人確認。機械にパスポートの番号の部分を読み込ませる
③搭乗するフライトの確認画面が表示（確認画面の前に便名や目的地、宿泊先を尋ねられることもある）。合っていれば「続行」
④座席番号が表示。変更したいときは「座席変更」をタッチして好きな席を選ぶ
⑤機内預けの荷物の数を選んで「続行」（席のアップグレードを尋ねられることも）
⑥搭乗券と荷物タグが印刷される。機内預けの荷物がある場合は、タグを荷物に付けて搭乗券とパスポート、そのほかの書類を持って近くの荷物カウンターへ。チェックイン終了

受託手荷物は施錠しない
現在、アメリカ線は機内に預ける荷物には施錠をしないように求められている。心配な人はスーツケースにベルトを装着するか、TSAロック機能のスーツケースを使用しよう（→P.377）。

お役立ち情報 **事前の座席予約とチェックイン** 航空会社によっては事前に席の予約が、また、多くの航空会社では24時間前くらいからチェックインができる。どちらもウェブサイトをとおして。

アメリカに入国する

アメリカの場合、アメリカ国内で乗り継ぎがあっても、必ず最初の到着地で入国審査を行う。例えば、日本からシカゴを経由してワシントンDCへ向かうルートなら、シカゴの空港で入国審査を受けることになる。到着前に、「税関申告書」に記入をしておこう。

入国審査から税関検査まで

①入国審査

飛行機から降りたら、"Immigration"の入国審査場に向かう。窓口はアメリカ国籍者（U.S. Citizen）、それ以外の国籍者（Visitor）の2種類に分かれている。Visitorの列に並び、自分の番がきたら審査官のいる窓口へ行き、パスポートと税関申告書（下記）を提出する。入国するすべての人を対象に、スキャン装置による両手の指の指紋採取（一部空港）とデジタルカメラによる入国者の顔写真の撮影が行われる。渡航目的や滞在場所など、いくつかの質問が終わり入国が認められれば、パスポートと捺印した税関申告書を返してくれる。

②荷物のピックアップ

入国審査のあと、バゲージクレーム Baggage Claimへ。フライトをモニターで確認して、荷物の出てくるターンテーブル Carouselへ行き、受託手荷物を受け取る。手荷物引換証（タグ）を照合する空港もあるので、タグの半券はなくさないように。また、預けた荷物が出てこない、スーツケースが破損していたなどのクレームは、その場で航空会社に申し出ること。

③税関検査

税関でおもにチェックされるのは、持ち込み数量に制限がある酒、たばこの持ち込みで、制限を超える場合は課税の対象。

税関申告書（家族で1枚提出）

まずはあいさつから

審査官の前に進んだら、"Hello"、"Hi"、"Good morning"と、まずはあいさつをしよう。

質問の答え方

- ●入国目的は、観光なら"Sightseeing"、仕事ならば"Business"
- ●滞在日数は、5日なら"Five days"、1週間ならば"One week"
- ●宿泊先は到着日に泊まるホテル名を答えればよい

税関申告書記入例

① 姓 ② 名
③ ミドルネーム。なければ無記入
④ 生年月日（月／日／年：西暦の下2桁）
⑤ 同行している家族の人数
⑥ 滞在先（ホテル）の名称
⑦ 滞在先（ホテル）の市
⑧ 滞在先（ホテル）の州
⑨ パスポート発行国
⑩ パスポート番号
⑪ 居住国
⑫ アメリカ到着前に訪問した国。なければ無記入
⑬ アメリカに乗り入れる便名
⑭ 該当するものがない場合は「いいえ」をチェック
⑮ アメリカ居住者へのおみやげなどアメリカに残るものの金額
⑯ パスポートと同じサイン
⑰ アメリカ到着日（月／日／年：西暦の下2桁）
⑱ アメリカに残るものがある場合は、品目と金額を書き込む
⑲ その合計金額

※現金1万ドル以上の持ち込みは非課税だが申告が必要。

お役立ち情報　**入国審査のために**　入国審査のとき、ごくまれに宿泊先ホテルの住所を尋ねられることがある。住所がわかるものを用意しておきたい。また、ESTAの渡航認証の控え（画面コピー）も、念のため用意しておこう。

税関検査後、市内やほかの都市へ

シカゴなどほかの空港を経由して DC へ行くときは、国内線への乗り継ぎとなる。税関検査が終わると、出口の前にたいてい荷物の乗り継ぎカウンターがある。ここでタグの行き先が DC であることを確認して荷物を預ける。フライトモニターを見て、次の便のゲート番号と何時に出発するかを確認しよう。そして、国内線のターミナルに移動する。空港によって異なるがデルタ便のデトロイト乗り換えなら、機内預けの荷物を預けたあと再度手荷物の X 線検査があり、終了すればそのまま 2 階の国内線乗り場に導かれるようになっている。

空港からワシントン DC 市内へは、メトロレイルやタクシーなどのアクセス方法がある（→ P.45 ～）。

アメリカを出国する

① Visit Japan Web の登録を忘れずに

P.387 に記載されている「Visit Japan Web」の登録は帰国前日までに手続きを済ませたい。

②空港へ向かう

ホテルから空港への交通手段で、タクシーやウーバーを利用するならば、できれば予約をしておきたい。メトロレイル利用の際は週末の朝の運行開始時刻だけは注意しておきたい。いずれにせよ、遅延なども考えて、時間に余裕をもって行動しよう。なお、現在アメリカ国内の空港のセキュリティが非常に厳しく、時間がかかる。国内線の場合は 2 時間前に、国際線は 3 時間前までには空港に着くようにしよう。

③利用航空会社のカウンターに向かう

アメリカのおもな国際空港は、航空会社によってターミナルが異なる。タクシーならドライバーが乗客の利用する航空会社を尋ねて、そのターミナルで降ろしてくれる。メトロレイルは駅からカウンターまで歩くか、レーガン・ナショナル空港は循環する無料のバスで移動することもある。

④チェックイン手続き

2023 年 3 月現在、アメリカでは出国審査官がいるゲートで出国スタンプを押してもらうプロセスがない。利用航空会社の自動チェックイン機で各自手続きを行い、受託手荷物を預け、パスポートを荷物預けのカウンターで提示して終了。手荷物検査を通って搭乗ゲートに向かう。

日本に入国する

Visit Japan Web の登録が無事完了すると、青い画面となる。飛行機が到着したら、青い画面を表示し、検疫カウンターでその画面か QR コードを提示すればよい。入国審査は、日本人であれば P.388 と同じ手順だ。次にバゲージクレームで荷物を受け取ったら、税関カウンターで税関申告の QR コードを提示して通過。登録しなかった人はここで「税関申告書（携帯品・別送品申告書）」を記入しカウンターに提出する。

ダレス空港での入国審査

日本からのノンストップ便でダレス国際空港に着いた場合、DC で降りる人（Arrival）とダレス空港で乗り換える人（Connection）は、入国審査の場所が違う。DC で降りる人は、モービルラウンジに乗ってメインターミナルにある入国審査場に向かう。

空港で荷物が出てこなかったら

→ P.402

アメリカ入国の持ち込み制限

通貨は無制限だが、現金が 1 万ドル以上は申告が必要。酒類は、21 歳以上で個人消費する場合は 1 リットル、おみやげは $100 相当まで無税。たばこは 200 本と葉巻は 100 本まで無税。

肉類や肉のエキスを含んだすべての食品は持ち込み禁止となっている。

電子たばこについて

電子たばこはアメリカへの持ち込みは可能で、量は紙巻きたばこ（200 本）と同量まで可。機内への持ち込みはできるが、受託手荷物に入れることは不可。

地方の空港から日本へ帰国

ダレス国際空港など日本へのノンストップ便をもつ空港は大規模で、チェックイン手続きやセキュリティチェックに時間がかかる。しかし、地方の空港はとても小規模でチェックインもセキュリティもあっという間、ということもよくある。3 時間前では早過ぎたということもあるので、ホテルの人に混雑具合を聞いてみるといい。加えて、アメリカの空港は冷房がきついことが多いので、上着は必需品。

肉類、肉加工品に注意

アメリカ（ハワイ、グアム、サイパン含む）、カナダで販売されているビーフジャーキーなどの牛肉加工品は、日本に持ち込むことができない。免税店などで販売されているもの、検疫済みシールが添付されているものも、日本への持ち込みは不可。注意してほしい。

URL www.maff.go.jp/aqs

携帯品・別送品申告書について

2023年3月現在、日本に入国（帰国）するすべての人はVisit Japan Webの税関申告か「携帯品・別送品申告書」を1通提出することになっている。海外からの別送品がある人は2通提出し、このうちの1通に税関が確認印を押して返してくれる。この申告書は、別送品を受け取る際必要になるので、大切に保管しよう。税関通過後に別送品の申告はできない。申告用紙は機内で配られるが、税関を通過する前に記入台が設けられているので、別送品がある場合は必ず帰国時に申告すること。もし、別送品の申請をしなかったり、確認印入りの申請書をなくした場合は、一般の貿易貨物と同様の輸入手続きが必要になるので要注意。

携帯品・別送品申告書記入例

携帯品・別送品申告書
①NH101 ②ワシントンDC
③2023年 5月 5日
フリガナ チキュウ アユミ
④地球 歩
⑤東京都品川区西五反田2-11-8
電話 03（1234）5678
⑥会社員
⑦1998年01月15日
⑧TT1234567
⑨
⑩はい いいえ
⑪
⑫地球 歩

⑬
酒類 3本
たばこ 紙巻 / 加熱式 / 葉巻 / その他
香水 3オンス
その他の品名 数量 価格
ハンドバッグ 1 250,000

携行品・別送品申告書（表面）　（裏面）

海外から日本への持ち込み規制と免税範囲

日本への持ち込みが規制されている物は下記のとおり。海外で購入する際に問題ないと言われても、税関で規制対象品と判明した時点で所有を放棄するか、自己負担で現地に送り返す、輸入許可が下りるまで有料で保管されるなどの処置がなされる。

日本へ持ち込んではいけないもの

- 覚せい剤、大麻、MDMAなどの不正薬物
- けん銃等の銃砲、これらの銃砲弾、けん銃部品
- わいせつ雑誌、わいせつDVD、児童ポルノなど
- 偽ブランド品、海賊版などの知的財産を侵害するもの
- ワシントン条約に基づき、規制の対象になっている動植物、それらを加工した製品も規制の対象
- ビーフジャーキーなどの牛肉加工品。免税店で販売されているもの、検疫済みシールが添付されているものでも不可

※輸出入禁止・規制品についての詳細は税関まで

URL www.customs.go.jp

記入例

①航空会社（アルファベット2字の略号）と便名
②出発地
③入国日
④氏名
⑤住所と電話番号
⑥職業
⑦生年月日
⑧パスポート番号
⑨同伴の家族がある場合の内訳。いなければ無記入
⑩質問の回答欄にチェック
⑪別送品がある場合は「はい」にチェック、個数を記入
⑫署名
（裏面）
⑬日本入国時に携帯して持ち込むものを記入（表面の⑩の1～6のいずれかに「はい」とチェックした場合のみ）
※不明な点などは係員に確認を。

日本入国時の免税範囲（成年者ひとり当たり）

2023年3月現在

	品名		数量または価格	備考
1	酒類		3本	1本760mℓ程度のもの
2	たばこ	葉巻たばこ	50本(ただし、ほかのたばこがない場合)	加熱式たばこは個装等10個（紙巻きたばこ200本に相当する量）
		紙巻きたばこ	200本(ただし、ほかのたばこがない場合)	
		その他のたばこ	250g(同上)	
3	香水		2オンス	1オンスは約28mℓ
4	品名が上記1～3以外であるもの		20万円（海外市価の合計額）	合計額が20万円を超える場合は、超えた額に課税。ただし、1個で20万円を超える品物は、全額に課税される

未成年者の酒類、たばこの持ち込みは範囲内でも免税にならない
6歳未満の子供は、おもちゃなど明らかに子供本人の使用と認められるもの以外は免税の対象にならない

お役立ち情報 忘れ物に気をつけて　旅行の持ち物で意外に忘れやすいのが、スーツケースの鍵。タブレット端末やデジタルカメラ、スマートフォンの充電器類も忘れやすいので気をつけて（→P.377表）。

Travel Tips

旅の技術 現地での国内移動

アメリカ国内線の基礎知識

アメリカ国内の移動手段は、飛行機、レンタカー、長距離バス、鉄道などが挙げられる。利用する乗り物によって、料金、時間に差が出てくるのはもちろんのこと、旅の印象も変わってくる。なお、アメリカ国内を旅するにあたっては、どの移動手段においても「時差」が発生する場合があることを念頭に行動をすること。現地ツアーなどの出発時刻に間に合わないというケースもあるからだ。

滞在都市数と航空券の種類

1都市だけの滞在なら、航空券は日本と滞在するアメリカの都市間の往復航空券を手配する。2都市以上の複数都市を飛行機で回る旅の形態は周遊といい、周遊の運賃はゾーンや滞在都市数によってなど、航空会社により条件が異なる。なお、ルートを作成する場合、訪問順に注意をしたい。例えば同じ訪問都市でも、日本→ニューヨーク→シアトル→ワシントンDC→ロスアンゼルス→日本のような東海岸と西海岸をジグザグに回るルートよりも、日本→シアトル→ニューヨーク→DC→ロスアンゼルス→日本という、ぐるりと回る移動パターンのほうが航空券の料金も安い。

周遊の旅、航空会社選びはハブHUBが重要

航空会社は、乗客や貨物の効率的な輸送を図るため、運用の拠点としてハブ（中核）となる空港をもっている。行きたい都市への直行便がなくても、ハブになっている都市を経由すれば目的の都市にたどり着ける。ハブの都市を経由すると遠回りになるなど、多少のデメリットもあるが、ルート作成時の航空会社は、同一航空会社とすることが大切だ。

選んだ航空会社の路線で訪問都市をどうしてもカバーしきれない場合や、次の都市まで飛行機に乗るほどでもないときは、ほかの交通機関の利用も考えてみよう。例えば、ニューヨーク～DC間は、飛行機より鉄道での移動がポピュラーで、どちらの都市も中心部に駅があるなどメリットも大きい。

ニューヨーク～DC間の移動

ビジネスユースの多いこの区間は、アメリカでは珍しく鉄道の電化された区間であり、日本の新幹線並みに列車が運行されている。**アムトラック（半官半民の鉄道会社）**自慢のアセラ特急Acela Expressがこの2都市を約3時間で結んでいる（平日はかなり混雑する）。飛行機なら1時間30分ほどの飛行時間だが、空港へのアクセスやセキュリティチェックを考えると、鉄道のほうが楽と評判だ。一度はアメリカの鉄道に乗ってみることをおすすめする。

国内線利用の流れ

空港へは出発時刻の少なくとも2時間前までに到着を。大空港やハブ空港ならもっと早めが望ましい。国内線は「ドメスティックDomestic」のターミナルでチェックインの手続きを行う。チェックイン後、手荷物検査を受け、搭乗ゲートに向かう。

航空券に関する専門用語

- **OPEN（オープン）**：航空券の有効期限内であれば、復路のルート変更が可能な航空券
- **FIX（フィックス）**：出発前に日程、経路、往復便の予約を行う必要がある航空券
- **オープンジョー**：複数都市を回る際、途中の移動を飛行機以外の手段（鉄道、バスなど）で行うなど往路と復路の空港が異なってもいい航空券
- **トランジット**：同じ飛行機で途中にほかの空港に立ち寄ること。乗り継ぎ時間は24時間以内
- **ストップオーバー**：同じ途中降機のことで、乗り継ぎ地で24時間以上滞在すること

コードシェアとは？

路線提携のこと。ひとつの定期便に2社以上の航空会社の便名がついているが、チェックインの手続きや機内サービスは主導運航する1社の航空会社によって行われる。搭乗券には実運航の航空会社名が記載されるが、空港内の案内表示には複数の便名、または実運航の航空会社のみの便名で表示されるなど、ケース・バイ・ケース。予約時に必ず、実運航の航空会社を確認すること。

DC～ボストンを結ぶアセラ特急

お役立ち情報 **グレイハウンド以外のバス会社** 現在、アメリカではメガバスMegabus、フリックスバスFlixbusのような中距離バス会社が増えている。DCはメガバスもフリックスバスもユニオン駅に乗り入れていて問↗

長距離バス　Greyhound ほか

グレイハウンド社 Greyhound はアメリカで唯一最大の長距離バス会社。ハワイとアラスカを除く全米 48 州をカバーし、提携バス会社と合わせると、行けない町はないといっていいほどその路線網は充実している。現在、ヨーロッパの**フリックスバス Flixbus** と提携しており、ウェブサイトには両社のバスが表示される。一方、近年、**メガバス Megabus** のようなグレイハウンド以外の中長距離バス会社が増え、運賃も激安だ。アメリカ人は気軽に利用するが、バス停は看板のみで待合所がない（トイレもない）、チケットはインターネットのみの販売など、言葉の不自由な外国人には使いにくい。デメリットを頭に入れて乗るようにしよう。

時刻表について

現在、時刻表はウェブサイトで確認することができる。グレイハウンドならバスディーポの中にも表示されている。

グレイハウンド（フリックスバス）乗車の流れ

バスターミナル、バスディーポへは出発時刻の 1 時間前までに行こう。チケットを持っていないなら、さらに前に。

①チケットの購入（発券）

チケットカウンターのある所では、行き先、片道か往復か、枚数などを告げて買う。ウェブサイトからの購入も一般的で、割引もある。大きな荷物を預けたい人は、カウンターで荷物の数を申告し、行き先の書かれた荷物タグをもらう。

②乗車　乗車が始まるのは出発時刻の 10 分前くらいから。改札をするのはバスを運転するドライバー。彼らは乗車から下車までバスのすべてを任されている。大きな荷物を預ける人は、ドライバーに尋ねると横にある大きなカートか、その場に荷物を置くよう指示される。行き先を確認したらバスに乗り込もう。席は早いもの順だが、ほかの町を経由してきたバスは、すでに乗客が座っているから、空いた席に座ることになる。なお、車内とバスディーポ内は一切禁煙。

走行中は、ノンストップ便を除けば、3 時間おきくらいに**レストストップ Rest Stop** という 20 分くらいの休憩、食事時には**ミールストップ Meal Stop** という 40 分くらいの休憩がある。たいていマクドナルドのようなファストフード店か大きなガソリンスタンドに停車する。食事を持ち込む心配も不要だし、トイレはそのときに利用するといい。トイレは車内にもあるが、どうしても汚れやすい。

③目的地に到着すると、ドライバーはバスからいちばん初めに降りて、下車する乗客一人ひとりを見送る。長時間運転してもらった感謝の気持ちを込めて「Thank you !」と言おう。降りたらクレームタグの半券を見せて、係員に荷物を出してもらうのを忘れずに。

ユニオン駅はDCの交通機関が集結している。グレイハウンドのほかにもピーターパンバス（写真）、メガバスも乗り入れている

グレイハウンド
Free (1-800)231-2222
URL www.greyhound.com
メガバス
URL www.megabus.com、us.megabus.com

時刻表はウェブサイトで
URL www.greyhound.com
ウェブサイトにアクセスしたあと、出発地と目的地、乗車日を入力していけば、タイムテーブルだけでなく、運賃も知ることができる。"Travel Info" の "Station Location" で検索すればバスターミナルやバスディーポ（バスターミナルより規模の小さいもので、アメリカではディーポというのが一般的）の情報も知ることができる。

ウェブサイトからの乗車券の購入
ウェブサイトから乗車券を購入することもでき、前もって購入すれば割引もある。ただし、区間によっては手数料がつくこともある。
URL www.greyhound.com のトップページの "Book a Trip" から、乗車区間、日時、片道か往復かなどを入力していけば購入できる。クレジットカードで決済後は、パソコンの画面に行程表が表示されるので、これを印刷する。乗車時にこの行程表と身分証明書（パスポートなど）を提示すれば、乗車できる。

ユニオン駅にはフリックスバスが乗り入れる。グレイハウンドと提携している

↘題はないが、町によっては何もない辺鄙な場所にバスストップがあることも。夜は治安に不安もあり、トイレも建物もなく、人もいないことも多い。グレイハウンドも含めバスに乗るときは、必ず乗降場所などを確認すること。

ユニオン駅構内のアムトラック乗り場

アムトラック
Free (1-800)872-7245
URL www.amtrak.com

鉄道 Amtrak

広大なアメリカ大陸を迫力満点に疾走する列車の旅は、単なる移動手段としてではなく、それ自体が大きな楽しみといえる。現在、アメリカの中長距離旅客輸送を受けもっている半官半民の会社が**アムトラック Amtrak**。各地方の私鉄の線路を借り受けて、アムトラックの車両を走らせている。

アメリカ北東部は最も鉄道が発達したエリア

列車の運行本数が少ない、時刻表どおりに来ないなど、アメリカの鉄道は日本に比べると使いやすいとはいえない。しかし、北はボストンから南はワシントン DC までのアメリカ北東部は、アムトラックの自社路線で、しかも電化されたエリア。それだけに、列車の本数も多く、遅れも少なく、実に使いやすい。実際、ニューヨーク～DC 間はビジネスパーソンの利用がとても多く、アセラ特急の出発時間になると改札口は多くの人でごった返す。

ニューヨークやボストンからのアクセスはアムトラックの利用をすすめる。また、DC はシカゴに次ぐ、鉄道のハブといえる所。南はフロリダやニューオリンズなどへ、また、西はシカゴなどへも路線を走らせている。

アムトラックに乗る

ウェブサイトで乗車券を購入するのが一般的だが、アムトラックの場合、人気路線の寝台車を除いて、ほとんど席はあいており、当日たいてい乗ることができる。

①駅に着いたら

まずはカウンターへ。目的地、片道か往復か乗車券の枚数などを告げる。購入の際 ID の提示を要求されるから準備しておくように。前述のように乗車券はアムトラックのウェブサイトからも購入ができ、チケットをスマートフォンに表示させることもできる。ほかにも駅の窓口や主要駅に設置されている自動券販機でも買える。クレジットカードが必要。

②乗車

アメリカでは安全のため、列車の到着と出発時刻の前後以外は駅のホームには入ることができない。

長距離列車の場合、乗車時に車掌が座席を指示することがあるが、北東部ではない。代わりにホームの入口で係員がチケットを確認する。列車が動き出してからしばらくすると、車掌が検札にやってくるので、乗車券を渡すこと。そのとき乗車券と引き換えに、あなたの目的地を書いたバウチャーを頭上の荷物置き場の所に挟んでくれる。新たに席を移動するときは、これを持って移動するように。

DC近郊は鉄道が発達したエリア。利用をすすめる

アムトラックの Wi-Fi
一部のアムトラック駅や車内で Wi-Fi が利用できる（無料）。詳細はアムトラック・トップページの "EXPERIENCE" → "ON BOARD" → "Journey with Wi-Fi" をクリック。

鉄道の旅はここに注意！
アムトラックも全米を走っているとはいうものの、そのネットワーク網はグレイハウンドのように隅々までというわけではない。多くの大都市には走っているが、アムトラックが乗り入れていない都市もある（連絡バスが走る都市もある）。鉄道での移動を考えているのなら、初めにアムトラックが目的地に乗り入れているかどうかを確認しよう。

お役立ち情報 **メトロレイルの週末工事** メトロレイルは週末に保線のため点検や工事をあちこちで行っている。バスの代行はあるが、時間がかかる。駅に表示もあるが、できればウェブサイトで確認を。

レンタカー Rent-a-Car

車社会といわれるアメリカ。町が車での移動を基本に造られているので、どこに行くにも車の有用性を実感するはず。交通法規やルールの違う日本からの旅行者は不安に思うかもしれないが、逆に車で移動することによって生じるメリットは数えきれないほどある。ただし、初めてレンタカーを運転する場所としてDCはおすすめできない。町は碁盤の目のようではあるが、斜めに通る道も多く、交差点のひとつでもあるサークルに入ると、方向感覚がなくなってしまう人がほとんど。とはいえ、郊外のシェナンドー国立公園やゲティスバーグなどへ行くときにはぜひ利用したい。

走り出す前に

国外（国際）運転免許証の取得

ドライブをするために、日本から用意していかなければならないもののひとつが国外運転免許証だ。あるいは、各レンタカー会社で、国外運転免許証と同じ効力がある日本の免許証の翻訳サービスを有料で行っている。ただし、アメリカでは国外運転免許証や免許の翻訳書だけでは運転免許証としての効力がないので、必ず日本国内の運転免許証も持っていくこと。

ドライブの心構え

運転の基本はどこでも同じ「安全」。アメリカと日本では少し異なる交通法規があるので覚えておきたい。

まずは通行車線。日本とは反対の右側通行。最初は不安でとまどうかもしれないが、意外にすぐ慣れてしまう。速度がマイル表示なので、慣れないうちはキロメートルと錯覚し、スピードを出し過ぎてしまう場合があるので要注意。アメリカならではの合理的な交通法規が、赤信号での右折。いったん停止し、ほかの車や歩行者などの動きを見て、安全が確認できたときは発進できる。しかし、"NO TURN ON RED"の標識がある場合、信号が青になるまで右折はできない。信号のない交差点や「STOP」の標識の下に "4 － Way"の補助標識がある交差点では、一時停止しなければならない。対向車がいる場合、安全確認後、先に停車した車から発進できる。

フリーウエイの走行では、制限速度に要注意。また、むやみにクラクションを鳴らす、頻繁にレーンを変更する、遅い車をあおるなどの行為は厳禁だ。車間距離を取る、合流のときは必ず1台ずつ交互に出るなど、マナーのよい運転を。

レンタカー会社と日本からの予約

大手の会社としては、アラモ Alamo、エイビス Avis、バジェット Budget、ダラー Dollar、ハーツ Hertz などがある。アメリカ国内の各地に営業所があり、整備の面でも信頼がおける。いずれも日本に支社や代理店があり、日本で予約できる。

国外（国際）運転免許証の取得
→ P.375

日本に支社、代理店のあるレンタカー会社

●アラモ　Alamo
アラモレンタカー
無料 0120-088-980
URL www.alamo.jp
アメリカ
Free (1-844)354-6962

●エイビス　Avis
エイビスレンタカー日本総代理店
（株）ジェイバ
無料 0120-31-1911
URL one.avisworld.com/ja_JP/AvisJapan
アメリカ
Free (1-800)352-7900

●バジェット　Budget
バジェットレンタカー日本総代理店
（株）ジェイバ
URL www.budgetjapan.jp

●ダラー　Dollar
ダラーレンタカー予約センター
無料 0800-999-2008
URL www.dollar.co.jp

●ハーツ　Hertz
ハーツレンタカー予約センター
無料 0800-999-1406
URL www.hertz.com
アメリカ
Free (1-800)654-4174

その他のレンタカー会社
エンタープライズ
URL www.enterprise.com
アメリカ
Free (1-855)266-9565

アメリカの運転のハウツーを解説！
詳しいドライブガイドは『地球の歩き方 B25 アメリカ・ドライブ』を、ぜひ参考にしてほしい。

DC豆知識 **車を借りるとき、返すとき**　借りるときはピックアップというが、チェックアウトということもある。返すときは、リターン、チェックインともいう。

Travel Tips

旅の技術 チップとマナー

チップについて

アメリカではサービスを受けたらチップを渡す習慣がある。レストラン、ホテル、タクシー、ツアーなどケース・バイ・ケースなので、次のことを覚えておくといい（→ P.10、280）。

レストランでのチップ

ウエーター、ウエートレスへのチップは支払い後、会計伝票（請求書）を載せてきたトレイに残す。会計伝票の見方も覚えておこう。売上金額の下にタックス（税金）の欄がある。チップは飲食費の合計金額に対して最低でも20%を置く（タックス分は対象にしなくていい）。クレジットカードで支払う場合は、"Gratuity"、または "Tip" の欄にチップの額を書き込み、請求金額（飲食代と飲食税の合計）とチップを合計した金額もいちばん下の空欄に書き込む。なお、小額でもあっても＄1以上のチップを渡したい。

会計伝票記入例

Services、またはSC	40	00
Taxes	4	00
Tip、またはGratuity	8	00
Total	52	00

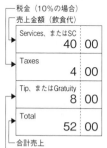

- 税金（10%の場合）
- 売上金額（飲食代）
- 合計売上
- チップ（売上金額に対して20%、端数は切り上げる）

マナーについて

アメリカで必要なマナーとは「他人との接し方」に尽きる。日本と違って、たくさんの民族が住むアメリカでは、この他人に対するマナーというのがことのほか重要視される。最低限守ってほしいルールといっていい。

あいさつ

道を歩いていて人に触れたら「Excuse me」。もし、ひどくぶつかってしまったり、足を踏んでしまったら「I'm sorry」。人混みの中で先に進みたいときも「Excuse me」だ。無言はたいへん失礼になる。お店に入って、店員に「Hi!」と声をかけられたら、「Hi」または「Hello」などと返事を返そう。また、話をするときは、真っすぐ相手の目を見て話すように。

飲酒とたばこ

州によって異なるが、アメリカでは21歳未満の飲酒と、屋外での飲酒は法律で禁じられている。酒屋、ライブハウス、クラブなどでは、アルコール購入の際ID（身分証明書）の提示を求められる。特に公園や公道でのアルコールは厳禁。野外でアルコールが飲めるのは、野球場など決まった場所だけ。

たばこを取り巻く環境となると、さらに厳しい。ほとんどのレストランは禁煙。ホテルも禁煙ホテルのほうが断然多い（ホテルで喫煙の罰金＄250～300）。場所もわきまえずに吸ったり、ポイ捨てしたりするようなことは慎まなければならない。

チップの目安

●ホテルのメイドへ
ベッドサイドテーブルの上などにわかるように置く。滞在中のお客の部屋に入るメイドは、お客の持ち物がなくなることに対して極めて神経質なので、紛らわしい置き方だと持っていかないことが多い。

●タクシーで
チップは単体で手渡すのでなく、メーターの表示額に自分でチップを加えて支払うことになる。メーター料金の15～20%とされるが、気持ちよくドライブできたら多めにチップをはずんであげたり、細かい端数は切り上げて支払うのが一般的だ。なお、タクシーの支払いにもクレジットカードが使えるようになってきた。機械に表示されるチップの%を選べば、自動的にトータル金額が計算される。%が気に入らなければ自分が適したと思う額を入力する。

●ルームサービスで
ルームサービスを頼んだ場合、まず伝票を見る。サービス料金が記入されていればチップは不要。サービス料金が加算されていなければ伝票にチップの金額を書き、さらに合計金額を書く。現金でもOK。メッセージや届け物などは$2～3。

●観光ツアーで
大型の観光バスのドライバー兼ガイド$5～10、小型バンのドライバー兼ガイド$10～。

気をつけたいマナー

●列の並び方
アメリカではキャッシャーやトイレなどで並ぶときは、1列に並んで空いた所から入っていくという、フォーク型の並び方が定着している。

●子供連れの場合
レストランや公共の場などで騒いだら、落ち着くまで外に出ていること。また、ホテルの室内や車の中に子供だけを置き去りにしたり、子供をしつけのつもりでもたたいたりすると、警察に通報されるので特に日本人は要注意だ。

CINEMA おすすめ映画はこれっ！ **大統領の執事の涙 The Butler** 2013年 監督：リー・ダニエルズ 主演：フォレスト・ウィテカー
7人の大統領に仕えた黒人執事の半生。激動の歴史、大統領の苦悩を執事の視点から綴る。

旅の技術 郵便と国際宅配便

旅の便り、重い荷物は郵便を活用

アメリカから日本への所要日数は、エアメールでだいたい1週間。料金は普通サイズのはがき、封書とも $1.45 が基本となっている。

かさばる書籍類やおみやげなどの荷物は、郵便で日本に送ってしまえばあとが楽。大きな郵便局ならクッション入りの大型封筒、郵送用の箱なども売っている。

船便がなくなったため送る方法は航空便 Air Mail のみ。航空便も速さにより数種類あり、最も安いのは1週間～10日で届く。あて先住所は日本語で書いてかまわない（国名 "JAPAN" は英語）が、差出人住所氏名としては自分のものを英語で書く。印刷物を送る場合はそれを示す Printed Matters、書籍の場合は Book の表示も書き加える（この場合、中に手紙は入れないこと）。

国際小包のアメリカ税関申告書の記入

まず、"From" の欄。" 差出人 " だから自分の名前を記入する。住所は、アメリカ在住者ならばアメリカの住所を、日本から旅行中であれば日本の住所を英語で記入すればいい。"To" は受取人を記入。自分あてなら上の "From" 欄と同じことを書けばいい。

記載のあて先へ配達できない場合、荷物をどうするかを記入する欄のチェックも忘れずに。差出人に送り戻すなら "Return to sender"、別のあて先に送るなら "Redirect to Address Below"（あて先を記入）、廃棄は "Treat as Abandon" にチェックする。

内容物についても記入。"QTY" は数量、"VALUE" はその価値（おおよそでよい）をアメリカドルで記入。

上記のほかにも申告書は数種類あり、記入事項がその種類によって異なる。

切手の購入

切手は郵便局の窓口か US Mail のマークのある販売機であれば、額面どおりの額で買えるが、おみやげ店やホテルなどにある小さな販売機は割高だ。もし、どうしても見当たらなかったらホテルで尋ねてみるのもいい。

別送品の配送サービスを行っている宅配業者

●ヤマト運輸（国際宅急便）YAMATO TRANSPORT (USA) INC

住 22930 Quicksilver Dr., Unit 115, Dulles, VA 20166
☎ (703) 661-3501
URL www.yamatoamerica.com/cs/

●日本通運（ドアツードア国際輸送サービス）

URL www.nittsu.co.jp/sky/express

帰国時の申告を忘れずに

郵便にしろ、国際宅配便にしろ、アメリカから日本へ物を送付した場合は、Visit Japan Web でその旨を申告するか、「携帯品・別送品申告書」を帰国時に2枚記入して、税関審査時に渡すのを忘れないように（→ P.391）。

日本への郵便料金

2023年3月現在

Air Mail（First Class International Mail）航空便	
封書 Letters	1オンス（28g）$1.45 ※1オンスごとに$1.25~1.26加算
	最大重量3.5オンス（約99g）
はがき　Post Card	$1.45
小包 Parcel	1ポンド（453.6g）まで$61.25 ※以降1ポンドごとに加算、最大66ポンド$338.95
	最大重量66ポンド（約30kg）
定額封書／定額小包 Flat Rate : Envelope／Box:Large	封書：24×31.8cmの封筒に入るだけ$44.80。最大重量4ポンド（約1.8kg）
	小包：30.5×30.5×14cmの箱に入るだけ$121.30。最大重量20ポンド（約9kg）
書籍・楽譜・印刷物 (Printed Matter) エム・バッグ　M-bags	11ポンド（約5kg）まで$87.89 ※1ポンドごとに$7.99加算
	最大重量66ポンド（約30kg）

※M-bagsという郵便方法は、大きな袋に荷物を入れて送られるもので、紛失や破損に対して補償はされない。
※小包、定額封書・定額小包はPriority Mail（配達に6～10日要する）を利用した場合。

DC豆知識 **国立郵便博物館地下の郵便局が便利**　博物館（MAP P.26-A1）の奥に郵便局があり、週末も営業していて便利。営業時間は平日9:00～19:00、土日9:00～17:00（2023年3月現在）

Travel Tips

旅の技術 電話

アメリカ国内公衆電話のかけ方

市内通話 Local Call

同じ市外局番（エリアコード）内の市内通話の場合、最低通話料金は50¢が一般的だ。公衆電話の受話器を持ち上げ、コインを入れ、エリアコードを除いた下7桁の番号を押す。投入した金額では不足の場合、オペレーターの声で "50 cents, please" などと指示があるので、その額のコインを投入する。

市外通話 Long Distance Call

最初に "1" をダイヤルしてから、市外局番、相手先番号と10桁の番号を押す。オペレーターが "Please deposit one dollar and 80 cents for the first one minute" などと料金を言うので、それに従いコインを入れる。指定額が入ると回線がつながる。公衆電話からかける長距離通話は意外に高いので、プリペイドカード（下記）を使うのが一般的。

プリペイドカード

日本のテレホンカードのように直接電話機に挿入して使うシステムではなく、カードに記された各カード固有の番号をダイヤル入力することによって、通話ができるというもの。利用方法は、まず専用のアクセス番号（カードに表記されている）をプッシュ。操作案内があるので、それに従って自分のカード番号、相手先電話番号をプッシュしていけばよい。このプリペイドカードはアメリカのドラッグストアのレジなどで販売されている。アメリカ国内でも日本へも、購入金額に達するまで通話できる。

トールフリーとは

トールフリー Free はアメリカ国内通話料無料の電話番号。(1-800)、(1-888)、(1-877)、(1-866)、(1-855)、(1-844)、(1-833) で始まる。なお、日本からかける場合は有料となるから要注意。アメリカ国内でも携帯電話で利用する場合は、通話料がかかる。

アルファベットの電話番号

アメリカの電話機には、数字とともにアルファベットが書き込まれている。これによって数字の代わりに単語で電話番号を記憶できる。

ABC → 2　DEF → 3
GHI → 4　JKL → 5
MNO → 6　PQRS → 7
TUV → 8　WXYZ → 9

●アメリカから日本へ電話をかける場合 ［電話番号(03)1234-5678］のとき

011	+	81	+	3	+	1234-5678
国際電話識別番号※1	+	日本の国番号	+	市外局番※2 （最初の0を取る）	+	相手の電話番号

※1 公衆電話から日本にかける場合は上記のとおり。ホテルの部屋からは、外線につながる番号を頭に付ける。
※2 携帯電話などへかける場合も、「090」「080」「070」などの最初の0を除く。

●日本からワシントンDCへ電話をかける場合［電話番号(202)123-4567］のとき

NTTコミュニケーションズ 0033 ソフトバンク 0061 携帯電話の場合は不要	+	010	+	1	+	202	+	123-4567
事業者識別番号	+	国際電話 識別番号※	+	アメリカの 国番号	+	市外局番 （エリアコード）	+	相手先の 電話番号

※携帯電話の場合は010のかわりに「0」を長押しして「+」を表示させると、国番号からかけられる
※NTTドコモ（携帯電話）は事前にWORLD CALL の登録が必要

お役立ち情報 **ダレス国際空港の無料電話** ダレス空港バゲージクレームのトイレの近くに、アメリカ国内なら5分間無料の公衆電話がある。空港の待ち合わせの確認や到着の知らせなどに使えて便利。

ホテルの部屋から電話をかける

まず外線発信番号（多くの場合 8 または 9）を最初にダイヤルする。あとは通常のかけ方と同じだ。ただし、ホテルの部屋からの通話にはサービスチャージが加算され、それがけっこうな金額になる。トールフリー（無料電話Free）の番号でも、チャージするところが多い。また、市外通話や国際通話をかける際、たとえ相手が電話に出なくても、一定時間（あるいは回数）以上呼び出し続けていると、それだけで手数料がかかってしまうケースもある。

ホテルの客室の電話。とても便利だが、料金はどうしても高くなる

アメリカから日本への国際電話のかけ方

ダイヤル直通

自分で料金を払う最も基本的なもの。オペレーターを通さずに直接、日本の相手先の電話番号とつながる。国際通話の場合は相当数のコインが必要となり、あまり現実的ではない。前述のプリペイドカード（→ P.398）を使うのが一般的。

日本語オペレーターに申し込むコレクトコール

オペレーターを介して通話するもので、料金は日本払いのコレクトコールのみ。料金は高いが、すべて日本語で事足りるので安心。

日本語オペレーターに申し込むコレクトコール サービスアクセス番号
● KDDI（ジャパンダイレクト）
Free (1-877) 533-0051

日本での国際電話に関する問い合わせ先

NTT コミュニケーションズ	無料 0120-003300（無料） URL www.ntt.com
ソフトバンク	無料 0088-24-0018（無料） URL www.softbank.jp
au（携帯）	無料 0057（KDDI） 157（au の携帯から無料） URL www.au.com
NTT ドコモ（携帯）	無料 0120-800-000 151（NTT ドコモの携帯から無料） URL www.docomo.ne.jp
ソフトバンク（携帯）	無料 0800-919-0157 157（ソフトバンクの携帯から無料） URL www.softbank.jp

SIM カードも利用価値大

持っているスマートフォンが SIM フリーなら、日本でも購入できるグローバル SIM カードや現地のプリペイド SIM もおすすめ。たいていはアメリカ国内通話料が無料で、SIM カードの電話番号でテキストメッセージのやりとりができる。アメリカ人は電話より、このテキストメッセージを利用するのが今では一般的だ。もちろん、Uber や Lyft を呼ぶときにも便利で、契約容量までインターネットがどこでも使えるのもメリット。ただし、日本への通話ができない会社がほとんどなので注意を。

SIM カードを購入する時間がない、SIM カードを交換しても設定がわからない人は、ルーターを持っていくのがおすすめ。

携帯電話を紛失した際のアメリカからの連絡先（利用停止の手続き。全社 24 時間対応）

au ☎ (011) +81+3+6670-6944 ※ 1
NTT ドコモ ☎ (011) +81+3+6832-6600 ※ 2
ソフトバンク ☎ (011) +81+92+687-0025 ※ 3

※ 1 au の携帯から無料、一般電話からは有料
※ 2 NTT ドコモの携帯から無料、一般電話からは有料
※ 3 ソフトバンクの携帯から無料、一般電話からは有料

DC豆知識 **アメリカの公衆電話** 携帯電話の普及にともない、公衆電話の数が激減している。空港くらいにしかない。急ぎで電話を使う人は、日本の携帯電話を持参し、海外での使い方を予習しておこう。

Travel Tips

旅の技術 インターネット

ワシントンDCのインターネット環境

現在、ワシントンDCではメトロレイル駅、ホテルやカフェ、ファストフード店など、日本以上にWi-Fi環境が充実している。スマートフォンやタブレット型端末を持っていれば、外出先でもメールやインターネットが楽しめるようになっている。

旅行者がインターネットを利用する場所として最も便利なのがホテル。アメリカのホテルやモーテルのほとんどでWi-Fiが利用でき、ホテルによってはパスワードを設定している。チェックイン時に確認しておきたい。使用料は、ワシントンDC市内の多くのホテルは無料だが、「○○ Fee」と称し、フィットネスセンターなどとともにWi-Fiの使用料が含まれた加算料金を徴収するホテルが増えている。また、ホテルによってはロビーに宿泊者専用のPCを設置しているところも多い。用意のいいところはプリンターも自由に使えるようになっている。

インターネットができる場所

日本同様、アメリカの町なかのどこでもWi-Fi環境が整っているわけではない。フェデックス FedEx Officeなら有料でパソコンの時間貸しをしており、日本語でウェブサイトやメールを見ることができる（日本語のメールは送信不可）。

スマートフォンのインターネット利用に注意
アメリカで、スマートフォンを通話でなく、インターネット（海外ローミング）で利用した場合、高額となるケースがある。日本を出る前に、どのような設定にするか、必ず確認をしておくこと。

インターネットを使うには
「地球の歩き方」ホームページでは、アメリカでのスマートフォンなどの利用にあたって、各携帯電話会社の「パケット定額」や海外用モバイルWi-Fiルーターのレンタルなどの情報をまとめて特集ページを公開中。
URL www.arukikata.co.jp/net/

DCのフェデックス
URL local.fedex.com
MAP P.27-B5, -C5など

INFORMATION

アメリカでスマホ、ネットを使うには

スマホ利用やインターネットアクセスをするための方法はいろいろあるが、一番手軽なのはホテルなどのネットサービス（有料または無料）、Wi-Fiスポット（インターネットアクセスポイント。無料）を活用することだろう。主要ホテルや町なかにWi-Fiスポットがあるので、宿泊ホテルでの利用可否やどこにWi-Fiスポットがあるかなどの情報を事前にネットなどで調べておくとよい。ただしWi-Fiスポットでは、通信速度が不安定だったり、繋がらない場合があったり、利用できる場所が限定されたりするというデメリットもある。そのほか契約している携帯電話会社の「パケット定額」を利用したり、現地キャリアに対応したSIMカードを使用したりと選択肢は豊富だが、ストレスなく安心してスマホやネットを使うなら、以下の方法も検討したい。

☆海外用モバイルWi-Fiルーターをレンタル

アメリカで利用できる「Wi-Fiルーター」をレンタルする方法がある。定額料金で利用できるもので、「グローバルWiFi（【URL】https://townwifi.com/）」など各社が提供している。Wi-Fiルーターとは、現地でもスマホやタブレット、PCなどでネットを利用するための機器のことをいい、事前に予約しておいて、空港などで受け取る。利用料金が安く、ルーター1台で複数の機器と接続できる（同行者とシェアできる）ほか、いつでもどこでも、移動しながらでも快適にネットを利用できるとして、利用者が増えている。

▼グローバルWiFi

海外旅行先のスマホ接続、ネット利用の詳しい情報は「地球の歩き方」ホームページで確認してほしい。
【URL】http://www.arukikata.co.jp/net/

旅の技術 旅のトラブルと安全対策

ワシントンDCの治安

町の再開発が進み、かつては治安の悪かった所も、目に見えてよくなっている。しかし、平和そうに見えるDCも、実は犯罪発生率が高く、治安の悪い所がある。DCの北東部や南東部など、観光には関係ないエリアだ。それでは、それ以外の地域の治安がいいかといえば、そうとは限らない。いちばん大切なのは、ここは日本ではないことを頭にたたき込み、次の点に注意すること。また、コロナの影響でアジア系のヘイトクライムも少なからずある。DCではあまり聞かないが、昼夜を問わず人通りの少ない場所を歩かないこと。

町の歩き方

おもな観光エリアは、昼間ならほとんど問題はない。デュポンサークルやジョージタウンの一画なら、夜もとてもにぎやかで、危険は感じられない。しかし、そこを1歩離れれば、とたんに人通りが少なくなる。そんな所は注意したい。

治安の善し悪しを判断する基準は、ゴミが落ちている、落書きが多い、ドアに鉄格子が入っている、ホームレスや目つきの悪い人がうろついているなど。また、きちんとした身なりの女性が少なくなったら引き返したほうがいい。もちろん、夜間の外出はタクシーやウーバーを使うように。暗くなってからは、どこでも注意したほうがいいのがアメリカなのだ。

交通

DCのメトロレイルは安全なことで有名。夜間に乗車してもほとんど問題はないが、気をつけてほしいのは、駅の外。夜、駅の周囲が暗かったり、人通りがなかったら、利用しないこと。同様に、バスも車内は問題ないが、バス停が暗かったりさびしい所なら、迷わずタクシーなどを使おう。

スリ、置き引きの多い場所とは

駅、空港、ホテルのロビー、観光名所、電車やバス、ショッピング街や店内、ファストフード店の中などでは、「ついうっかり」や「全然気づかぬすきに」被害に遭うことが多い。ツアーバスに乗ったときもバスに貴重品を置いたままにしないこと。貴重品は必ず身につけておこう。

こんなふうに貴重品は盗まれる

犯罪者たちの多くは単独行動ではなく、グループで犯行に及ぶ。例えば、あなたが夜道、携帯電話で夢中になって話している。ひとりが声をかけた瞬間に、もうひとりがかばんを奪って逃げていく。また、夜間のATMでのキャッシングもとても危険。キャッシングは昼間、人通りの多い所に限ろう。

こんな服装に注意
注意したいのが、ストリートギャング風（ダボッとしたパンツに、パーカーのフードやキャップを目深にかぶるスタイル）のものや、その筋の女性に間違われそうな派手な服装、過度の化粧も禁物だ。

本当に大切なものは肌身離さず
なくなったらその旅が不可能になる、パスポート、お金（現金やクレジットカード）などは常に携帯し、パスポート番号などを記した備忘録は貴重品とは別にしまっておこう。

DC各エリアの治安について
本書「観光ポイント」の各エリアを示す地図の下に「治安」について掲載されている。各エリアの治安についてはこちらを参照。

荷物は少なくまとめること
両手がふさがるほど荷物を持って歩いているときは注意力も散漫になりがちだ。スリに狙われやすく、落とし物もしやすくなる。大きな荷物は行動範囲を狭める原因でもある。

病気やけがをしたら
旅先での風邪や下痢の原因は、気候や生活の変化に対応しきれずに起こることが多く、精神的なストレスなども原因となる。とにかく休息すること。アメリカではホテルなどの緊急医や救急病院のほかは、医者は予約制。薬を買うには医者の処方箋が必要だが、痛み止め、風邪薬などはドラッグストアで処方箋なしで買える。まだアメリカでも終息していないコロナにも海外旅行保険の支援体制が使えることは心強い。

なお、近年アメリカではジカ熱と西ナイルウイルスの感染者が報告されている。なるべく蚊に刺されないように注意しよう。

DC豆知識 **盗難されやすい物の傾向** スマートフォンなどの普及にともない、ひったくりや置き引きの被害に遭いやすい物が、タブレット型端末やスマートフォン。管理に気をつけよう。

外務省 海外安全ホームページ
URL www.anzen.mofa.go.jp

大使館通り（→P.107）にある日本の大使館。菊の御紋が目印

在米日本国大使館
MAP P.28-C3
住 2520 Massachusetts Ave. NW, Washington, DC 20008
☎(202)238-6700（緊急の場合は24時間対応）
URL www.us.emb-japan.go.jp
●領事班
☎(202)238-6800
営 月～金 9:15～16:30（12:30～13:30は昼休み）
電話受付：月～金 9:00～17:00（12:30～13:30は昼休み）
休 土日、祝日

渡航先で最新の安全情報を確認できる「たびレジ」に登録しよう

外務省の提供する「たびレジ」に登録すれば、渡航先の安全情報メールや緊急連絡を無料で受け取ることができる。出発前にぜひ登録しよう。
URL www.ezairyu.mofa.go.jp

ドライブ中のトラブル

ドライブ中に旅行者が起こしやすいのは、駐車違反とスピード違反。スピード違反のとき、パトカーは違反者の後ろにつけると、赤と青のフラッシャーの点滅で停止を指示する。車は右に寄せて停車。警官が近づいてくる間、ハンドルに手を置いて、同乗者とともにじっと待つ。警官が声をかけたら日本の免許証、国外運転免許証、レンタル契約書を見せ、質問に答える。駐車違反はキップが切られていて、そこに罰金の支払い方法が記載されている。罰金の支払いはウェブサイトからクレジットカードでの引き落としが便利。

大麻（マリファナ、ウィード）について

ワシントンDCも含めアメリカの多くの州で合法化され、販売されているが、日本人は決して手を出していけない。アメリカなら大丈夫と思うかもしれないが、日本人は国外でも日本の法律が適用されるのだ。十分注意すること。

トラブルに遭ってしまったら

盗難に遭ったら

すぐ警察に届ける。所定の事故報告書があるので記入しサインする。暴行をともなわない置き引きやスリの被害では、被害額がよほど高額でない限り捜索はしてくれない。報告書は自分がかけている保険の請求に必要な手続きと考えたほうがよい。報告書が作成されると、控えか報告書の処理番号Complaint Numberをくれる。それを保険請求の際に添えること。

パスポートをなくしたら

パスポート（以下旅券）をなくしたら、現地の警察署へ行き、紛失・盗難届出証明書を発行してもらう。次に日本大使館・領事館で旅券の失効手続きをし、新規旅券の発給または帰国のための渡航書の発給を申請する。旅券の顔写真があるページと航空券や日程表のコピーがあると手続きが早い。コピーは原本とは別の場所に保管しておこう。新規旅券・帰国のための渡航書の発給には①紛失一般旅券等届出書と一般旅券発給申請書（大使館にある）、②顔写真2枚（6ヵ月以内撮影、縦4.5cm×横3.5cm）、③現地の警察署発行の紛失・盗難届出証明書、④戸籍謄本（6ヵ月以内発行）、⑤手数料（10年用1万6000円、5年用1万1000円）が必要。帰国のための渡航書も上記のものと旅行日程が確認できる書類が必要で、手数料は2500円。支払いは現地通貨の現金で。

クレジットカードをなくしたら

大至急クレジットカード発行金融機関（→P.404）に電話し、カードを無効化すること。万一に備え、カード裏面の発行金融機関、緊急連絡先を控えておこう。現地警察に届け出て紛失・盗難届出証明書を発行してもらっておくと、帰国後の再発行の手続きがスムーズ。

お金をすべてなくしたら

盗難、紛失、使い切りなど、万一に備えて、現金の保管は分散することをおすすめする。それでも、現金をなくしてしまったときのためにも、キャッシングサービスのあるクレジットカードはぜひとも持っていきたい。なすすべのない人は、日本国大使館に飛び込んで相談に乗ってもらうしかない。

空港で荷物が出てこない

荷物が出てこない場合、バゲージクレーム内の航空会社のカウンターで、諸手続きを行うことになる。クレームタグの半券を提出して、事情説明と書類記入をする。聞かれることは、便名、フライトの何分前に預けたか、かばんの色と形、いちばん上の内容物、発見されたときの配送先など。荷物が届かない間、衣類を購入するなど荷物紛失のため生じた費用の負担については、あらかじめ航空会社に確認すること。

お役立ち情報 コピー商品の購入は厳禁！ 偽ブランド品やゲーム、音楽ソフトを違法に複製した「コピー商品」を絶対に購入しないこと。空港の税関で没収されるだけでなく、場合によっては損害賠償請求を受けることも。

旅の技術 旅の英会話

ホテル

チェックイン（アウト）をお願いします。
I'd like to check in(out), please.

部屋のカギが開きません。
The room key isn't working.

私あてのメッセージはありますか？
Do you keep any message for me ?

荷物を預かってもらえますか？
Could you keep my luggage?

レストラン

持ち帰り用の容器をください。
May I have a box to carry out?

注文をお願いします。
Will you take our order?

ここで食べます／持ち帰ります。
For here, please. /To go, please.

これは注文していません。
I didn't order this.

クレジットカードでお願いします。
I'd like to pay by credit card.

お勘定をお願いします。
Check, please.

町歩き

空港までのチケットをください。
May I have a ticket to the airport?

これはユニオン駅へ行きますか？
Does this go to Union Station?

ナショナルズパークへ行くには？
How can I get to Nationals Park?

国会議事堂に着いたら教えてください。
Please tell me when we get to Capitol.

道に迷ってしまいました。ここはどこですか？
I'm lost. Where am I now?

ナショナルギャラリーで降ろしてもらえますか？
Would you let me drop off at the National Gallery?

病院で見せるチェックシート

※該当する症状があれば、チェックをしてお医者さんに見せよう

□吐き気 nausea	□悪寒 chill	□食欲不振 poor appetite
□めまい dizziness	□動悸 palpitation	
□熱 fever	□脇の下で計った armpit	＿＿＿＿°C ／°F
	□口中で計った oral	＿＿＿＿°C ／°F
□下痢 diarrhea	□便秘 constipation	
□水様便 watery stool	□軟便 loose stool	1日に（　）回（　）times a day
□ときどき sometimes	□頻繁に frequently	絶え間なく continually
□風邪 common cold	□花粉症 pollinosis(allergy to Pollen)	
□鼻詰まり stuffy nose	□鼻水 running nose	□くしゃみ sneeze
□咳 cough	□痰 sputum	□血痰 bloody sputum
□耳鳴り tinnitus	□難聴 loss of hearing	□耳だれ ear discharge
□目やに eye discharge	□目の充血 eye's bloodshot	□見えにくい visual disturbance

※下記の単語を使ってお医者さんに必要なことを伝えましょう

●どんな状態のものを
生の　raw
野生の　wild
油っこい　greasy
よく火が通っていない
uncooked
調理後時間がたった
a long time after it was cooked

●けがをした
刺された・噛まれた bitten
切った　cut
転んだ　fell down
打った　hit
ひねった　twisted
落ちた　fell
やけどした　burnt

●痛み
ヒリヒリする　tingling
刺すように　sharp
鋭く　keenly
ひどく　severely

●原因
蚊　mosquito
ハチ　wasp
アブ　gadfly
毒虫　poisonous insect
サソリ　scorpion
クラゲ　jellyfish
毒蛇　viper
リス　squirrel
（野）犬　(stray) dog

●何をしているときに
沼地に行った
went to the marshland
ダイビングをした
went diving
キャンプをした
went camping
登山をした
went hiking (climbing)
川で水浴びをした
went swimming in the river

Travel Tips

旅の技術 旅のイエローページ

緊急時

●警察 ☎911
●警察(緊急でない場合) ☎(202)727-9099
●消防署、救急車 ☎911
●消防署(緊急でない場合) ☎(202)673-3320
●日本大使館 ☎(202)238-6800(領事部)／☎(202)238-6700(緊急24時間)
●ヘイトクライム ☎(202)727-0500
●ガス漏れ(Washington Gas)
Free(1-844)972-4427
●水道漏れ(DC Water) ☎(202)612-3400
●レイプ・ホットライン ☎(202)333-7273
●医師紹介(ジョンズ・ホプキンス病院医療コンシェルジュ)
☎(410)502-7683

航空会社(日本語)

●全日空 Free(1-800)235-9262
●日本航空 Free(1-800)525-3663
●アメリカン航空 Free(1-800)237-0027
●デルタ航空 Free(1-800)327-2850
●ユナイテッド航空 Free(1-800)537-3366

空港・交通

●ダレス国際空港 ☎(703)572-2700
●レーガン・ナショナル空港
☎(703)417-8000
●ボルチモア・ワシントン国際空港
☎(410)859-7683
Free(1-800)435-9294
●アムトラック(鉄道)
Free(1-800)872-7245
●グレイハウンド(長距離バス)
☎(202)289-5141
Free(1-800)231-2222
●メトロ(地下鉄、市バス)
☎(202)637-7000
●サーキュレーター
☎(202)671-2020
●MTA(メリーランド交通局)
☎(410)539-5000
●AAA(アメリカ自動車協会)
全米 Free(1-800)222-4357
ワシントンDC ☎(202)481-6811
●キャピタル・バイクシェア
Free(1-877)430-2453

観光

●観光局(観光協会) ☎(202)789-7000
●トラベラーズエイド ☎(202)546-1127
●スミソニアン案内(録音)
☎(202)633-1000

クレジットカード会社

●アメリカン・エキスプレス
Free(1-800)766-0106
●ダイナースクラブ ☎+81-3-6770-2796(日本。コレクトコールを利用)
●JCBカード Free(1-800)606-8871
●マスターカード Free(1-800)627-8372
●VISAカード Free(1-800)847-2911

トラベラーズチェック発行会社(T/C紛失時の再発行)

●アメリカン・エキスプレス・リファンドセンター
Free(1-800)221-7282

旅行保険会社(アメリカ国内)

●損保ジャパン日本興亜
Free(1-800)233-2203(けが・病気の場合)
Free(1-800)366-1572(けが・病気以外のトラブル)
●東京海上日動 Free(1-800)446-5571
●AIG Free(1-800)874-0119

日本語を話せる医師

●川上文和M.D.(かわかみふみかず)
病状の診断や専門病院のアドバイス、市販薬など相談に乗ってもらえる
☎(202)664-3988 E-mail fkawakami@aol.com
●岡本 豊D.D.S.(おかもとゆたか)(歯科)
住 5230 Tuckerman Lane, #105, North Bethesda(メリーランド州)
☎(240)667-7705(緊急可)
●ジョンズ・ホプキンズ大学病院(ボルチモア)日本語通訳
☎(410)614-4685

帰国後の旅行相談窓口

●日本旅行業協会JATA
旅行会社で購入した旅行サービスについての相談は「消費者相談室」まで。
☎(03)3592-1266 URL www.jata-net.or.jp

ワシントンDCの誕生

文・海野 優

柵が高くなったホワイトハウス

政治の落とし子

世界の政治の中心であるワシントンDCも、かつてはポトマック川とイースタンブランチ川（現アナコスチア川）が合流する湿原地帯であった。このあたりには、ネイティブアメリカンがわずかながらに住んでいたが、夏は蒸し暑く、冬は寒く、おまけに蛇やマラリア蚊が群生するような、決して人間の住環境に適した気候風土ではなかった。

にもかかわらず、このような地が、連邦政府の特別行政地区として選ばれることとなったのはなぜだろう。よくいわれるように、独立して間もない13州の、そのほぼ中央に位置するという地理的公平さによる選択であったのだろうか。

実は、そんな単純な理由によるものではない。アメリカ合衆国の首都は、その誕生からして政治の落とし子だったのである。では、どのような経緯でDCが連邦政府の特別地区、つまり首都として選ばれたのか、その歴史を振り返ってみることにする。

ワシントンの人材登用

1789年、ジョージ・ワシントンを初代大統領とする連邦政府が誕生すると、ふたりの有能な人材を両翼に据えた。国務長官のトーマス・ジェファソンと、財務長官のアレキサンダー・ハミルトンである。学識と政治力を兼備するふたりはともに大統領をよく助け、新政府づくりに尽力を惜しまなかった。ことにハミルトンは、財務長官という立場から、財政的に健全な政府づくりを目標とした。連邦政府の命運は、国の内外から信頼される政府となり得るかどうかという一点にかかっていたからだ。

ハミルトンの施策

ハミルトンが考えた最初のことは、独立戦争のために借りた大陸議会（連邦政府）と各植民地（州）の借金を返済することであった。そのために考え出した方法というのが、いわゆる“国債”の発行だった。

国債の使用により、連邦政府の借金返済に成功したハミルトンは、各州の借金も政府が肩代わりし、同様に国債の発行で返済しようと考えた。ところが、この提案は暗礁に乗り上げてしまう。ジェファソンやジェームス・マディソンらを先頭とする南部諸州の猛反対に遭ったからだ。政府の負債をほぼ返済完了している州にしてみれば、ハミルトンの提案は不公平であるだけでなく、連邦政府による北部諸州への特別優遇措置と映ったからであった。

北と南の狭間で

これと並行して、連邦議会では新政府のための特別行政地区をどこに開くかという問題が議論されていた。南部諸州は南に、北部諸州は北に誘致することで、互いに一歩も譲らぬ構えだった。ことに南部側では、バージニア州とメリーランド州を分かつポトマック河岸にその建設を求めてやまなかった。

ここで、ハミルトンは一計を案じる。特別地区を南側に譲る見返りとして、政府に戦費負債返済の肩代わり案をのんでもらう、という政治的取り引きをジェファソンとの間で交わすのである。この交渉の成功が実を結び、ために、特別地区はポトマック河岸に開かれることとなったわけである。

難攻不落の地

では、ポトマック河岸のどのあたりに特別地区を設けるのか。その決定権はジョージ・ワシントンに一任されることとなった。

ワシントンが、慎重な検討の末に選び出した候補地は、ポトマック川とイースタンブランチ川に挟まれた扇状の地だったのである。ここは、大西洋を渡ってアメリカ大陸に攻め込んでくる敵艦隊から、新政府を防衛するに足りるだけ十分内陸に入り込んでいて、防衛的地理条件にかなっていたからだ。また、近くには、貿易港をもって商業活動を営むアレキサンドリアとジョージタウンが控え、経済的立地条件という点をも満たしていた。しかも都合のよいことに、ここは13州のほぼ真ん中に位置し、南北両方からの地理的均衡も取れたのである。

さらに付け加えるなら、ワシントン自身が所有するマウントバーノン・プランテーションから比較的近い距離にあるということも、決定を促した条件のひとつとして考えられるであろう。ともあれ、以上のような経緯をふまえて、連邦政府のための特別行政地区が現在のワシントンDCに設けられることとなったのであった。

さくいん◆和文
見どころ

◆あ行

◆か行

◆さ行

◆た行

◆な行

◆は行

◆ま行

◆や、ら行

レストラン

ナイトスポット

INDEX◆欧文

Attractions

Hotels

Shops

Restaurants

Night Spots

地球の歩き方 旅の図鑑シリーズ

見て読んで海外のことを学ぶことができ、旅気分を楽しめる新シリーズ。
1979年の創刊以来、長年蓄積してきた世界各国の情報と取材経験を生かし、
従来の「地球の歩き方」には載せきれなかった、
旅にぐっと深みが増すような雑学や豆知識が盛り込まれています。

W01
世界244の国と地域
¥1760

W07
世界のグルメ図鑑
¥1760

W02
世界の指導者図鑑
¥1650

W03
世界の魅力的な
奇岩と巨石139選
¥1760

W04
世界246の首都と
主要都市
¥1760

W05
世界のすごい島300
¥1760

W06
世界なんでも
ランキング
¥1760

W08
世界のすごい巨像
¥1760

W09
世界のすごい城と
宮殿333
¥1760

W11
世界の祝祭
¥1760

- W10 世界197ヵ国のふしぎな聖地&パワースポット ¥1870
- W13 世界遺産　絶景でめぐる自然遺産　完全版 ¥1980
- W16 世界の中華料理図鑑 ¥1980
- W18 世界遺産の歩き方 ¥1980
- W20 世界のすごい駅 ¥1980
- W22 いつか旅してみたい世界の美しい古都 ¥1980
- W24 日本の凄い神木 ¥2200
- W26 世界の麺図鑑 ¥1980
- W28 世界の魅力的な道 178 選 ¥1980
- W31 世界のすごい墓 ¥1980
- W12 世界のカレー図鑑 ¥1980
- W15 地球の果ての歩き方 ¥1980
- W17 世界の地元メシ図鑑 ¥1980
- W19 世界の魅力的なビーチと湖 ¥1980
- W21 世界のおみやげ図鑑 ¥1980
- W23 世界のすごいホテル ¥1980
- W25 世界のお菓子図鑑 ¥1980
- W27 世界のお酒図鑑 ¥1980
- W30 すごい地球! ¥2200

※表示価格は定価（税込）です。改訂時に価格が変更になる場合があります。

地球の歩き方 シリーズ一覧

2023年4月現在

＊地球の歩き方ガイドブックは、改訂時に価格が変わることがあります。＊表示価格は定価（税込）です。＊最新情報は、ホームページをご覧ください。www.arukikata.co.jp/guidebook/

地球の歩き方 ガイドブック

A ヨーロッパ

A01	ヨーロッパ	¥1870
A02	イギリス	¥1870
A03	ロンドン	¥1980
A04	湖水地方＆スコットランド	¥1870
A05	アイルランド	¥1980
A06	フランス	¥1870
A07	パリ＆近郊の町	¥1980
A08	南仏プロヴァンス コート・ダジュール＆モナコ	¥1760
A09	イタリア	¥1870
A10	ローマ	¥1760
A11	ミラノ ヴェネツィアと湖水地方	¥1870
A12	フィレンツェとトスカーナ	¥1870
A13	南イタリアとシチリア	¥1870
A14	ドイツ	¥1980
A15	南ドイツ フランクフルト ミュンヘン ロマンチック街道 古城街道	¥1760
A16	ベルリンと北ドイツ ハンブルク ドレスデン ライプツィヒ	¥1870
A17	ウィーンとオーストリア	¥2090
A18	スイス	¥1870
A19	オランダ ベルギー ルクセンブルク	¥1870
A20	スペイン	¥1870
A21	マドリードとアンダルシア	¥1760
A22	バルセロナ＆近郊の町 イビサ島／マヨルカ島	¥1760
A23	ポルトガル	¥1815
A24	ギリシアとエーゲ海の島々＆キプロス	¥1870
A25	中欧	¥1980
A26	チェコ ポーランド スロヴァキア	¥1870
A27	ハンガリー	¥1870
A28	ブルガリア ルーマニア	¥1980
A29	北欧 デンマーク ノルウェー スウェーデン フィンランド	¥1870
A30	バルトの国々 エストニア ラトヴィア リトアニア	¥1870
A31	ロシア ベラルーシ ウクライナ モルドヴァ コーカサスの国々	¥2090
A32	極東ロシア シベリア サハリン	¥1980
A34	クロアチア スロヴェニア	¥1760

B 南北アメリカ

B01	アメリカ	¥2090
B02	アメリカ西海岸	¥1870
B03	ロスアンゼルス	¥2090
B04	サンフランシスコとシリコンバレー	¥1870
B05	シアトル ポートランド	¥1870
B06	ニューヨーク マンハッタン＆ブルックリン	¥1980
B07	ボストン	¥1980
B08	ワシントンDC	¥2420
B09	ラスベガス セドナ＆グランドキャニオンと大西部	¥2090
B10	フロリダ	¥1870
B11	シカゴ	¥1870
B12	アメリカ南部	¥1980
B13	アメリカの国立公園	¥2090
B14	ダラス ヒューストン デンバー グランドサークル フェニックス サンタフェ	¥1980
B15	アラスカ	¥1980
B16	カナダ	¥1870
B17	カナダ西部 カナディアン・ロッキーとバンクーバー	¥2090
B18	カナダ東部 ナイアガラ・フォールズ メープル街道 プリンス・エドワード島 トロント オタワ モントリオール ケベック・シティ	¥2090
B19	メキシコ	¥1980
B20	中米	¥2090
B21	ブラジル ベネズエラ	¥2200
B22	アルゼンチン チリ パラグアイ ウルグアイ	¥2200
B23	ペルー ボリビア エクアドル コロンビア	¥2200
B24	キューバ バハマ ジャマイカ カリブの島々	¥2035
B25	アメリカ・ドライブ	¥1980

C 太平洋／インド洋島々

C01	ハワイ1 オアフ島＆ホノルル	¥1980
C02	ハワイ2 ハワイ島 マウイ島 カウアイ島 モロカイ島 ラナイ島	¥1760
C03	サイパン ロタ＆テニアン	¥1540
C04	グアム	¥1980
C05	タヒチ イースター島	¥1870
C06	フィジー	¥1650
C07	ニューカレドニア	¥1650
C08	モルディブ	¥1870
C10	ニュージーランド	¥1870
C11	オーストラリア	¥2200
C12	ゴールドコースト＆ケアンズ	¥1870
C13	シドニー＆メルボルン	¥1760

D アジア

D01	中国	¥2090
D02	上海 杭州 蘇州	¥1870
D03	北京	¥1760
D04	大連 瀋陽 ハルビン 中国東北部の自然と文化	¥1980
D05	広州 アモイ 桂林 珠江デルタと華南地方	¥1980
D06	成都 重慶 九寨溝 麗江 四川 雲南	¥1980
D07	西安 敦煌 ウルムチ シルクロードと中国北西部	¥1980
D08	チベット	¥2090
D09	香港 マカオ 深セン	¥1870
D10	台湾	¥2090
D11	台北	¥165
D13	台南 高雄 屏東＆南台湾の町	¥165
D14	モンゴル	¥209
D15	中央アジア サマルカンドとシルクロードの国々	¥209
D16	東南アジア	¥187
D17	タイ	¥187
D18	バンコク	¥187
D19	マレーシア ブルネイ	¥209
D20	シンガポール	¥198
D21	ベトナム	¥209
D22	アンコール・ワットとカンボジア	¥187
D23	ラオス	¥209
D24	ミャンマー（ビルマ）	¥209
D25	インドネシア	¥187
D26	バリ島	¥187
D27	フィリピン マニラ セブ ボラカイ ボホール エルニド	¥187
D28	インド	¥209
D29	ネパールとヒマラヤトレッキング	¥220
D30	スリランカ	¥187
D31	ブータン	¥198
D33	マカオ	¥176
D34	釜山 慶州	¥154
D35	バングラデシュ	¥209
D37	韓国	¥209
D38	ソウル	¥187

E 中近東 アフリカ

E01	ドバイとアラビア半島の国々	¥209
E02	エジプト	¥198
E03	イスタンブールとトルコの大地	¥209
E04	ペトラ遺跡とヨルダン レバノン	¥209
E05	イスラエル	¥209
E06	イラン ペルシアの旅	¥220
E07	モロッコ	¥198
E08	チュニジア	¥209
E09	東アフリカ ウガンダ エチオピア ケニア タンザニア ルワンダ	¥209
E10	南アフリカ	¥220
E11	リビア	¥220
E12	マダガスカル	¥198

J 国内版

J00	日本	¥330
J01	東京	¥202
J02	東京 多摩地域	¥202
J03	京都	¥220
J04	沖縄	¥220
J05	北海道	¥220
J07	埼玉	¥220
J08	千葉	¥220

地球の歩き方 aruco

●海外

1	パリ	¥1320
2	ソウル	¥1650
3	台北	¥1320
4	トルコ	¥1430
5	インド	¥1540
6	ロンドン	¥1320
7	香港	¥1320
9	ニューヨーク	¥1320
10	ホーチミン ダナン ホイアン	¥1430
11	ホノルル	¥1320
12	バリ島	¥1320
13	上海	¥1320
14	モロッコ	¥1540
15	チェコ	¥1320
16	ベルギー	¥1430
17	ウィーン ブダペスト	¥1320
18	イタリア	¥1320
19	スリランカ	¥1540
20	クロアチア スロヴェニア	¥1430
21	スペイン	¥1320
22	シンガポール	¥1320
23	バンコク	¥1430
24	グアム	¥1320
25	オーストラリア	¥1430
26	フィンランド エストニア	¥1430
27	アンコール・ワット	¥1430
28	ドイツ	¥1430
29	ハノイ	¥1430
30	台湾	¥1320
31	カナダ	¥1320
33	サイパン テニアン ロタ	¥1320
34	セブ ボホール エルニド	¥1320
35	ロスアンゼルス	¥1320
36	フランス	¥1430
37	ポルトガル	¥1650
38	ダナン ホイアン フエ	¥1430

●国内

東京	¥1540
東京で楽しむフランス	¥1430
東京で楽しむ韓国	¥1430
東京で楽しむ台湾	¥1430
東京の手みやげ	¥1430
東京おやつさんぽ	¥1430
東京のパン屋さん	¥1430
東京で楽しむ北欧	¥1430
東京のカフェめぐり	¥1480
東京で楽しむハワイ	¥1480
nyaruco 東京ねこさんぽ	¥1480
東京で楽しむイタリア＆スペイン	¥1480
東京で楽しむアジアの国々	¥1480
東京ひとりさんぽ	¥1480
東京パワースポットさんぽ	¥1599
東京で楽しむ英国	¥1599

地球の歩き方 Plat

1	パリ	¥1320
2	ニューヨーク	¥1320
3	台北	¥1100
4	ロンドン	¥1320
6	ドイツ	¥1320
7	ホーチミン／ハノイ／ダナン／ホイアン	¥1320
8	スペイン	¥1320
10	シンガポール	¥1100
11	アイスランド	¥1540
14	マルタ	¥1540
15	フィンランド	¥1320
16	クアラルンプール／マラッカ	¥1100
17	ウラジオストク／ハバロフスク	¥1430
18	サンクトペテルブルク／モスクワ	¥1540
19	エジプト	¥1320
20	香港	¥110
22	ブルネイ	¥143
23	ウズベキスタン サマルカンド ブハラ ヒヴァ タシケント	¥165
24	ドバイ	¥132
25	サンフランシスコ	¥132
26	パース／西オーストラリア	¥132
27	ジョージア	¥154

地球の歩き方 リゾートスタイル

R02	ハワイ島	¥165
R03	マウイ島	¥165
R04	カウアイ島	¥187
R05	こどもと行くハワイ	¥154
R06	ハワイ ドライブ・マップ	¥198
R07	ハワイ バスの旅	¥132
R08	グアム	¥143
R09	こどもと行くグアム	¥165
R10	パラオ	¥165
R12	プーケット サムイ島 ピピ島	¥165
R13	ペナン ランカウイ クアラルンプール	¥165
R14	バリ島	¥143
R15	セブ＆ボラカイ ボホール シキホール	¥165
R16	テーマパーク in オーランド	¥187
R17	カンクン コスメル イスラ・ムヘーレス	¥165
R20	ダナン ホイアン ホーチミン ハノイ	¥165

地球の歩き方　御朱印

1	御朱印でめぐる鎌倉のお寺　三十三観音完全掲載　三訂版	¥1650
2	御朱印でめぐる京都のお寺　改訂版	¥1650
3	御朱印でめぐる奈良の古寺　改訂版	¥1650
4	御朱印でめぐる東京のお寺	¥1650
5	日本全国この御朱印が凄い！　第壱集 増補改訂版	¥1650
6	日本全国この御朱印が凄い！　第弐集 都道府県網羅版	¥1650
7	御朱印でめぐる全国の神社 開運さんぽ	¥1430
8	御朱印でめぐる高野山　改訂版	¥1650
9	御朱印でめぐる関東の神社　週末開運さんぽ	¥1430
10	御朱印でめぐる秩父の寺社　三十四観音完全掲載　改訂版	¥1650
11	御朱印でめぐる関東の百寺 坂東三十三観音と古寺	¥1650
12	御朱印でめぐる関西の神社　週末開運さんぽ	¥1430
13	御朱印でめぐる関西の百寺 西国三十三所と古寺	¥1650
14	御朱印でめぐる東京の神社週末開運さんぽ　改訂版	¥1540
15	御朱印でめぐる神奈川の神社 週末開運さんぽ　改訂版	¥1540
16	御朱印でめぐる埼玉の神社 週末開運さんぽ	¥1430
17	御朱印でめぐる北海道の神社 週末開運さんぽ	¥1430
18	御朱印でめぐる九州の神社 週末開運さんぽ　改訂版	¥1540
19	御朱印でめぐる千葉の神社 週末開運さんぽ　改訂版	¥1540
20	御朱印でめぐる東海の神社 週末開運さんぽ	¥1430
21	御朱印でめぐる京都の神社 週末開運さんぽ　改訂版	¥1540
22	御朱印でめぐる神奈川のお寺	¥1650
23	御朱印でめぐる大阪 兵庫の神社　週末開運さんぽ	¥1430
24	御朱印でめぐる愛知の神社 週末開運さんぽ　改訂版	¥1540
25	御朱印でめぐる栃木 日光の神社　週末開運さんぽ	¥1430
26	御朱印でめぐる福岡の神社 週末開運さんぽ　改訂版	¥1540
27	御朱印でめぐる広島 岡山の神社　週末開運さんぽ	¥1430
28	御朱印でめぐる山陰 山陽の神社　週末開運さんぽ	¥1430
29	御朱印でめぐる埼玉のお寺	¥1650
30	御朱印でめぐる千葉のお寺	¥1650
31	御朱印でめぐる東京の七福神	¥1540
32	御朱印でめぐる東北の神社 週末開運さんぽ　改訂版	¥1540
33	御朱印でめぐる全国の稲荷神社 週末開運さんぽ	¥1430
34	御朱印でめぐる新潟 佐渡の神社 週末開運さんぽ	¥1430
35	御朱印でめぐる静岡 富士 伊豆の神社 週末開運さんぽ	¥1430
36	御朱印でめぐる四国の神社 週末開運さんぽ	¥1430
37	御朱印でめぐる中央線沿線の寺社 週末開運さんぽ	¥1540
38	御朱印でめぐる東急線沿線の寺社 週末開運さんぽ	¥1540
39	御朱印でめぐる茨城の神社 週末開運さんぽ	¥1430
40	御朱印でめぐる関東の聖地 週末開運さんぽ	¥1430
41	御朱印でめぐる東海のお寺	¥1650
42	日本全国ねこの御朱印&お守りめぐり 週末開運にゃんさんぽ	¥1760
43	御朱印でめぐる信州 甲州の神社 週末開運さんぽ	¥1430
44	御朱印でめぐる全国の聖地 週末開運さんぽ	¥1430
45	御船印でめぐる全国の魅力的な船旅	¥1650
46	御朱印でめぐる茨城のお寺	¥1650
47	御朱印でめぐる全国のお寺 週末開運さんぽ	¥1540
48	日本全国 日本酒でめぐる 酒蔵&ちょこっと御朱印〈東日本編〉	¥1760
49	日本全国 日本酒でめぐる 酒蔵&ちょこっと御朱印〈西日本編〉	¥1760
50	関東版ねこの御朱印&お守りめぐり 週末開運にゃんさんぽ	¥1760
52	一生に一度は参りたい！ 御朱印でめぐる全国の絶景寺社図鑑	¥2479
D51	鉄印帳でめぐる全国の魅力的な鉄道40	¥1650
	御朱印はじめました 関東の神社　週末開運さんぽ	¥1210

地球の歩き方　島旅

1	五島列島　3訂版	¥1650
2	奄美大島～奄美群島1～　3訂版	¥1650
3	与論島　沖永良部島　徳之島（奄美群島②）改訂版	¥1650
4	利尻　礼文　4訂版	¥1650
5	天草　改訂版	¥1760
6	壱岐　4訂版	¥1650
7	種子島　3訂版	¥1650
8	小笠原　父島　母島　3訂版	¥1650
9	隠岐　3訂版	¥1870
10	佐渡　3訂版	¥1650
11	宮古島　伊良部島　下地島　来間島　池間島　多良間島　大神島　改訂版	¥1650
12	久米島　渡名喜島　改訂版	¥1650
13	小豆島～瀬戸内の島々1～　改訂版	¥1650
14	直島　豊島　女木島　男木島　犬島～瀬戸内の島々2～	¥1650
15	伊豆大島　利島～伊豆諸島1～　改訂版	¥1650
16	新島　式根島　神津島～伊豆諸島2～改訂版	¥1650
17	沖縄本島周辺15離島	¥1650
18	たけとみの島々　竹富島　西表島　波照間島　小浜島　黒島　鳩間島　新城島　由布島　加屋	¥1650
19	淡路島～瀬戸内の島々3～	¥1650
20	石垣島　竹富島 西表島 小浜島 由布島 新城島 波照間島	¥1650
21	対馬	¥1650
22	島旅ねこ　にゃんこの島の歩き方	¥1344

地球の歩き方　旅の図鑑

W01	世界244の国と地域	¥1760
W02	世界の指導者図鑑	¥1650
W03	世界の魅力的な奇岩と巨石139選	¥1760
W04	世界246の首都と主要都市	¥1760
W05	世界のすごい島300	¥1760
W06	地球の歩き方的！ 世界なんでもランキング	¥1760
W07	世界のグルメ図鑑 116の国と地域の名物料理を食の雑学とともに解説	¥1760
W08	世界のすごい巨像	¥1760
W09	世界のすごい城と宮殿333	¥1760
W10	世界197ヵ国のふしぎな聖地&パワースポット	¥1870
W11	世界の祝祭	¥1760
W12	世界のカレー図鑑	¥1980
W13	世界遺産　絶景でめぐる自然遺産　完全版	¥1980
W15	地球の果ての歩き方	¥1980
W16	世界の中華料理図鑑	¥1980
W17	世界の地元メシ図鑑	¥1980
W18	世界遺産の歩き方　学んで旅する！ すごい世界遺産190選	¥1980
W19	世界の魅力的なビーチと湖	¥1980
W20	世界のすごい駅	¥1980
W21	世界のおみやげ図鑑	¥1980
W22	いつか旅してみたい世界の美しい古都	¥1980
W23	世界のすごいホテル	¥1980
W24	日本の凄い神木	¥2200
W25	世界のお菓子図鑑	¥1980
W26	世界の麺図鑑	¥1980
W27	世界のお酒図鑑	¥1980
W28	世界の魅力的な道	¥1980
W30	すごい地球！	¥2200
W31	世界のすごい墓	¥1980

地球の歩き方　旅の名言 & 絶景

ALOHAを感じるハワイのことばと絶景100	¥1650
自分らしく生きるフランスのことばと絶景100	¥1650
人生観が変わるインドのことばと絶景100	¥1650
生きる知恵を授かるアラブのことばと絶景100	¥1650
心に寄り添う台湾のことばと絶景100	¥1650
道しるべとなるドイツのことばと絶景100	¥1650
共感と勇気がわく韓国のことばと絶景100	¥1650
人生を楽しみ尽くすイタリアのことばと絶景100	¥1650
今すぐ旅に出たくなる！ 地球の歩き方のことばと絶景100	¥1650
悠久の教えをひもとく 中国のことばと絶景100	¥1650

地球の歩き方　旅と健康

地球のなぞり方 旅地図 アメリカ大陸編	¥1430
地球のなぞり方 旅地図 ヨーロッパ編	¥1430
地球のなぞり方 旅地図 アジア編	¥1430
地球のなぞり方 旅地図 日本編	¥1430
脳がどんどん強くなる！ すごい地球の歩き方	¥1650

地球の歩き方　GEMSTONE

とっておきのポーランド　増補改訂版	¥1760
ラダック　ザンスカール　スピティ　北インドのリトル・チベット　増補改訂版	¥1925

地球の歩き方　旅の読み物

今こそ学びたい日本のこと	¥1760
週末だけで70ヵ国159都市を旅したリーマントラベラーが教える自分の時間の作り方	¥1540

地球の歩き方　BOOKS

BRAND NEW HAWAII とびきりリアルな最新ハワイガイド	¥1650
FAMILY TAIWAN TRIP #子連れ台湾	¥1518
GIRL'S GETAWAY TO LOS ANGELES	¥1760
HAWAII RISA'S FAVORITES 大人女子はハワイで美味しく美しく	¥1650
LOVELY GREEN NEW ZEALAND 未来の国を旅するガイドブック	¥1760
MAKI'S DEAREST HAWAII	¥1540
MY TRAVEL, MY LIFE Maki's Family Travel Book	¥1760
WORLD FORTUNE TRIP イヴルルド遙華の世界開運★旅案内	¥1650
いろはに北欧	¥1760
ヴィクトリア朝が教えてくれる英国の魅力	¥1320
ダナン&ホイアン PHOTO TRAVEL GUIDE	¥1650
とっておきのフィンランド	¥1760
フィンランドでかなえる100の夢	¥1760
マレーシア 地元で愛される名物食堂	¥1430
やり直し英語革命	¥1100
気軽に始める！大人の男海外ひとり旅	¥1100
気軽に出かける！ 大人の男アジアひとり旅	¥1100
香港　地元で愛される名物食堂	¥1540
最高のハワイの過ごし方	¥1540
子連れで沖縄　旅のアドレス&テクニック117	¥1100
純情ヨーロッパ 呑んで、祈って、脱いでみて	¥1408
食事作りに手間暇かけないドイツ人、手料理神話にこだわり続ける日本人	¥1100
親の介護をはじめる人へ 伝えておきたい10のこと	¥1000
人情ヨーロッパ 人生、ゆるして、ゆるされて	¥1518
総予算33万円・9日間から行く！ 世界一周	¥1100
台北　メトロさんぽ　MRTを使って、おいしいとかわいいを巡る旅	¥1518
鳥居りんこ　親の介護をはじめたら お金の話で泣き見てばかり	¥1320
鳥居りんこの親の介護は 知らなきゃバカ見ることだらけ	¥1320
北欧が好き！ フィンランド・スウェーデン・デンマーク・ノルウェーの素敵な町めぐり	¥1210
北欧が好き！2 建築&デザインでめぐるフィンランド・スウェーデン・デンマーク・ノルウェー	¥1210
地球の歩き方JAPAN ダムの歩き方　全国版 初めてのダム旅入門ガイド	¥1712
日本全国　開運神社 このお守りがすごい！	¥1522

地球の歩き方　スペシャルコラボ BOOK

地球の歩き方　ムー	¥2420
地球の歩き方　JOJO ジョジョの奇妙な冒険	¥2420

4年ぶりに訪れたワシントンDCは、待望のダレス国際空港直通のメトロレイルも開通し、町から少し人が減ったものの、あちこちで新しい発見がありました。全米50州、どの州にも属さない特別な町であり、ミュージアムの宝庫であることには変わりありません。改訂にあたり、海野優さんにはコラムや観光ポイントの執筆、JTSさんには最新情報など、航空宇宙博物館などは毛木幹さん、アメリカンフットボールとバスケットボールなどは田中智さん（ライター）、サッカーは久保田康夫さん、村山敦子さん（ウエストバージニア州政府日本代表事務所）、ほかにも中野純子さん、瀬山由佳さん、西尾善行さん、内田直也さん、村垣孝さんと宮原万里子さん（万延元年遣米使節子孫の会）、中村佳子さん、読者の方など多くの方々にご協力いただきました。上記の皆さんに心から感謝いたします。

制作	梅崎愛莉	Producer	Airi Umezaki
編集	山本玲子（有地球堂）	Editor	Reiko Yamamoto (Chikyu-Do, Inc.)
デザイン	㈲エメ龍夢	Design	EMEryumu, Inc.
表紙	日出嶋昭男	Cover Design	Akio Hidejima
写真	青地則明	Photographers	Noriaki Aochi
	長谷川陽子		Yoko Hasegawa
	渡瀬正章		Masaaki Watase
地図	シーマップ	Maps	Cmap
	アルト・ディークラフト		Alto Dcraft
	辻野良晃・理枝		Yoshiaki Tsujino / Rie Tsujino
	TOM 冨田富士男		Fujio Tonda/TOM
校正	ひらたちやこ		Chiyako Hirata
現地調査	須磨明	Researcher	Akira Suma

Special Thanks To

Ms. Nicole Nussbaum & Mr. Darren Gan(Destination DC)

Ms. Susan Seifried(Visit Annapolis)

JTS、NFL Japan、Suma Travel、U.R.T.A.、©iStock

本書についてのご意見・ご感想はこちらまで

読者投稿　〒141-8425　東京都品川区西五反田2-11-8
株式会社地球の歩き方
地球の歩き方サービスデスク「ワシントンDC編」投稿係
https://www.arukikata.co.jp/guidebook/toukou.html

地球の歩き方ホームページ（海外・国内旅行の総合情報）
https://www.arukikata.co.jp/

ガイドブック『地球の歩き方』公式サイト
https://www.arukikata.co.jp/guidebook/

地球の歩き方 B08
ワシントンDC ボルチモア アナポリス フィラデルフィア 2023～2024年版

2023年5月16日　初版第1刷発行

Published by Arukikata. Co., Ltd.
2-11-8 Nishigotanda, Shinagawa-ku, Tokyo, 141-8425, Japan

著作編集　地球の歩き方編集室
発行人　新井邦弘 ／ 編集人　宮田崇
発 行 所　株式会社地球の歩き方
〒141-8425　東京都品川区西五反田2-11-8
発 売 元　株式会社Gakken
〒141-8416　東京都品川区西五反田2-11-8
印刷製本　株式会社ダイヤモンド・グラフィック社

※本書は基本的に2022年11月の取材データと2022年12月～2023年3月の現地調査をもとに作られています。
発行後に料金、営業時間、定休日などが変更になる場合がありますのでご了承ください。
更新・訂正情報：https://www.arukikata.co.jp/travel-support/

●この本に関する各種お問い合わせ先
・本の内容については、下記サイトのお問い合わせフォームよりお願いします。
URL ▶ https://www.arukikata.co.jp/guidebook/contact.html
・広告については、下記サイトのお問い合わせフォームよりお願いします。
URL ▶ https://www.arukikata.co.jp/ad_contact/
・在庫については　Tel 03-6431-1250（販売部）
・不良品（乱丁、落丁）については　Tel 0570-000577　学研業務センター　〒354-0045　埼玉県入間郡三芳町上富279-1
・上記以外のお問い合わせは　Tel 0570-056-710（学研グループ総合案内）

※本書は株式会社ダイヤモンド・ビッグ社より1991年8月に初版発行したもの（2019年4月に改訂第15版）の最新・改訂版です。
学研グループの書籍・雑誌についての新刊情報・詳細情報は、下記をご覧ください。
学研出版サイト　https://hon.gakken.jp/